U0616343

高等职业教育轨道交通类校企合作系列教材

铁路桥梁施工与维护

主　编　梁启龙　张振雷
副主编　刘玉欣
主　审　解宝柱

西南交通大学出版社
·成　都·

内容简介

本教材由桥梁工程施工认知、桥梁基础构造与施工、桥梁墩台构造与施工、混凝土简支梁桥构造与施工、混凝土连续梁桥构造与施工、拱桥构造与施工、斜拉桥构造与施工、钢桥构造与施工、涵洞构造与施工、铁路顶进桥涵施工、桥梁施工组织设计、铁路桥涵工程施工质量验收、铁路桥涵养护维修认知、铁路桥涵检查、铁路桥涵建筑物修理、铁路桥涵运营性能检定与评估十六个项目组成，全面介绍了我国铁路桥涵施工及养护维修技术。

本书可作为高职高专铁道工程技术、高速铁道工程技术、铁路桥梁与隧道工程技术等专业教材，也可供铁路桥梁施工、维修技术人员参考。

图书在版编目（CIP）数据

铁路桥梁施工与维护 / 梁启龙，张振雷主编. —成都：西南交通大学出版社，2018.2（2025.2 重印）
高等职业教育轨道交通类校企合作系列教材

ISBN 978-7-5643-6078-8

Ⅰ. ①铁… Ⅱ. ①梁… ②张… Ⅲ. ①铁路桥－桥梁工程－工程施工－高等职业教育－教材②铁路桥－桥梁工程－维修－高等职业教育－教材 Ⅳ. ①U448.13

中国版本图书馆 CIP 数据核字（2018）第 031836 号

高等职业教育轨道交通类校企合作系列教材
铁路桥梁施工与维护
主编 梁启龙 张振雷

责任编辑 李芳芳
特邀编辑 李 杰
封面设计 何东琳设计工作室

出版发行 西南交通大学出版社
（四川省成都市金牛区二环路北一段 111 号
西南交通大学创新大厦 21 楼）
发行部电话 028-87600564 028-87600533
邮政编码 610031
网址 http://www.xnjdcbs.com

印刷 成都中永印务有限责任公司
成品尺寸 185 mm × 260 mm
印张 25
字数 623 千
版次 2018 年 2 月第 1 版
印次 2025 年 2 月第 6 次
书号 ISBN 978-7-5643-6078-8
定价 59.00 元

课件咨询电话：028-87600533
图书如有印装质量问题 本社负责退换

前　言

本教材贴近高职铁道工程技术专业人才培养目标，依据工学结合人才培养模式，项目设置和实践内容注重职业能力的培养，以适应当前铁路施工、运营企业专业岗位的需求。

本书共分 16 个学习项目，分别介绍了铁路桥梁基础构造与施工、墩台构造与施工、简支梁桥构造与施工、连续梁桥构造与施工、拱桥构造与施工、斜拉桥构造与施工、钢桥构造与施工、涵洞构造与施工、铁路顶进桥涵施工等施工技术以及桥梁施工组织设计、铁路桥涵工程施工质量验收和铁路桥涵养护维修认知、铁路桥涵检查、铁路桥涵建筑物修理、铁路桥涵运营性能检定与评估等常规养护维修技术。本书可作为高职高专铁道工程技术、高速铁道工程技术、铁路桥梁与隧道工程技术等专业的桥梁课程教材，也可作为相关领域工程技术人员培训与学习的参考资料。

本书由辽宁铁道职业技术学院梁启龙、张振雷担任主编；辽宁铁道职业技术学院刘玉欣担任副主编；辽宁铁道职业技术学院王华、沈阳铁道勘察设计院王朝华参编；辽宁铁道职业技术学院解宝柱教授主审。项目 1、项目 5、项目 7 由梁启龙编写；项目 2、项目 3、项目 4 由张振雷编写；项目 8、项目 9、项目 10、项目 11、项目 12 由刘玉欣编写；项目 13、项目 14、项目 15、项目 16 由王华编写，项目 6 由王朝华编写。

在本书编写过程中，编者参考借鉴了大量相关的文献、书籍资料，由于参考文献资料较多，只能将其中主要文献列于书后，在此谨向所有文献资料的作者表示衷心的感谢和敬意。

由于编者水平有限，书中难免有不妥之处，敬请批评指正。

编　者

2018 年 1 月

目　录

项目 1　铁路桥梁工程认知

【项目描述】

本项目对桥梁的发展概况、铁路桥梁的建设发展、桥梁的组成和分类、桥梁的设计荷载等知识进行详细阐述，使学生了解铁路桥梁相关基础知识，为进一步学习做好准备。

【教学目标】

1. 能力目标

（1）能够说出我国铁路桥梁的发展情况；

（2）能够说明我国铁路桥梁的设计荷载；

（3）能够描述桥梁的施工准备工作。

2. 知识目标

（1）知道桥梁的组成与分类；

（2）能说出各桥梁形式特点；

（3）知道桥梁施工调查和技术准备工作内容。

3. 素质目标

（1）培养学生细致严谨的作风、积极向上的学习态度；

（2）培养学生分析问题、解决问题、积极思考和勇于创新的能力；

（3）培养学生的知识收集、分析总结等信息处理能力。

相关案例——郑州黄河铁路桥百年变迁

在中国河南省郑州市以北约 30 km 处跨越黄河的铁路桥，是京广铁路线上的重要桥梁之一。1903 年至 2013 年，郑州黄河铁路桥的百年建设历史，见证了我国铁路桥梁的发展。

郑州“黄河第一铁路桥”（见图 1-1）原名平汉铁路郑州黄河大桥，是黄河上修建的第一座铁路桥，修建于 1903 年 9 月（清光绪二十九年），1906 年 4 月 1 日通车，全长 3 015 m，是中国第一座横跨黄河南北的钢结构铁路大桥，也是新中国成立以前最长的桥。这座桥由比利时的一家工程公司承建，是京汉铁路关键工程。旧桥建成时共有 102 孔，深槽部分有跨长 31.5 m 的半穿式钢桁梁 50 孔，其中 26 孔位于北端，24 孔位于南端，中间浅滩部分有跨长 21.5 m 的上承钢板梁 52 孔。桥梁基础用内径 30 cm、外径 35 cm、下端带有直径 120 cm 螺旋翼的铸钢管桩，但入土较浅，桥墩受冲刷甚剧，依靠抛投大量片石防护，勉强维持行车。这座桥在战争中屡遭破坏，位于桥南北两端的第 1 个桥孔在修复时填塞，桥孔变为 100 个，桥全长也变为 2 951 m。1958 年 7 月，黄河中下游发生特大洪水，黄河铁路桥不堪冲击，遭受重创，导致京广线断线。1960 年新桥建成通车后，这座旧桥即转为备用，1969 年 10 月在旧桥桥面上加铺钢筋混凝土板，定时单向放行汽车方便公路交通。1987 年，102 孔的旧桥只留下 5 孔桥墩作为文物保存在原址上，郑州“黄河第一铁路桥”最终完成了它的历史使命。

京广铁路郑州黄河大桥新桥（见图 1-2）于 1958 年 5 月 14 日开工，1960 年 4 月 20 日竣工通车，全长为 2 889.8 m，有 71 孔，每孔跨度为 40.7 m，当时设计最高时速 80 km。双线共用 142 孔上承钢板梁，从两岸用悬臂式架桥机整孔吊装架设。桥梁墩台基础均采用两根直径为 3.6 m 的钢筋混凝土管柱，入土深度约 30 m。墩台直接建筑在管柱上，顶部有横梁相连，形成门式刚构。全桥钢梁总重达 12 943 t，混凝土用量为 60 730 m^3。这座桥南端原有 16 孔钢梁位于 2.5‰的坡道上，其余为平坡。运营以后，发现河床因淤积而水面逐年升高。为了改善桥下净空，1976 年将坡道上的钢梁抬平。2014 年，已运行 54 年的京广铁路郑州黄河大桥（双线）正式“退役”。

图 1-1　郑州“黄河第一铁路桥”平汉铁路郑州黄河大桥

图 1-2　京广铁路郑州黄河大桥

郑州至焦作城际铁路黄河特大桥（见图 1-3），桥梁全长 11.28 km，其中主桥全长 2 200 m，为 11-（2×100 m）下承式连续钢桁梁，两孔一联共 11 联，为郑焦线、京广改线共建。大桥郑焦城际线部分全长 9.63 km，设计时速为 250 km；京广线部分全长 11.28 km，设计时速为 160 km。全桥计混凝土 92 万 m^3、钢筋 7 万 t、钢梁 7.5 万 t。大桥自 2010 年 10 月 15 日开工建设，2013 年 4 月 9 日主桥顺利贯通，2014 年 5 月 16 日通车，由中铁大桥局集团承建。郑焦城际黄河桥是黄河上第一座，也是目前唯一的四线铁路桥梁，其中跨黄河主河槽的 11-（2×100 m）下承式钢桁梁为控制性工程。中铁大桥局采用具有我国自有知识产权的“单点单联无导梁连续顶推法”施工，将单联重达 6 668.4 t 的钢梁，一联结一联顶推完成。最远顶推距离达到 1 000 m，累计顶推距离 3 000 m。

图 1-3　郑焦城际铁路黄河特大桥

横跨黄河南北两岸的铁路桥，是中国铁路大动脉京广线上重要的桥梁之一。从清末到新中国成立，从单轨到双轨，从不断增加运量到全线提速，从步入高铁时代到与城际铁路“联姻”，无论是建造技术水平的提高，还是速度、运载能力的提升，百余年间，黄河铁路桥梁的变迁见证了我国铁路桥梁建设的发展历程。

任务 1.1　中国铁路桥梁概况

桥梁是铁路、公路、城市和农村道路交通工程建设中的重要组成部分，为了跨越各种障碍（如河流、沟谷或其他线路等），必须修建各种类型的桥梁。在铁路、道路交通的建设中，桥梁是保证全线早日通车的关键；在国防上，桥梁是交通运输的咽喉。因此，桥梁工程具有非常重要的地位，它不仅体现了一个国家或地区的经济实力、科学技术和生产力发展的综合水平，还反映了一个国家或地区历史、文化和文明等社会发展方面的进步程度。

科技的进步、工业技术的提高和社会生产力的高速发展，对桥梁建筑提出了更高的要求。现代高速铁路、公路上的立交桥、高架桥、数十千米的海湾和海峡大桥，城际高速铁路桥与轻轨高架桥等，这些新型桥梁不但是规模巨大的工程实体，而且工程雄伟的大桥常被当作城市的标志与骄傲。桥梁建筑已不再单纯作为交通线上的重要工程，而作为一种城市空间艺术结构，成为城市的风景。

中国铁路桥梁的发展经历了近代和现代 130 多年的历程。桥梁是铁路线路的重要组成部分，从 1876 年修建第一条营业铁路（上海吴淞铁路）至 2013 年，中国铁路总延展里程 198 106.0 km，共修建铁路桥梁 63 952 座，12 223 141 延长米，桥梁密度（即桥梁长度占线路总长的百分比，简称桥线比）为 6.17%。全长 10 万 m 以上的特大桥 3 座，分别为京沪高铁丹昆特大桥（163 785 m）、京沪高铁天津特大桥（113 694 m）、京沪高铁沧德特大桥（100 967 m）。一个多世纪以来，中国已建起跨越长江铁路桥梁 17 座，跨越黄河铁路桥梁 31 座。中国已成为世界铁路桥梁大国。

1.1.1　中国近代铁路桥梁

18 世纪西方工业革命推动了经济社会发展和科学技术进步，使欧美各国相继进入了近代桥梁新时期。水泥的生产，铁的铸造，为桥梁提供了新的建筑材料。19 世纪初，西方开始修建铁路，建造铁路桥梁时在混凝土中开始配用钢筋，产生了钢筋混凝土桥。清朝末期（19 世纪后期），我国也进入了修建铁路桥梁时代。1876 年吴淞铁路投入运营，1881 年自办唐胥铁路建成，铁路桥梁的修筑不断发展，促进了桥梁科学理论的发展。

我国铁路修建始于英国人在上海修建的第一条铁路吴淞铁路（长 14.5 km，轨距 0.762 m），投入运营不到一年，被清政府赎回拆除。吴淞铁路建有中小桥梁 10 余座，其中最大的一座是长 50 m 左右的吴淞蕴藻滨桥，我国铁路桥梁史即以此为开端。此后，因开发开平煤矿的需要，建成了唐（山）胥（各庄）铁路。唐胥铁路长约 10 km，采用 1 435 mm 标准轨距。1886 年起，因煤运需要，唐胥铁路由胥各庄向大沽、天津展筑。1887 年（光绪十三年），唐胥铁路向东展筑，在茶淀汉沽间动工修建了蓟运河桥（今京山下行线桥）。蓟运河桥长 173.72 m，共 4 孔，自津端起为 1 孔 27.43 m 半穿式钢桁梁、1 孔 62 m 下承钢桁梁、1 孔 62 m 开启式钢桁梁、1

孔 14.72 m 上承钢板梁。墩台基础采用木桩，墩台为浆砌料石。该桥由英人金达（C. W. Kinder）主持设计，比利时国公司承包施工，于 1888 年建成。这是我国第一座具有近代建筑水平的铁路钢桥，也是我国第一座开启式铁路桥梁。

近代中国铁路桥梁发展，处于清朝末期（简称清末）和民国时期。这一时期由于外国入侵和连年战乱，兵连祸结，民不聊生，经济、技术落后，铁路桥梁建设发展缓慢。从 1876 年至 1949 年，全国共修建铁路 26 916 km，不仅铁路少，而且长期遭受战争破坏，1949 年全国能维持通车的铁路只有 21 810 km。这一时期共修建铁路桥梁 13 980 座，总延长 347.5 km，桥梁密度为 0.01%。这一时期随着外国列强在中国修筑铁路，国外铁路桥梁的修筑技术传入我国。当时入侵我国的列强有俄国、英国、法国、德国和日本等。俄国在我国东北修建中东铁路（现滨洲、滨绥铁路）和南满支线（现哈大铁路），建造了一大批铁路桥梁，如哈尔滨松花江桥（图 1.1.1-1）（长 1 027.2 m）、陶赖昭第二松花江桥（长 781.5 m）、太子河桥（长 587.5 m）、浑河桥（长 794.73 m）等，这也是我国首次修建多座特大桥，基本上是按照当时俄国的建筑标准修建的，钢桁梁由俄国工厂制造。俄国国内于 1837 年修建第一条铁路，至在中国时修建中东铁路已有 50 多年修建铁路桥梁的经验，设计和施工方法都是按照其国内修筑铁路桥梁的方法进行的，建桥速度很快。滨洲铁路哈尔滨松花江桥全长 1 027.2 m，共 19 孔钢桁梁，20 个墩台，只用 1 年零 3 个月的时间就建成了（1900 年 5 月开工，1901 年 8 月竣工）。

图 1.1.1-1 滨洲铁路哈尔滨松花江铁路桥

图 1.1.1-2 滇越铁路倮姑人字桥

法国修建滇越铁路中国段，长 464.6 km，有桥梁 225 座，总延长 2 688 m，是一条桥梁密度较大的铁路（桥线比 0.5%）。其中特别是倮姑人字桥（图 1.1.1-2）建于悬崖绝壁上，工程艰巨，设计精巧，技术水平较高。这条铁路的桥梁建设采用了法国的活载标准和建筑方法。

京张铁路由北京至张家口，线路要穿过燕山山脉关沟地段，地形极其险恶，外国人预言修建这条铁路的工程师还没有出生。詹天佑带领当时留学回国的工程技术人员，经过艰苦努力，终于建成了这条铁路，使外国人为之震惊。这条铁路长 201 km，桥隧工程很艰巨，共有桥梁 160 余座，大多为钢（铁）桥，完全由中国人自己设计、建造，使用山海关桥梁厂制造的钢梁和中国自制的水泥。其中最长的怀来河桥，采用 7 孔跨度 30.4 m 上承钢板梁，木桩基础，全长 213.3 m。民国时期，以孙中山、凌鸿勋、茅以升、罗英、梅旸春等人为代表，大力倡导建造铁路桥梁。特别是茅以升主持修建的浙赣铁路钱塘江大桥（图 1.1.1-3），是中国人自行设计建造取得的又一成功，是中国近代铁路桥梁史上的重要成就。

图 1.1.1-3　浙赣铁路钱塘江大桥

清末和民国时期建成的唐榆铁路（今京山铁路）滦县滦河桥（图 1.1.1-4），它是中国首座采用气压沉箱基础的铁路桥梁，全长 670.6 m，詹天佑参与建设，并提出采用气压沉箱基础取得成功，于 1897 年建成。京汉铁路郑州黄河桥是中国近代建成最长的铁路桥梁，全长 3 015 m，共 102 孔，自京端起为 26 孔 31.5 m 下承钢桁梁，52 孔 21.5 m 上承板梁，24 孔 31.5 m 下承钢桁梁，管桩基础，于 1905 年 11 月建成，也是中国第一座跨越黄河的铁路桥。

图 1.1.1-4　滦河铁路大桥

清末和民国时期共 73 年铁路建设，为中国铁路桥梁发展打下了基础。中国铁路桥梁建设从主要依靠外国技术力量和进口材料，发展到逐步培养并训练自己的技术人员和建立桥梁生产基地，逐步积累经验并有所前进。

1.1.2　中国现代铁路桥梁

现代预应力混凝土和高强度钢材等新型建筑材料的出现，建筑材料塑性理论和极限理论的研究，桥梁振动和空气动力学以及土力学的研究和计算机技术的应用，促进了现代桥梁建设快速发展和建桥技术的创新。自 20 世纪 50 年代建成长江第一桥武汉长江大桥（图 1.1.2-1），到南京、九江、芜湖长江大桥的建成，是新中国铁路桥梁建设的四个里程碑。21 世纪前后，大跨度桥梁得到大力发展，中国铁路桥梁不仅在大江、大河、海湾具有精湛高深的建桥技术，而且在险峻山区高深河谷修建高墩桥（最高墩已在 100 m 以上）和斜拉桥、悬索桥等方面，也有许多独创和建树。在大规模的铁路建设中，铁路桥梁建设迅速发展，努力迈向世界先进水平。

20 世纪 50 年代，我国首先对战争中遭受破坏的铁路桥梁进行了修复、加固和改造，恢复通车。新建成渝、天兰、湘桂、宝成、兰新、丰沙、包兰、鹰厦夏等铁路，修建了数千座桥梁。1957 年，具有世界水平的武汉长江大桥建成，是中国现代桥梁建造技术发展的第一座里程碑。50 年代，桥梁基础以扩大基础、沉井基础为主。武汉长江大桥成功以管柱钻孔基础代替了气压沉箱基础，并使这一基础形式随后得到推广运用。钢筋混凝土管桩基础也被广泛采用。吊箱围堰基础施工法也首次被采用。桥梁上部结构多采用钢筋混凝土梁、拱桥、钢板梁、钢桁梁、结合梁等多种形式。国内开始逐步形成具有设计、科研、施工、制造等综合能力的桥梁建造专业队伍。

20 世纪 60 年代，我国独立自主建成了南京长江大桥（图 1.1.2-2），其深水基础工程技术达到了国际先进水平，这是中国现代建桥技术发展的第二个里程碑。其在深水位采用重型混凝土沉井基础、钢沉井加管柱基础、浮式钢筋混凝土沉井基础、钢板桩围堰管柱钻孔基础，都做出开拓性贡献。工程浩大的成昆铁路建设，使中国在地质条件极为复杂、河道沟渠纵横、位于高地震区又有泥石流、大漂石存在等艰巨条件下仍建成数百座桥梁。该工程建设在基础工程中大量采用钻、挖孔桩基础和沉井基础；在上部结构方面，建成了中国第一座 56 m 预应力钢筋混凝土刚性梁柔性拱桥，54 m 跨度空腹式石拱桥，150 m 跨度中承式钢筋混凝土拱桥，112 m 跨度栓焊刚性梁柔性拱钢桥，192 m 跨度简支铆接钢桁梁；采用悬臂灌筑法施工的预应力悬臂梁桥主跨达 64 m。在长江上建造的第四座长江大桥枝城长江大桥，采用了高低刃脚沉井基础及斜拉索伸臂架设连续钢桁梁等新的施工技术。

图 1.1.2-1 武汉长江大桥

图 1.1.2-2 南京长江大桥

20 世纪 70 年代，中国铁路桥梁着重于新结构、新技术、新材料、新设备的研究开发和应用，取得了一系列成果。发展栓焊钢梁高强度钢材，试用高强 15 锰钒氮新钢种建造钢桁梁；兴建主跨达 96 m 预应力混凝土斜拉桥，建造 82 m 跨度预应力混凝土斜腿刚构桥，兴建主跨达 176 m 斜腿刚构薄壁箱形钢梁桥。预应力混凝土梁开始采用高强度预应力筋、无砟 π 形梁等，采用 40 m 跨无砟无枕预应力混凝土箱形梁，从而在中小跨度梁孔梁型选择上，预应力混凝土梁成为主要梁型。铁路桥梁技术的发展，加快了工程进度，也为以后的铁路建设发展提供了技术支持。

这一时期突破了在大江大河上建桥的技术，改变了中华人民共和国成立前铁路“遇江即断”局面。建成武汉长江大桥和南京长江大桥，使京广铁路和京沪铁路贯通；建成湘潭湘江大桥，使粤汉与湘黔铁路贯通；建成衡阳湘江桥和柳江桥，使湘桂铁路贯通；建成广州珠江大桥和南昌赣江大桥，使粤汉铁路与广三铁路和浙赣铁路与南寻铁路得以贯通。

从 1981 年至 2005 年，铁路桥梁建设进入了快速发展和加速创新时期。其间 25 年共修建铁路 22 100 km，建成的铁路桥梁与前一阶段（1949—1980 年）比，桥梁座数增长 59.2%，总延长增长 143.2%，建成的桥梁数量超过了 1980 年以前建成的铁路桥梁总和。

20 世纪 90 年代，建成新中国第一座在强涌潮河段、公路铁路桥并列分建的钱塘江第二大桥（图 1.1.2-3），其正桥为 18 孔一联长 1 340 m 预应力混凝土连续梁，连续长度为国内之首，在当时亦名列世界前茅。其铁路引桥采用单点顶推法施工，顶推距离 800 m，重 3 700 t，居国内第一。27 000 kN 级大型盆式橡胶支座、国产大吨位群锚体系、大伸缩量伸缩装置等均为国内首次使用。在桥梁施工中，在其半数工期为强涌潮中、在抗台风等特殊自然灾害中，我国采用了许多有效措施，积累了丰富的施工经验。

京九铁路是我国“八五”铁路建设的重点工程，采用了许多建桥先进技术，如孙口黄河大桥四联 4×108 m 双线栓焊钢桁梁，全部采用整体焊接节点新技术。在九江长江大桥（图 1.1.2-4）施工中，中国建成当时最大跨度 216 m 的三跨（180 m＋216 m＋180 m）刚性梁柔性拱连续栓焊钢桁梁，研制出满足应用要求的 412 MPa、最大板厚 56 mm 的 15MnVNq 新钢种。钢梁架设采用“双层塔架法”全伸臂架设 180 m。在正桥三拱的吊杆上采用抑制振动的阻尼器（TMD），设备微型化，其性能达到国际先进水平。在其深水基础，首创双壁钢围堰大直径钻孔桩基础设计、施工新技术。

图 1.1.2-3　钱塘江第二大桥

图 1.1.2-4　九江长江大桥

在焦枝复线洛阳黄河大桥建造中，我国首次使用 50 m 简支预应力混凝土 T 梁。石长铁路常德沅江大桥主跨为（62.3 m＋5×96 m＋62.3 m）7 孔一联部分预应力混凝土连续箱梁，其 96 m 跨度为当时国内同类铁路桥梁之首。石长铁路长沙湘江大桥，其主跨为（62 m＋7×96 m＋62 m）预应力连续箱梁，采用大跨度造桥机悬臂拼装法制梁，具有节段箱梁工厂化生产、拼装成桥快、减少高空作业、节省水上机械设备、减少主体结构配筋量等优点。浙赣复线弋阳葛水河桥，其上部结构为中国第一座（25 m＋40 m＋25 m）三向预应力连续槽形梁，具有降低桥梁高度、减少噪声、净化市容等特点。在南昆铁路建设中，我国建造了中国铁路最高的清水河大桥，最大墩高 100 m，桥下谷深 183 m；建造了中国第一座铁路平弯梁桥——板其二号大桥，结构平面曲线半径为 450 m；建成了首座采用“V”形支撑的连续刚构桥——八渡南盘江大桥和首次采用双薄壁横联高墩连续刚构桥——喜旧溪大桥。

合芜铁路芜湖长江大桥（图 1.1.2-5）是继武汉、南京、九江长江大桥之后，中国现代铁路桥梁建设技术发展的第四座里程碑，其主跨为（180 m＋312 m＋180 m）低塔连续钢桁梁斜拉桥。其 312 m 低塔斜拉桥钢桁梁跨度，为中国当时公铁两用大桥跨度之最，并成功开发出强度高、塑韧性优、可焊性好的 14MnNbq 钢。在国内成功设计建造出板桁结合钢桁梁新型结构，解决了大跨、矮塔、重载的结构难题。

20 世纪 90 年代，我国利用自主开发的计算机软件进行结构分析、绘图，使桥梁勘测设计技术水平和速度上了一个新台阶。大跨度造桥机制架梁技术的发展，是原铁道部“八五”科技发展规划重点项目之一，90 年代试制出 96 m 双悬臂节段拼装式造桥机，应用于石长铁路长沙湘江大桥 796 m 正桥预应力混凝土梁拼装施工。其后通过改造，成为 64 m 整跨节段拼装造桥机，成功应用于株六铁路南山河大桥和响琴峡大桥施工。之后又发展出 109.5 m 双悬臂预制节段造桥机等各种类型。

21 世纪初，随着既有线提速和客运专线建设，铁路预应力简支梁梁型发展到双线单箱，跨度达到 40 m 及以上，梁重每孔为 750～900 t。为适应以上变化，在秦沈客运专线小凌河大桥（图 1.1.2-6），我国采用国内研制出的首座 MZ32 型移动模架造桥机，进行 32 m 双线单箱梁整孔原位灌筑施工，并能逐孔自行前移。其后改进研制出 MZ50/1500 型、ZQM1300 型等移动模架造桥机，可逐孔原位灌注 40 m 预应力箱梁，并在温福铁路建设中使用。在株六复线南山河大桥首次采用 64 m 预应力混凝土梁，梁部施工采用移动模架造桥机成梁。

图 1.1.2-5 合芜铁路芜湖长江大桥

图 1.1.2-6 秦沈客运专线小凌河大桥

贵州水柏铁路北盘江大桥（图 1.1.2-7），位于大峡谷上，桥面离江面高达 280 m，其主跨采用中国铁路第一座 236 m 上承钢管混凝土拱，拱桥采用转体施工，转体总质量达 10 400 t，居世界转体施工首位，236 m 跨度为世界同类型桥梁最大跨度。

图 1.1.2-7 贵州水柏铁路北盘江大桥

渝怀铁路长寿长江大桥主跨为（144 m + 2 × 192 m + 144 m）整体节点连续钢桁梁，中跨 192 m 采用全伸臂安装，为国内最大悬臂跨度。宜万铁路万州长江大桥主跨为（168.7 m + 360 m + 168.7 m）连续钢桁拱，360 m 跨刚性拱柔性梁钢桁拱桥结构体系为国内首次采用。青藏铁路格拉段全长 1 110 km，有桥梁 675 座，总延长 159 km，其中，特大桥 6 座，如拉萨河大桥、长江源大桥、清水河大桥、一岔河大桥等，在高原严寒、缺氧和多年冻土地区进行如此浩大的桥梁工程，取得令人瞩目的成就。京广客运专线武汉天兴洲长江大桥（图 1.1.2-8），其主桥为 5 跨斜拉连续栓焊钢桁梁桥。其最大跨度达 504 m，桥梁下层为四线铁路，上层为公路 6 车道，其桥型、跨度、载重等都为当时中国桥梁之最。还有京沪高速铁路南京大胜关长江大桥（图 1.1.2-9）等，均为中国现代铁路桥梁建设新的里程碑工程。

图 1.1.2-8 武汉天兴洲长江大桥

图 1.1.2-9 南京大胜关大桥

任务 1.2　桥梁的组成和分类

桥梁是一种跨越江河湖泊、山谷深沟以及其他线路（铁路或公路）等障碍，具有承载能力的架空建筑物，是交通线的重要组成部分，是铁路工程建设的关键工程，在经济发展、文化交流和巩固国防等方面具有非常重要的地位。下面先熟悉桥梁的基本组成以及桥梁的分类情况。

1.2.1　桥梁的组成

一、桥梁的基本组成

桥梁由上部结构、下部结构、支座和附属构造物组成。上部结构又称为桥梁的桥跨结构，桥墩、桥台和基础为桥梁的下部结构（图 1.2.1-1）。

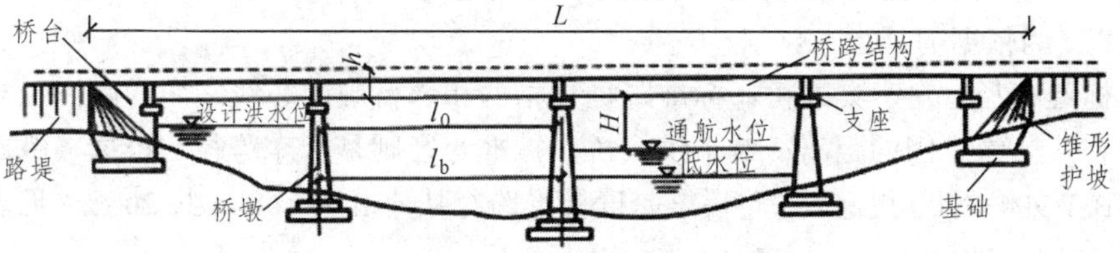

图 1.2.1-1　梁式桥

上部结构是线路跨越障碍（如江河、山谷或其他路线等）的承载结构物，通常包括桥跨结构和桥面构造两大部分。上部结构的作用是跨越障碍并承受其上的桥面荷载和交通荷载。桥面构造是指铁路桥的道砟、枕木、轨道，公路桥的行车道铺装，以及伸缩缝、排水防水系统、人行道、安全带、路缘石、栏杆、照明系统等。

支座支承上部结构并传递荷载于桥梁墩台上，应满足上部结构在荷载、温度或其他因素作用下的位移功能。

下部结构包括桥墩、桥台和基础。桥墩是在河中或岸上支承两侧桥跨上部结构，并将荷载传至地基的建筑物。桥台设在路基与桥梁的衔接处，一端与路堤相接，另一端支承桥跨上部结构的支挡建筑物。在桥台的两侧一般还设置锥形护坡，防止路堤滑塌，以保证迎水部分路堤边坡的稳定。基础是保证墩台安全并将荷载传至地基的结构部分，是确保桥梁可靠性的关键。因其常常需要在水下施工，问题复杂，是整个桥梁工程施工中比较困难的部分。

二、名词术语

（1）低水位。河流中的水位是变动的，枯水季节河流的最低水位称为低水位。

（2）高水位。丰水季节河流的最高水位称为高水位。

（3）设计洪水位。桥梁设计中按规定的设计洪水频率计算所得的高水位称为设计洪水位。

（4）通航水位。在航道中，按照航运管理要求能保证船舶正常航行的水位称为通航水位。

（5）净跨径。对于梁式桥，净跨径是指设计洪水位上相邻两个桥墩或墩台之间的净距离，

用 l_0 表示（图 1.2.1-1）；对于拱式桥，净跨径是指每孔两拱脚截面最低点之间的水平距离（图 1.2.1-2）。

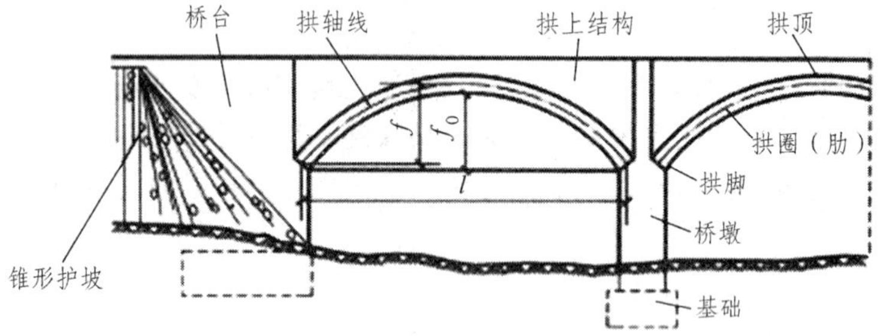

图 1.2.1-2　拱桥

（6）总跨径。多孔桥梁中各孔净跨径的总和即为总跨径，也称桥梁孔径，它反映了桥下宣泄洪水的能力。

（7）计算跨径。对于具有支座的桥梁，计算跨径是指桥跨结构相邻两个支座中心的距离；对于拱式桥，计算跨径是指相邻两拱脚截面形心点之间的水平距离，用 l 表示。桥跨结构的力学计算是以 l 为依据的。

（8）标准跨径。对于梁式桥，标准跨径是指两相邻桥墩中心线之间的距离，或桥墩中心线至桥台台背前缘之间的距离；对于拱式桥，标准跨径则是指净跨径。根据《铁路桥梁跨度系列》（GB/T 904—90）规定，铁路桥梁跨度标准跨径从 4 m 至 168 m 共 20 级（见表 1.2.1-1），常用者为 12 m、16 m、20 m、24 m、32 m。

表 1.2.1-1　铁路桥梁跨度系列

跨度（支点距离）（m）	4	5	6	8	10
梁长（m）	4.5	5.5	6.5	8.5	10.5
跨度（支点距离）（m）	12	16	20	24	32
梁长（m）	12.5	16.5	20.6	24.6	32.6
跨度（支点距离）（m）	40	48	56	64	80
梁长（m）	40.6	49.1	57.1	65.1	81.1
跨度（支点距离）（m）	96	112	128	144	168
梁长（m）	97.1	113.5	129.5	145.5	168.5

《公路桥涵设计通用规范》（JTG D60—2004）中规定，桥涵跨径在 50 m 及以下时，宜采用标准化跨径。公路桥涵标准跨径为：0.75 m、1.0 m、1.25 m、1.5 m、2.0 m、2.5 m、3.0 m、4.0 m、5.0 m、6.0 m，8.0 m、10 m、13 m、16 m、20 m、25 m、30 m、35 m、40 m、45 m 和 50 m，共 21 种。常用者为 10 m、16 m、20 m、30 m、40 m 等。

（9）桥长：铁路桥桥长：梁桥系指桥台挡砟前墙之间的长度；拱桥系指拱上侧墙与桥台侧墙间两伸缩缝外端之间的长度；刚架桥系指刚架顺跨度方向外侧间的长度。

公路桥梁桥梁全长规定：梁式桥指桥梁两端两个桥台的侧墙或八字墙尾端点之间的距离。对于无桥台的桥梁为桥面系长度。

（10）桥梁高度。桥梁高度指桥面与低水位之间的高差或桥面与桥下线路路面之间的高差。桥高在某种程度上反映桥梁施工的难易性。

（11）桥下净空高度。桥下净空高度是设计洪水位或通航水位至桥跨结构最下缘之间的距离，以 H 表示，应能保证桥下安全排洪，并不得小于该河流通航所规定的净空高度。

（12）通航净空。设计通航水位（或桥下线路路面）与桥梁结构最下缘标高之间的垂直距离即为通航净空，其值应根据通航、通车及排洪要求确定。

（13）建筑高度。桥上行车路面（或轨顶）标高至桥跨结构最下缘之间的距离为建筑高度，以 h 表示。它不仅与桥梁结构的体系和跨径的大小有关，还随行车部分在桥上的布置而异。铁路定线中所确定的轨顶的标高，与桥下设计洪水位加超高或与通航净空顶部标高之差，称为容许建筑高度。桥梁的建筑高度不得大于其容许建筑高度。

（14）净矢高。从拱顶截面下缘至相邻两拱脚截面下缘最低点连线的垂直距离为净矢高，以 f_0 表示。

（15）计算矢高。从拱顶截面形心至相邻两拱脚截面形心连线的垂直距离为计算矢高，以 f 表示。

（16）矢跨比。拱桥中拱圈（或拱肋）的计算矢高与计算跨径之比（f/l）为矢跨比，亦称拱矢度。它是反映拱桥受力特性的一个重要指标。

1.2.2　桥梁的分类

从桥型外观、使用功能、服务对象、受力特点来看，桥梁的种类繁多，为了便于区分，桥梁的分类方法有以下几种：按受力体系分类、按用途分类、按跨径分类、按结构使用的建筑材料分类、按跨越障碍的性质分类、按行车道的位置分类、按桥跨结构的平面布置分类、按照特殊的使用条件分类等。

一、按受力体系分类

桥梁按受力体系可以分为梁式桥、拱式桥和悬索桥三大基本体系。梁式桥以受弯为主，拱式桥以受压为主，悬索桥以受拉为主。由三大基本体系的相互组合派生出在受力上也具有组合特征的多种桥型，如刚构桥和斜拉桥等。下面简要阐述桥梁各种体系的特点。

1. 梁式桥

梁式桥（图 1.2.2-1）是一种在竖向荷载作用下无水平反力的结构。梁是主要承重构件。一般以抗弯和抗剪能力的大小来表示构件的承载力，通常选用抗弯能力强的材料（如钢、钢筋混凝土、钢-混凝土组合结构等）来建造。梁式桥可分为简支梁桥、悬臂梁桥和连续梁桥等。简支梁桥如图 1.2.2-1（a）所示，结构简单，施工方便，在小跨度桥梁中应用广泛。当跨径较大时，为了改善受力条件和适用性能，行车平顺，可采用连续梁桥如图 1.2.2-1（c）、（d）所示。对于大桥和特大桥，可以采用预应力混凝土连续梁桥、钢桥和钢-混凝土组合梁桥。悬臂梁桥如图 1.2.2-1（b）所示，跨中弯矩比简支梁小，但构造复杂，行车不平顺，目前已较少采用。

2. 拱式桥

拱式桥（图 1.2.2-2）的主要承重结构是拱圈或拱肋。在竖向荷载作用下，桥墩或桥台承受水平推力，这种水平推力将大大抵消荷载在拱圈（或拱肋）内作用引起的弯矩。因此，与相同跨径的梁相比，拱的弯矩、剪力和变形都要小得多，而以受压为主，通常采用抗压能力强的圬工材料（如砖、石、混凝土）或钢筋混凝土等来建造。由于拱式桥跨越能力很大，外形十分美观，在地基条件较好的情况下，修建拱式桥往往是经济合理的，一般跨径在 500 m 以内均可以作为比选方案。在地基条件不适合的情况下，也可以建造由系杆来承受水平推力的系杆拱桥，如图 1.2.2-2（c）所示。

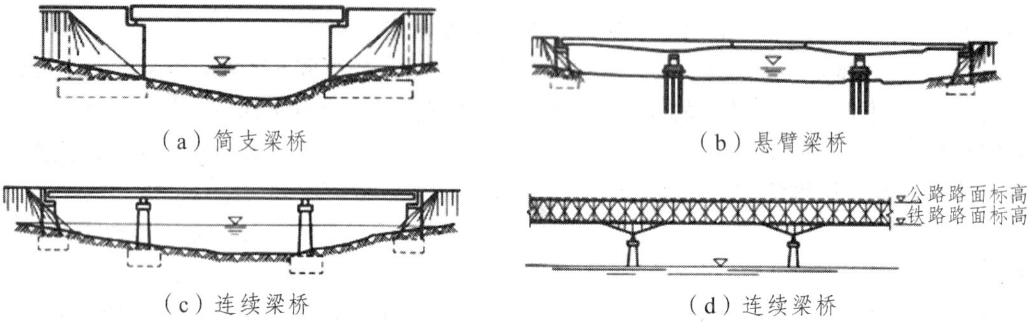

（a）简支梁桥　（b）悬臂梁桥

（c）连续梁桥　（d）连续梁桥

图 1.2.2-1　梁式桥

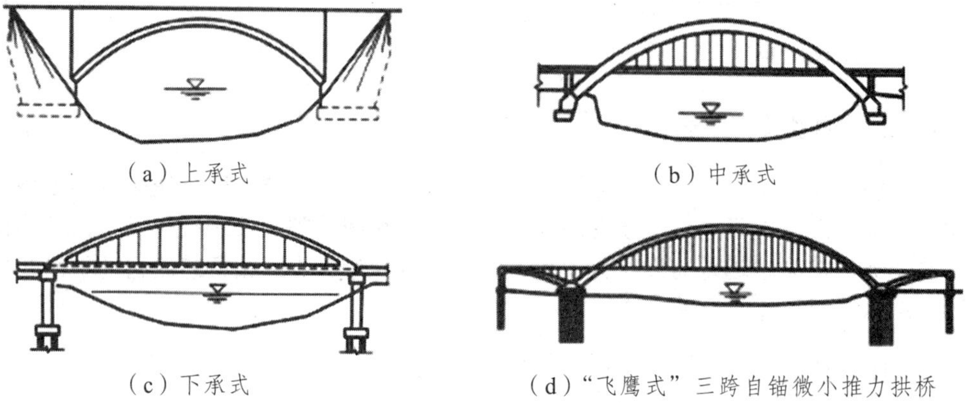

（a）上承式　（b）中承式

（c）下承式　（d）“飞鹰式”三跨自锚微小推力拱桥

图 1.2.2-2　拱式桥

3. 刚构桥

刚构桥（图 1.2.2-3）的主要承重结构是梁（或板）和立柱（或竖墙）整体结合形成刚架结构。梁和柱的连接处具有很大的刚性。在竖向荷载作用下，梁主要受弯，柱脚处也具有水平反力，如图 1.2.2-3（a）所示，其受力状态介于梁和拱之间。因此，刚构桥的跨中建筑高度就可以做得比梁桥小一点。在城市立交桥中，采用刚构桥能尽量降低线路标高，一方面可以改善纵坡并能减少桥头路堤的土石方量；另一方面，当桥面标高一定时，能增加桥下净空。刚构桥可分为 T 形刚构桥、连续刚构桥和斜腿刚构桥等。

如图 1.2.2-3（b）所示的 T 形刚构桥是以前修建较大跨径钢筋混凝土桥曾采用的桥型。它是结合了刚构桥和多孔静定悬臂梁桥的特点发展起来的一种多跨结构。这种桥型的主要缺点是悬臂根部的负弯矩很大，钢筋用量多，混凝土易开裂，且有挂梁影响行车平顺，牛腿应力复杂易损坏。此桥型跨径一般不能做得太大（40 ~ 50 m），目前已经很少采用。

连续刚构桥保持了上部构造连续梁的属性，跨越能力大，施工难度小，行车平顺，养护简便，造价较低，具有 T 形刚构桥的优点，如图 1.2.2-3（c）所示。当跨越陡峭河岸和深邃峡谷时，修建斜腿刚构桥既经济合理，又轻巧美观，如图 1.2.2-3（d）所示。

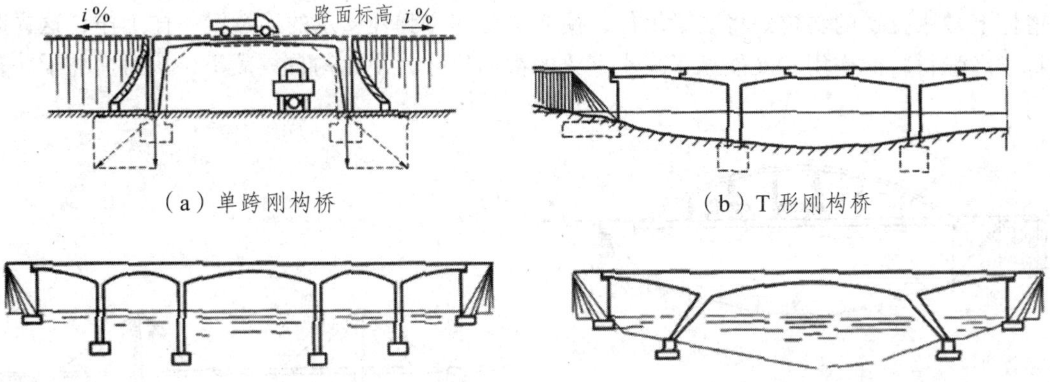

（a）单跨刚构桥　（b）T 形刚构桥

（c）连续刚构桥　（d）斜腿刚构桥

图 1.2.2-3　刚构桥

4. 悬索桥

悬索桥也称吊桥，传统的悬索桥使用悬挂在两边塔架上强大的缆索作为主要的承重结构（图 1.2.2-4）。在竖向荷载作用下，通过吊杆使缆索承受很大的拉力，这就需要在两岸桥台后方修筑非常巨大的锚碇结构。悬索桥也是具有水平反力（拉力）的结构。现代悬索桥广泛采用高强度钢丝成股编制的钢缆，以充分发挥其优异的抗拉性能，因此，其结构自重轻，并能以较小的建筑高度跨越其他桥型无法超越的特大跨度。悬索桥的另一特点是成卷的钢缆易于运输，结构的组成构件较轻，便于无支架悬吊拼装。在西南山岭地区和遭受山洪、泥石流冲击等威胁的地区，当修建其他桥梁有困难时，往往采用悬索桥。悬索桥也有不足之处：相对于其他桥梁体系，悬索桥的结构刚度小，在车辆动荷载和风荷载作用下有较大的变形与振动，限制了悬索桥在铁路上的应用。

图 1.2.2-4　悬索桥

5. 组合体系桥

由几个不同结构体系组合而成的桥梁称为组合体系桥（图 1.2.2-5）。梁和拱的组合体系，其中梁和拱都是主要承重结构，两者相互配合共同受力，如图 1.2.2-5（a）所示，为一种梁和拱的组合体系。由于吊杆将梁向上（与荷载作用的挠度方向相反）吊住，减小了梁中的弯矩；同时由于拱与梁连接在一起，拱的水平推力传给梁来承受，这样梁除了受弯以外还受拉。这种组合体系桥能跨越比一般简支梁桥更大的跨度，而对墩台则没有推力作用，因此对地基的要求就与一般简支梁桥一样。图 1.2.2-5（b）所示为拱置于梁的下方，通过立柱对梁起辅助支承作用的组合体系桥。

斜拉桥，如图 1.2.2-5（c）所示，是一种由桥塔、主梁和斜拉索组成的组合体系桥。悬挂在塔柱上被张拉紧的斜拉索将主梁吊住，使主梁像多点弹性支承的连续梁一样工作，这样既发挥了高强材料的作用，又能显著减小主梁的截面尺寸，使结构自重减小，从而增加了跨越能力。

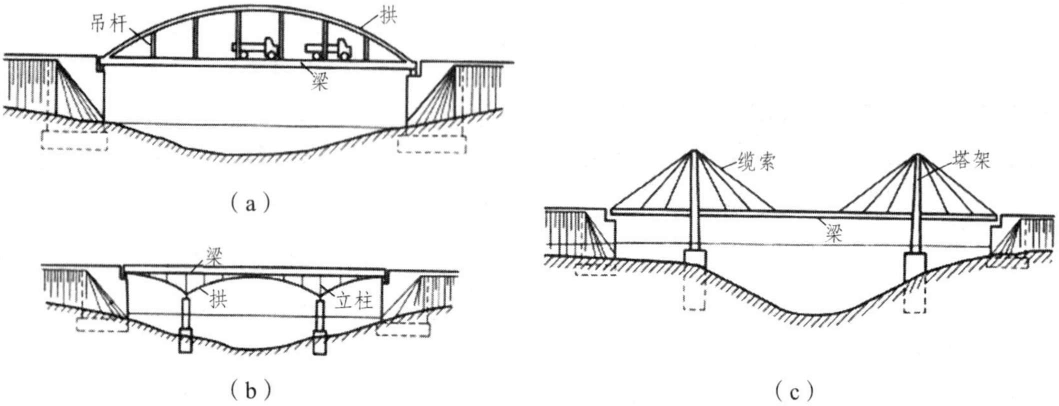

图 1.2.2-5 组合体系桥

组合体系桥的种类很多，利用梁、拱、吊三者的不同组合，上吊下撑以形成新的结构。组合体系桥梁一般都可用钢筋混凝土来建造，对于大跨径桥梁，可以采用预应力混凝土、钢或钢-混凝土组合结构修建，一般来说，这种桥梁的施工工艺比较复杂。

二、桥梁的其他分类

（1）桥梁按用途可分为公路桥、铁路桥、公铁两用桥、农用桥、人行桥、运水桥（渡槽）及其他专桥梁（如通过管路、电缆等）。

（2）桥梁按桥梁跨径的不同可分为特大桥、大桥、中桥、小桥。

铁路桥梁按其长度分类如下：

特大桥——桥长 500 m 以上；

大　桥——桥长 100 m 以上至 500 m；

中　桥——桥长 20 m 以上至 100 m；

小　桥——桥长 20 m 及以下。

《公路工程技术标准》规定的桥涵划分标准见表 1.2.2-1。

表 1.2.2-1 公路桥涵分类

桥涵分类	多孔跨径总长 L（m）	单孔跨径 L_k（m）
特大桥	$L>1000$	$L_k>150$
大桥	$100\leqslant L\leqslant 1000$	$40\leqslant L_k\leqslant 150$
中桥	$30<L<100$	$20\leqslant L_k<40$
小桥	$8\leqslant L\leqslant 30$	$5\leqslant L_k<20$
涵洞	—	$L_k<5$

（3）桥梁按照主要承重结构使用的材料可分为：圬工桥（包括砖、石、混凝土等）、钢筋混凝土桥、预应力混凝土桥、钢桥和木桥等。木材易腐蚀，且资源有限，只用于少数临时性桥梁。目前我国在铁路上使用最广泛的是预应力混凝土桥。

（4）桥梁按跨越障碍的性质可分为跨河桥、跨线桥（立体交叉）、高架桥和栈桥。高架桥一般指跨越深沟峡谷以代替高路堤的桥梁以及在城市中跨越道路的桥梁。

（5）桥梁按上部结构的行车道的位置可分为上承式桥、中承式桥和下承式桥。桥面布置位于主要承重结构之上的称为上承式桥，桥面布置位于桥跨结构高度中间的称为中承式桥，桥面布置位于承重结构之下的称为下承式桥。

任务 1.3　铁路桥梁设计荷载

1.3.1　铁路桥梁设计荷载

铁路桥梁结构除了承受自身重量和各种附加恒载以外，主要承受桥上列车荷载、人群荷载等。处于自然环境中的铁路桥梁，还要受到气候、水文等各种复杂因素（外力）的影响。桥梁设计荷载是桥梁结构设计时所应考虑的各种可能出现的荷载的统称，包括恒载、活载和其他荷载。

按照我国《铁路桥涵设计基本规范》（TB 10002—2017，后简称《桥规》），通常将作用在铁路桥梁上的各种荷载和外力归纳成恒载、活载、附加力、特殊荷载 4 类，见表 1.3.1-1。

表 1.3.1-1　铁路桥梁荷载

荷载分类		荷载名称	荷载分类	荷载名称
主力	恒载	结构构件及附属设备自重	附加力	制动力或牵引力
		预加力		支座摩阻力
		混凝土收缩和徐变的影响		风力
		土压力		流水压力
		静水压力及水浮力		冰压力
		基础变位的影响		温度变化的作用
	活载	列车竖向静活载		冻胀力
		公路活载（需要时考虑）		波浪力
		列车竖向动力作用	特殊荷载	列车脱轨荷载
		离心力		船只或排筏的撞击力
		横向摇摆力		汽车撞击力
		活载土压力		施工临时荷载
		人行道人行荷载		地震力
		气动力		长钢轨纵向作用力（伸缩力、挠曲力和断轨力）

一、恒　载

（一）结构自重

铁路桥梁恒载是指在设计使用期内其作用位置和大小不随时间变化，或其变化与平均值相比可忽略不计的荷载。铁路桥梁荷载包括桥梁结构自重、桥上附加恒载（桥面、人行道及附属设备）、预加应力、混凝土的收缩和徐变的影响、土因自重所生的竖向和水平压力、静水压力及浮力等。

桥梁结构的自重和桥面附属结构的重量，可按实际体积乘以材料容重计算，铁路桥涵结构一般常用材料容重可按表 1.3.1-2 采用。

表 1.3.1-2　一般常用材料容重　　单位：kN/m^3

材料名称	容重	材料名称	容重
钢、铸钢	78.5	级配碎石	22.0
铸铁	72.5	填土	17.0 ~ 18.0
铅	114.0	填石（利用弃砟）	19.0 ~ 20.0
钢筋混凝土（配筋率在 3%以内）	25.0 ~ 26.0	碎石道砟	21.0
混凝土和片石混凝土	24.0	浇注的沥青	15.0
浆砌块石或料石	24.0 ~ 25.0	压实的沥青	20.0
浆砌片石	23.0	不注油的木材	7.5
干砌块石或片石	21.0	注油的木材	9.0
碎（砾）石	21.0		

桥面恒载包括防水层、栏杆、照明设备、信号设备、接触网支柱及声屏障、轨枕、道砟、钢轨、扣件、轨下垫板及电缆等。在计算道砟荷载时应根据维修养护规则计算其局部超砟或移除的可能性。

（二）其他恒载

1. 预加力

预应力混凝土结构的预加力与有效预应力，可按《桥规》计算。对于预应力结构，运营阶段设计时预加应力按永久荷载考虑，强度检算时预加应力不作为荷载，而将预应力筋作为结构抗力的一部分考虑。在超静定结构中，由预加力引起的次内力应属永久荷载。

2. 混凝土收缩徐变影响

混凝土收缩的影响应按《铁路桥涵钢筋混凝土和预应力钢筋混凝土结构设计规范》计算。施工中与施工后结构体系发生变化的超静定结构应考虑混凝土徐变引起的超静定力。

3. 土压力

作用于墩台上的土的侧压力可按库仑（楔体极限平衡）理论推导的主动土压力计算。对渗水土采用内摩擦角 $\varphi = 33°$；对一般填石（利用弃砟）采用内摩擦角 $\varphi = 40°$；填料与墩台表面的外摩擦角 $\delta = \varphi/2$。当实际情况与上述有出入时，应以实际资料或通过试验作为计算的根据。若土质分层有变化或水位影响计算参数时，应作分层计算。台后过渡段填土的内摩擦角应根据台后填筑的实际情况确定。在计算滑动稳定时，墩台前侧不受冲刷部分土的侧压力可按静止土压力计算。对承受土侧压力的构架式墩台，作用在桩、柱上的土压力计算宽度按《桥规》规定计算。

4. 水浮力

对位于碎石土、砂土、粉土等透水地基上的墩台，当检算稳定性时，应考虑设计洪水频率水位的水浮力；计算基底应力或基底偏心时，仅考虑常水位（包括地表水或地下水）的水浮力。检算墩台身截面或检算位于黏性土上的基础，以及检算岩石（破碎、裂隙严重者除外）上的基础且基础混凝土与岩石接触良好时，可不考虑水浮力。位于粉质黏土和其他地基上的墩台，不能确定是否透水时，应分别按透水与不透水两种情况检算基底并取其不利者。

5. 地基基础变位的影响

超静定结构应按实际可能发生的基础变位计算其超静定次内力，并应计入混凝土收缩徐变对此项内力的影响。

二、活　载

铁路桥梁活载是指在设计使用期内其作用位置和大小、方向随时间变化，且其变化与平均值相比不可忽略的荷载。桥梁设计中考虑的活载包括铁路列车活载或公路车（道）辆荷载，它们所引起的冲击力、离心力、横向摇摆力（铁路列车）、制动力或牵引力，人群荷载以及由列车车辆所产生的土压力等。铁路桥梁主要考虑铁路列车活载、人群荷载及列车荷载的影响力。

（一）列车活载

铁路列车活载一般用普通活载和特种活载表示。在以往的各版本桥梁规范中，由于荷载图式单一，并且没有类似国外或其他行业的专门的荷载图式标准，故将设计荷载标准图式列入《桥规》中，便于设计者采用。列车荷载图式是铁路列车对线路基础设施静态作用的概化表达形式，根据不同类型铁路运输移动装备情况，并考虑一定的储备和发展系数综合制定。

旧版《桥规》普通铁路桥梁列车竖向静活载采用中华人民共和国铁路标准活载，即“中-活载”。标准活载的计算图式见图 1.3.1-1。其中普通活载是机车车辆的重量；特种活载是代表某些集中轴重（它对小跨度桥梁及局部杆件的设计起决定作用）。由于不同型号机车（或车辆）的轴重和轴距不相同，在设计时，应按当时的设计规范所制定的列车活载来进行。这种活载不仅能概括当前机车车辆的实际情况，还考虑到了今后机车车辆可能出现的发展趋势。

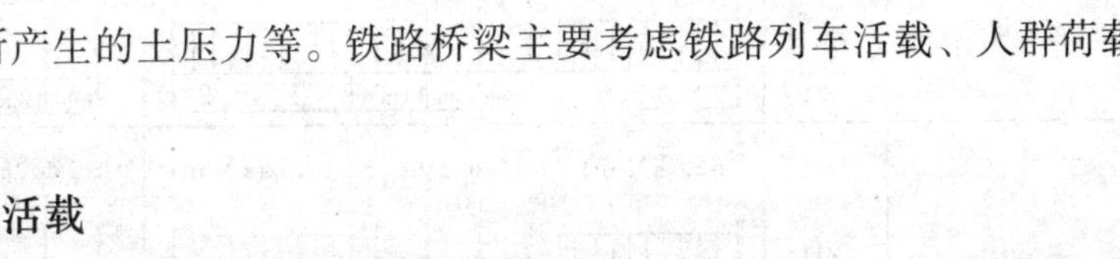

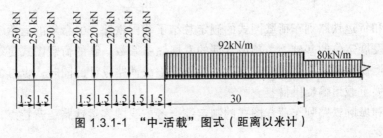

图 1.3.1-1　“中-活载”图式（距离以米计）

由中国铁道科学研究院编制的首版铁道行业技术标准《铁路列车荷载图式》(TB/T 3466—2016，以下简称《荷载图式》)已完成了编制工作，并由国家铁路局发布，自 2017 年 7 月 1 日起实施，故本规范中不再将铁路列车荷载图式列入，设计人员根据工程项目要求，直接从《荷载图式》选取规定的列车荷载图式标准进行设计。

我国铁路早期主要为客货共线铁路，相应地，设计时统一采用了符合客货铁路运输特点的列车荷载图式。近年来，随着铁路的快速发展，铁路客货运输呈现出客运高速、货运重载等新的特征，不同线路通过的列车差异越来越大，若仍采用统一的列车荷载图式将是不科学，也是不经济的。因此，针对高速铁路、城际铁路、客货共线铁路、货运铁路分别规定了相应的列车荷载，图式见图 1.3.1-2。

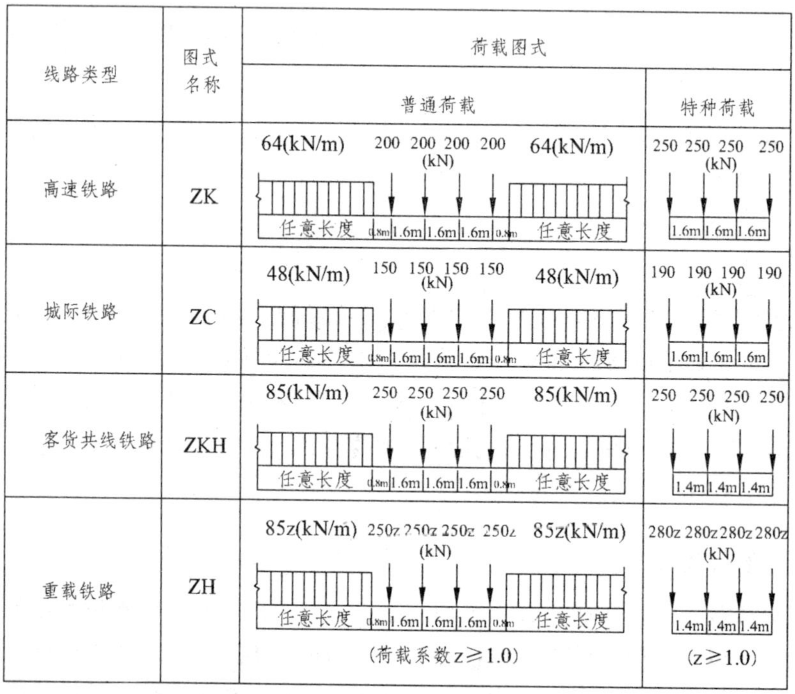

图 1.3.1-2 铁路列车荷载图式

标准制定的高速铁路、城际铁路、客货共线铁路、货运铁路列车荷载图式均由普通荷载图式和特种荷载图式组成，在与国际接轨的基础上，结合我国的具体情况制定而成。普通荷载图式由集中荷载和均布荷载组成，与国际铁路联盟制定路线相同；特种荷载图式根据我国路情特点制定，由集中荷载组成。客运铁路列车荷载图式满足高速动车组开行需求，货运铁路列车荷载图式满足国际联运列车开行需求，与国际接轨，为国家实施铁路“走出去”战略提供支撑。

客货共线和货运铁路列车荷载图式的制定总结了我国铁路 60 余年的运营实践经验，在确定移动装备发展定位的基础上，预留合理的发展储备系数，新的荷载图式更符合现代铁路运输特征。货运铁路列车荷载图式在支撑我国新建重载铁路设计的同时，也可为后续利用客货共线铁路发展重载运输提供借鉴。

高速铁路和城际铁路列车荷载图式的制定综合考虑我国客运铁路运营特点，提出了与高速铁路、城际铁路荷载图式相配套的频率等动力性能指标，提高车桥共振速度范围，合理控制设计速度范围内运营动力系数，满足设计列车效应大于运营列车效应的原则。

（二）列车荷载影响力

1. 列车竖向动力作用

列车竖向活载包括列车竖向动力作用，该列车竖向活载等于列车竖向静活载乘以动力系数（$1+\mu$），简支或连续的钢桥跨结构和钢墩台动力系数应按下列公式计算：

$$1+\mu=1+\frac{28}{40+L}$$

2. 活载土压力

列车静活载在桥台后破坏棱体上引起的侧向土压力，应按列车静活载换算为当量均布土层厚度计算。

计算活载对涵洞的竖向压力和水平压力时，假定活载在轨底平面上的横向分布宽度为 2.5 m，其在路基内与竖直线成一角度（正切为 0.5）向外扩散，可按下列公式计算。

$$\text{水平压力 } e=\xi q_{\mathrm{h}}\text{，竖向压力 } q_{\mathrm{h}}=165/(2.5+h)$$

式中，e，q_{h} 为压力（kPa）；ξ 为系数，填土采用 0.25 或 0.35，视设计的控制情况采用，经久压实的路堤采用 0.25；h 为轨底以下的深度（m）。

3. 离心力

桥梁在曲线上时，应考虑列车竖向静活载产生的离心力。离心力按水平向外作用于轨顶以上 2.0 m 处。离心力应按下列公式计算：

$$\text{对集中活载 } NF=\frac{v^2}{127R}(f\times N)\text{，对分布活载 } qF=\frac{v^2}{127R}(f\times q)$$

式中，F 为离心力（kN）；N 为“中-活载”图式中的集中荷载（kN）；q 为“中-活载”图式中的分布荷载（kN/m）；v 为设计速度（km/h）；R 为曲线半径（m）；f 为竖向活载折减系数，$f=1.0-(v-120)/1\,000\times(814/v+1.75)\times[1-(2.88/L)^{0.5}]$；$L$ 为桥上曲线部分荷载长度（m）。当 $L\leqslant2.88$ m 或 $v\leqslant120$ km/h 时，f 值取 1.0；当计算 f 的值大于 1.0 时取 1.0；当 $L>150$ m 时，取 $L=150$ m 计算 f 值。

当计算速度大于 120 km/h 时，离心力和竖向活载组合时应考虑以下三种情况：① 不折减的“中-活载”和按 120 km/h 速度计算的离心力（$f=1.0$）；② 折减的“中-活载”（$f\times N$，$f\times q$）和按设计速度计算的离心力（$f<1.0$）；③ 曲线桥梁还应考虑没有离心力时列车活载作用的情况。

4. 其他活载

横向摇摆力应取 100 kN，作为一个集中荷载取最不利位置，以水平方向垂直线路中心线作用于钢轨顶面。多线桥梁只计算任一线上的横向摇摆力。空车时应考虑横向摇摆力。

铺设无缝线路桥梁，桥梁设计应考虑无缝线路长钢轨纵向力作用。检算墩台时伸缩力、挠曲力、断轨力作用点为墩台支座铰中心，检算支座时伸缩力、挠曲力、断轨力作用点为墩台支座顶中心，台顶断轨力作用点为台顶。断轨力可在全联范围内的墩台上分配。

（三）人行道荷载

铁路桥梁设有人行道时，应考虑人群荷载，人群荷载按均匀分布荷载考虑。对于道砟桥面和明桥面的人行道，人群荷载按 4.0 kPa 计；对于人工养护的道砟桥面除考虑人群荷载外，还应考虑养护时人行道上的堆砟荷载；人行道板还应按竖向集中荷载 1.5 kN 检算；桥梁检查维修通道设置于桥面人行道时，还应按动力检查车的荷载检算。检算栏杆立柱及扶手时，水平推力应按 0.75 kN/m 计算。对于立柱，水平推力作用于立柱顶面处。立柱和扶手还应按 1.0 kN 集中荷载检算。

三、附加荷载

（一）制动力和牵引力

列车制动力或牵引力应按列车竖向静活载的 10%计算，但当其与离心力或列车竖向动力作用同时计算时，制动力或牵引力应按列车竖向静活载的 7%计算。双线桥应采用一线的制动力或牵引力；三线或三线以上的桥应采用两线的制动力或牵引力。按此计算的制动力或牵引力不考虑对双线竖向活载进行折减的规定。桥头填方破坏棱体范围内的列车活载所产生的制动力或牵引力不予计算。制动力或牵引力作用在轨顶以上 2 m 处，但计算桥墩台时移至支座中心处，计算台顶活载的制动力或牵引力时移至轨底，计算刚架结构时移至横杆中线处，均不计移动作用点所产生的竖向力或力矩。采用特种活载时，不计算制动力或牵引力。

（二）风荷载

作用于桥梁上的风荷载强度可按下式计算：

$$W = K_1 \times K_2 \times K_3 \times W_0$$

式中，W 为风荷载强度（Pa）；W_0 为基本风压值（Pa）；$W_0 = 1/1.6 \times v^2$，系按平坦空旷地面，离地的 20 m 高，频率 1/100 的 10 min 平均最大风速 v（m/s）计算确定；一般情况 W_0 可按《桥规》中“全国基本风压分布图”，并通过实地调查核实后采用。K_1 为风载体形系数，桥墩见表 1.3.1-3，其他构件为 1.3；K_2 为风压高度变化系数，见表 1.3.1-4；风压随离地面或常水位的高度而异，除特殊高墩个别计算外，为简化计算，全桥均取轨顶高度处的风压值；K_3 为地形、地理条件系数，见表 1.3.1-5。

表 1.3.1-3 桥墩风载体形系数 K_1

序号	截面形状		长宽比值	体形系数 K_1
1	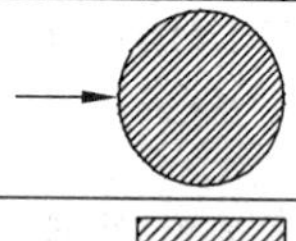	圆形截面	—	0.8
2	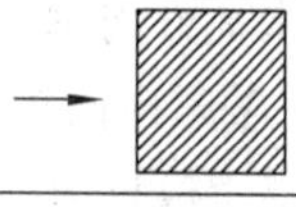	与风行平行的正方形截面	$L/b \leq 1.5$	1.4
			$L/b > 1.5$	
3	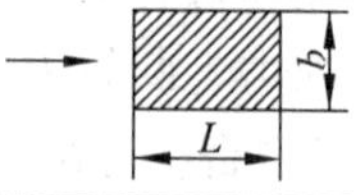	短边迎风的正方形截面	$L/b \leq 1.5$	1.2
			$L/b > 1.5$	0.9

续表

序号	截面形状		长宽比值	体形系数 K_1
4	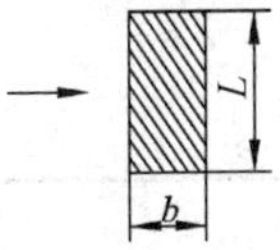	长边迎风的矩形截面	$L/b \leqslant 1.5$	1.4
			$L/b > 1.5$	1.3
5	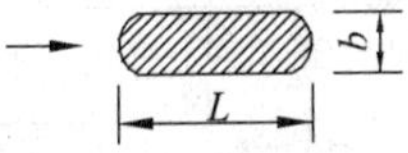	短边迎风的圆端形截面	$L/b \geqslant 1.5$	0.3
6	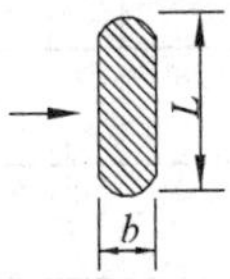	长边迎风的圆端形截面	$L/b \leqslant 1.5$	0.8
			$L/b > 1.5$	1.1

表 1.3.1-4 风压高度变化系数 K_2

离地面或常水位高度（m）	≤20	30	40	50	60	70	80	90	100
K_2	1.00	1.13	1.22	1.30	1.37	1.42	1.47	1.52	1.56

表 1.3.1-5 地形、地理条件系数 K_3

地形、地理情况	K_3
一般平坦空旷地区	1.0
城市、林区盆地和有阻碍物挡风时	0.85～0.90
山岭、峡谷、垭口、风口区、湖面和水库	1.15～1.30
特殊风口区	按实际调查或观测资料计算

横向风力的受风面积应按桥跨结构理论轮廓面积乘以下列系数：钢桁梁及钢塔架 0.4；钢拱两弦间的面积 0.5；桁拱下弦与系杆间的面积或上弦与桥面系间的面积 0.2；整片的桥跨结构 1.0；列车受风面积应按 3 m 高的长方带计算，其作用点在轨顶以上 2 m 高度处。

桥上有车时，风荷载强度应按式中 W 的 80%计算，并不大于 1 250 Pa；桥上无车时，按 W 计算。检算桥台时，桥台本身所受风力不予计算。桥台施工时孤立状态的风荷载强度，应根据具体情况按有关规定处理。纵向风力与横向风力计算方法相同。对于列车、桥面系和各类上承梁，所受的纵向风力不予计算；对于下承桁梁和塔架，应按其所受横向风荷载强度的 40%计算。对于高墩等高耸建筑物，其自振周期较大时，应考虑风振的影响。标准设计的风压强度，有车时按 $W = K_1 \times K_2 \times 800$ 计算，取值不大于 1 250 Pa；桥上无车时按 $W = K_1 \times K_2 \times 1\,400$。

（三）流水压力及冰压力

铁路桥梁桥墩上承受的流水压力可按下式计算：

$$P = KA\frac{\gamma v^2}{2g_{\mathrm{n}}}$$

式中，P 为流水压力（kN）；A 为桥墩阻水面积（m^2），通常计算至一般冲刷线处；γ 为水的容重，一般采用 10 kN/m^3；g_n 为标准自由落体加速度（m/s^2）；v 为计算时采用的流速（m/s）：检算稳定性时采用设计频率水位的流速；计算基底应力或基底偏心时采用常水位的流速；K 为桥墩形状系数，其值如表 1.3.1-6 所示。

表 1.3.1-6　桥墩形状系数取值

桥墩形状	K
方形桥墩	1.47
矩形桥墩（长边与水流平行）	1.33
圆形桥墩	0.73
尖端形桥墩	0.67
圆端形桥墩	0.60

流水压力的分布假定为倒三角形，其合力的着力点位于水位线以下 1/3 水深处。位于有冰凌的河流和水库中的桥墩台，应根据当地冰凌的具体条件及墩台的结构形式，考虑下列有关的冰荷载作用；河流流冰产生的动压力；风和水流作用于大面积冰层产生的静压力；冰覆盖层受温度影响膨胀时的静压力（在闭塞空间）；冰堆整体推移的静压力；冰层因水位升降产生的竖向作用力。

（四）温度荷载

铁路桥涵结构和构件应计算均匀温差和日照温差引起的变形和应力，温差应按当地气候条件与建造条件确定，线膨胀系数（1/°C）按下列取值：钢：0.000 011 8；钢筋混凝土和混凝土：0.000 010；石砌体：0.000 008。

四、特殊荷载

特殊荷载主要包括脱轨荷载、船只或排筏的撞击力、地震力、施工临时荷载等，计算时可视具体情况分别计算。

五、高速铁路桥梁荷载

高速铁路是指最高设计行车速度为 250 ~ 350 km/h 的铁路，荷载的分类和荷载的组合原则，仍然沿用铁路桥涵设计的规定，只是根据高速行车和采用无缝线路的实际情况，在荷载项目上增列了长钢轨纵向水平力、长钢轨断轨力和高速行车引起的气动力。

（一）列车标准荷载

目前我国高速铁路桥梁列车荷载采用 ZK 标准设计活载如图 1.3.1-2 所示，ZK 特种活载如图 1.3.1-3 所示。

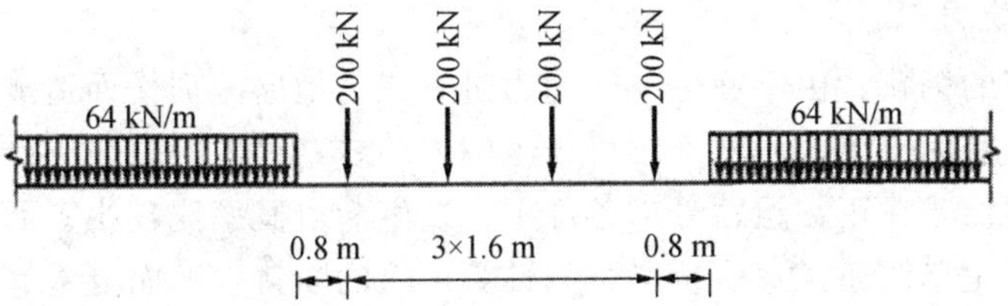

图 1.3.1-2　ZK 标准活载图式

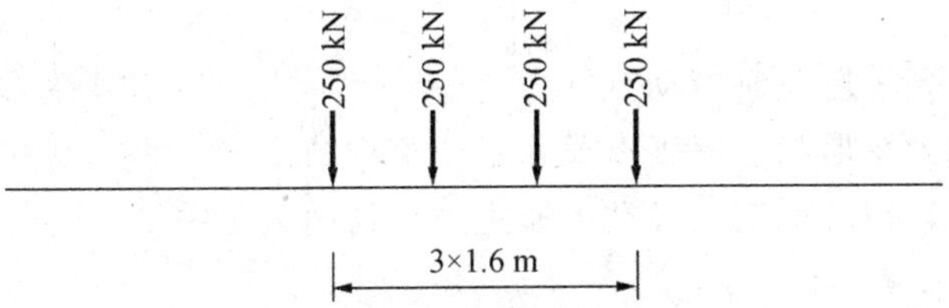

图 1.3.1-3　ZK 特种活载图式

（二）动力系数

高速铁路、城际铁路对于 ZK 活载的动力系数：

$$1+\mu=1+(1.44/\sqrt{L_{\phi}^{0.5}-0.2}-0.18)$$

式中，L_{ϕ}为加载长度（m），加载长度小于 3.61 m 时，应取 3.61 m；简支梁应取梁的跨度；连续梁可按平均跨度乘以跨度调整系数确定，且不应小于最大跨度。$1+\mu$计算值小于 1.0 时取 1.0。

表 1.3.1-7　连续梁跨度调整系数

跨数 n	2	3	4	≥5
跨度调整系数	1.2	1.3	1.4	1.5

高速铁路、城际铁路涵洞及结构顶面有填土的承重结构，顶面填土厚度大于 3 m 时，不计列车动力作用；顶面填土厚度小于等于 3 m 时，动力系数（$1+\mu$）应按下式计算：

$$1+\mu=1+(1.44/\sqrt{L_{\phi}^{0.5}-0.2}-0.18)-0.1(H_{c}-1.0)$$

式中　L_{ϕ}——加载长度（m），加载长度小于 3.61 m 时，应取 3.61 m；

H_{c}——涵洞及结构顶面至轨底填料厚度（m），$1+\mu$计算值小于 1.0 时取 1.0。

（三）高速铁路桥梁其他荷载

1. 长钢轨纵向水平力

桥梁因温度变化而收缩，因列车荷载作用而发生挠曲。桥梁的这种变形受到轨道结构的约束。又因桥上无缝线路的连续性致使梁变形时，钢轨产生两种水平力，分别称为伸缩力和挠曲力，同时两种力也反作用于梁，并传递到支座和墩台。伸缩力和挠曲力都是主力，但两者在同一轨道上不会同时产生。高速铁路桥梁长钢轨纵向水平力的计算按桥梁设计规范有关规定取值。

2. 长钢轨断轨力

桥上无缝线路的钢轨，由于疲劳、纵向力过大或其他原因损伤而造成断轨，从而产生断轨力。断轨力按一跨简支梁或一联连续梁长范围内的线路纵向阻力之和计算，最大断轨力不超过最大温度拉力值。在正常运营养护条件下，发生断轨概率比较小，而断轨力的值又比较大，所以规定不论是单线还是双线桥梁，只计算一轨的断轨力，而且将其作为特殊荷载，称为长钢轨断轨力。

3. 气动力

气动力是指高速列车运营时带动空气随之运动，形成的列车风在邻近列车的建筑物上产生的波动压力，它与列车形状、速度以及邻近建筑物的距离、建筑物的高度等因素有关。列车的风压力呈正、负压力波形式。气动力属主力。高速铁路桥梁气动力的计算按桥梁设计规范有关规定取值。

六、荷载组合

桥梁结构设计应根据结构的特性和检算内容，按表 1.3.1-1 以其最不利组合荷载进行设计。桥梁设计荷载应仅考虑主力与一个方向（顺桥或横桥方向）的附加力相结合，荷载组合时应遵循以下原则：

如杆件的主要用途为承受某种附加力，则在计算此杆件时，该附加力应按主力考虑；流水压力不与冰压力组合，两者也不与制动力或牵引力组合。列车脱轨荷载、船只或排筏的撞击力、汽车撞击力只计算其中的一种荷载，且不与其他附加力组合；地震力与其他荷载的组合见《铁路工程抗震设计规范》（GB 50111—2006）。

根据各种结构的不同荷载组合，应将材料基本容许应力和地基容许承载力乘以不同的提高系数。对预应力混凝土结构中的强度及抗裂性计算，应采用不同的安全系数。铁路公路两用的桥梁，考虑同时承受铁路和公路活载时，铁路活载应按本章有关规定计算；公路活载应按交通部现行的《公路工程技术标准》规定的全部活载的 75%计算，但对仅承受公路活载的构件，应按公路全部活载计算。

任务 1.4 桥梁施工准备

1.4.1 施工调查和技术准备

施工单位中标后，必须组织有关人员对设计文件进行全面核对和研究，并经设计单位进行设计交底，据以进行施工调查。施工调查的依据有：工程招标文件及补充规定，施工承发包合同文本，施工设计文件。

施工调查的主要内容包括：

跨越河流的最高洪水位、最低水位、常年水位及相应水位的流速，河道通航条件及标准，河流洪水期和枯水期，当地降雨、降雪量，冰冻期，风向和水速，全年的天气温度及气候状况。桥梁附近地形地貌、河床地质构造、地下水位、当地最大的冻结深度、地震烈度等。可供利用的山坡荒地、需要占用的耕地和拆迁的建筑物、施工期内对当地水利排灌和交通设施的影响。当地劳力和生产物资供应、工业加工、通信设施和水陆交通运输、水源和电源等供应能力、砂石料源、可供利用的房屋数量、生活物资等供应情况。当地有无地区性的病疫和卫生防疫状况、风俗习惯以及施工队伍应注意的事项等。修建各项临时工程、施工机械运输组装场地、施工防排水措施的资料。

桥梁所在的位置、地形、交通运输及跨线工程情况，并提出可行性施工方案（现场桥位制梁或预制后架设）。采用现场桥位制梁时应调查地基承载力、排水条件、桥下通行和通航条件等。

当采用桥梁预制和运架施工方案时，尚应调查以下内容：

施工便道、路基、桥梁墩台等有关运架梁的施工情况及施工资料。对运梁车及组装后的架桥机运行地段的高压线、通信线、广播线、立交桥、隧道、渡槽及一切影响架桥机走行净空和工作净空的障碍物进行调查测量，提出解决办法并要求在运架梁前完成整治工作。特殊困难架梁地段的地形、各桥电力供应情况及道路运输情况。材料及梁运输路径和架桥机架设顺序。

施工调查前，应与当地有关部门联系。施工调查时，应携带必要的文件、图纸及重点工程的设计资料等，采用现场勘察和沿线走访，核对图纸资料。现场调查工作完毕，应编写施工调查报告。

施工调查报告的内容为：

工程概况：如线路的经由，工程、水文地质情况，工程分布，重点桥梁工程情况，施工的特点和难易程度，工程数量等。

施工条件：工程场地情况，沿线交通和供水、供电、供油情况，主要材料和地方材料的供应条件和供应方式，砂石料源情况，临时房屋和临时通信的解决条件等。

根据调查结果应提出以下施工建议方案：

施工区段划分，施工队伍驻地、大型临时工程的布置，施工道路的布局，施工供水、供电网络和工地发变电站的设置，砂石料场选定和场地布置、开采规模、运输方法及供应范围，主要材料供应基地、桥头制梁场等的位置和规模，重点桥梁工程施工方法及措施，施工机具设备和利用地方机械设备的意见，影响施工的障碍物的拆迁方案，箱梁运输路径和桥梁架设顺序，施工调查过程中发现的主要问题和优化设计的意见，对现有施工便道的改扩建方案。

开工前，应根据设计文件和任务要求，应用网络技术编制实施性施工组织设计，其主要内容包括：工程特点，主要施工方法，技术措施，施工进度，工程数量，完成工作量计划，材料设备及劳力计划，施工现场布置平面图，保证施工安全、质量和合同工期的措施，环境保护措施，制架梁辅助工程和水电供应等。

开工前应做好所需材料机具的准备工作，包括：材料供应渠道、材料的储存、机具配备方案、机具购置和调配、砂石料供应等。施工单位在做施工调查的过程中，应详细调查当地水资源及电力供应情况，做好完善的水电供应方案。充分利用地方电信设备，必要时也可架设通信线路。

实施性施工组织设计中规划的临时设施，应包括生产房屋、生活房屋、施工便桥、工程现场内外交通道路、工地供电和供水设备及其他小型临时设施等，宜在正式开工前完成。起重设备、施工便桥在使用前应予以验收并做好记录，使用过程中应有安全防护措施。高空作业过程中要做好安全防护。

施工前应对施工方案、技术措施和保证工程质量、施工安全等认真进行研究和深入细致地讨论，做到有计划、有步骤地完成施工。施工前应对参加施工人员按有关客运铁路相关技术标准进行培训和考核，做到持证上岗。

正式工程开工前，要做好各项施工准备工作和施工图（资料）核对优化工作，经检查合格后，才能申请开工。工程开工必须具备以下条件：

经批准的设计文件、施工图或施工资料能满足施工需要；征地、拆迁、城市规划、环保评估已经完成；中线复测及工点放线已完成，施工桩撅完备；施工组织设计已经编制完成并已按规定的程序审核批准；地质复核工作已经完成；施工图（资料）核对优化设计工作已经完成；机械、设备、材料和劳动力准备能满足开工需要；质量保证体系、安全保证措施已建立和健全；工地试验室已经建立并通过认证，能满足施工要求；与开工有关的材料试验已完成；工地布置、施工用水、用电、临时房屋和便道能满足开工要求；对有关施工人员的技术培训和技术交底已完成；特殊工种必须持证上岗；核实地下管线的位置和分布。

施工单位在施工过程中应严格执行开工报告审批制度，未经批准的工程不得开工。

1.4.2 主要施工机械设备和辅助工程

根据桥梁上部结构特点，主要施工设备有以下几种。桥位制梁设备：膺架（或移动支架造桥机、移动模架造桥机、挂篮）、张拉设备、混凝土设备、钢筋设备、试验和检测设备及其他辅助施工设备。预制梁设备包括：台座、模板、张拉设备、混凝土设备、钢筋设备、吊装及滑移设备、试验和检测设备；采用蒸汽养生时还有蒸汽养生设备；以及其他一些辅助施工设备。运架梁设备包括：装梁、运梁和架梁设备。

施工时应根据梁的尺寸、重量、形状并结合本单位实际情况合理选择配备施工所需机械设备，确定其参数，提前做好准备，以保证工程工期、安全和质量。

桥梁施工辅助工程主要包括：存梁场、场内运梁线、大型龙门吊机走行线、供应制梁砂石料的砂石场、修建临时承托结构、钢构件、架桥机的运梁道路。开工前，应考虑辅助工程特点及施工工期，做到统筹规划、合理布局，提出设计文件，经上级批准后，修建辅助工程。辅助工程竣工后，施工单位要编制竣工报告。其内容包括：开、竣工日期，施工依据，施工单位，竣工数量，主要材料消耗，工程成本及必要图纸等。

当桥梁工程施工采用预制和架设施工方案时，运梁便线及桥上临时轨道应按不同运梁车的要求具有足够的承载能力并要平整、顺直，以便梁的顺利移运。施工便道应直通工地并与国家公路网联结，满足各种设备运输进场的需要。

复习思考题

1. 举例说明我国铁路桥梁建设发展动态。
2. 桥梁各种标高的确定应考虑哪些因素？
3. 桥梁组成部分有哪些？
4. 请阐述铁路桥梁设计荷载特点。
5. 请简述高速铁路桥梁的主要特点。
6. 请简述施工调查的主要内容。

项目 2　桥梁基础构造与施工

【项目描述】

桥梁最下部的结构：它直接坐落在岩石或土地基上，其顶端连接桥墩或桥台，合称为桥梁下部结构。

桥梁基础的作用是承受上部结构传来的全部荷载，并把它们和下部结构荷载传递给地基。因此，为了全桥的安全和正常使用，要求地基和基础要有足够的强度、刚度和整体稳定性，使其不产生过大的水平变位或不均匀沉降。

与一般建筑物基础相比，桥梁基础埋置较深，其原因是：① 由于作用在基础上的荷载集中而强大，加之浅层土一般比较松软，很难承受住这种荷载，故有必要把基础向下延伸，使之置于承载力较高的地基上；② 对于水中墩台基础，由于河床受到水流的冲刷，桥梁基础必须有足够的埋深，以防冲刷基础底面（简称基底）而造成桥梁沉陷或倾覆事故。一般规定桥梁的明挖、沉井、沉箱等基础的基底按其重要性和维修加固难易程度，应埋置在河床最低冲刷线以下 2～5 m。对于冻胀土地基，基底应在冻结线以下至少 0.25 m。对于陆地墩台基础，除考虑地基冻胀要求外，还要考虑生物和人类活动及其他自然因素对表土的破坏，基底应在地面以下不小于 1.0 m。对于城市桥梁，常把基础顶置于最低水位或地面以下，以免影响市容。基顶平面尺寸应较墩台底的截面尺寸大，以利施工。

在水中修建基础，不仅场地狭窄，施工不便，还经常遇到汛期威胁及漂流物的撞击。在施工过程中如遇到水下障碍，还需进行潜水作业。因此，修建水中基础，一般工期长，技术复杂，易出事故，工程量大，常常占到整个桥梁造价的一半，故桥梁基础的修建在整个桥梁工程中占有很重要的地位。

按构造和施工方法不同，桥梁基础类型可分为：明挖基础、桩基础、沉井基础、沉箱基础和管柱基础。

【教学目标】

1. 能力目标

（1）熟练掌握基础构造和施工工艺；

（2）具备阅读基础施工图的能力；

（3）具备编制基础施工方案的能力；

（4）具备组织、指挥基础施工的能力。

2. 知识目标

（1）掌握基础的构造；

（2）掌握基础施工技术；

（3）熟悉不同基础形式施工技术的差别。

相关案例——沪通长江大桥 28 号主塔墩沉井基础

沪通长江大桥是新建沪通铁路关键性的控制工程，是世界上首座主跨超千米级的公铁路两用斜拉桥，大桥全长 11 072 m，按四线铁路、六车道公路合建桥梁，其中公铁合建桥梁长 6 993 m，正桥主航道桥为钢桁梁斜拉桥，跨度 1 092 m。

28 号主塔墩采用的是沉井基础承台（图 2.1）。这个承台具有面积大、体量大、施工难度大、温控要求高、施工周期长等特点。在该面积如 12 个篮球场大小的承台上，消耗钢筋 4 617.6 t、C45 混凝土 41 787 m^3；主墩位于长江主航道，施工过程中面临往来船舶如织，航道通航安全以及原材料供应、人员施工组织协调等各种严峻考验；另外，尤其需要解决在夏季高温施工周期内大体积混凝土对温控高要求的客观难题，因而被称之为世界超级桥梁沉井基础承台。

28#墩承台总高度 9 m，分 3 层施工，此次第三层混凝土浇筑高度为 3.5 m，达 16 000 m^3。“这次的承台施工有着承上启下的重要作用，它是沉井基础与主塔两个部分的临界点，同时也是全桥混凝土单次浇筑体量最大的一次。”虽然 28 号墩技术主管赵文庆说起来一脸轻松，但实际上却很不容易。

“整个承台施工都处在高温天气，因此怎么使得浇筑的混凝土迅速降温成了影响施工质量最为关键的因素。”赵文庆说，“理论计算显示，如果不采取加冰措施，混凝土生产出来的温度大致与环境温度相同。因此，除了在混凝土内部安置冷却水管进行通水循环降温，施工人员还在水上搅拌混凝土时，每次都要投放 1 000 多吨冰块进行降温；与此同时，运抵现场的砂石、水泥、粉煤灰等原材料，包括储存罐、泵管都要进行喷淋降温，施工现场还设置了 8 个雾化设备，24 h 不间断地对承台范围内混凝土全方位进行空气降温，正是通过这些方法，确保大体积混凝土浇筑质量，从而实现承台浇筑完美无缺。”

图 2.1 沪通长江大桥 28 号主塔墩沉井基础

任务 2.1 明挖基础施工

2.1.1 明挖基础的认识

刚性扩大基础，又称明挖基础，是直接在墩台下开挖基坑修建而成的实体基础。它适合于在岸上或水流冲刷影响不大的浅水处，且浅地表地基承载力合适的底层。它构造简单，施工方便，最为常见。

明挖扩大基础的平面形状常为矩形，也有其他形式（视墩台身底面的形状而定）；立面形状可为单层或多层台阶扩大形式，与地基承载力及上部荷载大小等有关，如图 2.1.1-1 所示。明挖扩大基础的常用材料有混凝土、片石混凝土、浆砌片石等，混凝土强度等级一般不宜小于 C15，浆砌片石一般用 M5 以上水泥砂浆 M25 以上石料。

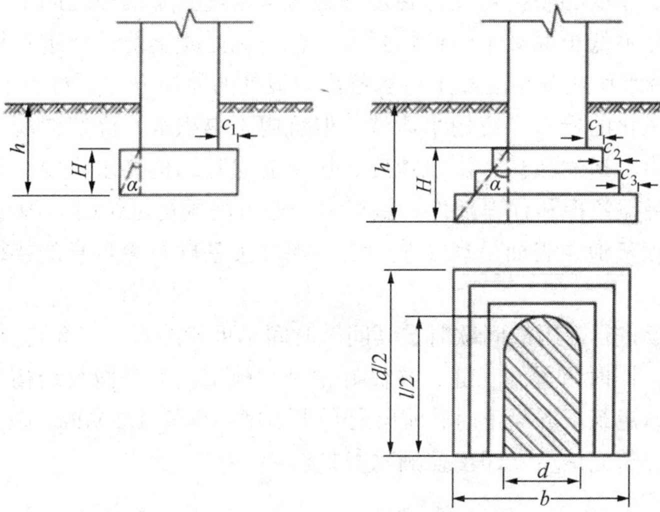

图 2.1.1-1　明挖扩大基础平面、立面图

明挖扩大基础的特点是稳定性好、施工简便、取材容易、能承受较大的荷载，所以只要地基承载力能满足要求，它是桥梁的首选基础形式。但其缺点是自重大，并且在持力层为软弱土时，由于基础面积不能无限制扩大，需要对地基进行处理或加固后才能采用。所以对于荷载较大、上部结构对沉降变形较为敏感（超静定结构）、持力层的土质较差且较厚的情况，不宜采用明挖扩大基础。

2.1.2　施工程序和工艺流程

一、旱地明挖基础施工

（一）施工工艺

根据工程特点选择坑壁无支护开挖，基坑坑壁边坡按照施工规范选定。当基坑土层湿度过大，容易造成基坑坑壁边坡坍塌，则基坑坑壁坡度要采用该湿度下土的天然坡度，当基坑通过不同的土层时，则边坡坡度可分层选定，并在土层地质变化处留宽度 0.2 m 左右平台。基坑开挖采用人工配合机械开挖，自卸汽车弃土。

基坑开挖断面尺寸应考虑基坑排水、汇水、施工材料安装和人工作业位置等要求，无水土质基坑底面，按基础设计平面尺寸周边各加宽 0.5 m 以上，对有水基坑底面要同时满足四周排水沟的位置要求。

土质基坑开挖接近设计标高时，预留 200 ~ 300 mm 由人工清理至基底标高。不得破坏基底土的结构。

石质基坑采用浅眼控制爆破，炮眼深度根据地质资料确定，一般炮眼深度不超过 0.8 m，装药深度不超过炮眼深度的 1/3。

基坑开挖完毕后，经检验合格后，立即浇注基础混凝土。

钢筋安装及混凝土浇筑：

基础钢筋在钢筋加工棚按设计的要求加工好后运至现场绑扎安装。安装钢筋时，钢筋的位置和混凝土保护层厚度必须符合设计要求，钢筋与基坑底及模板之间采用水泥砂浆垫块。水泥砂浆垫块的强度不低于混凝土的设计强度。在浇筑混凝土前，要进行地基面清理，并有防排水措施，禁止带水作业及用混凝土将水赶出模板外的灌注方法，对于干燥非黏性土基面，应用水湿润，对未风化的岩石，应用水清洗，但坑内不得积水。浇筑混凝土分层进行，其分层厚度根据拌制能力，运输条件，浇筑速度，振捣能力和结构要求决定。采用插入式振捣器捣固，振捣时不得碰撞模板和预埋部件；振捣每一振点的振捣延续时间为 25 s 左右，以混凝土不再沉落、不出现气泡、表面呈现浮浆为度。混凝土基础与墩台身的接缝处理按照设计文件及有关要求办理。

混凝土浇筑连续进行，因故间歇时，其间歇时间尽可能缩短。当允许间歇时间已超过时，应按浇筑中断处理，同时留置施工缝，并做好记录，施工缝的平面与结构的轴线相垂直。在混凝土施工缝处重新浇筑新混凝土时，前层混凝土强度不低于 1.2 MPa，施工缝处要进行清理凿毛。基础混凝土浇筑完毕后立即覆盖洒水养护。

（二）工艺流程

明挖基础施工流程图如图 2.1.2-1 所示。

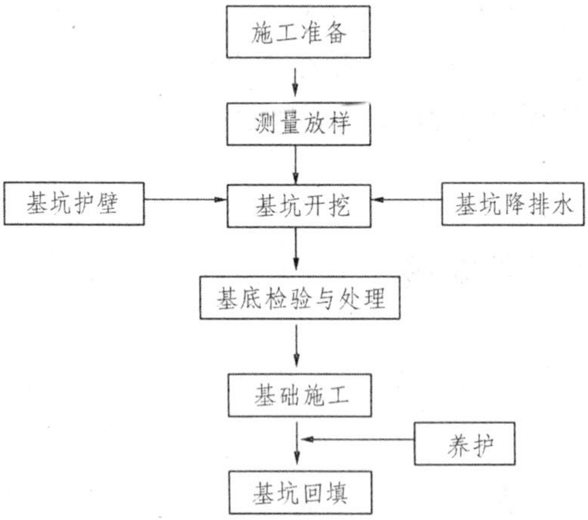

图 2.1.2-1 明挖基础施工流程图

（三）施工方法及施工要点

1. 土方开挖

开挖工程量较小的土质或石质基坑采用人工开挖，其开挖方法如下：土质基坑采用放坡开挖、石质基坑采用垂直开挖。弃土提升及运输方法采用人工挑运。

开挖工程量大的土质基坑采用挖掘机开挖，配合人工刷坡检底的开挖方法，机械开挖时在设计基底高程以上保留 5 ~ 10 cm 厚度的土层由人工开挖检底。

无水土质基坑开挖时，为保证支立混凝土模板浇筑的需要，应将基底设计轮廓线尺寸每边放宽 50 cm 以上；有水土质基坑，在保证立模空间的同时，还应保证设置基底集水井和排水沟的空间，需将基底设计轮廓线每边放宽 80 cm 以上。

2. *石方开挖*

开挖石方应根据岩石的工程地质类别及其风化程度和节理发育程度等确定开挖方式。对于软石和强风化岩石，能用机械直接开挖的均应采用机械开挖；凡不能用机械开挖的石方，则用爆破法开挖。

弱风化及较坚硬石质基坑的开挖方法采用松动爆破的开挖方法，弃土提升及运输方法工程量小时采用人工挑运，工程量大时采用挖掘机回旋弃土。采用松动爆破开挖时在基底以上留不少于 20 cm 厚度的岩层改由风动工具凿除。

基坑深度大于 5 m，坑壁坡度可参照上述适当放缓或加设施工作业平台。

二、水中明挖基础施工

水中基础施工根据水深、流速分别采用筑岛围堰、水中平台加钢板桩围堰等施工方案，在大面积水域中采用栈桥施工。洪水水位较高的桥位安排在开工后的第一个旱季完成基础施工。

（一）草袋围堰施工

草（麻）袋围堰的主要填料为黏性土，堰顶宽取 1 ~ 2 m，内侧边坡坡率取 1：0.2 ~ 1：0.5，外侧边坡坡率取 1：0.5 ~ 1：1。

用草（麻）袋盛装松散黏性土，装填量为袋容量的 1/2 ~ 2/3，袋口用细麻线或铁丝缝合，施工时将土袋平放，上下左右互相错缝堆码整齐，水中土袋用带钩的木杆钩送就位。截面取双层草（麻）袋，中间设黏土心墙时，可用砂性土装袋。

在实际施工中，外圈围堰码成后，先行抽水，掏挖完内圈围堰位置处的透水层土体，然后堆码内圈围堰土袋，内外堰之间填筑黏土心墙，防止水塘底漏水，其结构示意如图 2.1.2-1 所示。

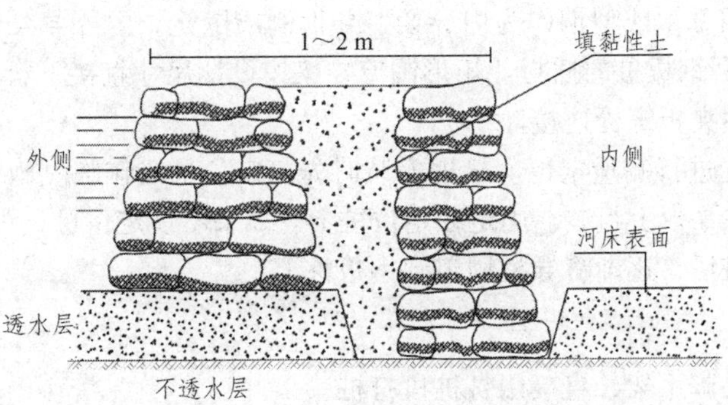

图 2.1.2-2　围堰结构示意图

（二）钢板桩围堰施工

1. *施工工艺流程*

钢板桩围堰施工工艺流程如图 2.1.2-3 所示。

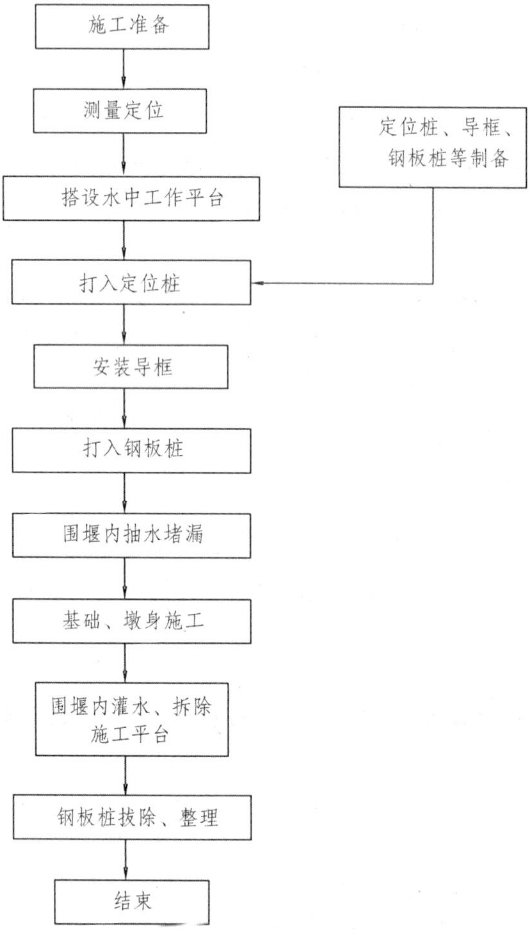

图 2.1.2-3 钢板桩围堰施工工艺流程图

2. 导框制作及安装

钢板桩围堰需用方木或型钢作为内导梁、导框制成围笼。内外导梁间距比钢板桩有效厚度大 8～10 cm，以利钢板桩的插打。矩形围笼导梁按设计尺寸直接下料，导梁接头均安排在横撑支点处，接头用夹板螺栓连接。

安装导框前，先进行测量定位。导框安装时先打定位桩或作临时施工平台。导框在工厂或现场分段制作，在平台上组装，固定在定位桩上。如果不设定位桩，可直接悬挂在浮台上，待插打入少量钢板桩后，逐渐将导框固定到钢板桩上。

3. 插打与合龙

施工时搭设简易脚手架，直接用打桩机打桩。

（1）打桩选用较轻型桩架，一般锤重宜大于桩重，锤击能量要适当。一般选用震动打桩机打钢板桩。经过整修或焊接后的钢板桩，要用同类型的钢板桩进行锁口试验、检查。

（2）在施打钢板桩围堰前，在围堰上下游一定距离及两岸陆地设置经纬仪观测点，用以控制围堰长、短边方向的钢板桩的施打定位。

（3）钢板桩采用逐块（组）插打到底或全围堰先插合龙后，再逐块（组）打入，矩形围堰先插上游边，在下游合龙。

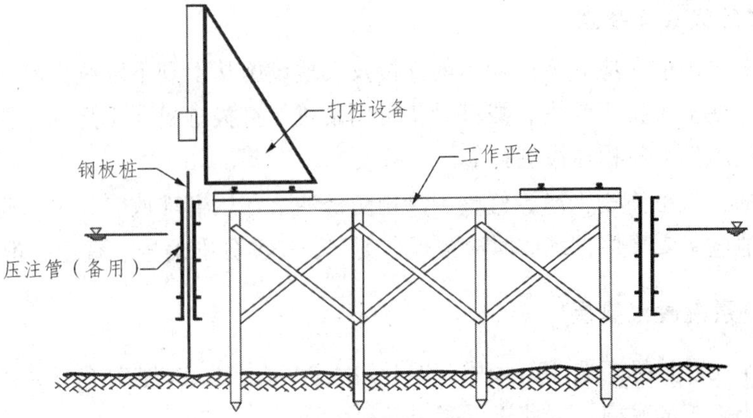

图 2.1.2-4　钢板桩打桩立面图

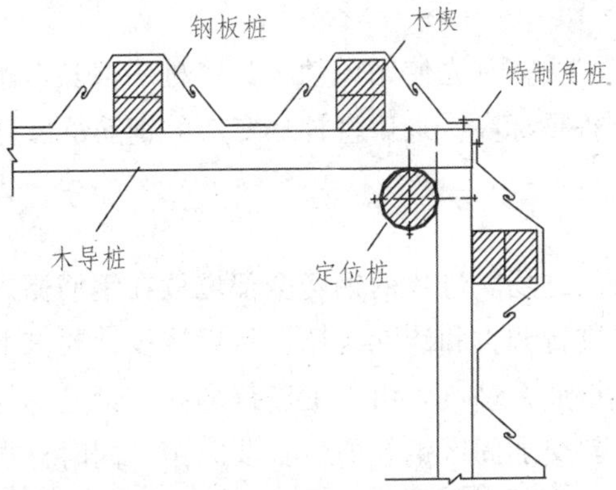

图 2.1.2-5　矩形钢板桩围堰结构平面图

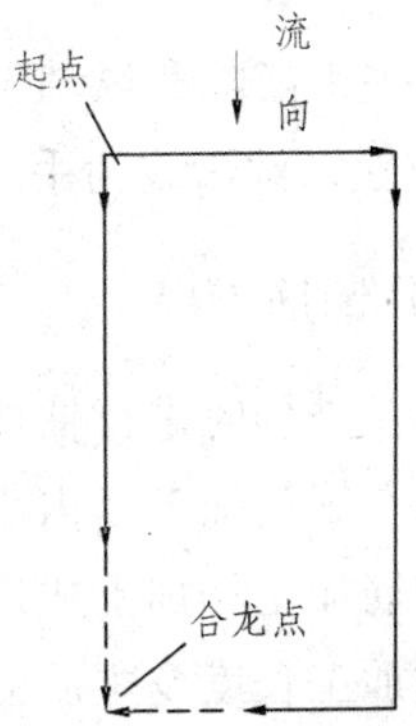

图 2.1.2-6　矩形板桩围堰插打次序图

（4）插打钢板桩时从第一块（组）就要保持平整，几块插好打稳后即与导框固定，然后继续插打，为了使打桩正常进行，设一台吊机来担负吊桩工作。钢板桩起吊后须以人力扶持插入前一块的锁口内，动作要缓慢，防止损坏锁口；插入以后可稍松吊绳，使桩凭自重滑入，或用锤重下压，比较困难时，也可以用滑车组强迫插桩，待插入一定深度并站立稳定后，方可加以锤击。

（5）钢板桩打桩前进方向锁口下端用木栓塞住，防止泥沙进入锁口内，影响以后插打。凡带有接头的钢板桩应与无接头的桩错开使用。

（6）保证钢板桩插打正直顺利合龙的措施是随时纠正歪斜，歪斜过甚不能用拉挤办法整直者要拔起重打，纠正无效时，应特制楔形桩合龙。

（7）钢板桩组桩插打时，组桩的嵌缝用油灰及旧棉絮以钝凿嵌塞。组桩的外侧锁口均应在插打前涂以黄油或混合油膏，以减少插打时的摩阻力，并加强防渗能力。

4. 抽水堵漏

钢板桩插打完成并做好加固措施后即可抽水，抽水时检查各点是否顶紧、板桩与导框间木楔是否挤紧，抽水速度不宜过快，要随时观察围堰的变化情况并做出相应处理。当发生锁口渗漏时，及时堵塞。桩脚渗漏时采用在桩脚处填筑土袋的止水方法，若桩脚渗漏是因河床透水引起的，则采用向透水层压注水泥砂浆或采用水下混凝土封底的方法止水。

5. 钢板桩的拔除及整理

（1）钢板桩拔出前，应先将围堰内的支撑及其他设施从上到下陆续拆除，并陆续灌水使内外水压平衡，使板桩挤压消失，拔桩设备可用吊机、打拔桩机、千斤顶、扒杆滑车组及卷扬机等，拔桩可用长卡环扣在拔桩孔上作为吊点。

（2）拔出的钢板桩清刷干净、修整、涂刷防锈油。在运输堆放时，不得碰撞，防止弯曲变形，堆放场地应坚实平整，堆放时应按板桩类型、长度分别编号、登记、堆放整齐。

（三）浇筑素混凝土垫层

基坑开挖至比设计标高低 10 cm 后，即开始浇筑一层 10 cm 厚的 C15 素混凝土，作为承台钢筋及混凝土施工的底模，因此素混凝土必须平整。

（四）凿除伸入承台的超灌桩头混凝土

采用手工凿除和风动工具凿除的施工方法，首先使用风动工具将桩头清除至距设计桩顶 5 cm 的位置，然后改为手工凿除直至设计桩顶标高。最后将桩身变形的钢筋整修复原。

（五）钢筋工程

钢筋在进场时进行抽检，杜绝不合格品进场。进场的钢筋全部堆放在钢筋棚内并分类标识。钢筋在钢筋加工场内制作，制作前先进行调直和清除污锈，然后按设计要求下料加工。钢筋在钢筋加工场加工成形后运至现场，钢筋在基坑内由人工进行绑扎，钢筋绑扎应重点控制钢筋的加工长度及主筋的保护层厚度、斜交加固区钢筋的位置及间距，同时，在钢筋骨架不同高度处绑扎适量的钢筋保护层垫块，垫块强度不低于混凝土的设计强度，以保持钢筋的净保护层厚度。

（六）支立模板

模板统一采用大块整体钢模板，模板安装前检查模板是否平整，并清理干净模板内杂物，施工碎屑和其他附着物质和滞水，并均匀涂刷脱模剂。支立模板时，确保尺寸正确、板面平整、拼缝严密、支撑牢固。底模组装好后，应仔细检查模板接头缝隙的大小，模板接触不紧密部位用木塞填充紧密，确保混凝土浇筑过程中不漏浆。

（七）混凝土浇筑

混凝土采用自动计量拌和站按重量比拌制，混凝土水平运输主要采用混凝土输送车运送，混凝土入仓采用直接倾倒、搭设溜槽和吊车配合料斗入模三种模式；插入式振捣器人工振捣；混凝土浇筑完成后用无纺布覆盖洒水养护工艺。

（八）基坑回填

承台混凝土浇筑完毕并达到拆模条件时应及时拆模并进行基坑回填，基坑回填宜对称进行，填料符合设计和规范要求，采用振动夯和小型压路机压实，回填高度以低于承台顶面 10 cm 为宜，待墩身混凝土施工完成后再将整个基坑回填。

任务 2.2　桩基础施工

2.2.1　桩基础的认识

桩基施工，是指对建筑物基础施工过程。桩基由桩和桩承台组成。桩基的施工法分为预制桩和灌注桩两大类。打桩方法的选定，除了根据工程地质条件外，还要考虑桩的类型、断面、长度、场地环境及设计要求。

桩基由桩和桩承台组成（见桩基础）。桩的施工法分为预制桩和灌注桩两大类。打桩方法的选定，除了根据工程地质条件外，还要考虑桩的类型、断面、长度、场地环境及设计要求。中国古代已有用石硪夯打木桩施工。其后桩长、桩径加大，石硪逐渐被拉动铸铁的落锤取代。17 世纪 80 年代始有蒸汽锤问世。至 19 世纪 30 年代已应用导杆式柴油锤。随着建筑工业的发展，为了适应大型桩基工程的需要，桩基础施工技术既要增加锤重和改进起重、吊装操作工艺，又要减少震动噪声和对环境的污染。有的预制桩的施工以钻孔取土后沉桩的钻打（或钻压）结合工艺，取代原来单纯锤击挤土或压入挤土等方法。同时能量大、无公害的冲击体重达 60 多吨的液压锤、125 t 蒸汽锤和 15 t 柴油锤都已得到应用。灌注桩施工亦由原来泥浆护壁、套管成孔进展到无噪声、不排污、不挤土的全套管施工。

2.2.2　桩基础的组成与类型

一、桩基础的组成

桩基础由承台和埋置于土中的桩群组成，如图 2.2.2-1（a）所示。承台把桩联系起来，并承受上部结构的荷载，然后通过桩将其传到地基深层土中。桩受力情况如图 2.2.2-1（b）所示。

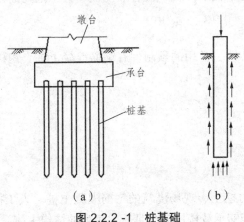

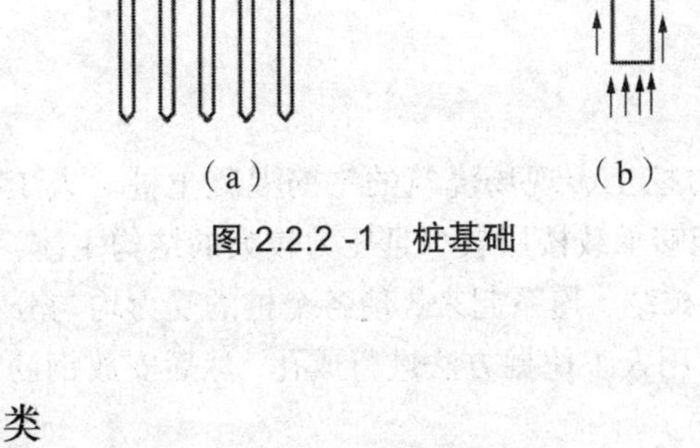

图 2.2.2-1　桩基础

二、桩基础的类型

（一）按承台位置分类

桩基础按承台位置的不同可分为低桩承台基础和高桩承台基础。低桩承台的承台底面位于地面或冲刷线以下；高桩承台的承台底面位于地面或冲刷线以上（主要在水中）。

（二）按荷载的传递方法分类

结构物的荷载通过桩基础传递给地基，垂直荷载一般由桩底土层抵抗力和桩侧面与土之间产生的摩擦力来支承。桩根据其荷载的传递方法可分为端承桩和摩擦桩（见图 2.2.2-2）。

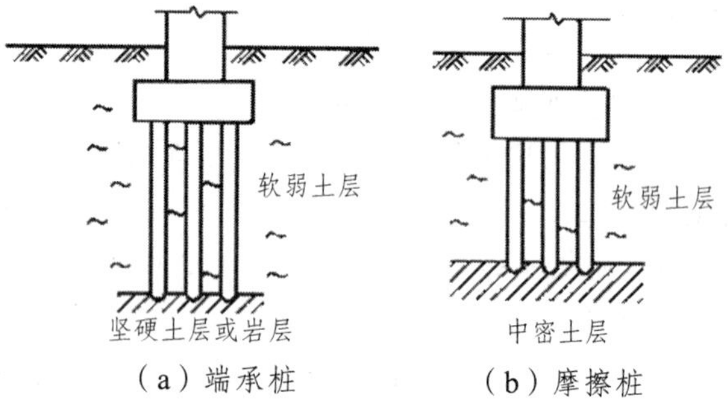

图 2.2.2-2 端承桩和摩擦桩

（三）按施工方法分类

按施工方法的不同，桩可分为预制桩和灌注桩两大类。

① 预制桩。预制桩是在工厂或工地加工制作的成品桩。通常制成实心方形或锥形断面，用离心法可制成空心圆形断面（管桩）。运到现场就位后，用打（或振、压、旋）入或射水等方法送入土中。按不同的沉桩方式，预制桩可分为打入桩、振动下沉桩、静力压桩。

② 灌注桩。灌注桩是一种直接在现场桩位上就地成孔，然后在孔内浇筑混凝土或安放钢筋笼再浇注混凝土而成的桩。与预制桩相比，具有施工低噪声、低振动、桩长和直径可按设计要求变化自如、桩端能可靠地进入持力层或嵌入岩层、单桩承载力大、挤土影响小、含钢量低等特点。但成桩工艺较复杂，成桩速度比预制打入桩慢，成桩质量与施工有密切关系。按其成孔方法不同，可分为钻孔灌注桩、沉管灌注桩、人工挖孔灌注桩、爆扩灌注桩等。

（四）按桩身材料分类

根据材料和制作方法不同，常用的预制桩有钢筋混凝土桩、钢桩、木桩等。

2.2.3 挖孔桩施工

一、挖孔桩基本认识

（一）概 述

人工挖孔桩，即用人力挖土、现场浇筑的钢筋混凝土桩。人工挖孔桩一般直径较粗，最细的也在 800 mm 以上，能够承载楼层较少且压力较大的结构主体，目前应用比较普遍。桩的上面设置承台，再用承台梁拉结、连系起来，使各个桩的受力均匀分布，用以支承整个建筑物。人工挖孔灌注桩是指桩孔采用人工挖掘方法进行成孔，然后安放钢筋笼，浇注混凝土而成的桩。

（二）特 点

人工挖孔桩施工方便、速度较快、不需要大型机械设备，挖孔桩要比木桩、混凝土打入桩抗震能力强，造价比冲锥冲孔、冲击锥冲孔、冲击钻机冲孔、回旋钻机钻孔、沉井基础节省。从而在公路、民用建筑中得到广泛应用。但挖孔桩井下作业条件差、环境恶劣、劳动强度大，安全和质量显得尤为重要。场地内打降水井抽水，当确因施工需要采取小范围抽水时，应注意对周围地层及建筑物进行观察，发现异常情况应及时通知有关单位进行处理。

二、工艺流程

挖孔桩工艺流程如图 2.2.3-1 所示。

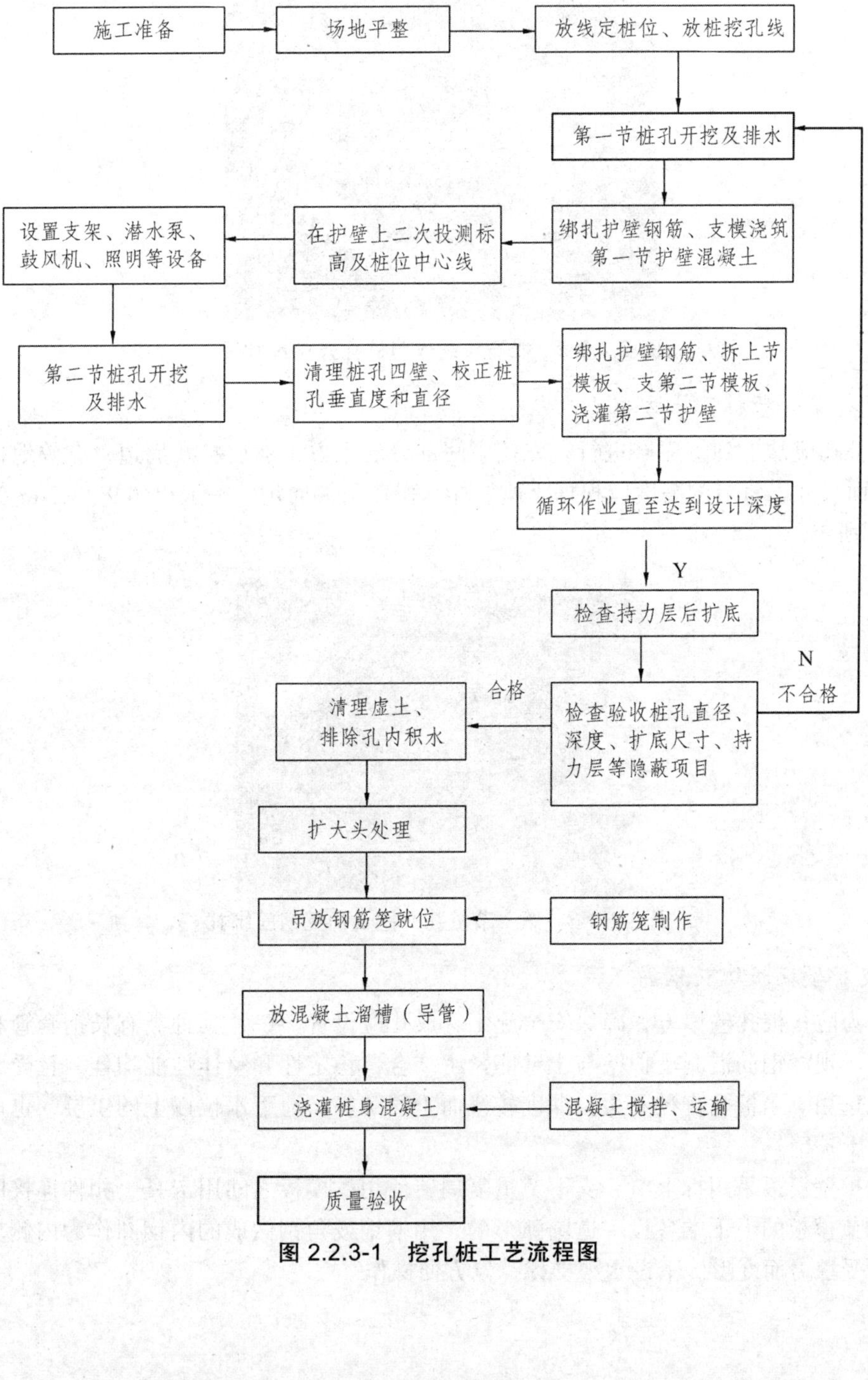

图 2.2.3-1　挖孔桩工艺流程图

三、施工工艺

1. 放线定桩位及高程

在场地三通一平的基础上，依据建筑物测量控制网的资料和基础平面布置图，测定桩位轴线方格控制网和高程基准点。确定好桩位中心，以中点为圆心，以桩身半径加护壁厚度为半径画出上部的圆周。撒石灰线作为桩孔开挖尺寸线（见图 2.2.3-2），桩位线定好之后，必须经有关部门进行复查，办好预验手续后开挖。

图 2.2.3-2　撒石灰线作为桩孔开挖尺寸线

2. 开挖第一节桩孔土方

开挖桩孔应从上到下逐层进行，先挖中间部分的土方，然后扩及周边，有效地控制开挖桩孔的截面尺寸。每节的高度应根据土质好坏、操作条件而定，一般以 0.9 ~ 1.2 m 为宜。如图 2.2.3-3 所示。

图 2.2.3-3　第一节桩孔开挖及护壁钢筋绑扎

3. 支护壁模板绑扎钢筋

（1）为防止桩孔壁塌方，确保安全施工，成孔应设置护壁，其种类有长钢套管和现浇混凝土两种。现浇钢筋混凝土护壁与土壁能紧密结合，稳定性和整体性能均佳，且受力均匀，可以优先选用。当桩孔直径不大，深度较浅而土质又好，地下水位以上的土层，也可以采用喷射混凝土护壁。

（2）护壁模板采用拆上节、支下节重复周转使用。模板之间用卡具、扣件连接固定，也可以在每节模板的上下端各设一道圆弧形的、用槽钢或角钢做成的内钢圈作为内侧支撑，防止内模因受涨力而变形。不设水平支撑，以方便操作。

（3）第一节井圈护壁中心线与设计轴线的偏差不得大于 20 mm；井圈顶面应比场地高出 100 ~ 150 mm，便于挡土、挡水，壁厚应比下面井壁厚度增加 100 ~ 150 mm。

（4）桩位轴线和高程均应标定在第一节护壁上口。施工现场必须挖排水沟，下雨时派专人疏导排水，防止雨水漫过护壁进入孔内。

4. 浇筑第一节护壁混凝土

（1）桩孔护壁混凝土每挖完一节以后应立即浇筑混凝土。混凝土坍落度控制在 100 mm。如图 2.2.3-4 所示。

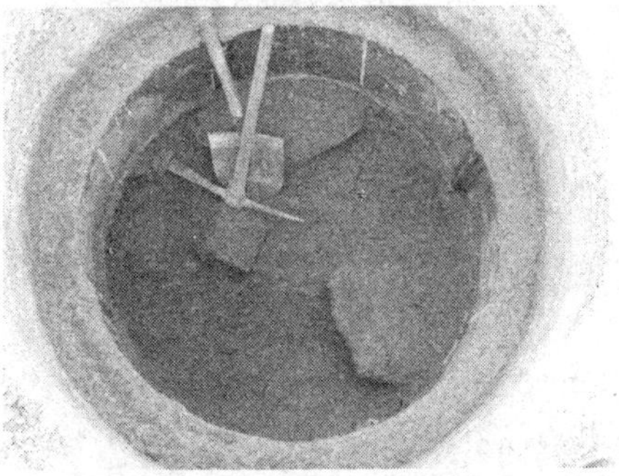

图 2.2.3-4　护壁混凝土浇筑完成进行下一节桩孔开挖

（2）每节护壁均应在当日连续施工完毕；护壁混凝土必须保证振捣密实，应根据土层渗水情况使用速凝剂。

（3）护壁模板的拆除应在灌注混凝土 24 h 之后；发现护壁有蜂窝、漏水现象时，应及时补强。

（4）同一水平面上的井圈任意直径的极差不得大于 50 mm。

5. 检查桩位（中心）轴线及标高

每节桩孔护壁做好以后，必须将桩位十字轴线和标高测设在护壁的上口然后用十字线对中，吊线坠向孔底投射，以半径尺杆检查孔壁的垂直平整度。随之进行修整，孔深必须以基准点为依据，逐根进行引测。保证桩孔轴线位置、标高、截面尺寸满足设计要求。

6. 架设垂直运输架

第一节桩孔成孔以后，即着手在桩孔上口架设垂直运输支架。支架有：木搭、钢管吊架、木吊架或工字钢导轨支架几种形式，要求搭设稳定、牢固。

7. 安装电动葫芦或卷扬机

在垂直运输架上安装滑轮组和电动葫芦或穿卷扬机的钢丝绳，选择适当位置安装卷扬机。孔内必须设置应急软爬梯供人员上下；使用的电葫芦、吊笼等应安全可靠，并配有自动卡紧保险装置，不得使用麻绳和尼龙绳吊挂或脚踏井壁凸缘上下。电葫芦宜用按钮式开关，使用前必须检验其安全起吊能力。

8. 安装吊桶、照明、活动盖板、水泵或通风机

（1）在安装滑轮组及吊桶时，注意使吊桶与桩孔中心位置重合，作为挖土时直观上控制桩位中心和护壁支模的中心线。

（2）孔底照明必须用低压电源（36 V、100 W）（有水的情况下不超过 24 V）、防水带罩的安全灯具，孔口四周必须设置护栏，护栏高度宜为 0.8 m，无人作业井孔内，要加设井盖，设置警示标志，防止人员掉入井孔内。如图 2.2.3-5 所示。

图 2.2.3-5 桩孔及时进行防护

（3）每日开工前必须检测井下的有毒、有害气体，并应有足够的安全防范措施。当桩孔开挖深度超过 10 m 时，应有专门向井下送风的设备，风量不宜少于 25 L/s。

（4）当地下水量不大时，随挖随将泥水用吊桶运出。地下渗水量较大时，吊桶已满足不了排水，先在桩孔底挖集水坑，用高程水泵沉入抽水，边降水边挖土，水泵的规格按抽水量确定。应日夜三班抽水，使水位保持稳定。地下水位较高时，应先采用统一降水的措施，再进行开挖。

9. 开挖第二节桩孔土方（修边）

从第二节开始，利用提升设备运土，桩孔内人员应戴好安全帽，地面人员应拴好安全带。桩孔挖至规定的深度后，用支杆检查桩孔的直径及井壁圆弧度，上下应垂直平顺，修整孔壁。挖出的土石方应及时运离孔口，不得堆放在孔口周边 1 m 范围内，机动车辆的通行不得对井壁的安全造成影响。

10. 第二节护壁钢筋绑扎、模板安装

先拆除第一节支第二节护壁模板，放附加钢筋，护壁模板采用拆上节支下节依次周转使用，护壁一般为上大下小的楔形圆环，上节护壁的下部应嵌在下节护壁的上部砼中，上下节护壁的搭接长度不得小于 50 mm。如图 2.2.3-6 所示。

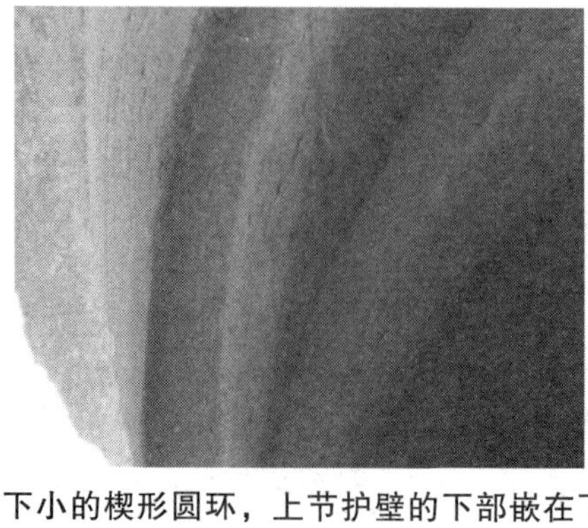

图 2.2.3-6 护壁为上大下小的楔形圆环，上节护壁的下部嵌在下节护壁的上部混凝土中

11. 浇筑第二节护壁混凝土

混凝土用串桶送来，人工浇筑，人工插捣密实。混凝土根据土层渗水情况使用速凝剂，以加速混凝土的硬化。

当遇有局部厚度不大于 1.5 m 的流动性淤泥和可能出现涌土涌砂的土层时，护壁施工按下列方法处理。

（1）每节护壁的高度可减少到 300 ~ 500 mm，并随挖随验，随浇注混凝土。

（2）采用下沉钢护筒混凝土小沉井作护壁以堵截淤泥或砂粒流动，钢护筒一般为 1 ~ 2 m 高，厚为 4 mm，直径略小于混凝土护壁内径。

（3）采用ϕ16 ~ 25 mm、长 1.5 m 左右的钢筋间距 100 ~ 150 mm 沿护壁周边打入土中，挖去孔内 20 ~ 30 cm 沙土后，用ϕ25 水平环向钢筋将竖面筋固定，将上部钢筋头弯到上节护壁外侧，然后在钢筋外侧塞麻布袋、草包或纤维板条，以阻挡沙砾流入桩孔，待挖至 400 ~ 500 mm 深时立即浇注护壁混凝土。

12. 检查桩位中心轴线及标高

以桩孔口的定位线为依据，逐节校测。

13. 循环作业挖至设计深度

逐层往下循环作业，将桩孔挖至设计深度，清除虚土，检查土质情况，桩底应支承在设计所规定的持力层上。如图 2.2.3-7 所示。

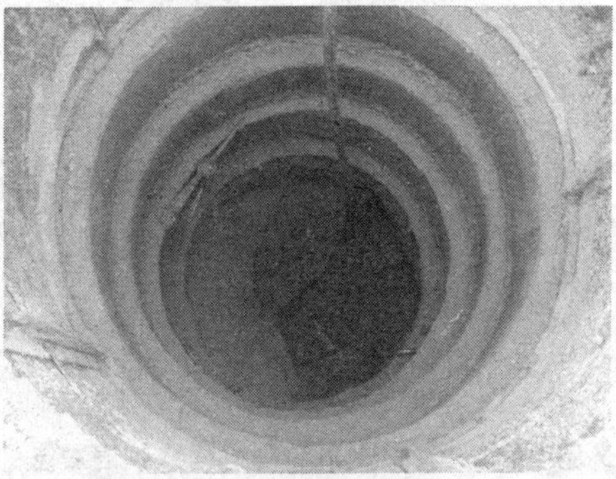

图 2.2.3-7　逐层往下循环作业

14. 开挖扩底部分

桩底可分为扩底和不扩底两种情况。挖扩底桩应先将扩底部位桩身的圆柱体挖好，再按扩底部位的尺寸、形状自上而下削土扩充成设计图纸的要求。为防止扩底时扩大头处的土方坍塌，采取间隔开挖措施，留 4 ~ 6 个土肋条作为支撑，待浇筑砼前再挖除。

15. 吊放钢筋笼

钢筋笼放入前应先绑好砂浆垫块，按设计要求一般为 70 mm（钢筋笼四周在主筋上每隔 3 ~ 4 m 设一个ϕ20 mm 耳环作为定位垫块）；吊放钢筋笼时，要对准孔位，直吊扶稳、缓慢下沉，避免碰撞孔壁，如图 2.2.3-8 所示。钢筋笼放到设计位置时，应立即固定。遇有两段钢筋笼连接时，应采用焊接（搭接焊或帮条焊），双面焊接，接头数按 50%错开，以确保钢筋位置正确，保护层厚度符合要求。

图 2.2.3-8　采用吊车吊放钢筋笼

16. 浇筑桩身混凝土

桩身混凝土可使用粒径不大于 50 mm 的石子，坍落度 80 ~ 100 mm。混凝土必须通过溜槽，当落距超过 3 m 时，应采用串筒（见图 2.2.3-9 所示。），串筒末端距孔底高度不宜大于 2 m；也可采用导管泵送。浇筑混凝土时应连续进行，分层振捣密实，一般第一步宜浇筑到扩底部位的顶面，然后浇筑上部混凝土，分层高度以振捣的工具而定，但不宜大于 1.5 m。

图 2.2.3-9　采用串筒向桩内浇筑混凝土

17. 浇筑至桩顶，保证桩顶标高符合设计要求

混凝土浇筑到桩顶时，应适当超过桩顶设计标高，以保证在剔除浮浆后，桩顶标高符合设计要求。

2.2.4　钻孔桩施工

一、钻孔桩基本认识

灌注桩系是指在工程现场通过机械钻孔、钢管挤土或人力挖掘等手段在地基土中形成桩孔，并在其内放置钢筋笼、灌注混凝土而做成的桩。依照成孔方法不同，灌注桩又可分为沉管灌注桩、钻孔灌注桩和挖孔灌注桩等几类。钻孔灌注桩是按成桩方法分类而定义的一种桩型。

钻孔灌注桩时采用不同的钻孔方法，在地层中按要求形成一定形状（断面）的井孔，达到设计高程后，将钢筋骨架吊入井孔中，再灌筑混凝土，成为桩基础的一种工艺。钻孔灌注桩由于其施工速度快，质量稳定，受气候影响小，因而被普遍采用。钻孔灌注桩施工前的准备工作十分重要，只有条件充分才能保证施工顺利进行。

二、施工工艺

（一）钻孔灌注桩施工流程

钻孔灌注桩的施工流程见图 2.2.4-1。

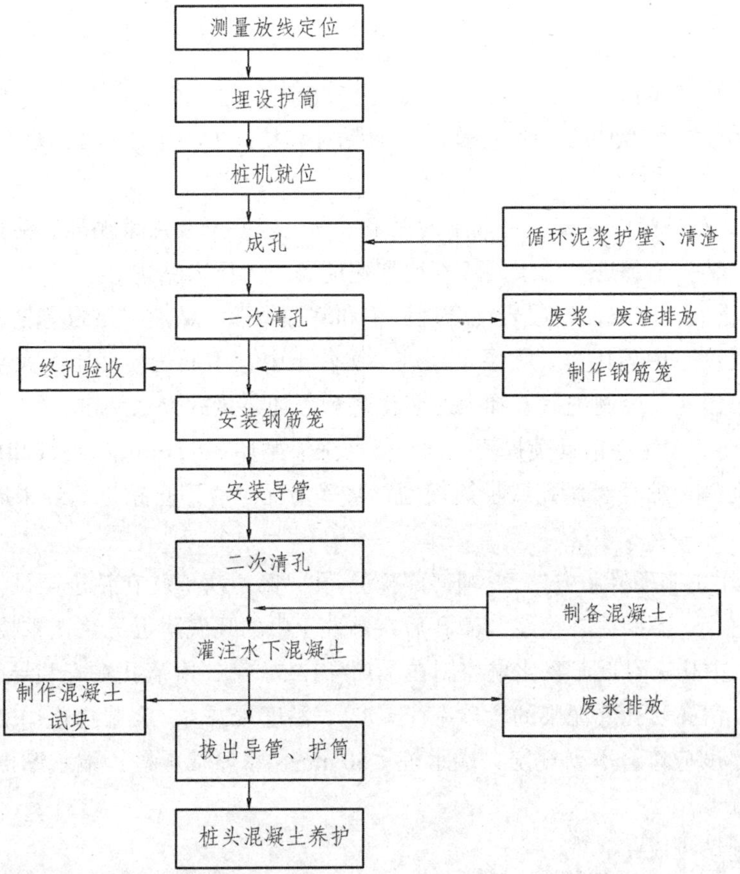

图 2.2.4-1　泥浆护壁成孔灌注桩施工流程图

（二）埋设护筒

（1）护筒一般用 4 ~ 8 mm 厚的钢板卷制而成，其内径应大于钻头直径 150 mm。护筒的顶部应开设溢浆口，并高出地面≥200 mm。

（2）护筒用挖埋的方法埋置，挖埋时，护筒与坑壁之间用黏性土填实，护筒中心应与桩位中心应重合，偏差不得大于 50 mm，护筒埋置深度在黏性土中不宜小于 1.00 m，在砂土中不宜小于 1.50 m。

（三）泥浆制备

（1）根据场地情况合理规划布置泥浆池、沉淀池、循环槽等泥浆循环系统。泥浆池的容积为钻孔容积的 1.2～1.5 倍，一般不宜小于 8 m^3。沉淀池一般设 2 个，可串联使用，每个沉淀池体积不宜小于 6 m^3，循环槽应能保证冲洗液正常循环而不外溢。

（2）在黏性土层中成孔的泥浆，可在原土注入清水造浆。在砂土中成孔的泥浆，应先在泥浆池中投入高塑性黏土或膨润土造浆。

（3）以原土造浆的循环泥浆比重应控制在 1.1～1.3；以高塑性黏土或膨润土造浆的循环泥浆比重在砂土层中控制在 1.2～1.3，在砂卵石层或容易塌孔的土层应加大至 1.3～1.5；泥浆的控制指标：黏度 18～22 S，含砂率不大于 8%，胶体率不小于 90%。

（四）成　孔

（1）正循环钻进成孔。

① 钻机安装时，转盘中心、提升滑轮、立轴钻杆和护筒中心重合，其偏差不得大于 20 mm，钻机安装应平稳牢固。

② 钻进时，在护筒内存放一定数量的泥浆或黏土球并开泵注浆循环，钻具下入孔内后要低挡慢速轻压，钻头全部进入土层后逐渐增加速度和加大压力钻进。

③ 正常钻进时，应根据地层岩性合理调整和掌握钻压、钻速、泵量等钻进参数，在黏性土中宜用中等速度、中等压力、大泵量钻进，在砂土中宜用低速、轻压、大泵量钻进，在碎石土中宜用低挡慢速，控制进尺、加大泥浆比重和增加泵量的方法钻进。

④ 加钻杆时，应先将钻具稍提离孔底，待冲洗液循环 3～5 min 后再拧卸加接钻杆。钻进过程中若发生孔斜、缩径、塌孔或护筒周围冒浆等情况时应停止钻进，经采取有效措施后方可施工。

⑤ 清孔采用正循环换浆方法，一般分两次清孔：第一次清孔在钻进至设计深度后，使钻头慢速空转不进尺，不断循环换浆。清孔后在黏性土中的孔底附近泥浆比重控制在 1.1 左右，在砂土、碎石土中孔底附近泥浆比重控制在 1.15～1.25。第二次清孔在安装导管后，利用导管输送循环泥浆。清孔后孔底泥浆的含砂率应≤8%，黏度≤28 S，泥浆比重<1.25。灌注混凝土之前孔底沉渣厚度应符合下列规定：端承桩≤50 mm，摩擦端承桩、端承摩擦桩≤100 mm，摩擦桩≤300 mm。

（2）反循环钻进成孔。

① 开钻前要合理规划布置好泥浆池、沉淀池和循环槽，以保证反循环作业时，冲洗液循环通畅，泥浆排放彻底，钻渣清除顺利。

② 泵吸反循环钻进成孔应遵守以下操作要领：

a. 为保持孔壁稳定，孔内水位应高出地下水位 2.0 m。控制冲液孔沿孔壁下流的速度不超过 10 m/min。合理控制起下钻速度。

b. 据不同地质条件合理选用钻头。一般要求钻头的吸水口断面开敞、流阻小、防止堵塞，钻头吸口距钻头底端不宜大于 250 mm；前导钻头直径比中心钻杆直径大 160～200 mm，超前距离为 200 mm。

（3）冲击钻进成孔。

冲孔前，应在钢丝绳上做记号控制冲程。开始冲孔时，应低锤密击，锤高 0.4 ~ 0.6 m，并及时加碎石和黏土，使孔壁挤压密实，直至孔深达到护筒以下 3 ~ 4 m 后，将锤高提高到 1.5 ~ 2.0 m 转入正常冲击。正常冲击时，应控制好钢丝绳放量，勤放少放，防止钢丝绳放多减少冲程，放松过少，则不能有效冲击，形成“打空锤”，损坏冲击机具。冲击钻头到底后要及时收绳提起冲锤、防止钢丝绳缠卷冲击钻具或反缠卷扬机。

在冲孔中应根据岩土层情况合理调整冲程和泥浆比重。

遇孤石、块石时，可抛填相似硬度的碎石，用高冲程或高低冲程交替冲击，将孤石、块石挤入孔壁或将孤石、块石冲碎成渣。

冲孔中应经常检查钢丝绳磨损情况、卡扣松紧程度和转向装置是否灵活，以免突然掉锤。

排渣可用泥浆循环或抽渣筒方法。如用抽渣筒排渣，在冲击钻进 4 ~ 5 m 深以后，每进尺 0.5 ~ 1.0 m 捞渣一次，并及时补充泥浆。

冲击大直径桩孔时可分级成孔。第一级钻头直径宜为第二级钻头直径的 0.6 ~ 0.8 倍。冲击进入坚硬岩石进尺 300 ~ 500 mm 取一次岩样装箱，进入持力层后，每隔 100 ~ 200 mm 取一次样。终孔岩样应装袋保存。

清孔可用循环泥浆或空气压风机方法。清孔过程中应及时补给足够的泥浆并保持孔内浆液面稳定。清孔后孔底泥浆比重控制在 1.15 ~ 1.25，黏度≤28 s，含砂率≤10%。孔底沉渣允许厚度应符合设计要求。

（4）钢筋笼制作与安装。

① 钢筋笼宜在平整的地面钢筋圈制台上制作。制作质量必须符合设计和有关规范要求，钢筋净距必须大于混凝土粗骨料粒径 3 倍以上。加劲箍设在主筋外侧，钢筋笼的内径应比导管接头处外径大 100 mm 以上，钢筋外径应比钻孔设计直径小 140 mm。

② 分段制作钢筋笼，以保证钢筋笼在吊装时不变形为原则。两段钢筋笼搭接符合相关规范要求，其接头应互相错开，35 倍钢筋直径区段范围内的接头数不得超过钢筋总数的一半。

③ 在钢筋笼主筋外侧设置定位钢筋环、砂浆垫块，其间距竖向为 2 m，横向圆周不得少于 4 处，并均匀布置。钢筋笼顶端应设置吊环。

④ 钢筋笼可用吊车或钻机吊装，吊装时应防止钢筋笼变形，安装时要对准孔位，吊直扶稳，缓慢下沉，避免碰撞孔壁。钢筋笼下放到设计位置后立即固定，防止移动。

（5）水下混凝土灌注。

① 水下混凝土必须具有良好的和易性，坍落度宜为 180 ~ 220 mm。混凝土含砂率宜为 40% ~ 45%，选用中粗砂。粗骨料的最大粒径应<40 mm，水灰比宜采用 0.5 ~ 0.55，每立方混凝土中水泥用量不宜少于 380 kg。

② 导管宜用无缝钢管制作，导管壁厚不宜小于 3 mm，直径宜为 200 ~ 300 mm，直径制作偏差不应超过 2 mm，导管的分节长度按工艺要求确定，配置若干 1.0 ~ 1.5 m 的短管，导管每节长度一般 2.0 ~ 3.0 m。底管长度不宜小于 4 m。接头用法兰盘连接。法兰盘周围对称设置连接螺栓孔不宜少于 6 个。螺栓口径不宜小于 12 mm。导管连接处用厚度为 4 ~ 5 mm 的橡胶垫圈密封，严防漏水、漏气。连接导管时要使导管平直，内壁光滑平整，安装后的导管轴线偏差不得超过 20 mm。下孔前应作试压试验，试验压力为 0.6 ~ 1.0 MPa，保证导管密封性能可靠和在水下作业时导管不漏水。

（6）用导管进行清孔合格后立即进行水下混凝土灌注。开灌时，导管底端应提离孔底 30～50 cm，以保证隔水塞能顺利排出。

（7）开灌前储料斗内必须有足够的混凝土量，其体积必须满足将导管底端一次性埋入混凝土中 80 cm 以上的深度为宜。

（8）在混凝土灌注过程中，要经常测量混凝土面上升高度，保持导管在混凝土中的埋深在 2～6 m。严禁把导管底端提出混凝土面，灌注水下混凝土应连续进行，不得中途停止，并边灌注混凝土边按规定上下穿插导管（上提高度一般≤1 cm），以保证桩身混凝土密实，无断桩、缩径、夹泥和蜂窝结构。

（9）提升导管时应避免碰到挂钢筋笼和钢筋笼上浮，当灌注的混凝土面距钢筋笼底端时，应严格控制导管的埋管深度不要过深。当混凝土面上升到钢筋笼内 3～4 m 时，再提升导管，使导管底端高于钢筋笼底端 2 m 以上时，即可恢复正常的灌注速度。

（10）为保证桩顶的混凝土质量，应控制最后一次混凝土的灌注量，一般灌注的混凝土顶面标高应高出设计的桩顶标高 80～100 cm。

（11）灌注桩身混凝土时，每根桩应制混凝土试块不得少于一组。试块养护 28 d 后及时送检。

任务 2.3 沉井基础施工

2.3.1 沉井基础的认识

沉井基础是一种历史悠久的施工方法，适用于地基表层较差而深部较好的底层，既可以用在陆地上，也可以用在较深的水中。所谓沉井基础，就是将一个事先筑好的、以后充当基础的混凝土井筒放在墩台设计位置，然所在井筒一边挖土，一边靠井筒的自重不断下沉，直至设计高程的基础的施工方法。基本施工工序是：首先在地面（或人工筑岛）上做成钢筋混凝土沉井底节，底节足部的内侧井壁做成由内向外斜的“刃脚”；然后用机械或人工方法挖掘与清除井底土，使之不断下沉，沉井底节以上随之逐节接高；沉井下沉到设计高程后，再以混凝土封底，并建筑沉井顶盖，沉井基础便告完成，最后再在其上修建墩身。沉井基础的施工步骤，如图 2.3.1-1 所示。下沉时，为了减少沉井侧壁和土之间的摩阻力，可以采用泥浆护套、空气幕或塑料布膜衬壁等方法。

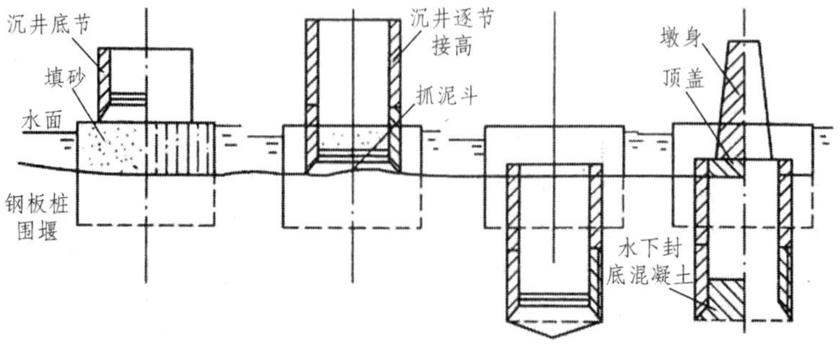

（a）沉井底节在人工筑岛上浇筑 （b）沉井开始下沉及接高 （c）沉井已下沉到设计位置 （d）进行封底及墩身工作

图 2.3.1-1 沉井基础的施工步骤

沉井基础是桥梁工程中一种较常见的基础形式。沉井的优点是：埋置深度可以很大，整体性强，稳定性好，能承受较大的垂直荷载和水平荷载；沉井既是基础，又是施工时的挡土和挡水围堰结构物，施工工艺也不复杂。其不足是：工期较长；对细砂及粉砂类土在井内抽水易发生流沙现象，造成沉井倾斜；沉井下沉过程中遇到大孤石、树干或井底岩层表面倾斜过大，会给施工带来一定困难。

按下沉方式，沉井基础可分为就地建造下沉的沉井和浮运就位下沉的沉井。按建筑材料，沉井基础可分为混凝土沉井、钢筋混凝土沉井等。按外观形状，在平面上可分为圆形、矩形及圆端沉井等；在竖剖面上分为竖直式、倾斜式及阶梯式等。具体沉井类型的选择要视具体的下沉深度、墩（台）底部形状、土层性质等施工条件而定。

沉井基础虽有多种形式，但基本构造相同。它由刃脚、井壁、隔墙、井孔、凹槽、射水管和探测管、封底、顶盖（或承台）以及环箍等组成，如图 2.3.1-2 所示。

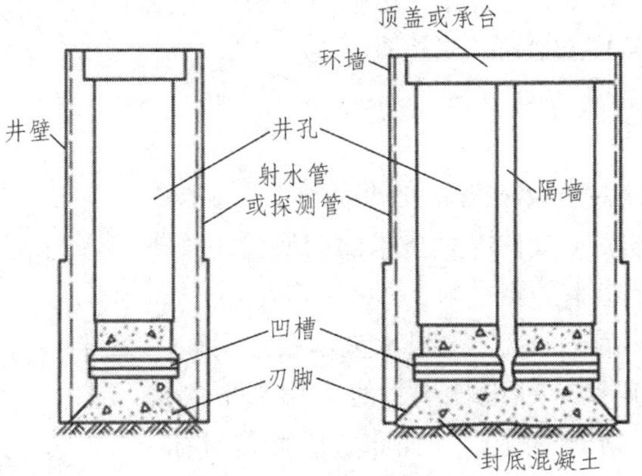

图 2.3.1-2　沉井构造

2.3.2　沉井制作

沉井位于浅水或可能被水淹没的岸滩上时，宜就地筑岛制作；沉井在制作至下沉过程中位于无被水淹没可能的岸滩上时，如地基承载力满足设计要求，可就地整平夯实制作，如地基承载力不够，应采取加固措施。在地下水位较低的岸滩，若土质较好时，可开挖基坑制作沉井。在水深流急、筑岛困难的情况下修建沉井基础，可采用浮式沉井、即把沉井底节做成空体结构，或采取其他办法使其在水中漂浮，用船只将其拖运到设计位置，再逐步用混凝土或水灌注，使其缓缓下沉直达河底。

一、就地制作的沉井

制作沉井的岛面、平台面和开挖基坑施工的坑底高程，应比施工最高水位高出 0.5 ~ 0.7 m，有流冰时再适当加高。沉井制作的工序如图 2.3.2-1 所示，现将其中主要环节介绍如下。

（一）铺设垫层

制作沉井的场地，应预先清理、平整和夯实、使沉井在制作过程中不致发生不均匀沉降、倾折或井壁开裂。当地基有足够强度（包括下卧层的强度）时，仅需对场地表面稍做平整，即可浇筑素混凝土垫层(一次浇筑厚度为 200 ~ 300 mm 厚),在此垫层上制作沉井，可免除抽除承垫木工序。如果沉井下地基土很松软，则需铺设砂垫层，沉井的自重通过垫层传至下层较硬的土层上，使沉井保持制作过程中的稳定。

砂垫层的面积应确保其边缘至沉井外墙 1.5 ~ 2.0 m 的距离，以满足承垫木的铺设需要（如沉井不大，有时不用承垫木，仅用素混凝土垫层，则距离还可减小）。有时为减少垫层的工作量，仅在沉井的一圈外墙下铺设垫层，但需确保内隔墙下的地基是稳定的。砂垫层所用的砂以中粗砂为主，砂砾也可，粉砂或含黏土粒多的大细砂均不适宜。砂垫层铺设时，应分层进行，每层 300 ~ 500 mm，用平板振捣铁或小型拖拉机碾压振实，必要时可浇水。对中粗砂的质量控制，可按干重度值 15.6 ~ 16.0 kN/m^3 来检查。

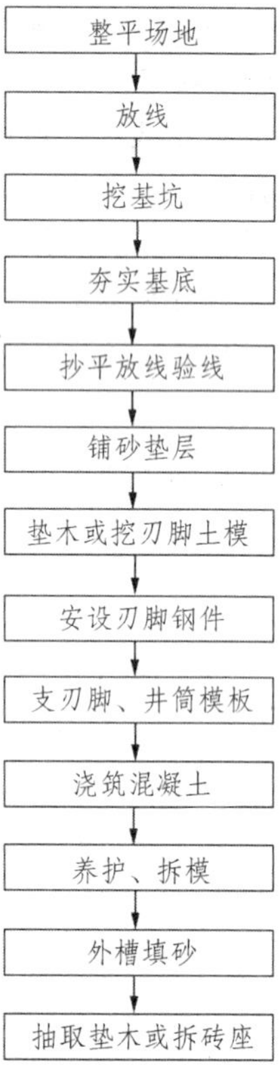

图 2.3.2-1 沉井制作的工序

（二）承垫木的铺设

支垫布置应满足设计要求及抽垫方便的原则，承垫木数量应根据第一节沉井的质量（或抽除承垫木前的质量）及砂垫层的承载力来确定。承垫木间距一般为 300 ~ 800 mm。如根数很多，可将 2 ~ 4 根编成一组，每根承垫木相互紧靠，而各组之间可保持上述间距。铺设承垫木时应用水平仪找平，使承垫木顶面在同一水平面上。平面布置应均匀对称。每根垫木的长度中线与沉井刃脚踏面中线重合，定位垫木的布置要使沉井最后有对称的着力点。圆形沉井的定位点按互呈 90°的四个支点考虑；矩形沉井可设置在两长边上，每边各两点（见图 2.3.2-2）。当沉井长短边之比在 1.5 ~ 2.0 时，两定位支点间的距离为 0.7l，当长短边之比大于 2 时，两定位支点间的距离为 0.6l（l 为长边边长）。

（三）模板与钢筋施工

通常沉井井筒的一次沉没高度不得大于 12 m，故井筒沉没一般是分节进行的。当在松软的土层和人工岛上施工时，井筒第一节的长度 $L_1 \leqslant 0.8B$（B 为沉井的等效宽度）。井筒模板为一般常用的现浇混凝土模板，应具有足够的强度、刚度与整体稳定性，并确保缝隙严密不漏浆。井壁直线部分较为规则，可采用组合式定型钢模板或木模板，但井壁形状不规则部分如刃脚的凹槽宜用木模。有时为加快施工进度，也可采用滑模施工。每节模板高度以 1.5 ~ 2.0 m 较好，用对拉螺栓固定。当井壁有抗渗要求时，可在对拉螺栓中间设置止水片。

井筒前一节下沉结束时宜高出基坑垫层面 1 ~ 2 m，以防外模埋入砂垫层受损。内模支架不宜支承在地基土上，以防沉降过大时，内模和支架受损。通常内模支架支承选定在井格内钢梁上。

沉井钢筋一般较粗，往往在地面预先加工成钢筋网片，再在节点处点焊，以加强整体性。随后即可用吊机吊装就位。网片间的连接一般均用电焊，但要确保接头按设计或规范要求错开，不能都在同一断面。

（四）混凝土浇筑与养护

混凝土的浇筑方法有：用皮带传输机、手推车，通过串桶浇筑；用翻斗车直接浇筑；用翻斗车、吊斗，通过漏斗串桶浇筑；用混凝土泵浇筑等多种方法。无论哪种浇筑方法均要求均匀，浇筑后严格检测混凝土的质量，必须符合设计要求。为了杜绝浇筑过程中，由于进料速度差异造成的冷缝现象，为了减小地层软硬不均造成的浇筑后出现的非均匀沉降，为了避免混凝土自重过大及捣实施工对模板形成过大侧压，致使模板走样，要求浇筑混凝土的施工必须做到均匀、对称及分层（层厚≤50 cm，一般为 30 cm）进行。每层混凝土的浇筑应一次连续操作完成，待强度达到 70%后，再进行下一层的浇筑。为提高井筒的抗渗性能，应把井筒上下节的接缝做成凸形水平缝，接缝处凿毛、冲洗后光浇一层（薄层）石子减半的混凝土，然后再续浇下节井筒。

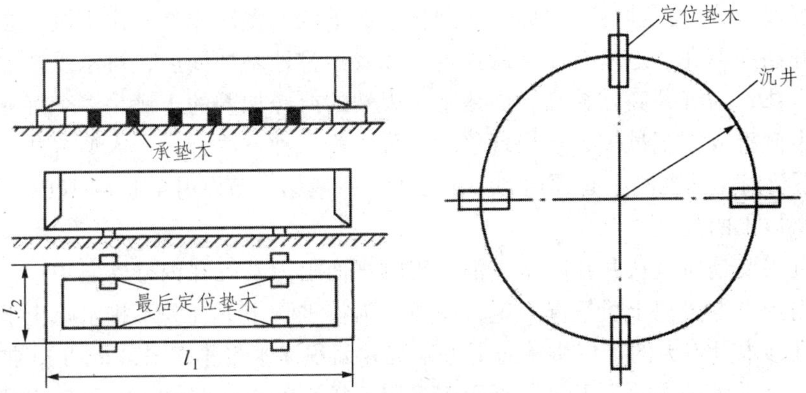

图 2.3.2-2　沉井定位垫木布置

混凝土通常采用自然养护。但在炎热的夏乎，应为养护创造一个湿润的环境（盖湿草包浇水等）；对严寒的冬季来说，混凝土中应掺加一些防冻剂或用蒸汽加热（在模板外侧悬挂一层帆布气罩，然后通蒸汽）。

（五）抽　垫

如沉井制作时，是用垫木来扩散其质量的。在第一节沉井下沉前，必须先将承垫木抽除，抽除的条件是沉井的混凝土达到设计要求。抽除时应分区、分组、依次、对称、同步进行。对于圆形沉井，先抽一般垫木，再抽定位垫木；对于矩形沉井，先抽内隔墙下的垫木，然后分组抽除两短边墙下的垫木，再抽除长边下的垫木，最后抽长边下的定位垫木。

抽除时，先将垫木下的土在一侧用铁铲挖去，然后用人工或机具将下落的垫木抽去，抽出一根后，立即用砂垫层中的砂将空隙填实。为确保填实质量，宜喷水用木夯夯实，回填越密实，以后的承势木越易抽除，沉井下沉量也不大，垫木也不会被压断（指最后的几组垫木）。

二、浮式沉井

根据河岸地形、设备条件，进行技术经济比较，确定沉井结构、制作场地及下水方案。浮式沉井一般为钢质，做成双壁形，以便于自浮。一些小型沉井也有用混凝土做成井体，在底部用木板封堵，犹如平底船；也可在井壁四周配置浮筒来保证起浮。对更小的沉井甚至可完全做成有空腔的木模，里边放入钢筋笼，并待浮运到桥址后再填充混凝土。

底节沉井除了大型浮运沉井在船厂船台上制作外，一般均在岸边进行制作。对混凝土或木模沉井与普通陆上作业别无两样。对钢质沉井，可利用码头吊机及吊船将工厂制就的部件或块体。在滑道上、干坞内或岸边场地上，组合为完整的沉井底节。如在驳船上拼装，可用2艘拼装铁驳由构架连成整体，并将构架顶面做成组装平台。支承用便于调整高低的木楔，先拴接、点焊中间井孔、支承，后拼外壁刃脚，全部测量尺寸适合，再焊成水密接缝。井壁钢材应有良好的可焊性，箱壁需经水密试验，一切符合要求后，便可由滑道下水或干坞放水开始浮运。如在驳船上拼装的，此时可将拼装船与导向船临时联结，然后用拖轮导航到墩位。

2.3.3 沉井下沉

沉井下沉通常分为三种情况，即一次制作一次下沉、多次制作一次下沉、多次制作多次下沉。当沉井高度不高，地基有一定的强度，或者经过地基加固后，可承受全部沉井自重时采用第一种方法；当沉井高度较高，而地基（天然的或经加固的）满足多个沉外浇筑阶段的稳定，不发生倾折或下沉过多、过快现象时，采用第二种方法；对于大型沉井，常用第三种方法。沉井下沉时，其混凝土必须达到一定强度。一般第一节沉井需达到100%强度，其上各节需达到70%以上的强度。

沉井下沉主要是通过从井孔除土，消除刃脚正面阻力及沉井内壁摩阻力后，依靠沉井自重下沉。井内挖土方法视土质情况而定，一般分为排水除土下沉和不排水除土下沉两种。在稳定性较好且渗水量不大的土层中（每平方米沉井面积渗水量小于 1.0 m^3/h），抽水时不会发生翻砂现象，可采用排水除土下沉，否则应采用不排水除土下沉方法；不排水开挖下沉的挖土方法，可根据土质情况参考表表 2.3.3-1 选用。一般宜采取抓泥、吸泥、射水交替或联合作业。必要时可辅以其他措施，诸如压重、高压射水、炮振、抽水以及采用泥浆润滑套或空气幕等方法。

表 2.3.3-1 不排水除土下沉方法选用参考表

土质	下沉除土方法	说 明
砂土	抓土、吸泥	若抓土宜用两瓣式挖斗抓土
卵石	吸泥、抓土	以直径大于卵石直径的吸泥机吸泥为好，若抓土宜用四瓣式挖斗抓土
黏性土	吸泥、抓土	一般需辅以高压射水，冲碎土层
风化岩	射水、放炮	碎块可用抓斗或吸泥机取出

下沉过程中，应随时掌握土层情况，做好下沉观测记录。分析和检验土的阻力与沉井重力的关系，选用最有利的下沉方法。正常下沉时，应自中间向刃脚处均匀对称除土；对于排水除土下沉的底节沉井，设计支承位置处的土，应在分层土中最后同时挖除。由数个井室组成的沉井，为使下沉不发生倾斜，应控制各井室之间除土面的高差，并避免内隔墙底部在下沉时受到下面土层的顶托。下沉时应随时注意正位，保持竖直下沉，至少每下沉 1 m 检查一次。沉井入土深度尚未超过其平面最小尺寸的 1.5 ~ 2 倍时，最易出现倾斜，应注意及时校正。但偏斜时的竖直校正，一般均会引起平面位置的移动。采用吸泥等方法在不稳定的土或砂土

中下沉时，必须备有向井内补水的设施。保持井内外的水位相平或井内略高于井外水位，防止翻砂。吸泥器应均匀吸泥，防止局部吸泥过深，造成沉井下沉偏斜。下沉至设计高程以上 2 m 时，应适当放慢下沉速度并控制井内除土量和除土位置，以使沉井平稳下沉，正确就位。

2.3.4　特殊下沉技术

沉井主要是靠克服周边的摩阻力及刃脚下的反力得以下沉。摩阻力与刃脚下的反力相比，摩阻力要大得多。有时沉井自重较轻或遇到硬土，周边的摩阻力特别大，此时沉井下沉就比较困难，工程中常用减少摩阻力的方法，使沉井保持不断下沉。减阻的措施比较多，常用的有泥浆润滑套法和空气幕法等，具体采用何种措施，应根据沉井规模及现场条件而定。

一、泥浆润滑套法

泥浆润滑套是在沉井外壁周围与土层间设置泥浆隔离层。以减小土与井壁的摩擦力（泥浆对井壁的摩擦力为 3 ~ 5 kPa），从而可以减轻沉井自重，加大下沉深度，提高下沉效率。九江长江大桥用此法配合井内射水吸泥下沉，平均下沉速度为 0.27 m/h，取得良好效果。

采用泥浆润滑套施工的沉井，其构造要求为：沉井刃脚踏面宽度不宜大于 10 cm，最好采用钢板包护无踏面的尖刃脚，以利于减小下沉时的正面阻力，并可防止漏浆。沉井外壁应做成单台阶形。为防止泥浆穿过沉井侧壁而渗漏到井内，并保持沉井下沉的稳定性，对直径不大于 8 m 的圆形沉井，台阶位置多设在距刃脚底面 2 ~ 3 m 处，对面积较大的沉井，台阶可设在底节与第二节接缝处。台阶的宽度就是泥浆润滑套的宽度，一般宜为 10 ~ 20 cm。

泥浆润滑套的构造主要是射口挡板、地表围圈及压浆管。射口挡板为防止泥浆管射出的泥浆直冲土壁和土壁局部坍落堵塞出浆口，用角钢弯制成一射口挡板，固定在井壁台阶上。地表围圈是埋设在沉井周围保护泥浆的围壁，确保下沉时润滑套的正确宽度，防止表土坍落，储存泥浆等；泥浆在围圈内可流动，用以调整各压浆管出浆量不均衡状况。地表围圈的宽度即沉井台阶的宽度，高度一般在 1.5 ~ 2.5 m，顶面高出地表约 0.5 m，上加顶盖，防止土石落入或流水冲蚀，可用木板或钢板做成。地表围圈外围用不透水的土回填夯实。压浆管的布置，厚壁沉井多采用内管法，把压浆管埋在井壁内，管径为 ϕ38 ~ 50 mm，间距 3 ~ 4 m，射口方向与井壁呈 45°角。薄壁沉井用外管法，布置在井壁内侧或外侧。

沉井挖土下沉时，应避免刃脚下土层掏空过多，吸泥取土时井内水位应不低于井外水位，以免翻砂冒水和泥浆流失。下沉中沉井偏倾不能过大，以免挤坏地表围圈。施工中要及时补浆。使泥浆面保持在地表围圈顶面下 0.1 ~ 0.3 m，即必须高出地表面。沉井下沉至设计高程后。应设法破坏泥浆套或沿井壁内侧布置排浆管，排除泥浆，以恢复土对井壁的固结作用。泥浆润滑套法的优点是下沉施工进度快，可以减轻自重；同时下沉倾斜小、容易纠偏，在旱地或浅滩上应用效果较好。存在问题是当基底为一般土质时，因井壁摩阻力小，致使刃脚对地基压力过大，容易造成基边下沉的情况，在卵石、砾石层中应用效果较差。

二、空气幕法

空气幕法的原理是从预先埋设在井壁四周的若干层气管中压入高压空气，此高压空气由设在井壁上的喷气孔喷出，并沿井壁外表面上升溢出地面，从而在井壁周围形成一层松动的含有气体与水的液化土层，此含气土层围绕沉井如同幕帐一般，故称之为空气幕。其主要构件有如下几种。

1. 气　龛

气龛是指在井壁的水平环形管喷气孔位置上预留模板做成棱锥形凹槽，拆模后在凹槽内钻直径为 1 mm 的喷气孔即可。凹槽的作用是保护喷气孔，避免与土直接摩擦，便于气体扩散。气龛的数量以每个气龛分担或作用的有效面积计算求得，其布置应上下层交错排列。气龛的有效作用面积可用 1.3 m^2/个（下部）~ 2.6 m^2/个（上部）这一经验数字作为设计依据。气龛示意图如图 2.3.4-1 所示。

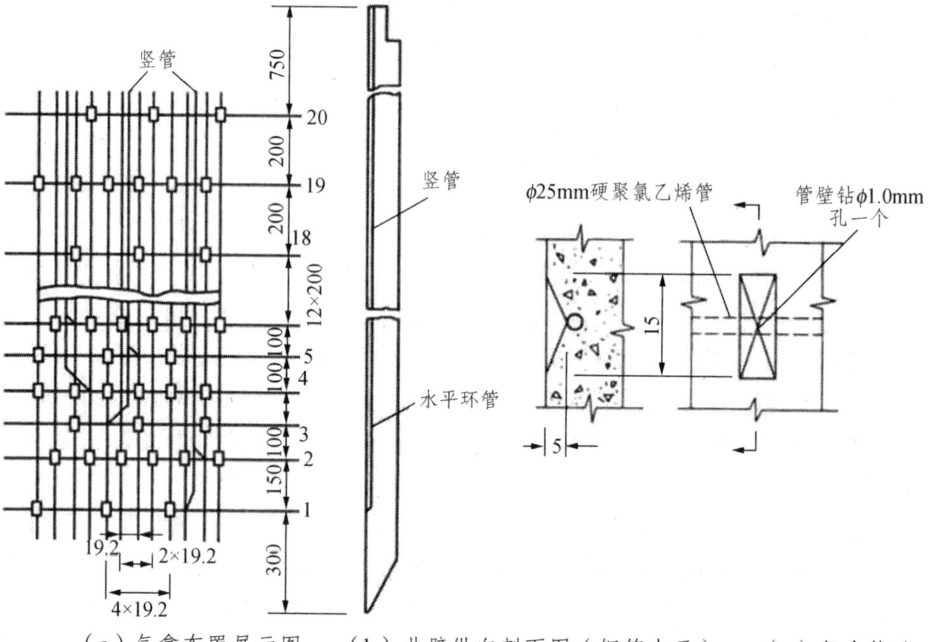

（a）气龛布置展示图　（b）井壁纵向剖面图（钢筋未示）　（c）气龛构造

图 2.3.4-1　气龛构造示意图（单位：cm）

2. 气　管

为了安装与操作便利，常将井壁内的气管分成环形水平分配气管与垂直供气管两种。每层气龛宜设环形分配管一圈，每圈又宜分成 2 段或 4 段，以利高压空气直接通过气龛吹出井外。每根垂直供气管可连接两圈（层）环形分配管，将供气系统的压缩空气供给环形分配管。气管通常采用 25 ~ 30 mm 的聚氯乙烯管或钢管。

3. 压缩空气供气系统

压缩电气机、贮风筒及送风管道等的布置与一般压缩空气站相似。压缩空气的压力可按 1.6 ~ 2.5 倍的气龛最大入土深度的静水压力计算。供气量则按每个气龛耗气量 0.02 ~ 0.03 m^3/min 计算确定。

空气幕的作用方式与泥浆润滑套不同，它只在送气阶段才起作用，故只有当井内土挖空后沉井仍不下沉的情况下，才压气促使沉井下沉。送风顺序是由上而下地逐层开启气阀送风；

而停止送风的顺序则与此相反。空气幕法适用于地下水位较高的细、粉砂类土及黏性土层中。其优点是：施工设备简单，经济效果较好；下沉中要停要沉容易控制；可以在水下施工，不受水深限制，井壁摩阻力较泥浆润滑套法容易恢复，是一种先进的施工方法。

最近国外尚有用帐幕法下沉沉井的，其法是在沉井外壁预先埋设成卷的高分子强化薄膜，利用沉井的下沉力拉起展开薄膜，从而形成一贴紧井壁的帷幕。

复习思考题

1. 试述桥梁基础的分类及主要施工方法。
2. 水中浅基础基坑开挖和围护的施工方法有哪些？其与陆地基础施工有何区别？
3. 试述沉入桩基础的施工方法、各自适用范围及特点。
4. 简述单桩承载力静压试验的加载要点。
5. 试述钻孔灌注桩基础的施工方法与施工工艺。
6. 沉井基础施工中，有哪些助沉施工技术及实施原理？

项目 3　桥梁墩台构造与施工

【项目描述】

桥墩、桥台是桥梁下部结构的重要组成部分，它们基本作用于支承桥梁上部结构及荷载。桥墩居于全桥的中间部位，支承着两相邻孔桥跨结构。桥台居于全桥的两端，它的前端支承着桥跨结构，后端与路堤衔接，起着支挡台后路堤填土并把桥跨结构与路堤衔接起来的作用。当前，铁路桥梁的桥墩、桥台多采用钢筋混凝土结构，一般采用就地浇筑法施工。根据桥墩高度的不同，桥墩施工可分为一次成型施工或分段施工，桥台的施工则还要考虑锥坡等附属工程的施工。在学习的过程中应分析普通桥墩、高桥墩及桥台施工的异同，对比学习。

【教学目标】

1. 能力目标

（1）能熟练区分桥墩、桥台类型和构造；

（2）具备阅读桥墩、桥台施工图纸的能力；

（3）具备编制桥墩、桥台施工方案的能力；

（4）具备组织、指导桥墩、桥台施工的能力。

2. 知识目标

（1）掌握桥墩、桥台类型及构造；

（2）掌握桥墩、桥台及附属设施施工技术；

（3）熟悉桥墩、桥台与上部结构施工技术的差别。

相关案例——福平铁路项目洋中特大桥墩柱施工全部完成

2017 年 3 月 15 日，中国铁建中铁十五局集团一公司福平铁路项目洋中特大桥完成最后一个桥墩（1#墩）浇筑，至此，洋中特大桥墩柱施工全部完成。

洋中特大桥 1#墩位于 DK82 + 880 处，桥墩不远处有一个水塘，地质条件差，场地第四系覆盖层中普遍存在软土（淤泥质黏土）等软弱土层，空隙比较大，抗剪强度较低，承载力较低，上部存在可液化饱和细砂层，且地下水对混凝土有腐蚀。前期由于历史遗留问题始终没得到解决，使得 0# ~ 2#桥墩施工严重滞后，经过项目部人员与当地政府、村委会、村民的反复协商和不懈努力，终于于去年年底开工建设。

为在最短的时间里保质保量地完成洋中特大桥桥墩节点任务，项目部采取多项措施促进施工。一是成立桥墩施工生产组织机构，由一名项目副经理负全责，工程技术人员现场指挥、监督指导施工；二是安排有经验的桩基队伍上场，根据地质特点，柱桩采用冲击钻进行钻孔，摩擦桩拟采用旋挖桩进行钻孔，开孔过程按照“小冲程、勤松绳”的原则进行，钻孔必须连续作业，每钻 4 ~ 5 m，现场技术人员要验孔一次，同时采取必要的安全防护措施，规范操作钢筋笼和导管的安装、混凝土的浇筑，以确保桩基施工一次成功；三是安排具有桥墩施工经验的架子队对承台、桥墩、台身及托盘顶帽进行科学组织、标准化施工，施工过程中工程部、安质部、实验室、测量队严格进行不间断监控，物资部和拌和站保障混凝土的连续供应；四是要求施工各班组规范操作每道程序，严格按照施工工艺和标准化组织施工。

任务 3.1　桥梁墩台构造

3.1.1　桥墩的认识

普通桥墩习惯上指墩高小于 30 m 的桥墩，根据现场环境和施工条件通常采用整体模板浇筑施工。

桥墩一般由墩身、顶帽及基础三部分组成。墩身水平截面形状主要取决于水文、通航、地质及线路情况等因素。

铁路桥梁的桥墩类型主要有：重力式桥墩、轻型桥墩（柔性墩、空心墩）、拼装式桥墩等。鉴于铁路工程中重力式桥墩应用最为普遍，本任务主要介绍重力式桥墩。

3.1.2　桥墩类型

一、重力型桥墩

重力式桥墩是一种实体结构，一般由石砌或混凝土建造，墩帽需要配置钢筋。按其墩身截面形状划分为多种形式，见图 3.1.2-1。对于跨河桥，选用时主要考虑水流特性，尽量减少墩旁河床的局部冲刷和水流压力，并使水流顺畅通过桥孔。墩身截面在此前提下，应力求节省圬工和施工简便。

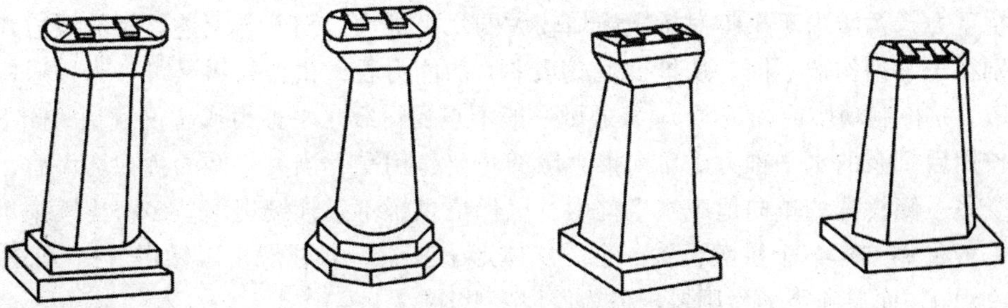

（a）圆端形桥墩　（b）圆形桥墩　（c）矩形桥墩　（d）尖端形桥墩

图 3.1.2-1　常见重力式桥墩

1. 圆端形桥墩

圆端形桥墩的截面是矩形两端各接一个半圆。施工稍复杂，但比较适合流水通过，可减少局部冲刷。用于水流和桥轴线交角小于 15°的情况，是铁路跨河桥中最广泛使用的一种形式。

2. 圆形桥墩

圆形桥墩的截面为圆形，流水特性较圆端形和矩形好，用于桥轴法线与水流交角大于 15°

的情况或河流流向不稳定的河流中。由于截面为圆形，各方向具有相同的抵抗矩。在用于纵横向受力差异较大的桥墩上时，浪费圬工。另外，当用石料砌筑时比较费工。这种桥墩多用于单线直线铁路高墩中。

3. 矩形桥墩

矩形桥墩的截面是矩形。矩形桥墩外形简单，施工方便，圬工数量较省。其缺点是对水流阻力大，引起的局部冲刷较大，一般用于无水或静水中，或用于高桥墩最高水位以上部分。

4. 尖端形桥墩

尖端形桥墩适用于桥轴法线与水流交角小于 5°及河床不允许有严重冲刷的小跨度桥梁。在有流水的河流中，桥墩的尖端能起破冰作用，为此，迎水端应采取特殊加固措施。尖端形桥墩的缺点是尖端部分施工困难，故较少应用。

5. 流线型桥墩

流线型桥墩是高速铁路建设中发展起来的一种桥墩，见图 3.1.2-2，分通过曲线连接，线形美观，一般流线型桥墩的墩身是固端型。

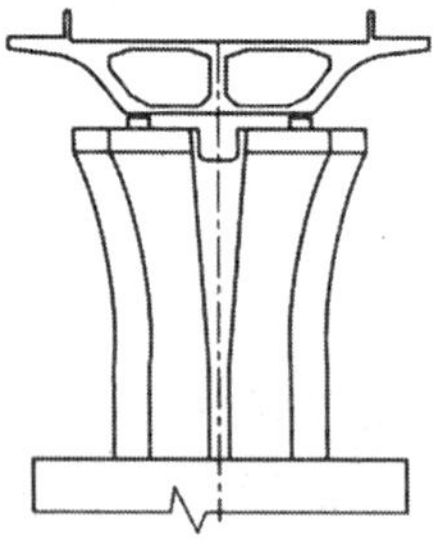

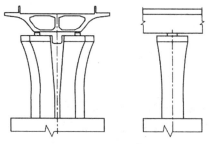

图 3.1.2-2　流线型桥墩示意图

6. 拱桥重力式桥墩

拱桥重力式桥墩由于拱脚对桥墩施加较大的水平推力，因此与上述梁桥的重力式桥墩不同，区别在于墩帽构造不同。从抵御恒载水平力的能力看，拱桥桥墩又可分为普通桥墩和单向推力墩（亦称制动墩或固定墩）。普通墩一般不承受恒载水平推力或者仅承受两侧不等跨结构相互作用后剩余的水平推力。单向推力墩的主要作用是，当其一侧的桥孔坍塌后，桥墩仍能够承受另一侧桥孔的单向恒载水平推力，以保证拱桥不致连续坍塌。多跨连续拱桥的单向推力墩一般每隔 3～4 个桥墩设置一个。从体形上来看，普通墩可以做得薄一些[图 3.1.2-3（a）～（c）]，而单向推力墩则要求做得厚实一些[图 3.1.2-3（d）、（e）]。

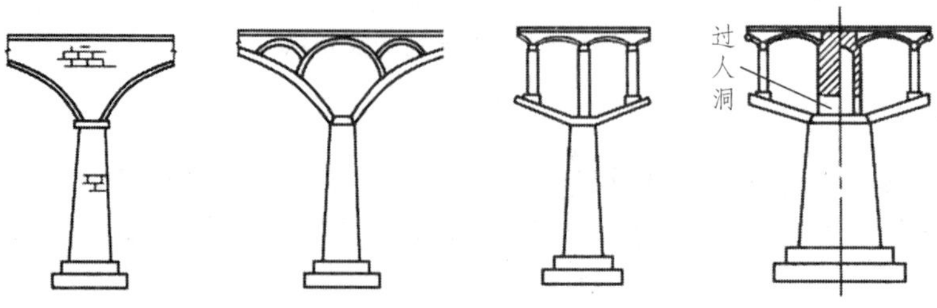

（a）　（b）　（c）　（d）（e）

图 3.1.2-3　拱桥重力式桥墩

拱桥桥墩构造特点简述如下。

① 拱座。拱桥墩顶要设置拱座，且拱座应与拱轴线呈正交的斜面，强度较高。

② 拱座的位置。当拱座两侧孔径相等时，拱座均设置在桥墩顶部的起拱线高程上；当桥墩两侧的孔径不等，荷载水平力不平衡时，则将拱座设置在不同的起拱线高程上。此时，桥墩墩身可在推力小的一侧设置边坡或增大边坡，从外形上考虑，边坡点一般设在常水位以下，见图 3.1.2-4。墩身两侧边坡和梁桥两侧边坡一样，可以选择为 20：1～30：1。

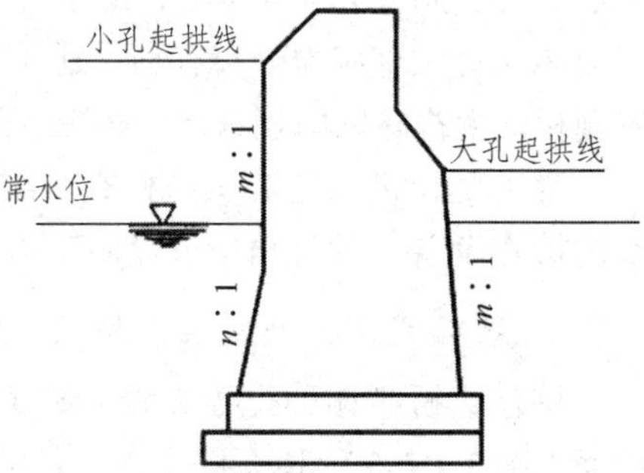

图 3.1.2-4　不等跨拱桥桥墩示意图

③ 墩顶以上构造。由于上承式拱桥的桥面与墩顶顶面相距有一段高度，故墩顶以上结构常采用几种不同形式。对于实腹式石拱桥，其墩顶以上部分通常做成与侧墙平齐的形式。对于空腹式石拱桥普通墩，常采用立墙式、立柱加盖梁式或者采用跨越式。对于单向推力墩常采用立墙式和框架式。当采用立墙式时，为了检修方便，墙中应设置过人孔；当采用立柱加盖梁或框架式时，则应按照钢筋混凝土结构进行设计配筋。立柱和盖梁可以做成装配式构件，采用不低于 C30 的钢筋混凝土。架设时可以将预制立柱插入墩顶预留的孔槽内，使工期大为加快。普通铁路拱桥桥墩的顶宽，对于混凝土墩一般可按拱跨的 1/15～1/25 估算；对于石砌墩可按拱跨的 1/10～1/20 估算，其比值将随跨径的增大而减小，且不宜小于 80 cm，对于单向推力墩，则按具体情况计算确定。

二、轻型桥墩

1. 空心墩

空心墩是桥墩轻型化的一种途径，是将实体墩改为空心墩，以达到减轻质量、节省圬工的目的，如图 3.1.2-5 所示。对于高墩，空心墩更具有优势。

按建筑材料，空心墩可分为素混凝土空心墩和钢筋混凝土空心墩。混凝土空心墩一般用于墩高在 50 m 以下的桥墩，墩壁厚度一般要求不小于 50 cm。钢筋混凝土空心墩的壁厚应根据设计而定，一般要求不小于 30 cm。按截面形式，空心墩可分为圆形、圆端形和矩形，为了便于滑动模板施工，宜采用圆形或圆端形空心截面桥墩。墩身立面形状可做成直坡形、台阶形或斜坡形；一般宜采用斜坡式变截面空心墩，以适应桥墩的受力特点，并能节约圬工。

空心墩的外形与实体桥墩大致相同，顶帽、托盘的尺寸也与实体桥墩大致相同。空心墩顶帽受力比较复杂，顶帽下宜设实体过渡段，以均匀传递压力和减小列车竖向动力作用；墩身与基础连接处，也设有实体过渡段。实体段连接处，均应增设补充钢筋或设置牛腿。

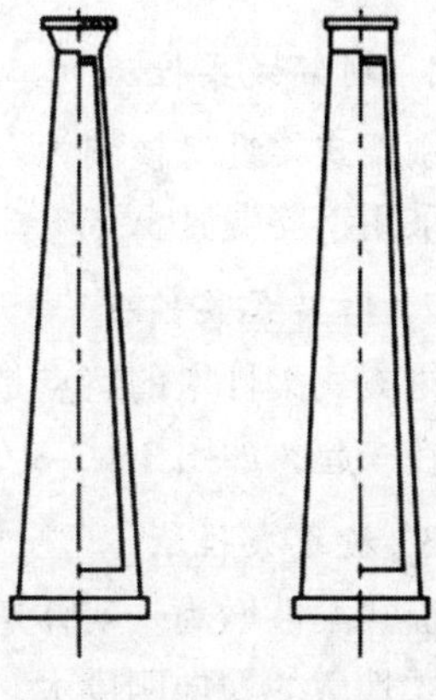
图 3.1.2-5　圆形混凝土空心桥墩

空心缆内部是否设置横隔板，可根据施工情况确定。为了承受局部应力和温度应力，混凝土空心墩墩身外侧宜设护面钢筋。为了调节墩内外温差，减小施工中混凝土水化热对墩内温度的影响，应设置通风孔。圆形通风孔对墩壁应力分布有利。通风孔离地面不宜低于 5 m，并应高出设计频率水位，还应设置栅栏。为排除墩内积水，可在墩下部过渡段顶部设置排水孔。

为了便于进入空心墩内检查和维修，在墩顶应设置带门的进入洞，以及相应的固定或活动的检查设备，墩身内壁可设固定检查梯。

2. 桩柱式桥墩及双柱式桥墩

桩柱式桥墩亦称排架式墩，墩身利用基础的桩身延伸到地面（图 3.1.2-6），顶帽即为连接桩的横梁。这类墩的特点是构造简单、用料少、施工快，但纵向刚度小，故其建筑高度常受墩顶位移的限制。这类桥墩多用于铁路小跨度且墩高小于 10 m 的桥梁，但在公路桥梁中应用广泛。

双柱式桥墩由钢筋混凝土做成刚架，其基础可为桩基或其他基础，高度一般在 30 m 以内，一般用于小跨旱桥及地基承载力较低的软质土壤。

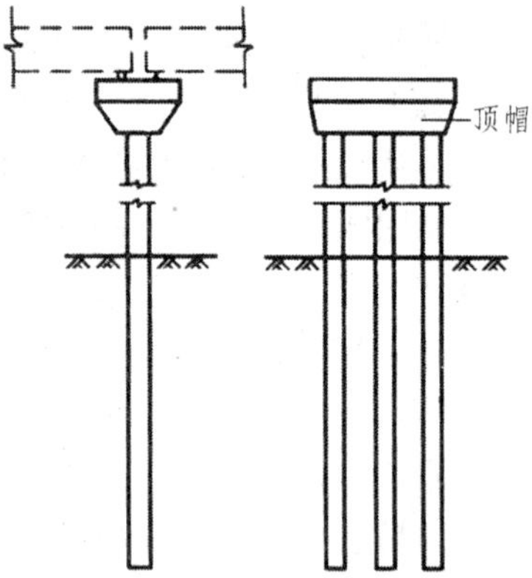

图 3.1.2-6 柱桩式桥墩

三、柔性墩

柔性墩通过改变桥梁的受力体系，使墩台由单独承受某种荷载变为与其他墩台和梁共同承受荷载，以达到轻型化的目的，如图 3.1.2-7 所示。其特点是将若干个柔性墩的小截面桥墩和一个刚性墩的大截面桥墩（台）通过桥跨结构用固定支座连接起来（称为一联），在纵桥向形成一个可以共同承受纵向水平力的框架体系，并通过各墩的刚度来分配所承受的水平力，由于柔性墩刚度小，其承受的内力就大为减少。

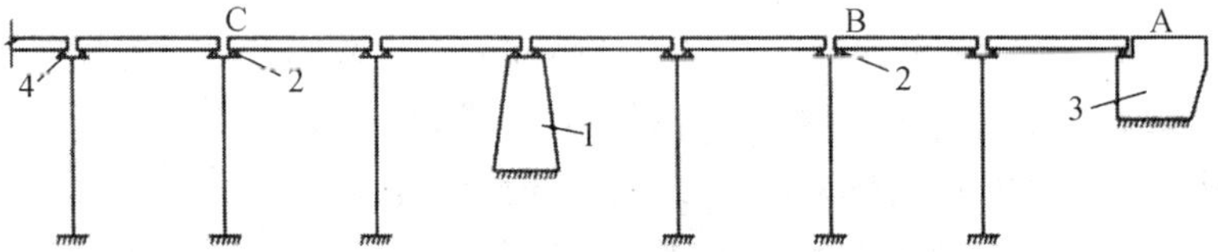

图 3.1.2-7 柔性墩的桥式布置

1—刚性墩；2—活动支座；3—刚性桥台；4—固定支座

1. 刚架式柔性墩

刚架式柔性墩横向为一刚架。单线桥的刚架柔性墩通常由两根立柱、横撑和顶帽组成，墩身采用钢筋混凝土结构，如图 3.1.2-8（a）所示。

2. 排架式柔性墩

排架式柔性墩的特点是墩身直接由基桩延伸至顶帽，地面下不需设置承台帽把各个桩顶联结在一起，如图 3.1.2-8（b）所示。

3. 板式柔性墩

板式柔性墩为一实体矩形板壁，设计计算和施工都较为简单，便于滑模施工，比前两种形式柔性墩的横向刚度大。因此，它已被广泛地采用。双薄壁柔性墩适用于连续刚构桥，如图 3.1.2-8（c）所示。

4. 上柔下刚墩

当墩身高度较大，或墩身处于存在漂流物的水流湍急的河流中时，为增加墩身的稳定性和加强抵抗漂流物撞击的能力，可采用墩身的上半部为小截面、下半部为大截面的“上柔下刚”墩，如图 3.1.2-8（d）所示。

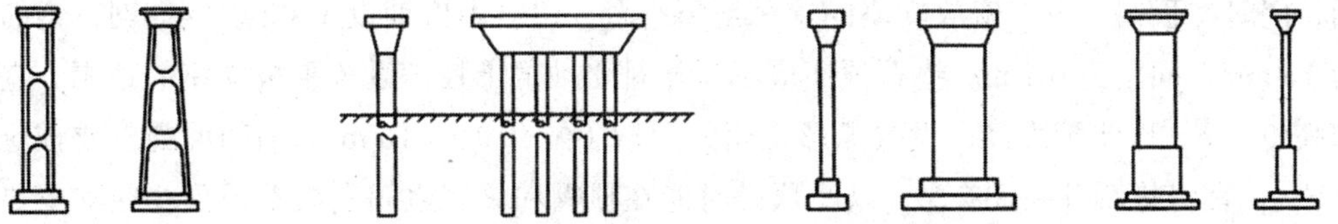

（a）刚架式柔性墩　（b）排架式柔性墩　（c）板式柔性墩　（d）上柔下刚墩

图 3.1.2-8　各类柔性墩

柔性墩截面纤细，抗撞击能力较低，不宜在山坡有落石的山谷高架桥或有泥石流、流冰、漂流物、通航的河流上采用。经验表明：为保证运营中有较高的安全度，柔性墩墩高不宜大于 30 m，曲线半径不宜小于 500 m，联长不宜大于 132 m。

3.1.3　铁路重力式实体桥墩构造

一、顶帽的类型与构造

顶帽有两种形式，即飞檐式顶帽[图 3.1.3-1（a）]和托盘式顶帽[图 3.1.3-1（b）]。8 m 及更小跨度的普通钢筋混凝土梁选用的矩形或圆端形桥墩其顶帽一般采用飞檐式，顶帽的形状均随墩身形状而定；10 ~ 32 m 普通钢筋混凝土梁及预应力混凝土梁的桥墩顶帽常做成托盘式，以节省圬工。托盘式顶帽的形状除圆端形桥墩采用圆端形外，其他桥墩常采用矩形顶帽，托盘的形状则按墩身形状需要确定，目前，高速铁路和客运专线则采用流线型顶帽。

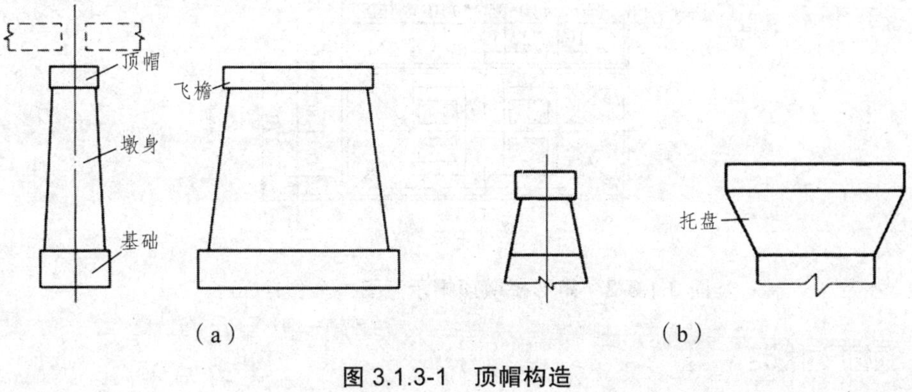

图 3.1.3-1　顶帽构造

顶帽的作用是安放梁的支座，将桥跨结构传来的集中压力均匀地分散给桥墩，另外顶帽还要有一定的宽度，以满足架梁施工和养护维修的需要。《铁路桥涵设计基本规范》规定：顶帽应采用不低于 C30 的混凝土，厚度不应小于 0.4 m，一般要求设置钢筋网，其钢筋直径为 10 mm，间距为 0.2 m。对单线、等跨、跨度不大于 16 m 的钢筋混凝土梁的实体墩顶帽，有下列情况时，也可不设置顶帽钢筋：

（1）无支座；

（2）当地气象条件不会使顶帽受到冻害影响，且顶帽与墩身为整体浇筑，顶帽不带托盘，厚度等于或大于 0.6 m 时。

顶帽要设置不小于 3%的排水坡（无支座的顶帽可不设），并设有突出墩身 0.1 ~ 0.2 m 的飞檐；同时在顶帽上设有安放支座的支承垫石平台，垫石内应铺设 1 ~ 2 层钢筋网，钢筋的直径为 10 mm，间距为 0.1 m。垫石顶面应不低于排水坡的上棱。设置平板支座的顶帽，宜将垫石加高 0.1 m，以便于维修；设置弧形支座的顶帽（配合 10 ~ 16 m 的钢筋混凝土或预应力混凝土梁），宜将垫石升高 0.2 m，以便顶梁时能在顶帽和梁底之间安放千斤顶。在支承垫石内还须安放固定支座底板的支座锚栓，通常在施工时先按设计要求预留锚栓孔位，架梁时再埋入支座锚栓并固定之。

采用托盘式顶帽时，托盘缩颈处存在应力集中，因此施工时不允许在此处留施工缝，常在距缩颈 40 cm 处开始用与托盘相同强度的混凝土连续浇筑顶帽，且在托盘与墩身的连接处沿周边布置直径 10 mm、间距 0.2 m 的竖向短钢筋以加强之。图 3.1.3-2 为矩形桥墩顶帽示意图。

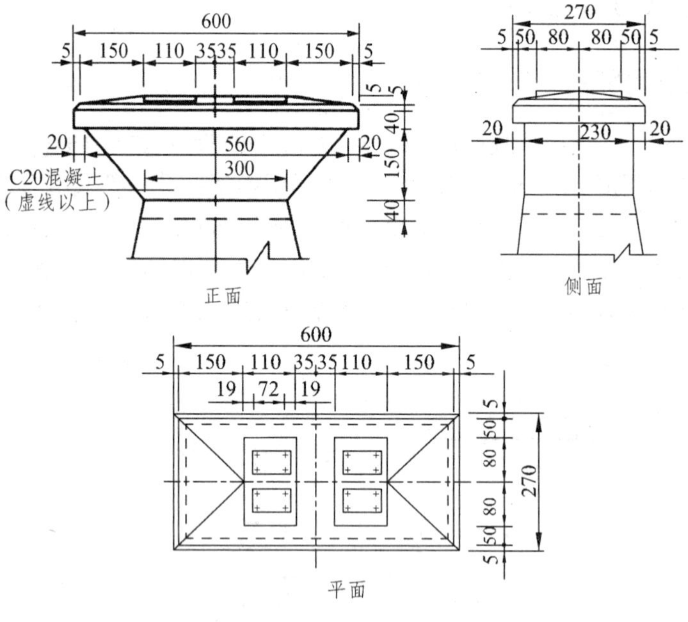

图 3.1.3-2　矩形桥墩顶帽示意图（单位：cm）

二、顶帽尺寸拟定

1. 顶帽厚度

一般有支座的顶帽厚度都采用 0.5 m（因顶梁和维修需要的支承垫石加高部分不包括在内）；无支座的顶帽厚度可采用 0.4 m。

2. 顶帽平面尺寸

顶帽的最小尺寸如图 3.1.3-3 所示，必须满足安放支座的需要，并应符合以下要求。

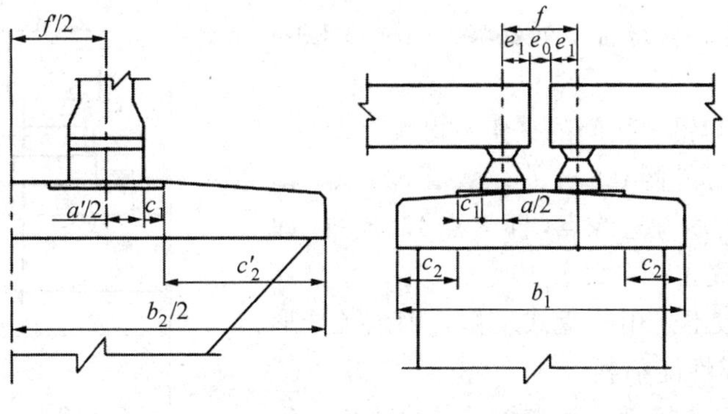

（a）横向　　（b）纵向

图 3.1.3-3　顶帽尺寸

① 纵向：

$$b_1 \geqslant f + a + 2c_1 + 2c_2$$

$$f = e_0 + 2e_1 \geqslant \frac{a}{2} + \frac{a}{2}$$

式中　f——邻跨两支座中心距；

e_0——邻跨梁之间的空隙（通称梁缝），用以适应温度胀缩及施工误差；

e_1——支座中心到梁端的距离（等于梁长减去计算跨度之差的一半，通不等跨时，按实际情况计算）；

a——支座底板的纵向尺寸，若邻跨所用支座不同，a 按实际情况计算；

c_1——支承垫石边缘到支座底板边缘的距离，其值为 15 ~ 20 cm；

c_2——支承垫石边缘距墩幅边缘的纵向距离：若梁的跨度 $L \leqslant 8$ m 时为 15 cm，8 m<L<20 m 时为 25 cm；$L \geqslant 20$ m 时为 40 cm。

② 横向：

$$b_2 \geqslant f' + a' + 2c_1 + 2c_2'$$

式中　f'——同一桥孔的两支座中心距；

a'——支座底板横向尺寸；

c_1——支承垫石边缘到支座底扳边缘的距离，其值为 15 ~ 20 cm；

c_2'——若顶帽为圆弧形，支承垫石角至顶帽最近边缘距离不小于纵向值，若顶帽为矩形时最小为 50 cm。

为了施工和维修的方便，b_2 值还应满足下列要求：

当跨度 $L \leqslant 8$ m 时，b_2 不小于 4 m；当跨度 8 m<L<20 m 时 b_2 不小于 5 m；当跨度 $L \geqslant 20$ m 时 b_2 不小于 6 m。

3. 托盘式顶帽的托盘

当顶部墩帽横向宽度较大，而墩身顶面宽度较小时，为节省圬工，一般在墩帽下设置托盘过渡，这种顶帽称为托盘式顶帽。托盘式顶帽由托盘、墩帽和支承垫石组成。

托盘式顶帽缩颈处的横向宽度 B 不得小于支座下支座板外缘的间距 b。托盘的高度和坡度线视墩帽宽度而定，应符合下列要求，如图 3.1.3-4 所示。

① 托盘坡度线与铅垂线间的夹角不得大于 45°；

② 支承垫石边缘外侧 0.5 m 处，墩帽下缘点（即图 3.1.3-4 中 E 点）与墩颈边缘点（即 F 点）之连线（即 EF 点）与铅垂线的夹角 α 不大于 30°。

在地震区，一般不采用托盘式顶帽，因缩颈处形成一薄弱面，对抗震性能不利。

按上述原则拟定的托盘，除在缩颈处设置构造钢筋外，其余可不设钢筋。托盘及托盘下一小段墩身混凝土等级与顶帽相同。

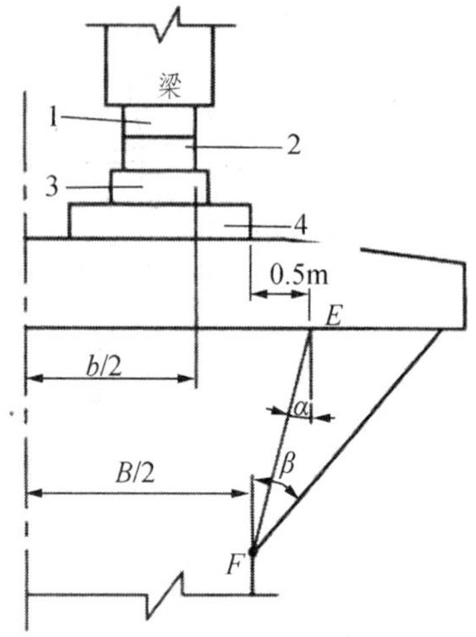

图 3.1.3-4 托盘式顶帽

1—上支座板；2—下支座板；3—垫板；4—支承垫石

三、非对称式顶帽

（一）曲线桥桥墩顶帽

曲线上的桥墩，由于离心力产生较大力矩，使墩身截面加大，为了减少桥墩所承受的弯矩，节约圬工，曲线桥可将桥墩中心线向曲线外侧移动一定距离，使梁中心线对桥墩中心线有一偏心，称为预偏心，一般为 35 ~ 50 cm，如图 3.1.3-5 所示。预偏心的作用在于使梁体自重及竖向荷载对构造桥墩中心线产生力矩，以抵消一部分离心力的弯矩。故梁在曲线上，墩帽的构造与梁在直线上有所不同。

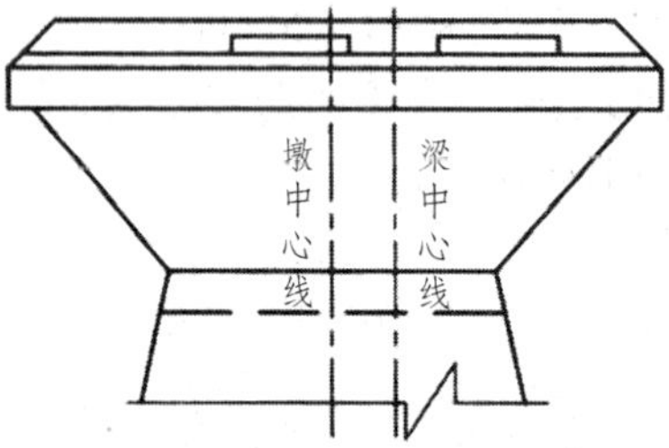

图 3.1.3-5 曲线上预偏心桥墩

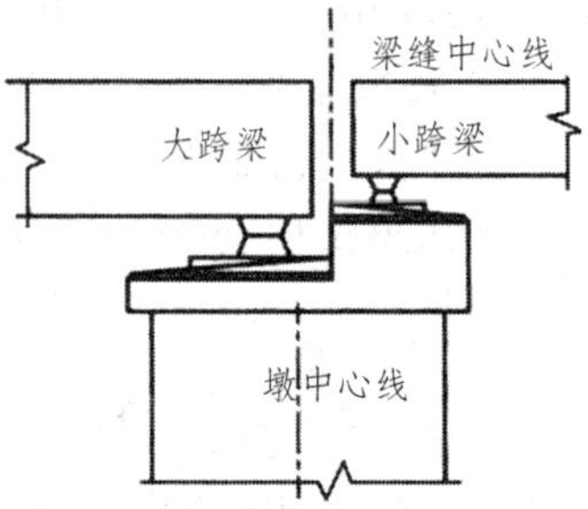

图 3.1.3-6 异形顶帽

（二）不等跨桥桥墩顶帽

当桥墩上相邻两跨的建筑高度不同时，例如当两边跨度不相等，或者一边为上承式另一边为下承式时，桥墩顶帽可采用图 3.1.3-6 所示的异形顶帽。为使两个不相等跨度梁支座反力的合力尽可能接近桥墩中心轴线，减少垂直力的偏心，宜将大跨的支座靠近桥的中心线。为了适应不同的梁高，在小跨度一端加高墩帽做成小支墩，两相邻梁的梁缝为 10 cm（对于曲线桥系指内侧），小跨度梁的梁端至小支墩的背墙距离为 5 cm，使小支墩背墙线位于梁缝的中心。顶帽及支墩加高部分均应设置钢筋。

（三）墩身构造及墩身尺寸拟定

1. 墩身构造

实体墩身目前多用混凝土，为保证桥墩结构的耐久性，混凝土强度一般不低于 C30。

2. 墩身尺寸拟定

采用托盘式顶帽时，墩身顶面尺寸就是托盘底部的尺寸；采用飞檐式顶帽时，墩身顶面尺寸就是顶帽纵、横向尺寸减去两边檐的宽度。

墩身坡度一般用 n : 1（竖：横）表示，n 越大，坡度越陡；反之越缓。当墩身较低时（约在 6 m 以内），为施工方便，可设直坡。墩身较高时，墩身的两个方向均可做成斜坡，坡度不缓于 20 : 1，具体数值根据墩身的受力要求由试算确定。

墩身高度应根据墩顶高程（轨底高程减去梁在墩台顶处的建筑高度和顶帽高度）和基地埋深、基础厚度确定。

墩身底部尺寸可根据：墩身顶部尺寸 + 2 × 墩身高 ÷ n 来确定。

任务 3.2　桥台施工

3.2.1　桥台的认识

一、桥台类型

桥台是指连接桥跨结构和路基的文档建筑物，铁路桥梁常用的桥台有 U 形桥台、T 形桥台、埋式桥台及耳墙式桥台。在高速铁路中，还有一字形桥台、矩形桥台、空心桥台等结构。

桥台由台顶、台身及基础三部分组成，其中台顶包括道砟槽及顶帽。道砟槽承托道砟、轨枕、钢轨等。此外，桥台还有防排水、检查台阶和锥体护坡等附属设备，如图 3.2.1-1 所示。桥台的结构形式取决于路堤填土高度、上部构造、水文、地质、地形地貌等因素。

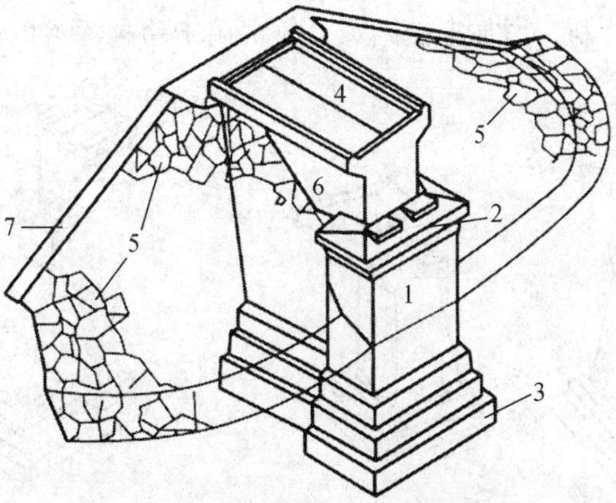

图 3.2.1-1　T 形桥台

1—台身；2—台帽；3—基础；4—道砟槽；5—锥体护坡；6—台顶；7—检查台阶

1. U 形桥台

U 形桥合因其台身是由前墙和两个侧墙构成的 U 字形结构而得名，如图 3.2.1-2 所示。其优点是构造简单，基底承压面大，应力小，可以用混凝土或片、块石砌筑，适用于填土高度在 8 ~ 11 m 以下或跨度稍大的桥梁；缺点是桥台体积和自重较大，也增加了对地基的强度要求。此外，桥台两个侧墙之间的续土容易积水，结冰后冻胀，易使侧墙产生裂缝。所以宜用渗水性好的土夯实，并做好台后排水措施。

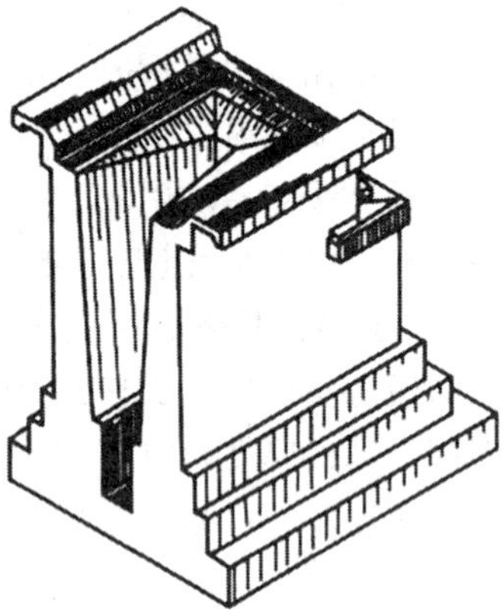

图 3.2.1-2 U 形桥台

2. T 形桥台

T 形桥台是一般大中桥使用最广泛的一种形式，见图 3.2.1-1。此种桥台的特点是节省圬工，并克服了 U 形桥台中间积水的缺点，但道砟槽需要钢筋较多，台身长度也随着填土高度增加，所以当填土较高时，圬工量较大。一般用于填土高度在 4 ~ 12 m、跨度为 5.0 ~ 20.0 m 的钢筋混凝土梁及跨度 8.0 ~ 32.0 m 的预应力钢筋混凝土梁。

3. 耳墙式桥台

为了缩短台长，节省圬工，避免锥体过多侵入桥孔，可采用两片耳墙代替一部分台身与路堤相连接，此种桥台称为耳墙式桥台，其优点是节省圬工。此种桥台的缺点是耳墙施工较困难，并且需要较多的钢筋；当填土较高时，锥体坡脚伸出前墙，需加固坡脚或加设挡土墙，桥台基底应力较大，如图 3.2.1-3 所示。

4. 埋式桥台

通常路基填土较高时，可使部分台身埋入锥体，压缩桥孔，缩短桥台长度，此种桥台称为埋式桥台，如图 3.2.1-4 所示。当路基填土很高，并且桥跨结构为上承式时，可考虑采用埋式桥台。埋式桥台台身为矩形，结构简单，节省圬工，可做成较高的桥台，适用于地面坡度很缓而填土较高之处。埋式桥台的缺点是锥体侵入桥孔，减少过水面积，锥体填土和铺砌的数量很大，护坡易受水流冲刷，增加养护困难，故常用于跨越深谷的高桥上。

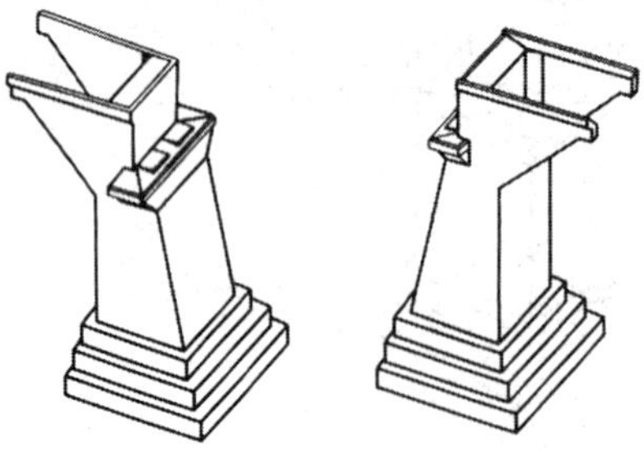

图 3.2.1-3 耳墙式桥台

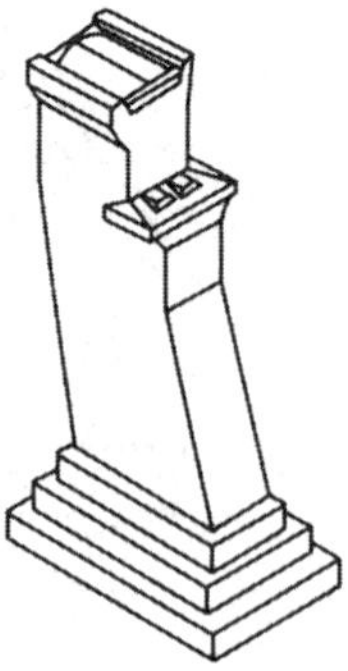

图 3.2.1-4 埋式桥台

5. 一字形桥台

一字形桥台是介于耳墙式桥台与 T 形桥台之间的一种新桥台，它以混凝土砌块代替耳墙式桥台的耳墙部分与路基相连，台身长度适当增加，台身后坡采用直墙式，前墙采用斜坡式，台身截面采用矩形截面。从平面看，台身纵向尺寸较横向尺寸小很多，形状像一字形（图 3.2.1-5），故称为一字形桥台，广泛应用于高速铁路和客运线。

图 3.2.1-5 一字形桥台

二、桥台组成及构造

(一) 台 顶

桥台顶帽底面线以上部分叫台顶，由台帽和道砟槽组成。桥台顶帽尺寸请参考任务 3.1 中桥墩顶帽尺寸。

1. 台 帽

台帽直接承受梁传下来的荷载，并把它传到台身。台帽的构造尺寸、建筑材料和墩帽一样。其平面尺寸除需满足放置支座和传力的要求外，还应考虑架梁和桥梁养护工作的方便。为了适应这种要求，有时做成托盘式台帽。

2. 道砟槽

道砟槽是台顶铺设道砟的地方，其顶面应做成斜坡以利排水。道砟槽两侧有挡砟墙，挡砟墙内预埋 U 形螺栓，以便设置栏杆。道砟槽前端的挡砟墙又称为胸墙。胸墙至道砟槽后端（台尾）的距离称为台长（或桥台长）。道砟槽顶宽不应小于 3.9 m，轨底应高出挡砟墙顶不小于 20 cm。轨底道砟厚度不应小于 25 cm。

(二) 台 身

台身指桥台顶帽底面线以下，基础顶面以上的部分。因为桥台两侧有锥体填土，可以帮助抵抗横向的荷载，故台身的侧面常做成竖直的。在纵向上、台身后面稍向后仰。台身前面称为前墙，一般都是竖直的，但有时由于受力的要求而做成斜坡，以加大台身底部面积。

台身纵向尺寸（图 3.2.1-6）的拟定应满足下述要求：

（1）台尾上部伸入路肩至少为 0.75 m，以保证路堤与桥台的良好连接；

（2）自支承垫石顶面的后缘至锥体坡面的垂直距离不应小于 0.3 m；

（3）除埋式桥台外，锥体的坡脚不得超出桥台的前线；

（4）埋式桥台锥体坡脚可伸出桥台前线，但坡面与台身前线相交处应高出设计水位不少于 0.25 m。

(三) 附属设备

1. 锥体填土及其护坡

路基前方填土伸入桥台部分呈锥体形状，故称为桥台锥体填土，其作用是加强桥台和路基的连接并包裹桥台，增加桥台的横向稳定性。锥体填土宜用渗水土填筑。锥体填方的坡面，一般以全高防护，并根据流水、流冰等情况，决定防护标准。

锥体护坡的纵、横向坡度规定如下：

① 纵向坡度：路肩下 0 ~ 6 m 不陡于 1∶1，6 ~ 12 m 不陡于 1∶1.25，大于 12 m 不陡于 1∶1.5，如图 3.2.1-6 所示；如用最小边长大于 25 cm 的石块分层码砌时，全坡可采用不陡于 1∶1 的坡度。

② 横向坡度：应与路堤边坡坡度一致。

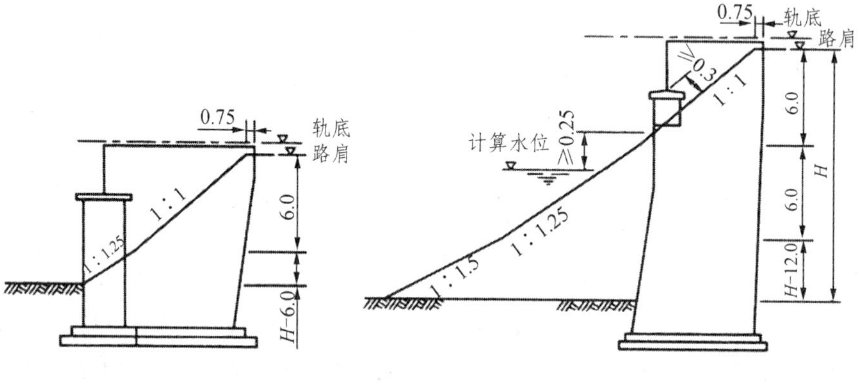

图 3.2.1-6 桥台纵向尺寸的拟定（单位：m）

2. 检查台阶

当场土高度大于 4 m 时，为便于检查桥台及护坡，在桥台台尾路堤与锥体填土交界处的边坡上应修筑检查台阶，台阶可用混凝土或浆砌片石砌筑，如图 3.2.1-7 所示。

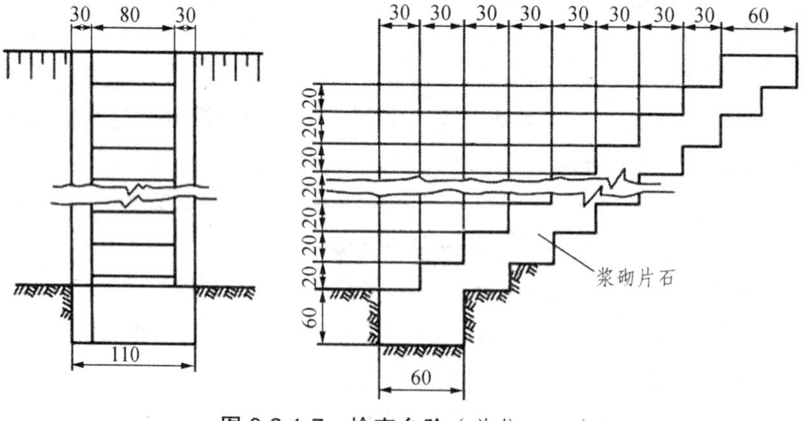

图 3.2.1-7 检查台阶（单位：cm）

3. 台后排水

为排除台后积水，保证桥台稳定，锥体及台后填方（下方不小于 2 m、上方不小于 2 m 加桥台高度范围）均应以渗水土填筑，见图 3.2.1-7；如确有困难时，除严寒地区外，也可用一般黏性土壤填筑。

3.2.2 桥台施工

一、台体施工

桥台台体施工内容包括基坑开挖、基坑找平、桥台钢筋绑扎、桥台模板支设、桥台混凝土浇筑及养护、台后填土等内容。这些内容与桥墩施工基本一致，详见任务 3.1，此处不再赘述。

二、附属设施施工

1. 锥体放样

锥体放样可以采用直角坐标法、图解法、极坐标法等方法，请参考相关测量书籍。下面给出锥坡 AutoCAD 等分放样法供参考，见图 3.2.2-1。

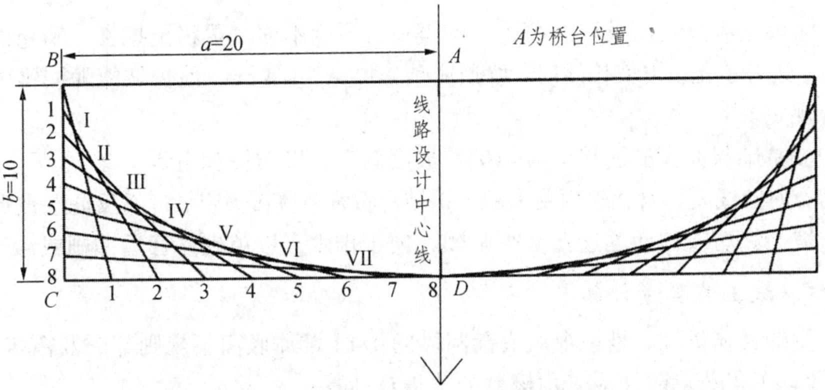

图 3.2.2-1 锥体放样

a—垂直于线路中心线方向（20 m），为线路中心线到坡角线的长度；
b—平行于线路中心线方向（10 m），为桥台两端路基设计高度乘以桥台设计坡比

说明：把 *BC* 和 *CD* 等分为 8 段，然后按图 3.2.2-1 的方法相连，得到Ⅰ、Ⅱ、Ⅲ、Ⅳ、Ⅴ、Ⅵ、Ⅶ七个交点，再从 *B* 到Ⅰ、Ⅱ、Ⅲ、Ⅳ、Ⅴ、Ⅵ、Ⅶ、*D* 按序依次连接，得到的这条线就是所求的锥坡放样线（也可用曲线连）。

2. 锥体填土

锥体填土必须分层夯打密实，达到最佳密实度的 90%以上。砂砾石土类应洒水夯填。采用不易风化的块石作为填料时，应注意层次均匀、铺填密实，不可堆填或倾填。有坡面防护的护坡，在锥体填土时，就应留出坡面防护砌筑位置。

为使桥台与路堤连接良好，必要时可在锥体顶面以下砌筑。

3. 锥体坡面砌筑

锥体坡面采用砌片石或铺砌大卵石砌筑，也可采用预制块砌筑或铺草皮等防护办法。

使用片石或大卵石砌筑护坡的底层时，应以卵砾石或碎石等作为垫层，在砌筑坡面时，随砌随垫保证垫层厚度。坡面以栽砌为主，预制块和大面片石可以码砌，但不如栽砌牢固美观。栽砌是指把石料轴线垂直于斜坡面的砌法，如图 3.2.2-2 所示。石料砌筑应相互咬合错缝，其空隙应用小石楔紧塞实；大卵石要分出层次砌筑，要求上下错缝，左右挤紧，层层压牢。

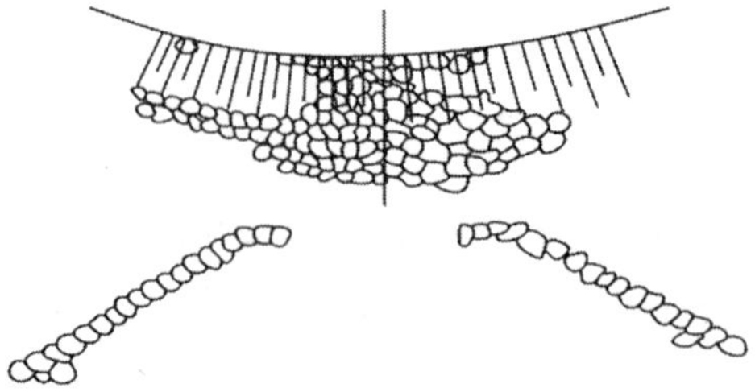

图 3.2.2-2 锥形坡面砌法

4. 护坡施工要点

（1）在大孔土地区，护坡施工前应检查护坡基底及护坡附近有无陷穴，并彻底进行处理，保证护坡稳定。

（2）锥体填土应按高度及坡度填足，砌筑片石厚度不够时再将土挖去；不允许填土不足，临时边砌石、边补填土。护坡拉线时，坡顶应预先放高 2～4 cm，使护坡能随同锥体填土沉陷，坡度仍符合规定。

（3）护坡基础与坡脚的连接面应与护坡坡度垂直，以防坡脚滑走。

（4）砌石时拉线要张紧，表面要平顺，护坡片石背后应按规定做碎石反滤层被水侵蚀变形。

（5）护坡与路肩或地面的连接必须平顺，便于排水，以免砌体背后冲刷或渗透坍塌。

5. 锥体护坡工程数量计算

桥台一侧的锥体护坡，是一个截头椭圆体的 1/4（锥体底面不规则部分及衔接锥体楔形部分除外）。计算工程数量时，应采用棱台公式进行计算：

$$V=\frac{1}{6}H(A_1+A_2+4A_3)$$

式中 V——棱台体积（m^3）；

H——棱台高度（m）；

A_1——棱台顶面积（m^2）；

A_2——棱台底面积（m^2）；

A_3——棱台中面积（m^2）。

任务 3.3 桥墩施工

3.3.1 普通桥墩施工技术

一、普通桥墩施工概述

目前铁路上常用的桥墩大多为混凝土桥墩，其施工方法和桥梁上部结构混凝土构件施工方法相似，对混凝土结构模板的要求也与其他钢筋混凝土构件模板的要求相同。根据施工经验，当墩台高度小于 30 m 时宜采用固定模板一次浇筑或分段浇筑施工；当高度大于或等于 30 m 时常用爬升模板、滑动模板或翻模板施工。

普通桥墩大都在施工现场就地浇筑，桥墩高 15 m 以下、平面尺寸较大的普通桥墩，通常采用大型钢模板一次浇筑法施工，即利用大型组合钢模板或非定型钢模板，在浇筑现场拼装成为整体模板来浇筑墩身混凝土。普通桥墩施工工艺流程如图 3.3.1-1 所示。

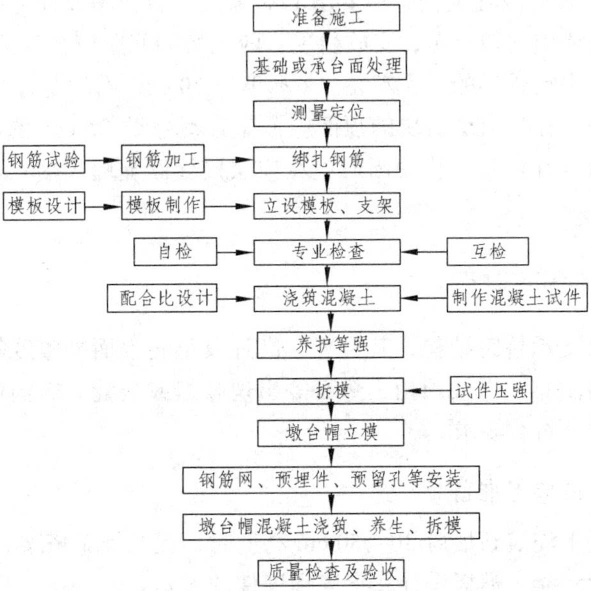

图 3.3.1-1　普通桥墩施工工艺流程

二、普通桥墩施工要点

大型钢模板一次浇筑法桥墩混凝土施工的主要作业内容有：施工准备、测量定位、钢筋绑扎、模板制作与安装、混凝土浇筑、养护、模板拆除、缺陷修补、质量检查等。模板工程、钢筋工程、混凝土工程相关内容可以参考项目 3 中任务 3.4 相关内容，这里不再详述。

普通桥墩的混凝土施工具有自身的特点，施工时应特别注意：

（1）桥墩混凝土特别是实体桥墩均为大体积混凝土，为了避免水化热过高而导致混凝土因内外温差过大引起裂缝，应优先选用矿渣水泥、火山灰水泥，采用普通水泥时强度不宜过高。

（2）浇筑混凝土之前应对模板、支架、钢筋及预埋构件进行详细检查，并做完整的记录。同时对模板浇水润湿、嵌缝，并在贴混凝土面上涂抹一层隔离剂，以防漏浆和便于拆模。混凝土浇筑过程中还应经常检查模板形状、尺寸，如有问题应及时修理。

（3）当桥墩截面小于或等于 100 m^2 时应连续浇筑混凝土，以保证混凝土的完整性；当桥墩截面大于 100 m^2 时，允许适当分段浇筑，其分段原则如下：

① 段与段的竖向接缝方向，应与桥墩宽度即与截面尺寸较短的方向平行；

② 为加强段与段之间的相互连接，上下相邻层中的竖直接缝应相互错开，并在水平横缝上和竖直缝上均用片石或钢筋做成适当的接茬；

③ 桥墩横截面分段的数目应尽量减少，横截面面积小于 200 m^2 时宜分为二段者不宜超过三段，在任何情况下每段截面面积不得小于 50 m^2，

④ 每段高度应为 1.5 ~ 2.0 m。

（4）为了节省水泥，桥墩大体积施工中可采用片石混凝土。填放石块的数量，不应超过混凝土体积的 25%；石块的最大尺寸，不应超过填放石块处最小结构尺寸的 1/4，石块的最小尺寸不宜小于 15 cm。石块应选用无裂缝、无夹层和未煅烧过的石块，其抗压强度不得低于 3 000 kN/m^2，且应具有混凝土粗骨料要求的耐久性。石块填放前应用水洗刷干净，不得有泥浆和其他污物。石块应均匀分布，安放稳妥，两石块的间距应允许插入振捣器进行捣实操作，一般应大于混凝土中粗骨料的最大粒径，并不小于 10 cm。石块与模板的间距应不小于 25 cm，且不得与钢筋接触，在最上层石块的顶面应覆盖有不小于 25 cm 的混凝土层。为了加强混凝土浇筑层间的结合，在浇筑工作中断时应在前层接缝面上埋入接茬石块，并使其体积露出混凝土外一半左右。

三、桥墩顶帽现场浇筑施工

桥墩顶帽用以支承桥跨结构，其位置、高程及垫石表面平整度等均应符合施工图要求，以免桥跨结构安装困难，以及顶帽、垫石等出现碎裂或裂缝，影响桥墩的正常使用功能与耐久性，同时保证尺寸符合要求。

（一）桥墩顶帽施工准备

（1）墩身混凝土浇筑到最后 30 ~ 50 cm 高度时，提升施工塔架，搭设顶帽施工平台。

（2）完成顶帽混凝土模板设计和支座预埋件的准备。

（3）顶帽施工测量放样工作。

（二）桥墩顶帽施工工艺

桥墩顶帽施工工艺流程如图 3.3.1-2 所示。

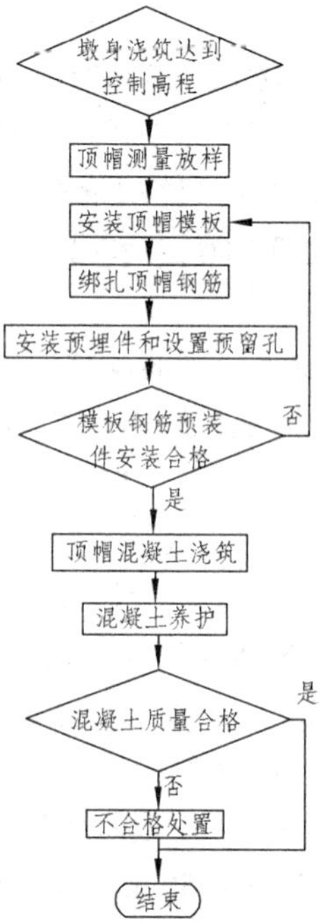

图 3.3.1-2 桥墩顶帽施工工艺流程图

（三）桥墩顶帽施工内容

1. 桥墩顶帽放样

桥墩混凝土（或砌石浇筑至离桥墩顶帽底下 30 ~ 50 cm 高度时，即需测出桥墩纵横中心轴线，并开始支立顶帽模板，安装锚栓孔或安装预埋支座垫板、绑扎钢筋等。如果是台帽放样时，应注意不要以基础中心线作为台帽背墙线，浇筑前应反复核实，以确保桥墩帽中心、支座垫石的位置、方向与水平高程等不出差错。

2. 桥墩顶帽模板支立和混凝土浇筑

桥墩顶帽系支承上部结构的重要部分，其尺寸位置和水平高程的准确度要求较严，浇筑混凝土应从顶帽下 30 ~ 50 cm 墩身处至顶帽一次浇筑，以保证桥墩顶帽底有足够厚度的紧密混凝土。墩帽模板下面的拉杆可利用墩帽下层的分布钢筋，以节省钢筋。台帽背墙模板应特别注意纵向支撑或拉条的刚度，防止浇筑混凝土时发生鼓肚，侵占梁端空隙。

3. 钢筋和支座垫板的安设

钢筋绑扎按规范进行。桥墩顶帽上支座垫板的安设一般采用预埋支座垫板和顶留铺栓孔的方法。预埋支座垫板法须在绑扎桥墩顶帽和支座垫石钢筋时，将焊有锚固钢筋的钢垫板安设在支座的准确位置上，即将锚固钢筋和顶帽骨架钢筋焊接固定，同时将钢垫板做一个木架，固定在桥墩帽模板上。此法在施工时垫板位置不易准确，应经常检查与校正。预留锚栓孔法须在安装桥墩帽模板时，安装好预留孔模板，在绑扎钢筋时注意将锚栓孔位置留出。此法安装支座施工方便，支座垫板位置准确。

3.3.2 高桥墩施工

一、高桥墩构造

当桥墩高度大于 30 m 时，根据其施工特征，一般称其为高桥墩。高桥墩施工与普通桥墩所用施工设备大体相同，但其模板系统却另有特色。高桥墩一般可以采用滑模、爬模或翻模进行施工。

二、高桥墩特点

由于高度大，其稳定性验算成为重要项目。施工一般不采用一次浇筑成型而是多次浇筑而成。

三、高桥墩类型

高桥墩的结构形式主要分为实心墩、空心薄壁墩、双肢薄壁墩、组合式桥墩四种。

1. 实心墩

实心墩的截面可以采用圆端形、圆形、矩形等，详见项目 3 中任务 3.1。

2. 空心薄壁墩

空心薄壁墩是墩身为空腔体的桥墩，是实体墩向轻型化发展的一种较好的结构形式，多为混凝土或钢筋混凝土结构。空心薄壁墩便于通过调整截面的尺寸来调节墩身的刚度，应用范围广泛。如图 3.3.2-1 所示。

3. 双肢薄壁墩

双肢薄壁墩是指在墩位上有两个相互平行的墩壁与主梁固结的桥墩。由于其顺桥向刚度相对较小，可以很好地适应桥梁的纵向变形，一般用于高度较大的悬臂施工连续刚构桥。如图 3.3.2-2 所示。

图 3.3.2-1　矩形空心薄壁墩

图 3.3.2-2　柱板式空心薄壁墩

4. 组合式桥墩

组合式桥墩通常上部采用双薄壁墩，下部采用单薄壁空心墩，兼具以上两种桥墩形式的优点。设计时通过调整上部双薄壁和下部单薄壁空心墩高度，可以获得较好的纵向刚度和横向刚度，从而满足结构在施工阶段和运营阶段的受力要求。

四、高桥墩施工技术

（一）爬模施工技术

爬模法是以凝固的钢筋混凝土墩壁作为承力结构，由内外套架导向，以套架上的液压油缸作动力，使模板上升。铁路桥梁高墩施工中较多采用内爬外挂双臂塔吊式爬模，具有施工速度快、施工质量好、安全可靠、操作简便、劳动强度低、适用性强的特点，适用于 30 m 以上各种截面形状的空心高墩施工。

1. 爬模施工工艺原理

爬模系统的爬升是通过液压油缸对导轨和爬架交替顶升来实现的。它是以空心桥墩已具备一定强度的混凝土墩壁为承力主体，内爬支腿机构的上下爬架及液压顶升油缸为爬升设备主体，油缸的活塞杆与下爬架铰接，缸体与上爬架铰接，上爬架与外套架连接而外套架又与网架工作平台连接，支撑整个爬模结构。通过油缸活塞杆与缸体间一个固定、一个上升，上下爬架间也是一个固定、一个相对运动，达到上爬架和外套架、下爬架和内套架交替爬升，从而完成爬模结构整体的爬升、就位、校正等工序。内爬架支腿机构的上下爬架与墩壁的固定连接采用在墩壁上预埋穿墙螺栓，然后在其上连接支撑托架，上下爬架的爬靴支在托架上，以此为支撑点向上爬升。

2. 爬模构造

现在液压自动爬模已经广泛应用于铁路、公路和市政道路桥梁高墩、塔柱等结构施工，下面简要介绍爬模构造。液压自动爬模体系主要由液压爬架和模板体系组成。其结构见图 3.3.2-3。

（1）爬架。

① 外侧爬架。

外调爬架包括悬挂靴、爬升导轨、液压顶升设备、上部操作平台、主工作平台、下部作业平台及电梯入口平台，爬架总高度一般在 12～16 m。主工作平台由三角支撑架及连接型钢组成，承受整个爬架重量及施工荷载，并通过预埋件将荷裁传递到混凝土上。主工作平台下面悬挂爬升操作平台、电梯入口平台、支撑模板操作平台、钢筋绑扎平台。所有平台构件均由型钢连接而成，用螺栓和销钉连接，拼装及拆卸极为方便快捷。杆件可以成捆装箱运输，避免了运输途中的损坏。

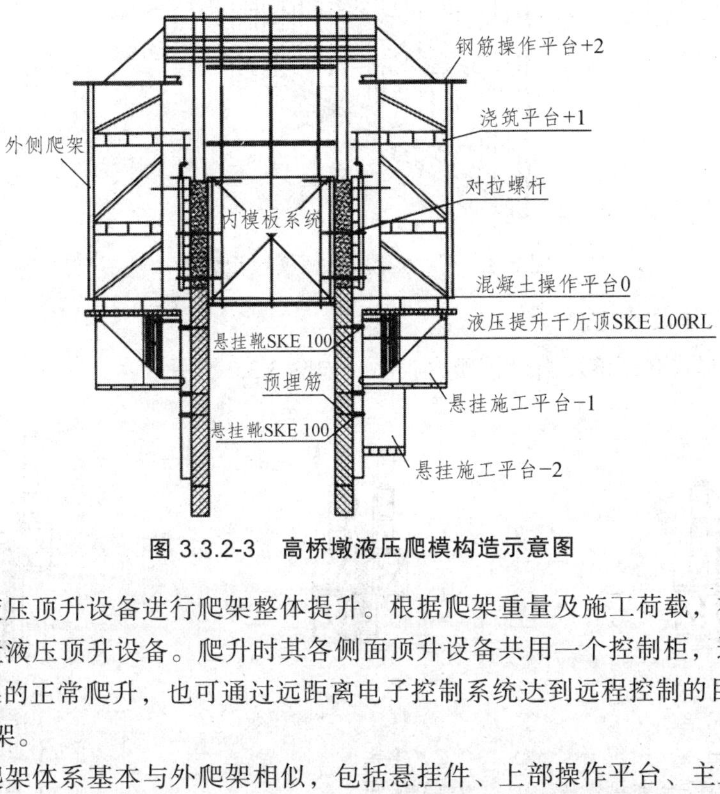

图 3.3.2-3　高桥墩液压爬模构造示意图

爬模采用液压顶升设备进行爬架整体提升。根据爬架重量及施工荷载，在墩身顺桥向和横桥向两侧布置液压顶升设备。爬升时其各侧面顶升设备共用一个控制柜，通过操作电子控制板来实现爬架的正常爬升，也可通过远距离电子控制系统达到远程控制的目的。

② 内侧爬架。

墩身内侧爬架体系基本与外爬架相似，包括悬挂件、上部操作平台、主工作平台、下部作业平台。每层平台高约 2 m，主平台由型钢组成，承受内爬架模板系统自重及施工荷载，通过预埋件将荷载传递到混凝土上。内爬架采用倒链整体提升，人工操作同步整体提升爬架。

（2）模板。

模板可以采用钢模板或木梁胶合板模板。下面以木梁胶合板模板为例（图 3.3.2-4）简要介绍。木梁胶合板模板体系由胶合板（面板）、木工字梁、槽钢背楞等构件组合而成，面板与木工字梁通过自攻螺丝和地板钉连接固定，槽钢背楞与木工字梁之间通过炽栓连接。该模板体系具有强度高、重量轻、混凝土成型质量好、标准化程度高等特点，在高桥墩施工中应用广泛。

木工字梁在制造过程中都经过脱水及固化处理，具有重量轻、弹性好、耐高温、防腐蚀、使用寿命长等特点。根据模板的要求可选用不同规格的木工字梁。

木面板经过特殊胶合，具有防水、不变形等性能，其表面经过高压合成树脂处理小混凝土的附着。

目前，木面板有三层板及多层板两种形式，厚度约为 21 mm。

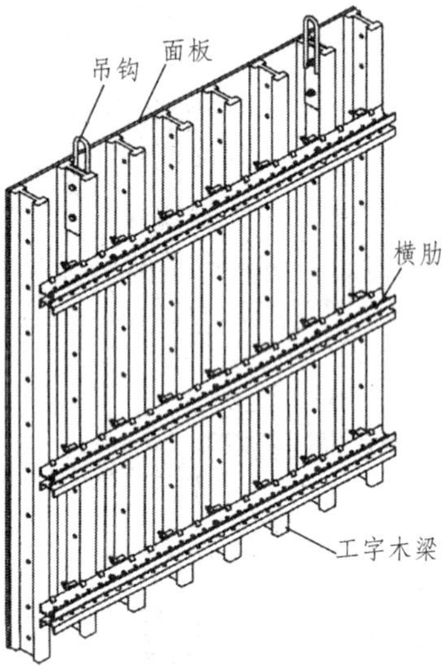
吊钩
面板
横肋
工字木梁

图 3.3.2-4　木梁胶合板模板示意图

3. 液压自爬模爬升流程

下面以简图形式介绍液压自爬模爬升程序，如图 3.3.2-5 所示。

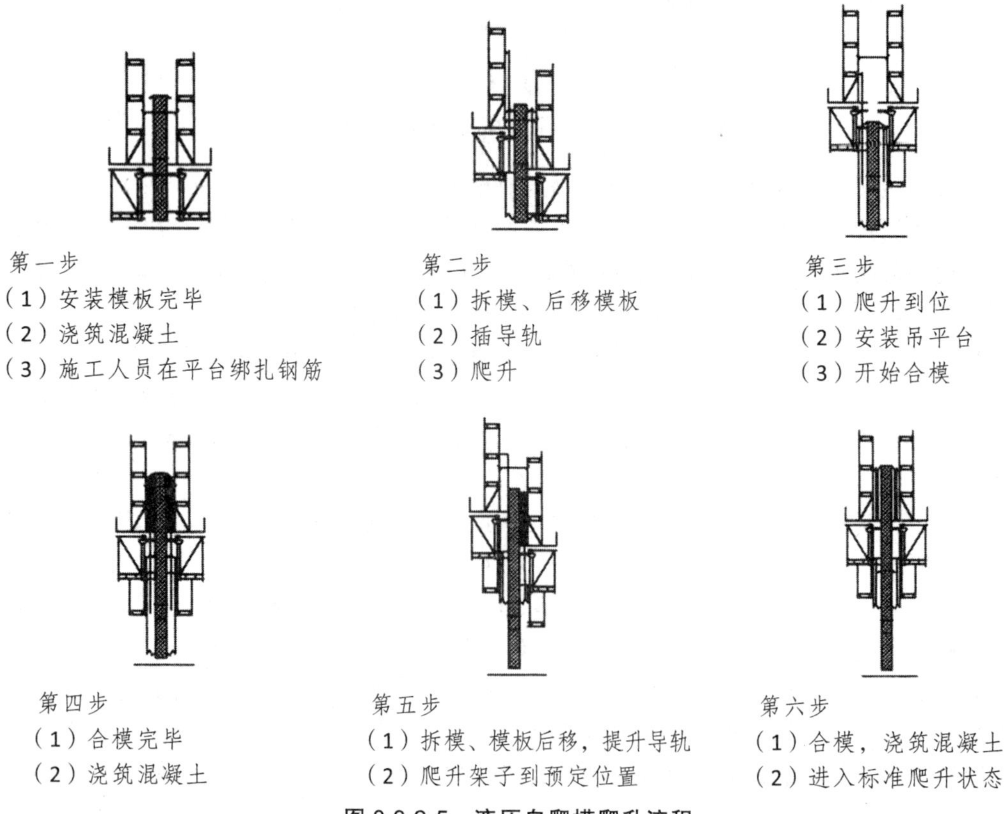
第一步
（1）安装模板完毕
（2）浇筑混凝土
（3）施工人员在平台绑扎钢筋
第二步
（1）拆模、后移模板
（2）插导轨
（3）爬升
第三步
（1）爬升到位
（2）安装吊平台
（3）开始合模
第四步
（1）合模完毕
（2）浇筑混凝土
第五步
（1）拆模、模板后移，提升导轨
（2）爬升架子到预定位置
第六步
（1）合模，浇筑混凝土
（2）进入标准爬升状态

图 3.3.2-5　液压自爬模爬升流程

4. 爬模施工技术

（1）爬架组装前的准备工作。

① 爬架各分段构件在工厂加工并现场进行试拼；经过质检和安全部门按设计要求对焊缝、外形尺寸、配件等逐一进行检查验收，合格后方可投入使用。

② 模板。按大模板制作要求进行加工验收，复核螺栓孔位置是否准确，吊点是否符合要求。特别检查吊环制作和焊接是否符合要求。

③ 检查提升设备、节点板拼接炽栓等配件是否配齐，混凝土墩壁上的预留孔位置是否与爬架孔位一致。

（2）爬架的组装与安装。

① 爬架运至施工现场后，由技术和安全部门进行技术、安全交底，由专业组装人员进行组装。

② 安装爬升模板前，应检查墩身预埋螺栓的孔径和位置、导轨间距是否正确，如有偏差，必须纠正后方可安装爬升模板。

③ 根据爬架结构进行分块，并按图编号。在地面上格承重架段组合成一组爬升架，详细检查两个承力架段尺寸的正确性。爬架孔与孔之间的尺寸误差应满足要求，检查组合架的稳定性和牢固性。

④ 安装锚固件，将拼装好的承重架、承重平台及爬升架挂装到安装好的锚固件上。在第一次爬升的爬架下安装下吊架平台以便拆除可周转的预埋件，安装完毕后的爬架其各项误差不得超过规定要求。

⑤ 安装过程由专人负责，必须经质检和安全部门验收合格后才能正式投入使用。

⑥ 组装完成后，设置各种安全防护设施。

（3）爬架爬升工艺流程。

爬升前，应再次检查爬升设备，确认符合要求后方可正式爬升。爬架爬升工艺流程为：清理杂物和检查设备固定情况→提升装置就位→拆除固定螺栓→调节限位机构→爬升导轨→均匀提升就位→固定附端螺栓→爬升架体→就位后上紧螺栓→检查验收→投入使用。

（4）导轨的爬升。

① 混凝土强度达到 10 MPa 时，安装上部爬升悬挂件；清洁爬升导轨后，导轨表面涂上润滑油；调整液压油缸上、下顶升弹簧装置，确保其方向一致向上。

② 经确认爬升条件具备后，打开液压油缸的进油阀门，启动液压控制柜，拆除导轨顶部的楔形插销，开始导轨的爬升。当液压油缸完成一个行程的顶升后，经确认其上、下顶升装置到位后，再开始下一个行程的顶升。

③ 当导轨顶升到位后，依次插上爬升导轨顶部的楔形插销，以确保插销锁定装置到位。将导轨顶部楔形插销与悬挂件完全接触。

④ 导轨爬升完成后，关闭油缸进油阀门，关闭控制柜，切断电源。

（5）模板的现场安装。

安装模板前，先确定爬架悬挂预埋件位置，然后按测量所放出的理论位置安装模板，通过爬架系统上设置的纵、横向模板可滑动调节系统，在较短的时间内即可完成模板的安装。

五、翻模施工技术

翻模由滑模演变而来，翻模由上、中、下三组等高模板组成，以墩身作为支承主体，上层模板支撑在下层模板上，随着混凝土的连续浇筑，下层混凝土达到拆模强度后，由下而上将模板拆除、翻升，持续支立，循环交替直达墩顶，完成桥墩的浇筑施工。翻模施工技术适用于圆形、矩形等各种截面的空心墩和实体墩施工。

翻模施工根据模板提升方式分为塔吊翻模和液压翻模两种。

翻模主要由模板、支架、工作平台等组成，如图 3.3.2-6 所示，再配合塔式起重机、倒链、液压千斤顶等起重提升设备共同完成高墩施工。

（一）塔吊翻模施工

塔吊翻模的特点是工作平台支撑于模板的牛腿支架或横竖肋背带上及工作平台。

1. 塔吊翻模施工流程

施工时第一节模板支立于墩身基顶上，第二节模板支立于第一节模板上，第三节模板支立于第二节模板上。当第三节混凝土强度达到 3 MPa，且第一节模板内混凝土达到 10 MPa 时，此时墩身自重及施工荷载由已硬化的墩身混凝土传至基顶，即可拆除第一节模板。将第一节模板做少量调整后，利用模板内外固定架、塔吊和倒链将其翻升至第四层，依次循环形成拆模、翻升立模、模板拼装、搭设内外工作平台、钢筋绑扎连接、混凝土浇筑与养护、测量定位的不间断作业，直至达到墩身设计高度。塔吊翻模施工流程见图 3.3.2-7，塔吊翻模施工示意见图 3.3.2-8。

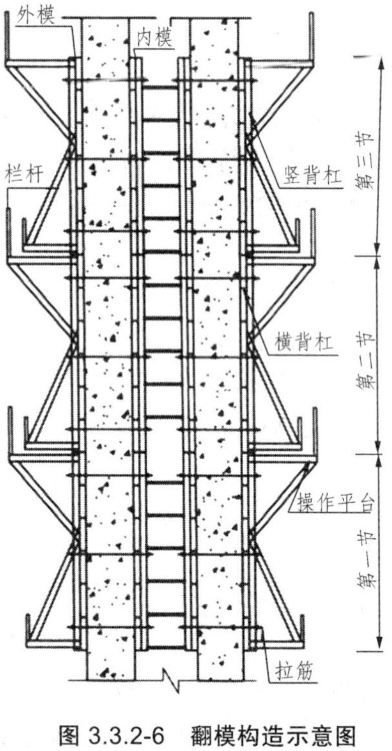

图 3.3.2-6 翻模构造示意图

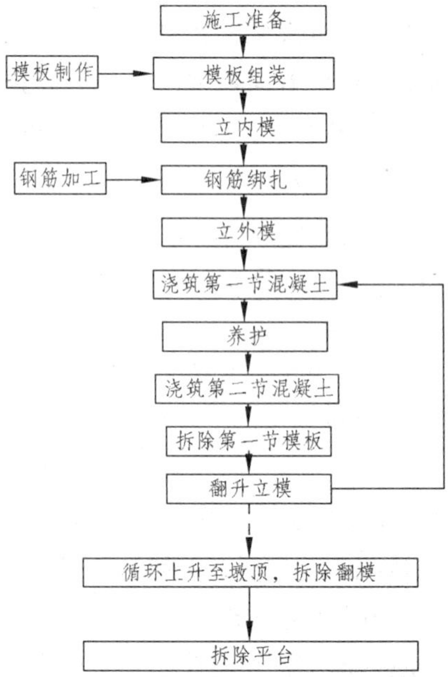

图 3.3.2-7 吊机提升法翻模施工流程图

（二）施工要点

1. 塔吊、电梯的安装

塔吊的选型一般要结合桥梁上部施工要求而定。如果考虑相邻墩施工使用，则应加大塔吊起重能力。电梯和塔吊可分开布设于墩的两侧，也可以布置在桥梁中心线上。电梯和塔吊基础要根据设备使用要求和结构设置。电梯、塔吊升高时，要根据设备使用要求，设置附臂，将立柱固定于墩身上。

2. 模板制作

模板设计应保证模板有足够的刚度，以保证每节高度混凝土质量。在设计计算时，应考虑混凝土对模板的最大侧压力、泵送混凝土对模板的冲击力及振捣混凝土时产生的荷载。

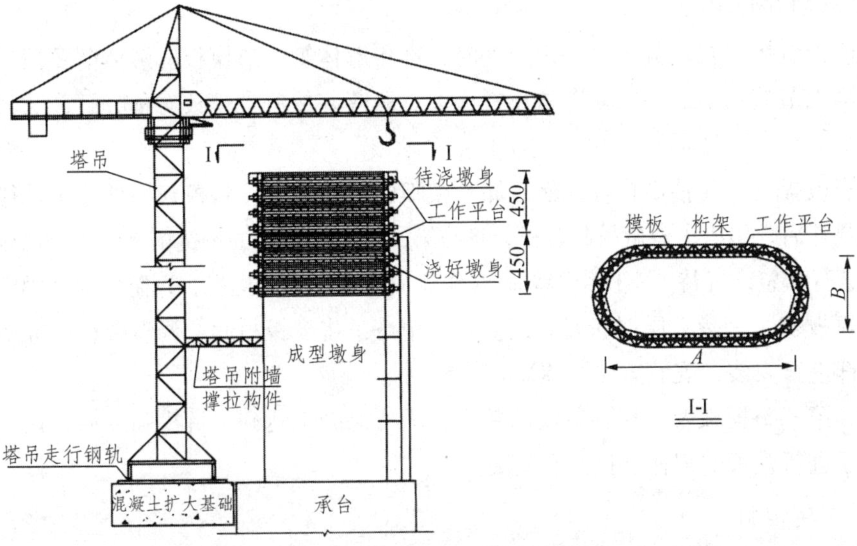

图 3.3.2-8　吊机提升法翻模施工示意图

每节模板均设置工作平台，利用角钢焊接在模板竖背杠上，与模板形成整体，工作平台上铺 3 mm 厚钢板，外侧工作平台沿周边设立防护栏杆并挂安全网，可供操作人员作业、行走及存放小型机具。

模板在安装前必须试拼。通过试拼检查模板加工精度是否达到设计要求，并及时处理模板接缝、错台、连接等方面可能出现的问题。

3. 模板安装

根据承台中心放出墩身立模边线，在承台上沿模板的底面用砂浆做 3 ~ 5 cm 厚找平层。对墩身角点放样，弹墨线，沿墨线立模板。模板安装前，表面应清理干净，并涂脱模剂。安装模板时应注意接缝平整、严密，防止漏浆。模板可设置紧固拉杆和内撑，确保墩身结构尺寸。

模板用塔吊吊装，人工辅助就位，内外模板用螺栓连成整体。模板成型后检测各部分安装尺寸，符合安装标准后吊装模板固定架，最后安装防护栏和安全网。

4. 钢筋和混凝土作业

竖向钢筋接长采用螺纹套管机械连接或焊接方式。钢筋定位或固定可利用墩内设置的支架、劲性骨架或可提升的钢支架。在设置劲性骨架的墩身施工时，可利用劲性骨架定位、固定钢筋，也可以加工可提升的钢支架，置于内外层竖向钢筋之间，用以固定、定位钢筋。

水平箍筋和拉筋按照常规工艺施工。如果设计有钢筋网片，可以采用定型的钢筋网片产品，也可预先在现场加工成片，待主钢筋安装完毕后整体安装、固定。

墩身混凝土采用塔吊或泵送入模，水平分层浇筑，每层厚度一般为 30 cm，用插入式振动器振捣，振捣过程中不得出现过振或漏振现象。浇筑完毕后要及时养护，待混凝土强度达到 3 MPa 以上时，人工清除浮浆，凿毛混凝土表面，然后按工艺流程进行第二、第三节施工。

当第三节段混凝土强度达到 3 MPa、第一节段混凝土强度达到 10 MPa 以上时，凿毛清理第三节段混凝土表面，准备第四节段墩身施工。

5. 模板翻升作业

（1）模板解体：在混凝土达一定强度时，准备解体第一节模板。解体前要预先用倒链将模板吊在第二节模板上，并拉紧，防止模板突然脱落。然后将模板对称分解成几大部分进行整体解体。

（2）模板提升：先抽出拉杆，然后卸除模板的连接螺栓，将模板向外拉出。待模板完全与混凝土脱开后，用塔吊微微吊起模板，将与第二节模板相连的倒链解下，然后将模板吊到模板修整处进行修整，等待下一次组装。吊升作业应有专人检查巡视，以防模板与固定物挂碰。

（3）模板安装：待上层钢筋安装完毕后，用塔吊将模板吊起，调整模板至准确位置，紧固对穿拉杆进行安装，安装方法同前述。

第二、第三节模板及以后各节段的翻升，均待混凝土达到可拆模强度后，按第一节模板的翻升次序进行模板的解体、提升和安装。

6. 垂直度控制

采用全站仪进行施工放样和检测，每节混凝土浇筑前测量模板四角的平面坐标，如有偏差及时进行调整。

7. 拆除模板

施工至墩顶后，墩顶仍保留 3 个节段模板，待墩身混凝土强度达到规范要求时，拆除模板。拆除时按先底节段、再中节段、最后顶节段的顺序进行。

用塔吊吊运拆除模板，将模板及模板组件一并吊运至存放场修整、存放。

（二）液压翻模施工

液压翻模的特点是工作平台与模板是分离的，工作平台支撑于提升架上，模板的提升靠固定于墩身主筋上的倒链来完成。平台的提升系统采用液压穿心千斤顶进行提升，自动化程度高，可控性能良好。

液压翻模由模板、工作平台、吊架、顶杆及液压提升设备组成，液压翻模结构见图 3.3.2-9。模板一般由上、中、下三层组成一套，以墩身作为支承主体。上层模板支撑在下层模板上，循环交替上升。工作平台采用槽钢组拼成空间骨架结构，配合随升收坡吊架，为墩身施工人员提供作业平台，稳定性能良好。

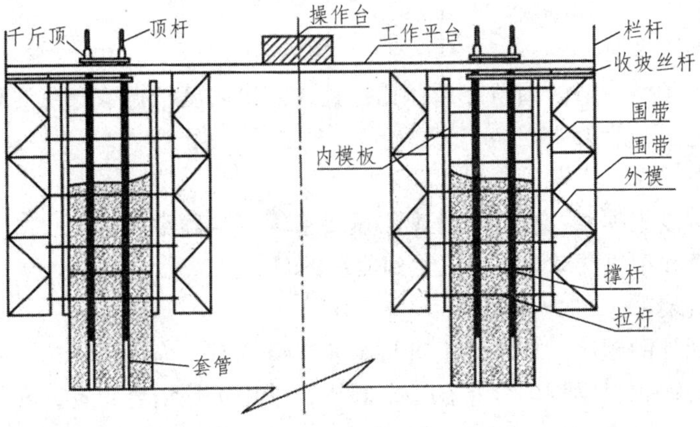

图 3.3.2-9 液压翻模结构示意图

1. 液压翻模施工流程

先在承台顶面浇筑基础段混凝土墩身，建立起工作平台，将顶杆装置支撑于墩身混凝土内，并用千斤顶将作业平台提升至一定高度。施工过程中，模板翻升、模板调整及纠偏、绑扎钢筋、混凝土浇筑、平台提升等多项工作是循环进行的，直至墩帽托盘。期间穿插平台对中调平、接长顶杆、混凝土养护等工作。液压翻模施工流程见图 3.3.2-10。

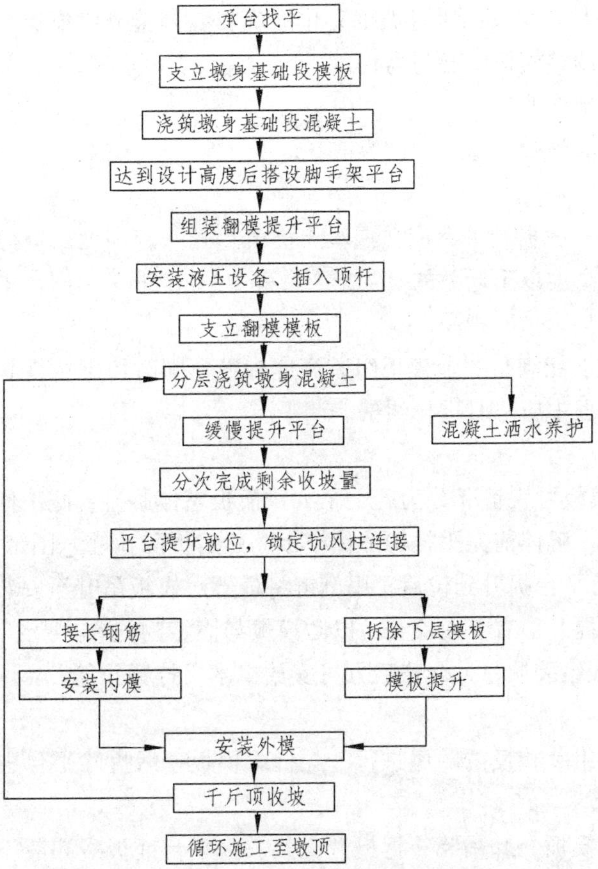

图 3.3.2-10 液压翻模施工流程图

2. 施工要点

（1）墩身基础段作业。

在墩身下部先预浇一节，预留好顶杆孔位置，浇筑高度根据墩身高度和模板周转次数和翻模设备高度确定，一般为 4 ~ 5 m。

（2）模板制作。

单块模板的宽度根据墩身尺寸、外观质量要求等因素确定。对于收边墩身，需要根据墩身坡度，设计角模和小块活动模板，以达到收坡的目的。

（3）作平台组装。

组装按由内到外的顺序，在平地上进行组装。组装时，内外钢环按圆心对称安装在辐射梁上，不得有偏心；辐射梁均匀分布在半个圆周，采用丁顺结合布置，安装好后将所有螺丝拧紧，并涂上黄油。

利用吊机进行整体吊装，每侧辐射梁下设 2 台千斤顶。平台安装就位后安装千斤顶，插入顶杆套管，并采取措施保护套管不与混凝土粘连。

（4）模板安装。

模板按顺序、部位进行组装。组装时，模板间缝隙要严密，内外模板间按设计尺寸进行校正，并安设拉筋和撑木。第一层模板组装时必须确保中线和水平的精度要求，模板间连接缝保证平顺密贴。

安装新一节模板时，要按照墩身坡度变化准确安装调整节段模板，模板调整好后，用经纬仪和水准仪校正、调整模板中心与高程。

（5）钢筋和混凝土作业。

此部分内容详见塔吊翻模施工中内容。

（6）提升工作平台。

翻模组装后，第一次提升平台应在混凝土浇筑达到一定高度后进行，时间宜在混凝土初凝后及终凝前，提升高度以千斤顶的 1 ~ 2 个行程（3 ~ 6 cm）为限。第二次及以后每次提升工作平台，提升高度与第一次相同。

平台提升总高度以能满足一节模板组装高度为准，同时控制在终凝后达到设计高度，切忌空提过高。提升过程中应随时进行纠偏、调平。

（7）模板翻升。

① 模板解体：模板可视情况分为若干个大块模板整体翻升，此工作在浇筑最上层模板混凝土过程中提前进行。解体前先用挂钩吊住模板，然后拆除拉筋、围带等。

② 模板翻升：待平台提升到位后，用倒链将最下层模板吊升至安装位置并组装好。提升过程中（包括平台的提升）有专人检查，以防模板与固定物挂碰。

③ 最后检查模板组装质量，合格后方可安放撑木，拧紧拉筋。

（8）翻模拆除。

模板拆除按照与组装相反的顺序进行，先拆除模板，后拆除平台进行。拆除工作必须严格对称进行。

拆除顺序为：拆模板→卸吊装→拆提升支架→去平台铺板→卸液压控制台→卸千斤顶→除套管连接螺栓→平台解体→抽顶杆→灌孔。

复习思考题

1. 实体桥墩、桥台的主要类型有哪几种？各使用于什么条件？
2. 客运专线和高速铁路为什么多采用一字形桥台？其优点是什么？
3. 实体桥墩和空心桥墩施工时的主要区别是什么？
4. 现浇混凝土墩台施工时，为保证质量，应检查哪些内容？
5. 现浇混凝土墩台施工时，施工质量标准主要有哪些项目？
6. 试比较爬升模板和翻模的区别和联系。
7. 桥台附属工程包括哪些内容？其施工要点是什么？
8. 墩台帽施工时应注意哪些事项？
9. 试述橡胶支座的分类及特点、球形支座的构造特点。

项目 4　混凝土简支梁桥构造与施工

【项目描述】

预应力混凝土桥（prestressed concrete bridge）指的是以预应力混凝土作为上部结构主要建筑材料的桥梁。预应力混凝土桥出现在 20 世纪 30 年代，50 年代以来不断取得巨大发展，预应力混凝土桥主跨 90 m，在中、小跨度范围内现已占绝对优势，在大跨度范围内它正在同钢桥展开激烈竞争。它是主要承重结构采用预应力钢筋混凝土结构的桥梁。小跨度预应力混凝土桥梁的横截面取板状或 T 形；跨度较大时，则宜取箱形。为减小自重，大跨度实腹梁常需在三个方向预施应力：除纵向必需的预应力外，在桥面板中再施加横向预应力以减薄桥面板，并在腹板中施加竖向预应力来减少腹板厚度。实腹梁和梁与墩刚性相连的 T 形刚构，其构件均以承受弯矩为主，是预应力混凝土桥最适用的形式。当跨度更大时，由于实腹构件自重太大，也有采用桁架梁的。至于其他结构体系，一般也能凭借采用预应力混凝土构件，获得一定的经济效益（见刚架桥、组合体系桥、斜拉桥等）。

【教学目标】

1. 能力目标

（1）能够根据预应力简支梁桥的结构形式，施工条件编写预应力简支梁桥施工方案；

（2）能够编写预应力简支梁桥先张法施工方案；

（3）能够编写预应力简支梁桥后张法施工方案。

2. 知识目标

（1）了解预应力简支梁桥特点，掌握预应力简支梁桥的组成与分类；

（2）了解预应力简支梁桥的分类与特点；

（3）了解预应力简支梁桥常用施工方法。

3. 素质目标

（1）培养学生细致严谨的工作作风、良好的职业道德和吃苦耐劳的优良品质；

（2）培养学生分析问题、解决问题、积极思考和勇于创新的能力；

（3）培养学生的综合业务能力。

相关案例

网易海七桥是南海区中轴线工程海七路上的一座桥梁，该桥为单跨双幅 39 m 预应力钢筋混凝土简支梁桥。桥面总宽 40.5 m，其中机动车道为 2 × 12.0 m，2 人行道为 2 × 6.25 m，中间分隔带为 3.0 m，两侧为混凝土防撞栏，桥面铺装层为 12 cm 厚 30 号防水钢筋混凝土，两桥台处各设一道伸缩缝。

为确保大梁混凝土质量，采用商品混凝土，混凝土的配合比见表一；T 梁采用水平分层浇筑，每层厚度不大于 30 cm，浇筑顺序为“马蹄形”部分→腹板→翼缘板，混凝土输送泵车将混凝土直接泵入模内，混凝土以 45°倾斜角由两端向中间浇筑，要求连续浇筑，一次成型。

T 梁的腹板宽只有 18 cm，下面马蹄宽为 50 cm，因此，“马蹄形”部分振捣实是施工关键，常规的插入式振动器难以达到施工要求，故大梁混凝土浇筑采用附着式振动器与插入式振动器结合使用的振捣工艺，在波纹管以下部分和梁底“马蹄形”部分安装 0.5 kW 的附着式振动器，每侧模板按@150 cm 设一台，两侧跳间布置，形成整梁以@75 cm 的形态；在梁端的腰部各增设一台附着式振动器，以保证张拉区混凝土振捣密实。在钢筋、波纹管密集区采用附着式振动器进行侧模振捣，同时用小型振动器沿波纹管和钢筋间间隙插入振捣，但必须严防振动棒碰触波纹管和钢筋。梁中部及顶部混凝土，则采用插入式振动器振实，振捣时以振捣区混凝土停止下沉，表面呈现平坦、泛浆，不冒气泡为准，并用小锤敲击“马蹄形”部分检查混凝土是否振捣密实。

预应力混凝土 T 梁采用附着式振动器与插入式振动器相结合的振捣工艺，有效地保证了“马蹄形”部分混凝土的振捣密实，T 梁混凝土外观质量有了明显提高。

任务 4.1　混凝土梁预制场建设

4.1.1　制梁场的认识

制梁场是桥梁施工过程中所涉及的大型临时工程，具有面积大、投资大、建设周期长、认证严格等特征，在桥梁施工中扮演重要角色，混凝土预制梁的生产、储存、试验都在制梁场实现。在学习混凝土简支梁预制之前，应首先了解制梁场的建设技术要求，优化工艺布局和工装配备，对降低施工成本，提高施工生产效率等有重要作用。

1. 制梁场布置

（1）制梁场分区。

制梁场主要由保障区、制梁区、存梁区、提梁上桥区（装车区）和办公生活区等组成。

（2）制梁场布置原则。

制梁场规划布置一般规定如下：

① 拌和站、锅炉房宜靠近制梁台座设置，并远离办公生活区。

② 变压器设置的安全距离要符合相关规范规定。

③ 预制梁运输便道的设置要满足运梁车的净空及载重要求，提梁上桥区要满足拼装架桥机和运梁车作业空间的要求。运输专用线的接轨点避免设置在运营线路上。

④ 箱梁、T 梁存梁区的设置规模应综合考虑制梁周期和架梁进度等因素。条件许可时可选用双层存梁方式。

⑤ 制梁场规划设计时要充分考虑给排水系统、供电系统、供气系统、场内运输系统的设计。

⑥ 生产区、生活区、办公区的设置应满足安全标准及文明施工工地的要求。

⑦ 场外道路与公路或城镇道路连接时，应使路线便捷、工程量小，并能满足梁场正常生产时所需材料进场的需要。

2. 制梁场建设前期准备

制梁场规划前应做好场地选择、施工调查及初步规划设计工作。施工调查主要针对工程情况、现场实地踏勘、地质资料、气象水文、电力供应、交通运输、地方资源等展开，施工调查完成后，应完成施工调查报告，并开始编制梁场规划方案。

4.1.2 制梁场布置

1. 建场方案规划原则和依据

制梁场的规模由架梁工期、制梁数量、预制梁的生产工艺、移梁设备等因素确定。一般情况下，轮胎式移梁比轮轨式移梁占地稍大，横列式台座布置（图 4.1.2-1、图 4.1.2-2）占地多于纵列式台座布置（图 4.1.2-3）。

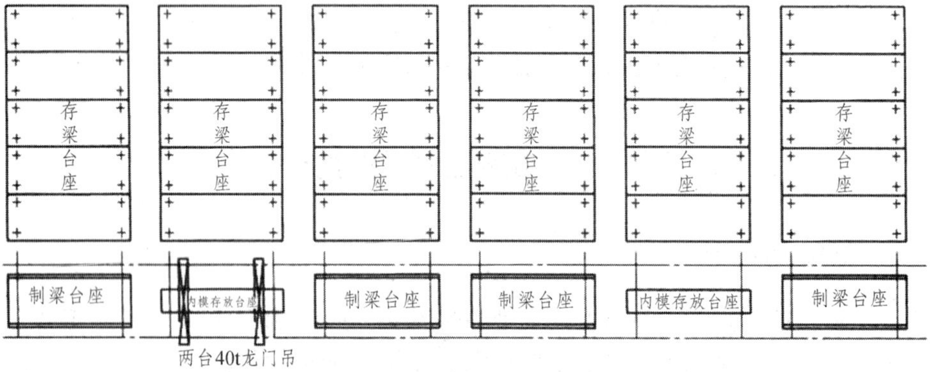

图 4.1.2-1 横列式台座布置图（移梁台车移梁）

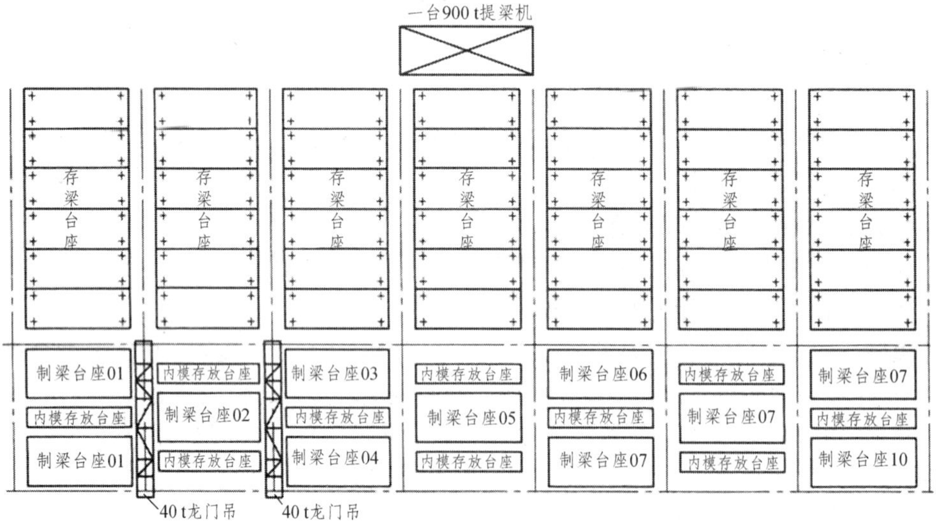

图 4.1.2-2 横列式台座布置图（提梁机移梁）

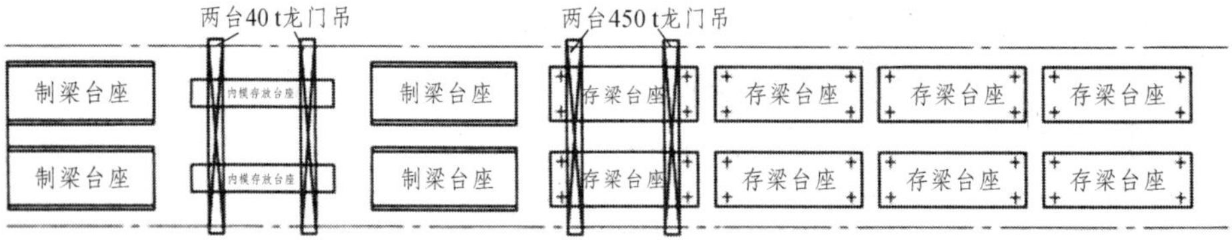

图 4.1.2-3 纵列式台座布置图（提梁机移梁）

当制梁场原地形较为平坦时，可采用同一高程进行平面布置，但场内排水系统设计要合理；当地形高差较大时，可采用阶梯形布置，但提梁机移梁、运梁则必须在同一高程平面布置。

当采用运梁便道通过路基上桥时，梁场应设置于桥头路基旁，其生产区平面高程与路基高程应尽量接近，以利于缩短运梁便道；当采用提升设备垂直运梁上桥时，梁场设置于平坦地段，存梁台位应设于桥址边。

2. 制梁场平面布置

制梁场主要由生产区、生产辅助区、办公生活区三大部分组成。

生产区分为混凝土拌和站、制梁区、存梁区。

生产辅助区分为砂石料存放区、锅炉房、存煤场、钢构件存放区、材料库房、机修区、试验室和配电室等。

办公生活区分为办公区、生活住宿区、文体活动区、停车场等生活设施。

梁场平面布置应遵循"简洁实用、紧凑合理"的原则。各区域要紧密联系，但互不干扰。生产区及生产辅助区内设施布置既要满足生产工艺要求，又方便施工，方便运输，减少二次倒运。生活区布局要环保、人文，便于管理。制梁场整个区域要与外界采用围栏相隔，安全独立。

3. 主要工装设备配置

（1）布置形式。

制梁和存梁台座布置形式主要有两种：纵列式和横列式。纵列式布置方式是台座的长度方向顺线路走向，横列式布置方式台座的长度方向垂直于线路走向。当制梁场靠近线路时适合采用纵列式布置，当制梁场远离线路时宜采用横列式布置。

在上述两种布置方式中，多个台座的具体排列方式主要取决于预制梁移出台座的方式。预制梁移出台座的设备主要有提梁机和移梁台车。提梁机又分轮胎式和轮轨式两种。

（2）模板配置。

目前，制梁场预制梁时所用模板多采用钢模板。外模宜为开合式钢模板，内模为液压钢模板。预制梁底模配置数量与制梁台座比例为 1∶1；侧模如采用固定式则与底模数量相同，如采用移动式，则其配置数量与制梁台座数量的比例可为 1∶2 左右；内模和端模配置数量比制梁台座的数量略少。

（3）主要设备配置。

制梁场设备选型原则是：为满足预制梁架设进度及施工质量要求，本着混凝土生产能力大于浇筑能力，混凝土运输能力大于生产能力，移梁能力大于制梁能力，制梁速度大于架梁速度的原则进行设备配备。

（4）移梁设备。

移梁设备主要有移梁台车、提梁机，其数量根据梁场布置形式确定。

（5）混凝土拌和运输设备。

混凝土拌制及运输设备的配备需满足混凝土施工相关要求。例如，高速铁路 32 m 简支 箱梁混凝土设计数量 334 m^3，一般要求在 6 h 内浇筑完毕，搅拌站拌和能力和浇筑速度必须满足此要求。

（6）吊装设备。

应根据制梁速度配备相应的龙门吊等设备，用来吊装钢筋骨架、模板系统等。

（7）其他设备。

考虑夏季和冬期施工，严格控制混凝土的拌和温度，在搅拌站附近专门设立水温控制装置，对搅拌用水实现夏季制冷、冬期加热措施。制梁场其他设备应根据实际需求合理配置。

任务 4.2　先张法预应力混凝土简支梁预制

4.2.1　施工工艺流程

先张法箱梁预制施工工艺流程图如图 4.2.1-1 所示。

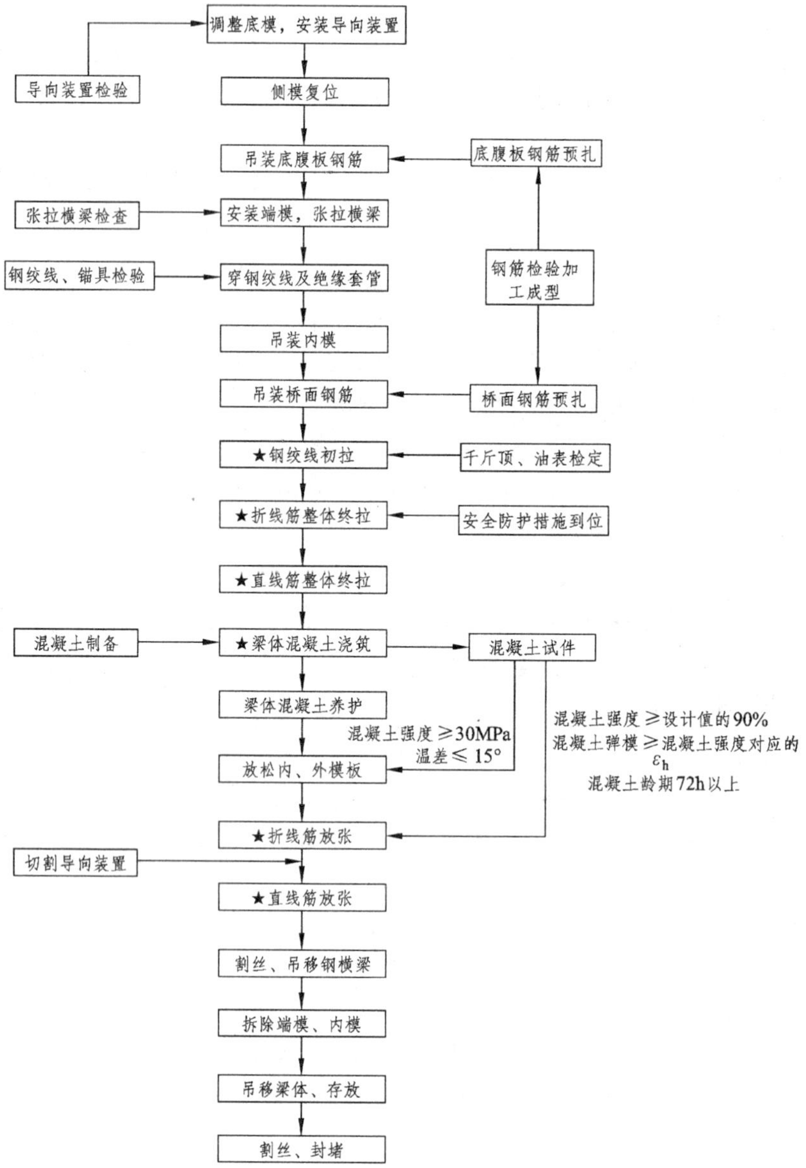

图 4.2.1-1　先张法预应力铁路简支箱梁工艺流程图

注：“★”为关键工序

4.2.2　操作要点

1. 钢筋工程

先张法箱梁钢筋加工、面筋安装与后张梁相同。下面重点介绍底腹板钢筋安装。

底腹板钢筋在预扎架上预扎，底模修整及导向装置安装完成后即可吊装底腹板钢筋。为方便安装折线筋，两端端部的部分钢筋待折线预应力筋安装完毕后绑扎。安装底腹板钢筋采用的吊架应有足够的刚度，吊点设置合理并均衡，以防钢筋变形。底腹板钢筋安装到位后，即可安装端模和张拉横梁，以便安装钢绞线。钢筋施工如图 4.2.2-2 所示。

图 4.2.2-2　先张法箱梁底腹板钢筋绑扎

2. 模型工程

先张法箱梁在每孔梁设置 8 个导向装置，导向装置下部通过预埋螺栓锚固于底模下的制梁台座基础上；在底模上开口，安装导向装置上半部分，为防止漏浆和脱模后便于修补，采用穴模封堵缝隙。导向装置安装应定位准确，其安装误差应符合设计规定。端模上预留小孔，便于钢绞线穿过。侧模在构造上需预留传力柱空间。

3. 钢绞线安装

钢绞线布筋穿孔前，应在钢绞线、钢横梁上相应孔位按设计顺序进行编号标识，避免出现眼孔错位、钢绞线交叉等现象，影响张拉。钢绞线安装应自下而上，分列、分层进行，先穿直线预应力筋，再穿折线预应力筋；折线预应力筋应通过导向装置相应的槽口。预应力筋伸出端横梁的长度以满足初调前卡式千斤顶工作长度为宜，穿好的钢绞线应采用张拉应力10%左右的拉力进行拉直锚固，防止钢绞线相互缠绕、交叉。预应力筋连同隔离套管应在钢筋骨架完成后一并穿入就位，钢绞线应根据图纸要求套上相应长度的隔离套管，即按要求设置预应力筋的失效长度。隔离套管内端应堵塞严密，隔离套管应紧贴端模防止进浆，其长度及位置允许偏差为 ± 20 mm。预应力筋穿入就位后，可通过桥面观察折线筋是否有相互缠绕交叉，否则应及时进行纠正；同时通过侧模上预留的观察窗口对导向装置处钢绞线的安装情况进行检查。预应力筋穿入就位后，严禁使用电弧焊在梁体钢筋骨架及模板的任何部位进行焊接或切割作业。钢绞线安装如图 4.2.2-3 所示。

图 4.2.2-3 先张法箱梁钢绞线安装

4. 预应力张拉

（1）张拉体系。

张拉体系由张拉横梁、张拉设备、锚具、钢绞线及安全防护设施构成。

① 张拉横梁。箱梁两端分别设置上、下两个横梁，采用阶梯式设计，形成 2 个张拉体系，分别用于折线筋及直线筋张拉。张拉横梁分为下横梁和上横梁。

② 张拉设备及保护支撑。在箱梁两端传力柱和张拉横梁之间各安装 12 台 600 t 千斤顶和 16 个螺旋支撑，实现张拉和放张作业。

（2）张拉千斤顶安装。

下横梁每端 10 台 YD600-180 型自锁式液压千斤油顶采用并联回路供油，增设液压锁，该回路使用两个液控单向阀组成的联锁回路，方便实现任意位置上的锁紧。只有在 H 型电控换向阀通电切换时，压力油向液压千斤顶供油，液控单向阀在压力油的作用下单向打开，千斤顶才能运动。上横梁两端各 2 台 YD 600-180 型锁式液压千斤油顶也是采用并联回路供油及相同的两个液控单向阀组成的连锁回路，方便实现任意位置上的锁紧。千斤顶连接原理如图 4.2.2-4、图 4.2.2-5 所示。

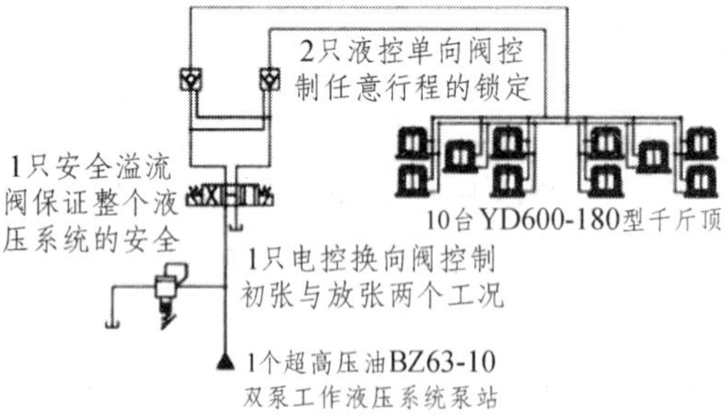

图 4.2.2-4 下横梁千斤顶油路连接

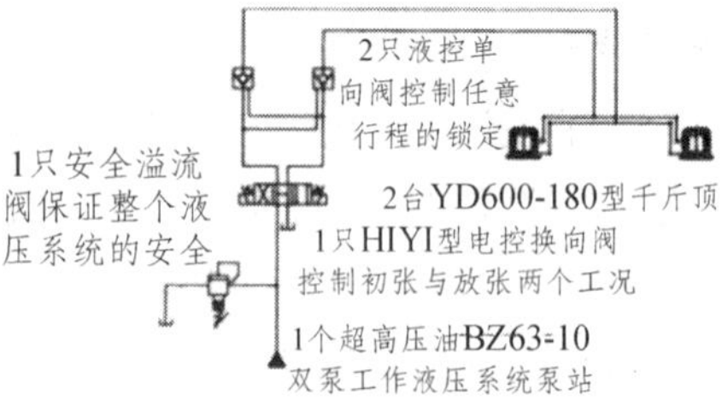

图 4.2.2-5 上横梁千斤顶油路连接

（3）张拉工艺。

① 钢绞线摩阻测试。预制梁试生产期间，应至少对两件梁体进行各种预应力瞬时损失测试，确定预应力的实际损失，必要时应由设计方对张拉控制应力进行调整。正常生产后每 100 件进行一次损失测试。

② 千斤顶校正。千斤顶标定有效期不得超过一个月，在张拉作业前必须经过校正，确定其校正系数。

③ 张拉程序。直线预应力筋及折线预应力筋均采用两端同步分级张拉方式，按照“单根初调、整体终拉”的张拉工艺施工。张拉顺序：先初调直线预应力筋，再初调和张拉折线预应力筋。

钢绞线初调完成后，由于钢横梁产生变形，可能会导致部分钢绞线预应力损失，如果应力损失超过 2%时，应及时补拉。单根初调如图 4.2.2-6 所示。

图 4.2.2-6 先张法箱梁预应力筋单根初调

整体张拉顺序为：先张拉折线筋、后张拉直线筋。

在梁体两端分别采用顶推式液压千斤顶同步分级张拉至σ_k，持荷 3 min，测钢绞线伸长值，检查钢横梁、锚具受力情况，最后锚固，锁定千斤顶，安装支撑螺杆。

在张拉的过程中，支撑螺杆须不断跟进。

控制张拉应力以油表读数为主，以预应力筋的伸长值作为校核。如实测伸长值与理论计算伸长值相差超过 6%时，应查明原因并处理后再重新张拉。钢绞线理论计算伸长值应按预应力筋实测弹性模量计算，实测伸长值宜以 30%张拉力值作为测量的初始点。张拉的过程中，如每端上、下张拉横梁两侧的钢绞线伸长值之差>10 mm 时，应立即进行调整，从而达到同步张拉。整体终张拉如图 4.2.2-7 所示。

图 4.2.2-7 先张法箱梁整体终张拉

5. 混凝土施工

先张法箱梁混凝土施工与后张箱梁相同。

6. 预应力放张

（1）放张程序。采用两端整体同步分级缓慢放张工艺，放张时应先放张折线筋，后放张直线筋。

（2）割丝封堵。

① 先张箱梁放张完毕后，先将两端端模外的钢绞线用砂轮片切除，退出工具锚和钢绞线，以利端模、内模及张拉横梁的拆除。

② 张拉横梁采用龙门吊整体吊移，然后拆除端模、退出内模。

③ 封堵。

预制梁吊移至存梁台座后即可对梁端预应力筋和梁底导向装置凹穴部位进行封堵。封堵前，应对预应力筋及导向装置凹穴部位的混凝土进行凿毛并清洁湿润，封堵采用补偿收缩混凝土，混凝土强度等级与梁体相同。封堵后，在新旧混凝土结合部位采用聚氨酯防水涂料进行防水处理厚度不小于 1.5 mm。箱梁封堵前后如图 4.2.2-8、图 4.2.2-9 所示。

图 4.2.2-8　先张箱梁梁端封堵前图

图 4.2.2-9　先张箱梁梁端封堵后图

7. 箱梁静载试验

先张法箱梁静载试验与后张梁相同，此处不再赘述。

任务 4.3　后张法预应力混凝土简支梁预制

4.3.1　施工工艺流程

（1）钢筋采用分体预扎工艺。后张法箱梁预制施工工艺流程图如图 4.3.1-1 所示。

（2）钢筋采用整孔预扎工艺。后张法箱梁预制施工工艺流程图如图 4.3.1-2 所示。

4.3.2　操作要点

一、钢筋工程

（1）钢筋加工。钢筋加工成型在钢筋车间内完成，采用专门的钢筋加工设备，在特制的胎膜卡具上加工成型，检验合格后方可进行绑扎。

（2）梁体钢筋绑扎。梁体钢筋绑扎应在胎模上进行，可分为分体式预扎和整孔预扎两种方式。两种方式各有优缺点，应结合各自实际，因地制宜地选择使用。

① 分体式预扎。即腹板与底板一同绑扎，桥面钢筋另行绑扎，待内模就位后，再将桥面钢筋与腹板底板钢筋拼装绑扎。

a. 箱梁底、腹板钢筋绑扎胎模。纵向和横向钢筋的间距按照图纸设计要求，在角钢竖直面上设置卡口，以保证钢筋的绑扎质量。为保证纵向和横向钢筋的位置正确及两侧腹板钢筋的保护层厚度满足规定的允许误差，在胎模的两外侧底边分别焊 75 mm 的等边角钢，用其竖直肢作支挡，在绑扎时，将横向筋的弯钩及腹板箍筋贴紧此肢背，即可保证钢筋的正确位置及外侧钢筋的整齐。如图 4.3.2-1 所示。

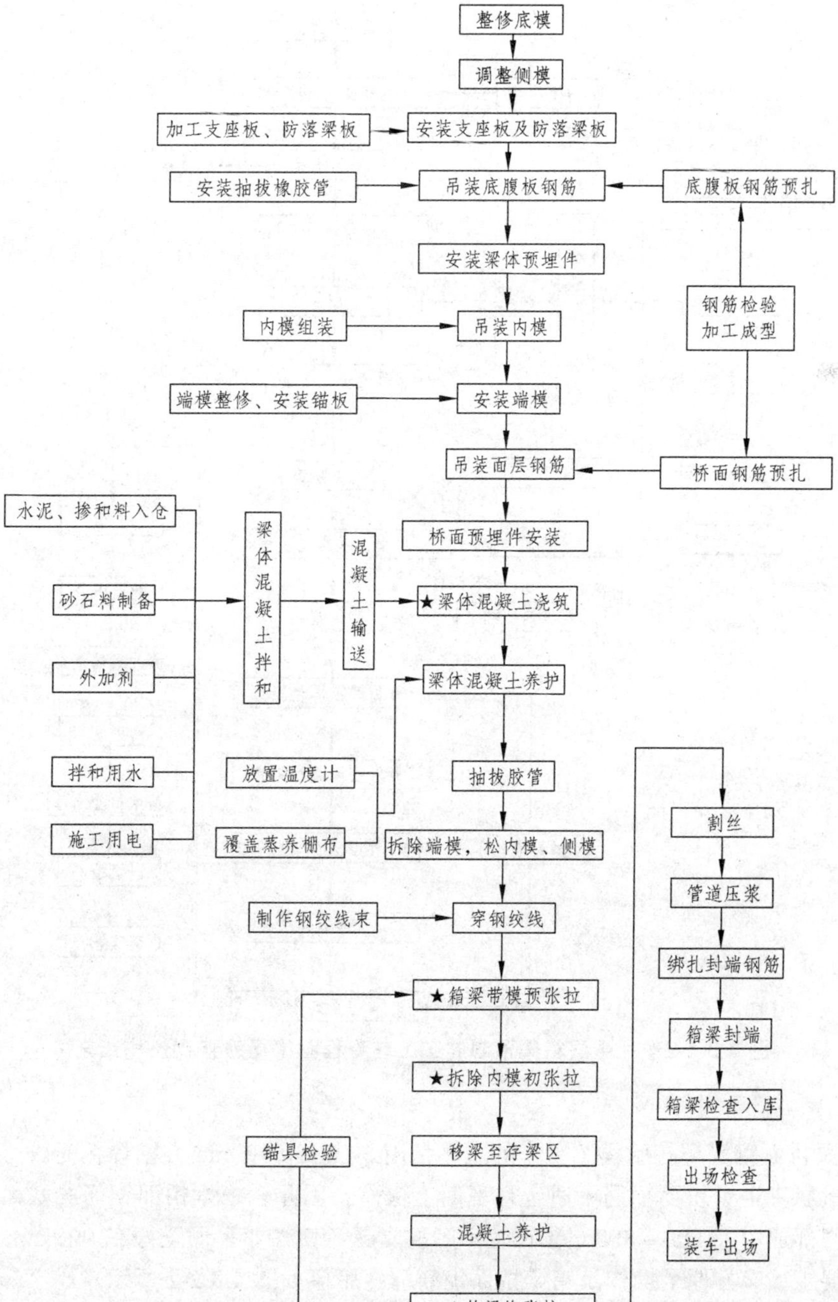

图 4.3.1-1　后张法箱梁预制施工工艺流程图（钢筋分体预扎工艺）

注："★"为关键工序。

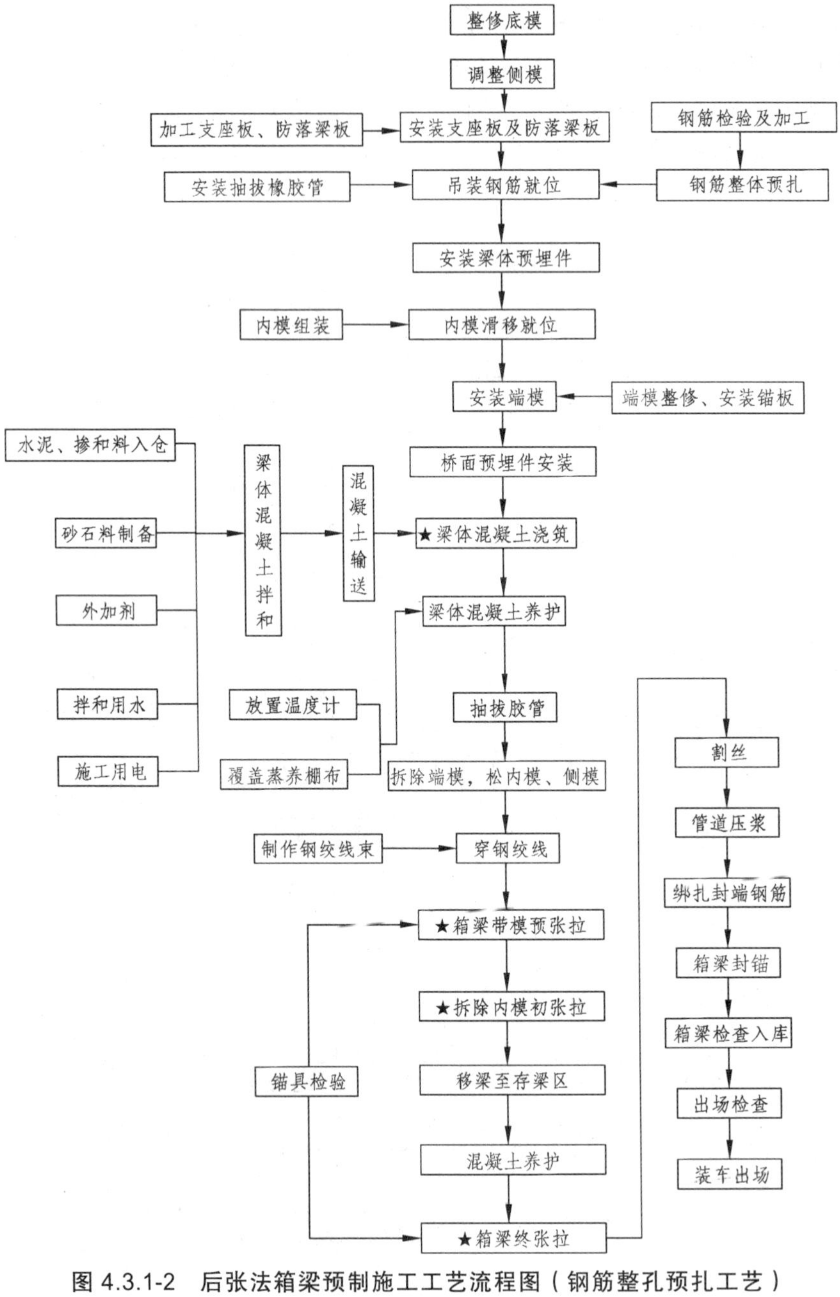

图 4.3.1-2 后张法箱梁预制施工工艺流程图（钢筋整孔预扎工艺）

注：“★”为关键工序。

b. 箱梁桥面钢筋绑扎胎模。胎模的主体是用 50 mm × 30 mm 方钢焊接而成。由于桥面钢筋的截面形状决定了桥面钢筋不适合在平面上操作，因此，根据桥面钢筋的截面形状，在绑扎胎模的底部加焊了 500 ~ 800 mm 长短不等的支腿，使作业平面正好在 900 mm 左右，既满足了设计要求，又方便了操作。箱梁桥面钢筋绑扎胎模如图 4.3.2-2 所示。

② 整孔预扎。钢筋整孔预扎就是在绑扎工装台座上将整孔桥梁的钢筋一次性绑扎完成。其优点在于钢筋绑扎质量较好，特别是梁体底、腹板钢筋与桥面钢筋连接处的绑扎质量

控制较好，同时可节约场地，减少吊装次数；缺点是绑扎速度慢，且桥面筋绑扎处于高空作业，工效低。另外，整孔预扎钢筋的工艺会导致内模就位后中线调整困难，两侧腹板钢筋保护层厚薄不均。

按照设计图纸规定的箱梁纵向和横向钢筋的间距要求，将底、腹板及桥面钢筋轮廓尺寸由槽钢和角钢加工成绑扎工装台架，并采用钢管支架或其他支撑工具充当“假内模”，以便于桥面钢筋绑扎时支撑顶面钢筋，从而一次性完成整孔箱梁钢筋的绑扎作业。箱梁整孔钢筋绑扎胎模如图 4.3.2-3 所示，整孔箱梁钢筋吊装如图 4.3.2-4 所示。

图 4.3.2-1　箱梁底、腹板钢筋绑扎胎模图

图 4.3.2-2　箱梁桥面钢筋绑扎胎模图

图 4.3.2-3　整孔箱梁钢筋绑扎胎模图

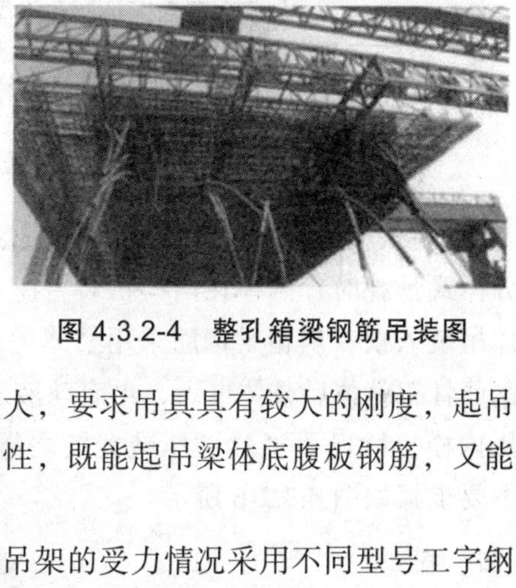

图 4.3.2-4　整孔箱梁钢筋吊装图

（3）箱梁钢筋吊具。箱梁钢筋面积大、重量大，要求吊具具有较大的刚度，起吊时吊具及钢筋不得发生过大变形。同时吊具须具有通用性，既能起吊梁体底腹板钢筋，又能起吊桥面钢筋。

吊具的结构形式采用工字钢桁架结构，根据吊架的受力情况采用不同型号工字钢。吊架上每隔 2 m 悬挂一吊勾，起吊时钢筋笼表面穿入钢管以分散集中力。

二、预应力管道制孔

（1）橡胶管及接头处理。制孔使用高强橡胶管，管内穿 $7\phi5$ 的钢绞线作芯棒，跨中采用内径比橡胶管外径大 5 mm、厚度为 0.5 mm、长度为 300 mm 的短铁皮管套接，套接处必须用封口胶缠紧，并用扎丝扎紧。

（2）管道定位。采用定位网法控制张拉管道坐标，为此将定位网焊接在箱梁的钢筋上，间距为 0.5 m。当主筋预扎完毕后，将制孔管穿入设计位置，待主筋吊入制梁台位后，再全面检查并细调制孔管，使其完全满足设计要求。

（3）拔管。拔管时间与混凝土强度等级、水泥品种及气温有关。拔管过早则混凝土容易塌陷或造成孔道变形，拔管过晚则可能拔断胶管，因此拔管应在混凝土初凝之后、终凝之前进行。抽拔胶管应先试拔，即胶管拔出后孔道壁光滑，孔道内无落沙或残渣，孔道不发生变形及塌孔，胶管上不附着湿水泥浆即可。拔管采用卷扬机抽拔，拔管顺序应先拔芯棒，后拔胶管；先拔下层胶管，后拔上层胶管；先拔灌注梁体的起始端，后拔灌注梁体结束端。

三、模型工程

1. 液压内模

① 液压内模系统组成。该系统由模板系统、车架系统（含支撑）和液压系统组成。其中，模板系统为大块钢模组拼结构，分下模、边模和顶模三个部分。车架系统包括车架桁架、走行支架、走行轮组成。内模系统组成方案如图 4.3.2-5 所示。

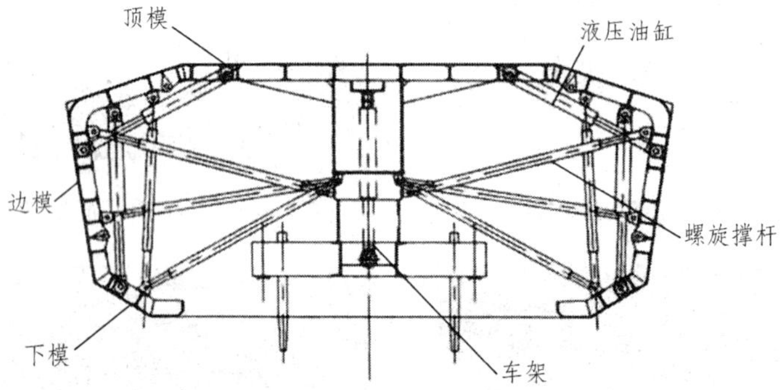

图 4.3.2-5 液压内模系统组成示意图

② 液压内模安装及拆除工艺。内模安装首先是在内模拼装平台上整体预拼，当箱梁钢筋采用分体式预扎时，内模在内模拼装台座上按打开方式分节组装好，待底腹板钢筋骨架就位后整体吊装入模；当箱梁钢筋采用整体式预扎时，内模在内模拼装台座上按蜷缩方式组装好，待钢筋骨架就位后整体推入，再启动液压装置将其打开并调整到位。

液压内模拆除既可通过液压装置使之蜷缩后整体向一端推出，也可分节同时向两端推出。其主要步骤如图 4.3.2-6 所示。

2. 侧　模

侧模采用双槽钢骨架、8 mm 面板组合而成，分 4 m 一节加工，然后在配套底模上安装就位并分侧焊成一个整体，并将焊缝磨平使模型侧面形成一个无缝平面，侧模微调时采用螺旋撑杆交替顶升就位，侧模下缘与底模必须密贴，且用螺栓连接并拧紧。侧模上设有走行道板和栏杆，保证施工安全。

3. 底　模

底模采用双槽钢组合梁、槽钢肋，20 mm（端节）及 10 mm 面板分节加工而成，制梁台座基础施工完毕后即时安装底模。从中部向两端安装，根据预留反拱值按抛物线设置反拱。底模两端支座板及防落梁挡板固定孔要设置精确，以保证支座板和防落挡板的准确位置。对于底板在端部向下加厚的箱梁，应在底模上设置活动节或压缩胶条，避免对梁体施加预应力造成阻碍。底侧模及内模安装如图 4.3.2-7 所示。

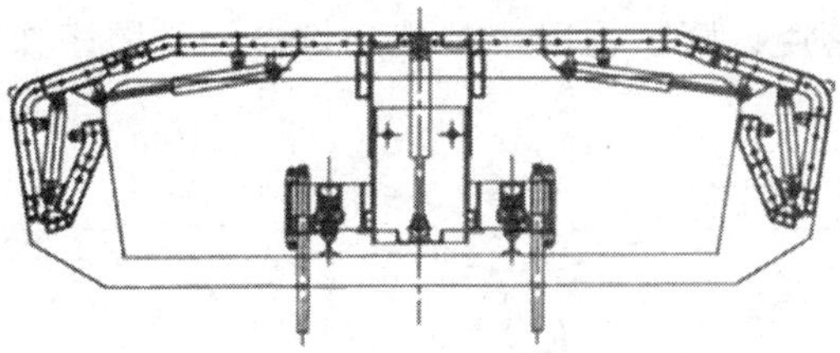

1. 取下所有撑杆，启动下模油缸，收起两侧下模

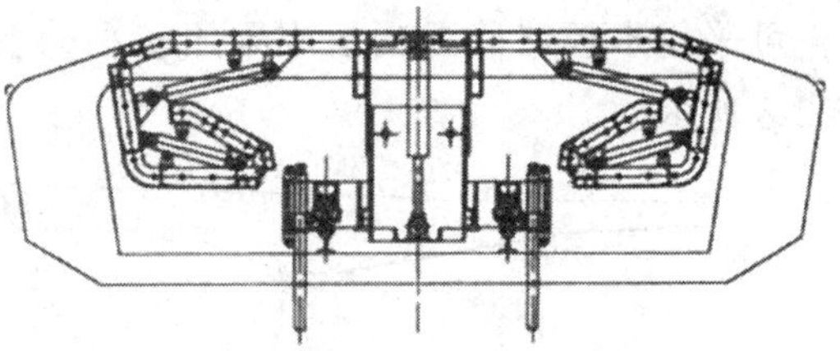

2. 启动两侧边模油缸，收起边模

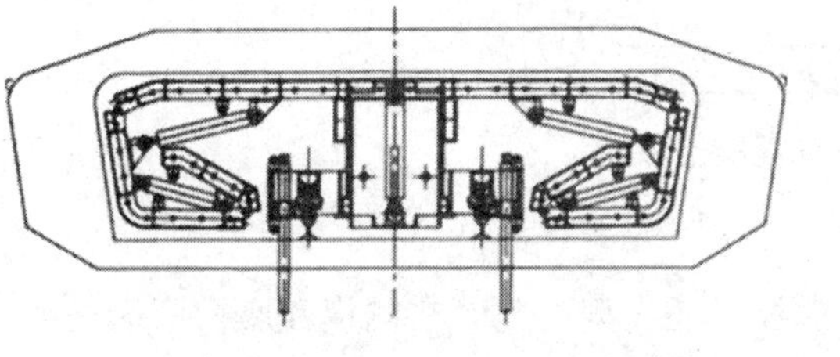

3. 启动垂直油缸，降下顶模

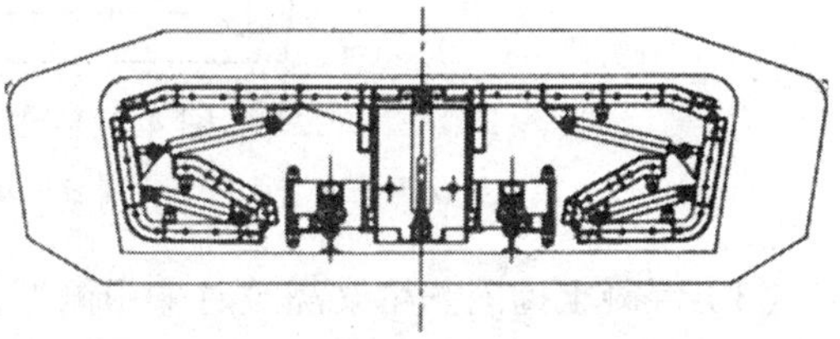

4. 旋出螺旋顶杆，模板整体降到轨道上，拉出箱梁

图 4.3.2-6　液压内模拆除步骤示意图

图 4.3.2-7　底侧模及内模安装示意图

4. 端　模

端模采用 14 号工字钢、10 mm 面板组合而成。端模制作时应注意梁端倒角的构造，防止带模张拉引起梁端混凝土劈裂。端模采用龙门吊人工配合安装和拆除。端模安装的要领：保证端模中线和底模中线重合、满足梁体高度和设计垂直度。

四、混凝土施工

（1）混凝土搅拌。混凝土搅拌采用强制式搅拌机搅拌混凝土，采用电子计量系统计量原材料。混凝土搅拌时间为 2 ~ 3 min，且搅拌均匀、颜色一致。混凝土拌制速度和浇筑速度要密切配合，拌制服从浇筑，以免浇筑工作因故障停顿而使机内储存混凝土。如因故障灌梁中断，常温下混凝土滞留在搅拌机内的时限一般不宜超过 60 min，夏季高温季节不得超过 45 min。

（2）混凝土浇筑。混凝土浇筑前应按要求做好开盘检查，并做好检查记录，确认无问题时才可开盘。梁体混凝土浇筑采用三套独立的搅拌、浇筑系统（混凝土自动搅拌站 + 混凝土输送泵 + 布料杆 + 振捣设备）配置。混凝土浇筑采用斜向分段、水平分层的方式连续浇筑，布料先从箱梁两侧腹板同步对称均匀进行，先浇筑腹板与底板结合处混凝土，再浇筑腹板混凝土，当两侧腹板混凝土浇筑到与顶板面结合部位时，改用从内模顶面预留的下料孔补浇底板混凝土，最后浇筑桥面板混凝土。在浇筑腹板混凝土时，为防止混凝土在箱梁内上涌，可采用木板堵截混凝土或采用较小的坍落度以降低混凝土的流动性。浇筑顺序如图 4.3.2-8 所示。

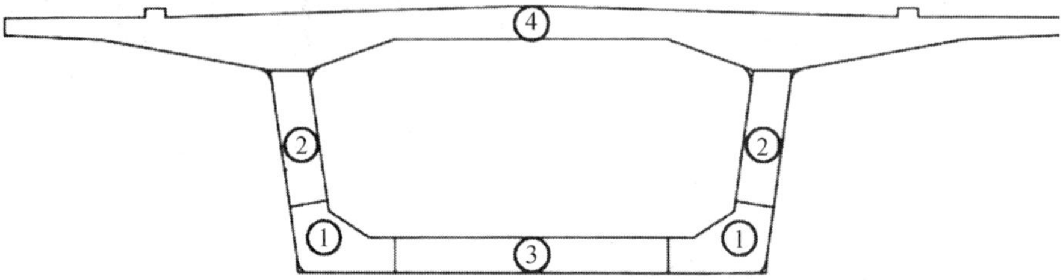

图 4.3.2-8 梁体混凝土灌注

①—底腹板交界处混凝土；②—腹板混凝土；③—底板中部混凝土；④—顶板混凝土

（3）混凝土捣固。箱梁浇筑时采用侧振、底振、插入振工艺。在侧模和底模两端安装工频振动器，在箱梁两端内模上安装高频振动器。梁端混凝土体积大、钢筋密集，为保证该部位混凝土的灌注质量，采用底振、侧振、内模高频振动器和插入式振动器同时开启的方式加强振动。梁体混凝土浇筑时一般情况下工频和高频振动器每次振动时间开启约为 80 s，以混凝土密实为准。对桥面和内箱表面应在适当时候进行第一次整平抹面和第二次收浆抹平，使之平整，排水通畅。梁体混凝土浇筑如图 4.3.2-9 所示。

图 4.3.2-9 梁体混凝土浇筑

（4）混凝土养护。梁体混凝土养护可根据气候条件采用蒸汽养护和自然养护两种方式。

① 蒸汽养护：蒸汽养护采用养护罩封闭梁体，然后通蒸汽养护。为防止梁体裂纹及损失强度，混凝土浇筑完成后应静养 4 h 以上，升温速度不得大于 10 °C/h；恒温养护期间蒸汽温度不宜超过 45 °C，混凝土芯部温度不宜超过 60 °C；降温速度不得大于 10 °C/h；拆模时，梁体混凝土芯部与表层、表层与环境温差均不宜大于 15 °C。在蒸养过程中，通汽以后应定时测温度，并做好记录。恒温时每 2 h 测一次温度，升、降温时每 30 min 测一次。根据实测温度调整蒸汽放入量。

② 自然养护。梁体拆模后进行自然养护时，箱梁表面应予以覆盖，洒水次数以混凝土表面湿润为度。洒水养护 7 d 以上。当气温低于 5 °C 时，不得对梁体进行洒水。

五、预应力张拉程序及工艺

张拉中实施张拉应力、应变、时间、同步率“四控”：张拉时以油压表读数为主，以钢绞线的伸长值做校核，在σ_k作用下持荷 2 min，梁两端张拉不同步率不大于 10%。

① 梁体纵向钢绞线束张拉程序。

预张拉：0→初应力 $0.2\sigma_k$（作伸长值标记）→张拉至预张拉设计要求的控制应力（测伸长值）→回油、锚固（测量总回缩量）。

初张拉：0→初应力 $0.2\sigma_k$（作伸长值标记）→张拉至初张拉设计要求的控制应力（测伸长值）→回油、锚固（测量总回缩量）。

终张拉：0→初应力 $0.2\sigma_k$（作伸长值标记）→$1.0\sigma_k$（测伸长值、持荷 2 min）→回油、锚固（测量总回缩量、测夹片外露量）。

② 张拉操作工艺：梁体钢绞线束张拉应按照设计规定的张拉顺序进行。

a. 安放锚板，把夹片装入锚板，再将短钢管套在钢绞线上，沿着钢绞线把夹片敲击整齐，然后装入限位板。限位板必须与本批实测钢绞线直径相对应，配套发放。

b. 安装千斤顶，使之与孔道中心对准。安装工具锚，夹紧钢绞线，务必使钢绞线顺直无扭结。

c. 千斤顶缓慢进油至初始油压，在此过程中要拨正千斤顶，使千斤顶与锚具对中，管道、锚具、千斤顶三者同心。

d. 两端同时对千斤顶主缸充油，加载至初始应力 $0.2\sigma_k$，测量千斤顶油缸伸出长度，作为测量钢绞线束伸长值的起点。

e. 梁体两端张拉千斤顶按左右对称方式，采用同步分级加载，最大不平衡束不得超过 1 束。两端同步张拉时，应保持两端千斤顶升、降压速度相近，使两端同时达到同一荷载值。张拉的不同步率不大于 10%。

f. 加载至张拉设计控制应力，测量千斤顶油缸伸出长度并计算钢绞线束实测伸长值，检查钢绞线束实测伸长值与按实际钢绞线弹模计算的伸长值相差是否在规定的 ± 6%范围以内，若超出规定允许范围，应查明原因后重新张拉。但每束钢绞线张拉不得超过 3 次，否则，换束重新张拉。

g. 持荷 2 min，在持荷状态下，如发现油压下降，应立即补至张拉控制应力。

h. 千斤顶回油，测钢绞线束总回缩量和测夹片外露量有无超标。否则，应查明原因后重新张拉。

i. 终张拉完成后，在锚圈口处的钢绞线束做上记号，24 h 后检查确认无滑丝、断丝现象方可割束，切断处距夹片尾 3 ~ 4 cm。钢绞线束切割应采用砂轮角磨机作业，严禁使用氧焰切割。

j. 张拉完毕，应填写张拉记录，有关人员签字，原始记录不得任意涂改，并及时将记录交技术部门。张拉作业如图 4.3.2-11 所示。

图 4.3.2-11　箱梁张拉作业

六、管道压浆

1. 搅拌工艺

① 搅拌前，必须清洗施工设备，不得有残渣。清理后，湿润施工设备，随后排除设备

中多余的积水，使设备中无可见明水。并检查搅拌机的过滤网，在压浆料由搅拌机进入储料罐时，须经过过滤网，过滤网空格不得大于 3 mm×3 mm。

② 浆体搅拌操作顺序为：首先在搅拌机中先加入实际拌和水的 90%，开动搅拌机，均匀加入全部压浆剂，边加入边搅拌，然后均匀加入全部水泥。全部粉料加入后搅拌 2 min；然后加入剩下的 10%的拌和水，继续搅拌 2 min。搅拌均匀后，检验搅拌灌内浆体流动度，每十盘进行一次检测，其流动度在规定范围内即可通过过滤网进入储料罐。浆体在储料罐中继续搅拌，以保证浆体的流动性。

2. 压浆工艺

① 工艺流程。

清除管道内杂物及积水→清理锚垫板上的灌浆孔→安装密封罩→确定抽真空端及灌浆端，安装引出管和接头→搅拌水泥浆→抽真空→灌浆泵灌浆→出浆稠度与灌入的浆体相同时，关闭抽真空端所有的阀→灌浆泵持压→关闭灌浆泵及灌浆端阀门→拆卸外接管路、灌浆泵→浆体初凝后拆卸并清洗密封罩。

② 准备压浆前，应开启压浆泵，使浆体从压浆管中排出，以排除压浆管中的空气、水和稀浆。当排出的浆体流动度和搅拌罐中的流动度一致时，可以开始压浆。

③ 压浆的最大压力一般不宜超过 0.6 MPa。压浆应达到管道另一端饱满和出浆，并应达到排气孔排出与规定流动度相同的浆体为止。关闭出浆口后，应保持不小于 0.5 MPa 的一个稳压期，该稳压期不宜少于 3 min。压浆后应从出浆孔检查压浆的密实情况，如有不实，应及时补灌，必须使压浆孔完全密实。管道压浆采用真空辅助压浆工艺，在压浆前应首先进行抽真空，使孔道内的真空度稳定在 –0.06～–0.08 MPa。真空度稳定后，应立即开启管道压浆端阀门，同时开启压浆泵进行连续压浆。压浆顺序先下后上，如有串孔现象，应同时压浆。同一管道压浆应连续进行，一次完成。

④ 压浆时浆体温度应在 5～30 °C，压浆及压浆后 3 d 内，梁体及环境温度不得低于 5 °C；当昼夜平均气温低于 +5 °C 或最低气温低于 –3 °C 时，按冬期施工办理。压浆作业如图 4.3.2-12、图 4.3.2-13 所示。

图 4.3.2-12 压浆台车压浆作业

图 4.3.2-13 预应力管道抽真空作业

七、封 锚

箱梁终张拉后，应在 3 d 内进行封锚。封锚采用与梁体强度等级相同且不低于 C50 的补偿收缩混凝土进行填塞。

（1）工艺流程。锚具穴槽表面凿毛处理→锚具防水处理→安装封锚钢筋→填塞基层混凝土→表层混凝土封堵→养护→对新旧混凝土结合部防水处理。

（2）封锚工艺。封锚前，应对锚具穴槽表面进行凿毛（宜在梁端钢模拆卸后立即进行）处理，并将灰、杂物以及支承板上浮浆清除干净。然后在预应力筋、锚具及与锚垫板接触处四周采用聚氨酯防水涂料进行防水处理。安装封锚钢筋后，采用低流动度的补偿收缩混凝土对锚孔进行填塞。混凝土凝固后，采用保湿养护，以防止封堵混凝土四周及表面出现收缩裂纹。最后在梁端底板和腹板的表面满涂聚氨酯防水涂料，厚度不小于 1.5 mm。封锚作业如图 4.3.2-14、图 4.3.2-15 所示。

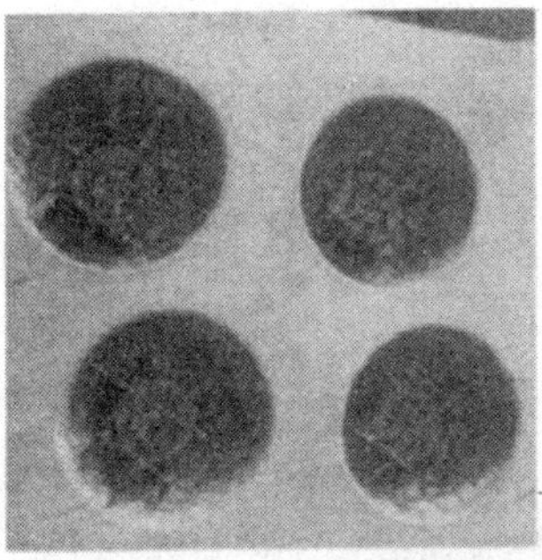

图 4.3.2-14　安装封锚钢筋

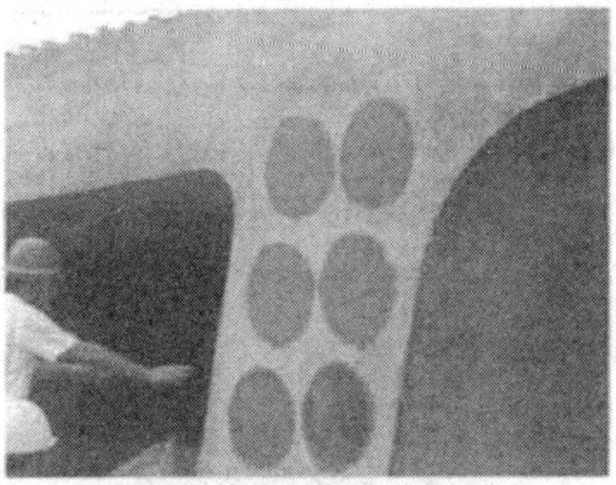

图 4.3.2-15　封堵混凝土

八、箱梁吊装及存放

制梁场箱梁吊装采用两台 MQ450 t 提梁机或 900 t 搬运机进行作业，梁体在进行初张拉后即可吊离制梁台座。箱梁采用双层存梁方案，梁上存梁，以节约场地。采用双层存梁时，应对存梁台座基础进行设计，保证箱梁四个支座板相对高差不超过 2 mm。轮轨式提梁机吊移箱梁及存放如图 4.3.2-17 所示，搬运机吊移箱梁如图 4.3.2-18 所示。

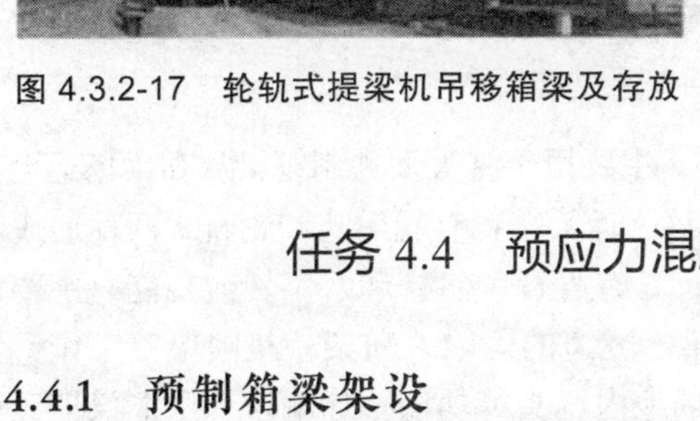

图 4.3.2-17　轮轨式提梁机吊移箱梁及存放

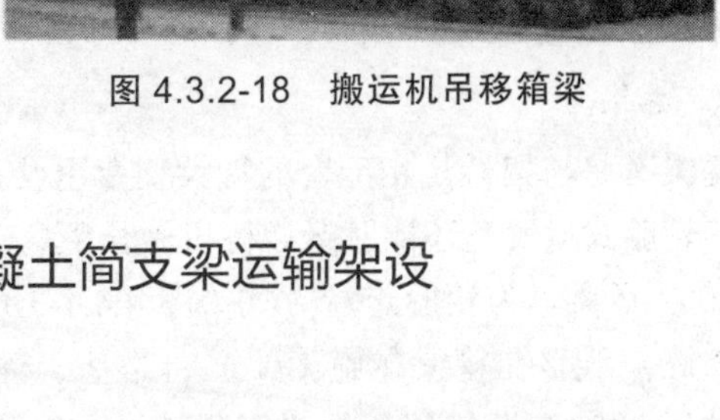

图 4.3.2-18　搬运机吊移箱梁

任务 4.4　预应力混凝土简支梁运输架设

4.4.1　预制箱梁架设

高速铁路简支梁多采用双线整孔箱梁，其建造方法大致分为“集中预制、架桥机架设”

和“桥位现浇”两种施工方式。900 t 整孔箱梁架设法一般可以采用如下两种方案：① 提梁机跨线提梁上桥，落梁就位；② 架桥机架梁。架桥机架梁流程是：在制梁场内集中预制，利用搬运机或移梁台车移梁，利用提梁机或轮胎式搬运机为运梁车装梁，运梁车运梁至待架桥位后由架桥机完成架设。两种方案可实现不同施工条件下箱梁安全、经济、快速地运输上桥和架设。

一、预制箱梁架设施工设备

1. 提梁机

提梁机主要用于高速铁路箱梁预制场内箱梁预制生产、运梁车装梁和架桥机组装。按走行方式，提梁机可分为轮胎式提梁机和轮轨式提梁机；按起重量，提梁机可分为450 t轮轨式提梁机（图 4.4.1-1）和 900 t 轮胎式提梁机（图 4.4.1-2）。

轮轨式提梁机主要由主梁、刚性支腿、柔性支腿、大车走行机构、起重小车、电气控制系统以及司机室、栏杆、梯子、走台等组成。

图 4.4.1-1　450 t 轮轨式提梁机

图 4.4.1-2　900 t 轮胎式提梁机

采用两台龙门吊机起吊预制箱梁过程：两台龙门吊机行走至存梁台座上方，用龙门吊机专用吊具与预制梁可靠连接，然后两台龙门吊机同时将预制梁缓慢吊起至 100 mm 左右停车制动，检查预制梁纵横向水平度是否满足要求，否则应将梁体落下，重新调整吊杆螺栓或两台龙门吊机起升高度，同时检查龙门吊机起升制动是否可靠，一切正常后方可继续作业。两台龙门吊在吊梁行走时应保持在低位（梁底距存梁台座支承台面约 300 mm）运行，当运行到距运梁车 3 m 左右时停车，待梁体稳定后提升预制梁，直至梁底高出运梁车 300 mm 左右位置，再将预制梁移至存梁车上方，调整梁体位置直到满足要求后平缓落梁。

轮胎式提梁机主要由主梁、刚性支腿、吊梁小车、车架、主动轮组、从动轮组、转向机构、动力系统、电气系统、液压系统、司机室等组成。

2. 运梁车

运梁车是与架桥机相配套的特大型专用设备，主要用于将大型预制箱梁从存梁场运至架桥工地；轮胎式运梁车还能驮运架桥机做长距离转移。运梁车也有轮胎式和轮轨式两种形式。

900 t 运梁车为轮胎走行方式（图 4.4.1-3），具有直行、斜行和八字转向功能，主要用于高速铁路双线整孔箱梁在施工便道、路基、桥梁、隧道的运输，向架桥机喂梁等工作，同时具有驮运 900 t 高速铁路架桥机实现转场运输和场地内调头等功能。运输过程中能保证梁体始终处于三支点状态，梁体受力均匀，在同一平面高差不大于 3 mm，满足高速铁路箱梁支点高差不得超过 4 mm 的要求。

轮轨式运梁车（图 4.4.1-4）运输时需要沿轨道行走。由于高速铁路施工中铺设临时轨道较少，故使用不多。

3. 架桥机

架梁机从结构形式上可分为导梁式架桥机和步履式架桥机；根据施工中架桥机的支腿数量可分为两支腿架桥机、三支腿架桥机和四支腿架桥机；根据架梁时架桥机的支承跨数可分为单跨架桥机和双跨架桥机。架桥机的形式除上述分类中叙述的类型外，还有运架一体机、拼装式架桥机和过隧道架桥机等。

图 4.4.1-3　轮胎式运梁车

图 4.4.1-4　轮轨式运梁车

目前国内自主创新的有两种系列的大吨位架桥机，分别是步履式架桥机（图 4.4.2-5）和导梁式架桥机（图 4.4.2-6）。这两种系列的架桥机满足了我国高速铁路不同地域和不同桥型布置的桥梁架设需要，能够适用于线路曲线半径 2 500 m 及以上，32 m、24 m、20 m 双线等跨及变跨质量在 900 t 以下的高速铁路整孔箱梁架设。

图 4.4.1-5　步履式架桥机

图 4.4.1-6　导梁式架桥机

除了上述两类架桥机之外，还有运架一体机。运架一体机又称流动式架桥机，是一种新型的铁路预制梁架设工程机械。它集运梁、架梁于一身，对比原有的架桥机、运梁车有明显的优势。特别是在隧道比较多的路段，可以省去拆卸架桥机的工作，只需简单地改装主支腿，省去大量的时间。图 4.4.1-7 为一典型运架一体机图片。

图 4.4.1-7　运架一体机

二、运架设备对比分析及配套选型

1. 提梁机的选择

提梁机的选择应紧密结合制梁场的位置、规模、地质状况等诸多方面综合确定。梁场规模较小，制梁台座与存梁台座匹配合适，地质条件较好，且梁场在桥位附近时，宜采用 450 t 轮轨式提梁机。相反，梁场规模大，生产周期长，制梁台座与存梁台座并列布置，梁场距桥位较远，且存梁台座数量不能满足要求时，应首先考虑采用 900 t 轮胎式提梁机，实现双层存梁和地面装梁，通过运梁便道运梁，经路基上桥。

2. 运梁车的选择

运梁车宜选择具有直行、斜行和八字转向等功能的轮胎式运梁车，该车适应环境能力较强，便于梁场规划和向架桥机喂梁。受地域限制且存在驮运架桥机调头等特殊工况作业时，宜选择具有中心回转功能的运梁车。目前国内主要有 YL900、MBEC900C 和 TE900 等形式的轮胎式运梁车，均为 16 轴单主梁式，但制动、转向、动力、电控配置等有所不同，单价差值在 100 万左右。选型时需结合制造周期、制造配套情况、付款方式等综合比选。

3. 架桥机的选择

国内现有架桥机主要根据喂梁、架梁以及过孔原理不同，可分为步履式和导梁式两个系列，每种系列根据设计、制造厂家不同，又分不同的种类。以中铁工程机械设计研究院及华中建筑机械厂生产的四款典型架桥机为例，介绍 900 t 级箱梁架桥机主要技术参数及性能对比，如表 4.4.1-1 所示。

表 4.4.1-1 国内典型架桥机主要技术参数与性能对比

架桥机类型	步履式架桥机		导梁式架桥机	
	迈步式架桥机 JQ900A	行走式架桥机 JQ900B	下导梁式架桥机 JQ900C	辅助导梁式架桥机 HZQ900
主要形式和特点	龙门式双主梁三支腿结构，迈步走行式架桥机	龙门式双主梁三支腿结构，轮胎走行式架桥机	架桥机双箱梁结构，有下导梁，定点重载起吊	架桥机双箱梁结构，另有辅助导梁
外形尺寸（长×宽×高）	66 m×17.4 m×12.57 m	73.13 m×17.4 m×12.638 m	53 m×17 m×12.9 m（未含导梁）	73.9 m×17.8 m×13.48 m
整机质量	498 t	540 t	468 t（未含导梁）	561 t
过孔	胶轮式液压驱动走行系统，迈步式纵移	轮胎走行方式直接行走过跨	前后两台纵移台车辅助通过下导梁过跨	轮轨式过跨，铺设临时轨道
转场	采用无解体方式运梁车驮运转场或采用部分解体方式转场	常规情况与 JQ900A 型相同，特点是短距离桥间转移或掉头作业时可由架桥机自力行走到位	运梁车驮运转场，需要解体后支腿的下横梁，拆装连接螺栓即可	运梁车驮运转场

三、箱梁架设工艺流程

箱梁架设工艺流程如图 4.4.1-8 所示。

四、整孔箱梁运架技术

箱梁架设有两种施工方法：一种为在梁场利用龙门吊机（提梁机）直接提梁上桥，落梁就位；另一种为运梁车直接到梁场装梁，通过便道运至架桥机下进行架设。目前，箱梁架设主流方法还是采用运梁车喂梁，架桥机架设就位。下面介绍架桥机架设技术。

（一）运架设备的组装

900 t 箱梁的提梁机、运梁车、架桥机设备属特种设备，结构庞大，需分组件运往工地进行拼装。由于单件重量大，拼装施工的难度及技术含量相对较高，在拼装时应按照设计图纸及相关标准，在详细的施工组织和严格的作业程序中进行。提梁机、架桥机首次完成组装后应按相关规定进行型式试验和性能试验。型式试验由国家指定机构进行，机械设计单位和使用单位配合完成。型式试验通过后，再由施工当地质量技术监督部门进行验收检验，获得安全检验合格证后方可投入使用。提梁机、架桥机转场或转入下一个工地使用时，只需要由施工当地质量技术监督部门进行验收检验即可投入使用。

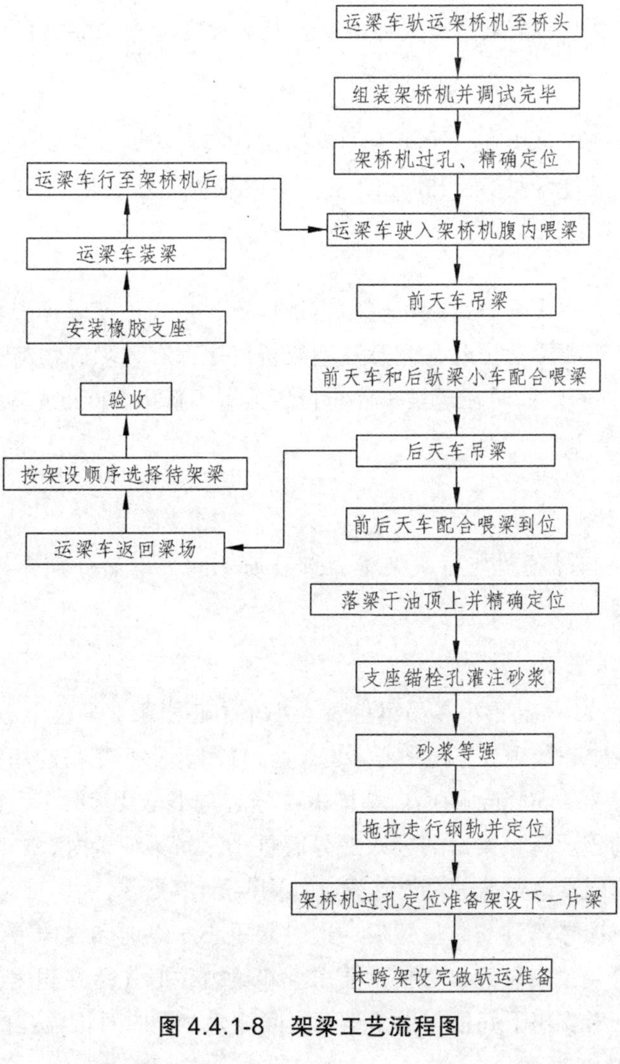

图 4.4.1-8　架梁工艺流程图

（二）预制梁检查

检查梁体外观尺寸（梁体全长、跨度、梁高）等是否满足设计要求，吊孔位置、孔径、垂直度是否正确。在箱梁底板上安装支座，活动支座及固定支座位置、型号应符合设计。同时注意支座上底板的坡度方向应与线路的坡度方向一致。支座安装在箱梁底部后，应拧紧支座与梁体的连接螺栓，在支座与梁底预埋钢板之间不得有间隙。

（三）架桥机就位

架桥机就位有三种方式：一是在待架桥位直接拼装架桥机，二是架桥机由运梁车运至待架桥位，三是可自行的架桥机自行至待架桥位。架桥机到达待架桥位后按照指定位置对位架桥机，达到架梁状态。

（四）提梁机装梁

在提梁之前或吊梁过程中运梁车一定要就好位，调整好运梁车架左右、前后高度，使车架处于水平状态，打好前后两端支腿。然后提梁机行走至待吊装箱梁上方，用专用吊具与箱梁可靠联结，且一定要保证全梁吊点受力均衡。提梁时梁端前后高差不得大于 100 mm。

（五）运梁作业

运梁车装梁时应确保箱梁在运梁车上的支撑位置符合箱梁支撑要求，箱梁支撑截面中心与运梁车中心线横向误差不大于 ± 25 mm，支点纵向位置误差不大于 ± 50 mm。

（六）喂梁作业

以桥架机中心线为中线画出运梁车轮胎走行位置，画线长度应延长至架桥机后方一个运梁车车长位置。运梁车喂梁对位时，注意观察架桥机尾部有无障碍物与运梁车碰撞，对位时速度控制在 3 m/min 左右。同时在运梁车停车位置放置不低于 200 mm 高的止轮防止运梁车因操作不当等原因继续前进。

（七）架　梁

布履式式架桥机与导梁式架桥机架梁原理有所不同，下面分别介绍两类架桥机的架设方法。

1. 布履式架桥机架梁

吊梁及运行作业：1 号起重小车吊梁位置为小车中心线距 2 号柱中心 3.0 m 处，2 号起重小车取梁位置为小车中心线距 2 号柱中心 4.8 m 处。1 号起重小车吊起箱梁前端，使箱梁底面与支撑柱顶面保持在 20 ~ 50 mm 距离。箱梁由 1 号起重小车及运梁车上的拖梁小车拖动，以半悬挂半支承状态前进。待箱梁后端进入 2 号起重小车吊梁位置时，2 号起重小车吊起箱梁后端，两台起重小车同步吊梁前进对位落梁，如图 4.4.1-9 所示。

箱梁就位安装：梁体落到安装位置后，通过起重小车纵向和横向微调，精细调整箱梁支座的位置，使之符合箱梁安装的有关技术要求。箱梁就位时先落在测力千斤顶上，控制、调整支座处支点反力。对支座下底板与支承垫石之间注浆，同时对锚栓孔内进行压力注浆。

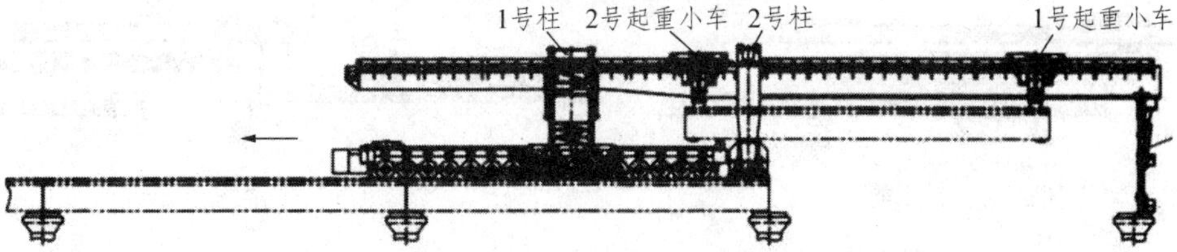

（a）2 号起重小车吊梁，运梁车退出

（b）起重小车吊梁前进就位

图 4.4.1-9　步履式架桥机吊梁及运行作业

架桥机纵移过孔作业：箱梁安装完毕，3 号柱由宽式支撑变换成窄式支撑，两台起重小车后退至机臂尾部，收缩 1 号柱下的伸缩柱，去掉 2、3 号柱轮组止轮器，收回 2 号柱支腿油缸。打开 2 号柱走行轮组均衡油路截止阀，调整均衡油缸使支撑螺旋顶离开桥面，关闭截止阀，架桥机纵移走行过孔到位，如图 4.4.1-10 所示。

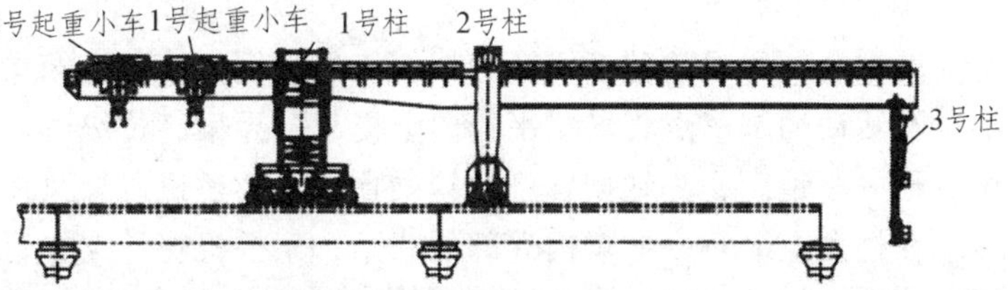

（a）顶升 2 号柱均衡油缸，使螺旋支撑离开桥面，开始纵移走行

（b）架桥机走行至下一作业位置，支撑 2 号柱、1 号柱

图 4.4.1-10　步履式架桥机纵移过孔

2. 导梁式架桥机架梁

箱梁架设：运梁车将架桥机（包括导梁）整体驮运至桥头，运梁车退出，架桥机在桥头将导梁放下，在首孔桥墩顶搭设支承架，导梁高位纵移到位。架桥机以导梁为通道前移到位。拆除支承架，架桥机将导梁放下就位。后腿支承，中支腿展开成翼形，运梁车将箱梁经导梁运到架桥机下方，进入待架梁桥位。架桥机由前、中支腿支承并将梁提起，运梁车退出。纵移小车提升导梁，与托辊同步驱动导梁前移一跨。架桥机将箱梁缓慢放下就位。架桥机架梁过程如图 4.4.1-11 所示。

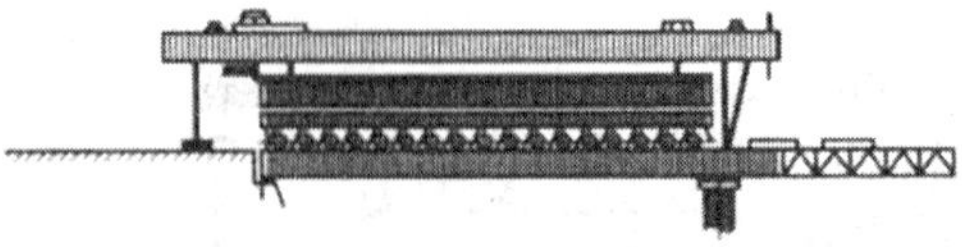

（a）定点提梁

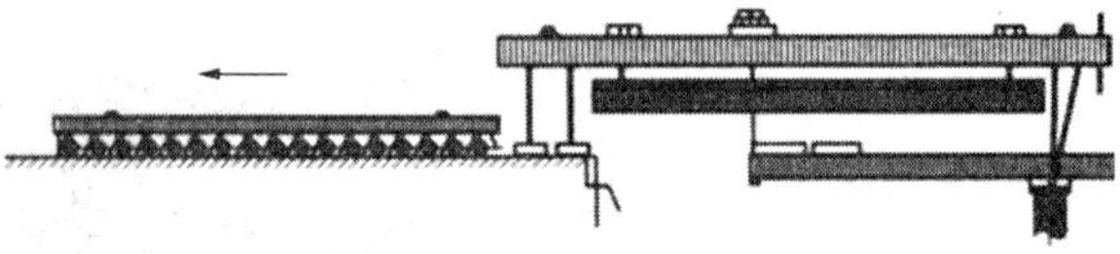

（b）运梁车退出

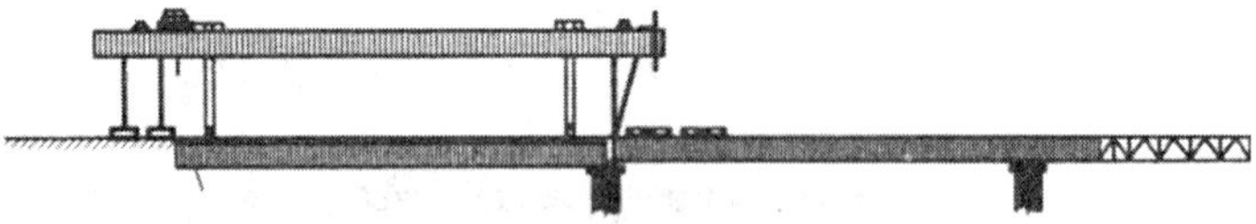

（c）落梁就位

图 4.4.1-11　导梁式架桥机架梁过程

过孔作业：架桥机过孔时，先顶升后支腿，让中支腿落在架桥机后台车上并固定，再使后支腿卸载。顶升前支腿，让前支腿横梁落在架桥机前台车上并固定。运架桥机台车分别支承前、中支腿驮运架桥机向前走行过孔至下一孔架梁位置。过孔作业如图 4.4.1-12 所示。

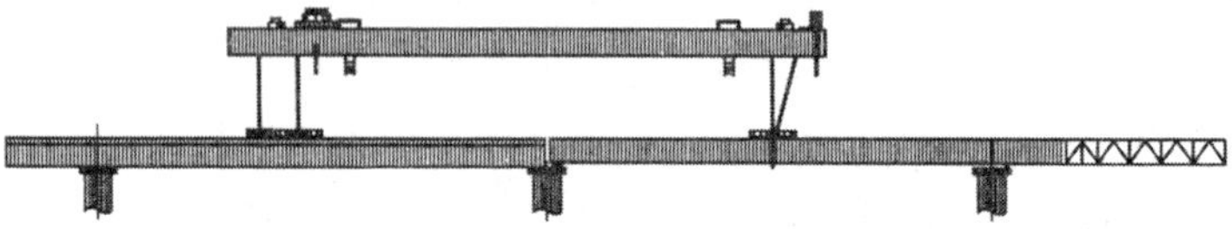

图 4.4.1-12　导梁式架桥机过孔作业

最后两孔箱梁架设作业：导梁前移至桥台，架桥机提起倒数第二孔箱梁，运梁车退出，架桥机利用纵移小车及活动油缸吊点将导梁平行向上提起，导梁高位纵移。架桥机下落倒数第二孔箱梁。导梁后移一段距离，一端搁在已架箱梁顶上。架桥机以导梁作为通道纵移至末孔位置。前支腿支承在桥台上，解开导梁前后部的联结，架桥机将导梁平行放下就位。运梁车将最后一孔箱梁直接送到架桥机腹腔内。架桥机将箱梁提起，运梁车退出。纵移小车和活动油缸吊点将导梁同步提升至桥面与前端联结，纵移小车与托辊同步驱动导梁纵移一跨，最后一孔箱梁落位安装，预制梁就位允许偏差如表 4.4.1-2 所示。

表 4.4.1-2　双线、单线梁就位允许偏差表

序号	项　目		允许偏差（mm）
1	支座下座板与墩台十字线纵向错动量	一般高度墩台	20
		高度 30 m 以上墩台	15
2	支座下座板与墩台十字线横向错动量	一般高度墩台	15
		高度 30 m 以上墩台	10
3	同端支座中心横向距离	偏差与桥梁设计中心对称时	+30
		偏差与桥梁设计中心不对称时	+15

任务 4.5　桥梁支座施工

4.5.1　支　座

一般桥梁支座安装施工流程如图 4.5.1-1 所示。

其他的如连续梁、钢梁等的支座施工在此不做描述。

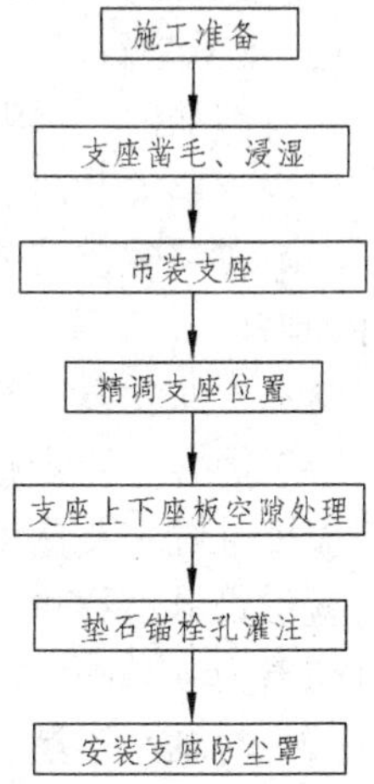

图 4.5.1-1　一般桥梁支座安装施工流程图

4.5.2　一般规定

支座到达现场后，必须检查产品合格证，附件清单和有关材质报告单或检验报告。并根据现行桥梁支座的规范和技术条件的有关规定，对支座外形尺寸、外观和组装质量进行全面检查，支座品种、类型、性能、规格、结构和涂装质量均应符合设计要求和相关规定。

支座下的支承垫石，混凝土强度应符合设计要求，顶面平面要求高程准确，表面平整，在平坡情况下同一片梁两端支承垫石水平面应尽量处于同一平面内，其相对误差不得超过规定，以免支座发生偏歪、不均匀受力和脱空现象。

安装支座前应检查桥梁跨度、支座垫石尺寸和高程、预留锚栓孔位置和尺寸等，并将墩、台支座垫石处清理干净，用于硬性水泥砂浆抹平，并使其顶面高程符合设计要求。

将设计图上标明的支座中心位置标在支座垫石及支座上，支座准确安放在支座垫石上，要求支座中心线相重合。

当顺桥向有纵坡时，支座安装方向应按设计规定办理。

4.5.3　橡胶支座的安装

支座规格和质量应符合设计要求，埋置于墩顶和梁底面的钢垫板，必须埋置密实。垫板与支座间应平整密贴，支座四周不得有缝隙，严格保持清洁。活动支座的聚四氯乙烯板和不锈钢板不得有刮伤、撞伤。氯丁橡胶板块密封在钢盆内，要排除空气，保持紧密。

活动支座安装前用丙酮或酒精仔细擦洗各相对滑移面，擦净后在四氟滑板的储油槽内注满硅脂类润滑剂，并注意硅脂保洁；坡道桥注硅脂应注意防滑。

盆式橡胶支座的顶板和底板可用焊接或锚固螺栓拴接在梁体底面和墩台顶面的预埋钢板上；采用焊接时，应防止烧坏混凝土；安装锚固螺栓时，其外露螺杆的高度不得大于螺母的厚度；现浇梁底部预埋的钢板或滑板，应根据浇筑时的温度、预应力张拉、混凝土收缩与徐变对梁长的影响，根据设计支承中心设置预偏值。

支座安装前，应对墩台锚栓孔进行检查，合格后方可安装。架设箱梁时，箱梁落梁暂不落在正式支座上，待支座下座板与支承垫石之间、锚栓孔内进行压力注浆，注浆材料的强度不应低于垫石混凝土的设计强度，弹性模量不小于 30 GPa，待浆体填实并达到强度后，方可落梁。箱梁就位后，4 个支座应方向正确，受力均匀，活动支座的方向应符合设计规定。

梁体就位后，方可拆除橡胶支座上下连接板。

4.5.4　钢支座的安装

支座材质和制造精度应符合设计要求，应有制造厂的成品合格证、供货单位监理签证的铸件探伤记录和缺陷焊补记录，及支承密贴性检查记录，并应做外观检查和对组装后的轮廓尺寸进行复核。负梁支座质量及检验方法就符合现行《铁路桥涵工程施工质量验收标准》（TB 10415）的规定。

钢梁支座安装前应将支承垫石表面凿毛凿平，上铺一层薄细砂抹平，并防止砂子掉入锚栓孔内。支承垫石高度应预留 20 ~ 40 mm 的缝隙，以保证灌浆的质量。当垫层厚度大于 40 mm 时，应设钢筋网，水泥砂浆强度等级应符合设计要求。

固定支座安装时，上、下摆接触部分应密贴，上铺槽形与下摆弧形部分，其顺桥方向的前后空隙应一致，其公差为 ± 1 mm。当上、下摆之间设铰轴承压时，弧面接触应密贴，并设置注油槽。

活动支座安装应符合下列规定：

（1）固定支座定位（即钢梁定位）后，活动支座底板安装应符合设计要求，并以施工气温（温度计挂在支座所在的弦杆）为准。当钢梁二期恒载未上足或施工气温不同于设计温度时，应按设计图提供的资料进行计算后，确定辊轴和底板的安装位置。底板顺桥方向安装的允许偏差为 ± 3 mm。

（2）辊轴与下摆及底板之间应密贴，间隙不大于 0.1 mm，辊轴均应与桥中线垂直，辊轴位置偏差不得大于 1 mm。

（3）当活动支座上下摆采用钢铰轴铸钢. 移动部分采用聚四氟乙烯和不锈钢板（简称铰轴滑移钢支座），应特别注意移动部分的防尘清洁，严防碰伤污染。滑动面应涂硅脂。不锈钢板轧制方向宜与顺桥向一致。当具有可更换的摩擦副时，应予检查是否更换方便。正式支座安装完毕后，应立即设置密封性能良好的配有拉门的透明防尘围裙（罩）。

支座底板与支承垫石的缝隙可用位能法灌浆，并符合下列规定：

（1）钢梁调整完毕后，将支座用倒链吊在钢梁上，顶起钢梁使支座比设计高程稍高，支座底打入钢楔块定位（钢楔块仅作定位用，钢梁大部分重量应由千斤顶支承），经全面检查签证后方可灌浆。

（2）支座底板下的定位钢楔块，就在灌的砂浆达到设计强度后取出，填充砂浆。

（3）支座锚栓孔可用细石混凝土或水泥砂浆分层捣实填塞. 锚栓在拧紧螺母后，栓杆顶至少应高出螺母顶面 25 mm，但不得大于 40 mm。

4.5.5 质量标准

支座安装后，其允许误差应符合表 4.5.5-1。

表 4.5.5-1 支座安装允许误差表

序号	项目		允许误差（mm）
1	支座中心线与墩台十字线的纵向错动量		≤5
2	支座中心线与墩台十字线的横向错动量		≤10
3	支座板每块板边缘高差		≤1
4	支座螺栓中心线位置偏差		≤2
5	同一端两支座横向中心线间的相对错位		≤5
6	螺栓		垂直梁底板
7	四个支座顶面相对高差		2
8	同一支座纵向中线间的距离	误差与桥梁设计中心线对称	+30 −10
		误差与桥梁设计中心线不对称	+15 −10

支座上下板螺栓的螺帽应安装齐全，并涂上黄油，无松动现象。
支座与梁底、支座与支承垫石应密贴，无缝隙。

复习思考题

1. 梁场规划设计主要有哪些内容？要注意哪些方面？
2. 试比较先张法和后张法预应力的区别与联系。
3. 后张法预应力施工控制的要点是什么？
4. 先张法预应力混凝土梁的预制台座有哪几种？各有什么特点？
5. 先张法预应力混凝土梁的力筋放张方法有哪几种？各有什么特点？
6. 简述后张法预应力混凝土梁施工中压浆和封蜡的目的及工艺流程。
7. 架桥机有哪些种类？简介常用架桥机的构造。
8. 简述箱形铁路梁采用架桥机架设的工艺流程。
9. 有哪几种常用的防水层？各自的施工要点是什么？
10. 有哪两种常用的桥面铺装？各自的施工流程是怎样的？
11. 桥梁伸缩装置安装的常规方法是怎样的？

项目 5　混凝土连续梁桥构造与施工

【项目描述】

铁路跨越较大障碍时常采用连续梁桥。连续梁桥具有变形小、结构刚度大、行车平顺、伸缩缝少、养护简易、抗震能力强等优点，在铁路桥梁中应用广泛。本项目主要介绍预应力混凝土连续梁构造特点和施工方法。通过学习，掌握连续梁悬臂浇筑法施工、悬臂拼装法施工、转体法施工和顶推法施工工艺，掌握各工法施工质量控制要点，熟悉常用施工设备设施和工程措施。

【教学目标】

1. 能力目标

（1）能识读预应力连续梁桥施工图纸，拟定施工方案；

（2）能够根据施工图纸，编制连续梁桥的施工方案；

（3）能够根据施工图纸，确定连续梁悬臂浇筑法施工质量控制要点。

2. 知识目标

（1）了解连续梁悬臂浇筑法施工程序，掌握施工控制要点；

（2）了解连续梁悬臂拼装法施工程序，掌握施工控制要点；

（3）了解连续梁转体法、顶推法施工程序，掌握施工控制要点。

3. 素质目标

（1）培养学生细致严谨的工作作风、良好的职业道德和吃苦耐劳的优良品质；

（2）培养学生分析问题、解决问题、积极思考和勇于创新的能力；

（3）培养学生的综合业务能力，培养学生认真细致的职业素质。

相关案例——长春市惠工路机场大道跨越长图铁路立交桥转体施工

长春机场大道全长 29 km，起点远达大桥，终点长春龙嘉国际机场，机场高架桥桥长 2 571 m。根据机场大道路线设计方案，机场大道采用高架桥形式跨越三条铁路线及东环城路，其中有 2 条专用线铁路，1 条长图正线铁路。桥梁孔跨布置为（50 + 80 + 50）m +（2 × 30）m +（50 + 80 + 50）m 预应力混凝土连续箱梁。跨越铁路部分采用（50 + 80 + 50）m 连续箱梁，设计道路中心线与长图线交叉点铁路里程为 K5 + 102.89。桥下净空按不小于 7.56 m。全桥位于 R = 750 m 的圆曲线及缓和曲线上；桥上纵坡为 3.386%和 – 0.3%；桥面全宽为 26.0 m，路面净宽 2 × 12.25 m，两侧及中间均设底宽 0.5 m 防撞墙。主梁中墩采用钢筋混凝土花瓶形桥墩，其他桥墩均采用柱式桥墩；主墩基础均采用ϕ1.5 m 钻孔桩。桩柱式桥墩基础采用 1.8 m 桩基础。箱梁采用预应力混凝土单箱三室斜腹板截面，顶宽 26.0 m，中支点底宽 17.26 m，边支点及跨中底宽 18.93 m，单侧悬臂长度 3.0 m，中支点梁高 5.0 m，跨中及边支点梁高 2.5 m，悬臂板端部厚 0.20 m，根部厚 0.70 m。施工方案采用转体施工。

机场大道高架桥第二标段工程由中交隧道工程局承建，2011 年 7 月开工建设，桥梁全长 420 m。跨越铁路部分设计采用转体施工工艺，通过旋转牵引系统使 2 个连续悬梁 T 构转体后成桥。转体 T 构总长 77 m，转体总质量 8 418 t，两个设计 T 构旋转角度分别为 54°和 58°。为确保桥梁转体顺利，项目事先对转体牵引动力系统及位控、防倾保险体系都做了全面检测，并对转体点动运行速度、角速度、启动力矩、运行力矩等诸多参数做了精准调试，同时周密部署了现场操控人员，制定了一系列应急预案。2012 年 11 月 19 日长春市机场大道跨铁路高架 16#、17#主墩 T 构在空中实现对接，标志项目桥梁转体施工圆满成功。

图 5-1　长春市机场大道跨越长图铁路立交桥转体施工

任务 5.1　混凝土连续梁构造

混凝土连续梁桥是铁路跨越较大障碍最常用的一种桥型。由于连续梁中支点负弯矩的存在，使得跨中正弯矩值显著减小，连续梁的内力分布要比同等跨度的多跨简支梁的均匀合理。连续梁桥也可采用连续刚构体系桥，其特点是墩梁固结，减少了大吨位支座和支座养护工作量。连续梁桥具有变形小、结构刚度大、行车平顺、伸缩缝少、养护简易、抗震能力强等优点，是除简支梁外应用最广的一类桥梁。预应力混凝土连续体系梁桥首先在我国铁路应用是 1966 年，在成昆线用悬臂拼装法建成第一座预应力混凝土铰接悬臂梁桥——旧庄河 1 号桥，跨度为（24 + 48 + 24）m。第一座预应力混凝土连续梁桥是 1975 年建成的北京枢纽东北环线通惠河桥，跨度为（26.7 + 40.7 + 25.7）m。第一座用顶推法施工的是 1977 年建成的西延线狄家河桥，跨度为 4 × 40 m。我国铁路 1995 年建成的攀枝花金沙江桥，为预应力混凝土连续刚构体系，主跨为（100 + 168 + 100）m。

预应力混凝土连续梁桥的布置与构造，除考虑桥梁的技术经济指标，跨越性质和水文、地质等条件外，还与施工方法有着密切的联系。不同的施工方法和施工设备，对桥梁的上、下部构造、预应力钢筋的布置有不同的要求。

一、平面、立面布置

桥梁的平面造型取决于线路的方向与河道或立交线路的方向，并受桥址地形和地物的制约，通常有正交、斜交、单向曲线和反向曲线桥梁等平面布置造型（图 5.1-1）。正交桥最为常见，桥墩台位置与主梁中线垂直，因而桥梁的构造也最简单。当线路方向与河道或桥下交通斜交时，为满足桥梁上、下交通的需要可采用斜交桥的布置方式。曲线桥的特点是墩台方向在总体布置中通常选用径向排列。

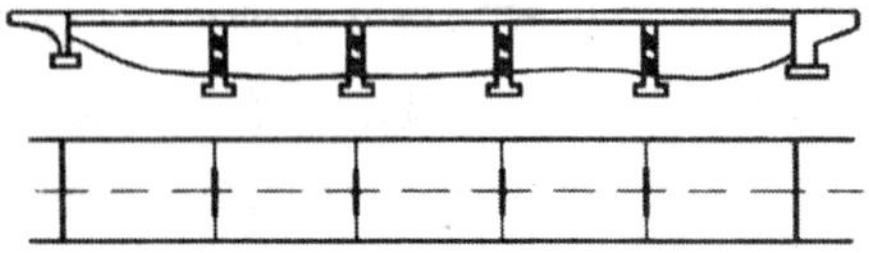
（a）正交

（b）斜交

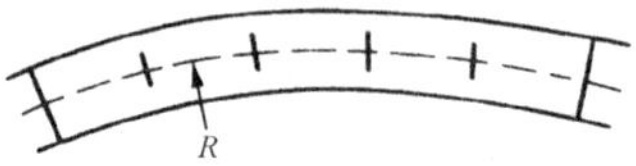

（c）单向曲线

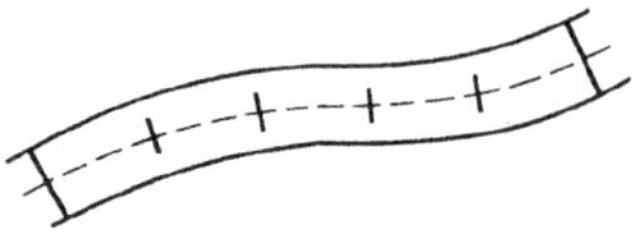
（d）双向曲线

图 5.1-1　连续梁桥平面布置

预应力混凝土连续梁桥的立面布置要考虑桥孔分跨、主梁高度和梁底曲线形状等因素。常见的立面布置形式见图 5.1-2。从桥梁美学的角度看，连续梁桥跨数不多时一般采用奇数孔，3 跨及 5 跨较为常见。

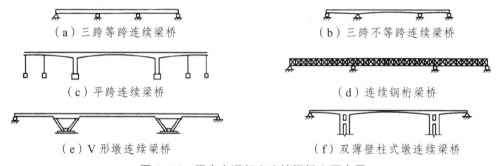

（a）三跨等跨连续梁桥

（b）三跨不等跨连续梁桥

（c）平跨连续梁桥

（d）连续钢桁梁桥

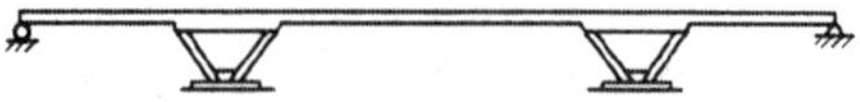
（e）V 形墩连续梁桥

（f）双薄壁柱式墩连续梁桥

图 5.1-2　预应力混凝土连续梁桥立面布置

按照桥梁跨径相互关系连续梁可分为等跨连续梁和不等跨连续梁。采用等跨布置时，结构简单，模式统一，但等跨布置将使边跨内力较大。等跨布置的跨径大小主要取决于经济分孔和施工设备条件，一般跨湖、跨海湾的长桥常采用中小跨径的等跨连续梁布置。

按照梁高变化可分为等高度连续梁和变高度连续梁桥两种。等截面连续梁构造简单，施工方便，线条简洁、美观。中等跨径采用顶推法、移动模架或就地浇筑法施工的连续梁一般都采用等截面形式。变截面梁的截面变化规律可采用圆弧线、二次抛物线或折线等。

按照下部结构的支承形式可分为普通的单式桥墩、V 形桥墩和双薄壁柱式桥墩。按照主梁梁身的构造可分为实腹式主梁和空腹式的桁架结构。按照主梁与下部结构的关系可分为墩梁分离的连续梁和墩梁固接的连续刚构桥。

二、主梁截面布置

预应力混凝土连续梁桥的横断面形式常用的有板式、肋式和箱形截面三大类。

1. 板式截面

用于连续梁的板式截面有矩形板、异形板及矩形空心板等几类，见图 5.1-3。矩形空心板常用于跨径 20 ~ 30 m 的支架现浇连续梁桥。

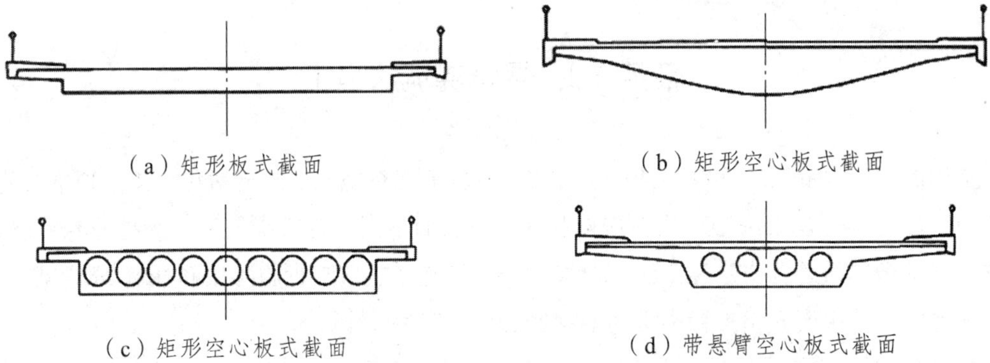

图 5.1-3　常用板式截面

2. 肋式截面

肋式截面（图 5.1-4）预制方便，常用于跨径 25 ~ 60 m 的连续梁桥，可采用先简支后连续施工。

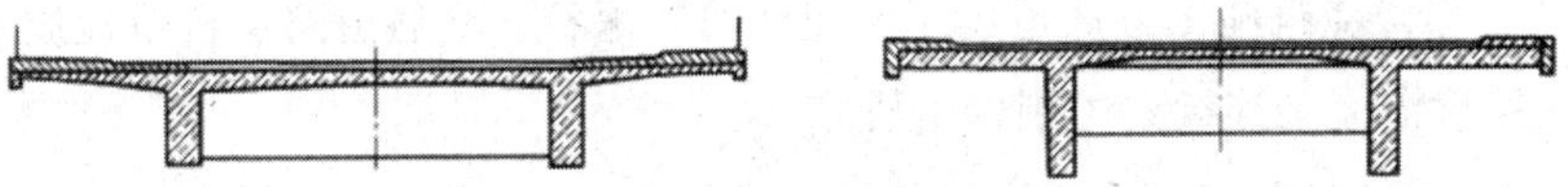

图 5.1-4　常用肋式截面

3. 箱式截面

跨径超过 60 m 的大跨径预应力混凝土桥横断面大多为箱形截面。常见的箱形截面形式有单箱单室、双箱单室、单箱多室、多箱多室等，如图 5.1-5 所示。

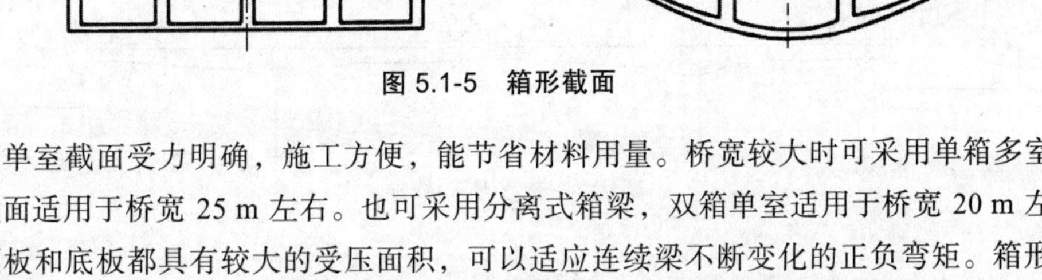

图 5.1-5　箱形截面

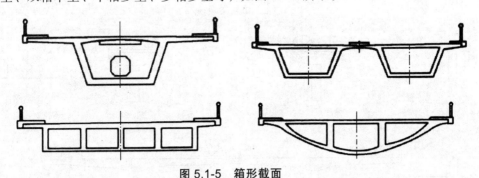

单箱单室截面受力明确，施工方便，能节省材料用量。桥宽较大时可采用单箱多室，单箱双室截面适用于桥宽 25 m 左右。也可采用分离式箱梁，双箱单室适用于桥宽 20 m 左右。箱梁的顶板和底板都具有较大的受压面积，可以适应连续梁不断变化的正负弯矩。箱形截面抗扭刚度大、整体性好，有良好的静力和动力稳定性，特别适合弯桥和悬臂法施工的桥梁。为了增加箱梁抗扭刚度，一般会设置横隔梁保证在荷载作用下各腹板能更好地协同工作，横隔梁按位置可分为端横隔梁及中横隔梁，为了增大梁端承受支座反力时的受力面积，一般端横隔梁是必须设置的，而中横隔梁的数目及位置则根据主梁的构造和桥梁的跨径确定。

任务 5.2　悬臂浇筑法施工

常用的预应力混凝土连续梁的施工方法，有就地浇筑施工、悬臂对称施工、顶推法施工、逐孔施工法、移动模架法等。根据挂篮和施工方法的不同，悬臂浇筑又分为挂篮悬臂浇筑施工法、移动桁式吊悬臂浇筑施工法、分段悬臂浇筑施工法、渐近施工法和挂篮-导梁悬臂浇筑施工法等，本节主要介绍工程中常用的挂篮悬臂施工法。

挂篮悬臂浇筑施工方法是从已建桥墩开始，对称逐段地沿桥跨方向向两边延伸施工，并通过预应力筋的张拉将新建节段与已有节段集成为整体。悬臂施工过程中不需满设支架，为了承受施工荷载产生的不平衡弯矩，需首先将墩和梁临时固结，施工时先形成两端带悬臂的T形刚架，待合龙后才成为连续梁，因此施工过程中存在体系转换。悬臂施工工序不同，体系转换的方式也不一样。基本工序有逐跨连续悬臂施工、T 构-单悬臂-连续施工、T 构-双悬臂-连续施工三种。悬臂浇筑施工方法适用于跨越江河、深谷、交通道路、桥位地质不良等条件下的高墩、大跨度混凝土连续梁（刚构）桥。

T 构-单悬臂-连续悬臂浇筑施工连续梁的一般施工方法如图 5.2-1 所示。

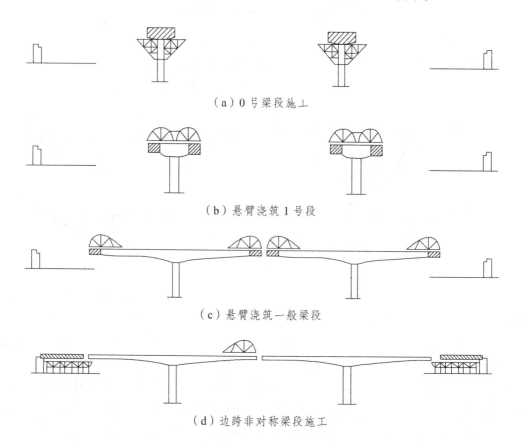

（a）0 号梁段施工

（b）悬臂浇筑 1 号段

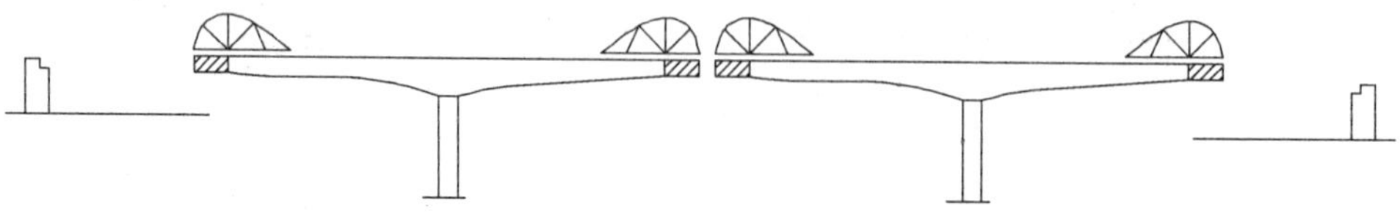

（c）悬臂浇筑一般梁段

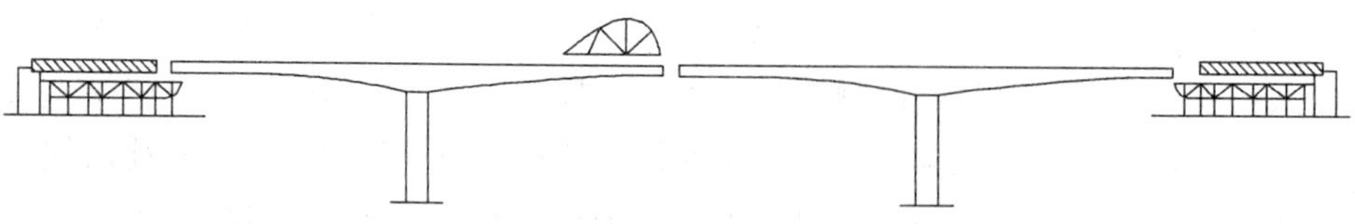

（d）边跨非对称梁段施工

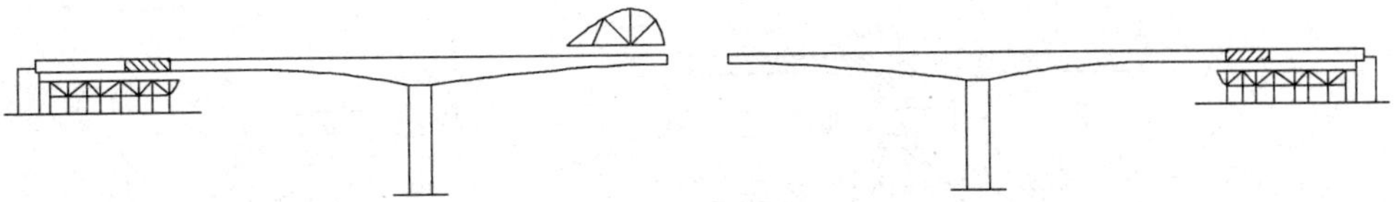

（e）边跨合龙段施工

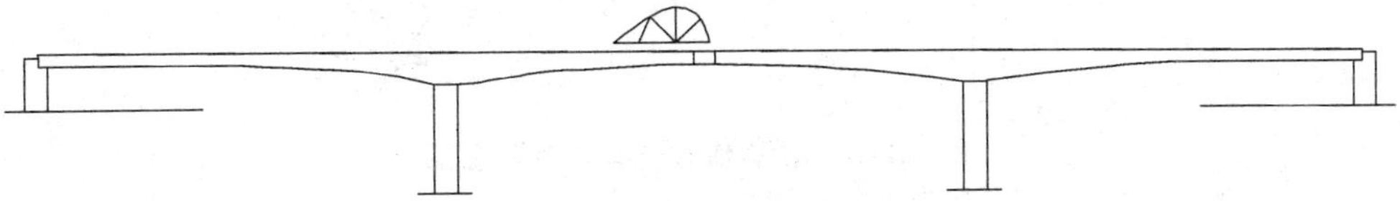

（f）中跨合龙段施工

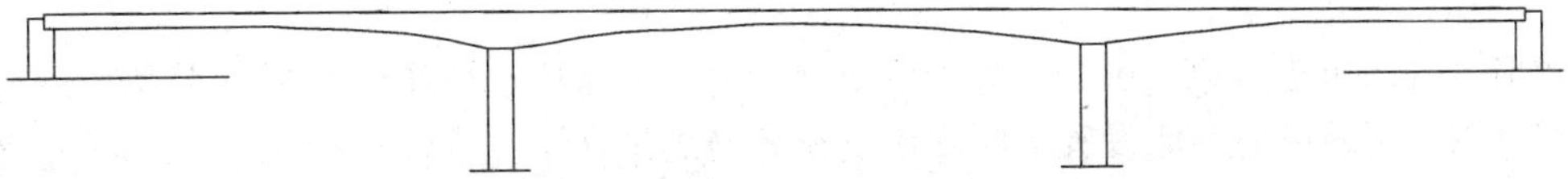

（g）形成连续梁（刚构）

图 5.2-1　连续梁（刚构）悬臂浇筑施工方法示意图

连续梁悬臂浇筑施工流程如图 5.2-2 所示。

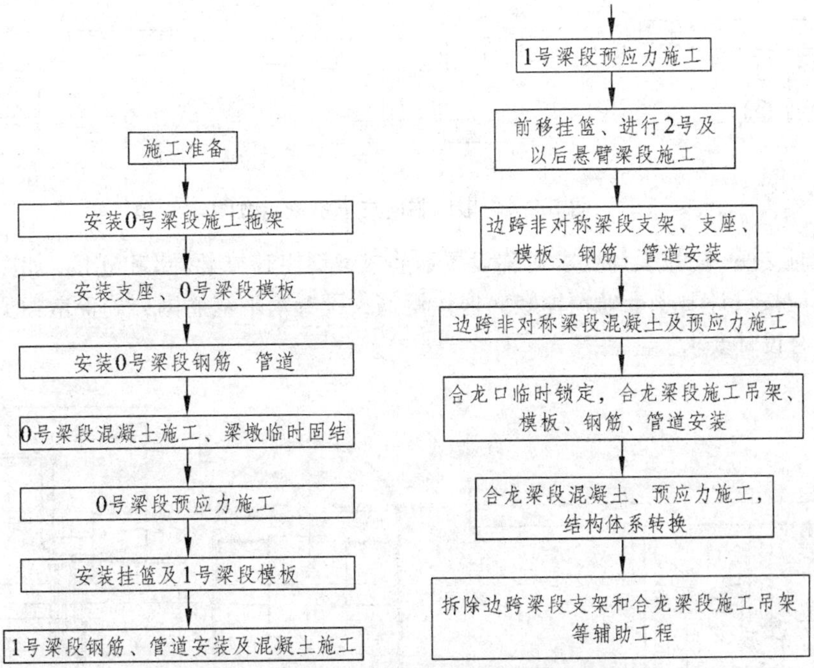

图 5.2-2　连续梁（刚构）悬臂浇筑施工流程图

一、墩梁临时固结措施

施工期间，需将桥墩与墩顶处梁段（称为 0 号段）临时固结，以承受施工过程中产生的不平衡弯矩。混凝土连续梁临时支座（临时固结支座）既要求能在永久支座不承受压力情况下承受梁体压力和施工过程中不平衡弯矩，又要求在承受荷载情况下容易拆除，可采用在桥墩顶面永久支座两侧对称设置临时支座方式支撑悬臂浇筑梁体，如图 5.2-3 所示。

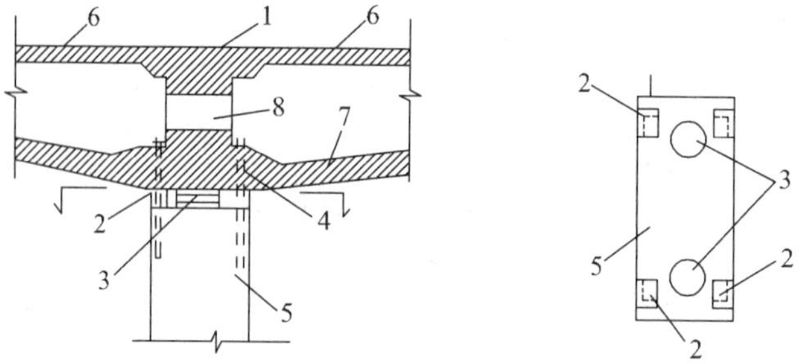

图 5.2-3 墩顶临时支座布置示意图

1—悬浇箱梁；2—临时锚固支座；3—支承垫石及永久支座；4—临时支座预埋临时锚固钢筋；5—桥墩；6—梁体顶板；7—梁体底板；8—通道

预应力混凝土连续梁（刚构）悬臂浇筑施工前，当因桥墩长度较短或 0 号梁段悬臂较长时，可采用在桥墩纵向两侧设置临时支墩支承悬臂浇筑梁体，如图 5.2-4 所示。秦（皇岛）沈（阳）客运专线跨阜锦公路特大桥连续箱梁（48 m + 80 m + 48 m 一联），施工采用钢管混凝土临时支墩，钢管采用 H750 mm × 10 mm 螺旋焊管，管内填充 C40 混凝土，并在支墩混凝土中预埋 6 根 ϕ32 mm 精轧螺纹钢筋与 0 号梁段实施预应力筋张拉连接，承担施工不平衡力矩产生的拉力，形成支拉型临时 T 构（图 5.2-5）。

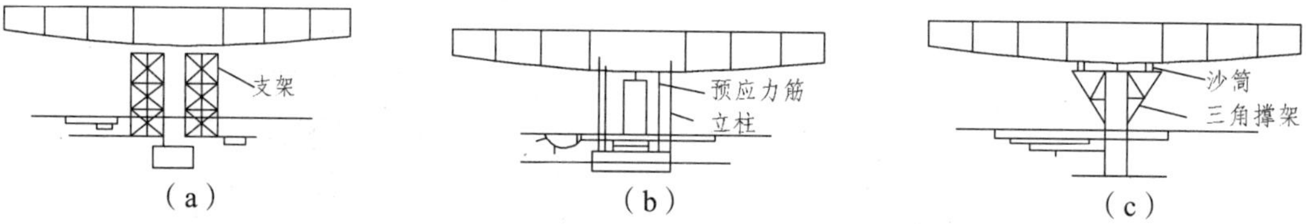

图 5.2-4 墩侧临时支承措施示意图

墩顶临时支座，应按设计要求对称设置钢筋或型钢使其与梁、墩相连接，如图 5.2-6 所示。桥墩施工时应按设计要求准确预埋竖向连接钢筋、设置水平钢筋网，确保墩顶梁段与桥墩的临时固结符合设计要求。

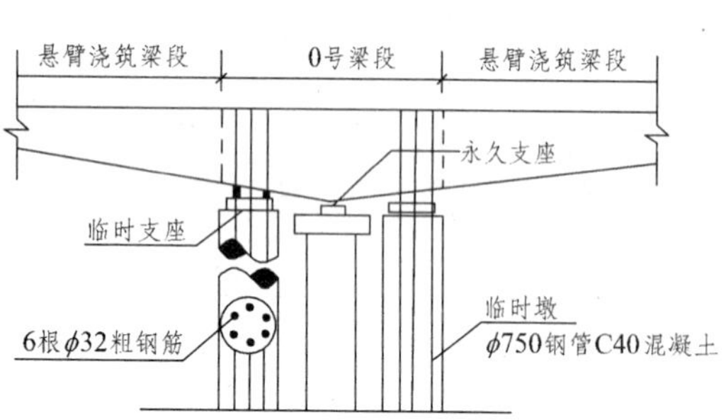

图 5.2-5 墩侧临时支、拉措施示意图

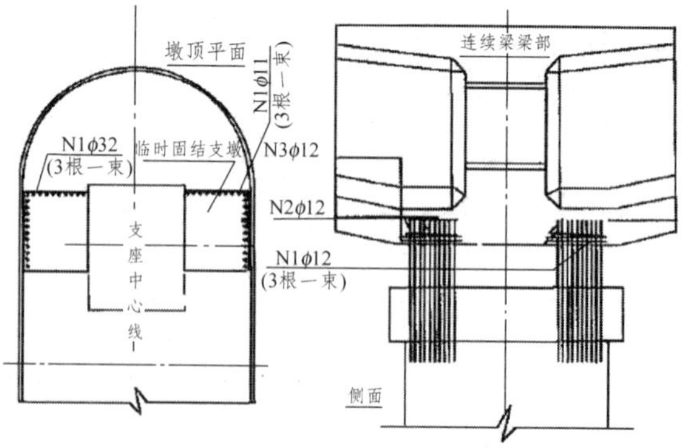

图 5.2-6 梁墩临时固结示意图

二、墩旁托（支）架

墩顶 0 号梁段采用在施工托架上立模现浇。施工托架可根据墩身高度、承台型式和地形情况，可利用墩身、承台或地面作为支承，设立支承托架。施工托架有扇形、门形和墩顶托

架等形式，如图 5.2-7 所示。应根据桥墩高度、墩台断面大小、基础情况及梁体悬臂长度、墩旁地形、地质、水文、交通和现有常备定型材料等情况，经综合比选后确定结构形式。托架的长度视拼装挂篮的需要而定，横桥向宽度要考虑箱梁外侧立模要求，托架顶面应与箱梁底面线形一致，常采用万能杆件、贝雷架、型钢等构件拼装。

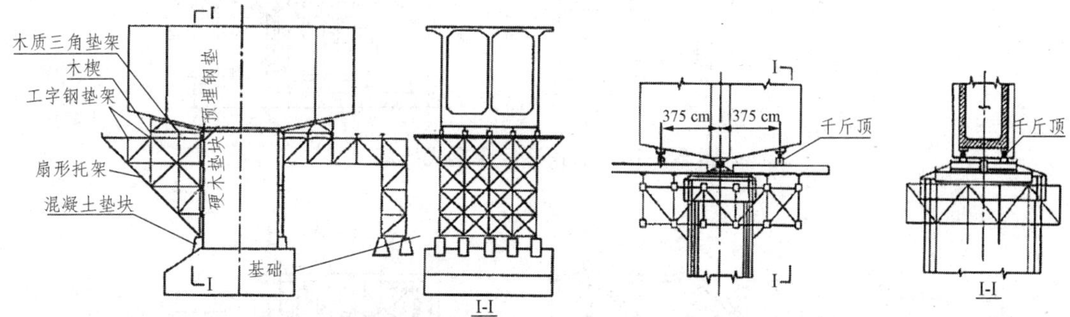

（a）扇形托架及门式支架　　（b）墩顶托架

图 5.2-7　0 号梁段常用托（支）架示意图

三、施工挂篮

悬臂浇筑施工使用的挂篮，是利用已施工梁段作挂靠、能承担待施工梁段模板及梁体重量等施工荷载和能沿梁顶滑道移动的悬臂梁式空中施工设备。常用挂篮按承重主梁的结构形式划分主要有：平衡桁架式挂篮、平弦无平衡重式挂篮、弓弦桁架式挂篮、菱形桁架式挂篮，三角形组合梁式挂篮、滑动斜拉式挂篮，如图 5.2-8 ~ 5.2-13 所示。

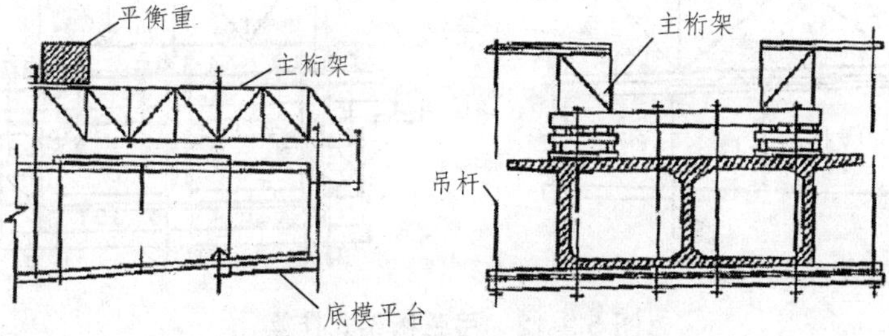

图 5.2-8　平衡桁架式挂篮

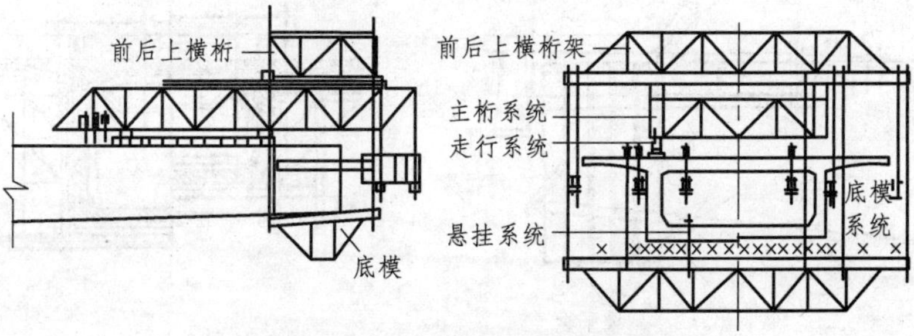

图 5.2-9　平弦无平衡重式挂篮

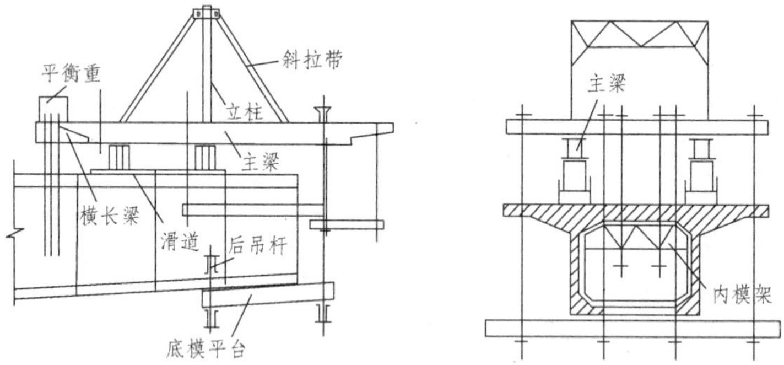

图 5.2-10　三角形组合梁式挂篮

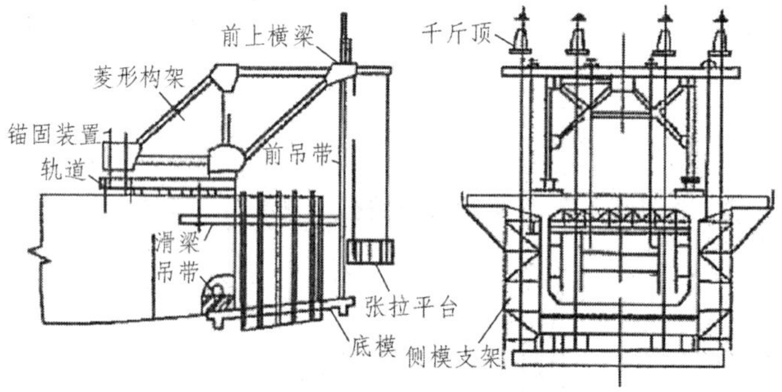

图 5.2-11　菱形桁架式挂篮

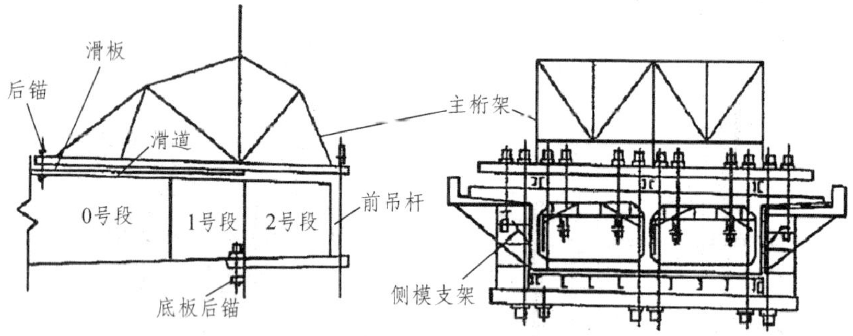

图 5.2-12　弓弦桁架式挂篮

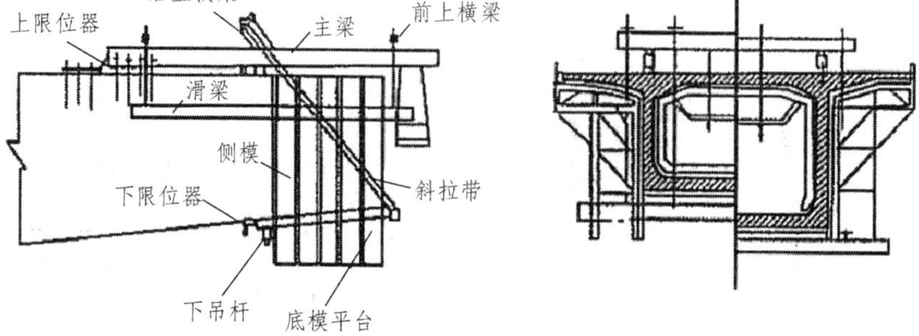

图 5.2-13　滑动斜拉式挂篮

挂篮的主要结构一般包括承重系统、平衡系统、模板系统、走行系统、操作平台。承重系统包括主桁梁和悬吊系统。主梁是挂篮的主要受力结构，可用型钢、万能杆件、贝雷桁架等拼制成型。悬吊系统的作用是将底模和侧模吊架、操作平台的自重及其上的荷载传递到主梁上，一般是用分节段连续并钻有锁孔的 16Mn 钢带或精轧螺纹钢筋等组成。

平衡系统，位于主梁后部，分为压重式、全锚式和半压重半锚固式，主要作用是平衡挂篮前移和浇筑梁体混凝土时产生的倾覆力矩，保证施工安全。

模板系统，包括底模及侧模吊架和梁段模板等，是直接承受悬浇梁体重量及施工荷载结构，也是钢筋及预应力管道安装、混凝土浇筑等施工作业平台。

走行系统，包括移动装置和动力设施，是支承主梁通过滚、滑移设施使挂篮沿桥梁纵向移动的设备。操作平台，主要用于张拉梁体纵向和横向预应力筋、压浆、封锚等作业。

挂篮结构须有足够的强度、刚度和稳定性。挂篮模板的结构形式、几何尺寸应能适应梁段长度及高度、腹（隔）板厚度等变化和与已浇筑梁段紧密搭接要求。

挂篮应在 0 号梁段的纵向预应力筋压浆完成后对称安装，并应按施工工艺设计要求及时在主桁架尾部采取稳定措施保证后续的施工安全。当主梁 0 号梁段长度不能满足独立挂篮拼装要求时，应采用联体挂篮浇筑首批梁段。联体挂篮的连接结构应经过设计计算，连接结构应在解联后的独立挂篮的基础上进行设计改装。挂篮安装前应编制联体挂篮安装时连接、加长及解体施工工艺设计和安全操作细则，挂篮安装及解联时应严格按其要求进行施工。挂篮四周应设置操作平台及围栏，操作平台下应设置安全网，人员上下应有安全扶梯。

挂篮组装完毕应全面检查安装质量和复核挂篮中线、高程。挂篮使用前，应对制作及安装质量进行全面检查，进行走行性能试验并按设计要求进行静载试验。当设计对静载试验无要求时，应按 1.2 倍最大荷载进行静载试验，消除挂篮在加载状态的非弹性变形并测量挂篮的弹性变形值，以便合理设置悬臂浇筑梁段的立模高程。

挂篮静载试验应模拟最大现浇梁段施工荷载分布情况分级进行加载，可采用土袋、砂袋或水箱加载。每级加载完毕 1 h 后，测量挂篮变形值。测点宜布置在前后支点、上下横梁、后横梁等部位的两侧及中部相应位置。全部加载完毕后，宜每隔 1 h 测量一次每个测点变形值，连续预压 4 h，当最后测量时间段的两次变形量之差小于 2 mm 时即可结束。按分级加载的相同重量逐级卸载并测量各级卸载后的变形量。根据加、卸载实测数据，绘制各测量点位的加、卸载过程变形曲线，通过分析计算挂篮在各阶段荷载作用下的变形值。

四、挂篮前移及拆除

挂篮悬臂施工程序为首先在已建桥墩顶部现浇 0 号段，张拉预应力筋后在其上安装两个悬臂端挂篮，安装完毕即可用挂篮对称浇筑的 1 号和 1′号梁段混凝土，这两个节段通过张拉预应力筋和 0 号段连成整体之后两个挂篮各自前移，进行下一节段施工，浇筑一段，前进一段，直至悬臂完成。

挂篮前移时桥墩两侧挂篮必须在梁段的纵向预应力筋张拉完毕后同时对称移动，并应设专人指挥。挂篮前移应根据不同移动方式（滑动式、滚轴式、支架滚轮等）、驱动动力（倒链、千斤顶和液压驱动走行）的操作要求进行，并应保持主梁处于水平状态。挂篮前移不得使用卷扬机钢丝绳作为牵引动力。挂篮移动速度不宜大于 0.1 m/min，就位时中线偏差不应大于

5 mm。挂篮移动时后端应有牢固可靠的防倾覆、防溜保护措施。挂篮拆除应按设计要求进行。T 构两侧荷载偏差不得大于设计允许值。挂篮拆除一般应在浇筑梁段的位置拆除，也可退到 0 号梁段进行拆除，拆除顺序一般为：底模—内、外侧模—滑梁—吊带—前横梁—横联—主梁架—滑动装置—走行轨道—钢枕—清理场地。

五、合龙段施工

当悬臂施工各 T 构完成后，两悬臂之间需有一段梁体将各相邻 T 构连成整体，完成体系转换，最终形成连续梁结构。合龙段是悬臂法施工中结构体系转换的关键性工艺，它对成桥内力影响很大，按合龙段所处的位置分为中跨合龙和边跨合龙，可以采用吊架或挂篮作为合龙段的施工支架。

合龙段长度在满足使用操作要求的前提下应尽量缩短，一般采用 1.5 ~ 2.0 m。合龙温度应与设计考虑的温度一致，一般宜在低温合龙，在夏季应在清晨合龙，加强合龙段混凝土的养护，使得混凝土早期硬化过程中处于升温受压状态。混凝土中宜加入减水剂、早强剂，以便及早达到设计强度，及时张拉预应力筋，防止合龙段混凝土出现裂纹。

临时锁定措施一般采用劲性型钢安装在合龙段上下部，将两侧悬臂结构临时固定连接然后张拉部分预应力筋。混凝土连续梁合龙口临时锁定方式常用的有以下 4 种：

（1）在梁体内、外设置刚性支撑锁定方式，如图 5.2-14 所示。即在箱梁顶、底板的顶面预埋钢板，将体外刚性支撑焊接或栓接其上，并在箱梁顶、底板中沿纵向设置体内刚性支撑、共同锁定。

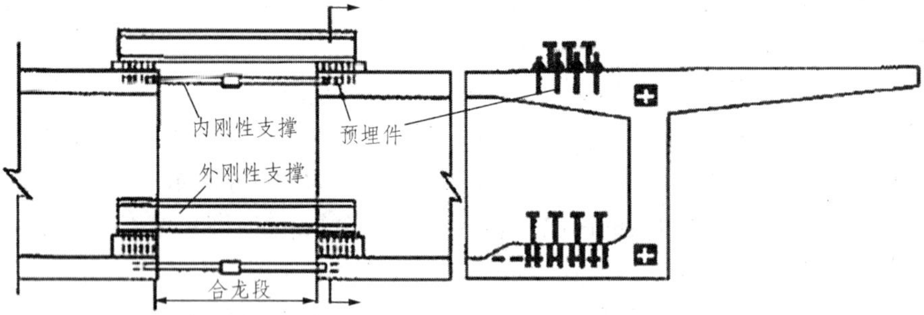

图 5.2-14　梁体内外刚性支撑示意图

（2）在梁体内设置刚性支撑和利用永久预应力筋临时张拉锁定方式，如图 5.2-15 所示。

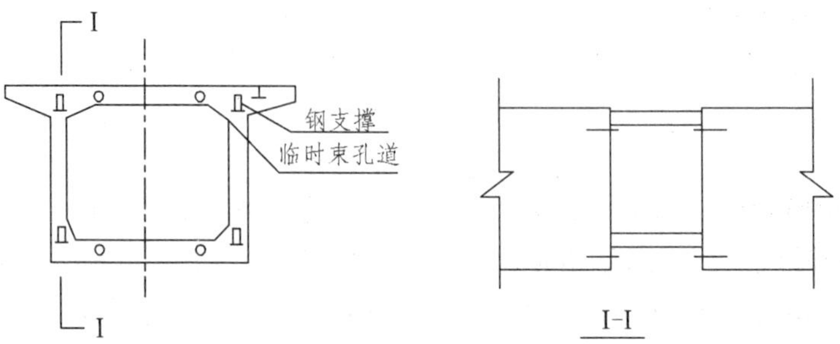

图 5.2-15　梁体内设置刚性支撑和利用永久预应力筋进行临时张拉共同锁定

（3）在梁体外设置刚性支撑和利用梁体永久预应力筋临时张拉锁定方式，如图 5.2-16 所示。

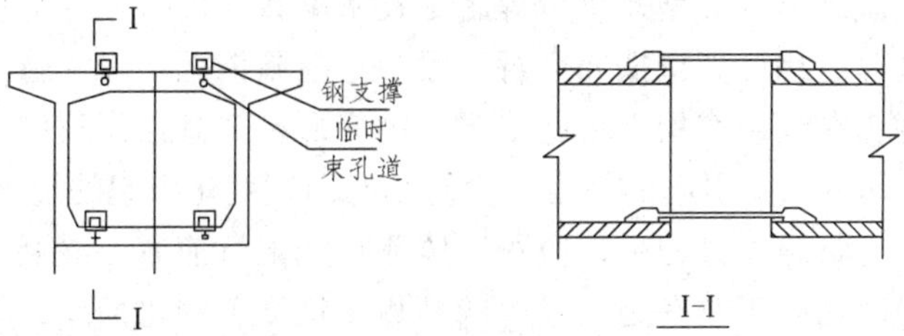

图 5.2-16　梁体外设置刚性支撑和利用梁体永久预应力筋进行临时张拉共同锁定

（4）在梁体外设置刚性支撑进行支拉锁定方式。

混凝土连续梁合龙口临时锁定方式按设计要求施作。需根据桥梁具体工况经计算确定合龙口轴力和临时锁定结构强度。常用临时锁定方式中，在梁体外设置刚性撑架锁定方式，既方便施工操作又能保证梁体结构均匀受力，在铁路及公路混凝土连续梁施工中普遍采用。

六、预应力施工及体系转换

混凝土连续梁合龙梁段混凝土达到设计要求条件时，应及时进行预应力筋张拉，预应力筋张拉顺序及张拉力值必须符合设计要求。合龙口临时锁定利用永久预应力筋作为临时预应力筋时，其补充张拉施工应符合设计要求，当设计无要求时应在其他纵向预应力筋全部张拉完毕再进行补充张拉到设计锚固吨位。

混凝土连续梁合龙梁段纵向预应力筋全部张拉完毕，应立即解除相应 T 构全部永久活动支座的临时锁定设施，实现连续梁结构体系转换。混凝土连续梁合龙梁段纵向预应力筋全部张拉完毕，拆除相应 T 构梁墩临时固结设施和临时支座时，应对称、均匀施作，并应观测墩顶梁体高程及应力和永久支座受力状态变化情况，发现异常情况时应立即停止作业，查明原因，保证施工安全。

混凝土连续梁永久支座安装位置和方向应符合设计要求。当合龙梁段全部按设计要求施工完毕形成连续梁体系之后，发生永久活动支座预偏量大于允许值等情况，必须顶起梁体进行调整施工时，应根据有关规定制定专项顶梁施工方案，并应征得设计单位和监理单位同意后进行施工，严防梁体破损。

七、线形控制

悬臂浇筑法施工控制是一个关键性的工艺，也是施工中的一个难点。其目的是使得成桥结构的线形和受力状态与设计吻合。如控制不好，到合龙时，两悬臂端的高程差会大大超出容许范围，导致必须采取措施进行调平处理，既对结构受力不利，也影响结构的线形和美观，形成永久性缺陷。

施工中，影响标高的因素很多，为进行有效控制，常用的方法是加强施工测量，测量时间尽量一致，发现问题及时予以调整。近年对悬臂施工采用计算机程序跟踪控制，在一些大跨径桥梁施工中应用并取得了令人满意的结果。

混凝土连续梁悬臂浇筑施工，在施工全过程应对每一施工梁段的中线、高程及预拱度等进行严格监测和控制，以保证成桥线形与内力状态符合设计要求。

梁体悬臂浇筑施工前，应根据结构设计参数和每一梁段计划施工进度、施工时环境温度、混凝土龄期和所用挂篮的结构类型及重量等施工技术参数，进行悬臂浇筑梁段施工预拱度计算，作为每一梁段立模高程计算依据和全桥桥梁线形控制依据。确定施工预拱度时应考虑下列因素：设计预拱度；在荷载作用下已施工梁段的变形；挂篮在荷载作用下的弹性变形；由混凝土预施应力和收缩、徐变引起的挠度；由施工时温度变化引起的挠度。

在每一梁段悬臂浇筑施工过程中，应跟踪监测挂篮走行前后、混凝土浇筑前后和预应力筋张拉前后六种工况时已施工及在施工梁段的高程（挠度）变化情况，与理论计算值进行比较分析，合理调整确定下一施工梁段的施工立模高程。

梁体施工过程中，应在悬臂浇筑梁段前端顶面设置高程测量桩，如图 5.2-17 所示。高程测量桩应设置在每一梁段的前端顶面边缘约 0.2 m 范围内，并宜在桥梁中心处及两侧共预设 5 个钢质测量桩，桩顶应高出混凝土面 5 ~ 10 mm。

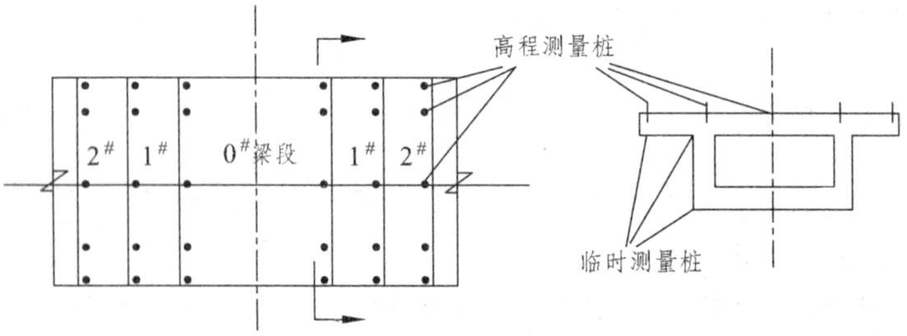

图 5.2-17　高程测量桩布置图

挂篮模板立模高程调整时，主要调整待施工梁段前端模板高程，模板后端须与已施工梁段紧密、牢固连接为一体。当已施工梁段前端高程偏差较大时，应分次逐步调整待施工梁段前端模板高程，以保持梁体顶面及底面平顺无明显凹凸变化。

悬臂梁段中线、高程测量监控工作，应重视气温变化的影响。中线、高程测量工作宜在早晨日出前的固定时段进行，以避免由于梁体变形与气温变化不同步（一般变形滞后 2 ~ 3 h），影响测量结果评估。

任务 5.3　悬臂拼装法施工

悬臂拼装法是将梁体划分为若干段，在预制场预制梁段，从桥墩两侧开始对称吊装，就位后施加预应力，逐段悬拼直到合龙成桥。其施工基本工序为：梁节段预制、移位、运输、起吊拼装以及施加预应力。

预制节段的长度取决于运输、吊装设备的能力，一般采用的块件长度为 1.4 ~ 6.0 m，块件质量为 14 ~ 170 t。预制节段要求尺寸准确，拼装接缝密贴，预留孔道对接要顺畅。目前节段预制常采用长线预制和短线预制两种方法。

长线预制法是在工厂或施工现场按桥梁底缘曲线制作固定的底座，见图 5.3-1，底座长度一般宜为一跨内预制吊装节段长度之和的一半，在底座上安装底模，箱梁节段的预制在底座上进行，模板常用钢模，以便于装拆使用。为加快施工进度，保证节段间密贴，常采用先浇筑奇数块，后利用奇数块节段混凝土的断面作为偶数块节段端模。长线预制法需要较大的施工场地，并要求操作设备能在预制场移动，所以长线预制宜在具有固定梁底缘形状的多跨桥上采用，以提高设备的使用效率。

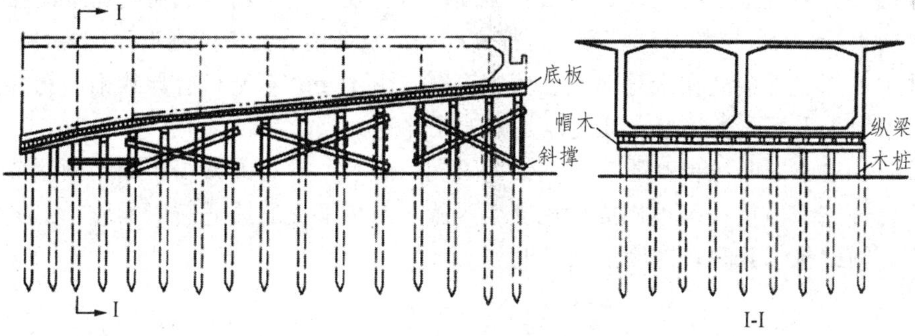

图 5.3-1　长线法预制箱梁节段示意图

短线预制法施工箱梁节段是由可调整外部及内部模板的台车与端模架来完成,见图 5.3-2。第一节段混凝土浇筑完成后，在其相对位置上安装下一节段模板，并利用第一节段的端面作为第二节段的端模完成混凝土的浇筑工作。短线预制适合工厂节段预制，设备可周转使用，但节段的尺寸和相对位置调整较复杂。

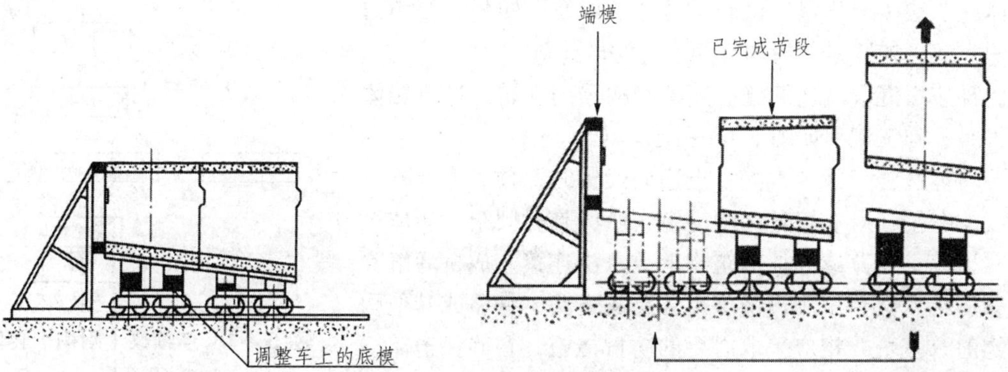

图 5.3-2　短线法预制节段

预制块件的悬臂拼装可根据现场布置和设备条件采用不同的方法来实现。常用的悬拼机具有汽车吊、浮吊、缆索起重机、移动式吊车、桁式吊和悬臂吊机等。汽车吊适用于墩不高且在陆上或便桥上施工的情况，浮吊适用于墩不高的河中桥孔，墩较高或水流湍急时可采用悬臂吊机进行高空悬拼施工，如图 5.3-3 所示。

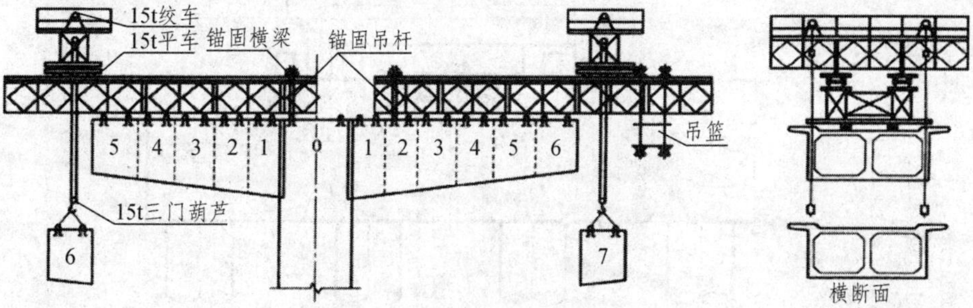

图 5.3-3　悬臂吊机拼装

悬臂拼装梁段间的接缝形式可采用湿接缝、胶接缝和干接缝。湿接缝宽一般为 0.1 ~ 0.2 m，拼装时下面设置临时托架和模板，当拼装梁段的位置调整准确后，用高标号砂浆或细石混凝土填实，待接缝混凝土达到设计强度后施加预应力。胶接缝是用环氧树脂加水泥在节段接缝面上涂厚约 1 mm 的薄层使节缝密贴，可提高结构的抗剪能力、整体刚度和抗渗性，常在中间节段接缝中使用。干接缝在接缝间无任何填充料，由于接缝不密封有导致钢筋锈蚀的风险，实际工程中很少采用此类接缝，其优点是施工较方便。

悬臂拼装法施工时墩台基础和上部结构可同时施工，可有效减少工期；预制节段可集中预制，能保证施工质量；可不用或少用支架，施工对桥下交通或通航影响较小，但安装需要大型起重运输设备，并配套建设预制场地。

任务 5.4　转体法施工

桥梁转体施工是指将桥梁结构在非设计轴线位置制作（浇筑或拼接）成形后，通过转体就位的一种施工方法。根据桥梁结构的转动方向，它可分为竖向转体施工法、水平转体施工法（简称竖转法和平转法）以及平转与竖转相结合的方法，连续梁一般均采用平转法转体施工。

预应力混凝土连续梁、连续刚构采用平转法进行转体施工时，施工流程如图 5.4-1 所示。

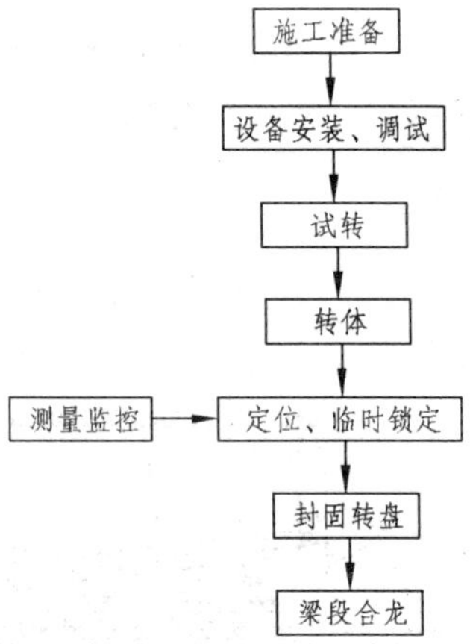

图 5.4-1　连续梁（刚构）转体施工流程

转体法施工预应力混凝土连续梁桥时，预应力混凝土连续梁分别在既有路基两侧现浇，墩梁临时固结，转体至既有道路、铁路或其他构筑物上方悬浇连接，成桥后解除墩梁固结；墩台采用现浇施工。跨越道路、铁路或其他构筑物时，基坑开挖应采取必要的防护措施，在确保道路、铁路运输和构筑物安全的条件下施工；竣工后恢复破坏路基及排水边沟。

转体结构由下转盘、球铰、上转盘、转体牵引系统组成，如图 5.4-2 所示。

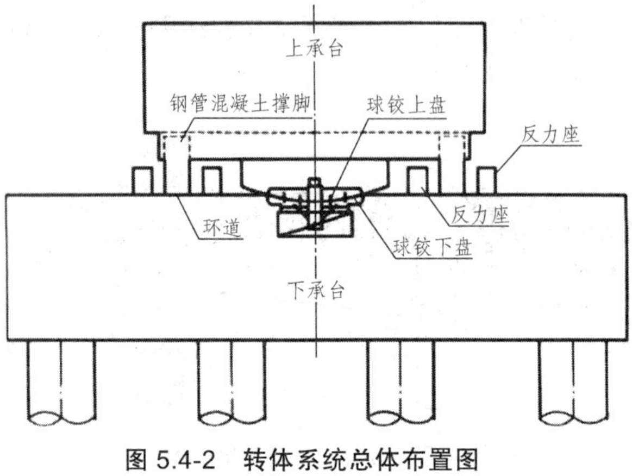

图 5.4-2　转体系统总体布置图

下转盘支承转体结构全部重量，转体完成后与上转盘共同形成基础。下转盘上设置转体系统的下球铰、撑脚的环形滑道及转体拽拉千斤顶反力座等。

平转工艺依据其转动体系的不同，可分为平铰法与球铰法两种。平铰法转铰加工具有制造简单，工程费用相对较低；球铰法平转技术滑动性能较好、纠偏能力强，施工更为安全可靠等优点，在大墩位转体施工中应用广泛。球铰分上下两片，是平转法施工的转动系统，转体球铰设于上下两层承台之间，球铰下转盘锚固于下承台顶面，上转盘锚固于上承台底面。球铰上下盘可以绕中心钢轴相对转动，并通过设置四氟滑片、加硅脂等措施降低转动摩阻力。球铰制作及安装精度要求很高，一般在工厂制作，施工中要精确安装保证正常工作。

上转盘是转体的主要承重结构，承受转动时上部梁体重量。上转盘撑脚作为转体时支撑转体结构保持平稳，防止结构发生较大倾斜。在撑脚的下方下盘顶面设滑道，转体时撑脚在滑道内滑动保持转体结构平稳。

转体施工通过两台以球铰为中心、对称布置的连续千斤顶产生的力偶克服球铰摩阻力产生的力偶，从而实现上承台、墩身和箱梁形成的整体相对于下承台、基础转动至设计位置。箱梁转体到设计位置后，在上下承台空隙内浇筑封铰混凝土，实现两者之间的固结，再浇筑合龙段，解除墩梁临时固结，实现桥梁贯通。转体施工程序介绍如下。

一、转体系统的安装及承台、墩身的浇筑

1. 球铰加工

球铰在工厂加工，要求上球铰的滑动球面表面应光滑，凸、凹球面各处的曲率半径应相等。下球铰镶嵌的聚四氟乙烯滑板顶面应在同一球面上，误差不大于 0.2 mm，且球心与下球铰凹球面的球心重合。定位销轴套管的中心轴应与球铰中心轴重合，误差不大于 1 mm，钢管中心轴与球铰截面圆平面垂直，倾斜度≤3%。

2. 球铰安装及铰下混凝土浇筑

承台浇筑前预埋球铰定位钢架，在定位钢架上调节定位球铰下转盘。钢支架要有足够的强度和刚度，防止在焊接或浇筑时变形使下球铰错位。下转盘安装并检测无误后，顶面覆盖土工布防护，浇筑铰下混凝土。

混凝土终凝后，打开球铰下钢盘面覆盖物，将整个球面及各滑块安装槽内清理干净，开始球铰上钢盘的安装。将黄油与四氟粉按重量比 120∶1 比例配制好后，在中心销轴套管中放入黄油四氟粉，然后将中心销轴轻放到套管中，放置时保证中心销轴竖直，与周围间隙一致。在下钢盘凹球面上按照顺序由内到外安装聚四氟乙烯滑板。聚四氟乙烯滑板安装完毕后用黄油四氟粉填满聚四氟乙烯滑板之间的间隙，使黄油面与四氟滑板面相平。整个安装过程保持球面清洁，不要将杂物带至球面上。将上球铰的两段销轴套管接好，用螺栓固定牢固。在上钢盘凸球面涂抹黄油后微调上球铰位置，并对中放置于下钢盘上。去除被挤出的多余的黄油，用宽胶带纸将球铰上、下钢盘边缘的缝隙密封。

3. 环道及支撑脚、保险脚安装

下承台施工时预留环道定位螺栓及环道滑板安装预留槽。环道滑板采用 20 mm 厚钢板上覆 5 mm 厚不锈钢板。利用定位螺栓精确定位钢板，调节顶面高程和平整度。环道混凝土从内侧布料、由钢板底面向另一侧流动，为保证钢板下方混凝土填充密实，顶部混凝土应放慢浇筑速度，使钢板内外侧混凝土略高出钢板。混凝土终凝后，钢板表面清理干净，覆盖土工布防护。同步浇筑牵引支座混凝土、保险脚混凝土。为保证上承台及后续墩、梁混凝土浇筑过程中的稳定性，将支撑脚与环道之间的间隙利用钢板支垫，并做好防护，防止水泥浆流入撑脚与环道之间。上承台施工完成后在上下承台之间采用砌砖、砂桶等便于后期拆除的支撑体系临时固定，防止墩身、箱梁浇筑过程中上下承台之间产生相对变位。

二、支架现浇梁段

平行既有线路搭设支架现浇梁段。搭设好的支架在靠近既有铁路侧应设置安全网并预压。梁体浇筑按设计进行，要求分段对称浇筑。梁体浇筑过程中需准确计算支架变形、张拉上抬变形，并结合预压支架的沉降情况设置预拱度，做好高程控制。

三、转体施工准备

转体施工准备工作包括现场清理、设备的布置与调试、安装牵引索、转体结构偏心的监控及调整等。

现场清理主要有上下承台之间临时支垫的清理，有可能影响转体的障碍物清理。滑道范围内杂物：抽出撑脚下方的垫板，施工前将槽口内的杂物清除并清洗干净，确保滑道的平整。将边跨现浇支架上干扰 T 构转体的构件及时清理。为满足连续千斤顶有充足的操作空间，对影响牵引施工的承台周边坡体有针对性地开挖，保证足够的操作空间。

中跨悬臂端钢筋伸出量不能影响转动，超长部分弯折处理，埋件有干扰时可局部割除。边跨悬臂端钢筋伸出量根据边跨支架构件悬出尺寸确定，干扰时弯折。上下承台之间预留钢筋弯折，方便牵引过程中钢束不被干扰，人员便于检查、测量，保证施工人员的安全。

设备的布置与调试包括油泵、千斤顶的调试，同一组千斤顶的同步性调试。为确保转体顺利实施，油管、密封圈、安装螺丝等易损件应有备用。

安装牵引索，将钢绞线牵引索顺着牵引方向绕上转盘后穿过千斤顶，并用千斤顶的后锚具夹持住。先用 1 ~ 5 kN 逐根对钢绞线预紧，再用牵引千斤顶在 1 MPa 油压下对该束钢绞线整体预紧。拆除上、下转盘间的临时固定装置及支垫，并进行应力测试，全面检查转体结构受力情况。进行上下承台纵横轴线的测量和标识，下承台尤其环道上控制转体到位的标志线应复核准确。

四、转体结构偏心的监控及调整

通过墩身内布置的应变计和撑脚下方间隙、箱梁悬臂端高程测量判断重心偏移情况。当不平衡弯矩超过球铰可承受的偏心弯矩时，梁体发生倾斜，撑脚着地受力防止倾倒，增大转体摩阻力矩。为减小阻力，应采用砂袋配重等措施予以调整，尽可能减小不平衡弯矩。通过配重调整可使尾跨略重于悬臂跨以降低风险。

五、转体施工

首先应通过试转确定合理的油泵控制参数，掌握停止牵引后惯性造成的余转距离，为正式转体提供参考。为确保转体施工安全，可参照技术规范及类似工程经验确定悬臂端转体线速度。根据试转速度，对转体封锁要点时间进行分析、计算。并考虑转体到位后轴线及高程测量纠偏、临时锁定和其他不可预见事件处理等工序所需的时间。

转体施工过程。在现场指挥下达转体指令后，油泵手打开开关，慢速给油，控制千斤顶行程速度、梁体悬臂端转体线速度保持匀速。转体过程中应安排专人观察结构物的异常情况、转体施工的障碍物情况。转体过程中通过上承台纵轴线位置的垂球和下承台上的油漆标志之间的距离判断转体到位情况，当垂球距离油漆标志时，关闭油泵阀门依靠惯性转体到位。转体即将到位前，在反力座之间插入限位型钢防止超转，同时辅助后续结构纠偏和定位操作。

六、结构纠偏与精度控制

转体施工精度的控制主要包括箱梁的纵轴线及高程、横坡，分三个施工阶段予以控制。箱梁支架现浇阶段按设计高程并考虑支架沉降和设计提供的预拱度设置支架高程，并严格控制梁顶高程。纵横轴线则参照墩身轴线严格放样。

箱梁转体精度初控阶段重点控制纵轴线，转体前在下承台上标识出上承台转体到位后的理论纵横轴线，转体前箱梁纵轴线即上承台纵轴线位置悬吊垂球。转体过程中通过垂球和下承台上的油漆标识之间的距离初步控制转体精度。

精确调整阶段在箱梁停止转动并稳定后进行，先利用螺旋式千斤顶手动进行纵轴线调整；其次在上下承台之间横轴线上采用低侧顶起的方法对横断面高程进行调整；再进行纵向高程调整；最后再次校核纵轴线。各精度指标满足规范要求后，迅速利用限位型钢固定平面位置，在滑道与撑脚之间加设小钢楔保持调整后的高程稳定。

七、封铰与固结

上下转盘临时锁定后，快速调直焊接连接钢筋，立模浇筑封固混凝土使上转盘与底盘连成一体。

八、浇筑中跨合龙段

箱梁转体到位并封铰后，开始施工合龙段。为减小施工对既有铁路交通的影响，可采用合龙吊架浇筑中跨合龙段。首先拼装合龙吊架及防护系统，合龙吊架底高出接触网立柱顶高程 1.5 m 以上。吊架引起的不平衡弯矩可由边跨悬臂端砂袋配重平衡。安装劲性骨架、防护体系及模板体系，绑扎钢筋，并在悬臂端增加配重 1/2 合龙段混凝土重量。选择一天中最低温度时锁定劲性骨架，张拉临时预应力束，浇筑合龙段混凝土，同步在中跨悬臂端卸除等量的配重。合龙段混凝土养生及预应力施工完成后，拆除配重、吊架、模板、劲性骨架等合龙设施，完成中跨合龙段施工。

任务 5.5 顶推法施工

一、施工原理及施工流程

顶推法的施工原理是沿桥轴线方向在桥台后设置预制场地，分节段或整体预制混凝土梁，张拉预应力筋后通过水平液压千斤顶提供推力，借助不锈钢板与聚四氟乙烯滑板制作的滑动装置，将梁逐段向对岸顶进，就位后落架更换正式支座完成桥梁施工。

顶推施工预应力混凝土连续梁应根据场地条件、工期要求、设备情况等，选择从一端顶推、从两端顶推方式、采用单点接力顶推、多点连续顶推等方法进行施工。顶推法主要施工流程如图 5.5-1 所示。

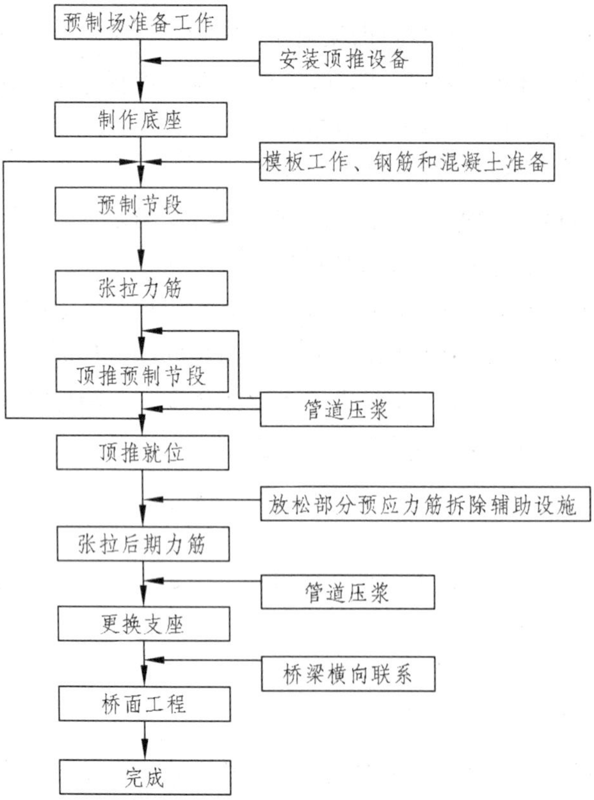

图 5.5-1 顶推法主要施工流程图

连续梁桥的主梁采用顶推法施工示意如图 5.5-2 所示。

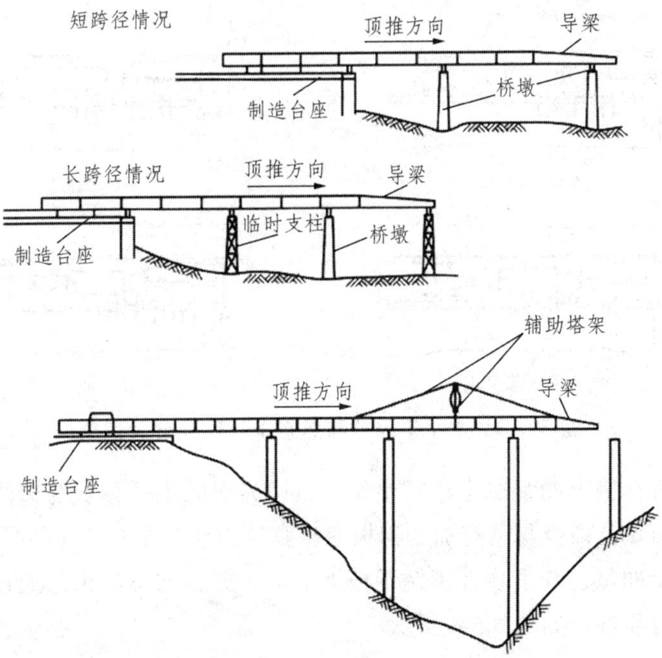

图 5.5-2　顶推法施工示意

二、制梁场布置和梁体预制

顶推法制梁可以在梁轴线的预制场上连续预制，逐段顶推；也可以在工厂制成预制块件，运送至桥位连接后进行顶推，在这种情况下，必须根据运输条件决定节段的长度和重量，一般不超过 5 m，增加了接头工作，同时需要大型起重、运输设备。因此，一般以现场预制为宜。

预制场是预制箱梁和顶推过渡的场地，包括主梁节段的预制平台和模板、钢筋和预应力钢绞线的加工场地、混凝土搅拌站以及砂、石、水泥等料场仓库和运输道路。预制场一般设在桥台后，长度一般为预制节段长度 3 倍以上。顶推施工需要布置千斤顶和滑移装置，主梁节段预制完成后将其向前顶推，空出浇筑平台继续浇筑下一节段。

节段的预制对桥梁施工质量和施工速度起决定作用。由于预制工作为周期性生产，可仿照工厂制梁设置临时厂房、吊车，使施工不受气候影响，减轻劳动强度，提高工效。每节段预制周期一般为 7 ~ 15 d，一联 15 m 长预制节段 7 d 可预制完成。

节段预制所采用的模板由底模、侧模和内模组成。对等截面箱梁，模板可多次周转使用，宜使用钢模板，以保证制梁尺寸准确。

三、单点顶推施工法

顶推的装置集中在主梁预制场附近的桥台或桥墩上，前方墩各支点上设置滑动支撑。顶推装置有两种：一种是由水平千斤顶通过沿箱梁两侧的牵动钢杆给预制梁一个顶推力；另一种是由水平千斤顶与竖直千斤顶联合使用，顶推预制梁前进，如图 5.5-3 所示。施工程序为：顶梁→推移→落下竖直千斤顶→收回水平千斤顶的活塞杆，如此反复作业。

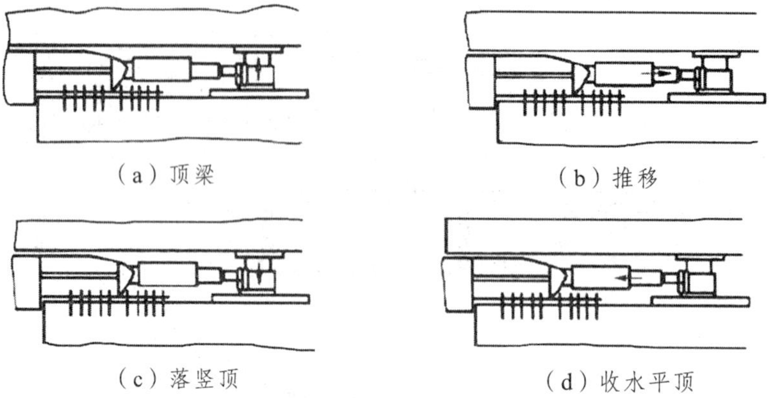

图 5.5-3 水平千斤顶与竖直千斤顶联合使用顶推

滑道支承设置在墩上的混凝土临时垫块上，由光滑的不锈钢板与聚四氟乙烯滑块组成。其中的滑块由聚四氟乙烯板与具有加劲钢板的橡胶块构成，外形尺寸和厚度可根据需要定做。顶推时，组合的聚四氟乙烯滑块在不锈钢板上滑动，并在前方滑出，通过在滑道后方不断收入滑块，带动梁身前进，如图 5.5-4 所示。

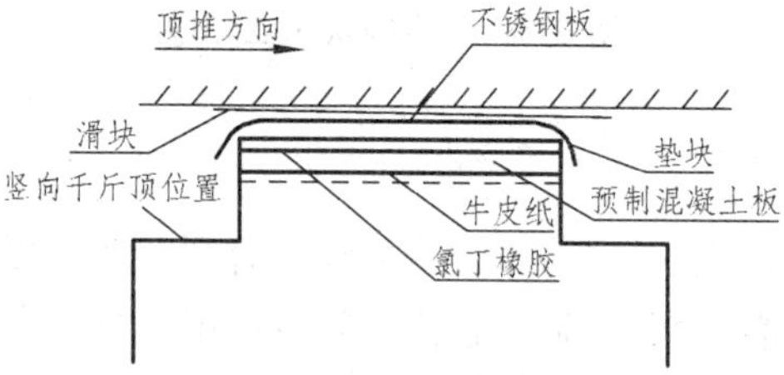

图 5.5-4 滑道装置

顶推时，升起竖直顶活塞，使临时支承卸载，开动水平千斤顶去顶推竖直顶，由于竖直顶下面设有滑道，顶的上端装有一块橡胶板，即竖直千斤顶在前进过程中带动梁体向前移动。当水平千斤顶达到最大行程时停止，降下竖直顶活塞，水平千斤顶回缩带动竖直顶后移，回到原来位置，如此反复循环将梁顶推到设计位置。

四、多点顶推施工法

在每个墩台上设置一对小吨位（400 ~ 800 kN）的水平千斤顶，将集中的顶推力分散到各墩上。由于利用水平千斤顶传给墩台的反力来平衡梁体滑移时在桥墩上产生的摩阻力，从而使桥墩在顶推过程中承受较小的水平力，因此可以在柔性墩上采用多点顶推施工。同时，多点顶推所需的顶推设备吨位小，容易获得，所以我国在近年来用顶推法施工的预应力混凝土连续梁桥，较多地采用了多点顶推法。在顶推设备方面，国内一般较多采用拉杆式顶推方案，每个墩位上设置一对液压穿心式水平千斤顶，每侧的拉杆使用一根或两根 ϕ25 mm 高强螺纹钢筋，钢筋的前端通过楔块固定在水平千斤顶活塞杆的头部，另一端使用特制的拉锚器、锚定板等连接器与箱梁连接，水平千斤顶固定在墩身特制的台座上，同时在梁位下设置滑板和滑块。当水平千斤顶施顶时，带动箱梁在滑道上向前滑动。拉杆式顶推装置如图 5.5-5 所示。

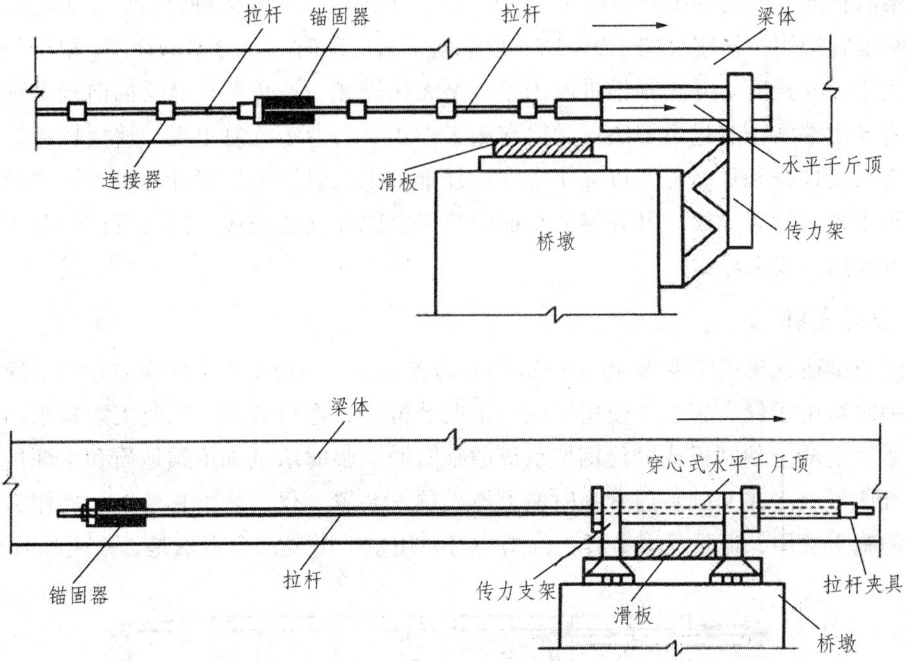

图 5.5-5　拉杆式顶推装置

多点顶推的顶推装置由竖向千斤顶、水平千斤顶和滑移支承组成。施工程序：落梁→顶推→升梁和收回水平千斤顶的活塞→拉回支承块，如此反复作业。

多点顶推施工的关键在于同步。因为顶推水平力是分散在各桥墩上，一般均需通过中心控制室控制各千斤顶的出力等级，保证同时启动、同步前进、同时停止和同时换向。采用拉杆式顶推系统，免去在每次循环顶推过程中用竖向千斤顶将梁顶起使水平千斤顶复位，简化了工艺流程，加快顶推速度。但多点顶推需要较多的设备，操作要求也比较高。

多联桥的顶推，可以分联顶推，通联就位，也可联在一起顶推，两联间的结合面可用牛皮纸或塑料布隔离层隔开，也可采用隔离剂隔开。对于多联一并顶推时，多联顶推就位后可根据具体情况设计解联、落梁及形成伸缩缝的施工方案，如两联顶推，第二联就位后解联，然后第一联再向前顶推就位，形成两联间的伸缩缝。

五、顶推施工临时措施

顶推过程中梁的各截面正负弯矩交替出现，其弯矩包络图与使用荷载作用下的弯矩包络图相差较大，为减小施工过程的内力，防止梁体在顶推过程中倾覆，常采用一些临时措施，如导梁、临时墩等，以减小顶推跨径，保证施工安全。为了使顶推梁体准确就位，施工时还需要设置横向导向措施控制横向位移。

1. 导　梁

导梁一般采用钢桁梁或钢板梁，可做成等截面或变截面形式，通过主梁前端的预埋件与主梁联结牢固。为便于顶推时顺利通过桥墩，导梁的底缘与箱梁底缘应在同一平面上，前端底缘呈向上的圆弧形以利于顶推。

导梁的长度一般为顶推跨径的 0.6～0.7 倍。采用较长的导梁可以减少主梁悬臂负弯矩，导梁的刚度宜选用主梁刚度的 1/9～1/5。顶推施工时应随时观测导梁的挠度，根据经验实测挠度往往大于计算挠度。导梁顶推进墩困难甚至无法进墩，通常可在导梁的前端设置一个竖向千斤顶将导梁端头顶起进墩解决。导梁在施工中正、负弯矩反复出现，连接螺栓易松动，在顶推中需反复检查和重新拧紧以减小挠度。顶推施工除设置前导梁外也可增设尾导梁。曲线桥顶推施工也可设置导梁，其导梁的平面线形可沿圆曲线的切线方向设置；当曲线半径较小时，也可采用折线形导梁。

2. 临时支墩

单向顶推适宜建造跨度为 40～60 m 的多跨连续梁，当跨度更大时需要在桥墩间设置临时支墩。临时墩由于仅在施工中使用，应便于安装拆除，造价要低。临时支墩常采用混凝土薄壁空心墩、混凝土预制板或轻便钢架组成的临时墩。临时墩基础依据地质和水深情况，可采用桩基础或混凝土浅基础。通常临时墩上不设顶推装置，仅设置滑移装置。使用临时墩会增加桥梁的施工费用，但是可以节省上部结构材料用量，需要综合考虑是否采用临时支墩。

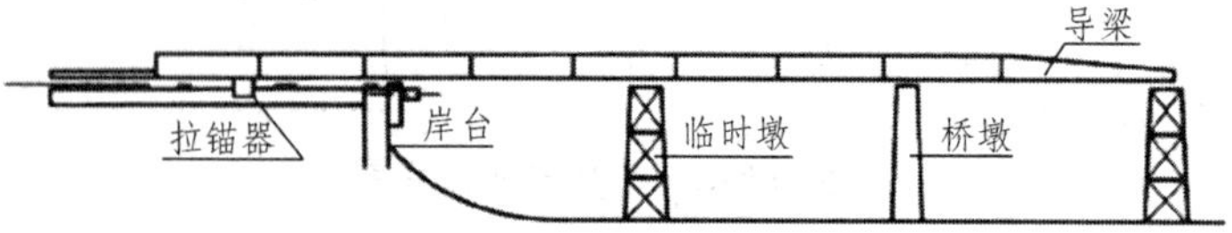

图 5.5-6 顶推施工临时支墩设置

3. 横向导向设施

为了主梁准确就位，顶推施工中需要利用横向导向设施调整主梁推进方向。通常在主梁的两侧墩台上各安置一个横向水平千斤顶，千斤顶的高度与主梁的底板位置平齐，由安放在墩台上的支架固定。在千斤顶顶杆与主梁侧向外缘之间设置滑块，顶推时千斤顶的顶杆与滑块的聚四氟乙烯板形成滑动面，顶推时需不断更换滑块，常用的横向导向设施如图 5.5-7 所示。在顶推施工中横向导向千斤顶一般布置在两个位置：一个设置在预制梁段刚刚离开预制场的部位；另一个设置在顶推施工最前端桥墩上，因此梁前端的导向位置随着顶推梁的前进而不断更换。施工中如发现梁的位置有误而需要纠偏时，必须在梁的顶推过程中进行。对于曲线桥，由于有超高而形成的单面横坡，故横向导向装置数量增加，同时要加强控制和观测。

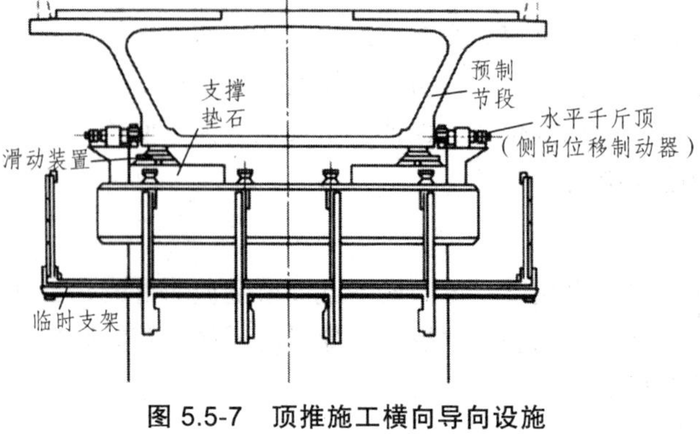

图 5.5-7 顶推施工横向导向设施

复习思考题

1. 与简支梁桥相比，预应力混凝土连续梁桥有哪些优缺点？
2. 预应力混凝土连续梁桥的施工方法有哪些？试述其适用范围。
3. 连续梁在等跨和不等跨布置时各有何优缺点？
4. 连续梁在采用等高度截面和不等高度截面时各有何条件和优缺点？
5. 预应力混凝土连续梁的横断面形式常用的有哪几种？各有何特点？
6. 挂篮在连续梁施工中起什么作用，一般的挂篮由哪些主要部分组成？
7. 简述挂篮悬臂浇筑施工的施工工艺流程。
8. 悬臂拼装法和悬臂灌筑法比较有哪些不同？
9. 采用挂篮悬臂法灌筑混凝土合龙段时，施工应注意哪些问题？
10. 试述悬臂拼装施工法中梁段接缝处理方法。
11. 简述顶推施工的方法和特点。
12. 顶推施工方法中的临时设施有哪些？

项目 6　拱桥构造与施工

【项目描述】

拱桥在我国历史上建造数量教多，造型优美，目前我国铁路、公路和市政桥梁上大量采用，有很多拱桥成为地区景观性建筑。拱桥是以承受轴向压力为主的拱圈或拱肋作为主要承重构件的桥梁，拱结构由拱圈（拱肋）及其支座组成。拱桥可用砖、石、混凝土等抗压性能良好的材料建造；大跨度拱桥则用钢筋混凝土或钢材建造。按拱圈的静力体系可将拱分为无铰拱、双铰拱、三铰拱。前两者为超静定结构，后者为静定结构。无铰拱的拱圈两端固结于桥台，结构最为刚劲，变形小，比有铰拱经济，结构简单，施工方便，是普遍采用的形式。但修建无铰拱桥要求有坚实的地基基础。双铰拱是在拱圈两端设置可转动的铰支承，结构虽不如无铰拱刚劲，但可减弱桥台位移等因素的不利影响，在地基条件较差和不宜修建无铰拱的地方，可采用双铰拱桥。三铰拱则是在双铰拱的拱顶再增设一个铰，结构的刚度更差，拱顶铰的构造和维护也较复杂。拱桥按结构形式可分为板拱、肋拱、双曲拱、箱拱、桁架拱。拱桥为桥梁基本体系之一，是大跨径桥梁的主要形式。本项目主要学习拱桥构造、施工方面基础知识。

【教学目标】

1. 能力目标

（1）能够根据拱桥的结构形式，施工条件编写拱桥施工方案；

（2）能够编写拱桥支架法施工方案；

（3）能够编写拱桥无支架吊装施工方案。

2. 知识目标

（1）了解拱桥特点，掌握拱桥的组成与分类；

（2）了解拱上结构的分类与特点；

（3）了解拱桥常用施工方法。

3. 素质目标

（1）培养学生细致严谨的工作作风、良好的职业道德和吃苦耐劳的优良品质；

（2）培养学生分析问题、解决问题、积极思考和勇于创新的能力；

（3）培养学生的综合业务能力。

相关案例——京沪高速铁路南京大胜关长江大桥

京沪高速铁路南京大胜关长江大桥（图 6-1）全长约 9 270 m，为六跨连续钢桁拱桥，桥上按六线布置，大桥主跨 2 × 336 m，双跨连拱为世界同类桥梁最大跨度，桥上按六线布置，分别为京沪高速铁路双线、沪汉蓉铁路双线和南京地铁双线；其中京沪高速铁路设计时速达 300 km，沪汉蓉铁路为 I 级干线，客货共线，客车设计行车时速 200 km，南京地铁行车时速

80 km。钢拱桁梁全联桁架的两端 240 m 为平弦桁架，高 16.0 m，节间长度 12.0 m 的 N 形桁式，竖杆与线路的纵坡垂直。两个 336 m 的主跨为钢桁拱连续梁，拱的矢高 86.2 m，矢跨比约 1/4，拱顶桁高 12 m，从拱趾到拱顶总高 96.2 m。平弦与拱桁间设加劲弦及变高桁相连接。铁路桥面设在平弦的下弦和拱桁的系杆上，离拱趾约 28 m 高。三个主墩的两侧各 60 m 范围内为 4 个 15 m 节间，其余的节间长均为 12 m，竖杆呈竖直设置。由于桥面有竖曲线，要兼顾拱跨结构的对称性，近 7#中主墩的两个节间调整到 15.72 m，其余节间长为 12 m。

南京大胜关长江大桥是京沪高速铁路上的控制性工程，该桥位于南京长江三桥上游 1 550 m 处，规模宏大、施工复杂，是京沪高速铁路的控制性工程之一，由中铁大桥局承建。

大胜关长江大桥是世界上设计荷载最大的高速铁路桥梁，其主桥墩承台长 76 m，宽 34 m，厚 6 m，巨大的承台下面连着 46 根 120 m 长的桩，根根直伸到水下的岩石中，共同支撑起万吨以上的荷载。从侧面看，主桥共有 11 个桥墩，双孔通航，3 个主桥墩间的最大跨度达到 336 m，成为设计时速 300 km 级别中跨度最大的高速铁路桥梁。

南京大胜关长江大桥于 2006 年 9 月 14 日开工建设；2008 年 2 月 27 日，大桥开始全面架设钢梁；2009 年 9 月 28 日，大桥顺利合龙贯通；2011 年 1 月 11 日，大桥沪汉蓉铁路双线正式运营。

图 6-1　京沪高速铁路南京大胜关长江大桥

南京大胜关长江大桥创造了四项“世界第一”：大桥是世界首座六线铁路大桥；双跨连拱为世界同类级别高速铁路大桥中跨度最大；支座最大反力达 18 000 t，是目前世界上设计荷载最大的高速铁路大桥；设计时速 300 km 为高速铁路大跨度桥梁世界领先水平。

任务 6.1　拱桥构造

拱桥是我国常用的一种桥梁形式，在我国历史上建造数量教多，造型优美，曲线圆润，富有动态感，样式美观，有很多拱桥成为地区景观性建筑，目前在我国铁路、公路和市政桥梁上大量采用。拱桥在竖向荷载作用下，两铰支撑处除有竖向反力外，还产生水平推力，使拱内产生轴向压力，大大减小了跨中弯矩，增大了拱桥的跨越能力。

拱桥由桥跨结构（即上部结构，包括拱圈和拱上结构）和下部结构组成。图 6.1-1 所示为一座单跨石拱桥的组成。

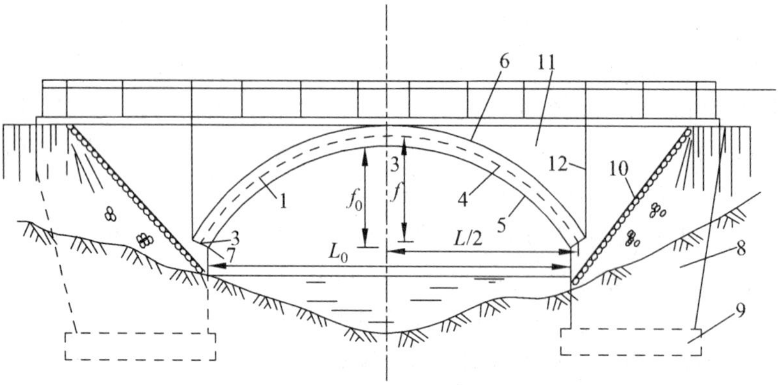

图 6.1-1 石拱桥的组成

拱圈简称主拱，是桥跨结构中的弧圈形部分，是桥跨结构主要的受力构件，通过它把荷载传递给墩台和基础。拱圈的跨中截面称为拱顶截面，拱圈与墩台连接处的幅向截面称为拱脚或起拱面，拱圈各幅向截面中心点的连线称为拱轴线。拱圈的上拱面称为拱背，下曲面称为拱腹。起拱面与拱腹相交的直线称为起拱线。两起拱线间的水平距离称为拱圈的净跨度（L_0）。拱腹最高点至起拱线之间的垂直距离称为拱圈的净矢高（f_0）。拱轴线与两拱脚交点之间的水平距离称为拱圈的计算跨度（又称计算跨径，L）。拱轴线顶点至计算跨度之间的垂直距离称为拱圈的计算矢高（f）。矢高 f 与跨度 L 之比称为矢跨比（又称拱度）。$f/L \geqslant 1/4$ 的拱称为陡拱，$f/L \leqslant 1/6$ 的拱称为坦拱。

6.1.1 拱桥的分类

1. 按拱圈的建筑材料分类

按拱圈的建筑材料分类，拱桥可分为石拱桥、混凝土拱桥、钢筋混凝土拱桥、钢拱桥。石拱桥是指用石料建造的拱桥，外形美观，养护简便，并可以就地取材，以减低造价，养护费用少，造型美观。缺点是自重大，施工繁重复杂，跨越能力有限，适用于地基良好，石料来源近且工期较长的情况。混凝土拱桥是混凝土建造的拱桥，包括素混凝土和钢筋混凝土两类。其优点是加工和制造较石拱桥方便，工期短；缺点是由于混凝土抗拉强度很低，拱圈易产生裂缝。钢拱桥的上部结构用钢材建造。其优点是跨越能力大，且自重是三种拱桥中最轻的；缺点是结构复杂，对地基要求高，造价高，且维护费用高。

2. 按主拱圈的静力图示分类

按主拱圈的静力图示分类，拱桥可分为三铰拱、两铰拱和无铰拱。如图 6.1.1-1 所示。

（a）三铰拱　（b）两铰拱　（c）无铰拱

图 6.1.1-1 按主拱圈的静力图示分类

三铰拱是在拱顶与拱脚处均设铰的拱桥，属于静定结构。两铰拱拱圈中间无铰而两端设铰与墩台铰接，属于外部一次超静定结构。无铰拱又称固端拱桥，拱圈两端嵌固在桥墩上而中间无铰，属于外部三次超静定结构。

3. 按拱轴线的型式分类

按拱轴线的型式分类，拱桥可分为圆弧拱桥、抛物线拱桥和悬链线拱桥；圆弧拱桥是拱圈轴线按部分圆弧线设置的拱桥，优点是构造简单，石料规格最少，备料、放样、施工都很简便；缺点是受荷时拱内压力线偏离拱轴线较大，受力不均匀。一般适用于跨度较小的石拱桥。抛物线拱桥是拱圈轴线按抛物线设置的拱桥，是悬链线拱桥的一种特例，优点是弯矩小，材料省，跨越能力较大；缺点是构造较复杂，如果是石拱桥则料石的规格较多，施工较不方便。悬链线拱桥是拱圈轴线按悬链线设置的拱桥，优点是受力均匀，弯矩不大，节省材料，多适用于实腹拱桥，大跨度的空腹拱桥中也常常采用这种线形布置。

4. 按有无水平推力分类

按有无水平推力分类，拱桥可分为有推力拱桥和无推力拱桥。

有推力拱桥在竖向荷载作用下拱脚对墩台有水平推力作用。水平推力可减小跨中弯矩，能建成大跨度的桥梁。造型美观，城市桥梁一般优先选用，可做成上承式、中承式桥。无推力拱桥在竖向荷载作用下拱脚对墩台无水平推力作用。其推力由刚性梁或柔性杆件承受，属于内部超静定、外部静定的组合体系拱桥。

5. 按主拱圈的截面型式

按主拱圈的截面型式，拱可分为板拱、肋拱、双曲拱、箱形拱、桁架拱等。如图 6.1.1-2 所示。

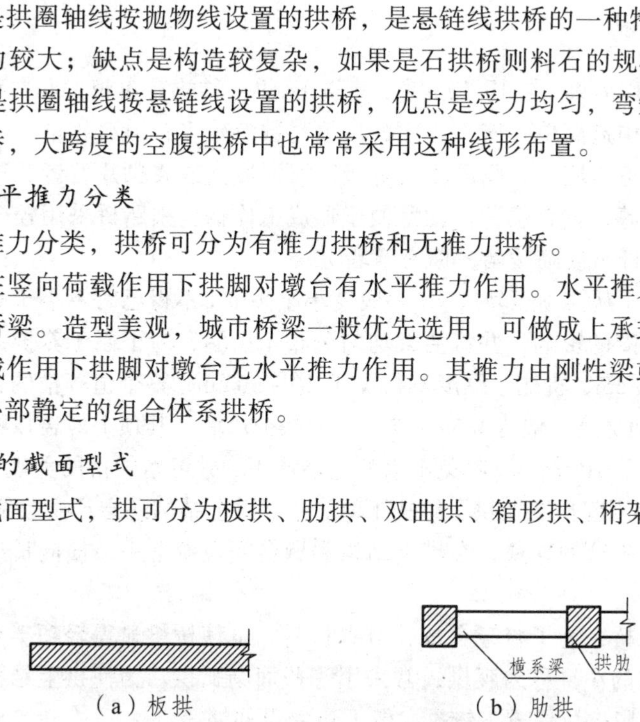

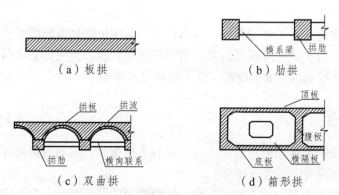

图 6.1.1-2　主拱圈截面型式

6. 按拱上建筑的形式分类

按拱上建筑的形式可以分为：实腹式拱桥和空腹式拱桥。

实腹式拱桥是指拱上建筑做成实体结构，拱圈和主梁之间用石料或砌块填充的拱桥形式。空腹式拱桥是指拱圈和主梁之间用立柱支撑。赵州桥采用了空腹式拱桥结构。

7. 根据桥面所在位置的不同分类

根据桥面所在位置的不同，拱桥可分为上承式、中承式和下承式，如图 6.1.1-3 所示。上承式拱桥的桥面在拱肋上方；中承式拱桥的桥面一部分在拱肋上方，一部分在拱肋下方；下承式拱桥的桥面在拱肋下方。下承式拱桥可做成系杆拱桥，支座不再承受水平推力。

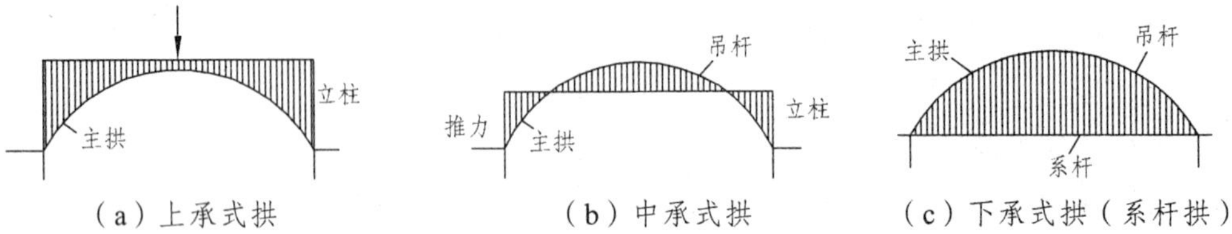

图 6.1.1-3 按桥面所在位置分类

6.1.2 拱上结构

拱圈以上的结构称为拱上结构（或拱上建筑）。拱上结构有实腹式和空腹式两种。

实腹式拱上结构构造简单，施工方便，但填料数量较多，恒载较重，一般为小跨度拱桥所采用。该结构有两道边墙，其间灌注低等级片石混凝土或浆砌片石者，称为砌背。也可夯填粗砂、砾石、碎石等，称为填背。砌背便于形成道砟槽，铁路桥采用较多。两侧设有人行道，人行道外侧设栏杆（或砌矮墙，称为雉墙）。

拱顶处填料厚度（从拱顶至轨底），一般宜小于 1 m（不得已时不小于 0.7 m），以消除或减小列车冲击力对拱圈的影响，并将活载均匀分布于拱圈，为了便于养护，也不宜过厚。桥上道砟厚度一般为 45 cm，轨枕下厚度不得少于 20 ~ 30 cm，整个道碎槽的宽度在直线桥上不小于 3.4 m。边墙顶面宽度一般为 0.5 ~ 0.7 m。为保护边墙，其顶上应盖以檐石（又称帽石），檐石伸出边墙外不小于 10 cm，以避免雨水顺边墙流下，并可增加桥的美观。檐石高度不小于 20 cm，温度降低时会引起拱圈及拱上结构下降，并且拱上结构还会产生收缩，从而产生拉力，引起结构开裂。为避免这种现象，在拱上结构和墩台间应设置一条横向贯通的伸缩缝，把拱上结构与墩台隔开。

大、中跨度的拱桥，为了减轻自重，节省材料，也使桥梁显得轻巧美观，宜采用空腹式拱上结构。拱上结构的小拱称为腹拱，常采用等截面圆弧拱。为使拱上结构可随拱圈自由变形，位于拱脚上方的腹拱可做成三铰拱，铰上边墙设伸缩缝。

6.1.3 墩　台

拱桥墩台除承受拱圈传来的竖直压力外，还有水平推力，因此墩台尺寸较大。拱脚与水平方向形成 25° ~ 30°夹角，并设有拱座。

铁路石拱桥常用 U 型桥台或带洞的桥台，U 型桥台适用于填土高为 3 ~ 9 m，当填土高为 10 ~ 18 m 时可采用带洞的桥台，较 U 型桥台施工省料，但施工复杂。

任务 6.2 拱桥有支架就地浇筑施工

拱桥施工从施工方法上可分为有支架施工和无支架施工两类。有支架施工是拱桥施工的主要方法，尤其是石拱桥和混凝土拱桥，几乎全是采用搭设拱架的方法进行施工的，但这种方法需要耗费大量的建筑材料和劳动力，并且工期较长，因而大大影响了拱桥的推广使用。然而，拱桥是一种能充分发挥圬工及钢筋混凝土材料抗压性能的合理桥型，且外形美观，维修费用低，具有向大跨度发展的优势。

6.2.1　拱　架

拱架是有支架施工必不可少的辅助结构，在拱桥的整个施工期间，它用来支承全部或部分拱圈及上部结构的重量，并保证拱圈的形状符合设计要求。拱架的设计和施工都比较复杂，是拱桥施工成败的关键。拱架要有足够的强度、刚度和稳定性，同时拱架又是一种临时结构，因此又要求它构造简单、拆装方便、节省材料并能重复使用，以加快施工进度，减少施工费用。

一、拱架的形式和构造

从桥址的地形和地质条件以及材料供应和经济等方面考虑，拱架可采用不同的设计与施工方法。按所用材料区分，拱架有木拱架、钢拱架、竹拱架、竹木拱架及“土牛拱胎”等；按拱架形式区分，拱架有满布式拱架、有中间支承的墩架式拱架和常备式拱架等。

（一）满布式拱架

满布式拱架的优点是施工可靠、技术简单，木材和铁件规格要求较低；缺点是木材用量大，木材及铁件的耗损率也较高。在水深流急、漂流物较多及要求通航的河流上不能采用。满布式拱架通常由拱架上部（简称拱架或拱盔）、卸拱设备、拱架下部（支架或脚手架）三部分组成。

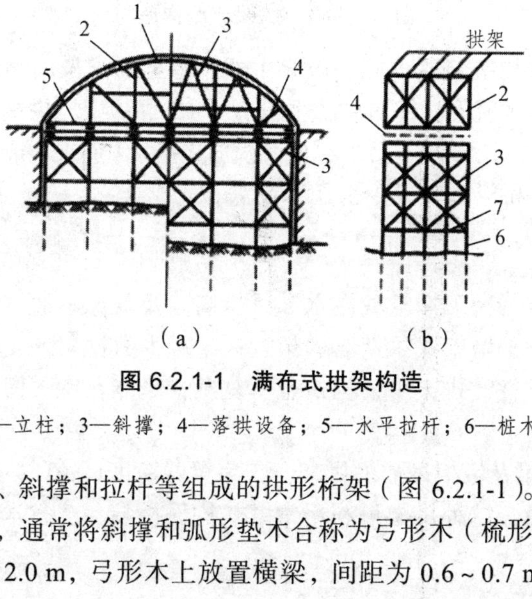

图 6.2.1-1　满布式拱架构造

1—弓形木；2—立柱；3—斜撑；4—落拱设备；5—水平拉杆；6—桩木；7—水平夹木

拱架上部是由立柱、斜撑和拉杆等组成的拱形桁架（图 6.2.1-1）。在斜撑上钉以弧形垫木以满足拱腹的曲线要求，通常将斜撑和弧形垫木合称为弓形木（梳形木）。弓形木支承在立柱或斜撑上，跨度为 1.5 ~ 2.0 m，弓形木上放置横梁，间距为 0.6 ~ 0.7 m，上面再纵向铺设 30 ~ 50 mm 厚的模板，如图 6.2.1-2（a）所示。

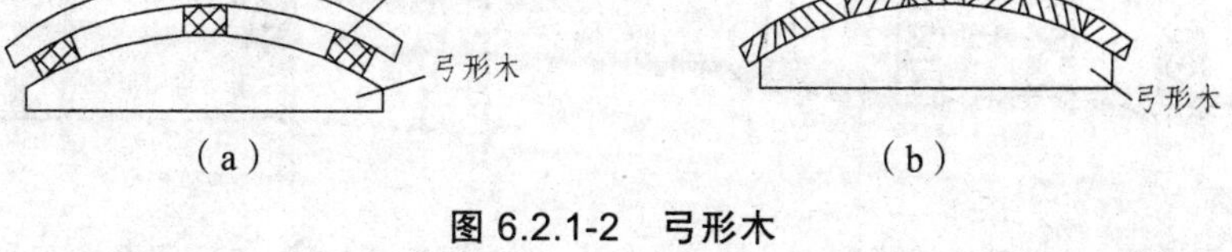

图 6.2.1-2　弓形木

拱架横向间距较密时，可不设横梁，直接在弓形木上铺设模板，如图 6.2.1-2（b）所示。拱架下面的水平拉杆为系杆。拱架节点应构造简单，避免采用复杂的节点和接头形式，同时连接处要紧密，以保证拱架在荷载作用下变形最小且变形曲线圆顺。满布式拱架常用的节点构造如图 6.2.1-3 所示。

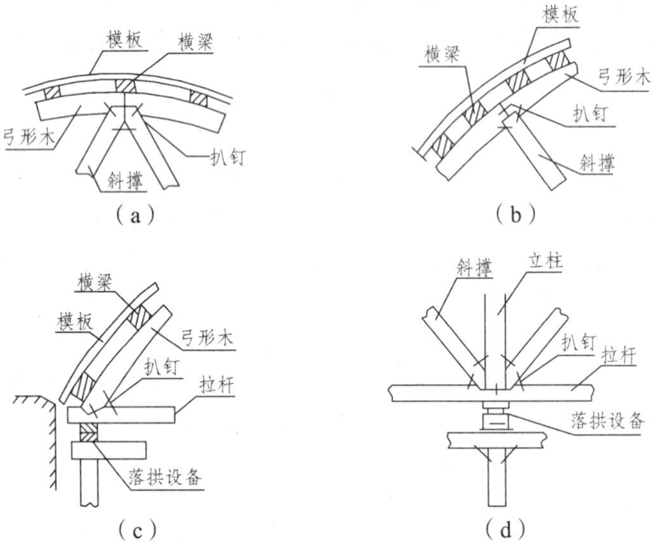

图 6.2.1-3 拱架节点构造

拱架下面为支架，其构造与要求同一般脚手架。拱架与支架间，应设卸落拱架的设备，如砂筒、木马、木楔或千斤顶等。每一拱肋下应有 1 ~ 2 榀拱架，拱圈之下则视拱圈宽度和重量大小，可设多榀。拱架之间，要有充分的纵向和横向连接系（斜夹木或水平夹木），如图 6.2.1-3（b）所示。现在大中跨度桥梁施工较少采用木制满布式拱架。

（二）墩架式拱架

通航河流需预留一定的桥下净空或在水深、桥高以及其他不适宜采用满布式脚手架的条件下，可采用有中间支承的墩架式拱架。墩架式拱架用少数框架式支架加斜撑来代替数目众多的立柱，材料用量较立柱式拱架少，构造也不复杂，且能在桥下留出适当的空间，是实际施工中较常用的一种形式（图 6.2.1-4）。

图 6.2.1-5 为用工字梁及墩架做成的拱架。工字梁的跨度可达 12 ~ 15 m，间距 1 m 左右，用纵向及横向连接系支承。这种拱架可利用常备式构件拼装，节省木材及劳动力，且桥下净空较宽。

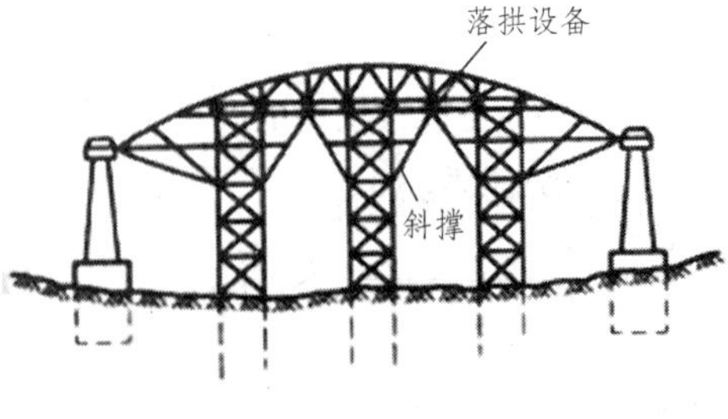

图 6.2.1-4 墩架式拱架

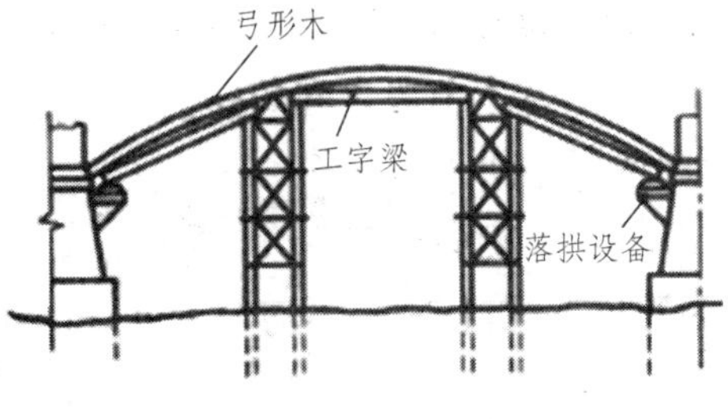

图 6.2.1-5 工字梁及墩架做成的拱架

（三）常备式拱架

我国现有两种常备式钢拱架：工字梁拱式拱架和桁架式拱架。

1. 工字梁常备式拱架

这种拱架的基本节段分为工Ⅰ、Ⅱ、Ⅲ号，长度分别为 5.0 m、4.5 m 及 3.0 m，楔形插节为Ⅳ号，插节上缘长 0.34 m，下缘长 0.17 m。选用Ⅰ～Ⅲ号节段及相互间插入 1～2 个插节，可拼成适用于不同跨度、不同矢高的折线形拱架，如图 6.2.1-6 所示。工字梁常备式拱架可用于建造跨度 40 m 以下的石拱桥。

基本节由两个间距为 0.6 m 的 55a 工字钢组成，用 75 mm×75 mm×8 mm 的角钢连接。可根据拱圈宽度和重量计算确定拱圈（肋）下所需拱架片数，多片之间用 80 mm×90 mm×10 mm 角钢连接（称抗风构），工字梁上面安设适合于拱圈曲线的弓形木。插节与工字梁的末端刨光顶紧，拼接板用精制螺栓与工字梁相连，将插节与工字梁的末端角钢用普通螺栓加以连接用以抵抗剪力，节点下缘用 T 形构件加强。

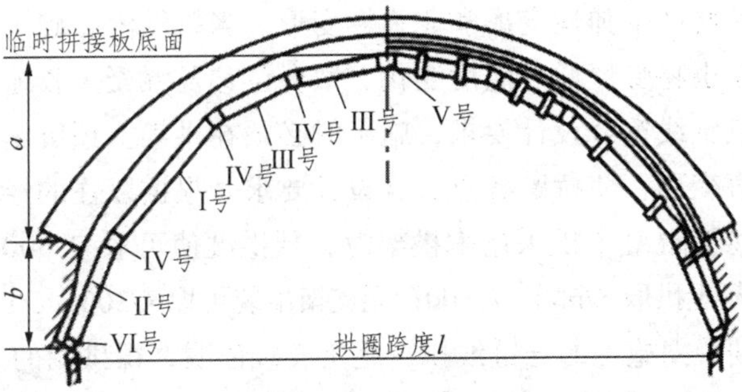

图 6.2.1-6　折线形拱架

工字梁拱架可做成三铰拱或两铰拱。拱铰为Ⅵ号，利用钢构件间的木填板受不均匀力的压缩起铰作用，拱顶铰（Ⅶ号）的构造与拱脚铰相似，上设抗风夹板，使拱架在横向风力作用下能保持稳定。落架设备可置于拱顶或拱脚，如置于拱顶，则拱顶铰改用落架设备（Ⅴ号）。拆拱时松开中央螺栓，中间木楔被挤出，拱架下落。

2. 桁架式常备钢拱架

拱架由单榀拱形桁架构成，榀与榀之间距离可为 0.4 m 或 1.9 m，桁架榀数由桥跨宽度及重量决定，可分为三铰、两铰或无铰拱架。拱架的基本构件是预制常备式的，拱顶和拱脚的构件及下弦杆配件、铰、落架设备等则可按桥跨形式装配，使之适用于不同跨度和矢跨比的拱桥。图 6.2.1-7 为桁架式钢拱架的正面布置。拱桁架的基本节段为 W 形，拼成的桁高 3 m，上弦节间长度为 1.45 m，基本节段之间的连接用钢轴，钢轴直径为 110 mm。当拟建拱桥的跨度大于 180 m 时，可用两层拱架。

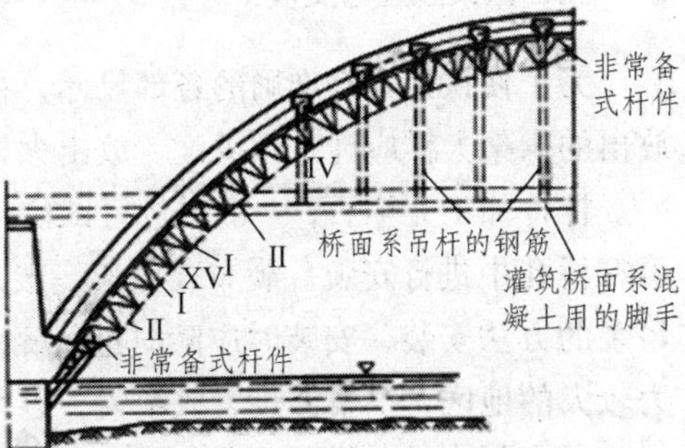

图 6.2.1-7　桁架式钢拱架

3. 拱架的支承

为避免下沉，特别是不均匀下沉，拱架应置于可靠基础上。钢拱架在安装前，应进行检查，在支承面上仔细抄平、调整标高，同时复测中线和跨度，确认无误后才可进行安装。图 6.2.1- 8 为几种可供选用的拱架支承形式。

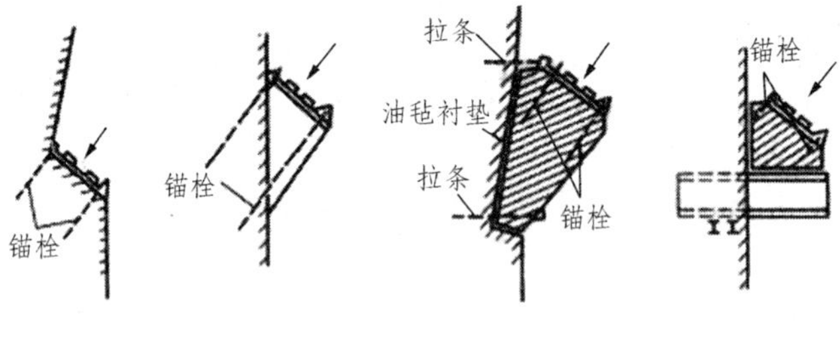

图 6.2.1- 8 拱架支承形式

二、拱架预拱度设置

拱架在承受荷载后将产生弹性变形和非弹性变形。当拱圈灌（砌）注完毕，强度达到要求而卸落拱架前，拱架也将受恒载、温度变化、墩台位移及混凝土收缩、徐变等的影响而产生弹性下沉。为了使拱轴线符合设计要求，施工时必须在拱架上预留施工预拱度，以便能抵消这些可能发生的垂直变形，使桥跨各点符合设计要求。根据以往的经验，预加拱度值可参照以下数值取用：石拱及混凝土拱采用木拱架时，预拱度值可取 $L/500$；采用钢拱架时，取 $L/500 \sim L/600$；钢筋混凝土拱取 $L/600 \sim L/800$；无支架吊装可取 $L/300 \sim L/1\,000$（L 为计算跨度）。

对于无支架或早期脱架施工的悬链线拱，施工实践证明，裸拱圈的挠度曲线呈“M”形，因此就有用降低拱轴系数 m 来设置预拱度的方法（图 6.2.1-9）。

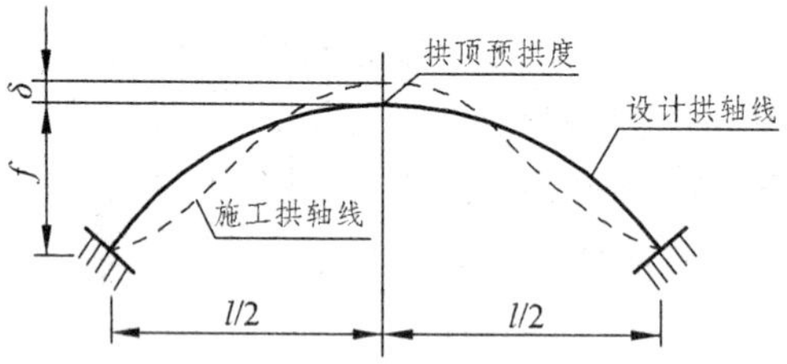

图 6.2.1-9 拱在施工中产生“M”变形

三、拱架制造与安装

为了使拱架具有准确的各部尺寸，在制作拱架前，要在样台上放出拱架大样。应当注意，放出的拱架大样应计入预拱度。放出大样后，制作杆件的样板，以便按样板进行杆件加工。

杆件加工完毕后，一般需进行试拼（1 ~ 2 片），根据试拼情况，对构件作局部修改后，即可在桥孔中进行安装。满布式拱架一般是在桥孔中逐杆进行安装，三铰式钢拱架可采用整片吊装的方法安装，安装时应随时进行测量，以保证设计尺寸的准确，同时应注意安全。在风力较大的地区，拱架需设置风缆索，以增强稳定性。

无中间支承的拱架安装方法，视跨度大小和施工场地情况分很多种。对于大跨度的钢拱架，一般多采用悬臂法逐节拼装（图 6.2.1-10），也可先从桥墩台两端各悬拼一部分（约 1/4

跨长），然后将在谷底拼装的中间半跨度拱架吊升就位安装（图 6.2.1-11），还可利用浮船将拱架浮运就位安装（图 6.2.1-12）。拱架拼完后，必须用拉索拉紧，以承受其自身的推力。

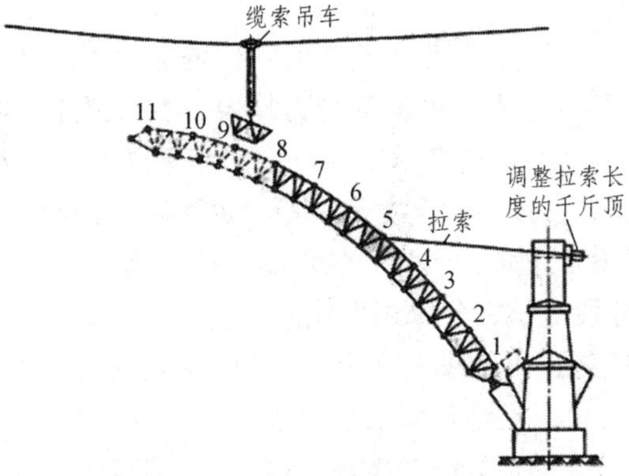

图 6.2.1-10　悬臂法逐节拼装

图 6.2.1-13 表示拱架在竖直位置上拼装，然后旋转至设计位置。图 6.2.1-14 是用半旋转法架设拱架。施工中较常采用的是悬臂法拼装，悬臂拼装单元及其组合、各片拱架组装次序、背索布置及其位置转换以及最后合龙等，都应按施工设计进行。

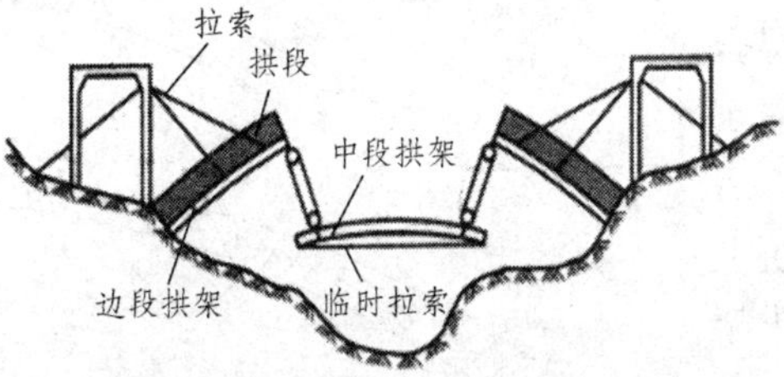

图 6.2.1-11　拱架吊升就位安装

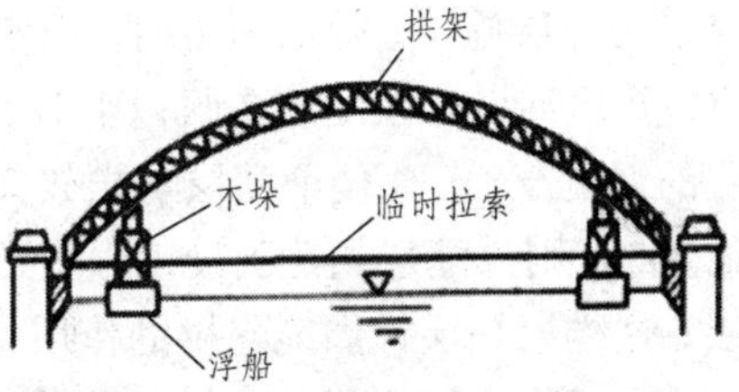

图 6.2.1-12　浮运就位安装

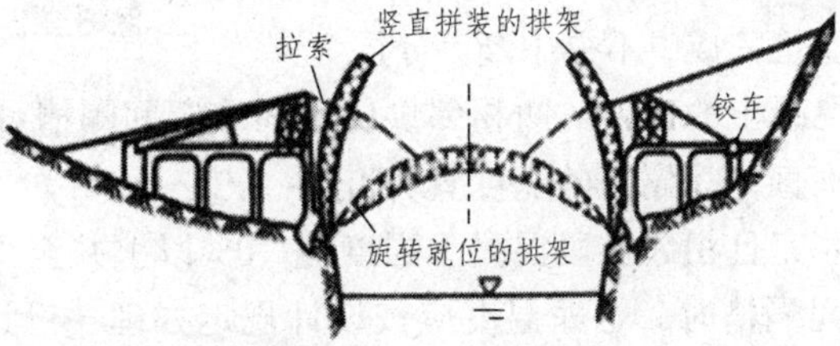

图 6.2.1-13　竖转就位

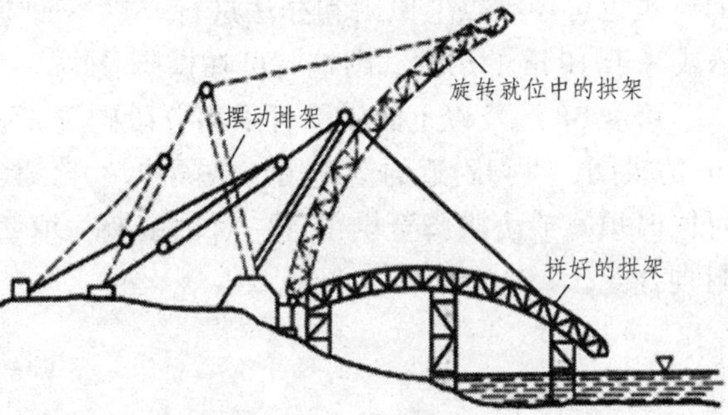

图 6.2.1-14　半旋转法就位

6.2.2 拱圈及拱上建筑物施工

一、拱圈施工

在拱架上灌筑拱圈（肋）时，拱架将随着荷载的增加而不断变形，有可能使已灌筑混凝土产生裂缝，为了保证在灌筑过程中拱架的受力均匀，变形最小，必须选择适当的灌筑方法和工序。一般可根据跨径的大小、构造形式等分别采用不同的施工方法。

跨度小于 16 m 的拱圈，可按拱的全宽和全厚，由两侧拱脚同时对称地向拱顶灌筑，速度要尽可能得快，以便在拱顶合龙时，拱脚处的混凝土尚未终凝。

跨度大于 16 m 时应分段灌筑，分段长度视灌筑能力、拱架结构及其支撑条件而定，一般每段长度为 5 ~ 12 m。分段施工可使拱架变形较均匀，并可避免拱圈的反复变形。分段的位置与拱架的受力和结构形式有关，通常设置在拱架挠曲线有转折及拱圈弯矩比较大的地方，如拱顶、拱脚及拱架的节点处。分段间应预留空缝或闭合楔，闭合楔要考虑施工方便但是不宜过长，待拱圈各段灌筑完成后再进行闭合楔的灌筑。分段时对称灌筑的顺序一般如图 6.2.2-1 所示。

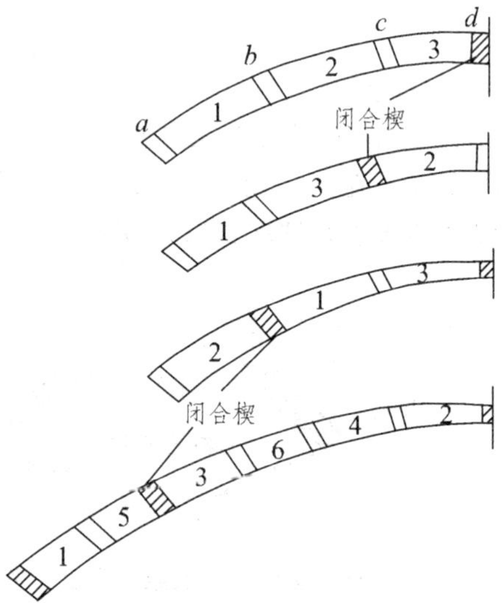

图 6.2.2-1 拱圈灌筑顺序

大跨度箱形或工字形截面拱肋，在分段的同时还需要采用分层施工。分层施工时，灌筑好一层合龙成拱，并达到设计强度的 30%以上时，方可灌筑次一层的混凝土。若要使前灌层与拱架共同支承后灌层的重量，则先灌层须达到设计强度后再灌筑上面一层，这样第一层拱圈能起拱的作用，参与拱架共同受力，可大大减少拱架的设计荷载。同时，分层施工合龙快，能保证施工安全。

分段混凝土应一次灌筑完成，不得中断。分层灌筑时应处理好各层间混凝土的连接。两相邻拱段之间应留间隔槽（闭合楔），间隔槽和拱段的结合面应与拱轴线相垂直，间隔槽的宽度宜为 0.5 ~ 1.0 m。

各拱段混凝土全部灌完且相邻拱段混凝土强度达 70%以上并至少养护 7 个昼夜后，方可灌筑间隔槽。灌筑封顶间隔槽时，合龙温度应按设计规定办理，设计无规定时，宜在气温接近年平均温度时进行。

对于石拱桥拱圈的砌筑也可参照以上原则和办法进行。拱石面应与拱轴线垂直，并按样板准确加工。跨度小于或等于 10 m 的拱圈，砌筑时可在拱脚及拱顶两侧设置空缝，跨度大于 10 m 的拱圈应分段施工。跨度 38 m 及以上的拱圈可采用分段砌筑。分段间的空缝应用半干砂浆填塞；跨度大于 15 m 的拱圈，拱脚附近的空缝用铸铁隔垫填塞，其余空缝可用 C20 以上的砂浆隔垫填塞。空缝可同时填塞或由拱脚至拱顶逐一对称填塞，填塞空缝砂浆达到设计强度的 50%后，即可进行封顶合龙。

二、拱上建筑的施工

拱上建筑的施工，在拱架未拆除时，应在拱圈合龙、圬工强度达到设计强度 30%以上时进行。当拱架先松离拱圈，后进行拱上建筑施工时，应在圬工强度达到设计强度 70%后进行。

为避免主拱圈产生过大的不均匀变形，拱上建筑的施工应由拱脚至拱顶对称均衡地进行。实腹式拱上建筑，当侧墙灌筑好以后，再填筑拱腹填料。空腹式拱桥一般是在腹拱墩灌筑完后就卸落拱架，然后对称均衡地砌（灌）腹拱圈，以免腹拱圈由于主拱圈不均匀下沉而开裂。

在多孔连续拱桥中，当桥墩不是按单向受力墩设计时，应注意相邻孔间的对称均衡施工，避免桥墩承受过大的单向推力。

6.2.3　拱架卸落

拱架在混凝土灌（砌）筑期间，支承拱圈的全部重量，混凝土达到一定强度后即可拆除。拱架所支承的重量应逐渐转移到混凝土拱自身上，不能将拱架突然拆除，或仅将其某一部分拆除。所以在安装拱架时，应预先将落架设备安放在适当位置，如满布式拱架应安放在拱架立柱下面，拱式拱架应安放在拱铰的位置上。

一、落架设备

采用专门的落架设备保证拱架能按设计要求均匀下落，常用的落架设备有木楔、砂筒、千斤顶等。

1. 木　楔

木楔有简单木楔和组合木楔两种形式。图 6.2.3-1（a）为一简单木楔，它由两块带 1∶6～1∶10 的斜面楔块组成。落架时，用锤轻轻敲击木楔小头，楔块挤出，拱架即卸落。它的构造简单，但是敲击时不易控制，易造成不均匀下落，常用于跨径小于 10 m 的拱架。图 6.2.3-1（c）为双向木楔，大木楔分上下两块，滑动面为 1∶4；在大木楔斜面方向装有小楔两片，滑动斜面为 1∶20，以控制楔块向下滑动，其优点是承载能力较图 6.2.3-1（a）所示的木楔大，容易控制，卸落方便，可用于跨径 30 m 的满布式拱架。

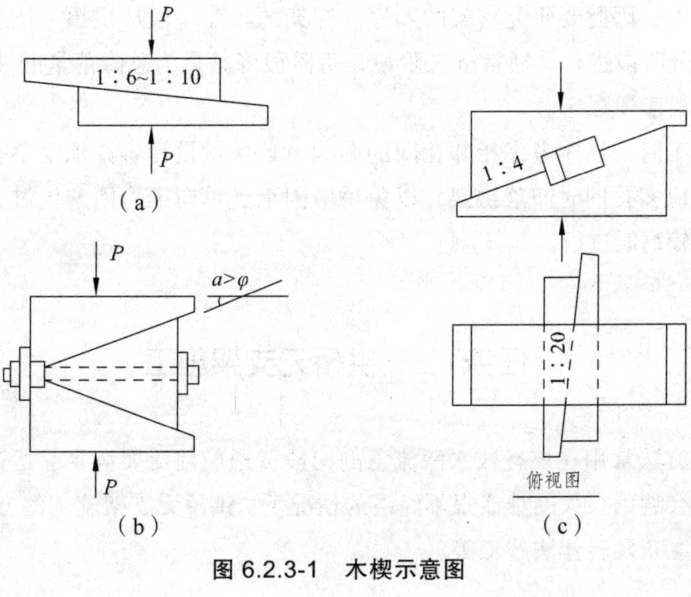

图 6.2.3-1　木楔示意图

组合木楔[图 6.2.3-1（b）]由三块楔形木块和拉紧螺栓组成，卸架时，只需扭松螺栓，楔木就徐徐下降。组合木楔构造简单可靠，可用于跨度较大的满布式拱架和拱式拱架，楔块的斜角应大于楔块间的摩擦角。

2. *砂　筒*

砂筒是一种较完善的落架设备（图 6.2.3-2），降落均匀，构造简单，且承载能力较大，可用于 50 m 以上的满布式拱架和 30 m 以上的拱式拱架。

砂筒用钢板制造，内装烘干的砂子（直径不大于 2 mm），上部装顶心（木制或混凝土制），顶心和筒壁间填沥青防潮。拔出筒底泄砂孔木塞，砂即流出，根据砂子的泄出量可控制拱架卸落高度，并使拱架均匀下降而不受震动。我国曾用直径 0.86 m 的砂筒卸落 170 m 跨径的混凝土箱形拱桥拱架，效果较好。

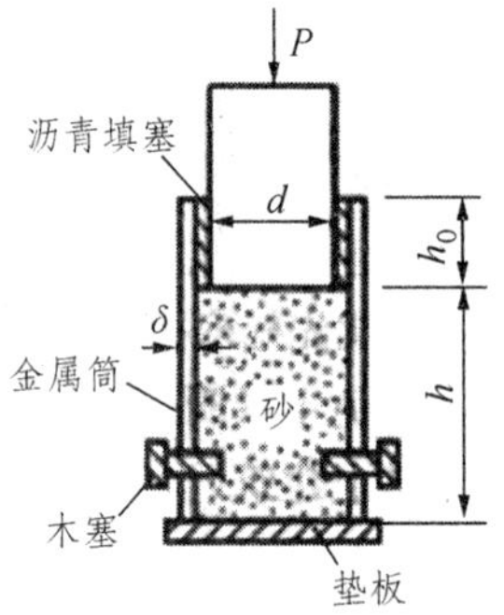

图 6.2.3-2　砂筒示意图

3. *千斤顶*

用千斤顶卸落拱架多用于大跨度拱桥的建造。其落架方法是利用拱顶处的千斤顶将两个半拱撑开，拱顶上升，当它的上升高度达到拱在自重下的挠度与拱的弹性挠度之和时，拱架荷载被解除，拱架即可卸落。千斤顶将拱顶撑开至预定距离后，应首先连接拱顶处钢筋，随后用快凝混凝土将千斤顶之间的空隙填满，达到要求强度后即可拆卸千斤顶，再用混凝土填封安置千斤顶的部位。

二、落架程序

当落架设备降落时，拱因逐渐支承荷载而产生挠度下沉，但拱架却因荷载的卸除恢复弹性变形而相对上升。因此，必须预先计算落架设备需降落多少才能使拱架脱离拱圈。

为了保证拱在落架时不受损坏，拱架应缓慢而平顺地降落，以便使原有拱架所支承的重量逐渐转移到拱上，因此要研究落架的顺序。卸架的顺序一般从拱顶（拱顶处总降落高度最大）向拱脚对称分阶段进行。通常分三阶段，每阶段降落量为总降落量的 1/3。图 6.2.3-3 为有中间支承的拱架落架顺序。

多孔拱桥施工时，还应考虑相邻孔间的影响，若桥墩设计容许承受单孔施工荷载，就可逐孔卸落，否则应多孔同时卸落拱架，以免桥墩因承受单向推力而产生过大的位移。拱架卸落宜在白天气温较高时进行。

任务 6.3　拱桥无支架施工

无支架施工方法常用在峡谷或水深流急的河段或通航河流要满足航运需要，以及采用有支架方法施工将会遇到很大困难或很不经济的情况下。拱桥无支架施工的方法有无支架吊装、悬臂拼装、悬臂灌筑及转体法施工等。

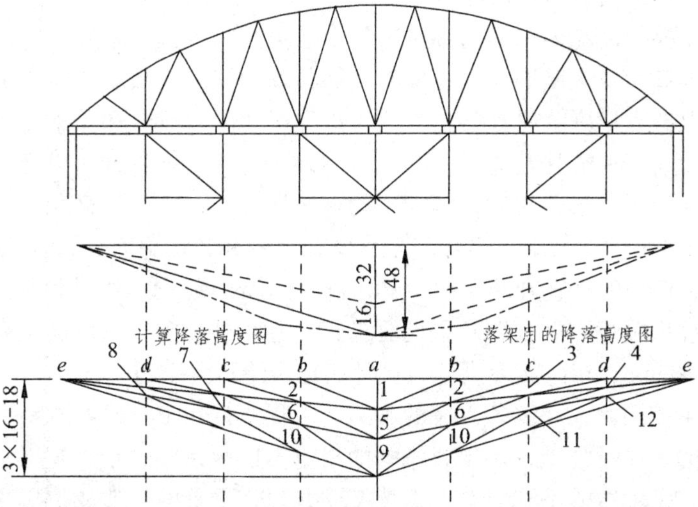

降落顺序	d	c	b	a	b	c	d
1				16			
2			12		12		
3		8				8	
4	4						4
5				16			
6			12		12		
7		8				8	
8	4						4
9				16			
10			12		12		
11		8				8	
12	4						4
	降落高度(mm)						

图 6.2.3-3　拱架落架顺序

6.3.1　无支架吊装

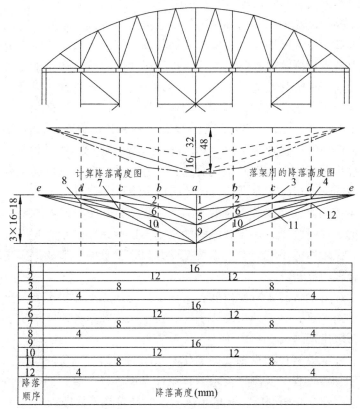

无支架吊装的施工工序是：首先进行拱肋（箱）或拱片的分节段或分片预制，然后移运、吊装，在拱箱合龙后进行拱上结构和桥面的施工，整个工作都可在无支架条件下进行。

一、构件预制

吊装施工的成败关键在于保证基肋（指拱肋、拱箱或桁架拱片）有足够的强度和稳定性，因此，基肋截面宜采用刚度大而轻的形式，如倒 T 形、槽形和箱形等，其尺寸的选择应考虑稳定性。基肋之间应设有足够的横隔板或横系梁以加强横向刚度，间距一般不超过 3 ~ 5 m。

预制基肋首先要在样台上用直角坐标法放出基肋大样，在大样上按设计要求分出基肋的吊装节段。基肋的预制均分别按各节段的箱（肋）进行。在放样时，应注意各接头的位置，力求准确，以减少安装困难。拱肋的立柱基座、横隔板、吊环、扣索环等位置，应在放样时一并放出。为便于起吊，拱肋宜立式灌筑。预制场多用砂卵石填筑拱胎，其上浇筑一层 50 mm 厚的混凝土面层。

二、构件吊装

构件拼装最常用的是缆索起重机，也可采用吊车或扒杆等设备。吊装前应复测各孔中线、起拱线高程、孔跨及拱座斜面倾角等，并在拱座处标出拱肋中线。

吊装应自一孔桥的两端向中间对称进行。吊装可采用分段单基肋合龙成拱的方法，跨度较大时，应采用双基肋或多基肋合龙，此时基肋与基肋间的横系梁或横隔板必须紧随拱段的拼装即时焊接，只有在横联临时连接后，方可拆除两肋的起重索和扣索。吊装时，每段拱肋须待下端连接并设置好扣索及风缆后，方可拆除起重索，并使上端高于设计位置 50 ~ 100 mm。顶段吊运就位，在达到要求位置时，两端拱肋逐渐松索与顶段进行合龙。拱肋合龙每次松索均应认真观测中线与水平，控制并调整拱轴线平面位置和各接头高程，防止发生不对称变形。每次松索量宜小，接头的垂直升降每次不宜超过 10 mm。松索应按拱脚段、次拱脚段、顶段先后顺序进行。接头施焊应上下游对称同时进行，避免拱肋向一侧弯曲。合龙精度要求拱肋中线偏差不大于 10 mm，接头实际高程与设计高程误差不大于 20 mm。

基肋吊装合龙成拱后，后续各工序的施工对工程质量和施工安全有重大影响。施工步骤不当（例如安排的工序不合理，拱顶或拱脚的压重不恰当，左右半拱施工进度不平衡，加载不对称等）会导致拱轴线的不均匀变形，使基肋开裂，严重的会造成倒塌事故。因此，对施工程序必须做出合理的设计。

合理的施工程序要使各施工阶段拱肋各截面都能满足强度和稳定的要求，并在保证施工安全和工程质量的前提下，尽量减少施工工序，便于操作。多孔连续拱桥，要注意相邻孔的施工协调，防止桥墩出现过大变形。

施工过程中，还应监测控制拱轴线的变化。拱肋的变形可以反映出施工过程中的应力变化，所以应随时用加载过程的实测挠度值与理论计算值进行对照，如实测值过大或出现不对称变形等异常现象时，应查明原因，采取措施，及时调整施工程序。

挠度的实测值与计算值，有时会出现相差较悬殊的情况，其原因可能是在计算时考虑到拱肋在施工过程中出现裂缝，以及计算采用的弹性模量与实际不一致，因此计算的挠度值宜在施工过程中结合实测挠度值加以校核和修正。另外，温度变化也将对拱肋挠度产生影响，所以还应校正由温度变化引起的挠度变化。施工中如无规定施工顺序时，就应由拱脚至拱顶对称施工。

6.3.2　悬臂灌筑和悬臂拼装

拱桥悬臂施工方法的要点是：将基肋、立柱、临时斜杆及上拉杆组成桁架，并用拉杆或缆索将其锚固于台后，然后向跨中悬臂逐节施工，最后于拱顶合龙，根据基肋的制作方式，悬臂施工法分为悬臂灌筑与悬臂拼装两大类。拱桥悬臂施工方法的出现，大大提高了拱桥与其他桥型的竞争能力。

一、悬臂灌筑法

日本外津桥首次成功采用悬臂灌筑法建造。该桥拱圈为双室箱，拱顶宽 8 m，拱脚宽 16 m，跨径 170 m，矢高 25.5 m，为变截面四次抛物线两铰拱桥，采用专用吊篮，结合使用斜拉钢筋的斜吊式悬臂灌筑法施工，主要施工步骤如图 6.3.2-1 所示。首先在用斜拉筋扣吊的钢支架上就地灌筑第一节段拱箱，以后各段均用吊篮从左右两岸悬臂灌筑施工，每节长约 3.5 m，重 60 t，全桥共 140 个节段。在拱圈节段中设预应力粗钢筋，以承受自重悬臂弯矩。施工至立柱部位时，用临时斜拉杆及上拉杆将立柱、拱圈组成桁架，立柱就地灌筑。空心桥面板利用钢支承梁整跨就地灌筑，比拱圈和立柱的灌筑错后一个立柱节间。

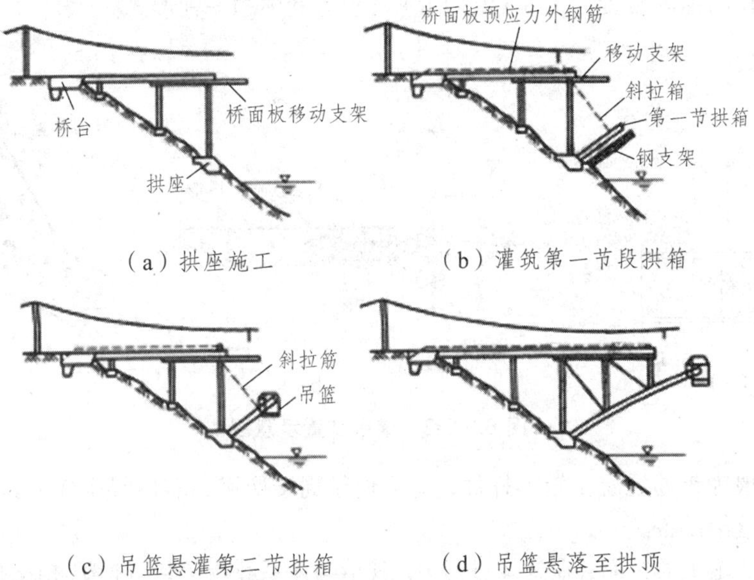

图 6.3.2-1　悬臂灌筑法施工示意图

二、悬臂拼装法

悬臂拼装法（图 6.3.2-2）是将拱圈的各个组成部分和拱上立柱等预制成拼装构件，然后按分段组拼成桁架拱片，再用横系梁和临时风构将两个桁架拱片组装成框构，每节框构整体运至桥孔，由两端向跨中逐段悬臂拼装。悬伸出去的拱圈通过上弦拉杆和锚固装置固定在墩台上，保持稳定。

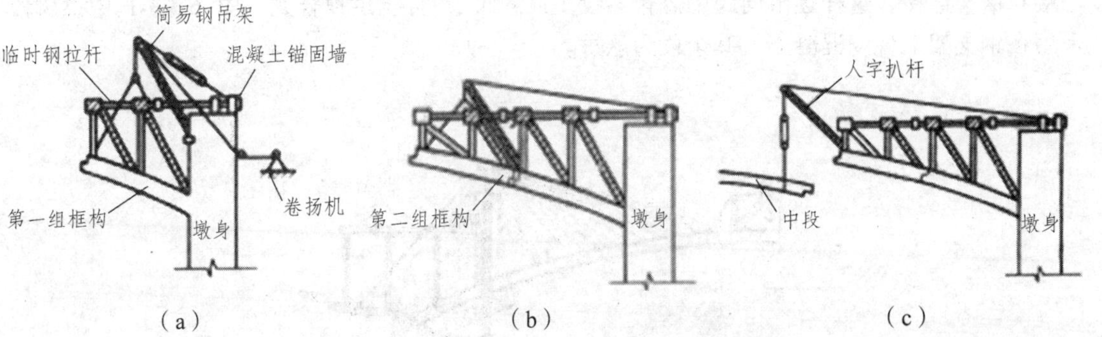

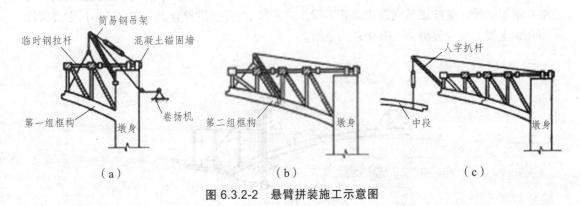

图 6.3.2-2　悬臂拼装施工示意图

拱肋是整体吊装的，所以刚度大，稳定性好，施工安全，但是构件预制、组装工序多，框架整体运输困难。

悬臂拼装的另一种方法是将拱圈的各个组成部分（如箱形截面的底板、腹板、顶板）分别在拱圈上先悬臂组拼成拱圈，然后利用立柱与临时斜杆和上拉杆组成桁架体系，逐节拼装，直至合龙。我国已用这种方法建成了许多跨度 40 m 以上的公路拱桥。

为了拆卸方便，拼装时所用的上弦拉杆一般可用钢丝束或型钢制作，工具式拉杆用螺栓（或钢销）连接，如图 6.3.2-3（a）所示。拉杆与桥墩台（立柱）之间的锚固，可根据拉力大小选择安全可靠的锚固装置，图 6.3.2-3（b）所示为其中的一种形式。

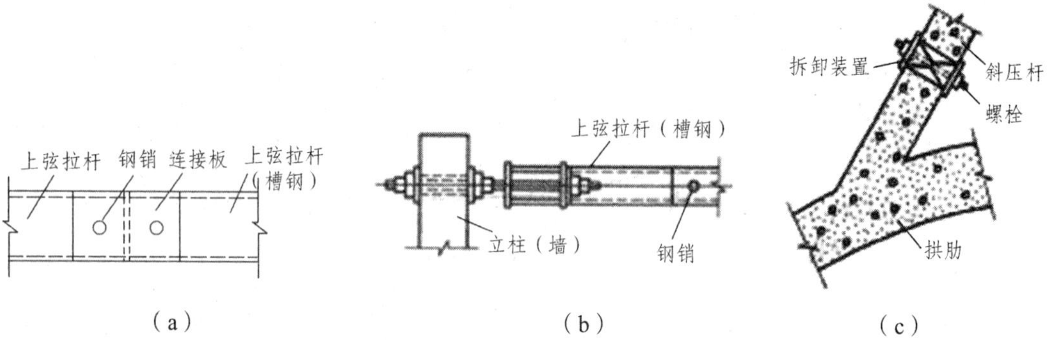

图 6.3.2-3 锚固装置示意图

斜压杆一般为钢筋混凝土矩形杆件，为了便于周转使用，需使斜压杆工具化，通常可在其下端设置卸落架设备。

悬臂拼装法施工的拱圈，在施工过程中，其结构体系经历了悬臂桁架-桁架拱-无铰拱三个受力阶段。施工设计亦需相应于不同的结构体系进行。

6.3.3 其他悬臂施工方法

一、塔架斜拉索法

塔架斜拉索法是国外最早使用的大跨度钢筋混凝土拱桥无支架施工方法。施工时在拱脚墩台处安装临时的钢塔架或钢筋混凝土塔架（见图 6.3.3-1），用斜拉索一端拉住拱圈节段，另一端与塔架连接，这样逐节向跨中悬臂架设（或灌筑），直至拱顶合龙。图 6.3.3-1 中拱脚段采用在钢支架上现浇混凝土，其余段为悬拼。

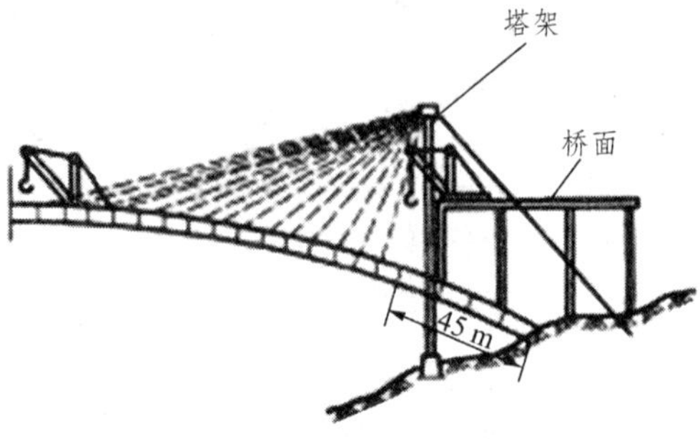

图 6.3.3-1 钢筋混凝土塔架

二、劲性骨架法

劲性骨架法是用劲性材料如角钢、槽钢、钢管等拼装成拱式钢骨架，作为施工时的钢拱架，然后在钢拱架上灌筑混凝土，并将这些钢骨架作为受力钢筋的一部分埋入拱肋（拱圈）

混凝土中，形成钢筋混凝土拱。这种方法可以减少施工设备的用钢量，整体性好，拱轴线易于控制，施工速度快，但用钢量大且需用型钢较多。

万州长江大桥原名万县长江大桥（图 6.3.3-2），上承式钢筋混凝土公路拱桥。全桥长 814 m，宽 23 m，桥拱净跨 420 m，桥面距江面高 140 m。主桥于 1994 年 5 月开工建设，1997 年 5 月竣工通车。大桥在中国土木工程学会 2004 年第 16 届年会上入选首届《全国十佳桥梁》，名列拱桥首位。主拱轴线为悬链线，跨度 420 m，矢高 84 m，矢跨比 1/5，拱轴系数 1.6。拱圈为单箱三室截面，箱高 7 m，宽 16 m，拱箱标准段顶、底板各厚 0.4 m，腹板厚 0.3 m，拱脚段顶、底板各厚 0.8 m，腹板厚 0.6 m。拱圈采用钢管混凝土劲性骨架外包 C60 级高强混凝土复合结构。劲性骨架为 10 根 16Mn ϕ400 mm × 16 mm 的钢管，内填混凝土作弦杆，用角钢作腹杆和连接系组成五片拱桁架。其中钢管混凝土劲性骨架先期是施工构架，在拱圈形成后它就成为拱圈内的劲性钢筋。钢管混凝土拱可作为劲性骨架的一种特殊形式，钢管拱肋在混凝土灌筑时起拱架作用，但不再外包混凝土。

图 6.3.3-2　万县长江大桥

复习思考题

1. 拱桥施工的拱架有几种结构形式？在选择时应考虑哪些因素？
2. 常备式钢拱架的基本构造如何？其应用范围如何？
3. 满布式拱架一般由哪些部分组成？
4. 简述桁架式拱架的安装方法。拱架为什么要设置预拱度？预拱度的大小如何确定？
5. 无支架吊装施工要注意什么问题？
6. 混凝土拱圈灌筑有哪些方法？
7. 常用的拱架卸落设备有哪些？各有何特点？
8. 拱桥悬臂法施工有几种类型？

项目 7 斜拉桥构造与施工

【项目描述】

斜拉桥主要由斜拉索、主梁、索塔三种基本构件组成，属于组合体系梁桥。斜拉桥是大跨径桥梁中较为常用的结构形式。通过本项目学习了解斜拉桥的分类，熟悉斜拉桥的构造，掌握斜拉桥施工流程，主塔施工、主梁施工、挂索张拉的施工工艺和施工技术要点。

【教学目标】

1. 能力目标

（1）能够根据斜拉桥的结构形式，施工条件初步拟定施工方案；

（2）能够掌握索塔、主梁、斜拉索各阶段施工的质量控制点；

（3）能够通过查找资料解决斜拉桥施工过程中的一般质量问题。

2. 知识目标

（1）了解斜拉桥特点，掌握斜拉桥的组成与分类；

（2）掌握索塔、主梁、斜拉索等主要工程的施工方法；

（3）掌握挂索和张拉的施工技术要点。

3. 素质目标

（1）培养学生细致严谨的工作作风、良好的职业道德和吃苦耐劳的优良品质；

（2）培养学生分析问题、解决问题、积极思考和勇于创新的能力；

（3）培养学生的综合业务能力。

相关案例——武汉天兴洲公铁两用长江大桥

武汉天兴洲长江大桥位于湖北省武汉市，大桥西北起汉口平安铺，东南止武昌武青主干道。该大桥是武汉市的第六座长江大桥，第二座公铁两用桥。天兴洲长江大桥公铁合建部分由中铁大桥局集团有限公司承建。天兴洲长江大桥于 2003 年 12 月奠基，2004 年 9 月 28 日开工，2008 年 9 月 10 日合龙，2009 年 12 月 26 日建成通车。天兴洲长江大桥是当时世界最大公铁两用桥，下层为可并列行驶四列火车的铁道，总投资约 110.6 亿元人民币。2014 年，武汉天兴洲大桥“三索面三主桁公铁两用斜拉桥建造技术”荣获国家科技进步一等奖。

武汉天兴洲长江大桥是世界上第一座按四线铁路修建的双塔三索面三主桁公铁两用斜拉桥，在距武汉长江二桥下游 9.5 km 处的天兴洲分叉河段上，横跨长江，连接汉口、武昌两镇，大桥全长 8 043 m，其正桥全长 4 657 m，全桥共 91 个桥墩，混凝土总量约 85 万 m^3，其中公铁合建部分长 2 842 m。上层公路为六车道，宽 27 m。下层铁路为四线，其中两线一级干线、两线客运专线。南汉主桥为（98 + 196 + 504 + 196 + 98）m 双塔三索面公铁两用钢桁梁斜拉桥。斜拉桥主梁为板桁结合钢桁梁，三片主桁，桁宽 2 × 15 m，钢梁全长 1 092 m，钢梁总质量为 46 000 t；主塔采用钢筋混凝土结构，承台以上高度为 188.5 m；每塔两侧各有 3 × 16 根斜拉索；

索最大截面为 451ϕ7 mm 镀锌平行钢丝，最大索力约 1 250 t，索最大长度为 271.9 m，质量 41.2 t，斜拉索总质量为 4 550 t。

图 7-1　武汉天兴洲公铁两用长江大桥

斜拉桥主跨 504 m 为当时世界公铁两用桥梁跨度之首，可以同时承载 2 万吨的荷载，是目前世界上荷载量最大的桥梁；可满足列车 250 km 的运行时速；主桁宽度 30 m。主桥首次采用三片主桁、三索面的新型结构型式；公路桥面采用正交异性板和混凝土板结合体系，铁路桥面采用混凝土道砟槽板结合体系。

任务 7.1　斜拉桥构造

斜拉桥是一种桥面体系受压，支撑体系受拉的桥梁。斜拉桥通常由塔、梁和斜拉索组成。斜拉索用高强钢丝或钢绞线制成，两端设锚：一端将斜拉索锚于梁，另一端锚于塔上。修建斜拉桥时先建好塔，然后在塔的两侧对称建造或安装梁段，再对称地安装斜拉索，之后在塔或梁上张拉斜拉索至设计吨位并锚固。梁段自重就由斜拉索传到塔上。由于塔两侧的斜拉索和梁段都是对称的，斜索在塔上的水平分力就相互平衡，竖向分力由塔传给大地。所以，斜拉桥不像悬索桥那样需要强大的锚碇来平衡水平力，这是斜拉桥的一个重要优点。斜拉桥的梁由于有斜拉索为其提供密集的中间弹性支承，所以跨径可做得很大，梁高很小，显得纤细、轻柔而且美观。斜拉桥的梁可用钢材也可用混凝土制作，而塔主要受压，故多用混凝土浇筑。

世界近代历史上第一座斜拉桥是 1955 年建造的瑞典斯特姆松特桥，它是一座稀索辐射式的斜拉桥，中孔跨度为 185.575 m，边孔跨度为 74.676 m。我国的首座斜拉桥是于 1975 年建成的云阳汤溪桥，每塔有 3 对斜拉索，由钢芯缆索组成，呈辐射形布置。从 20 世纪 80 年代开始，斜拉桥以其独特优美的造型及优越的跨越能力在我国迅速推广，特别在城市桥梁和公路桥梁中被广泛采用。其材料结构多以预应力混凝土结构为主，部分为钢叠合梁、混合梁或钢梁形式；桥型有双塔与独塔、双索面与单索面、固结与漂浮等。斜拉桥的主跨跨径多集中在 200 ~ 900 m。

一、孔跨布置

1. 双塔三跨式

这是一种最常见的斜拉桥孔跨布置方式。由于它的主跨跨径较大，一般可适用于跨越较大的河流。武汉长江二桥（图 7.1.1-1）为（180 + 400 + 180）m 双塔三跨式斜拉桥。

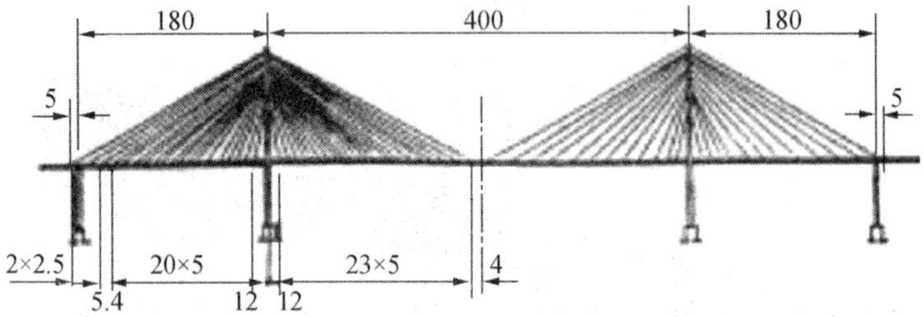

图 7.1.1-1　武汉长江二桥（双塔三跨式斜拉桥）

2. 独塔双跨式

这也是一种常见的斜拉桥孔跨布置方式，如图 7.1.1-2 所示。由于它的主孔跨径一般比双塔三跨式的主孔跨径小，适用于跨越中小河流和城市通道。有的做不等跨布置，有的是当地河流通航要求，有的则在边跨布置了辅助墩以提高边跨刚度。

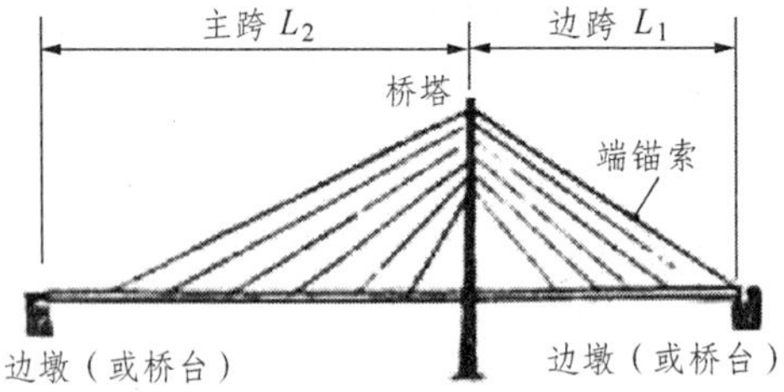

图 7.1.1-2　重庆石门嘉陵江桥 [跨度（230 + 220）m]

3. 三塔四跨式和多塔多跨式

三塔四跨式（见图 7.1.1-3）或多塔多跨式布置，采用多塔多跨式斜拉桥时使结构柔性进一步增大，随之而来的是变形过大，可将中间做成刚性索塔，或用拉索对中间塔顶加劲。

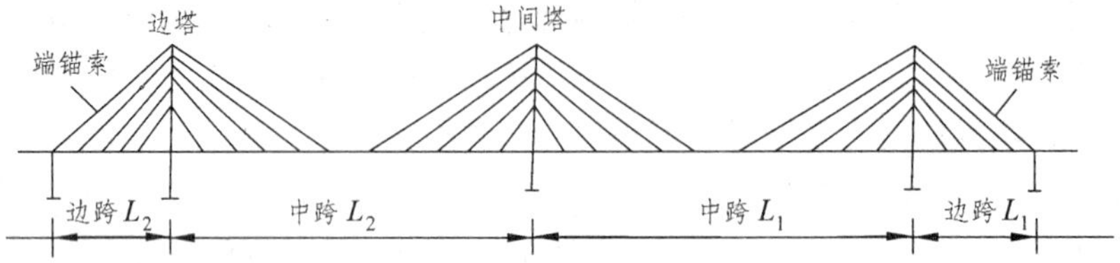

图 7.1.1-3　三塔四跨式斜拉桥

二、斜索布置

1. 索面位置

索面位置一般采用图 7.1.1-4 所示的 3 种类型，即单索面、竖向双索面和斜向双索面。

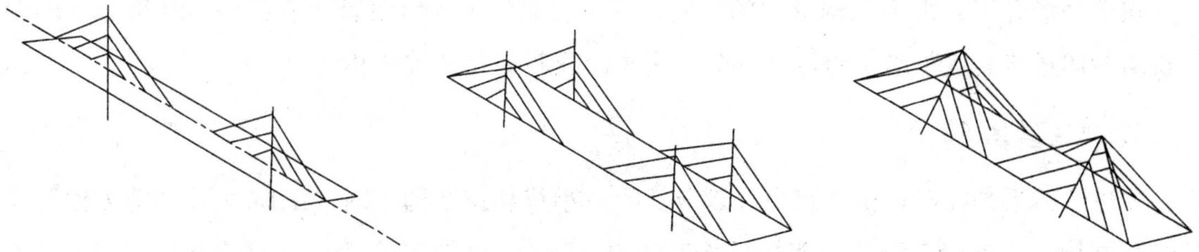

（a）单索面　　（b）竖向双索面　　（c）斜向双索面

图 7.1.1-4　索面布置

索面形状主要有如图 7.1.1-5 所示的 3 种基本类型，即放射形、扇形和竖琴形。

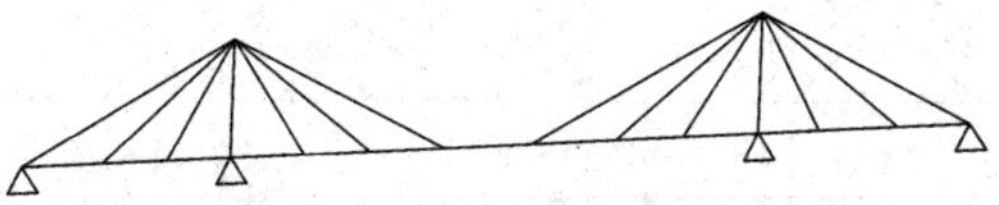

（a）放射形

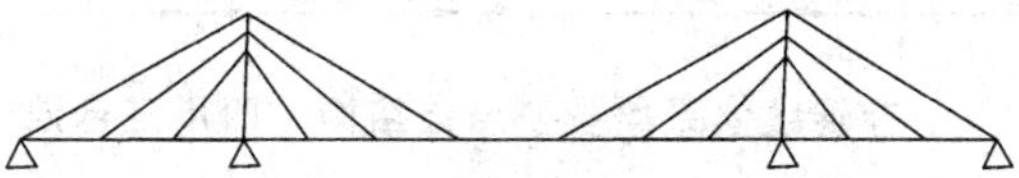

（b）扇形

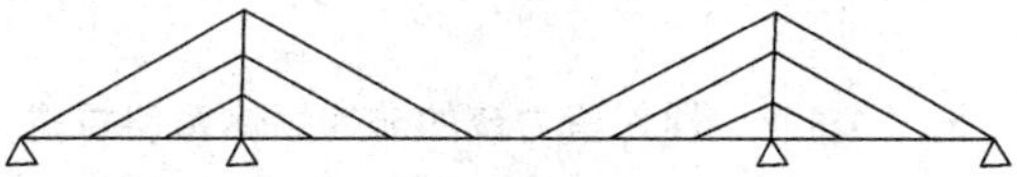

（c）竖琴形

图 7.1.1-5　索面形状

2. *索距的布置*

索距的布置，可以分为“稀索”与“密索”。在早期的斜拉桥中都为“稀索”。密索由于具有索距小，主梁弯矩小，索力较小，锚固点构造简单且锚固点附近应力流变化小，补强范围小，便于伸臂架设、易于换索等优点，现代斜拉桥多采用“密索”体系。

三、梁体布置

1. *连续体系*

在斜拉桥的全长范围内，梁体布置成连续的形式（图 7.1.1-6）。

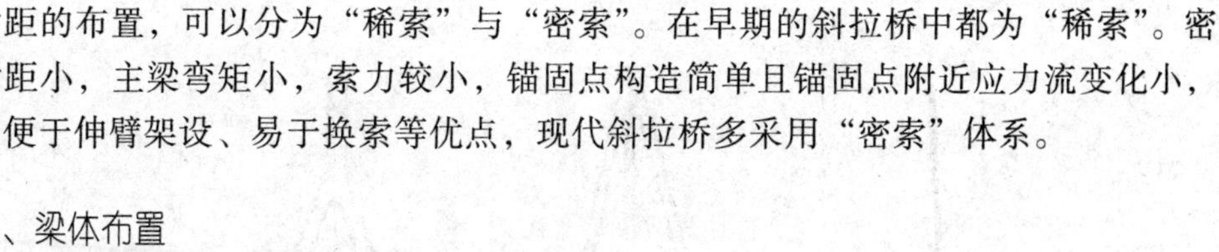

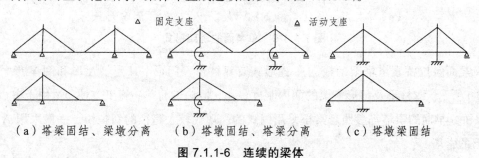

（a）塔梁固结、梁墩分离　（b）塔墩固结、塔梁分离　（c）塔墩梁固结

图 7.1.1-6　连续的梁体

在某些场合下，由于结构受力的需要，还可将梁体的连续延伸至斜拉桥以外部分，即斜拉桥的梁体还与其边跨或主跨以外部分的引桥跨或其他跨的梁体相连。

2. 非连续体系

非连续体系是在斜拉桥主跨中央部分插入一小跨悬挂结构（图 7.1.1-7）或“剪力铰”代替悬挂结构，这种剪力铰的功能是只传递轴力、剪力，不传递弯矩，或只传弯矩、剪力，不传递轴力（图 7.1.1-8）。

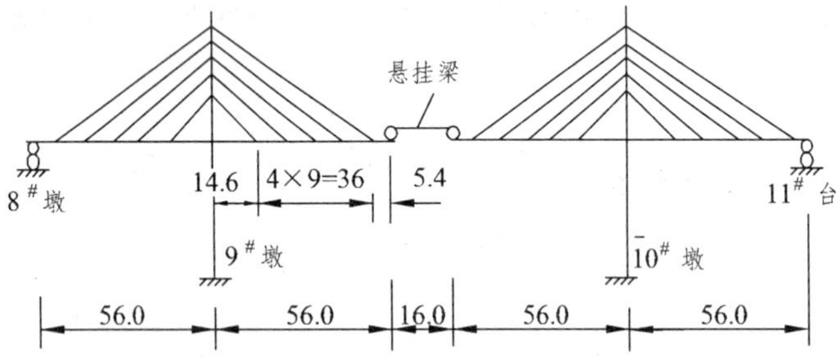

图 7.1.1-7　非连续体系斜拉桥悬挂结构（四川三台涪江桥）

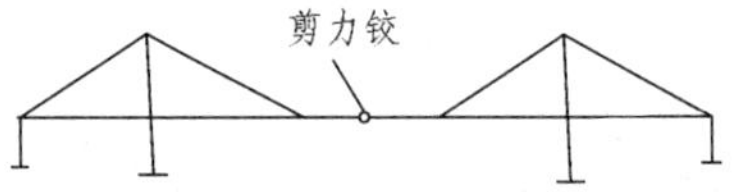

图 7.1.1-8　插入剪力铰的非连续体系斜拉桥

四、索塔布置

单索面斜拉桥索塔塔架的横向布置形式可采用单柱形、A 形或倒 Y 形，如图 7.1.1-9 所示。

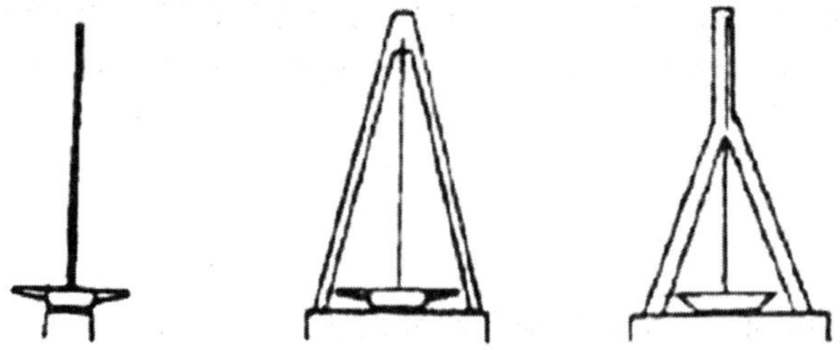

（a）单柱形　（b）A 形　（c）倒 Y 形

图 7.1.1-9　单索面的塔架形式

双索面斜拉桥索塔塔架的横向布置形式有双柱形、门形、H 形、A 形和倒 Y 形，如图 7.1.1-10 所示。双柱形及门形塔架的面内刚度最小，但构造简单、施工方便，适用于中小跨径的斜拉桥，早期的索塔都参照悬索桥采用门式的。现代较大跨径的斜拉桥，一般采用 A 形或倒 Y 形的索塔。

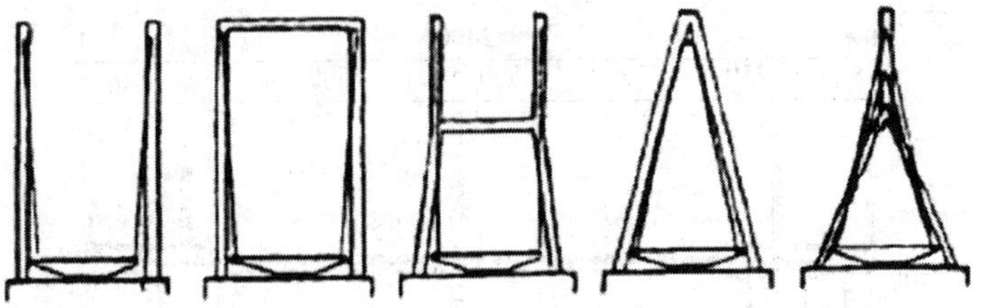

图 7.1.1-10　双索面的塔架形式图

五、主　梁

(一) 钢　梁

1. 工字形钢主梁

使用工字形钢主梁时一般采用两根工字形钢主梁的“双主梁”布置方式。钢主梁之间有钢横梁。钢桥面板与钢主梁及钢横梁相连接。钢桥面板底面焊有纵向和横向的加劲肋，形成正交异性钢桥面系。如图 7.1.1-11 所示。

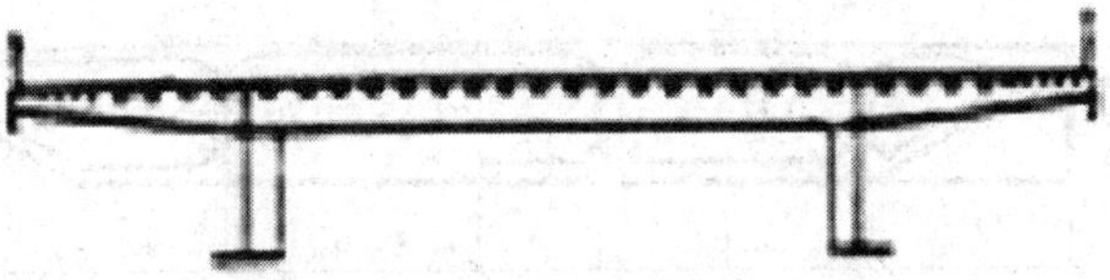

图 7.1.1-11　工字形钢主梁

2. 钢箱梁

钢箱梁截面，可以采用相当于工字形双主梁的布置方式，只是将工字形钢梁换成钢箱梁，在现代斜拉桥中，钢主梁更多地采用整体构造的流线型扁平钢箱梁，如图 7.1.1-12 所示。

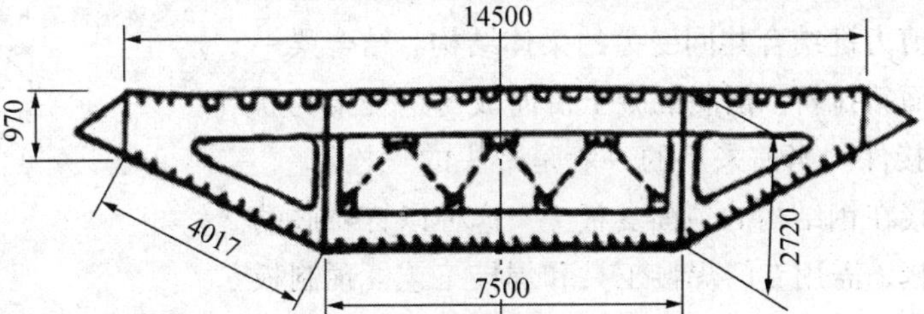

图 7.1.1-12　钢箱梁（单位：mm）

3. 钢桁梁

斜拉桥采用钢桁梁，主要是由于布置双层桥面的需要，如武汉天兴洲公铁两用长江大桥，上层桥面通行汽车，下层桥面通行铁道列车。

(二) 混凝土梁

1. 实体边主梁和板式梁

实体边主梁是混凝土斜拉桥中比较简单的一种截面形式，如图 7.1.1-13 所示。

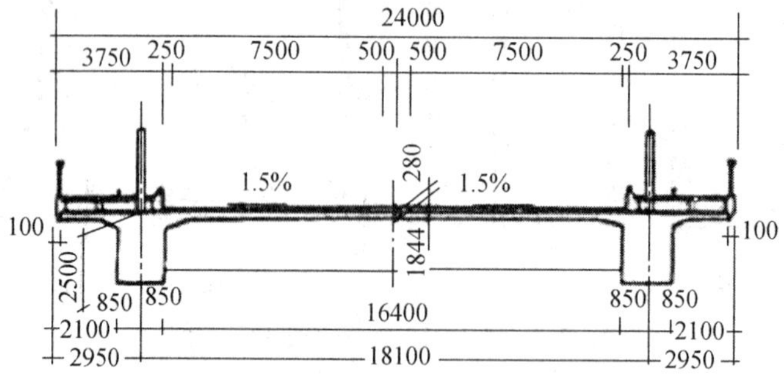

图 7.1.1-13 实体边主梁截面（重庆长江二桥）

2. 箱形截面

混凝土斜拉桥主梁采用箱形截面，在现代斜拉桥中是经常采用的截面形式（图 7.1.1-14）。因其抗弯和抗扭刚度大，能适应稀索、密索、单索面或双索面等不同斜索布置，其组合截面可以方便地形成封闭式的单箱形式或分离式的双箱形式，以适应不同桥宽的需要。截面的组合构造，也可以部分预制、部分现场灌筑，为桥梁施工方案提供更多选择。

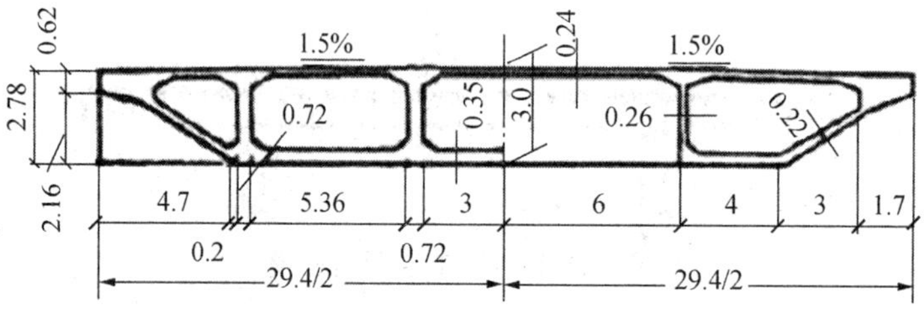

图 7.1.1-14 混凝土双箱梁截面

（三）结合梁

结合梁斜拉桥是指钢主梁的上翼缘与设置其上的混凝土桥面板之间用剪力键结合共同受力的梁体结构。结合梁一般只适用于双索面斜拉桥。预制混凝土桥面板与钢主梁的联结主要靠抗剪连接件。当前采用的一般是带头的“栓钉”，抗剪栓钉事先焊接在钢结构的顶面翼板上。这种以钉身底端垂直于面板的焊接，需用专门焊接工具和焊接工艺。预制板的四周或伸出联结钢筋，或在有抗剪栓钉的位置处开孔，如图 7.1.1-15 所示。

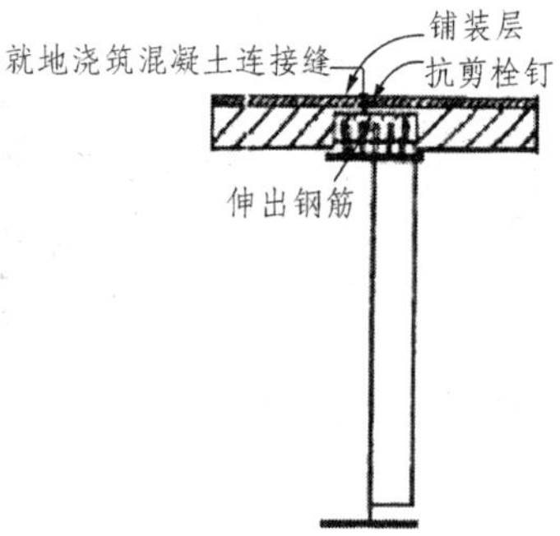

图 7.1.1-15 结合梁的抗剪栓钉

（四）混合梁

混合梁斜拉桥是指其主跨为钢梁而边跨为混凝土梁的斜拉桥。钢梁与混凝土梁的连接点一般设在索塔附近，可以在边跨侧，也可以在主跨侧。斜拉桥边跨采用混凝土梁的构思，是取其梁的自重大，有利于边跨发挥其锚固跨的作用。混凝土梁与钢梁的连接点选择在索塔附近，原因是该处梁的弯矩最小，梁的轴力最大。对混凝土梁与钢梁连接的细节构造而言，传递轴力的构造要比传递弯矩的构造容易处理得多。

六、斜拉桥结构体系

按照斜拉桥塔、梁、墩相互结合方式，可划分为漂浮体系、半漂浮体系、塔梁固结体系和刚构体系。

1. 漂浮体系

漂浮体系的特点是塔墩固结、塔梁分离。主梁除两端有支承外，其余全部用拉索悬吊，属于一种在纵向可稍做浮动的多跨柔性支承类型梁。一般在塔柱和主梁之间设置一种用来限制侧向变位的板式活聚四氟乙烯盘式橡胶支座，简称侧向限位支座。

漂浮体系的优点：主跨满载时，塔柱处的主梁截面无负弯矩峰值；由于主梁可以随塔柱的缩短而下降，所以温度、收缩和徐变内力均较小。密索体系中主梁各截面的变形和内力的变化较平缓，受力较均匀；地震时允许全梁纵向摆荡，成为长周期运动，从而吸震消能。目前，大跨斜拉桥多采用此种体系。

漂浮体系的缺点：当采用悬臂施工时，塔柱处主梁需临时固结，以抵抗施工过程中的不平衡弯矩纵向剪力。由于施工不可能做到完全对称，成桥后解除临时固结时，主梁会发生纵向摆动。

2. 半漂浮体系

半漂浮体系的特点是塔墩固结，主梁在塔墩上设置竖向支承，成为具有多点弹性支承的三跨连续梁。可以是一个固定支座，三个活动支座；也可以是四个活动支座，一般均设活动支座，以避免由于不对称约束而导致不均衡温度变化。水平位移由斜拉索制约。

3. 塔梁固结体系

塔梁固结体系的特点是将塔梁固结并支承在墩上，斜拉索变为弹性支承。主梁的内力与挠度直接同主梁与索塔的弯曲刚度比值有关。这种体系的主梁一般只在一个塔柱处设置固定支座，而其余均为纵向活动的支座。

塔梁固结体系的优点是显著减少主梁中央段承受的轴向拉力，索塔和主梁的温度内力极小。缺点是中孔满载时，主梁在墩顶处转角位移导致塔柱倾斜，使塔顶产生较大的水平位移，从而显著地增大主梁跨中挠度和边跨负弯矩。

4. 刚构体系

刚构体系的特点是塔梁墩相互固结，形成跨度内具有多点弹性支承的刚构。这种体系的优点是既免除了大型支座又能满足悬臂施工的稳定要求；结构的整体刚度比较好，主梁挠度又小。缺点是主梁固结处负弯矩大，使固结处附近截面需要加大。再者，为消除温度应力，应用于双塔斜拉桥中时要求墩身具有一定的柔性，常用于高墩的场合，以避免出现过大的附加内力。

任务 7.2　索塔施工

索塔的材料常采用钢材、钢筋混凝土或预应力混凝土。索塔的构造远比一般桥墩要复杂。塔柱可以是倾斜的，而且塔柱之间可能有横梁；塔内除须设置前后交叉的管道以备斜拉索穿过锚固外，还可设置观光电梯；塔顶有塔冠，并须设置航空障碍标志灯及避雷器；沿塔壁须设置检修攀登用的步梯。因此，索塔的施工必须根据设计、构造要求统筹兼顾。

7.2.1 主塔施工测量控制

斜拉桥主塔一般由基础、承台塔座、下塔柱、下横梁、中塔柱、上横梁、上塔柱（拉索锚固区）、塔顶建筑等八大部分或其中几部分组成。由于主塔的建筑造型千姿百态，截面形式各异，故在主塔各部位的施工全过程中，除了应保证各部位的几何尺寸正确外，更重要的是要进行主塔局部测量系统的控制，使其全桥总体测量系统接轨。

主塔局部测量系统的控制基准点应建立在相对稳定的基准点上，例如选择在主塔的承台基础上进行主塔各部位的空间三维测量定位控制。测量控制的时间一般应选择在夜晚 10 点到早上日出的时段内，以减少日照对主塔造成的变形影响。此外，随着主塔高度的不断增高，应选择风力较小的时机进行测量，并对日照和风力影响予以修正。主塔测量控制极为重要，应根据实际施工情况及时进行调整，避免误差的累计。主塔局部测量一般采用三维坐标法或天顶法。

若主塔局部测量系统的基点选择在相对稳定的承台基础上，随着主塔高度的增高，混凝土收缩、徐变、沉降，风荷载与温度等因素的不断影响，基准点必然会有少量的变化，为此应该经常与全桥总体测量系统接轨，以便进行总体坐标的修正，进行测量的系统控制。

7.2.2 钢主塔施工

钢桥塔建设成本较高、运营期维修保养要求高，国外只有部分斜拉桥采用钢索塔，我国南京长江第三大桥也采用钢索塔。钢桥塔一般采用工厂分段预制、运至工地起吊安装的办法施工。为了保证现场安装的顺利，一般将预制的梁段在工厂立体试拼装。钢索塔的节段连接一般采用高强度螺栓连接、焊接、栓接和焊接混合连接等方式。

钢桥塔的安装方法一般有浮吊法、爬升式起重机法、塔吊法等。

1. 浮吊法

浮吊法是将桥塔整体一次或分次安装的方法，目前最大的浮吊可起重 12 000 t，最大起吊高度为 90 m。一般用于塔高 80 m 以下、跨度为 500 m 左右的悬索桥塔施工。具体的吊装节段由浮式起重机的吨位和高度确定。

2. 爬升式起重机法

首先在塔柱侧面安装护轨，安装可沿其爬升的起重机逐段起吊安装塔身。这种方法要求严格控制桥塔的铅垂度。

3. 塔吊法

安装和桥塔完全独立的塔吊进行桥塔架设，由于桥塔上不安装施工机械，因而施工方便，精度易得到保证，但设备费用较高。

钢主塔施工，应对垂直运输、吊装高度、起吊吨位等的施工方法进行充分考虑。钢主塔应在工厂分段立体试拼装合格后方可出厂。主塔在现场的安装，常采用现场焊接接头、高强度螺栓连接及焊接和螺栓混合连接的方式。经过工厂加工制造和立体试拼装的钢塔，在正式安装时应予以测量控制，并及时用填板或对螺栓孔进行扩孔来调整轴线和方位，防止加工误差、受力误差、安装误差、温度误差、测量误差的积累。

绝大部分钢主塔的防锈材料都采用油漆，施工时一般采用二层底漆、二层面漆工艺，其中三层由加工厂涂装，最后一道面漆由施工安装单位最终完成。

7.2.3　混凝土主塔施工

混凝土索塔施工流程：施工准备→索塔基础施工→塔座施工→下塔柱施工→下横梁施工→中塔柱施工→上横梁施工→上塔柱施工。

混凝土索塔的施工方案应根据索塔的结构、外形尺寸和设计要求选用支架法、爬模、翻模等施工方法。在塔柱中间常设有劲性骨架，劲性骨架在工厂加工，现场分段超前拼装，精确定位。劲性骨架安装定位后，可供测量放样、立模板、绑扎钢筋及承受荷载。劲性骨架在倾斜塔柱中的作用很大，应结合构件的受力情况进行设置。当塔柱为倾斜的内倾或外倾布置时，应考虑每隔一定的高度设置受压支架（塔柱内倾）或受拉拉条（塔柱外倾）来保证斜塔柱的受力、变形和稳定性。塔柱的混凝土浇筑可采用提升法输送混凝土，有条件时可考虑泵送混凝土施工工艺。

在高处现浇大跨度、大断面高强度等级预应力混凝土横梁的难度很大，施工时需注意模板支撑系统的连接间隙变形、弹性变形、沉降变形，混凝土梁、柱与钢支撑不同的线膨胀系数，日照温差对钢和混凝土的不同时间差效应等产生的影响，以便采取相应调节措施。每次浇筑混凝土的供应量应保证在混凝土初凝前完成浇筑，并且采取有效措施防止在早期养护期间及每次浇筑过程中由于支架的变形影响而造成混凝土开裂。

主塔混凝土施工常采用现场搅拌、吊斗提送的施工方法。当主塔高度较高时，用吊斗提送混凝土的供应速度难以满足设计及施工的要求时，可采用泵送混凝土施工工艺。为了改善混凝土可泵性并达到较高的弹性模量和较小的混凝土收缩、徐变性能，应采用高密度集料、低水灰比、低水泥用量的配合比设计，并适量掺加粉煤灰和泵送外加剂，以便满足“缓凝、早强、高强”的混凝土泵送要求。

在满足设计提出的混凝土基本性能要求的前提下，泵送混凝土施工工艺应根据主塔施工的季节、缓凝时间要求、泵送高度要求等因素试验确定。一般应考虑混凝土泵送设施的布置，即根据不同的部位、泵送高度，每段浇筑的时间，每段浇筑混凝土的工程量，考虑混凝土泵送设施的综合布置。

一般按混凝土的抗压强度、弹性模量、水泥强度等级、粉煤灰掺加量、粗集料用量、初凝时间来进行泵送混凝土配合比的设计。应对水泥、砂、碎石、粉煤灰、泵送剂、外加剂等原材料进行优选。混凝土要获得较高的早期强度，应尽可能减少用水量、降低水灰比，但这会降低混凝土的可泵性，故应通过改善混凝土拌合物的可泵送条件来进行泵送混凝土的配合比设计。经确定的配合比，在正式使用前均应经过实验室试拌及工程现场配合比调整（集料含水量情况），以确保主塔的泵送混凝土达到设计要求，并制定混凝土的施工工艺和质量保证体系。采用商品混凝土施工速度快，机械化、自动化程度高，节约造价，是桥梁混凝土施工工艺的发展方向之一。

下面主要结合武汉天兴洲大桥混凝土桥塔施工介绍爬模施工工艺。

1. 爬模施工原理

爬模施工的工作原理是利用爬架和模板彼此互为支撑点，并分别单独做相对运动来完成其工作的。爬架支撑点作用在塔柱上，模板支撑在塔柱内连接杆上，模板的提升靠爬架，爬架的提升靠模板和塔内连接杆，这样形成了爬架和模板之间相互依托，相互交替爬升的施工过程，从而有效地完成了模板提升、就位安装等作业，达到循环逐节灌注混凝土的目的。

2. 爬模的主要结构

爬升架为多层金属骨架，内设多层承重平台及斜梯，由槽钢和角钢焊接而成，既用于提升模板，又是操作平台和施工脚手架。每个塔柱爬升架由三面架体构成（塔柱内侧不设爬架）。爬升架利用锚固螺母（H 螺母）固定于塔体上。施工过程中，将待灌注节段模板立在已灌注混凝土的模板上，该节施工完后拆除下面 2 节模板，仍保留上节模板，再转到上节施工，3 节模板交替轮番往上安装。上节模板的拉杆和锚固螺母一起作为承重结构，代替传统的模板内外支撑，模板拆除后即作为爬架的附墙锚固点，爬架提升后 H 螺母拆除后交替使用。

3. 工艺流程

爬模每灌注一定高度混凝土作为一个工序循环，以下结合武汉天兴洲大桥混凝土桥塔施工介绍施工工艺。

武汉天兴洲桥整个主塔总高度 190.0 m，分下塔柱、下横梁、中塔柱和上塔柱 4 部分，见图 7.2.3-1。

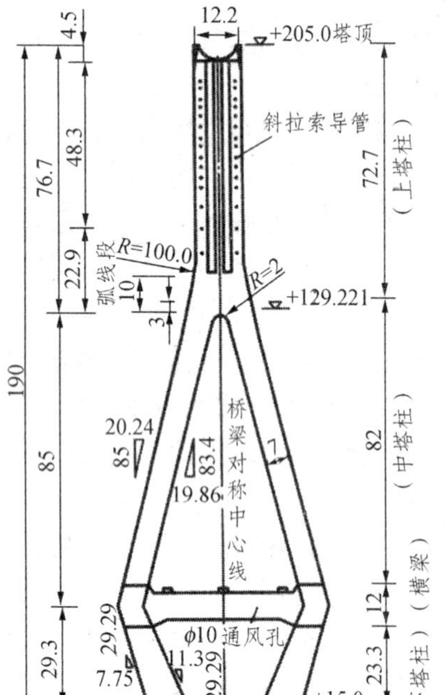

图 7.2.3-1 主塔结构（单位：m）

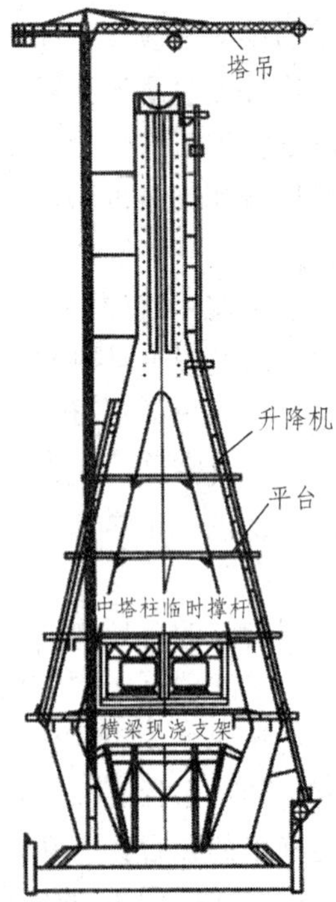

图 7.2.3-2 主塔施工布置

主塔施工分段：根据高空脚手平台系统的操作适用情况、起吊设备的配套能力和结构特点，综合考虑塔柱施工的分段高度，以达到保证施工质量、提高施工效率、缩短施工周期的目标。综合钢筋绑扎、浇筑时悬臂、倾斜等影响因素，确定中、下塔柱节段高度为 5.0 ~ 5.3 m，下塔柱共 5 个节段，中塔柱共 16 个节段。综合圆弧段施工、索导管结构、预应力结构安装等因素，确定上塔柱圆弧段的节段高度为 5 m，竖直段节段高度为 6 m，共 13 个节段。下横梁分上下两段施工，与同高度范围内的塔柱共同浇筑。主塔施工布置 2 台自升式塔式起重机，起重能力分别为 25 t、10 t。其中小塔吊主要负责一侧的下塔柱、中塔柱施工。大塔吊最大高度 190 m，工作幅度覆盖整个主塔。每个塔柱配置 1 台升降机。塔柱采用劲性骨架结合翻模法施工，混凝土浇筑节段高 4.5 m，下塔柱施工直至横梁底高程。横梁采用支架法施工。支架用型钢加工而成，支承在塔座顶预埋件上，横梁混凝土与横梁高度范围内的塔柱混凝土同时浇筑。横梁混凝土分 2 次浇筑，先浇筑横梁底板、腹板混凝土，后浇筑横梁顶板混凝土。如图 7.2.3-2 所示。

中塔柱、上塔柱均采用先进的液压爬升模板施工，混凝土浇筑节段高度 5 m，施工流程：施工放线→第 1 节段劲性骨架安装→绑扎第 1 节段钢筋→安装内、外侧模板→检查签证→浇筑第 1 节段混凝土→养护、凿毛及脱模→导轨爬升并固定→爬架爬升→安装第 2 节段劲性骨架→绑扎第 2 节段钢筋→内、外侧模板调整就位→检查签证→浇筑第 2 节段施工。在两中塔柱之间，布置 4 道钢管横撑，横撑内施加预顶力，用以平衡中塔柱自重产生的柱底附加弯矩。上塔柱索道管定位骨架分节段制作，在地面将索道管装入并初定位，后用塔吊提升安装。塔柱内设置劲性骨架，用来固定和调整钢筋、模板。

自爬模架系统主要由 2 部分组成：大面积模板体系、液压爬升体系。根据本桥主塔的结构特点和要求，对模板体系和爬升体系结构做了部分改进和辅助设计，解决了适应 6 m 节段施工要求、多角度倾斜面作业、圆弧段模架顶升作业等施工难题。适应 5 ~ 6 m 高度的节段施工：一般爬架系统设计只能适应 4 m 左右高度节段施工的要求，为提高施工效率、加快施工进度，本桥主塔节段划分采用 5 ~ 6 m。相应劲性骨架、钢筋作业高度增加，最高在已浇筑顶面上 10 ~ 12 m 高处施工。对选定的液压自爬模架系统进行改进和辅助设计，将爬架顶层平台加宽至 3 m，适应倾斜面作业安全需求；设计与劲性骨架连接的施工平台，满足高处施工安全作业的需求；在三脚架下方设计悬挂的吊平台，满足后续表面处理、装修的需求。改进后的爬架全高为 16.9 m，分为 6 层作业面，劲性骨架上另有 1 ~ 2 层施工平台，供施工人员安全、方便地完成钢筋绑扎、模板调整安装、混凝土浇筑及上塔柱预应力张拉等工作。

任务 7.3　主梁施工

7.3.1　主梁施工方法

斜拉桥主梁的施工方法与梁桥基本相同，大体上可以分为 4 种：顶推法、平转法、支架法、悬臂法（悬臂拼装法和悬臂浇筑法）。4 种施工方法的特点及适用性简述如下：

（1）顶推法。其特点是施工时需在跨间设置若干临时支墩，顶推过程中主梁反复承受正、负弯矩。该方法较适用于桥下净空较低、修建临时支墩造价不大、支墩不影响桥下交通、抗压和抗拉能力相同、能承受反复弯矩的钢斜拉桥主梁的施工。对混凝土斜拉桥主梁而言，由于拉索水平分力对主梁提供预应力，如在拉索张拉前顶推主梁，临时支墩的间距又超过主梁负担自重弯矩的能力时，为满足施工需要，需设置临时预应力束，这在经济上不满足要求。

（2）平转法。平转法是将上部构造分别在两岸或一岸顺河流方向的支架上现浇，并在岸上完成所有的安装工序（落架、张拉、调索）等；然后以墩、塔为圆心，整体旋转到桥位合龙。平转法适用于桥址地形平坦、墩身较矮和结构系适合整体转动的中、小跨径斜拉桥。

（3）支架法。支架法是在支架上现浇、在临时支墩间设托架或劲性骨架现浇、在临时支墩上架设预制梁段等几种施工方法的总称。其优点是施工较简单，能确保结构满足设计线形的要求。支架法适用于桥下净空较低、搭设支架不影响桥下交通的情况。

（4）悬臂法。悬臂法既可以是在支架上修建边跨，然后中跨采用悬臂拼装法和悬臂施工的单悬臂法，也可以是对称平衡方式的双悬臂法。悬臂法分为悬臂拼装法和悬臂浇筑法两种。

① 悬臂拼装法。悬臂拼装法一般是先在塔柱区现浇一段放置起吊设备的起始梁段，然后用各种起吊设备从塔柱侧面依次对称安装节段，使悬臂不断伸长直至合龙。

② 悬臂浇筑法。悬臂浇筑法是从塔柱侧面用挂篮对称逐段就地浇筑混凝土。我国大部分混凝土斜拉桥主梁都采用悬臂浇筑法施工。

支架法和悬臂法是目前混凝土斜拉桥主梁施工的主要方法，前者适用于城市立交或净高较低的边跨主梁施工；后者适用于净高很大的大跨径斜拉桥主梁的施工。

7.3.2 塔梁临时固结

在斜拉桥采用悬臂施工法时，主梁施工过程中索塔两侧的梁体因自重等荷载不可能绝对平衡，从而会产生一个不平衡弯矩。与此同时，索塔两侧的斜拉索张拉也不一定能做到完全对称，从而会产生一个不平衡水平推力。在不平衡弯矩和水平推力作用下，主梁可能会发生纵向、侧向漂移或失稳，为了保证桥梁在整个梁部结构架设、安装的过程中稳定、可靠、安全，一般均要求施工时对塔梁进行临时固结，以抵抗安装钢梁桥面板及张拉斜拉索过程中可能出现的不平衡弯矩和水平剪力。

斜拉桥主梁悬臂施工时，塔梁临时固结的措施主要有加临时支座并锚固主梁和设置临时支承两种方式。塔梁临时固结构造是关系到施工成败的重要结构，应根据每座桥的设计要求，结合实际环境，在满足刚度、强度和稳定要求条件下采取相应的塔梁临时固结措施。

临时固结结构既要“固”又要“柔”。“固”是指在桥梁悬臂施工过程中，临时固结结构能够抵抗竖向压力、不平衡弯矩和纵向水平力，保证结构在施工阶段的整体稳定性，从而使结构不至于破坏。“柔”是指临时固结结构可以允许主梁在横桥向有一定的水平位移，这样就可以消除温度、混凝土收缩徐变以及横向预应力等荷载作用的影响。在临时固结结构中的支撑能够承受住施工中不对称压力的前提下，要尽量减小因采用临时约束而产生的刚性区域。

临时固结结构作为一种临时结构，完成其使命后需拆除。斜拉桥塔梁临时固结构造布置在索塔下横梁上，把主梁段与索塔下横梁临时连接在一起。一般情况下，斜拉桥主梁段施工完成时塔梁临时固结构造也应该安装好，在后续梁段悬臂施工过程中需要临时固结构造抵抗各种不平衡力因素，一直到主桥中跨合龙时临时固结才可拆除。在主桥合龙后，斜拉桥结构体系将进行转换，临时固结构造应该及时拆除，避免外界环境温度变化对斜拉桥整个结构的影响。

桥梁施工中的临时固结装置主要是将 0 号主梁与主塔下横梁进行刚性固结，使大桥在悬臂拼装施工阶段成为稳定结构。临时固结装置一般为钢管或混凝土组成的刚性空间框架结构，其上面与钢主梁底板的外伸钢板连接；下面与主塔下横梁上的预埋钢板和钢筋连接。临时固结装置能承受的最大倾覆弯矩和最大水平剪力不应小于设计要求。

7.3.3　中孔合龙

为保证桥梁中孔能顺利合龙，根据以往斜拉桥的成功经验，一般选择自然合龙的方法。采用自然合龙的方法时需要考虑以下因素影响：大桥能否在自然状态下顺利合龙，关键是要正确选择合龙温度。该温度的持续时间，应能满足钢梁安装就位及高强度螺栓定位所需的时间。由于大桥跨度大，温度变形对中跨合龙段的长度影响相当敏感，因此在整个施工过程中应对温度变形进行监测，特别是对将接近合龙段时的中孔梁段和温度变形更应重点测量，找出温度变形与环境温度的关系，为确定合龙段的钢梁长度提供科学依据。实际施工时应对设计合龙段钢梁的长度予以修正。其实际长度应为合龙温度下的设计长度加减温度变形量。合龙段的安装是一个抢时间、抢速度的施工过程，必须在有限的时间里完成，因此在合龙前必须做好一切准备工作。钢梁应预先吊装就位，螺孔位置平齐后即打入冲钉，施拧高强度螺栓，确保合龙一次成功。

临时固结措施的解除时机选择：中孔梁一旦合龙，必须马上解除临时固结，否则由于温度变化所产生的结构变形和内力会使结构难以承受，造成破坏。因此，在合龙段钢梁的高强度螺栓施拧完毕后，应立即拆除临时固结措施，防止结构破坏。

任务 7.4　斜拉索施工

斜拉索是斜拉桥的一个重要组成部分，并显示了斜拉桥的特点。斜拉桥桥跨结构的重量和桥上活荷载绝大部分会通过斜拉索传递到塔柱上。在历史上斜拉桥曾采用铁链、铁连杆来制作拉索，现代斜拉索则使用高强度钢筋、钢丝或钢绞线制作拉索，现在斜拉桥几乎一律使用高强度钢绞线或钢丝制作拉索，轧制的粗钢筋已被淘汰。

拉索的防护措施随着材料和工艺的进步也日趋简单有效，当代斜拉索的特点是更轻、更强、更可靠。目前，单根斜拉索的破断索力已达到 30 000 kN，耐疲劳应力幅值达到 200 ~ 250 MPa。良好而有效的防护能保证拉索的使用寿命超过 30 年。为使拉索的质量更加稳定可靠，拉索的生产已实现工厂化，出现了专业化的拉索制作工厂。随着我国斜拉桥建设，国内已建成专业的配套制索工厂，拉索质量达到国际先进水平。

7.4.1　钢索的种类和构造

钢索作为斜拉索的主体，一般采用高强度钢筋、钢丝或钢绞线制作。钢索主要有平行钢筋索、平行（半平行）钢丝索、平行（半平行）钢绞线索和封闭式钢缆几种形式，如图 7.4.1-1 所示。

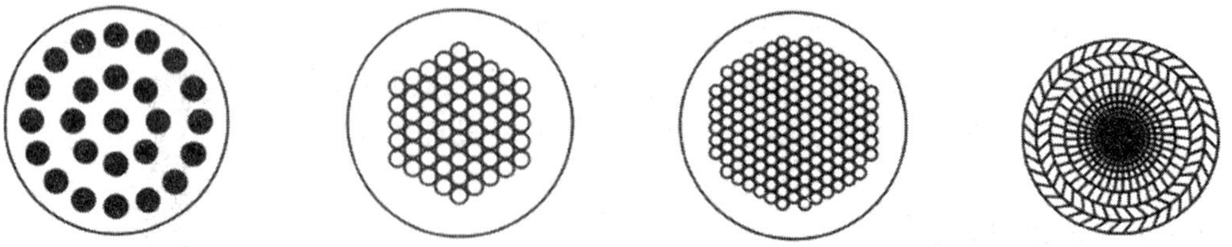

（a）单根钢绞线　（b）平行钢丝索　（c）钢绞线索　（d）封闭式钢缆

图 7.4.1-1　钢索的几种形式

1. 平行钢筋索

平行钢筋索是由若干根高强度钢筋平行组成，钢筋的直径为 10 ~ 16 mm，其标准强度不宜低于 1 470 MPa。索中各根钢筋借助孔板彼此分隔，所有钢筋全穿在一根粗大的聚乙烯套管内。索力调整完毕后，在套管中注入水泥浆对钢筋进行防护。平行钢筋索配用夹片式群锚。平行钢筋索必须在现场的架设过程中形成，操作过程繁杂，而且由于钢筋的出厂长度有限，用于大跨斜拉桥时，索中钢筋存在接头，从而疲劳强度受到影响。

2. 半行（半平行）钢丝索

将若干根钢丝平行并拢扎紧，穿入聚乙烯套管，在张拉结束后注入水泥浆进行防护，就成为平行钢丝索，这种钢丝索可以在现场制作。将若干根钢丝平行并拢，同心同向作轻度扭绞，扭绞角为 2° ~ 4°，再用包带扎紧，最外层直接挤裹聚乙烯索套进行防护，就成为半平行钢丝索。这种索挠曲性能好，能够盘绕长途运输，可在工厂中机械化生产。目前，平行（半平行）钢丝索普遍使用直径为 5 ~ 7 mm 的钢丝制作，要求钢丝的标准强度不低于 1 570 MPa。半平行钢丝索由于可以在工厂内制作并配装锚具，不仅质量有保证，而且极大地简化了施工现场的工作，因此正在逐步取代平行钢丝索。平行（半平行）钢丝索配用墩头锚或冷铸锚。

3. 平行（半平行）钢绞线索

现在钢绞线的标准强度已达到 1 960 MPa，用钢绞线制作钢索可以进一步减轻索的重量。索中的钢绞线可以平行排列，也可以集中后再加轻度扭绞，形成半平行排列。平行钢绞线索的防护有两种形式，将整束钢绞线穿入一根粗的聚乙烯套管，然后压注水泥浆。或者将每根钢绞线涂抹防锈油脂后挤裹聚乙烯护套，再将若干根带有护套的钢绞线穿入大的聚乙烯套管中，并压注水泥浆。集束后轻度扭绞的半平行钢绞线索的防护，采用热挤裹聚乙烯护套最为方便。一般而言，平行钢绞线索多在现场制作，半平行钢绞线索则在工厂制作好后运至工地。平行钢绞线索通常配用夹片群锚，先逐根张拉建立初应力，然后整索张拉至规定应力。半平行钢绞线索也可以配用冷铸墩头锚。

4. 封闭式钢缆

以一根较细的单股钢绞缆为缆心，逐层绞裹截面为梯形的钢丝，接近外层时，绞裹截面为 Z 形的钢丝，相邻各层的捻向相反，最后得到一根粗大的钢缆称为封闭式钢缆，一般配用热铸锚具。与用钢丝制成的单股钢绞缆不同，这种钢缆中的梯形或 Z 形钢丝相互间基本是面接触，各层钢丝的层面上也是面接触。这种钢缆结构紧密，具有最大的面积率，水分不易侵入，因此称为封闭式钢缆。封闭式钢缆使用镀锌钢丝制作，绞制时还可在钢丝上涂防锈脂，其外层再涂防锈涂料进行防护。封闭式钢缆只能在工厂中制作，盘绕后运送到施工现场。

7.4.2　斜拉索制作

1. 斜拉索外观色彩

由聚乙烯材料作为护套的斜拉索一般为黑色。当考虑城市景观需求，设计要求涂装成彩色外套时，可在斜拉索安装调试完成后进行涂装，所用涂料必须具有耐老化的能力。当设计要求在工厂制索时直接制成彩色外套时，则可以经过两次挤塑的工艺，在黑色护套挤塑完成后继续加挤所需彩色护套。

2. 平行钢丝索制作

未经镀锌的高强度钢丝应堆放于室内，并防止锈蚀。使用前须注意调直，可用调直机进行调直和除锈。经调直的钢丝，其弯曲矢高不大于 5 mm/m，表面不能有烧伤的痕迹，并在调直后的钢丝表面均匀涂抹防锈油脂。每束斜拉索中应有 1 根钢丝在 0.1 倍的钢丝标准强度应力下换算成标准温度时的长度，予以精确测量后切断，作为该索的标准丝（样板丝），并在该丝两端涂色，用以区别于其余各根钢丝。其余各丝可略长于标准丝，并在通常情况下切断。

在编索平台上按锚板孔的位置将钢丝分层排列，并注意将标准丝安排在最外层，不可错位，然后用梳板将钢丝梳理顺直；再用特别的夹具间距 2 m 左右，将梳理顺直的钢索夹紧定位。夹紧的钢索截面应符合设计形状，且能保证钢丝之间相互密贴、无松动。在夹紧定位后的钢丝束上须进行内防腐处理，一般可采用涂刷橡胶沥青防水涂料和包以玻璃纤维布的做法，要求涂刷均匀，无空白漏涂现象；玻璃纤维布的包裹应紧密重叠。

平行钢丝索的内防护有多种处理方法，一般宜采用聚乙烯管作为护套，安装后再在护套内压注特种水泥砂浆，因此护套须能承受一定的内压并具有一定的耐老化能力。可根据设计要求的直径与管壁厚度由专业工厂制作，其分节长度可根据工地现场及运输条件确定。平行钢丝索的外防护是在内防护完成后即可套入聚乙烯套管，要求将每节聚乙烯管接顺，并保持其接缝平整、严密。堆放平行钢丝索应保持顺直、平放，支点间距一般不应大于 4 m，堆放场地要求干燥、阴凉。工地现场须有保护措施，以防碰撞、破损缆索表面。

3. 钢绞线索制作

制作钢索所用的高强度钢丝未镀锌时，应采取临时防锈措施；当采用镀锌钢丝时，应注意在放丝绞制的过程中防止擦伤镀锌表层。钢丝应按设计截面进行排列定位，不能错位。钢索绞制的角度须严格控制在 4°以内。钢索绞制成形后立即绕上 2～4 层高强度复合带，要求绕缠紧密，经绕缠后的钢索截面形状应正确且钢丝紧密、无松动。

热挤护套应根据设计要求采用低密度聚乙烯或高密度聚乙烯材料。聚乙烯中应掺有一定比例的炭黑，以提高耐老化能力。聚乙烯护套应紧裹在钢索外，在正常生产运输、吊装过程中不应脱壳。护套外观应光滑圆整，厚度偏差不大于 1 mm。挤好护套后的缆索长度应大于成品索的设计长度，并换算成标准温度在无应力状态下的长度，经精确测量复核无误后将两端切齐，要求端面与缆索垂直，不能歪斜。

7.4.3　斜拉索挂索及张拉

一、施工一般要求

将拉索的两端分别穿入梁上和塔上预留的索孔，并初步固定在索孔端面的锚板上称为挂索。挂索后用千斤顶对拉索张拉进行索力调整。索力根据不同的情况经计算后确定。不同的拉索、不同的锚具、不同的斜拉桥设计，要求采用相适应的挂索和张拉方式。当拉索长度超过百米、质量超过 5 t 时，直接用卷扬机将锚具拉出索孔会很困难，这时可以将张拉用的连接杆先接装在拉索的锚具上，用卷扬机拉至连接杆露出索孔，即可完成挂索。对于更长、更重的拉索，由于卷扬机的牵引力有限，连接杆的长度就要相应加大。

根据拉索的长度及上、下端面索孔锚板中心的几何距离，估算出牵引力为 T 时拉索上端距塔柱上相应索孔锚板端面的距离ΔL。根据计算出的ΔL选定连接杆的长度，最好能使牵引力为 T 时连接杆能在张拉千斤顶后方露出，由千斤顶接替卷扬机继续牵引，完成挂索。

较长的连接杆可以由几节组成，千斤顶拉出一节即卸去一节，这样比较方便。对于特长、特重的拉索，卷扬机的牵引力有限，连接杆的长度也不能太长，可在塔上的索孔中先穿入一束由若干根钢绞线组成的柔性牵引索，并在千斤顶上附设一套钢绞线束的牵引装置。用卷扬机将拉索提升，直至连接杆到达塔外索孔的进口附近，即可和钢绞线束连接，从而利用千斤顶将连接杆拉入索孔，完成挂索。

除了预先进行计算，确定所需的卷扬机性能和连接杆的长度外，在挂索过程中还应校验计算值是否和实际相符。斜拉桥的结构特性决定了施工时的挂索程序必定是由短到长，因此，根据先期挂索的情况可以预计下一根较长索的情况，及时对卷扬机的性能和连接杆的长度进行调整。

对于配装拉丝式夹片群锚锚具的钢绞线拉索，挂索时先要在拉索的上方设置一根粗大的钢缆作为辅助索，拉索的聚乙烯套管先悬挂在辅助索上，然后逐根穿入钢绞线，用单根张拉的小型千斤顶调整好每根钢绞线的初应力，最后用群锚千斤顶整体张拉。新型的夹片群锚拉索锚具，第一阶段张拉使用拉丝方式，调索阶段可以使用拉锚方式。张拉及调整索力的过程中，要校核索力的增量和拉伸值的对应关系。实际上，张拉时不光索力增加，还会使桥面抬高，塔柱也向受力一方倾斜，这样就会使以张拉端的索孔端板为基准测量出的拉索伸长量有所增加。

大部分斜拉桥采用塔上的张拉方式，也有部分斜拉桥采用梁上张拉，但先挂索、后张拉索的程序不变。挂索、张拉属于起重和高处作业，必须周密考虑，采用最可靠的方案顺利完成作业。所有的机具、设备、连接件均应根据负荷选用。

二、主塔内拉索张拉施工

当主塔为空心塔柱截面时，常采用由拉索对称锚固的钢横梁构造及平面预应力钢丝束布置构造。拉索可在梁内张拉，也可在塔内张拉。现代的大跨径斜拉桥以对称悬臂拼装的施工方法为主。当主塔有足够大的抗弯刚度和能承受较大的拉索不平衡水平力时，可采用单边不平衡的张拉方法。但从便于施工控制和减小主塔施工阶段的弯矩考虑，常采用主塔两侧对称张拉拉索的施工方法，但也要求主塔内部要有足够的空间，以满足拉索施工工艺的要求，以及施工过程中施工机具、材料、设备、人员的施工需要。

斜拉索施工安装主要设备有垂直提升成品拉索盘、水平运输设备系统、卷扬机挂索系统、塔外活动提升平台系统、塔内提升系统、千斤顶及高压液压泵车、桥面起吊系统、塔式起重机等。

挂索施工。当成盘的斜拉索在桥面上放盘后，即进入挂索安装阶段。这也是斜拉桥施工的难点之一，尤其是长索（重量大、长度长、垂度大），故一般挂索可根据短索、中索、长索来制定挂索方案。

（1）短索挂索。质量不超过 6 t，可用索塔直接放盘，并将拉索张拉端先与主塔张拉千斤顶的牵引钢绞线连接，在桥面起重机的配合下，将拉索锚固段安装到主梁内完成挂索。

（2）中索挂索。可用主塔内的卷扬机滑轮组进行牵引，并与主塔张拉千斤顶的牵引钢绞线连接，完成挂索。

（3）长索挂索。挂索时要注意可能发生钢丝绳旋转、扭曲等情况。长索的挂索施工仍通过与主塔张拉千斤顶的牵引钢绞线连接来完成挂索。由于长索对牵引力的要求较高，故必须计算挂索设备满足要求后方可施工。

① 穿索施工。斜拉索的穿索牵引，采取刚性张拉杆张拉，以钢绞线柔性连接及牵引的特点，根据锚具体系特点，在锚头探杆与千斤顶钢绞线连接后，收紧钢绞线。当其牵引完成后拆除钢绞线，安装千斤顶，牵引锚头，直至永久螺母旋转到位锚固。在斜拉索施工中，对于每根索，其永久螺母带上的牵引力是不同的，长索牵引力很大，而钢绞线的牵引力有限。因此，在牵引穿索过程中应尽可能减少钢绞线的牵引力，而将牵引力大的穿索阶段由千斤顶的探杆（张拉钢杆）来承受。在拉运锚具牵引并进入拉索锚套管及拉出拉索锚套管时，均应将千斤顶严格对中，并有导向装置来调整拉索的不同角度，防止拉索锚具碰伤。

② 张索施工。拉索张拉工艺、索力及标高的施工控制是斜拉桥施工的关键所在，应按设计要求进行施工，由施工单位配合执行指令，并将施工控制的实际结果快速反馈给设计单位，以便及时调整，指导下一步骤施工。拉索的张拉，一般应考虑对主塔两侧平衡、对称、同步张拉，或相差一个数量吨位差以利施工控制和减小主塔内力。必要时也可考虑单边张拉，但必须经过仔细的计算。由于不同的斜拉桥，锚体的重量、构造各异，拉索锚具、千斤顶的拉伸量应适应设计要求，特别是长索的非线性影响、大伸长量及相应的各种因索影响，设计与施工都应予以充分的考虑和采取有效的技术措施。设计时应考虑在通车条件下，更换斜拉桥任何一根拉索的可能性，并且应在塔内留有必要的预埋件和起重设备，以便换索施工能顺利进行。

三、斜拉索安装要求

斜拉索安装方法可根据索塔高度、斜拉索长度、起重设备和缆索护套的性能等选用。斜拉索安装方法一般有单点吊法、多点吊法、脚手架法、起重机吊装法及钢管法等。对于已制成的较硬或较脆的外防护缆索，不得采用单点吊法安装。

如在塔上张拉并向上安装斜拉索时，塔上张拉端的钢头上应安装连接器与引出杆，并从锚箱管中伸出。缆索吊升至引出杆的连接器外时，即可与缆索杆的锚具连接，再从塔上的锚箱内张拉千斤顶，将缆索张拉就位。缆索锚引出就位后应将引出的千斤顶、引出杆、连接器等拆除，再按设计索力进行张拉。

如在塔上张拉并向下安装斜拉索时，可待缆索吊升至安装高度后，牵引钢丝绳可自塔上的锚箱管道内引出并拴住张拉端锚具，配合起重机的提升将锚具自锚箱管道中伸出，并旋紧锚具的螺母使其初步定位；然后用特制的夹具将锚固端的锚具伸入主梁锚箱的管道内，并予以初步旋紧定位，接着按设计要求的索力进行张拉。斜拉索的安装、张拉顺序与张拉力控制应按照设计规定办理。

各斜拉索的张拉应按设计规定的张拉力进行控制，以延伸值作为校核。在斜拉索的张拉过程中，必须同时进行梁段高程和索塔变位的观测并与设计变位值进行比较。如果标高与张拉力有矛盾，一般以标高为主进行控制。当实际张拉力与设计张拉力相差过大时应查明原因并与设计单位沟通，采用适当方法进行调整。

索塔顺桥向两侧和横桥向两侧对称的缆索组应同步张拉，中孔无挂梁的连续梁与两端索塔和主梁两侧对称位置的缆索也应同步张拉。同步张拉的缆索，张拉中不同步拉力的相对差值不得超过设计规定，如设计无规定时，不得大于张拉力的 10%。不同步拉力使塔顶产生的顺桥向偏移值不得大于 $H/1\ 500$（H 为桥面起算的索塔高度）。两侧不对称的缆索或设计拉力不同的缆索，应按设计规定的拉力分阶段同步张拉。

各斜拉索的拉力测定和调整。斜拉索张拉完成后，应使用振动频率测力计、索力测定仪、钢索周期仪、数字测力仪等测验各缆索的张拉力，每组及每索的拉力误差均应控制在 10%以内，如有超过应进行调整。调整时，可从超过设计拉力值最大或最小的缆索开始，在调整拉力时，应对索塔和相应梁段进行位移观测。各斜拉索的拉力调整值和调整顺序应会同设计单位决定。

斜拉索两端的锚具轴线和孔道轴线的允许偏差为 5 mm 锚具的孔道在末端封口前，应临时予以防护，防止雨水侵入和锚头被撞击。平行钢丝束缆索如采用聚乙烯护套时，一般在索力调整完成后往套管内压注水泥浆。所用水泥的强度等级为 52.5 级，水灰比不宜大于 0.35，为减少水泥浆的收缩率，可掺入有微膨胀功能、不腐蚀钢材的外掺剂。水泥浆的抗压强度应满足设计要求或不小于 30 MPa。水泥浆的压注压力一般可控制在 0.6 ~ 0.7 MPa，并应自下向上压注。当索高超过 50 m 时，可分段向上压注，压注时如从压注段上端的透气孔中溢出与压入处相似稠度的水泥浆时，表明该段索长已压注密实。压注完成后应及时除净残留在缆索表面、塔身的水泥浆。

7.4.4 斜拉锁锚固

一、锚具种类

斜拉索锚固常用锚具有热铸锚、墩头锚、冷铸墩头锚、夹片群锚 4 种，前三种锚具都可以预先装固在斜拉索上，统称为拉锚式锚具；配装夹片群锚的拉索，张拉时千斤顶直接拉钢索，张拉结束后锚具才发挥作用，所以夹片群锚又称为拉丝式锚具。

1. 热铸锚

将一个内壁为锥形的钢质套筒套在钢索上，然后将钢索端部的钢丝散开，在套筒中灌入熔融的低熔点合金，合金凝固后即在散开的钢丝套筒内形成一个头小尾大的塞子。钢索受拉后，这一塞子在钢筒内越楔越紧，外界的拉力就可以通过钢筒传递给钢索。习惯上把套在钢索上的套筒称为锚杯。锚杯可以用螺纹、销接、垫块等多种方式定着在工程结构上，图 7.4.4-1（a）为销接式锚杯，（b）为垫块式锚杯。用于张拉端的锚杯，必须备有能和张拉设备相连接的内螺纹。热铸锚适用于封闭式钢缆。在热铸锚中，即便使用的是低熔点合金，浇铸时的温度仍超过 4 000 °C，这一温度会对钢丝的力学性能带来不利的影响，因此可采用墩头锚和冷铸墩头锚。

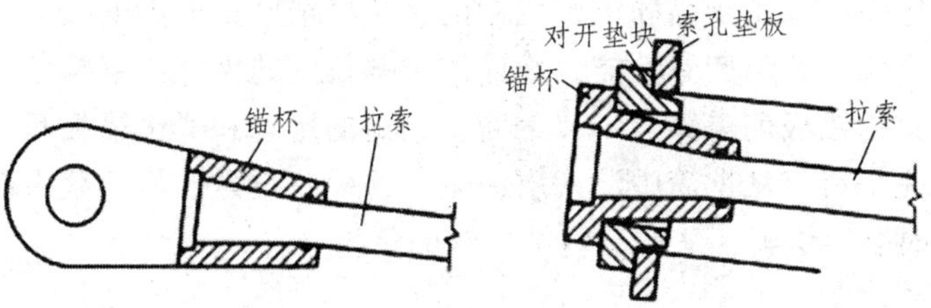

（a）销接式锚杯　　（b）垫块式锚杯

图 7.4.4-1　锚杯构造

2. 墩头锚

取一根钢丝，穿过孔板后将末端墩粗，由于墩出来的“疙瘩头”已通不过板上的孔眼，钢丝的拉力就可传递到孔板上；当孔板上的孔眼数和钢索中的钢丝数相当时，这块孔板就能锚固整根钢索，这种锚具称为墩头锚（图 7.4.4-2）。墩头锚具有良好的耐疲劳性能，适用于钢丝索。使用墩头锚时，必须选用具有可墩性的钢丝。墩头锚根据不同的使用场合可以有不同的形式。用于张拉端墩头锚需要有能和张拉设备相连接的螺纹，通常均留有内螺纹。

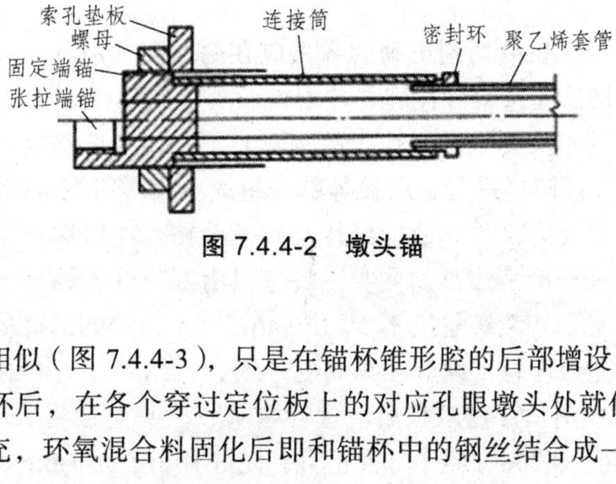

图 7.4.4-2　墩头锚

3. 冷铸墩头锚

构造和热铸锚具相似（图 7.4.4-3），只是在锚杯锥形腔的后部增设了一块钢丝定位板，钢索中的钢丝线通过锚杯后，在各个穿过定位板上的对应孔眼墩头处就位。锚杯中的空隙，用特制的环氧混合料填充，环氧混合料固化后即和锚杯中的钢丝结合成一个整体。

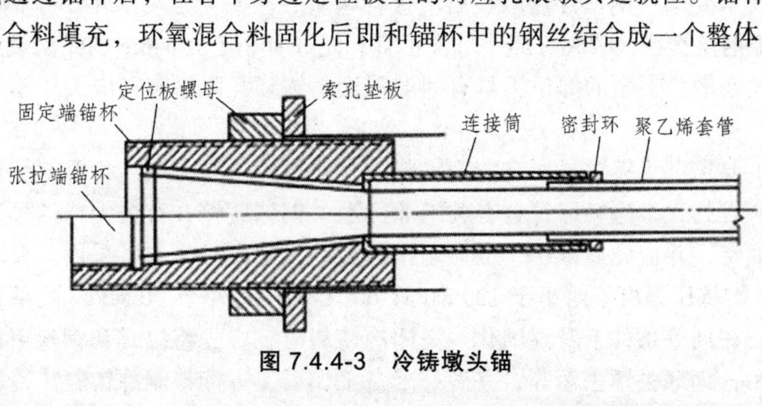

图 7.4.4-3　冷铸墩头锚

环氧混合料中必须加入钢球，钢球在混合料中形成承受荷载的构架。钢索受拉后，由于楔形原理，钢球受到锚杯内壁的挤压，对钢索中的钢丝形成啮合，使钢丝获得锚固。环氧混合料的固化温度不超过 1 800 °C，不会对钢丝的力学性能带来不利的影响。配装冷铸锚的拉索具有优异的耐疲劳性能，其耐疲劳应力幅大于 200 MPa，完全能满足斜拉桥的要求。

4. 夹片群锚

在后张预应力体系中，用于锚固钢绞线束的夹片群锚已是成熟的技术。在拉索上使用夹片群锚时，必须提高锚具的耐疲劳性能，为此用于斜拉索的夹片群锚具备一些特殊的构造。钢绞线索在进入群锚的锚板前需穿过一节钢筒，钢筒的尾端和群锚锚板间设有可靠连接，在斜拉索的索力调整完毕后，从钢筒中注入水泥浆。这样，拉索的静荷载由群锚承受，动荷载则在拉索通过钢筒时获得缓解，从而减轻了群锚的负担。

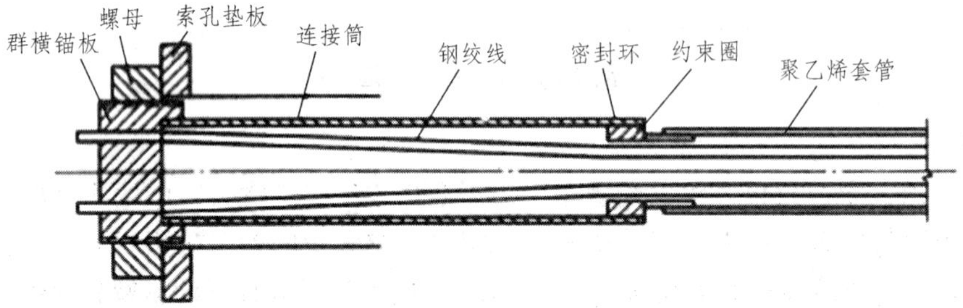

图 7.4.4-4 夹片群锚

二、锚固施工要求

成品索的检验与编号：长度切割正确的缆索应在两端配置锚具，锚具配置完成后即为成品索。每根索经检验合格后应按编号挂牌，并附检验资料作为产品合格证书的附件。

冷铸锚具的组成及其相关要求：斜拉索的锚具大都采用冷铸锚具，每副冷铸锚具主要由锚环、锚板、约束圈、连接筒、螺母、后盖等部分组成。其所用钢材的质量应符合有关标准。锚环、螺母是冷铸的主要受力部件，故应经探伤检测合格。冷铸锚具主要部件的精加工误差应符合设计规定，同一规格冷铸锚具的同类部件应具有互换性。锚环、螺母、接口、后盖等部件，当设计需要镀锌时，其镀锌量应不少 150 g/m^2。不镀锌的部件应妥善堆放于室内，避免生锈；如设计采用发蓝处理时，则应注意润色一致。

钢丝墩头技术要求：钢丝穿过墩板后应进行墩头，墩头直径要求不小于钢丝直径的 1.5 倍，高度不小于钢丝直径；墩头头形应目视正直；允许有小于 0.1 mm 的纵向裂纹，但不得有横向裂纹；钢丝在墩头夹紧的部位不得有削弱截面。锚环孔眼的直径应大于钢丝直径，但不得超过 0.4 mm。

冷铸料施工要求：冷铸锚具所有的冷铸料由环氧树脂、固化剂、稀释剂、增塑剂及钢球等组成，其中所有的化工原料应符合有关工业标准；钢球应符合有关钢球的标准。冷铸料的级配应经计算确定，并应先做试块，当力学指标达到设计要求后方可采用。要求固化后的冷铸料在 25 °C 时的抗压强度不应小于 120 MPa，60 °C 时不应小于 70 MPa。每灌制 1 只锚具应制作试块两组，在同等条件下升温固化。浇注冷铸料时，应先将锚具和钢丝束清洁，锚环内应无锈、无油污，钢球去锈去污等，并做好准备工作后，方能拌制冷铸料。冷铸料的配合比应经精确计量，确保拌和均匀。冷铸料和钢球的浇注须配备振动设备，确保浇注密实。将已浇注完成的锚具垂直吊放入烘箱进行升温固化，烘箱宜有自动控制温度的装置，以控制温度的升降。对于温度的升降速度按相关要求控制。

三、缆索预拉成盘要求

缆索预拉及预拉索力。无论是工地现场制作的平行钢丝缆索还是工厂绞制的钢缆索，在两端配置上冷铸锚具后，每根缆索均应经过预拉，预拉索力一般为设计索力的 150%。经预拉后测定锚板的内缩值满足设计规定或不大于 7 mm，螺母与锚环应能灵活旋动。预拉所用的千斤顶应按规定校验、标定。预拉时加荷要缓慢、均匀，加荷速度应不大于 100 MPa/min。加荷至初应力时（一般为预拉荷载的 5%～10%），测量索长。当加荷至设计索力的 150%时，持荷 5 min，放松至初应力，再次测量索长计算其塑性变形量。预拉后缆索的长度即为该索的实际长度，应将该长度记入产品合格证书中。要求缆索的实际长度和设计长度的差值 ΔL：当索长小于 100 m 时，ΔL 不大于 20 mm；索长大于 100 m 时，ΔL 不大于 $L/5\,000$。

缆索的荷载试验。为检验缆索的质量，可根据设计要求对缆索进行静荷载和动荷载试验。进行静荷载试验时，要求钢丝束的实际破断索力不小于设计破断索力的 95%，破断时钢丝束的延伸率不小于 2%。钢丝束的破断索力根据钢丝的标准抗拉强度及所有钢丝的截面面积经计算得到。在进行动荷载试验时，加载上限应满足设计要求。

缆索成盘或成圈及吊运时平行钢丝束应保持顺直平放，而工厂制成的绞制钢索则可按要求进行成盘或成圈。无论是成盘或成圈，其直径不能太小，一般宜大于 30 倍的缆直径。当缆索成圈运输时，每盘索圈的绑扎不应少于 4 道，并为保护缆索表面不致受损，必须在索圈的外面包裹两层麻布类的包装材料，要求包扎紧密，不损伤缆索表面。包装材料之外绑扎处垫补橡胶类的弹性材料。绑扎时应考虑好吊点位置以免另设吊点损伤缆索。

7.4.5　斜拉索施工控制

斜拉桥与其他桥型结构的差异在于索力是可调的，通过千斤顶对斜拉索进行张拉或放松，能调整梁的高程，改善梁的内力状态，使其符合所选定的最佳状态。因此，斜拉桥施工控制中的索力控制是非常重要的。斜拉桥主梁的施工状态与成桥状态的差异将在梁内产生附加内力。为保证主梁在施工中的安全和成桥后的应力状态最佳，主梁应力也是很重要的控制目标。成桥状态能否符合设计线形要求是工程验收的主要内容之一，成桥线形与施工过程紧密相连，因此在施工中，线形的控制也是必需的。

1. *索力控制*

进行索力控制时，首先要进行索力测试，在工程实践中，常用的索力测定方法有压力表测定法、压力传感器测定法和频率法，其中频率法精度较高，测试简便，应用较广。采用频率法时，索力计算公式如下：

$$T = 4\rho l^2 f^2$$

式中　T——索力，N；

ρ——单位索质量，kg/m；

l——索的计算长度，m；

f——索的自振基频，Hz。

上式忽略了索的抗弯刚度和因自重产生的垂度的影响，以及拉索的斜度和在索两端附近因装有减振橡胶圈产生的影响，忽略这些因素会对利用频率法测定斜拉桥索力造成一定的误差。

2. 线形控制

斜拉桥的线形控制主要是对主梁的线形控制。对悬臂浇筑的斜拉桥来说，主梁的线形控制一般是通过施工中设置预抬高度来实现，即将节段从浇筑到成桥发生的所有变形量用作预抬高度，从而使成桥后线形达到设计值。

节段预抬高度计算如下：

$$\Delta = f_1 + f_2 + f_3 + f_4 + f_5$$

式中 f_1——主梁节段浇筑挠度（含挂篮变形）；

f_2——施工期恒载挠度；

f_3——竣工后成桥近、远期混凝土收缩徐变挠度；

f_4——正活载挠度 1/2；

f_5——设计预抬高值。

上式各项均为理论计算值，对于前两项，实施值要根据实测反馈参数对设计预拱度对应值进行实时调整，以符合大桥变形的实际状态。

3. 应力控制

通过在主梁和索塔的控制截面布设应力测试元件，观测在施工过程中该截面处的应力变化和分布情况，为相应施工阶段的主梁应力及横截面分布提供依据。结合测试结果，综合判断施工过程中结构内力与变形，确保施工过程中的安全。

复习思考题

1. 斜拉索有哪几种类型？
2. 试述混凝土主塔的施工工艺。
3. 试述拉索张拉的施工工艺和注意事项。
4. 试述斜拉桥主梁的施工方法有哪些？如何选择？
5. 试述斜拉索的安装要求。
6. 斜拉索施工控制项目主要有哪些？

项目 8　钢桥构造与施工

【项目描述】

通过对不同类型钢桥构造的学习，了解我国铁路钢桥的种类，熟悉钢梁桥在铁路工程中的应用，掌握钢板梁、钢桁梁、钢箱梁、结合梁桥的构造特点。对钢桥悬臂拼装法、拖拉法、浮运架设法等施工方法进行学习，了解施工基本程序和工艺，熟悉施工质量控制要点和相关技术措施。

【教学目标】

1. 能力目标

（1）能识读钢桥施工图纸；

（2）能说明不同类型钢桥的组成及构造特点；

（3）能根据钢桥条件分析比选钢桥的施工方法。

2. 知识目标

（1）能描述钢桥的组成与分类；

（2）能阐述常用钢桥施工架设方法及适用条件；

（3）熟悉规范并会运用规范解决钢桥施工实际问题。

3. 素质目标

（1）培养学生细致严谨的工作作风、良好的职业道德和吃苦耐劳的优良品质；

（2）培养学生分析问题、解决问题、积极思考和勇于创新的能力；

（3）培养学生的综合业务能力。

相关案例——京沪高速铁路济南黄河大桥

京沪高速铁路济南黄河大桥（图 8-1）位于济南境内，大桥全长 5 143.4 m，跨度 728 m，宽 31 m，共有 144 个桥墩，包括主桥、北引桥和南引桥三部分，是北京至上海、太原至青岛铁路两线共用的四线桥。设计速度为 350 km/h，初期速度为 300 km/h，同时满足太青铁路的跨线运营，跨线列车运营速度为 200 km/h 以上。桥位处主河槽水面宽度约 290 m、两岸黄河大堤堤距约 930 m。跨河主桥采用五跨连续钢桁柔性拱（112 + 168 + 168 + 168 + 112）m，6 个主墩，其中 3#主墩基础采用 24 根ϕ2.5 m 的钻孔桩基础，圆端形承台平面尺寸 36 m × 23.2 m，桩长 80 m。本桥为京沪高铁重点、难点控制性工程之一，大桥由中铁一局桥梁公司承建，于 2008 年 4 月 18 日开工建设，2010 年 4 月 14 日全线贯通。

京沪高速铁路济南黄河大桥主桥跨度布置为 112 m + 3 × 168 m + 112 m，采用等高度的刚性梁柔性拱方案，刚性主梁采用带竖杆的等高度三角形桁架，柔性拱肋按圆曲线布置，主桥横向采用两片主桁，桥面采用正交异性钢桥面板。主桥钢桁梁采用先梁后拱的方式施工，即先悬臂拼装平弦钢桁梁，该部分合龙后再拼装拱架部分。

图 8-1　京沪高速铁路济南黄河大桥

京沪高铁济南黄河大桥造型美观、结构新颖、施工技术难度大、施工条件复杂。大桥由 70 多万个螺栓连接而成，中间柔性拱共三跨，每跨拱架设有 10 个节段。中铁一局桥梁公司在京沪高速铁路济南黄河大桥施工建设中依靠自主创新，从总体施工方案和专项方案，经过多次专家评审会、论证会研究和讨论，确立了大桥施工项目管理模式研究、钢桁梁柔性拱架设等 25 项科技开发项目和栈桥施工质量、钢梁高强螺栓施拧过程质量控制等 15 项 QC 攻关项目。实现黄河大桥大跨度施工栈桥设计与施工技术、黄河大桥水中大型钻孔施工平台设计与施工技术、水中大直径超长钻孔桩施工技术、钢梁架设施工技术等 10 项技术创新重要成果。

任务 8.1　钢桥的类型与构造

钢桥可以根据不同的条件要求建成多种形式，其种类比其他材料制造的桥梁更多，主要可分为梁式体系、拱式体系及组合体系。

一、梁式体系

按力学图式，梁式体系可分为简支梁、连续梁和悬臂梁（见图 8.1-1）；按主梁的构造形式，梁式体系可分为板梁桥、桁梁桥、箱梁桥和结合梁桥。

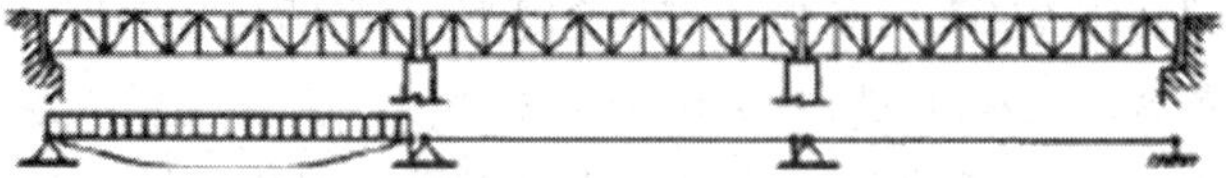

（a）简支梁

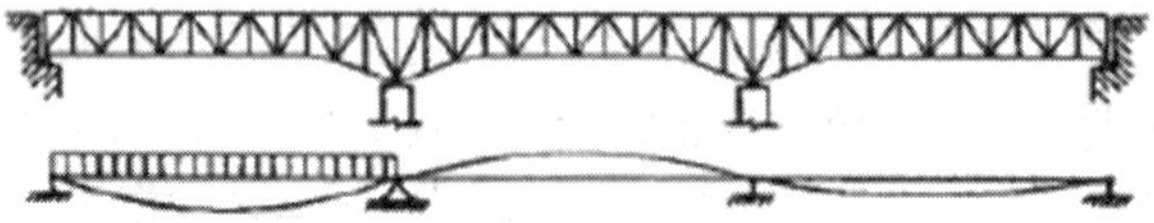

（b）连续梁

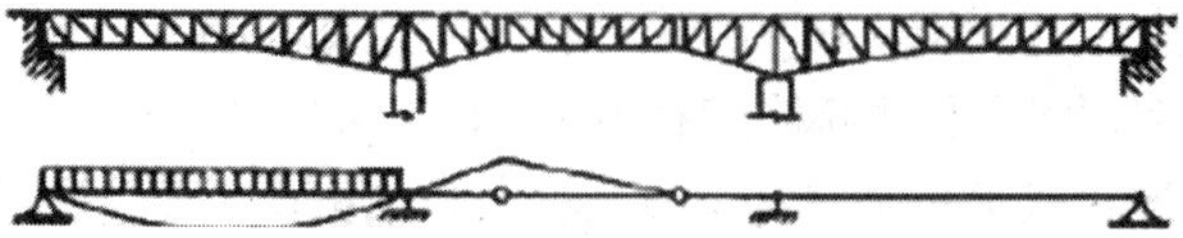

（c）悬臂梁

图 8.1-1　梁式体系钢桥

二、拱式体系

按力学图式，拱式体系可分为有推力拱和无推力拱（见图 8.1-2）；按拱肋的构造形式，拱式体系可分为板式、桁式和箱式。

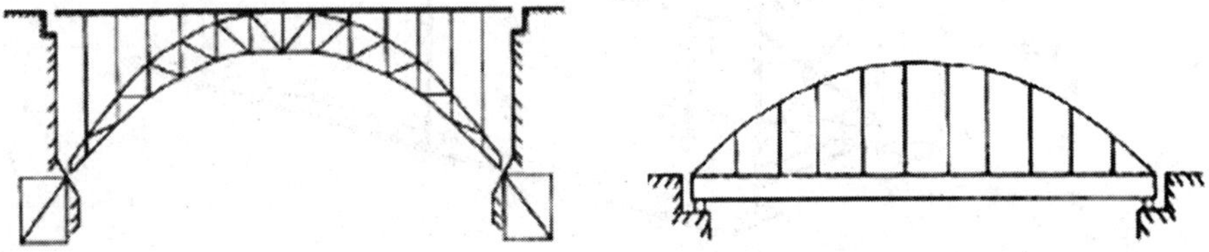

（a）有推力拱　　（b）无推力拱

图 8.1-2　拱式体系钢桥

三、组合体系

这类桥型包括吊桥（又称悬索桥）和斜拉桥（见图 8.1-3），都是利用高强钢索来承重。吊桥的承重构件是高强度钢索，恒载轻，跨越能力大。斜拉桥的承重构件是斜拉索和梁，其钢梁可以是板式、桁式或箱式，恒载较轻，风动力性能较吊桥好，故发展很快。

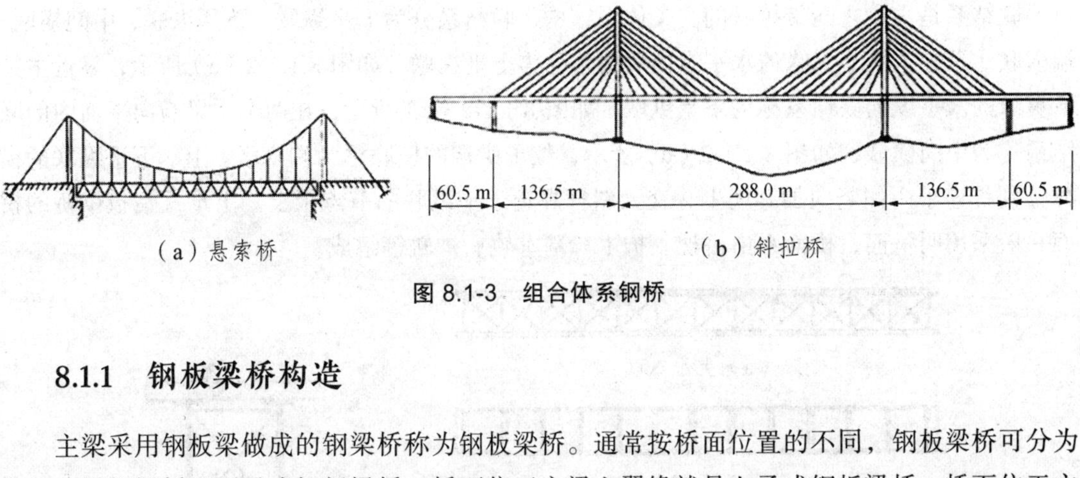

（a）悬索桥　　（b）斜拉桥

图 8.1-3　组合体系钢桥

8.1.1　钢板梁桥构造

主梁采用钢板梁做成的钢梁桥称为钢板梁桥。通常按桥面位置的不同，钢板梁桥可分为上承式钢板梁桥和下承式钢板梁桥。桥面位于主梁上翼缘就是上承式钢板梁桥，桥面位于主梁下翼缘则为下承式钢板梁桥。钢板梁桥的优点是构造简单、制作容易，可整孔运输，安装、维修和养护方便。当跨度小于 40 m 时，钢板梁桥比钢桁梁桥经济，但是与钢筋混凝土梁或预应力钢筋混凝土梁相比，钢板梁造价高。因此，只有在工期要求紧，场地受到限制的情况下才考虑采用钢板梁桥。

一、上承式钢板梁桥构造

上承式钢板梁桥的上部结构主要有主梁、联结系（包括上平纵联、下平纵联、中间横联、端横联等）、桥面和支座，如图 8.1.1-1 所示（桥面与支座略）。这种梁式适合于建筑高度不受限制的桥梁。

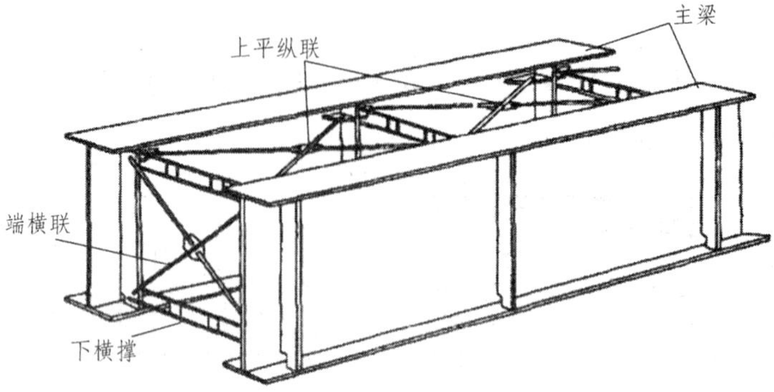

图 8.1.1-1 上承式钢板梁桥的构造图

主梁是上承式钢板梁桥的主要承重结构，由两片钢板梁组成，标准设计采用两片主梁中心距为 2 m。每片钢板梁由上、下翼缘板和腹板通过焊接或铆接组成。跨度较小时，主梁用等截面梁；跨度较大时，可采用变截面梁，使主梁截面承受弯矩的能力大致符合弯矩图以节约钢材。为了保证主梁腹板的局部稳定性，在腹板两侧每隔一定距离设置腹板加劲肋。加劲肋可分为竖向加劲肋和水平加劲肋，考虑到联结系的布置及腹板稳定的需要，竖向加劲肋通常按间距为 2 m 等距离布置。加劲肋的上端与上翼缘顶紧，以支承翼缘板。

联结系是主梁之间带撑杆的交叉体系结构，联结系分为上平纵联、下平纵联、中间横联、端横联。靠近主梁上翼缘的水平纵向联结系称为上平纵联，如图 8.1.1-2（a）所示；靠近主梁下翼缘的水平纵向联结系称为下平纵联，如图 8.1.1-2（c）所示；在两个主梁横向平面内的联结系称为中间横联，如图 8.1.1-2（d）所示；位子梁端的横联称为端横联。上、下平纵联的横撑分别焊连于内侧竖向加劲肋上，交叉斜杆焊连于平纵联的节点板上。上承式钢板梁桥的桥面一般采用明桥面，桥面系出桥枕、护木、基本轨、护轨等组成。

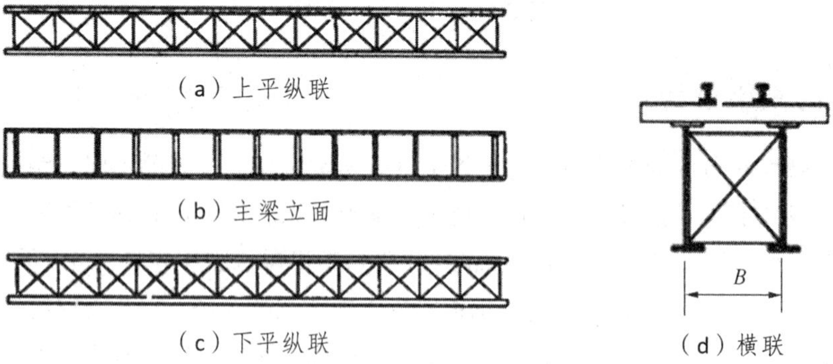

图 8.1.1-2 联结系

二、下承式钢板梁桥构造

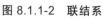

下承式钢板梁是在桥梁的建筑高度受到限制时使用。其结构形式是在两片工字形板梁的下翼缘间加纵横梁桥面系。列车在主梁中间穿过，因而主梁中心距加大为 5.4 m，所以与上承板梁相比所耗钢料较多。主梁的构造与上承式板梁者相同，其纵横梁桥面系与桁架梁桥面系

基本相同。下承式钢板梁桥的上部结构主要包括主梁、联结系、桥面系、桥面及支座。如图 8.1.1-3 所示。

主梁是下承式钢板梁桥的主要承重结构，其组成与上承式钢板梁桥的主梁相同。在靠近主梁下翼缘设下平纵联，由于列车穿过两片主梁，故无法设置上平纵联。桥面系是由纵梁和横梁组成的水平梁格结构，主要传递桥面上的竖向荷载。下承式钢板梁桥的主梁与桥面系形成一个敞口框架，在主梁与横梁之间加肱板，支撑主梁上翼缘，保证上翼缘的稳定，并可起横联的作用，减小或防止主梁偏斜。桥面系的纵梁高度较主梁小得多，大大缩小了建筑高度。如图 8.1.1-4 所示。

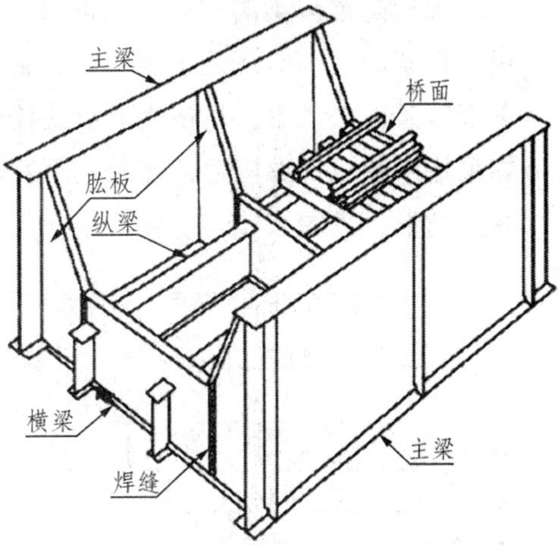

图 8.1.1-3　下承式钢板梁桥构造图

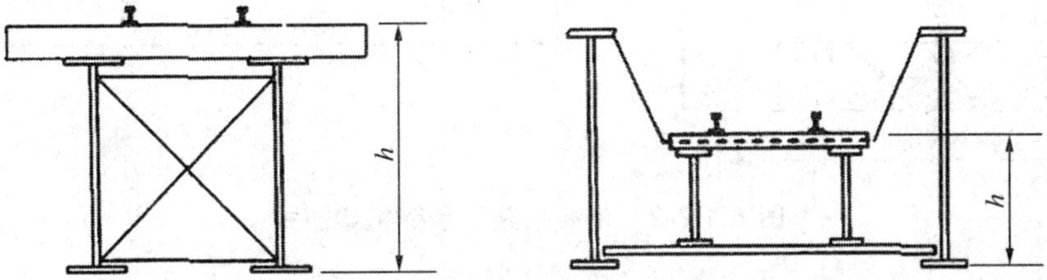

图 8.1.1-4　上承式钢板梁桥与下承式钢板梁桥的建筑高度

与上承式钢板梁桥相比，下承式钢板梁桥使用钢材较多，构造复杂，制造费用大，但由于它具有建筑高度小的优点，可在城市立交等桥下净空受限情况下使用。

8.1.2　钢桁梁桥构造

钢桁架桥按桥面位置的不同，可分为上承式钢桁架桥和下承式钢桁架桥，其中上承式钢桁架桥的桥面位于主桁架的上部，下承式钢桁架桥的桥面位于主桁架的下部。

下承式简支栓焊钢桁架桥由主桁架、联结系、桥面系、制动联结系、桥面、支座及墩台等部分组成。上承式钢桁梁的桥面系设在主桁上弦，主桁上、下弦长度相等。如图 8.1.2-1 所示。

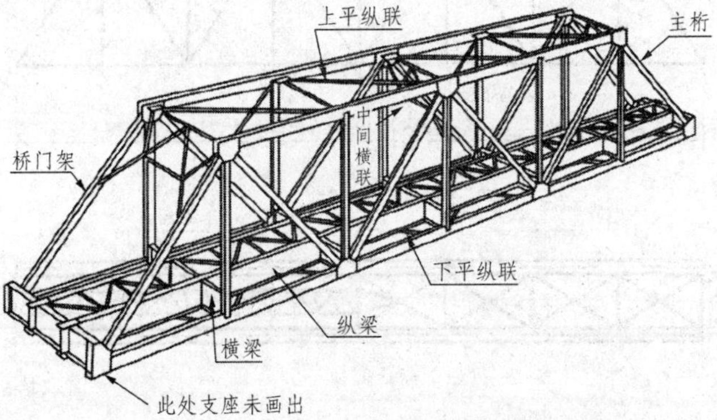

图 8.1.2-1　下承式简支栓焊钢桁架构造

主桁是桁架梁的主要组成部分，它的桁式选择是否合理，对桁梁的设计质量起着重要作用。桁架形式与腹杆的形式有关，而腹杆形式的选择则以节约钢材、制造与安装方便和外形美观等条件来考虑，在铁路下承式栓焊桁梁的标准设计中，48 m、64 m、80 m 跨度的钢桁梁均采用平弦三角形桁架，96 m、112 m、128 m 跨度的钢桁梁采用平弦尖头菱形，也有采用平弦三角形，见图 8.1.2-2。

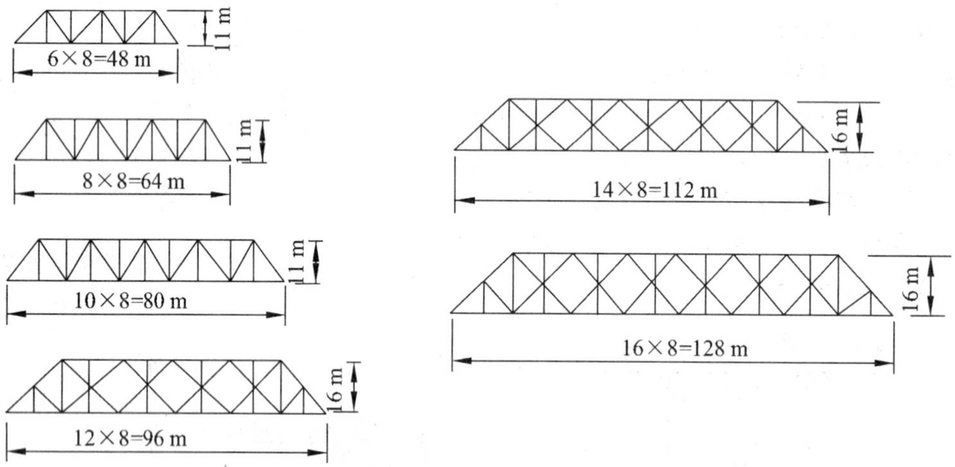

图 8.1.2-2 单线铁路下承钢桁梁图式

联结系有纵向联结系和横向联结系两种。纵向联结系设在主桁架的上、下弦杆平面内，分别称为上平纵联与下平纵联。纵向联结系的主要作用是承受桥跨结构上的横向水平荷载，见图 8.1.2-3。

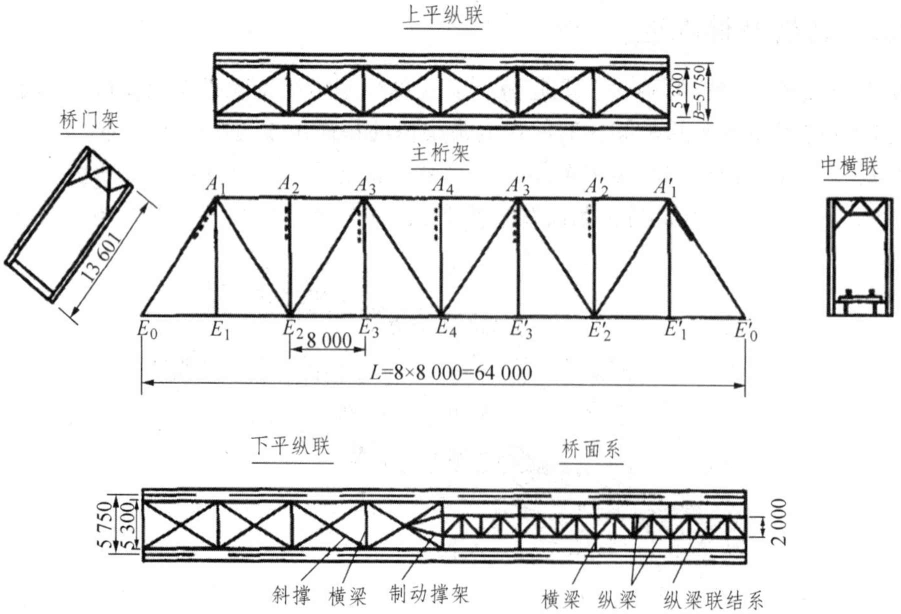

图 8.1.2-3 下承式简支钢桁架桥的构造简图

横向联结系设在桥跨结构的横向平面内，位于桥跨结构中部的叫中间横联，位于桥跨结构端部的叫端横联。在下承式钢桁架桥上，端横联也叫桥门架。桥门架设在主桁架端斜杆平面内，中间横联设在主桁架竖杆平面内，若主桁架没有竖杆时，中间横联可设在主桁架中间斜杆平面内。对于钢桁架桥，中间横联的间距不大于两个节间。中间横联的作用是增加钢桁架桥的抗扭刚度，当桥跨结构受到不对称的竖向荷载和横向荷载时，中间横联还可适当调节两片主桁或两片纵向联结系的受力不均匀性。

桥面系由纵梁、横梁及纵梁之间的联结系组成，主要承受并传递竖向荷载和纵向荷载。纵梁之间的联结系将两片纵梁联成整体，纵梁间距通常为 2 m。下承式钢桁架桥的桥面系位于主桁的下平纵联平面上，为了争取较小的建筑高度，下承式钢桁架桥的纵梁和横梁通常布置在同一平面上。

制动联结系又称制动撑架，它的作用是使作用于纵梁上的纵向水平制动力通过制动联结系传至主桁架，再由主桁架传给支座，从而减小纵向荷载对桥面系杆件特别是横梁的不利影响。制动联结系通常由四根短杆组成，设置在与桥面系相邻的平纵联的中部。对跨度不超过 48 m 的桥可以不设制动撑架。

铁路钢桥的桥面有明桥面和道砟桥面两种，我国钢桁梁桥多使用明桥面。这种桥面体系施工方便，安全可靠；缺点是噪音大，枕木与纵梁接触处易锈蚀，且此处纵梁翼缘与腹板的连接焊缝易发生疲劳破坏。若采用正交异性板道砟桥面，则上述缺点可得到改善，这种钢桥面体系的特点是噪声小，整体刚度好，荷载分布能力强，桥面板作为主梁的一部分参与共同受力。该桥面体系节约钢材，发挥薄板优良的力学性能，焊接加工也较容易。

我国单线铁路简支钢桁架桥标准设计共有 3 组图式、6 种跨度，见图 8.1.2-2。

第 I 组为上承式钢桁梁，跨度有 48 m、64 m、80 m 三种，主桁几何图式为带端竖杆的三角形腹杆体系，主桁高度为 8 m，节间长度也为 8 m，主桁中心距为 4 m。

第 II 组为下承式钢桁梁，跨度仍为 48 m、64 m、80 m 三种，主桁几何图式为三角形腹杆体系，主桁高度为 11 m，节间长度为 8 m，主桁中心距为 5.75 m。

第 III 组也是下承式钢桁架，跨度有 96 m、112 m、128 m 三种，主桁几何图式为米字形，主桁高度为 16 m，节间长度为 8 m，主桁中心距为 5.75 m，见图 8.1.2-2。

采用标准化设计，使钢桁架桥的设计、制造、安装和养护变得简单和方便。由于杆件主要尺寸大体相同，对同种杆件类型可通用，提高了产品工效和质量，便于运输和存放，增加了杆件的互换性，提高了安装维护速度，有利于运营期间养护维修、抢修。

8.1.3　钢箱梁桥构造

钢箱梁桥是指主梁为薄壁闭合截面形式的梁桥，主梁常称为箱形截面梁或箱形梁。箱形梁不但可作为梁式桥的主梁形式，而且是其他大跨度桥梁，如悬索桥、斜拉桥所经常采用的主梁形式。在结合梁桥中钢梁也经常采用钢箱梁形式，如图 8.1.3-1 和图 8.1.3-2 分别表示公路和铁路桥梁中常用钢箱梁的一些构造形式。构成箱梁的顶板、底板和腹板，其厚度与高度或宽度相比非常小，为了保证其受力性能，必须配置一定数量的加劲构件（如加劲肋和横隔板）。

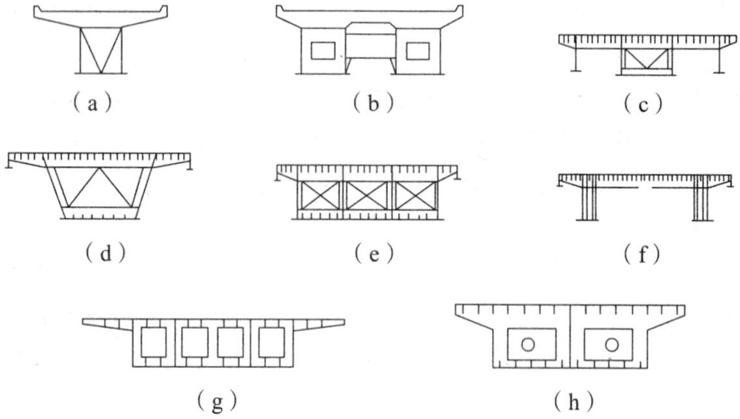

图 8.1.3-1　公路桥梁中的钢箱梁截面形式

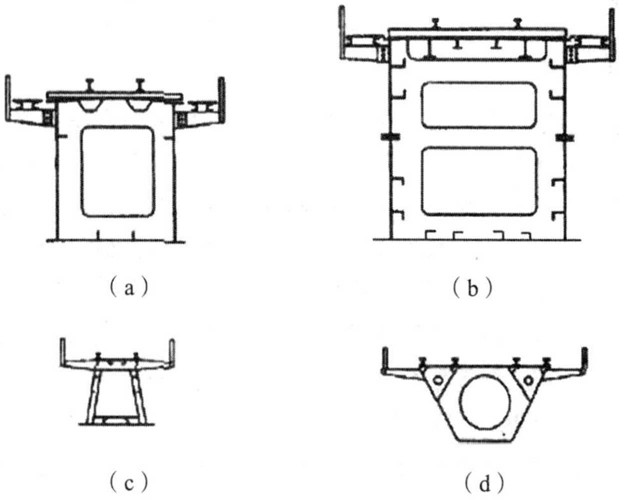

图 8.1.3-2　铁路桥梁中的钢箱梁截面形式

箱形截面梁主要由顶板、底板、腹板和加劲构件等组成（见图 8.1.3-3），钢箱梁的顶底板和腹板厚度较小，是典型的闭口型薄壁结构。因此，需要采用一定数量的加劲构件，如加劲肋和横隔板，来保证钢箱梁受力性能。箱形截面梁的顶板又兼作桥面板之用，有钢筋混凝土桥面板和钢桥面板两种。为了减轻重量和增加箱梁的整体性，正交异性钢桥面板的应用更加广泛。

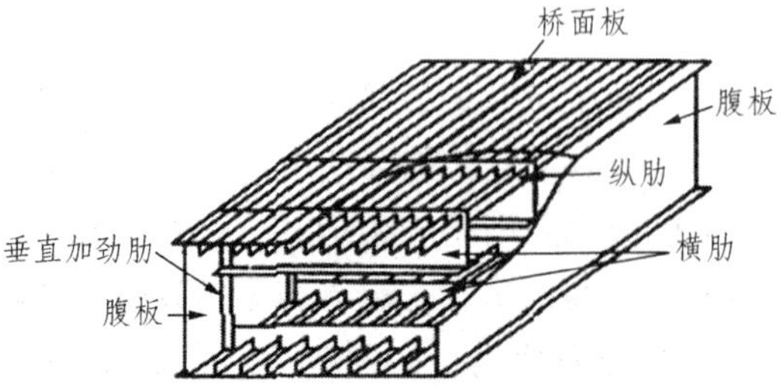

图 8.1.3-3　箱形截面梁构造

8.1.4　结合梁桥构造

结合梁或结合梁桥是指采用剪力传递器将钢板梁、钢箱梁、钢桁梁等钢梁与钢筋混凝土行车道板结合起来共同工作的一种复合梁式结构（图 8.1.4-1）。结合梁的截面为组合截面，在简支情况下，钢筋混凝土板通过剪力联结器（图 8.1.4-2）与钢梁的受压翼缘结合在一起，使板能起到增强钢梁的作用，从而节省钢材，发挥了混凝土抗压性能好的优点。同时，钢筋混凝土板可兼作道砟槽，因而结合梁可做成道砟桥面，这样，与明桥面的钢梁相比，更能适合在曲线上和坡道上使用。结合梁桥在活载作用下比全钢梁桥的噪声小，适合用于城市跨越道路的桥梁等优点。结合梁桥容易调整坡度和外超高，特别适用于曲线地段。以往采用结合梁最多的是简支梁桥，近年随着结合梁技术的不断发展，其使用范围已扩展到连续梁桥、斜拉桥、悬索桥、系杆拱桥，推力拱桥等多种复杂体系，广泛用于公路、铁路桥梁中。

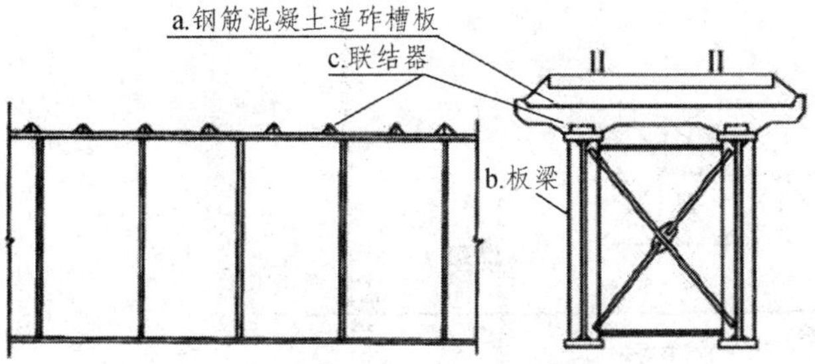

图 8.1.4-1　结合梁简图

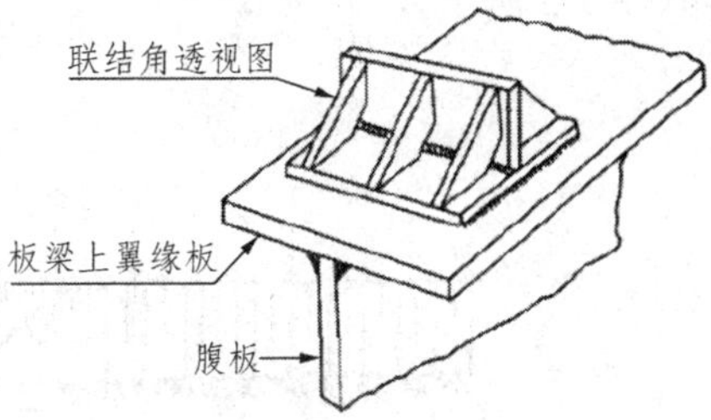

图 8.1.4-2　刚性剪力联结器

为了保证钢梁与钢筋混凝土行车道板共同受力，必须设置可靠的剪力传递器来传递梁在弯曲变形中产生的剪力。剪力传递器（见图 8.4.1-3）分为刚性的和柔性的两种。刚性剪力传递器一般采用型钢如槽钢、角钢做成；柔性剪力传递器采用斜钢筋做成，也可采用其他的形式如带帽螺栓。剪力传递器应焊接在钢梁上翼缘上，并与桥面板钢筋焊连。

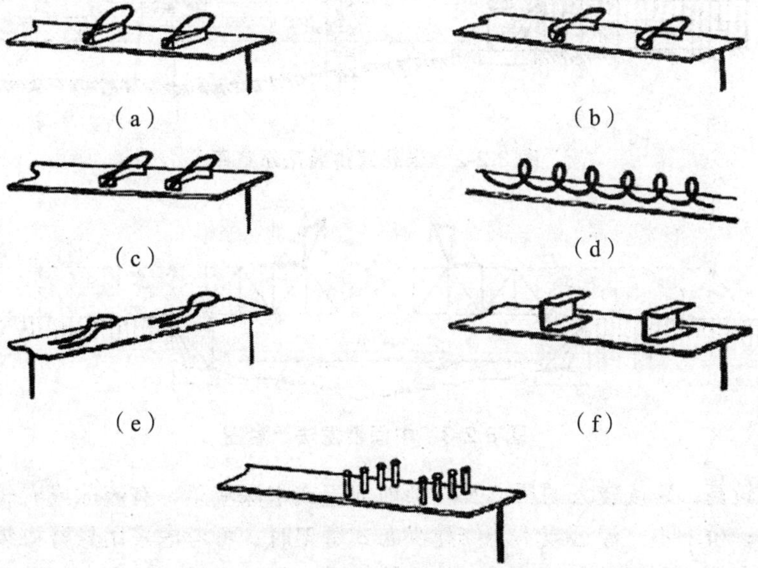

图 8.1.4-3　剪力传递器

钢筋混凝土行车道板可事先预制，并在预制板上与剪力传递器对应的位置处预留孔，架梁时在孔内灌入膨胀水泥砂浆，以保证梁与行车道板共同受力。钢筋混凝土行车道板也可在工地现浇，与钢梁结合得更好。

任务 8.2 悬臂拼装法施工钢桥

悬臂拼装法是在桥位上将杆件逐根地依次拼装在平衡梁上或拼装在已拼好的部分钢梁上，形成向桥孔中部逐渐增长的悬臂，直至拼至下一墩台上，这种拼装方法称为全悬臂拼装法，如图 8.2-1 所示。若在桥孔中设置一个或一个以上临时支墩进行悬臂拼装，则称为半悬臂拼装法，如图 8.2-2 所示。如果由桥跨两边墩（台）向中间拼装至桥孔中合龙，叫中间合龙法，如图 8.2-3 所示。

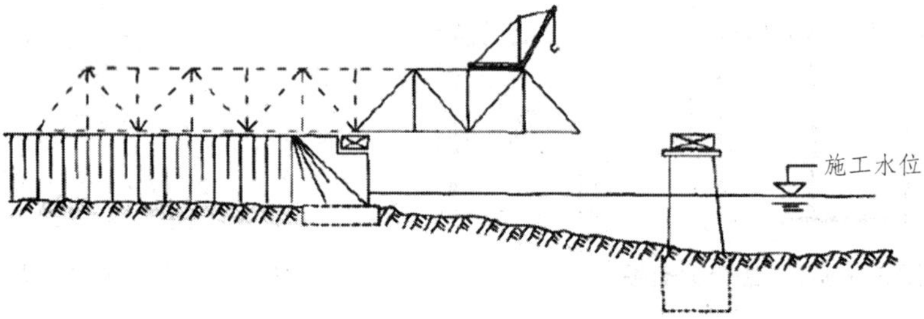

图 8.2-1　全悬臂拼装法示意图

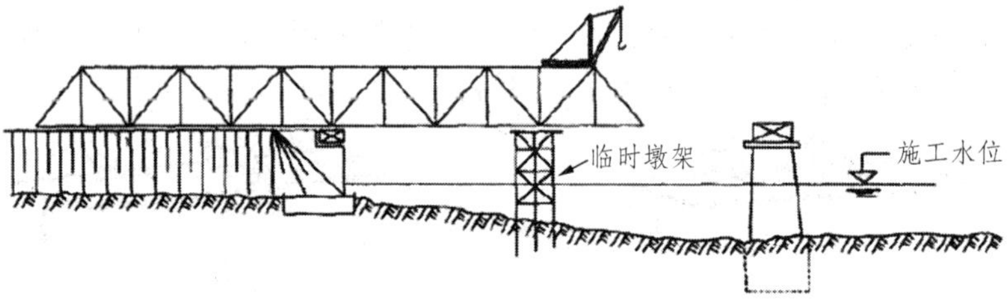

图 8.2-2　半悬臂拼装法示意图

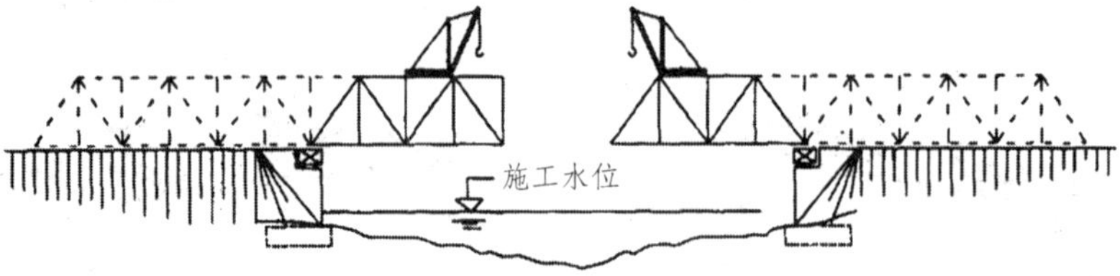

图 8.2-3　中间合龙法示意图

通常桥墩较高，跨度较大的桥以及在通航河流或水深流急，有流冰或有较多木排的河流上架设的桥梁；桥下不宜浮运或不能修建满布式膺架时，可考虑采用悬臂拼装法架设钢梁。当钢梁的结构形式有利于悬臂架设时，如连续桁梁、悬臂桁梁，架设时与运营时结构的受力相似，则可考虑采用悬臂拼装法架设。

钢梁在悬臂架设过程中，随着悬臂长度的增加，自由端的挠度和悬臂支承处附近杆件的应力将逐渐加大，可能超出其容许范围，从而造成钢梁线形与设计不符或造成局部区段杆件产生屈服或失稳，影响整个结构的安全性。因此，如何降低钢梁安装应力和减小伸臂端挠度，安全稳妥地架设钢梁，是悬臂架设中的关键问题。为此，需要从增强梁的刚度、减少梁的悬臂长度，严格控制悬臂端上的施工荷载以及安装方法等方面来考虑。可采取以下措施减小安装应力：

对安装应力最大的杆件采取临时加固措施。对压杆，可增加中间侧向支承以减小压杆的自由长度；或在杆件内嵌入方木并用螺栓和钢箍把它与杆件夹紧；也可换用较大截面的杆件，该杆件在钢梁架设完毕后，一般不再拆换。

在伸臂安装应力最大区段加设加劲梁。加劲梁和钢梁结合成一整体结构，增大了该区段的刚度和强度，从而降低了该段杆件的安装应力和减小了悬臂端的挠度。加劲梁可借用暂不拼装的钢梁杆件，当该孔钢梁拼装完毕后即可把加劲梁拆除。图 8.2-4 所示为加劲梁示意图。

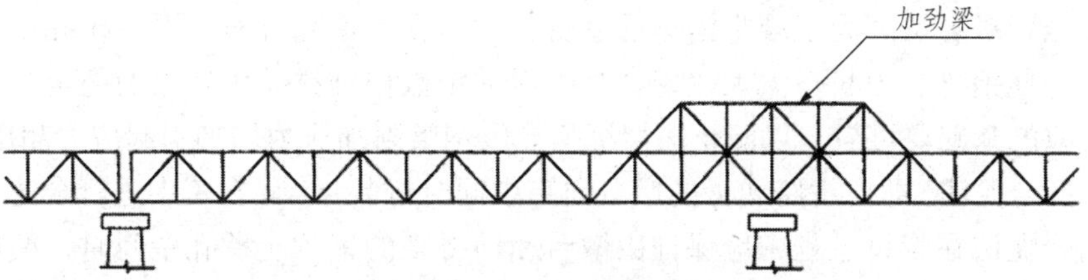

图 8.2-4　加筋梁设置示意图

在安装应力最大区段铺设预施拉力的吊索，这种悬臂架设法又叫吊索塔架法。吊索塔架是钢梁安装的辅助结构，它由支于钢梁上的塔架、高强度钢丝吊索、上下锚箱、上下拉板以及锚箱小车等组成，如图 8.2-5 所示。利用吊索塔架将钢梁悬出部分向上提拉，借助吊索的斜拉力，从而减小杆件应力和梁端挠度，从而安全地拼装到下一桥墩上。

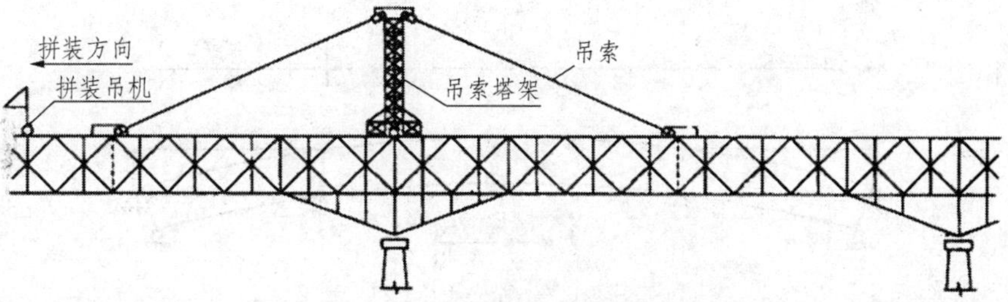

图 8.2-5　吊索塔架安装示意图

墩旁设托架，如图 8.2-6 所示。为避免钢梁超过安装应力或过多的加固杆件，悬臂拼装钢梁时，可在前方墩台的一侧，安装一定长度的临时钢架，又称墩旁托架。当钢梁悬臂拼装至托架顶部时，则可将梁端支承在托架上以减小悬臂长度，改善悬臂时的受力状态和减小梁端挠度。托架通常是用拆装式杆件拼成，其长度根据施工要求来决定。当该孔钢梁拼装完毕后即可把托架拆除。

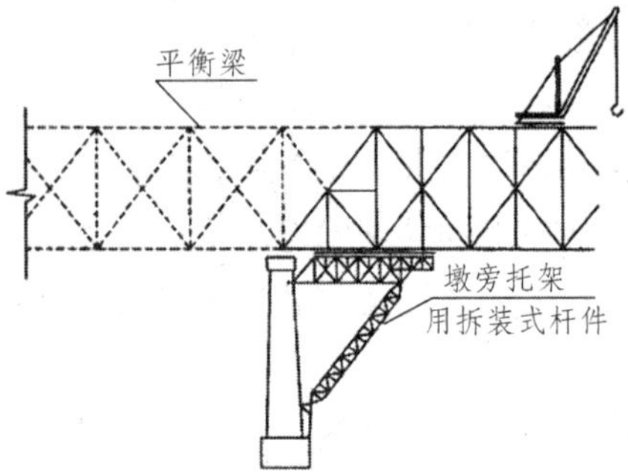

图 8.2-6 墩旁托架示意图

使用水上吊船。当悬臂拼装至一定长度，若钢梁某些杆件的安装应力接近容许值时，拼梁吊机不能再向前拼装杆件，这时如条件许可，可将拼梁吊机后移至支座处，所余 1 ~ 2 个节间杆件的安装工作，可用水上吊机进行。即由水上运送钢梁杆件，用水上吊机进行安装。水上吊机应在水位平稳、无大风大浪的情况下使用。吊装杆件一经就位，上足螺栓后，应立即脱钩，以防吊船摇摆时吊钩牵动钢梁，使钢梁承受额外的附加力。

采用半悬臂拼装法。为了减少钢梁的悬臂长度，在条件允许时，可在桥孔中设置一个或几个临时墩，使钢梁受力状态大大改善。临时墩的个数根据拼装中钢梁的稳定和受力状态来决定。临时墩的基础要可靠，以防止墩架沉陷导致钢梁附加应力增加引起应力超限。

采用中间合龙法。即由桥跨两旁的墩台向跨中同时拼装钢梁，在跨中进行合龙，如图 8.2-7 所示。中间合龙法在架设过程中应保证由墩台相向拼来的钢梁至桥孔中间时，两侧钢梁的端截面保持垂直，这时两侧钢梁合龙的杆件对准，钢梁通过纵向移动的调整顺利地达到合龙。通常采用调整锚固梁前后支座的相对高度来达到要求，使合龙截面处的弯矩和剪力均为零，合龙节点在不受力的情况下拼装，合龙后再进行应力调整。

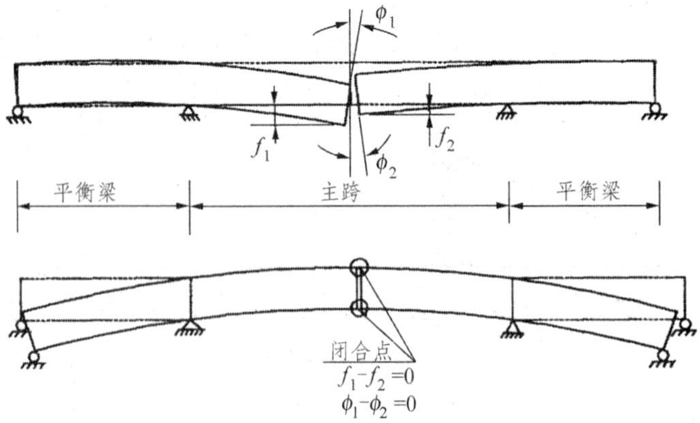

图 8.2-7 中间合龙法示意图

由桥梁厂运至工地的都是单根杆件和一些拼接件，为了减少拼装钢梁时桥上的高空作业，减少吊装次数，通常将各个杆件在桥下预拼场内预先拼装成吊装单元，以期加快施工进度。预拼场内可完成的主要工作有杆件油漆、弦杆与拼接板预拼、两片纵梁组合预拼等。预拼工作均在拼装台座上进行。在预拼工作中如遇弦杆节点设置预拱度转角，应仔细核查认可后才可进行栓接。

由预拼场预拼好的钢梁杆件经检查合格后，即可按拼装顺序先后运至提升站。由提升站吊机把杆件提运至平板车上，由牵引车运至拼梁吊机处，拼装就位。在拼装工作中，应随时测量钢梁的立面和平面位置是否正确。监测应力最大区段的应力变化情况，和施工控制计算结果进行比较，实行有效的施工监控。

钢梁的拼装连接普遍采用高强度螺栓。我国常用扭角法和扭矩系数法进行预拉力控制。在桥梁杆件拼装中，用冲钉来固定栓孔的位置，用高强螺栓作拼装螺栓以初步夹紧板层。安装冲钉及高强螺栓后，被连接钢板表面之间应达到密贴，用 0.3 mm 的塞尺不得深入 20 mm。螺栓头及螺母侧均置以垫圈，以扩大支承面积及不使钢板面因拧动螺母时而被擦伤。在拧紧螺栓时，应严格遵守施工工艺要求，准确地使螺栓达到预拉力。既不要超拧使螺栓预拉力超强而导致螺栓断裂，又不能欠拧使螺栓达不到预拉力，降低连接强度。同时还导致节点处交汇的杆件容易松动，产生相对位移，影响钢梁的预拱度。为了防止雨水及空气中潮湿气侵入被连接处的板缝内而引起钢板的锈蚀，在螺栓全部拧紧合格后，应用腻子抹缝并油漆。

任务 8.3　拖拉架设法施工钢桥

拖拉架设法是将钢梁在桥头路基或临时膺架上进行拼组，并在钢梁纵梁下或主桁节点处安设上滑道，在路基或膺架、墩台顶面安置下滑道。在上、下滑道之间根据施工设计的需要放置一定数量的滚轴，然后通过千斤顶、滑车组、绞车等牵引设备，沿桥轴纵向拖拉钢梁至预定的位置，最后拆除牵引设备，落梁就位。

拖拉法架梁施工，钢梁的现场拼装工作大部分是在岸边路基或工作平台上进行，工作条件好，容易保证质量。同时减少了高空作业的时间，比较安全。钢梁的拼装工作可以和墩台基础的施工并列进行，因而可以全面使用劳动力以缩短工期。拖拉法用于多孔连续梁的施工时，在一定的条件下较为经济。拖拉法用于战时抢修或行车线路上的换梁，则可以保证尽快恢复运营通车。

拖拉法施工需要有拖拉牵引的设备，并设置一定数量的滑道以及布置临时墩架等。由于拼装需要较大场地，拖拉法受到建桥工地附近地形的限制。对于大跨度双线钢梁，如果使用拖拉法则桥面系超强过多，加固量大。常用的拖拉架梁的方法有：

半悬臂纵向拖拉法。根据拖拉的桥跨结构杆件受力情况和结构本身稳定的要求，在拖拉过程中有时需要在永久性的墩、台之间设置临时性的中间墩架，以承托被拖拉的桥跨结构，这就是半悬臂的纵向拖拉。图 8.3-1 表示用拆装式杆件拼组成中间临时墩架的纵向拖拉。若桥位水流较深，水位稳定，搭设中间膺架不便时，可考虑采用中间采用浮船支承的纵向拖拉法架梁，如图 8.3-2 所示。

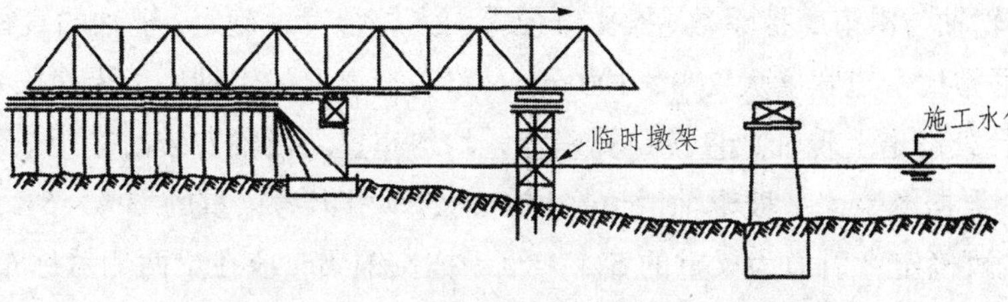

图 8.3-1　中间设临时墩架纵向拖拉架设钢梁

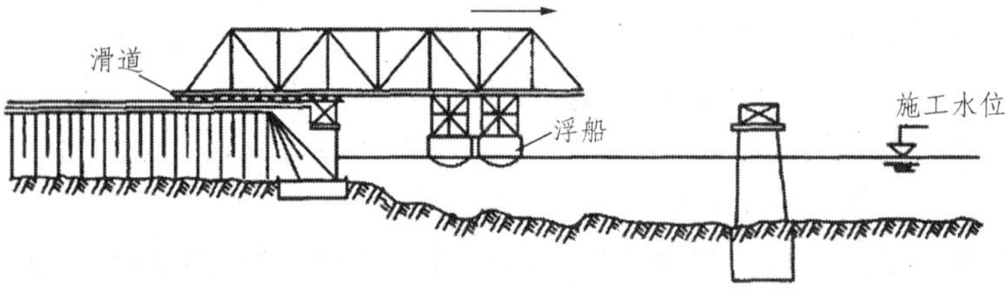

图 8.3-2 中间设浮船支承纵向拖拉架设钢梁

全悬臂纵向拖拉法。当桥位处水流湍急，采用浮运或浮拖困难，河床覆盖层较浅，不能设置临时墩架时，可采用全悬臂纵向拖拉法架设钢梁。全悬臂纵向拖拉法在两个永久性墩（台）之间不设置任何临时中间支承。图 8.3-3 所示为用拆装式杆件组成导梁的全悬臂拖拉法。导梁（有时也采用尾梁）的长度须使整个连接起来的系统在纵向拖拉时能保证稳定。导梁和尾梁也可以用纵梁或其他钢梁的旧有杆件或常备拆装式杆件拼成。图 8.3-4 表示多孔钢梁用临时杆件连接的纵向拖拉。

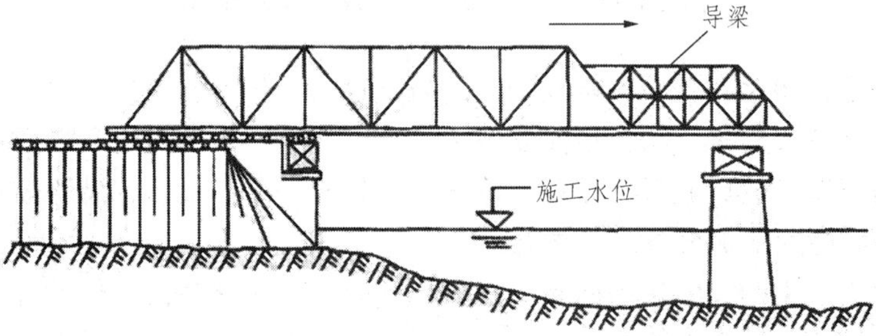

图 8.3-3 全悬臂拖拉法架设钢梁

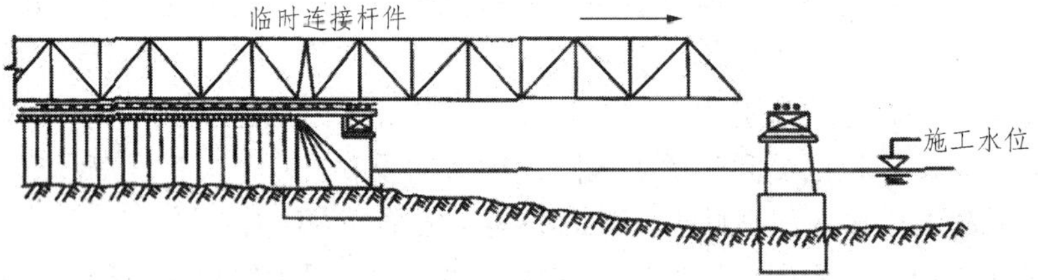

图 8.3-4 多孔钢梁用临时杆件连接纵向拖拉法架设

在拖拉法架设钢梁施工过程中，为保证钢梁的纵向稳定性，可在平衡梁上采取压重措施。钢梁拖拉所用上滑道一般设置在铁路纵梁或主桁下弦杆节点板底部，可采用连续满布式滑道，也可采用间断式的分段式滑道。辊轴可采用 Q235 或 35 号碳素结构钢制造，其直径和数量应根据承重要求、辊轴与滑道摩擦系数、操作方便等因素综合考虑确定。辊轴的直径一般取 80 ~ 140 mm，长度通常比滑道宽度大 200 ~ 300 mm。路基滑道上的辊轴一般沿全长均匀配置，间距 1 ~ 2 m。墩台处滑道上辊轴数量按计算确定，均匀布置。辊轴安装时净距应不小于直径之半，以便拨正。根据经验，平坡辊轴滑道拖拉钢梁的牵引力为梁重的 3% ~ 5%，考虑摩擦及其他因素的影响可确定牵引力为梁重的 5% ~ 8%。拖拉钢梁时应在梁两侧对称布置牵引设备，均匀设置制动设备。

任务 8.4　浮运架设法施工钢桥

浮运架设法是在桥位下游侧岸上将钢梁组拼成整孔后，利用临时搭建的码头把钢梁移到浮船上，浮运至桥孔上落梁就位。浮运法架梁施工要求桥位处水深适合浮船工作，钢梁底距施工水位不宜过大，钢梁浮运过程中风速不超过安全要求，架梁时水位稳定，岸边有足够平整土地建设拼装钢梁的场地和修建码头的条件。浮运法适宜在通航的河流架设钢梁。相对于其他架设方法，浮运法架梁时钢梁组拼可在岸上进行，减少高空作业，并可与墩台施工平行作业，加快全桥的施工进度。架设多孔钢梁时，浮运设备如码头、浮船等可重复使用，节省投资。

由于受施工季节、水文变化、河床断面、两岸地形以及机具设备等的限制，浮运方法的选择要十分慎重，应进行认真的调查研究，选择一种方法或几种方法配合使用。目前常用的方法有以下几种：

（1）纵移钢梁法。在与河岸垂直方向，修建一座临时码头，组拼好的钢梁沿码头纵向移出一定位置后，第一组浮船进入，托起钢梁前半部，纵向移出一定位置，第二组浮船进入，托起钢梁后半部，然后浮至预定桥孔，落梁就位。这种方法是浮运的主要方法，如图 8.4-1 所示。

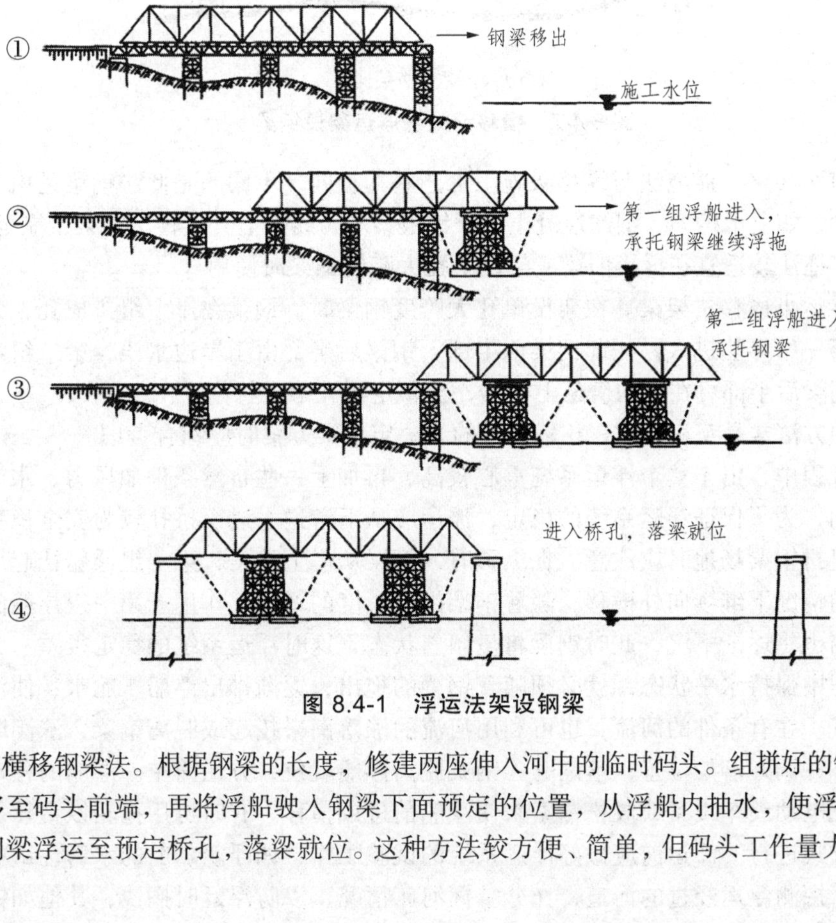

图 8.4-1　浮运法架设钢梁

（2）横移钢梁法。根据钢梁的长度，修建两座伸入河中的临时码头。组拼好的钢梁，沿码头横向滚移至码头前端，再将浮船驶入钢梁下面预定的位置，从浮船内抽水，使浮船托起钢梁，然后将钢梁浮运至预定桥孔，落梁就位。这种方法较方便、简单，但码头工作量大，如图 8.4-2 所示。

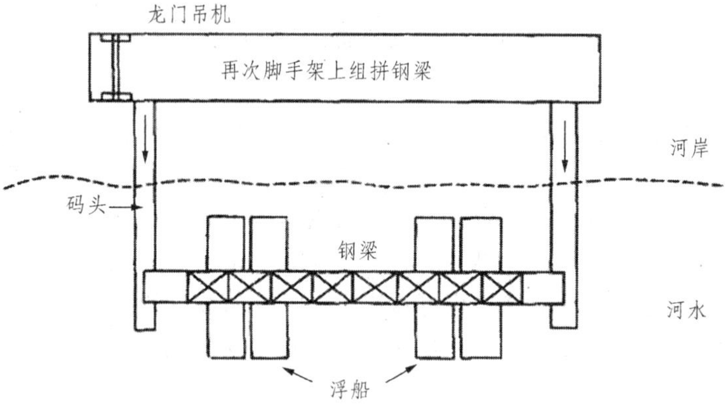

（a）钢梁拼装场地和浮运码头平面布置图

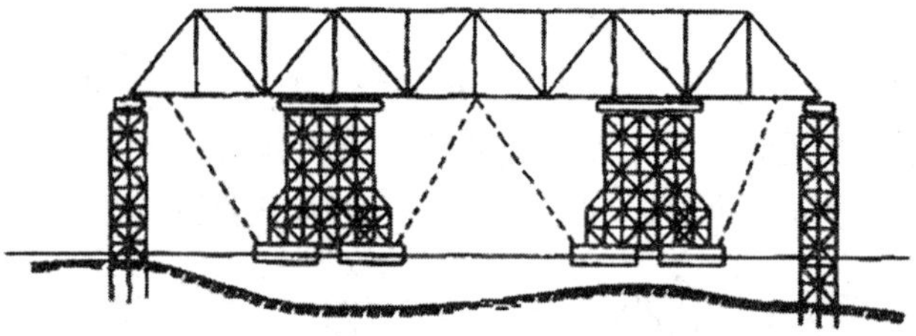

（b）钢梁横移装船

图 8.4-2　横移钢梁法浮运架设钢梁

（3）浮拖法架梁。浮拖法与纵移法施工工艺基本相同，不同的是此法钢梁是由正桥（通常是上承式梁，如上承桁梁、钢筋混凝土梁、钢板梁等）线路上直接移出钢梁，拖至浮船上，浮运就位。浮拖法较适宜在拆换旧梁或架设单孔大跨度钢梁时使用。

（4）半浮运半横移法架梁。在架设单孔大跨度钢梁时，钢梁在岸上组拼成孔，先纵移一定位置后，第一组浮船进入，托起钢梁前半部，钢梁后半部由于岸边水浅，第二组浮船不能进入，此时钢梁后半部可在横向膺架上横移，至预定桥孔落梁就位。

上述几种方法常是互相补充、相辅相成的，决定架梁方案时应综合考虑。

在浮运过程中，由于整个浮运系统重心较高，再加上一些自然条件如风力、水流、波浪等的不利影响，为了保证浮运系统的稳定，浮运应从下游逆水进入桥孔较为安全稳妥，因此在选择岸上组拼钢梁场地时应注意。在纵移时，钢梁从岸上移出，第一组浮船托起后，钢梁在一端浮拖的情况下继续向外横移，随着钢架拖出长度的增加，作用于第一组浮船的荷载逐渐加大，浮船也将逐渐下沉，此时钢梁将呈倾斜状态，这时浮运系统的稳定很差。为了使钢梁在浮托过程中保持水平状态，就必须随着钢梁的拖出，逐渐排出浮船压舱水，使浮船吃水深度保持不变。在有条件的河流，也可利用河流的涨落潮来托起或脱离钢梁，涨潮时浮运系统进入桥孔，并调好落架位置；落潮时，钢梁脱离浮船就位，方便简单。浮船的移动可用锚索，用人工或电动绞车绞紧或放松锚索来使浮船前进或横移。有时也用拖轮以帮靠、顶推或牵引浮船的方式进行。浮运前应做好浮运系统的试验工作，如浮船隔舱的水密性试验，必须保证不漏水；探测浮运经过的河道，充分掌握河床情况，以防浮运时搁浅；其他如锚碇、地龙、绞车、支座、将军柱等在条件许可时，均应进行强度试验，并核实压舱水数量及抽水设备的能力。浮运钢梁时如需封锁航道，应与航运、气象、水文等部门预先取得联系，协同有关部门进行航道监督和浮运的防护工作。

任务 8.5 钢桥涂装施工

钢铁材料出现之后，即伴随出现生锈腐蚀的问题，表面腐蚀、应力腐蚀和疲劳腐蚀使钢桥构件产生外观缺陷、寿命降低以至于失去工作能力。到目前为止，钢结构的腐蚀问题给经济带来巨大损失。钢结构腐蚀引起的灾难性事故屡见不鲜，特别是焊接钢结构和承受较大应力状况下的钢结构，由于应力作用下，腐蚀将大大加速。在设计建造时，针对其自身的结构特点和所处的环境条件采用相应的桥梁钢结构的腐蚀防护技术，同时合理考虑后期的涂层养护，才能确保钢桥的正常使用和长久寿命。

钢桥面防腐涂装体系主要包括铅系防腐涂装体系、重防腐涂装体系两种。铅系防腐涂装体系是指以铅系防腐涂装为主体以富锌涂料为底漆的防腐系统，我国的铁路桥梁及早期的公路桥梁大都采用了“红丹防锈漆 + 云铁醇酸面漆”的铅系防腐体系。该体系施工简单，费用较低，但耐久性较差，并且施工强度大，不符合环保技术要求，目前已经基本不再采用此防腐体系。重防腐涂装体系是指以富锌涂料为底漆，使用氯化橡胶等合成树脂涂料的涂装系统。该涂装系统与钢板的黏结力强，具有长达 20 ~ 30 年耐久使用期。富锌涂层分为无机富锌涂层与有机富锌涂层，两种涂层各有特点，无机富锌涂层具有优异的耐环境侵蚀性能，耐化学性、耐溶剂性、耐辐射性，在恶劣环境下它是钢结构件的最佳底涂层。目前国内采用的重防腐涂装系统大致有三种方法：① 环氧富锌底漆 + 环氧云铁中间层 + 丙烯酸聚氨酯面漆；② 无机富锌底漆 + 环氧云铁中间层 + 丙烯酸聚氨酯面漆；③ 热喷金属锌（铝）层 + 环氧云铁中间层 + 丙烯酸聚氨酯面漆。

南京长江第二大桥与江阴长江公路大桥均采用环氧富锌底漆涂装，武汉白沙洲大桥采用了无机富锌底漆涂装，武汉军山大桥则采用方法③的涂装体系，但未进行任何封孔处理。

我国铁路《铁路钢桥保护涂装》（TB/T 1527—2004）推荐采用涂层保护法钢梁涂装体系（见表 8.5-1）。采用三类涂装阶段：初始涂装是指新建桥梁钢结构的初次涂装，包含二年缺陷责任期内的涂装；维修涂装是指桥梁在其运营全过程中对涂层进行的维修保养；重新涂装是指彻底的除去旧涂层、重新进行表面处理后，按照完整的涂装规格进行的涂装。涂装前钢表面须采用机械处理法和手工处理法除锈，对除锈等级和粗糙度的具体要求，都推荐了涂装配套体系、涂层质量要求和相应的各种试验方法。

表 8.5-1 钢梁涂装体系

涂装体系	涂料（涂层）名称	每道干膜最小厚度（μm）	至少涂装道数	总干膜最小厚度（μm）	适用部位
1	特制红丹酚醛（醇酸）防锈底漆 灰铝粉石墨或灰云铁醇酸面漆	35 35	2 2	70 70	桥栏杆、扶手、人行道托架、墩台吊篮、围栏和桥梁检查车等桥梁附属钢结构

续表

涂装体系	涂料（涂层）名称	每道干膜最小厚度（μm）	至少涂装道数	总干膜最小厚度（μm）	适用部位
2	电弧喷铝层 环氧类封孔剂 棕黄聚氨酯盖板底漆 灰聚氨酯盖板面漆	— 20 50 40	— 1 2 4	200 20 100 160	钢桥明桥面的纵梁、上承板梁、箱型梁上盖板
3	无机富锌防锈防滑涂料 或电弧喷铝层	80 —	1 —	80 100	栓焊梁连接部分摩擦面
4	环氧沥青涂料 或环氧沥青厚浆涂料	60 120	4 2	240 240	非密封的箱形梁和箱形杆件内表面
5	特制环氧富锌防锈底漆 或水性无机富锌防锈底漆 棕红云铁环氧中间漆 灰铝粉石墨醇酸面漆	40 40 35	2 1 2	80 40 70	钢梁主体，用于气候干燥、腐蚀环境较轻的地区
6	特制环氧富锌防锈底漆 或水性无机富锌防锈底漆 棕红云铁环氧中间漆 灰色丙烯酸脂肪族聚氨酯面漆	40 40 35	2 1 2	80 40 70	钢梁主体，用于腐蚀环境较严重的地区
7	特制环氧富锌防锈底漆 或水性无机富锌防锈底漆 棕红云铁环氧中间漆 氟碳面漆	40 40 30	2 1 2	80 40 60	钢梁主体，用于酸雨、沿海等腐蚀环境严重、紫外线辐射强、有景观要求的地区

一、涂装前钢表面处理方法

钢桥构件在加工、运输、存放等过程中，表面往往会带有氧化皮、铁锈制模残留的型砂、焊渣、尘土以及油和其他污物。要使涂层能牢固地附着在钢桥构件表面上，涂装前就必须进行表面清理，否则，不仅影响涂层与基体金属的结合力，还会使基体金属在即使有涂层防护下也能继续腐蚀，使涂层剥落，影响钢桥构件的使用寿命。为提供良好的工件表面，涂装前对钢桥构件表面的处理有以下几点：无油污及水分；无锈迹及氧化物；无黏附性杂质；无酸碱等残留物；表面有一定的粗糙度。

常用的表面处理方法有：

（1）手工处理。符号“St”。用手工和动力工具，如用铲刀、手工或动力钢丝刷、动力砂纸盘或砂轮等工具除锈，用手工可以除去钢桥构件表面的锈迹和氧化皮，但手工处理劳动强度大，生产效率低，质量差，清理不彻底。

（2）化学处理。符号“Be”。主要是利用酸性或碱性溶液与钢桥构件表面的氧化物及油污发生化学反应，使其溶解在酸性或碱性的溶液中，以达到去除工件表面锈迹氧化皮及油污的目的。化学处理适应于对薄板件清理，但缺点是，若时间控制不当，即使加缓蚀剂，也能使钢材产生过蚀现象。对于较复杂的结构件和有孔的零件，经酸性溶液酸洗后，浸入缝隙或孔穴中的余酸难以彻底清除，处理不当，将成为工件以后腐蚀的隐患，且化学物易挥发，成本高，处理后的化学费液排放工作难度大，处理不当，将对环境造成严重的污染。随着人们环保意识的提高，该处理方法正被机械处理法取代。

（3）机械处理法。符号“Sa”。主要包括抛丸法和喷丸法。抛丸法清理是利用离心力将弹丸加速，抛射至工件进行除锈清理的方法。但抛丸灵活性差，受场地限制，清理工件时有些盲目性，在工件内表面易产生清理不到的死角。设备结构复杂，易损件多，特别是叶片等零件磨损快，维修工时多，费用高，一次性投入大。喷丸又分为喷丸和喷砂。用喷丸进行表面处理，打击力大，清理效果明显，但喷丸对薄板工件的处理，容易使构件变形。钢丸打击表面（无论抛丸或喷丸）使金属基材产生变形，由于 Fe_3O_4 和 Fe_2O_3 没有塑性，破碎后剥离，而油膜与基材一同变形，所以对带有油污的工件，抛丸、喷丸无法彻底清除油污。在现有的工件表面处理方法中，清理效果最佳的还数喷砂清理。喷砂适用于工件表面要求较高的清理。我国目前通用喷砂设备中多由铰龙、刮板、斗式提升机等原始笨重输砂机械组成。用户需要施建一个深地坑及做防水层来装置机械，建设费用高，维修工作量大，喷砂过程中产生大量的砂尘无法清除，影响操作工人的健康并污染环境。抛丸法和喷丸法要求环境湿度小于 85%。机械处理法磨料粒度与粗糙度的关系见表 8.5-2。

表 8.5-2 磨料粒度与粗糙度的关系

序号	表面处理		磨料		表面粗糙度 R_Y（μm）					
	方法	条件	品种	颗粒度	组成%	1	2	3	4	平均
1	抛丸	单面、50 周	钢砂 钢丝段	1 mm 2.0～2.3 mm	20 80	67	82	73	66	72
2			钢砂	1 mm	100	57	53	50	54	53
3			钢砂	0.7 mm	100	35	35	38	37	37
4			钢丸	0.7 mm	100	37	38	39	36	38
5			钢丝段	0.8 mm	100	45	42	44	43	43
6			钢丝段	2.0～2.3 mm	100	90	91	96	94	93
7			钢砂	0.4 mm	100	27	28	26	26	27
8	压缩空气喷射	喷嘴直径 9 mm， 压力 0.6 MPa， 距离 300 mm	钢砂	70 目 100 目	—	62	54	54	51	56
9	压缩空气喷射	喷嘴直径 8.5 mm， 压力<0.6 MPa， 距离 300 mm		50 目 70 目 100 目	20 60 20	53	56	55	57	55
10	压缩空气喷射	同上	细丸	—	—	45	49	42	39	44
11			细砂	—	—	26	29	26	28	27
12			粗砂	—	—	61	63	68	65	64

（4）火焰除锈。符号“FI”。它是利用氧乙炔焰及喷嘴进行除锈的一种方法。喷嘴的形状与大小要适合待除锈的钢材表面状况。火焰除锈适用于厚度 5 mm 以上、未有涂层或要完全去掉旧涂层的钢材。对厚度近于 5 mm 的钢材进行除锈时，应注意火焰的温度。

我国桥梁涂装除锈常用喷砂除锈或手工动力除锈，其适用条件见表 8.5-3。

表 8.5-3 除锈质量与涂料的适应性

除锈方法	喷砂除锈			动力（手工）除锈	
除锈等级	Sa3	Sa2.5	Sa2	St3	St2
红丹酚醛（醇酸）底漆	◎	◎	◎	◎	○～△
环氧富锌底漆	◎	◎	○	○～△	×
水性无机富锌底漆	◎	○	△	×	×
聚氨酯盖板底漆	◎	◎	○	×	×

注：◎最佳，○尚好，△勉强适用，×不适用。

二、钢梁涂装标准

1. 维护涂装

钢梁涂膜粉化劣化达 3 级时，应清除涂层表面污渍，用细砂纸除去粉化物，然后覆盖相应的面漆二道。当涂膜粉化达 4 级、底漆完好时，也应按上述要求处理。

钢梁涂膜起泡或裂纹或脱落的面积为 $S\geqslant16\%$时，清理钢表面损坏及周围疏松的涂层后，涂相应的底漆和面漆。钢梁涂膜生锈的面积为 $S\geqslant3\%$时，清除松散涂层，直到良好结合的涂层后，涂相应的底漆和面漆。

钢梁热喷锌涂层生锈的面积为 $S\geqslant3\%$时，清除松动的锌涂层和涂料涂层，直到良好结合的锌涂层为止。在钢表面热喷锌涂层，或改涂环氧富锌底漆二道，然后涂相应的中间漆和面漆。涂膜局部严重损坏应及时清理和涂装。

2. 重新涂装

运营中的钢梁保护涂装起泡或裂纹、脱落的面积达 33%，点锈面积达 5%，粉化劣化达 4 级且底漆已失效时，应进行整孔重新涂装。

三、钢梁涂装施工技术

1. 涂装技术

涂装用漆应符合《铁路钢桥用面漆、中间漆供货技术条件》和《铁路钢桥用防锈底漆供货技术条件》的要求，并有复查合格证。施工前应对油漆的颜色及外观、弯曲性能、附着力、细度、干燥时间、流出时间等主要技术指标进行复验和试涂，符合要求后方可正式涂装。

钢梁初始涂装和整孔重新涂装时，钢表面清理等级及粗糙度应达到规定的标准，涂装体系应根据杆件的部位和环境地区确定。涂膜维护涂装时，应对局部劣化部位按要求进行清理，按原涂装体系逐层进行涂装，新旧涂层间应有 50～80 mm 的过渡带，局部修理处干膜总厚度不应小于原涂装干膜的厚度。

用涂料涂装时，应注意不同溶剂涂层的搭配。在节点和上盖板交界处，封孔层、中间层及聚氨酯盖板漆等强溶剂不允许搭在其他漆上。进行维护涂装时，如不可避免搭在其上时，应妥善处理。涂料涂层施工时，应严格按要求的道数及涂层厚度进行涂装，每道干膜厚度达不到要求时，应增加涂装道数，杆件边棱和难以涂装的部位应加厚或加涂一道。

桥梁人行道栏杆、托架、墩台吊篮及围栏等附属结构，可按《铁路桥隧建筑物修理规则》中的Ⅰ涂装体系涂装。涂料中可加稀释剂调整施工黏度，稀释剂的品种应与所用涂料相适应，涂装时可根据涂料说明书实施。

2. 涂装施工条件

钢表面清理，严禁在雨、雪、凝露和相对湿度大于 80%及风沙天气进行。环氧类漆不允许在 10 °C 以下施工，无机富锌、聚氨酯、酚醛漆、醇酸漆、氟碳面漆等漆不允许在 5 °C 以下施工。钢表面清理后 4 h 内涂第一道底漆或热喷涂锌、铝层，热喷涂锌、铝层后须及时涂封孔剂。涂装涂层最小间隔需在上一道涂层梁干后，最大间隔时间 7 d。如果超过 7 d，须用细砂纸打磨涂层表面后方能涂下一道漆。

四、涂装质量标准

涂料涂层表面平整均匀，不允许有剥落、起泡、裂纹、气孔，允许有不影响防护性能的流挂、刷痕和少量杂质。金属涂层表面均匀一致，不允许有起皮、鼓泡、大熔滴、松散粒子、裂纹、掉块，允许有不影响防护性能的轻微结疤、起皱。整个涂装体系涂层间附着力按《色漆和清漆漆膜的划格试验》（GB/T 9286—1998）规定做划格试验，附着力不低于一级。锌、铝涂层对钢基材附着力按《金属和其他无机覆盖层热喷涂锌、铝及其合金》（GB/T 9793—1997）规定，采用切格试验法时，试验结束后，方格内的涂层不得与基体剥离；采用拉力试验法时，附着力不低于 5.9 MPa。

五、涂装作业环境和涂装间隔时间要求

电弧喷涂锌、铝涂层时作业环境要求与电弧喷涂作业的间隔时间要求，应符合《热喷涂金属件表面预处理通则》（GB/T 11373—1989）规定。钢结构表面清理后应在 4 h 内完成涂装锌、铝涂层，电弧喷涂锌或铝完成后应立即覆盖封孔剂。既有线路利用列车运行间隔施工时，覆盖封孔剂或涂层前，应对锌或铝涂层表面做清洁处理。涂装涂料时作业环境要求：水性无机富锌防锈底漆、酚醛漆、醇酸漆、聚氨酯漆、氟碳面漆不允许在气温 5 °C 以下施工，环氧类漆不允许在 10 °C 以下施工；不允许在相对湿度 80%以上，雨天、雾天或风沙场合施工。涂装涂料涂层需在上一道涂层实干后，方可涂装下一道漆，底漆、中间漆最长暴露时间不超过 7 天，两道面漆间隔若超过 7 d 时需用细砂纸打磨成细微毛面。

六、涂装施工安全

手工和动力工具除锈、喷射除锈和清除旧涂层等涂装前处理工艺安全，按《涂装作业安全规程涂漆前处理工艺安全及其通风净化》（GB 7692）规定进行。涂漆工艺中如贮存、涂料调制、涂装、干燥等劳动安全卫生技术要求按《涂装作业安全规程涂漆工艺安全及其通风净化》（GB 6514）规定进行，按该标准规定划出涂漆区、火灾危险区、电气防爆区。锌、铝喷

涂设备的安全操作、操作人员的安全保证和通风保健要求，按《金属和其他无机覆盖层热喷涂操作安全》（GB 11375）规定。

七、水性无机富锌防锈底漆施工要求

1. 水性无机富锌防锈底漆施工环境要求如下：

气温：环境温度不低于 5 °C，室外施工时应避免底材被太阳直晒。相对湿度：≤80%，不允许在相对湿度 80%以上的天气、雨天、雾天或风沙场合施工。风力：≤3 级。

2. 水性无机富锌防锈底漆施工注意事项如下：

所有工具使用前应用清水冲洗，不能被油污污染。用强力搅拌机搅拌液体物料。逐步将锌粉搅入液体物料中。继续搅拌直到粉剂完全分散，直至混合料中无团块。不要一次混合过多的物料，以便在使用期内用完。切勿倒转次序，也不得改变混合比率。一般情况下，都不得进行稀释。用 30 目滤筛过滤混合物料以防止工具的堵塞。在施工过程中继续缓慢搅拌物料，以保持混合料的均匀状态。采用均匀、同向的湿喷涂，每次覆盖前一次的 1/3 ~ 1/2，以避免空隙、漏涂和针眼。在焊点、断面、尖锐边缘、铆接点、栓接处及转角处的涂层厚度应适当，涂层过厚会出现裂纹。使压力罐和喷枪保持在同一高度，以便物料能顺利地流入喷枪。当涂层完全干燥后，用无损伤干膜层的厚度检测仪测量膜层厚度。如需要增加膜厚时，须待膜层干燥至可以操作时再喷涂。膜层厚度为 80 μm，允许范围为 70 ~ 100 μm。当膜层干燥至可以进行操作时，用刷涂添补针眼、空隙、较小面积的破损和漏涂。面积较大时则采用喷涂。在施工期间和在最后涂层的固化期间应保持清洁净空气的流通。使用后立即用清水清洗工具。在水性无机富锌防锈底漆涂层上进行棕红云铁环氧中间漆涂装时应分为两步：将棕红云铁环氧中间漆稀释一倍，然后涂装；干燥后再正常涂装棕红云铁环氧中间漆到规定的干膜厚度。

八、氟碳面漆施工要求

1. 氟碳面漆施工环境要求如下：

气温：环境温度不低于 5 °C，室外施工时应避免底材被太阳直晒。相对湿度：≤80%，不允许在相对湿度 80%以上的天气、雨天、雾天或风沙场合施工。风力：≤3 级。

2. 氟碳面漆施工施工注意事项如下：

喷涂的空气要干净，无油无水。涂装时涂料黏度要合适。熟化期：30 min（即两组分混合均匀后，30 min 后使用）。氟碳涂料为双组分涂料，配漆时应严格按照要求的比例进行调漆：按照当天涂料的用量及涂料的使用期，计划配制涂料，现用现配，用多少配多少；配漆前后必须充分搅匀，配漆用品要分开使用；使用前要将调配好的涂料用 40 ~ 100 目的筛网过滤。

涂漆间隔时间：中间漆与第一道面漆涂装间隔时间为 24 ~ 168 h，超过 168 h 时，表面应清理，必要时在涂装面漆前表面应用细砂纸轻轻打磨，再行涂装。应严格控制每道漆的干膜厚度。

涂装工作：

（1）试喷：正式涂装前应试喷涂料，掌握温度、黏度、走枪速度等对涂装质量的影响，取得经验。

（2）喷漆前准备：准备喷枪，调整漆雾，搅拌油漆，除去被涂表面的灰尘和异物。

（3）喷涂方式：行枪速度均匀，枪距物面适当。先喷上面后喷下面，先难后易。压盖 1/3 ~ 1/2，压盖要均匀。

（4）防止流挂、超薄和干喷，允许少量流挂，超薄可以补喷，干喷必须返工。

（5）自检喷涂质量：喷涂一个区段后，用眼观察湿膜，如湿膜湿润、丰满、有光泽，喷涂质量好；如湿膜光泽差、有粗糙感，则喷涂不均匀并且偏薄。可用湿膜测厚计帮助掌握厚度。

（6）补偿喷涂：在光泽差、有粗糙感的地方，可补喷加厚。干膜超薄的地方，在喷涂下一道漆时可加厚补偿。

（7）清洗用具：用少量相应稀料清洗喷具，至少清洗三次，用过的稀料可重复使用。

复习思考题

1. 钢桥有哪些类型？
2. 简述悬臂法施工钢桥时减小安装应力可采取的工程措施。
3. 常用的拖拉架梁施工方法有哪些？各有什么特点？
4. 简述浮运架梁法施工步骤。
5. 钢梁涂装前钢表面处理方法有哪些？有何优缺点？
6. 简述钢梁的涂装标准。
7. 简述涂装作业环境要求。
8. 简述涂装施工安全要求。

项目9　涵洞构造与施工

【项目描述】

涵洞是铁路工程中大量采用的小型排水构造物。本项目主要通过对涵洞构造的学习，了解涵洞的基本分类，熟悉圆管涵、盖板涵、拱涵和框架涵涵身和出入口的构造组成；熟悉涵洞的施工放样方法和过程，掌握基坑和基础放样；通过对一般涵洞施工的学习，掌握圆管涵、盖板涵、拱涵和框架涵的施工工艺过程及施工注意事项；通过对涵洞附属工程施工的学习，熟悉防水层、沉降缝和涵洞缺口填土的施工方法。

【教学目标】

1. 能力目标

（1）能识读各类常用涵洞施工图纸；

（2）能根据施工图纸，制定各类涵洞的施工方案；

（3）能根据施工方案，确定各类涵洞的施工组织；

（4）能对各类涵洞的施工进行施工管理。

2. 知识目标

（1）掌握各类涵洞的结构组成；

（2）掌握常用涵洞的施工方法；

（3）熟悉涵洞附属物的作用和施工要点。

3. 素质目标

（1）培养学生细致严谨的工作作风、良好的职业道德和吃苦耐劳的优良品质；

（2）培养学生分析问题、解决问题、积极思考和勇于创新的能力；

（3）培养学生的综合业务能力，培养学生认真细致的职业素质。

相关案例——某铁路 K13 + 5631–5.0 钢筋混凝土盖板涵

某铁路 K13 + 5631-5.0 钢筋混凝土盖板涵，本涵为排洪而设，涵洞上游汇水面积 5.13 km^2，计算百年流量 $Q_{1\%}$ = 58.0 m^3/s。涵洞中心里程 K13 + 563，孔径为 1-5.0 钢筋混凝土盖板涵，翼墙式出入口。涵位处路堤填土高 6.6 m，涵长 26.27 m。主要工程数量：基础、边翼墙均采用 M10 浆砌片石，其中基础 984 m^3，边翼墙 457 m^3，采用 C20 钢筋混凝土盖板 96.5 m^3，C15 混凝土帽石 4.1 m^3，M5 浆砌片石铺砌 36.8 m^3，M5 浆砌片石检查台阶 9.1 m^3，THF-I 防水层 81 m^3。

任务 9.1　涵洞构造

涵洞是铁路工程中的小型构造物，主要为跨越流量较小沟谷、灌溉渠及乡村道路等障碍的构筑物。涵洞在总造价中仅占很小比例，但涵洞数量多且较分散，其质量直接影到铁路工程的整体质量及使用性能，以及周围农田的灌溉、排水等。

我国铁路现行标准规定涵洞标准孔径可采用 0.75 m、1.0 m、1.25 m、1.5 m、2.0 m、2.5 m、3.0 m、3.5 m、4.0 m、4.5 m、5.0 m、5.5 m 和 6.0 m，其中 0.75 m 孔径只适用于无淤泥地区的灌溉渠，排洪涵洞的最小孔径不应小于 1.0 m。为便于运输安装，钢筋混凝土圆涵孔径一般不大于 2.5 m。涵洞一般设单孔和双孔，如技术经济上均属适宜时，可设置多于两孔的涵洞。

根据涵洞的水力性质，涵洞可按流水面与洞顶全部接触、部分接触（仅在进口段）及不接触，分为有压涵洞、半有压涵洞及无压涵洞，如图 9.1-1 所示。无压涵洞水流在涵洞全长范围保持自由水面，即水面与涵洞顶面不接触。有压涵洞进出口被水淹没，涵洞全长范围内是全断面泄水。因此，在同一断面情况下有压涵洞通过的流量比无压涵洞大。半有压涵洞进口浸水，洞内水全部或一部分为自由面，出口不浸水。一般情况下涵洞宜采用无压涵洞，有压涵洞的管节接缝应采取措施使其密封，避免渗漏以保证路堤及基底稳定。

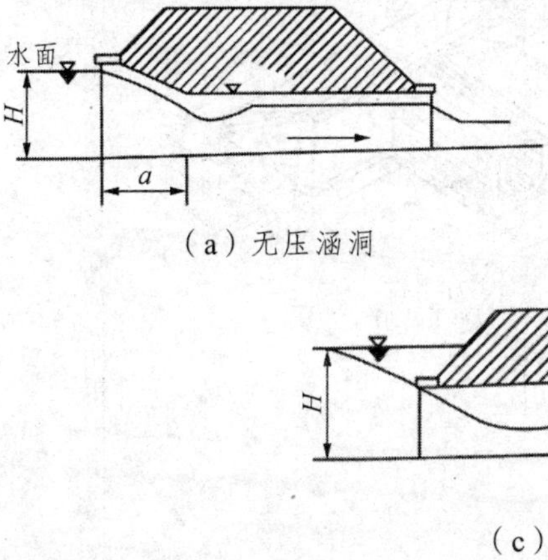

（a）无压涵洞

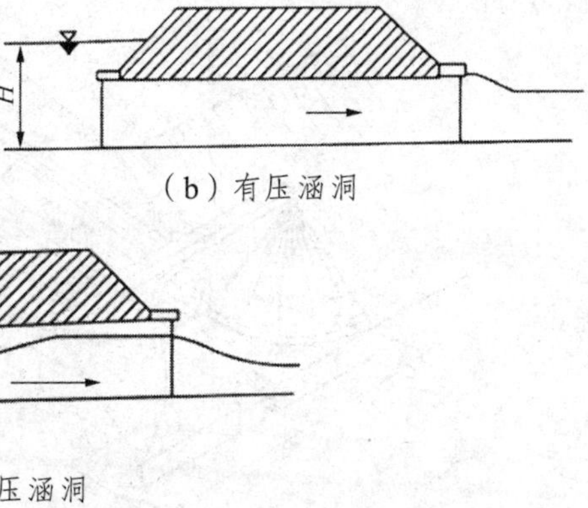

（b）有压涵洞

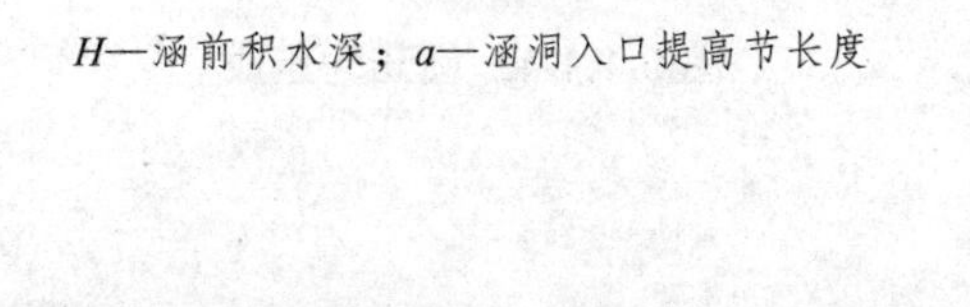

（c）半有压涵洞

图 9.1-1　涵洞的水力性质

H—涵前积水深；*a*—涵洞入口提高节长度

9.1.1 涵洞的分类

一、按建筑材料分类

1. 石　涵

石涵是以石料为主要材料建造的涵洞。按力学性能的不同，石涵又有石盖板涵、石拱涵等类型。

2. 混凝土涵

混凝土涵是以混凝土为主要材料建造的涵洞。按力学性能的不同，铁路常用混凝土涵有混凝土圆涵、混凝土矩形涵、混凝土盖板涵和混凝土拱涵。石料和混凝土材料在工程结构物中以承受压力为主，统称为圬工材料，由这些材料建成的涵洞也叫圬工涵洞。

3. 钢筋混凝土涵

钢筋混凝土涵是以钢筋混凝土为主要材料建造的涵洞。由于钢筋混凝土材料坚固耐用、力学性能好，钢筋混凝土涵是铁路工程常采用的结构类型。

4. 其他材料组成的涵洞

对于小孔径涵洞有时也可以采用砖、陶瓷、铸铁、钢波纹管等。这类涵洞有砖涵、陶瓷管涵、波纹管涵、铸铁管涵等。

二、按构造形式分类

按构造形式的不同，涵洞可以分为圆涵、盖板涵、拱涵、箱涵、倒虹吸管等。

1. 圆　涵

圆涵主要由管身、基础、接缝及防水层组成，各部分构造如图 9.1.1-1 所示。

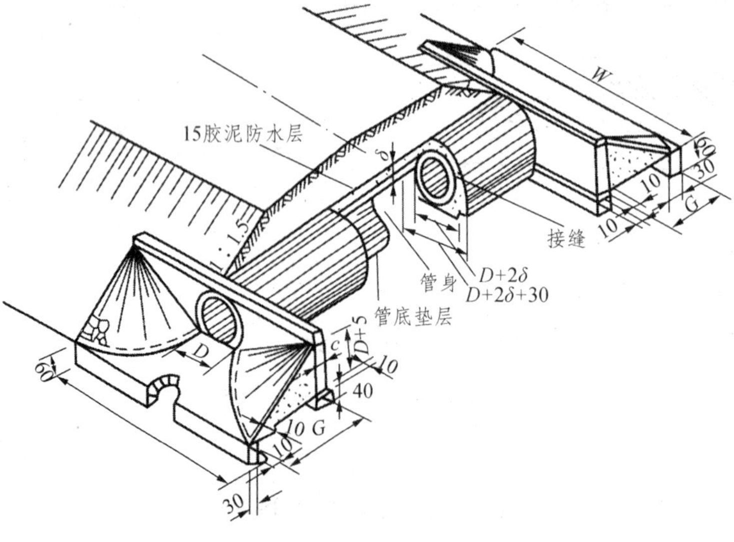

图 9.1.1-1　圆涵的组成

2. 盖板涵

盖板涵主要由盖板、边墙、基础、洞身铺底、伸缩缝及防水层等部分组成，如图 9.1.1-2 所示。

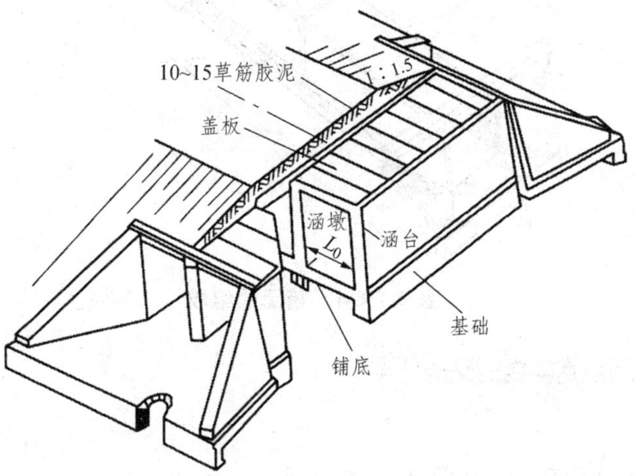

图 9.1.1-2　盖板涵的组成

3. 拱　涵

拱涵主要由拱圈、护拱、拱上侧圈、涵台、边墙、基础、铺底、沉降缝及排水设施等组成，各部分构造如图 9.1.1-3 所示。

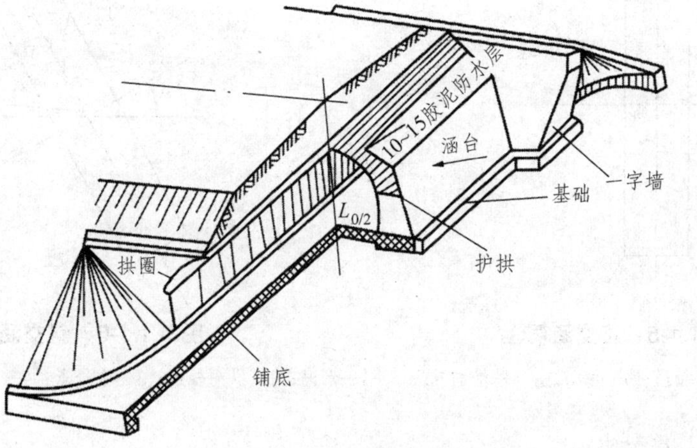

图 9.1.1-3　拱涵的组成

4. 箱　涵

箱涵也称矩形涵、框架涵，主要由钢筋混凝土涵身、翼墙、基础、变形缝等部分组成，如图 9.1.1-4 所示。因箱涵为整体闭合式钢筋混凝土框架结构，所以具有良好的整体性及抗震性能；但由于箱涵施工较困难，造价高，一般仅在软土地基上采用。

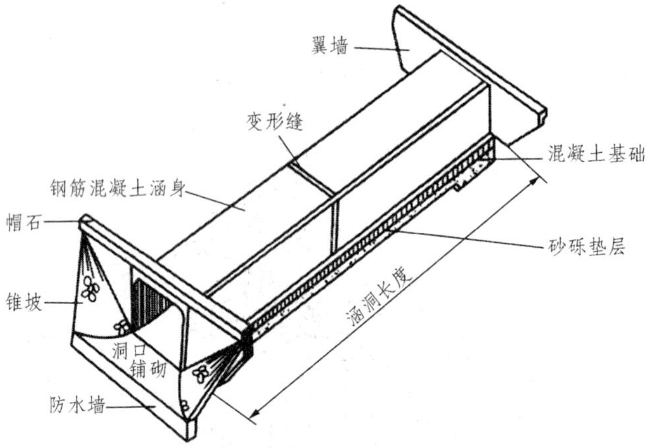

图 9.1.1-4 箱涵的组成

三、按涵洞轴线与线路中线的交角分类

1. 正交涵洞

涵洞轴线与线路中线垂直，如图 9.1.1-5 所示。

2. 斜交涵洞

涵洞轴线与线路中线不垂直，如图 9.1.1-6 所示。

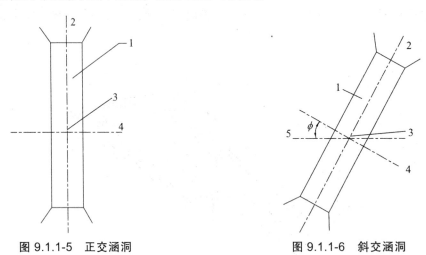

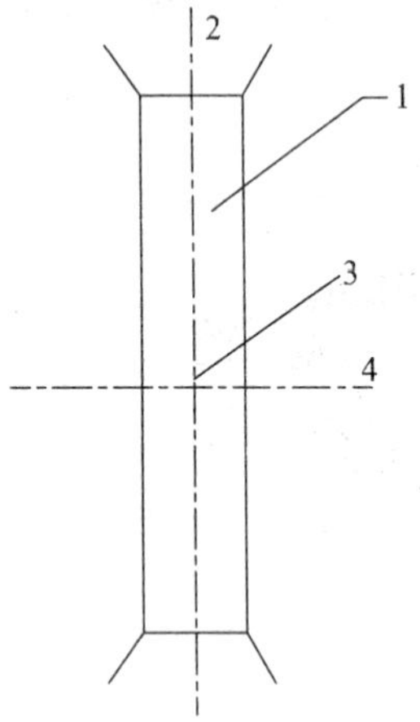

图 9.1.1-5 正交涵洞

1—涵洞；2—纵向轴线；3—中心点；4—横向轴线

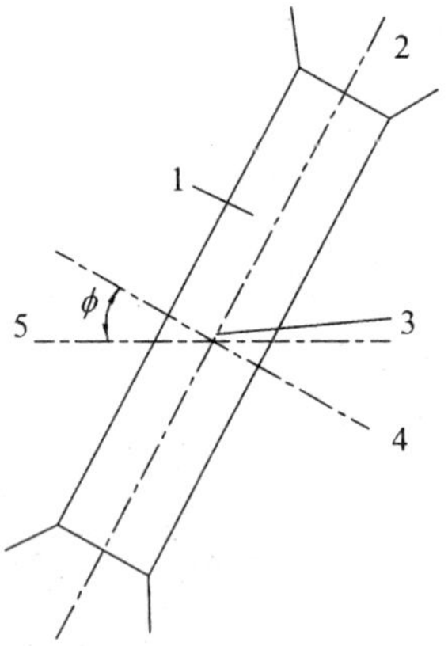

图 9.1.1-6 斜交涵洞

1—涵洞；2—纵向轴线；3—中心点；4—横向轴线；5—线路中线

四、按涵洞功能分类

按涵洞功能分为排洪涵、灌溉涵、交通涵等。

9.1.2 涵洞的构造

涵洞的主体工程由洞身、出入口和基础三部分组成，此外，还有出入口河床和路堤边坡加固铺砌部分，称为涵洞附属工程。涵洞构造如图 9.1.2-1 所示。

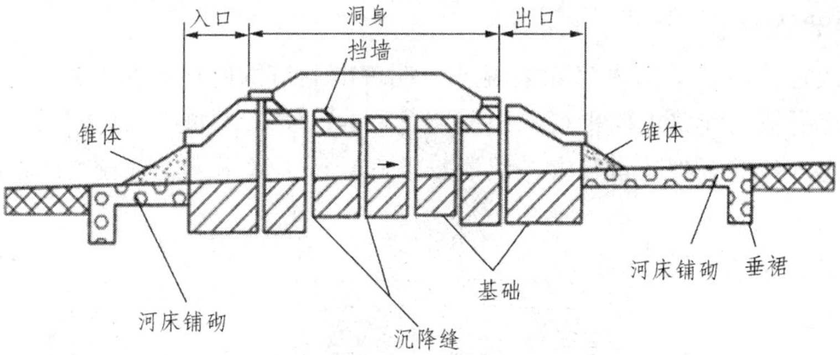

图 9.1.2-1　涵洞构造

一、洞　身

洞身是水流的通道，为充分发挥洞身截面的泄水能力，涵洞入口可采用提高节，如图 9.1.2-1 所示。一般涵洞的洞身都分为若干节，入口节和出口节因基础埋置较深需单独分节，其余涵身每节长度为 2 ~ 5 m，各节间用 3 cm 宽的沉降缝断开，以便各节在承受不均匀压力或地基变形等情况下可以自由沉落，避免涵洞纵向弯曲产生开裂折断。涵洞在纵断面上应采用分段错台设置。涵洞错台主要是为了形成流水坡和保持涵洞稳定，同时也要便利施工。当坡度不大时，为避免涵顶产生空隙，错台高差规定为管壁（或盖板、拱圈）厚度的 3/4；如坡度较陡，不能用管壁（盖板、拱圈）厚度调整时，则可加大错台高差，但不得超过 0.7 m。无基钢筋混凝土圆形涵洞和无基钢筋混凝土矩形涵可采取斜置，其他各类有基涵洞洞身坡度均采用分段错台、逐段平置的方法。各段长度和错台高度可根据地形、地质情况及其可能的沉落量，洞身沟底坡度、水力条件、涵节分布以及净空因素等确定。

二、出入口

为使水流顺利地进出涵洞，提高涵洞的泄水能力，并保证涵洞周围路堤的稳固，应设置涵洞出入口建筑。涵洞的出入口形式很多，铁路工程中常用以下两种：

1. 端墙式出入口

端墙是一道垂直于涵洞轴线的矮墙，两侧有锥体护坡，如图 9.1.2-2 所示。这种形式的出入口工程数量小、构造简单，但水力性能很差，仅在流量较小时采用。

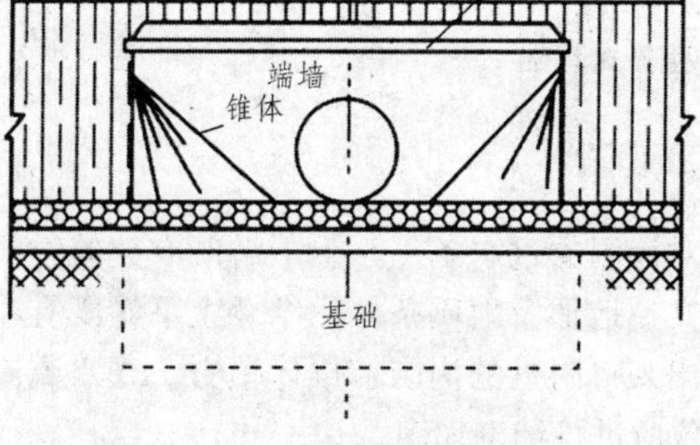

图 9.1.2-2　端墙式涵洞出入口

2. 翼墙式出入口

翼墙式（或称八字式）出入口除端墙外，端墙前洞口两侧还有张开成八字形的翼墙，铁路涵洞翼墙端部折成与线路方向平行的短横墙，称为一字墙，如图 9.1.2-3 所示。一字墙前设锥体。翼墙式出入口的工程数量较大，但泄水条件较好，适用于流量较大的情况。

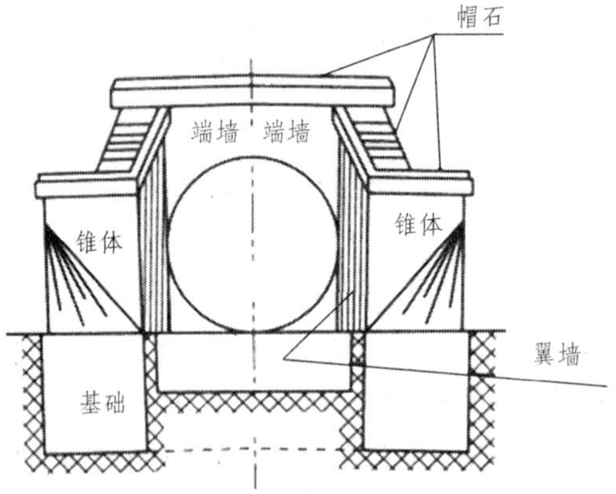

图 9.1.2-3　翼墙式涵洞出入口

三、基　础

涵洞的基础分为整体式（图 9.1.2-4）与非整体式（分离式）（图 9.1.2-5）两种。当涵洞孔径较小时，一般采用整体式基础。涵洞孔径较大，且地质良好，不均匀下沉的可能性及下沉量较小，不至于危害涵洞时，为了节省圬工可采用非整体式基础。非整体式基础在分离的边墙基础之间，用片石砌成流水坡。流水坡与边墙基础之间留有 3 cm 宽的纵向缝隙，坡底设有砂垫层。

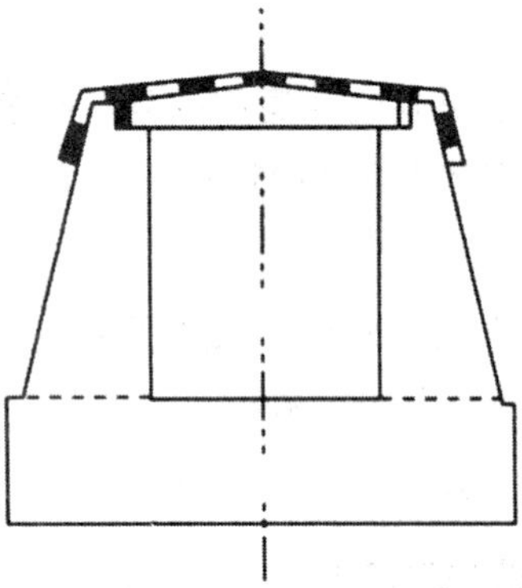

图 9.1.2-4　整体式基础

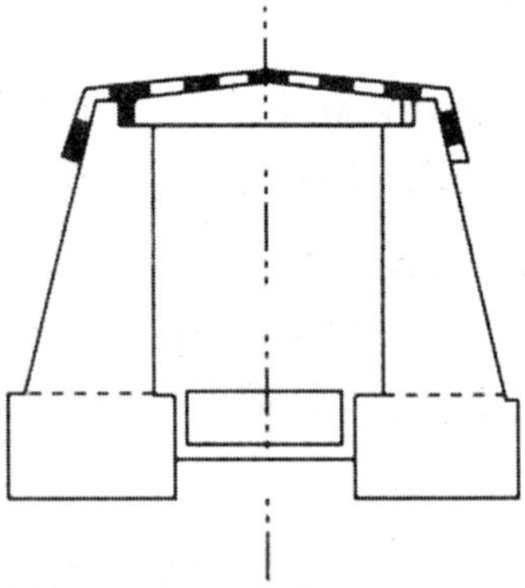

图 9.1.2-5　非整体式基础

四、路堤边坡防护和沟床铺砌

涵洞上下游防护工程对涵洞的过水条件、上下游既有建筑物及农田的安全均有直接的影响。因此，应根据当地水文、地形及地质条件，结合上下游既有建筑物和有关农田等因素进行铺砌防护。一般涵洞的出入口附近的沟床、锥体填方、受水流淹没并可能遭受冲刷的涵洞附近及涵顶路基坡面等部位应进行铺砌加固。

水流进入涵洞时流速加大，可能冲刷路堤边坡。因此，在入口顶部及两侧一定范围内，路堤边坡用片石铺砌防护，其高度为最大流量时涵前积水高加 0.25 m。为了防止洞口基底受冲刷淘空而毁坏，涵洞出入口的沟床均应铺砌加固。为减少铺砌的长度，可在加固地段末端设置浆砌片石垂裙。

任务 9.2　涵洞施工

涵洞施工前，应对涵洞的位置、孔径、长度、方向、出入口高程，与既有的沟槽、排水渠道及道路的连接等，结合现场的实际地形、地质情况、设计文件进行核对，如变化较大或必要时应进行设计变更。修筑涵洞的准备工作主要有场地规划、砂石备料及基底疏干。施工场地应该合理布置，做到砂石堆放场、工棚、施工运输便道等互不干扰，应尽量选择在旱季施工。为防止水流进入基坑，对于流水较小的河沟可临时改沟导流。基坑放样与开挖需考虑涵洞基底纵向坡度、基础埋深，确定各点的实际开挖深度。基坑开挖线应比基础轮廓线尺寸大一些，以方便施工。为减少挖基数量，基坑边坡的坡度可比明挖基础放坡开挖的坡度适当放陡，若边坡较低，还可考虑垂直开挖，但必须在土质较好的无水地点。基坑开挖宽度应预留工作面宽度。基坑开挖至设计高程后，进行清理整平，经检查签证后定好基础线，方可修筑基础。若基底不够密实，可进行原地面夯实，或夯填一层碎石、卵石。当涵洞较长，挖基数量大，且基底不需做特别处理时，可以采用自上游端开始，逐节开挖施工的方法，以免基坑暴露时间过长，且可利用后段开挖土回填前段基坑。基坑经检查合格后，应尽快施工基础，以免基底被水浸泡软化。

9.2.1　圆涵施工

圆涵有混凝土圆涵和钢筋混凝土圆涵，目前多采用钢筋混凝土圆涵。圆涵的施工多是预制成管节，每节长度多为 1 m，然后运往现场安装。

一、涵管的预制和运输

涵管可采用振动制管法、离心法、悬辊法和立式挤压法进行预制。圆涵管节所受竖直荷载较大，管节均布置有双层螺旋形主钢筋，内外两层主筋用纵向分布钢筋及箍筋连成骨架（图 9.2.1-1）。

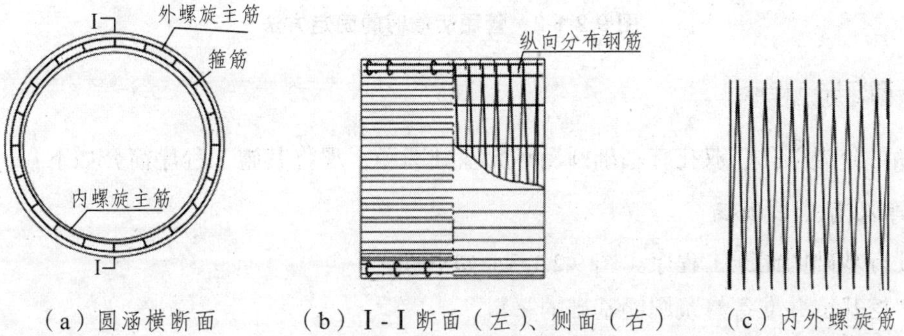

（a）圆涵横断面　（b）Ⅰ-Ⅰ断面（左）、侧面（右）　（c）内外螺旋筋

图 9.2.1-1　圆涵配筋图

涵管也可采用外购，涵管进场后必须对其质量进行检验。管节成品的质量检验分为管节尺寸检验和管节强度检验。涵管的质量要求及尺寸允许偏差要满足规范要求。

涵管强度试验应按规范要求的方法进行，其抽样数量及合格要求：涵管的试验数量应为涵管总数的 1%~2%，但每种孔径的涵管至少要试验 1 个。如首次抽样试验未能达到试验标准时，允许对其余的同孔径管节再抽选两个重新试验。只有当两个重新试验的管节达到强度要求时，涵管才可验收。在进行大量的涵管检验性试验时，是以试验荷载大于或等于裂缝荷载时还没有出现裂缝为达到标准。在北方冬季寒冷冰冻地区，涵管还应进行吸水率试验。

管节运输（图 9.2.1-2）与装卸过程中，应注意下列问题：待运的管节，其各项质量应符合前述的质量标准，应特别注意检查待运管节的设计涵顶填土高度是否符合设计要求，防止错装、错运。运输管节的工具，可根据道路情况和设备条件进行选择，不通行地段可采用马车。管节的装卸可根据工地条件选用起重设备，如轨道式起重机、轮式起重机和小型起重工具等。在装卸和运输过程中，应小心谨慎。运输途中，每个管节底面宜铺以稻草，用木块楔紧，并用绳索捆绑固定，防止管节滚动、相互碰撞破坏。从车上卸下管节时，应采用起重设备，严禁从汽车上将管节滚下，造成管节破裂。

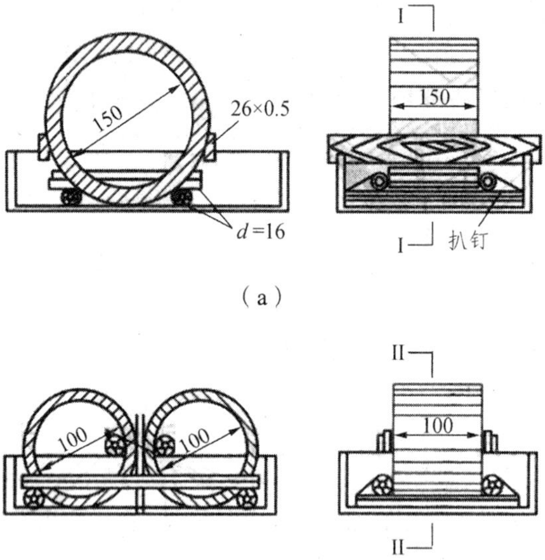

（a）

（b）

图 9.2.1-2 管涵运输时的固定方法

二、圆涵施工程序

圆涵可分为单孔、双孔有基础圆涵和无基础圆涵，现将其施工程序简介如下：

1. **单孔有基础圆涵**

单孔有基础圆涵施工程序（图 9.2.1-3）如下：

（1）挖基坑并准备修筑圆涵基础的材料。

（2）砌筑砌体基础或浇筑混凝土基础。

（3）安装涵洞管节，修筑圆涵出入口端墙、翼墙及涵底（端墙外涵底铺装）。

（4）铺设圆涵防水层及修整。

（5）铺设圆涵顶部的防水黏土，填筑涵洞缺口填土及修建加固工程。

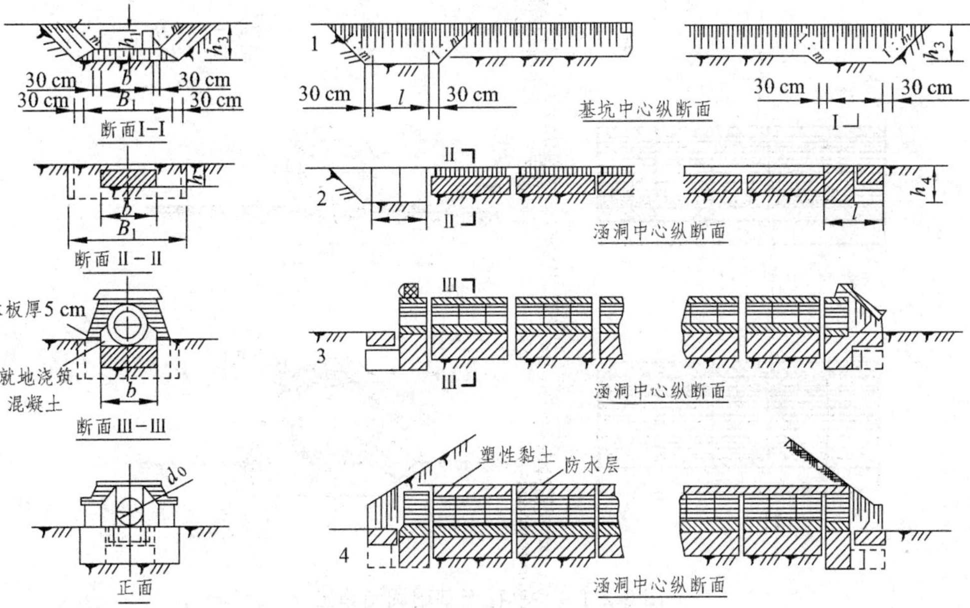

图 9.2.1-3　单孔有基础圆涵施工

2. 单孔无基础圆涵

单孔无基础圆涵施工程序如下：

（1）挖基坑与准备同单孔有基础圆涵。

（2）在捣固夯实的天然土表层或砂垫层上修筑截面为圆弧状的管座。

（3）在圆弧状的管座上铺设防水层，然后安装管节，管节间的接缝宜留1 cm宽，缝中填塞防水材料。

（4）在管节的下侧用天然土或砂砾垫层作为填料，夯实至设计高程处（见图9.2.1-4），并切实保证填料与管节密贴；再将防水层包裹管节，防水层外铺设塑性黏土。防水层及黏土铺设后，涵管两侧水平径线以下的部分填土应立即填筑，以免管节下面的砂垫层松散，并保证其与管节密贴，在严寒地区，此部分填土必须填筑不冻胀土料。

（5）修筑圆涵出入口端墙、翼墙及涵底，并进行整修工作。

3. 双孔无基础圆涵

双孔无基础圆涵施工程序（图9.2.1-5）如下：

（1）挖基坑与准备同单孔无基础圆涵。

（2）在捣固夯实的天然土表层或砂垫层上修筑截面为圆弧状的管座。

（3）先安装右边管并铺设防水层；在左边一孔管节未安装前，在砂垫层上先铺设垫底的防水层，然后按同样的方法安装管节。管节间的接缝应尽量抵紧，管节内外的接缝均以水泥砂浆填塞。

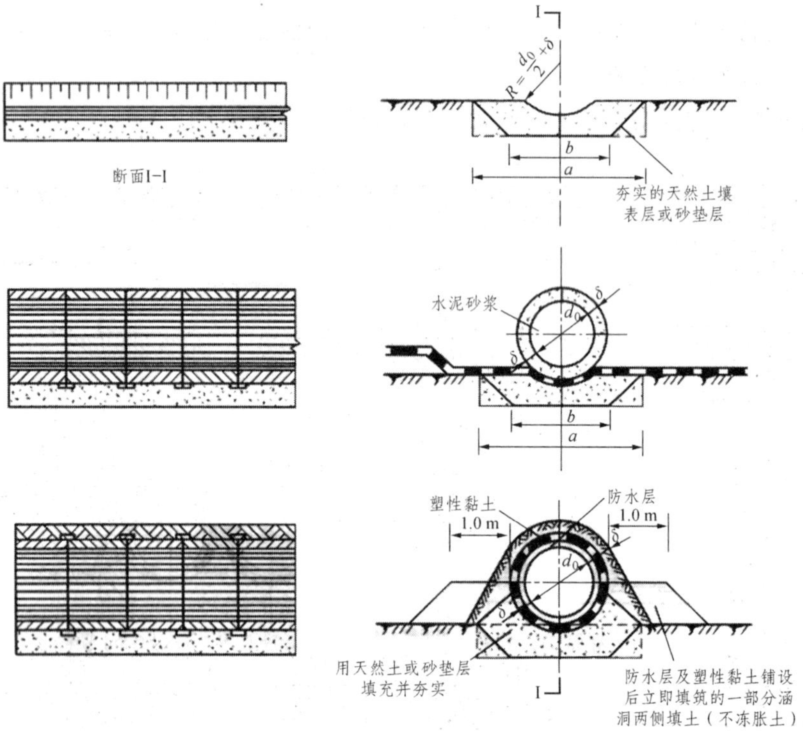

图 9.2.1-4 单孔无基础圆涵施工

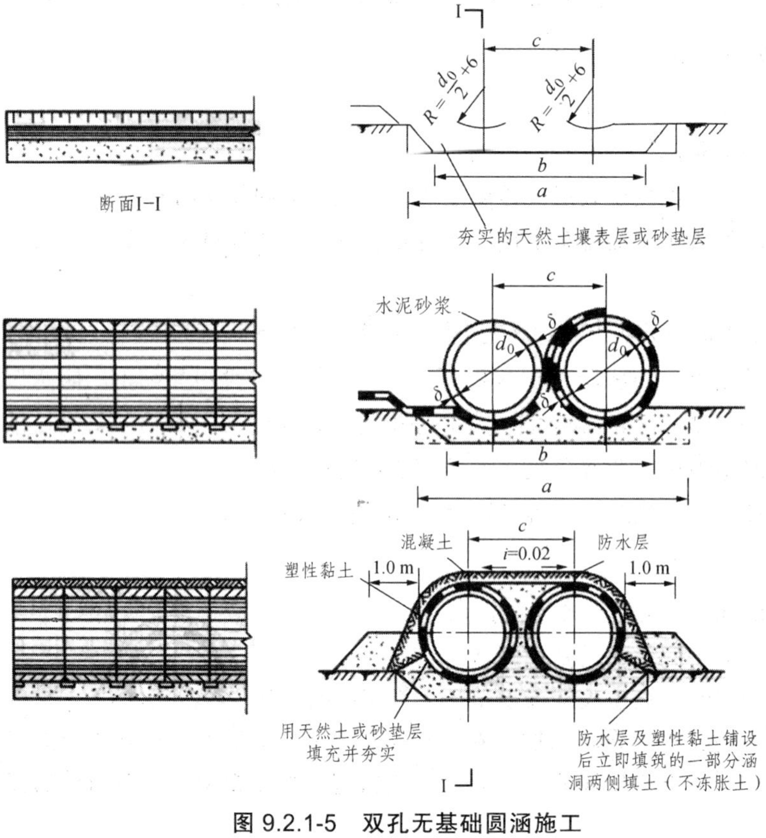

图 9.2.1-5 双孔无基础圆涵施工

（4）在管节的下侧用天然土或砂垫层作为填料，夯实至设计高程处，保证填料与管节密贴。左侧防水层铺设完后，用素混凝土填充管节间的上部空腔，再铺设塑性黏土。防水层及黏土铺设后，涵管两侧水平径线以下的部分填土应立即填筑，以免管节下面的砂垫层松散，并保证其与管节密贴。在严寒地区，此部分填土必须填筑不冻胀土料。

（5）修筑圆涵出入口端墙、翼墙及涵底，并进行整修工作。

4. 陡坡台阶式基础圆涵

沟底纵坡很陡时，为防止涵洞基础和管节向下滑移，可采用管节为台阶式的圆涵（图 9.2.1-6），每段长度一般为 3 ~ 5 m，台阶高差一般不超过相邻涵节最小壁厚的 3/4。如坡度较大，可按 2 ~ 3 m 分段或加高台阶高度（但不应高于 0.7 m），且台阶处的净空高度不应小于 1.0 m。此时，在低处的涵顶上应设挡墙，以掩盖可能产生的缝隙。无基础陡坡圆涵，只可采用管节斜置的方法进行施工，斜置的坡度不得大于 5%。

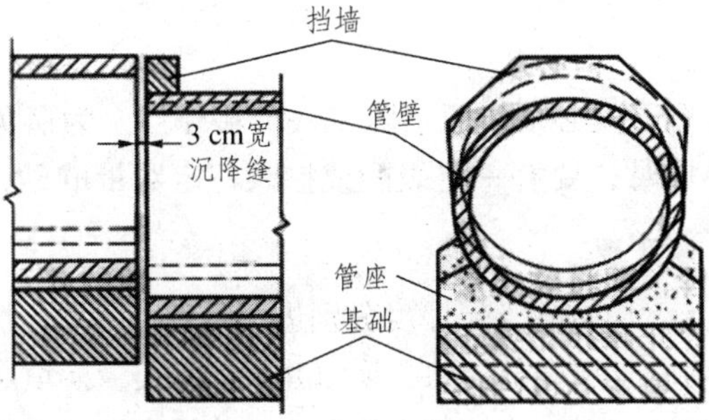

图 9.2.1-6　陡坡台阶式圆涵

三、圆涵基础施工

1. 地基土为岩石

管节下采用无砌体基础，管节下挖去风化层或软土层后，填筑 0.4 m 厚的砂垫层；出入口端墙、冀墙下，在岩石层上用混凝土浇筑基础，埋置深度至风化层以下 0.15 ~ 0.25 m（最小埋置深度等于管壁厚度加 5 cm）。风化层过厚时，可改用片石砌体，最深不大于 1 m。管节下为硬岩时，可用混凝土抹成与管节密贴的垫层。

2. 地基土为砾石土、卵石土或砂砾、粗砂、中砂、细砂或匀质黏土

管节一般采用无基，对于砾、卵石土，先用砂填充地基土的空隙并夯实，然后填筑 0.4 m 厚的砂垫层；对于粗砂、中砂、细砂地基土，表层应夯实；对于匀质黏性地基土，应做砂垫层。出入口端墙、冀墙砌体基础的埋置深度，设计无规定时为 1.0 m；对于匀质黏土，地下水位在冻结深度以上时，出入口端墙、翼墙砌体基础的埋置深度为 1.0 ~ 1.5 m；当冻结深度不大时，基础埋深宜等于冻结深度的 0.7 倍；当基础埋深大于 1.5 m 时，可采用砂夹卵石在砌体基础下换填至冻结深度的 0.7 倍。

3. 地基土为黏土

管节下应采用 0.5 m 厚的基础，出入口端墙、冀墙基础的埋置深度为 1.0 ~ 1.5 m；当冻结深度不大时，埋深应等于冻结深度；当冻结深度大于 1.5 m 时，可在砌体基础下用砂夹卵石换填至冻结深度。

4. 必须设置基础的圆涵

管顶的填土高度超过 5 m；最大洪水流量时，涵前壅水高度超过 2.5 m；河沟经常流水；沼泽地区深度在 2.0 m 以内；沼泽地区淤积物、泥炭等的厚度超过 2.0 m 时，应按特别设计的基础施工。

5. 严寒地区的圆涵基础施工

常年最冷月份平均温度低于 – 15 °C 的地区称为严寒地区。匀质黏土和一般黏土上的基础均须采用砌体基础。出入口端墙、翼墙基础应埋置在冻结线以下 0.25 m。一般黏土地区的地下水位在冻结深度以上时，管节下的埋置深度应为 $H/8$（H 为涵底至路面土壤的高度），但不小于 0.5 m，也不得超过 1.5 m。

6. 基础垫层材料

可采用砂、砾石或碎石，但必须注意清除基底的耕作层。为避免管节承受石料集中应力，当使用碎石、卵石作为垫层时，要有一定级配或掺入一定数量的砂，并夯捣密实。

7. 软土地区圆涵地基处理

圆涵地基土如遇到软土，应按软土层厚度分别进行处理。当软土层厚度小于 2.0 m 时，可采取换填土法进行处理，即将软土层全部挖除，换填并碾压密实，换填层上面再砌筑 0.5 m 厚的砌体基础。当软土层厚度超过 2 m 时，应按软土层厚度、路堤高度、软土性质进行特殊设计处理。

四、管节安装

管节安装应从下游开始，使接头面向上游；每节涵管应紧贴于垫层或基座上，使涵管受力均匀；所有管节应按正确的轴线和坡度铺设。如管壁厚度不同，应使内壁齐平。在铺设过程中，要保持管内清洁无杂物。

管节的安装方法通常有滚动安装法、滚木安装法、压绳下管法、龙门架安装法、起重架安装法等，可根据施工现场的实际情况选用。

五、圆涵施工注意事项

有基础的管座，混凝土浇筑时应与管座紧密相贴，浆砌块石基础应加做一层混凝土管座，使圆管受力均匀；无砌体基础的圆管，其基底应夯填密实，并做好弧形管座。

无企口的管节接头采用顶头接缝，应尽量顶紧，缝宽不得大于 1 cm。涵身长度不够时，严禁采用将所有接缝宽度加大的方法来凑足涵身长度。管身周围无防水层设计的接缝，需用沥青麻丝或其他具有弹性的不透水材料从内、外侧仔细填塞。

长度较长的圆涵设计有沉降缝的，管身沉降缝应与砌体基础的沉降缝位置一致。缝宽为 2 ~ 3 cm，应用沥青麻絮或其他具有弹性的不透水材料从内、外侧仔细填塞。长度较长、填土较高的圆涵应设预拱度。预拱度应按设计规定设置。各管节设预拱度后，管内底面应是平顺圆滑的曲线，不得有反坡。相邻管节如因管壁厚度不一致产生台阶时，应用水泥砂浆抹补。

9.2.2　就地浇筑拱涵和盖板涵

混凝土和钢筋混凝土拱涵、盖板涵可采用现场浇筑法施工。

一、涵洞基础施工

1. 整体式基础

涵身下面和孔径中间使用整块的混凝土浇筑的基础，称为整体式基础。其地基土的承载力应满足设计规定。

2. 非整体式基础

涵身下面为独立的现浇混凝土或浆砌片石基础，两者之间不相连的称为非整体式基础。其地基土要求的允许承载力较整体式基础要高。

3. 板凳式基础

两座涵台下面的混凝土基础之间用较薄的混凝土或钢筋混凝土板在顶部连接，一起浇筑成似同板凳一样的基础，称为板凳式基础，也称为支撑式基础。其地基土允许承载力的要求处于整体式基础和非整体式基础之间。

上述各地基土的承载力可用轻型动力触探仪进行测试。根据当地情况，基础可采用片石混凝土或浆砌片石。

二、支架和拱架

1. 钢拱架和木拱架

钢拱架是用角钢、钢板和钢轨等材料在工厂制成装配式构件，在工地进行拼装。图 9.2.2-1 所示为用钢轨制成的跨径为 1.5 ~ 3.0 m 的拱涵钢拱架。

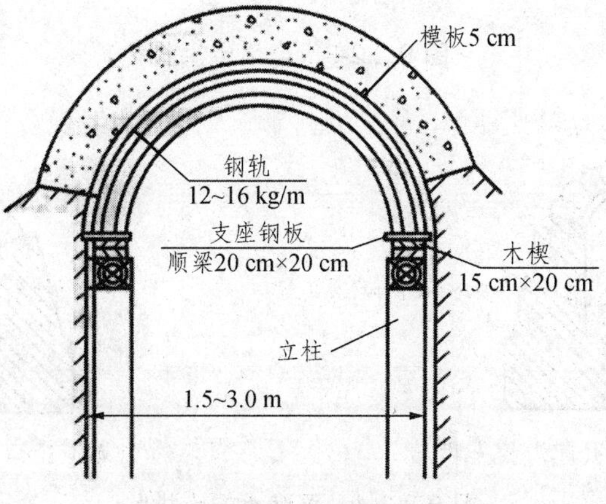

图 9.2.2-1　拱涵钢拱架

木拱架主要是由木材组合而成，拆装比较方便；但这种拱架浪费木材，应尽量不使用。图 9.2.2-2 所示为跨径为 2.0 ~ 3.0 m 的木拱架。

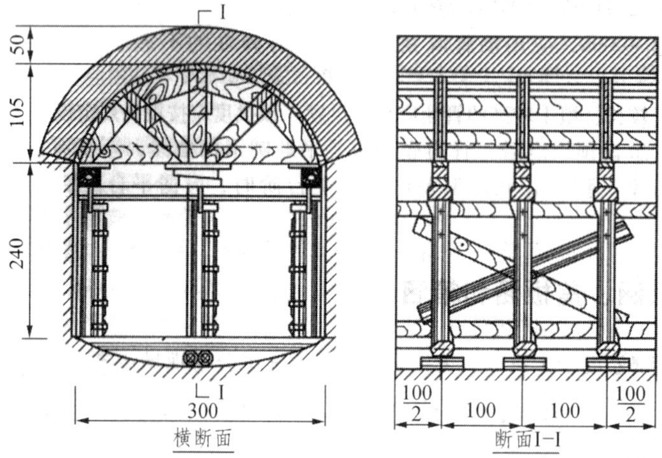

图 9.2.2-2　跨径 2.0 ~ 3.0 m 的木拱架

2. 土牛拱胎（土模）

在水流不大的情况下可以用土牛拱胎代替拱架，这种方法既节省木料，又有经济、安全的特点。

根据河流的水流情况，土牛拱胎有全填土拱胎（图 9.2.2-3）、有透水盲沟的土拱胎［图 9.2.2-4（a）］、三角形木拱架土拱胎［图 9.2.2-4（b）］和木排架土拱胎（图 9.2.2-5）等形式。

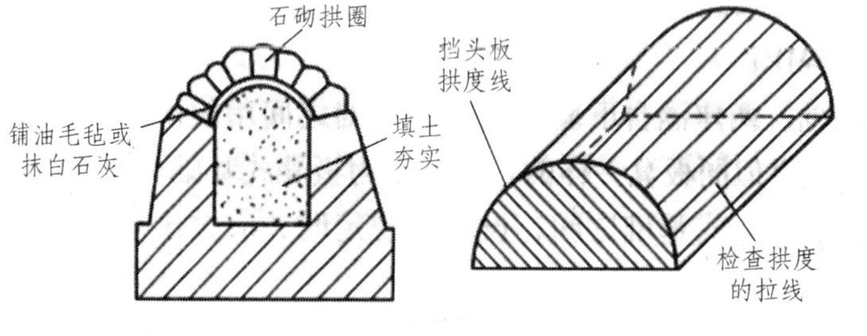

图 9.2.2-3　全填土拱胎

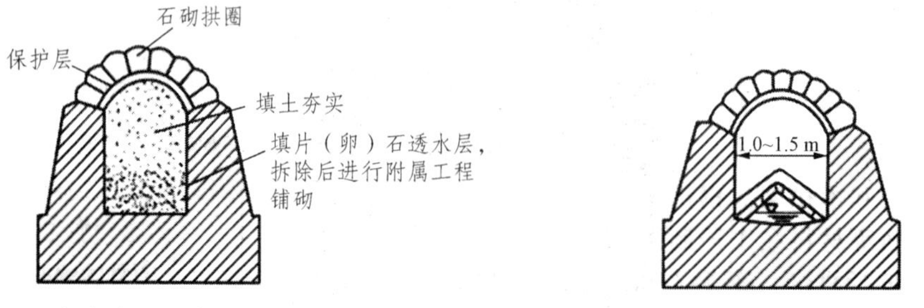

（a）有透水盲沟的土拱胎　　（b）三角形木拱架土拱胎

图 9.2.2-4　可渗水的土拱胎

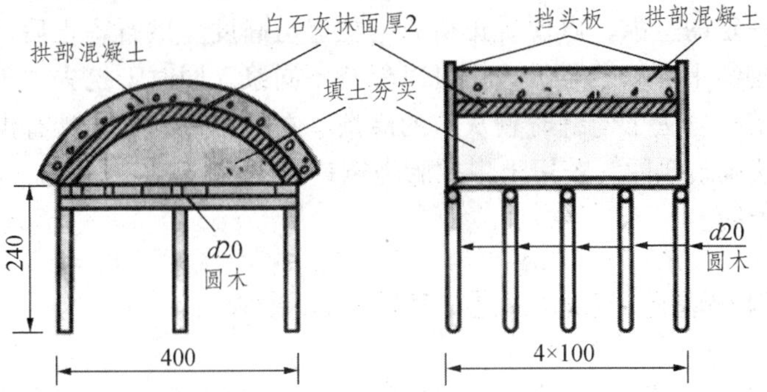

图 9.2.2-5　木排架土拱胎

全填土拱胎施工步骤如下：拱胎填土应在边墙砌体强度达到设计要求的 70%后，分层夯填，每层厚度为 0.2 ~ 0.5 m。跨度小的可以厚一些，但应根据土质情况决定。填土在端墙外伸出 0.5 ~ 1.0 m，并保持 1∶1.5 的边坡。填土将达拱顶时，分段用样板矫正，每隔 30 cm 挂线检查。土牛拱胎表面应设保护层，可以铺设一层油毡或抹一层 5 mm 厚的水泥砂浆作为保护层。较好的保护层常用砖或片石砌筑，厚约 20 cm，然后抹 2 cm 厚的黏土，再铺油毡。

对于砌石拱圈，土牛拱胎上若不设保护层时，可用下述方法砌筑拱圈：在涵台砌筑好后，利用暂不使用的石料把涵孔两端堵住，干砌一道宽 40 ~ 50 cm 的拱形墙作为拱模，以便砌拱时挂线；然后在桥孔中间用土分层填筑密实，如图 9.2.2-6 所示。

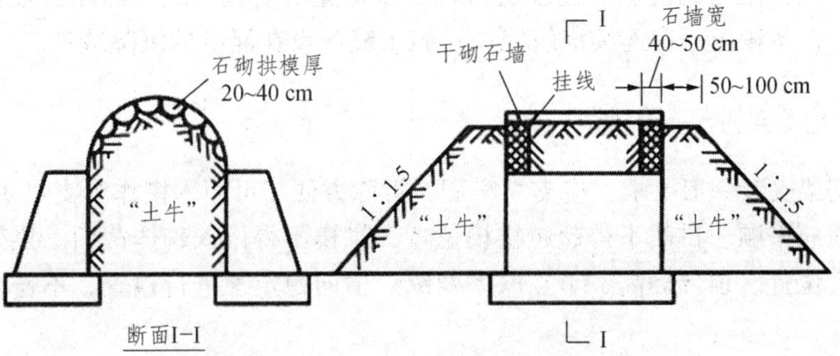

图 9.2.2-6　石块干砌配合土牛拱胎支模

如洞身超过 20 m 或拱形复杂时，可用木料做 3 个满足要求的标准拱模，两端及中间各置一个，两端的标准拱模可以支靠在石模上，中间的可按标准高度支于两旁涵台上并埋置于土中。填筑“土牛”时不必将“土牛”的规定高度一次填足，可预留 2 ~ 3 cm 的空隙，待砌拱石时边砌边填筑。

起拱线以上 3 ~ 4 层的拱石不受拱胎支撑，可直接砌起。再往上砌时，因拱石的部分重量由拱胎支撑着，故可用木板顺拱石的砌缝方向按规定的拱度放在拱石砌缝处的“土牛”上，木板下面用土石垫好，随即开始砌筑这一层的拱石。砌好后将垫板取出，并将空隙用土填满捣实，再把垫板按规定的拱度垫在上一层拱石砌缝处的“土牛”上，继续砌上一层拱石。如有较充足的木板时，木板可不抽出周转。拱石砌至拱顶附近时，应先将这部分的土模夯打坚实，直到与标准拱模相差 3 ~ 5 cm 时为止。土牛拱胎虽经夯实但仍不够坚硬，当拱石放上去时极易压缩，拱石的高度及位置不易确定。因此，需要在拱石下面的四角垫上片石，使“土牛”与拱石保持一定的空隙，以便矫正拱石的位置与高度。拱石矫正后，将其下面的空隙填砂捣实；然后在砌缝中灌以砂浆，这样可以保持不漏浆。同时，挖去“土牛”后，灰缝中预填的砂子自然脱落，省去了勾缝时剔灰缝的麻烦。在施工过程中预计有洪水到来的河沟中不能采用土牛拱胎法砌筑拱圈。若用土牛拱胎浇筑盖板涵，“土牛”填至边墙顶面的标高即可，施工方法与拱涵相同。

三、拱涵与盖板涵基础、边墙、拱圈、盖板的施工要求

1. 涵洞基础

无论是砌体基础还是砂垫层基础，施工前必须先对下卧层地基土进行检查验收，地基土的承载力或密实度符合设计要求时才可进行基础施工。对于软土地基，应按照设计要求进行加固处理，符合要求后才可进行基础施工。孔径较宽的拱涵、盖板涵兼作行人和车辆通道时，其底面应按照设计加固，以承受因行人和车辆引起的荷载及磨耗。砂垫层基础施工工艺和技术要求可参照本节圆涵基础部分进行。

2. 涵洞边墙

涵洞边墙的施工工艺和技术要求可参照本书桥梁墩（台）部分的有关要求进行。

3. 涵洞拱圈和钢筋混凝土盖板

浇筑或砌筑拱圈和盖板时应注意：拱圈和端墙的施工，应由两侧拱脚向拱顶同时对称进行；拱圈和盖板混凝土的浇筑应连续进行，尽量避免留设施工缝；当涵身较长时，可沿涵长方向分段进行，每段应一次连续浇筑完成；施工缝应设在涵身的沉降缝处。

四、拱架和支架的安装和拆除

拱架和支架安装一般要求：应支立牢固、拆除方便（可用木楔作为支垫），纵向连接应稳定，拱架外弧应平顺。拱架不得超越拱模位置，拱模不得侵入砌体截面。拱架和支架安装完毕后，应对其位置、顶部标高、节点联系及纵、横向稳定性进行检查，不符合要求的立即进行纠正。

拱架和支架拆除的一般要求：拱架和支架的拆除在具备下列条件之一时方可进行。

拱圈的砌体强度达到设计值的 70%时，即可拆除拱架，但必须达到设计值后方可填土。当拱架未拆除，拱圈的砌体强度即达到设计值的 70%时，可进行拱顶填土，但应在拱圈的砌体强度达到设计值时，方可拆除拱架。

拱涵拆除拱架可用木楔，木楔用比较坚硬的木料斜角对剖制成，并将剖面刨光。两块木楔接触面的倾斜度为 1∶6～1∶10。在垫木楔时，应使上面一块的楔尖伸出下面一块的楔尾以外，这样在拆除拱架时敲击木楔比较方便。木楔垫好后应将两端钉牢。拆除拱架时应沿桥涵的整个宽度上将拱架同时均匀降落，并从跨径中点开始逐步向两边拆除。

9.2.3 就地浇筑箱涵

箱涵又称为矩形涵、框架涵，箱涵顶板、底板与左右墙身是连续浇筑的，成为刚性结构，如图 9.2.3-1 所示。

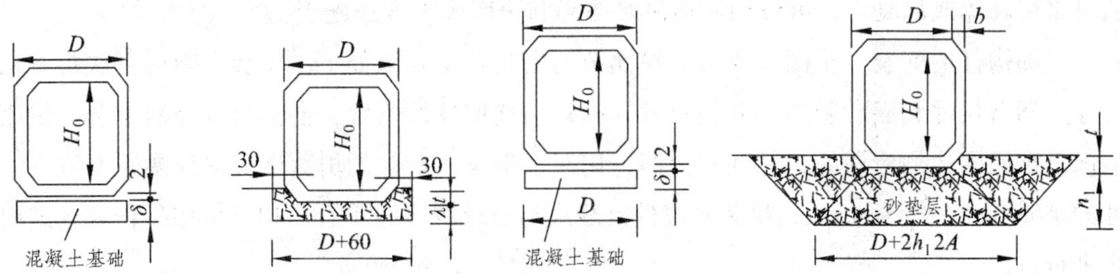

（a）出入口涵节　（b）洞身涵节无基础　（c）洞身涵节有基础　（d）地基土上换填砂垫层

图 9.2.3-1　箱形涵洞

1. 箱涵基础施工

箱涵按基础可分为有基础箱涵和无基础箱涵两种。可参照圆涵基础施工。

2. 箱涵身和底板混凝土的浇筑

箱涵身的支架、模板施工可参照现浇混凝土拱涵和盖板涵，浇筑底板混凝土时的注意事项与浇筑拱涵和盖板涵相同。

9.2.4　装配式拱涵、盖板涵和箱涵

1. 预制构件结构的要求

拱圈、盖板、箱涵节等构件的预制长度，应根据起重设备和运输能力决定，但应保证结构的稳定性和刚性。

拱圈构件上应设吊孔，以便起吊。吊孔应考虑平吊及立吊两种吊装方式，安装后可用砂浆将吊孔填塞。箱涵节、盖板等构件既可设吊孔，也可在顶面设吊环。吊环的位置、孔径和制环用的钢筋应符合要求，并要求吊装时吊环钢筋不断裂。安装完毕后，吊环钢筋应按要求处理。若采用钢丝绳捆绑起吊，可不设吊孔或吊环。

2. 预制构件模板

预制构件的模板可采用木模板、土牛拱胎、钢丝网水泥模板、拼装式模板等。有预埋件时，应采取措施确保预埋件的位置正确。

3. 构件运输

构件必须在达到设计强度后，经检查质量合格，才能进行运输。运输时应注意吊点或支撑点的设置，务必使构件在运输过程中保持平衡、受力合理，确保运输安全。

4. 施工和安装

装配式拱涵、盖板涵和箱涵的基础与就地浇筑的拱涵和盖板涵相同。拱涵和盖板涵的边

墙可采用砌体或混凝土，可按照就地浇筑的涵洞边墙施工方法施工。

上部构件的安装。拱圈、盖板、箱涵节的安装技术要求如下：安装之前应再次检查构件尺寸、涵台尺寸和涵台间距，并核对其标高；调整构件的位置，使其与沉降缝重合。拱座接触面及拱圈两边均应凿毛，并浇水湿润，用灰浆砌筑；灰浆的坍落度应保证灰浆不流失。构件的砌缝宽度一般为 1 cm，拼装每段的砌缝应与设计沉降缝重合。构件可用扒杆或轮式起重机进行吊装。

9.2.5 倒虹吸管施工

一、结构要求

当路线穿过沟渠，路堤高度很低或在浅挖方地段通过，填、挖高度不足，难以修建明涵时或因灌溉需要而必须提高渠底标高，修筑架空渡槽又不能满足线上净空要求时，常修建倒虹吸管。

通常采用的倒虹吸管为竖井式，如图 9.2.5-1 和图 9.2.5-2 所示。如路基边沟的底部高程低于灌溉渠的底部标高时，可采用图 9.2.5-1 的形式，路基边沟设于倒虹吸管两个竖井入口之内，多用于需要跨过浅路堑的灌溉渠；如路基边沟的底部标高高于灌溉渠的底部高程时，则采用图 9.2.5-2 的形式，路基边沟（或无边沟）设于倒虹吸管两个竖井入口之外。

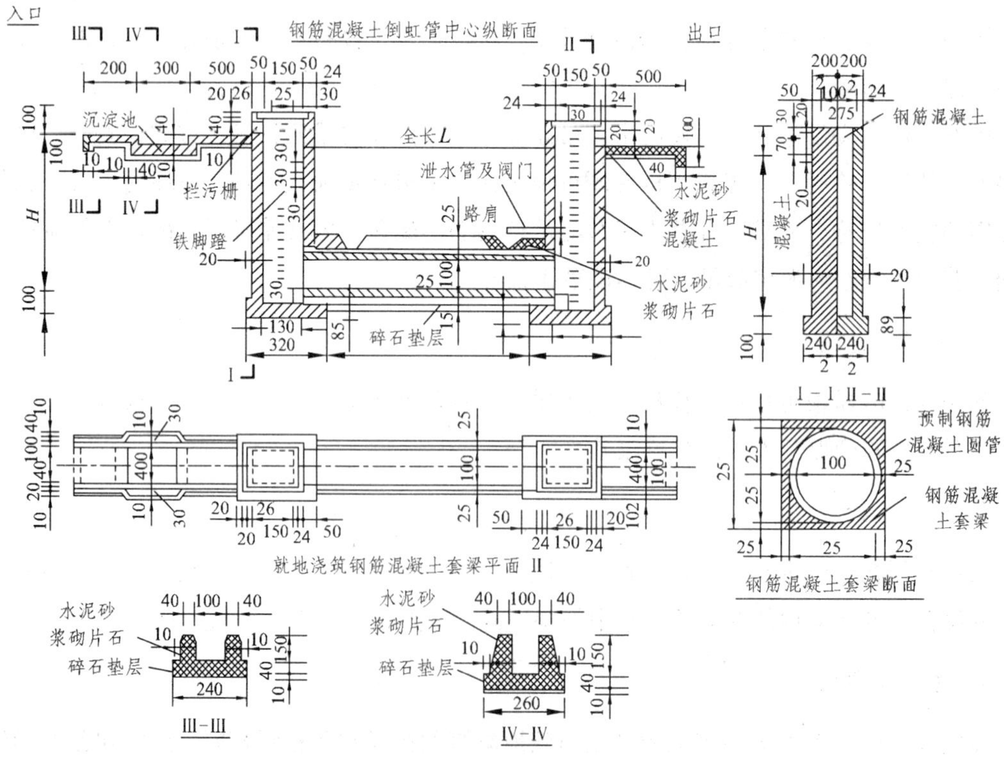

图 9.2.5-1 竖井式倒虹吸管（一）（单位：cm）

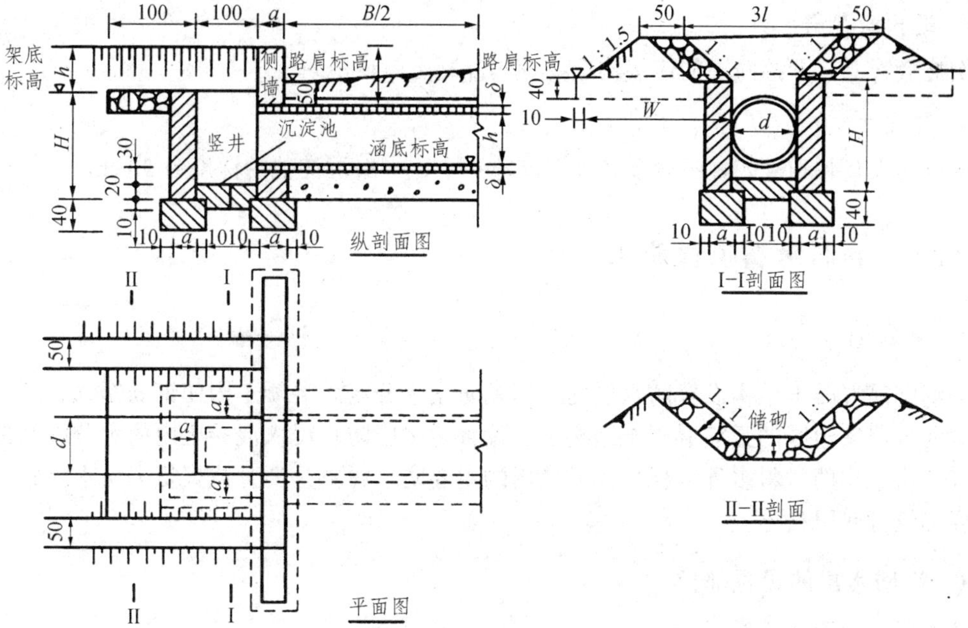

图 9.2.5-2　竖井式倒虹吸管（二）（单位：cm）

二、施工布置和注意事项

1. 管节结构

管节一般采用预制的钢筋混凝土圆管，管径可按有压力式的流量进行选择，一般为 0.5 ~ 1.5 m。管节长度一般为 1 m，调整圆涵长度的管节长度为 0.5 m，并有正交、斜交两种形式，可根据实际情况选用。

2. 倒虹吸管埋置深度的确定

倒虹吸管的埋置深度应适当，埋置过浅，则车轮荷载的传布影响较大，受力不利，管节有可能被压破，而且在严寒地区还受到冻害影响；埋置过深，则会导致工程量增加。倒虹吸管的管节顶部必须埋置在当地最大冻结深度以下。

3. 倒虹吸管底坡

倒虹吸管内的水流为压力式水流，水流状态与管底纵坡无关，一般均做成水平。

4. 倒虹吸管基础

倒虹吸管基础宜采用外包混凝土形式，如图 9.2.5-1 所示。混凝土基础下面宜填筑 15 ~ 30 cm 厚的砂砾垫层，并用重锤夯实。

5. 防漏接缝

倒虹吸圆管的防漏接缝处理一般采用浸过沥青的麻絮填塞，外用满涂热沥青的油毛毡包裹两道。这种防漏接缝的处理对有压力水流的渠道来说不够安全。比较好的办法是按上述程序处理之后，外包就地浇筑的钢筋混凝土方形套梁，使它们形成整体。套梁底设置 15 cm 厚的砂砾或碎石垫层。

6. 进出口竖井

倒虹吸管上、下游两端的连接构造物宜用混凝土就地浇筑。

7. 沉淀池

水流落入竖井和进入虹吸管前各设沉淀池一个，一般沉淀池的深度为 30 cm。

9.2.6 涵洞附属工程施工

一、防水层

涵洞钢筋混凝土结构设置防水层的作用是防止水分浸入混凝土内使钢筋锈蚀，缩短结构寿命。北方严寒地区的无筋混凝土结构需要设置防水层防止浸入混凝土内的水分冻胀造成结构破坏。防水层的材料多种多样，涵洞使用的主要防水材料是沥青或聚氨酯防水涂料，有些非重要部位可使用黏土。

（一）防水层的设置部位

防水层的设置部位如下：

各式钢筋混凝土涵洞（不包括圆涵）的洞身及端墙在基础以上被土掩埋的部分，均须涂以热沥青或聚氨酯防水涂料两道，每道厚 1 ~ 1.5 mm，不另抹砂浆。

混凝土及石砌涵洞的洞身、端墙和翼墙的被土掩埋部分，只需将砌体表面凿平，无凹入存水部分，可不设防水层。北方严寒地区的混凝土结构仍需设防水层。

钢筋混凝土圆涵的防水层可按单、双管铺设。管节接头采用平头对接，接缝中用麻絮浸以热沥青塞满。管节的上半部从外往内填塞，下半部从内往外填塞。管外靠近接缝处裹以热沥青浸透的防水麻布 8 层，宽度为 15 ~ 20 cm。包裹方法：在现场用热沥青逐层黏合在管外壁上的接缝处，外面再在全长管外裹以塑性黏土。

钢筋混凝土盖板明涵的盖板部分表面可先涂抹热沥青两次，再敷设防水卷材和玻纤混凝土保护层。砖、石、混凝土拱涵的上部结构防水层铺设，可参考拱上附属工程。

（二）沥青的铺设

沥青可用铁锅或铁桶等容器进行熬制。铁桶装的沥青，应打开桶口小盖，将桶横倒搁置在火炉上，以文火使沥青熔化后，从开口流入熬制用的铁锅或大口铁桶中。熬制用的铁锅或铁桶必须有盖，以便在沥青飞溅或着火时用以覆盖。熬制处应设在工地的下风方向，与一般工作人员、料堆、房屋等保持一定距离，锅内沥青不得超过锅容积的 2/3。熬制中应不断搅拌至沥青全部为液态为止。熔化后的沥青应继续加温至 175 °C（不得超过 190 °C），熬好的沥青盛在小铁桶中送至工地使用。使用时的热沥青温度宜低于 1 500 °C。涂覆热沥青的砌体表面应先用刷子扫净，消除粉屑污泥。涂覆工作宜在干燥温暖（温度不低于 + 5 °C）的天气进行。现在因环保要求，逐步采用聚氨酯防水涂料代替现场熬制沥青。

（三）沥青麻絮、油毡、麻布的浸制方法和质量要求

沥青麻絮（沥青麻布）可采用工厂浸制的成品或在工地用麻絮以热沥青浸制。浸制后的麻絮，表面应呈淡黑色，无孔眼、破裂和叠皱，撕裂断面上应呈黑色，不应有显示浸透的布层。

油毡是用一种特制的纸胎（或其他纤维胎）经软化点低的沥青浸透制成，浸渍石油沥青的称为石油沥青油毡，浸渍焦油沥青的称为焦油沥青油毡。为了防止在储存过程中相互黏着，油毡表面应撒一层云母粉、滑石粉或石棉粉。

防水纸（油纸）是用低软化点的沥青材料浸透原纸制成的，除沥青层较薄，没有撒防黏层外，其他性质与油毡相同。

油毡和防水纸可以从市场上采购，其外观质量应符合如下要求：油毡和防水纸的外表面不应有孔眼、断裂、叠皱及边缘撕裂等现象，油毡的表面防黏层应均匀地撒布在油毡表面上。毡胎或原纸内应吸足油量，表面油质均匀，撕开的断面应是黑色的，无未浸透的空白纸层或杂质，浸水后不起泡、不翘曲。温度在 25 °C 以下时，把油毡卷在 2 cm 直径的圆棍上弯曲，不应发生裂缝和防黏层剥落等现象。将油毡加热至 80 °C 时，不应有防黏层剥落、膨胀及表面层损坏等现象。夏季在高温下不应黏在一起。

铺设油毡和防水纸用的粘贴沥青应和油毡、防水纸有同样的性能。煤沥青油毡和防水纸必须用煤沥青粘贴。同样，石油沥青油毡及防水纸，也一定要用石油沥青来粘贴，否则过一段时间后油毡和防水纸就会分离。

二、沉降缝

（一）沉降缝的功能

沉降缝可以避免结构物因荷载或地基承载力不均匀发生不均匀沉陷而产生不规则裂缝，从而使结构物发生破坏的情况。设置沉降缝后，可使结构物发生不均匀沉降时，将裂缝限制在沉降缝处，有利于结构物的安全稳定。

（二）沉降缝设置的位置和方向

涵洞洞身及洞身与端墙、翼墙、进出水口急流槽的交接处必须设置沉降缝，但无基础的圆涵仅在交接处设置沉降缝，洞身范围不设。沉降缝的具体设置位置根据结构物和地基土的情况确定。

洞身沉降缝：洞身沉降缝一般每隔 4 ~ 6 m 设置 1 处，但无基础涵洞仅在洞身涵节与出入口涵节之间设置，缝宽一般为 3 cm。两端与附属工程的连接处也各设置 1 处。

其他沉降缝：凡地基土质发生变化、基础埋置深度不一、基础对地基的荷载发生较大变化处，基础填、挖交界处，采用填石垫高基础的交界处，均应设置沉降缝。

岩石地基上的涵洞：凡置于岩石地基上的涵洞，不设沉降缝。

斜交涵洞：斜交涵洞洞口正做的，其沉降缝应与涵洞中心线垂直；斜交涵洞洞口斜做的，沉降缝与路基中心线平行。拱涵与圆涵的沉降缝，一律与涵洞轴线垂直。

（三）沉降缝的施工方法

沉降缝的施工，要求做到既能使缝两边的构造物自由沉降，又能严密防止水分渗漏，故沉降缝必须贯穿整个截面（包括基础）。沉降缝的具体施工方法如下：

1. 基础部分

可将原基础施工时嵌入的沥青木板或沥青砂板留下，作为防水之用。如基础施工时不用木板，也可用黏土填入捣实，并在流水面边缘以 1∶3 的水泥砂浆填塞，深度约为 15 cm。

2. 涵身部分

缝外侧以热沥青浸制的麻筋填塞，深度约为 5 cm；内侧以 1∶3 的水泥砂浆填塞，深度约为 15 cm（根据沉降缝处砌体的厚度确定）。缝内可以用沥青麻筋与水泥砂浆填满；如太厚，也可将中间部分先填以黏土。

3. 沉降缝的施工质量要求

沉降缝端面应整齐方正；基础和涵身上下不得交错，应贯通；嵌塞物应紧密填实。

4. 保护层

各种有基础涵洞的基础襟边以上，均顺沉降缝周围设置黏土保护层，厚度约为 20 cm，顶宽约为 20 cm。对于无基础涵洞，保护层宜使用沥青混凝土或沥青胶砂，厚度为 10～20 cm。

三、涵洞进出水口

涵洞进出水口工程是指涵洞端墙、翼墙、八字墙以外的部分，如沟底铺砌和其他进出水口处理工程。

平原区的涵洞出入口的沟床应整理顺直，与上下排水系统（天沟、路基边沟、排水沟、取土坑等）的连接应圆顺、稳固，保证流水顺畅，避免排水损害路堤、村舍、农田、道路等。

在山丘区的涵洞，其底纵坡超过 5%时，除参照平原区的处理工程进行整理外，还应对沟床进行干砌或浆砌片石防护。翼墙以外的沟床当坡度较大时，也应进行铺砌防护。防护的长度以及砌石的宽度、厚度、形状等，应满足设计要求。

四、涵洞缺口填土

涵洞完成后，当涵洞砌体砂浆或混凝土强度达到设计强度的 75%时，方可进行回填。回填土要注意质量，严格按照有关施工的规定和设计要求处理。若是拱涵，回填土时，应按照有关规定施工。

填土路堤在涵洞每侧不小于两倍孔径的宽度及高出洞顶 1 m 范围内，应采用渗水土从两侧分层仔细夯实，每层厚度为 10～20 cm。特殊情况也可用与路堤填料相同的土填筑。管节顶部的宽度等于管节外径的中间部分填土，其密实度要求与该处路基相同。如为填石路堤，则在管顶以上 1.0 m 范围内分三层填筑：下层为 20 cm 厚的黏土；中层为 50 cm 厚的砂卵石；上层为 30 cm 厚的小片石或碎石。在两端的上述范围及两侧每侧宽度不小于孔径的 2 倍范围内，码填片石。对于其他各类涵洞的填土要求，应分别按照有关的设计要求处理。

用机械填筑涵洞缺口时，须待涵洞达到允许强度后，在涵身两侧用人工或小型机具对称夯填，夯填至高出涵顶至少 1 m，然后再用机械填筑。不得从单侧偏推、偏填，使涵洞承受偏压。冬期施工时，涵洞路口的路堤、涵身两侧及涵顶 1 m 范围内，应用未冻结土填筑。回填缺口时，与路堤衔接处应挖出台阶。

复习思考题

1. 试述圆涵预制、运输的方法和注意事项。
2. 试述圆涵的施工程序。
3. 描述圆涵地基的处理方法。
4. 描述拱涵的施工程序。
5. 描述盖板涵的施工方法。
6. 描述框架涵的施工方法。
7. 简述倒虹吸管的适用范围及施工注意事项。
8. 沉降缝在涵洞施工过程中的作用是什么？如何设置沉降缝？
9. 涵洞缺口填土的具体要求有哪些？
10. 试述涵洞防水层的作用和设置位置。

项目 10　铁路顶进桥涵施工

【项目描述】

顶进法施工是指在铁路下方顶入预制的钢筋混凝土箱型框架或圆管，建成地下通道或地下建筑物。这种方法适用于原有铁路和公路平交道口不能适应交通安全和车流畅通要求而改建为立交道口；农田灌溉或通航需要增建穿越铁路的过水桥涵或过船桥涵；在处理旧线既有桥涵病害时，要求扩建或增建新桥涵；各种管线穿越铁路等情况。在既有线下修建桥涵，由于行车干扰、施工问题复杂，应根据铁路运输情况、交叉处排水出路情况及附近水文地质、工程地质情况、施工方法、净高、净宽要求等，进行方案比较，选定线路架设方案和顶进施工方法。本项目主要学习铁路顶进桥涵施工工艺、线路加固等方面知识。

【教学目标】

1. 能力目标

（1）能够根据顶进桥涵的结构形式、施工条件编写顶进施工方案；

（2）能够根据线路条件选用线路加固方案，制定安全措施；

（3）能够组织顶进桥涵施工，处理施工常见问题。

2. 知识目标

（1）了解顶进桥涵施工特点，掌握常用顶进施工工艺；

（2）认识顶进桥涵施工设备，熟悉设备性能；

（3）掌握顶进桥涵施工质量控制方法。

3. 素质目标

（1）培养学生细致严谨的工作作风、良好的职业道德和吃苦耐劳的优良品质；

（2）培养学生分析问题、解决问题、积极思考和勇于创新的能力；

（3）培养学生的综合业务能力。

相关案例——丹东市一号干线二期工程地道桥

丹东市一号干线二期工程地道桥，孔径为（6.10 + 16.10 + 6.10）m，轴线横穿丹东站，穿越铁路 35 股道，全长 317.86 m，采用中继间顶进法施工。本桥于 2006 年 4 月 10 日开工，同年 9 月 15 日竣工。

全桥分为 13 节，其中 10 节为现浇（第 1 节 22 m、第 2 节 31 m、第 3 节 18 m、第 5 节 35 m、第 7 节 25 m、第 8 节 22 m、第 9 节 22 m、第 10 节 23 m、第 11 节 24 m、第 12 节 26 m），最长节为 35 m，最短节为 18 m，现浇节的总长度为 248 m。另外 3 节为顶进（第 4 节 19 m、第 6 节 24 m、第 13 节 27.5 m），最长节为 27.5 m，最短节为 19 m，顶进节的总长度为 70.5 m。第 1 ~ 12 节框构高度为 7.3 m，第 13 节框构高度为 11.8 m。

第 1 ~ 7 节框构位于直线上，框构与线路法线角为 10°43′7″。第 8 节位于直线和圆曲线上，位于直线侧与线路法线角为 10°43′7″，位于圆曲线侧与线位正交，曲线外侧框构长 19.365 m，曲线内侧框构长 24.635 m。第 9 ~ 11 节框构位于圆曲线上，框构与线位正交，曲线外侧框构长依次为 22.690 m、23.721 m、24.752 m，曲线内侧框构长依次为 21.310 m、22.279 m、23.248 m。第 12 节位于圆曲线和直线上，位于圆曲线和直线侧均与线位正交，曲线外侧框构长 26.437 m，曲线内侧框构长 25.563 m。第 13 节位于直线上，框构与线位正交。框构桥两端顶板各设置 2.0 m 悬臂。第 8 ~ 12 节框构为现浇施工。其中第 8 节框构基底下有不大于 1.20 m 厚的淤泥质粉质黏土，施工时清除黏土至圆砾土层，然后换填碎石，上设 20 cm 厚 C15 素混凝土垫层。第 9 ~ 12 节框构基底淤泥质粉质黏土厚度大于 1.0 m，采用直径 60 cm 水泥搅拌桩加固，桩间距 1.0 m，水泥用量大于 15%。第 13 节框构为顶进施工，位于淤泥质粉质黏土层上，黏土厚度 1.2 ~ 3.5 m，施工时清除黏土至圆砾土层，加高 13#框构尺寸，使基础底部置于圆砾层上。

丹东市一号干线二期工程地道桥贯穿丹东站及货场，共穿越 35 股道，总长 317.86 m，为国内当时最大规模的下穿立交桥。

地道桥 1、2、3、4 节全长 93.09 m，穿越 15 股道，为国内当时最长的中继间顶进施工，施工控制难度大。设计采用加密纵挑横抬线路加固方案和 3-5-3 扣轨方式。

地道桥 13 节位于一场运输正线咽喉区，桥上有 5 组单开道岔，基底地质为淤泥质黏土，基本承载力为 80 kPa，顶进过程中沉降较大，道岔要求沉降很小，线路加固困难。设计采用桥内压桩工艺，边顶边压；道岔加固采用道岔长木枕斜向刻槽，增设辅助纵梁，纵梁底加设混凝土带等施工手段，圆满解决施工沉降和岔区加固问题。

框构桥平均挖深 9 m 左右，旁边是楼房，基坑防护较为困难。基坑开挖主要采用挖孔灌注桩并结合钢板桩、钢轨桩进行支护，施工效果较为理想。

本桥施工顺利进行，按期竣工交付使用，未发生安全方面等问题。它的建成通车，为同类型的桥梁设计和施工积累了宝贵的经验。本工程的线路加固及基底处理的具体处理措施及数据将会为地道桥建设发挥一定的借鉴作用。

任务 10.1　铁路顶进桥涵施工认知

10.1.1　铁路既有线下顶进桥涵发展

一、顶进法认识

顶进法施工是指在铁路、公路或其他建筑物下方，顶入预制的钢筋混凝土箱型框架，建成各种地下通道或地下建筑物。这种方法适用于：原有铁路和公路平交道口不能适应交通安全和车流畅通要求而改建为立交道口；农田灌溉或通航需要增建穿越铁路的过水桥涵或过船桥涵；在处理旧线既有桥涵病害时，要求扩建或增建新桥涵；明挖法修建地下通道，某些地段不能开挖路面等情况。

在既有线下修建桥涵，由于行车干扰，施工问题复杂，应根据规划要求（铁路、公路）、现有铁路及公路运输情况、交叉处排水出路情况及附近水文地质、工程地质情况、施工方法、拆迁情况、各种障碍物拆迁之可能、在拆迁过程中或以后的影响、立交桥断面形式、净高、净宽要求等，进行方案比较，经技术经济比较后，选定施工方法。

（一）顶进法定义

顶进法是地下建筑物施工的一种基本方法，在不中断地面交通的前提下，将预制好的涵管或箱体，采用机械力量顶入地层中，如图 10.1.1-1 所示。此法适用于穿越公路、铁路、河流、建筑物、街道的各种桥涵、地道、地下管道等。

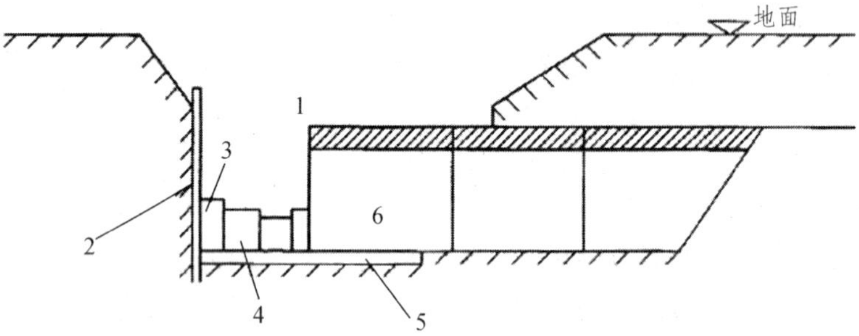

图 10.1.1-1 顶入法示意

1—工作坑；2—后背；3—后背梁；4—千斤顶；5—底板；6—箱体或涵管

（二）顶进法分类

按施工工艺的不同，顶进法可分为一次顶入法、对顶法、对拉法、顶拉法、盾构法、格栅顶进法等。在顶进施工中应优先考虑整体顶进，限于各方面的原因不能整体顶进时，考虑分节、分体顶进。采用整体顶进时，其长度宜小于 30 m；当大于 30 m 时，宜在纵向分节，采用中继间分段顶入法。

按照顶进的地下结构的大小，可分为箱涵顶进、管涵顶进以及小口径管道顶进三大类。

（三）顶进法方案比选

在顶进施工中，顶进方法有多种，施工中应依据现场调查，结合所需顶进的结构形式、尺寸、施工技术水平、工期、机具设备能力等综合研究，经过技术能力和经济投资综合比选后采用合适的施工方法。

（1）在选定施工方法之前，应对以下几方面做充分调查：

地形、地貌及工程地质、水文情况；是否有需要拆迁的建筑物；铁路路基及工作坑中是否埋置有管路、电缆、光缆及其他障碍物，明确其位置、结构以及使用情况；施工场地交通运输及供水、供电等情况；现有平交道的交通运输情况及铁路的运行情况；周围地面及铁路排水情况。

（2）在顶进框架桥施工时，可依据铁路限速要求及地质情况，采取相应的施工方法：

对于限速在 40 km/h 以下的下穿框架桥结构，可以采用普通的顶进法进行框架桥的设计与施工，用便梁或工字钢对线路进行加固。对于限速在 40 ~ 80 km/h 的下穿框架桥结构，设计中要根据地质资料情况确定是否要对地基进行处理，对地基承载力较低（小于 120 kPa 时），需要对地基和路基进行加固处理，要对线路进行加固；对于跨度较大的框架桥（如用便梁对线路进行加固困难时），在顶进时要用桥式盾构法进行顶进施工。对于限速在 80 km/h 以上的下穿框架桥结构，除了要对路基和地基进行加固处理，用桥式盾构法进行施工外，还要考虑在框架桥顶板上方的路基内和框架桥边墙两侧的路基内采用管棚进行支护，以防路基土在顶进过程中下沉。同时在框架底板底设计 2 ~ 4 条顶进滑轨，以便控制顶进的精度，防止扎头或栽头现象的发生。

二、箱涵（地道桥）顶进

箱涵顶进是指在铁路、公路或其他地面建筑物下方，顶入预制好的钢筋混凝土箱形框架，建成各种地下通道或地下建筑物。我国箱形框架结构顶进起自 1964 年哈尔滨市地下排水管下穿铁路工程，1965 年北京永定门外、石家庄正定路同时顶进用于道路的地道桥，开创了城市地道桥顶进施工的先例。

1968 年及以后天津建成多孔地道桥。随后唐山、石家庄、北京、郑州等地先后施工了多座铁路线下大跨度箱形地道桥，遂使该项施工技术如雨后春笋般迅速在全国各地发展起来。

20 世纪 60 年代，上海铁路局在浙赣线技改工程中已经使用顶入法顶进直径为 1.5 ~ 2.0 m 的圆涵。70 年代初期，随着液压技术的成熟及卧式大吨位液压油顶的问世，在设备上使大跨径桥涵顶进成为可能。当时上海铁路局正在进行沪宁复线改建，需要增加大量的立交桥，为了减少对运输的干扰，开始自制大吨位卧式液压油顶和线路纵挑横抬加固设备，并全面推广顶桥工艺。

箱型框架的横断面按使用要求可以分为单孔、双孔和三孔，个别情况还可做成四孔。当用两孔或三孔框架断面时，根据施工现场设备能力，一般将两孔或三孔整体一次浇筑、一次顶进，这样整体性好，施工进度也快。也可将两孔或三孔分别灌注、分别顶进。有时三孔可做成不同高度，有利于模板倒用，减少顶进阻力，线路加固也较容易，如图 10.1.1-2 所示。

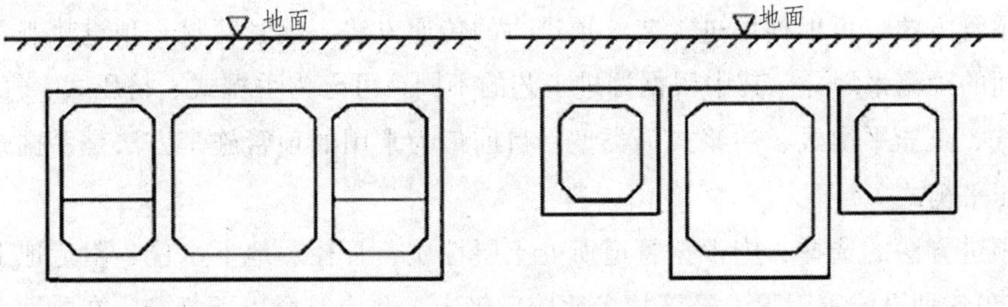

（a）整体式　　（b）独立式

图 10.1.1-2 整体式和独立式框架结构

由于箱型框架采用整体顶进，与一般梁式体系相比，用料有所增加，因此在地基较好、地下水位较低处，也可采用图 10.1.1-3 所示的分离式结构。由一孔箱型框架和两孔简支梁及桥台组合而成。框架、桥台和简支梁可分别预制、分别顶入。其优点是用料省、挖土量少、进度快。

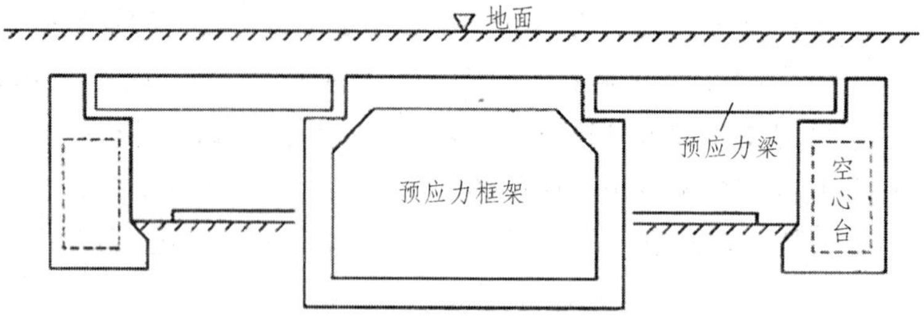

图 10.1.1-3 分离式结构

三、管涵顶进

管涵顶进技术主要应用于城市污水排水管道、雨水排水管道、给水工程中的自来水管道、农田水利的引水渠道、煤气热力管网中套管、通信电缆管的外套管等。

管涵顶进就是借助于主顶油缸及管道中继间等的推力，把工具管或掘进机从工作坑内穿过土层一直推到接收坑内吊起。与此同时，把紧随工具管或掘进机后的管道埋设在两坑之间，是一种非开挖的敷设地下管道的施工方法。

顶管施工的分类方法很多，以下介绍几种常用的分类方法。

（1）按顶管直径的大小来分，可分为大口径、中口径、小口径和微型顶管四种类型。大口径顶管多指直径 2 000 mm 以上的顶管，人能在这样口径的管道中站立和自由行走。大口径的顶管设备比较庞大，管子自重也较大，顶进时比较复杂。最大口径可达 5 000 mm，比小型盾构还大。中口径顶管的管径多为 1 000 ~ 1 800 mm，人在其中需要弯腰行走，大多数顶管为中口径顶管。小口径顶管直径为 500 ~ 1 000 mm，人只能在其中爬行，甚至很难进入管道。微型顶管的直径通常在 400 mm 以下，最小的只有 75 mm。

（2）按一次顶进长度分。一次顶进长度是指顶进工作坑和接受工作坑之间的距离，按其距离的大小分为普通距离顶管和长距离顶管，顶进距离长短的划分目前尚无明确规定。

（3）顶管方法也可根据掘进工艺、顶进力的传递方法、顶管管材、顶进轨迹、工作井与接收井之间的距离来划分。其中根据掘进工艺的不同，可分为手掘式、挤压式、气压平衡式、泥水平衡式、土压平衡式、注浆式等类型。目前最为常用的顶管施工方法是手掘式、泥水平衡式和土压平衡式。

管道顶进方法的选择，应根据管道所处土层性质、管径、地下水位、附近地上、地下建（构）筑物和各种设施等因素，经济技术比较后确定，并应符合以下规定。在黏性土或砂性土层，且无地下水影响时，宜采用手掘式或机械挖掘式顶管法，当土质为砂砾土时，可采用具有支撑的工具管或注浆加固土层的措施。在软土层且无障碍物的条件下，管顶以上土层较厚时，宜采用挤压式或网格式顶管法。在黏土层中必须控制地面隆陷时，宜采用土压平衡顶管法。在粉砂土层中且需要控制地面隆陷时，宜采用加泥式土压平衡或泥水平衡顶管法。在顶进长度较短、管径小的金属管时，宜采用一次顶进的挤密土层顶管法。采用合理的施工方法，选择合理的顶管机型，是整个工程成败的关键。顶管机可参照表 10.1.1-1 选用。

表 10.1.1-1　顶管机选型参照表

序号	类型	管道内径（m）	管道顶覆土厚度	地质条件
1	手掘式	1.00 ~ 1.65	≥1.5*D* （不小于 3 m）	（1）黏性土或沙土 （2）极软流塑黏土慎用
2	网格、挤压式	1.00 ~ 2.40	≥1.5*D* （不小于 3 m）	软塑、流塑的黏性土 （或加薄层粉砂）
3	土压平衡式	1.80 ~ 3.00	≥1.5*D* （不小于 3 m）	（1）塑、流塑的黏性土（或加薄层粉砂） （2）黏质粉土慎用
4	泥水平衡式	0.80 ~ 3.00	≥1.3*D* （不小于 3 m）	黏性土或砂性土

注：*D* 为管径内径。

四、小口径管道顶进

小口径顶管施工法又称小口径顶管法，起源于日本，是指人不进入管内作业的遥控式顶管施工法，一般用于口径在 900 mm 以下的管道铺设。但实际上可以铺设更大直径的管道，最大可达 3 000 mm，甚至更大。小口径顶管不仅用于下水道施工中，而且还广泛用于自来水、煤气、电缆、通信等各个领域的管道敷设工程中。以前由于这些管道埋深浅、口径小，所以大多采用开挖法施工。但随着城市建设规模的不断扩大，城市中道路等级也越来越高，加上交通量的不断上升，许多建成区内已无法采用开挖法施工。另外，随着铁路网、公路网和高速公路网的建成，许多过路管道也不允许采用开挖施工。这就促使小口径顶管得到迅速发展和完善，显示出其优良的施工性能和低廉的施工成本，反过来又促进它更广泛、更普及地使用。所以，小口径顶管发展到如今，由于施工速度快、施工精度高、适应土质范围广而深受业主与施工单位的欢迎。

小口径顶管施工时，要求在要铺管的两端设立两个工作坑（顶进工作坑和接收工作坑），工作坑的尺寸根据管道的直径和长度以及顶管掘进机的大小而定。工作坑的周围应有足够的空间放置地表施工设备。小口径顶管施工常用的施工方法有：先导式小口径顶管施工法，先顶进先导管形成先导孔，随后扩大先导孔，同时顶进保护套管或永久管道；螺旋式小口径顶管施工法，用切削钻头钻进成孔，并由螺旋钻杆排出钻屑，同时顶进保护套管或永久管道；泥水式小口径顶管施工法，用切削钻头钻进成孔，利用循环浆液排出钻屑，同时顶进保护套管或永久管道，钻进时用水压、浆压或机械压力来平衡工作面的压力，维持工作面的稳定。

小口径顶管施工法主要适用于：管径 150 ~ 3 000 mm（甚至更大）；管线长度可达 500 m 或更长，一般为 30 ~ 300 m；管材可以是混凝土管、陶土管、玻璃钢管、铸铁管、钢管、PVC 管等；各种地层，包括含水地层，但最大卵砾石块度不大于切削头直径的 1/3。

10.1.2　线路加固方法

在既有线顶进桥涵施工，必须加固线路，确保行车安全和施工安全。顶进中，线路应保持正确的水平与方向位置，并加强监测，如线路条件发生变动应及时修复调整。加固的形式应视线路情况、运输、土质、地下水情况及顶进桥涵的尺寸、刃脚构造、覆土厚度、施工季节等情况做综合考虑。

一、吊轨梁加固线路

当顶进桥涵箱身孔径较小，路基土质较好且密实，刃脚安装良好，可采用吊轨梁进行线路加固。采用 43 kg/m 或 50 kg/m 旧钢轨组成吊轨梁，组合方式有 3-5-3 或 3-7-3 组合，即每组 3 根 2 组配 5 根 1 组或每组 3 根 2 组配 7 根 1 组进行线路加固，或采取其他组合方式。吊轨轨束的组成是每隔 1.5 m 用直径 22 的 U 形螺栓与厚度不小于 10 mm 的 U 形扣板将轨束夹紧。轨束分开铺设在路轨的内外侧，一般在两路轨中间铺设 5 扣轨或 7 扣轨。吊轨与枕木用 U 形螺栓和扁铁制成的扣板连成一体。吊轨组数可通过计算决定。施工期间，线路加固区段两端必须派人防护，并设防护设施，发现异常立即采取措施。

二、工字钢梁纵挑横抬法加固线路

当顶进桥涵箱身孔径较大，箱顶无覆盖土，线路加固常采用工字钢梁纵挑横抬法加固，同时对线路进行 3-5-3 式吊轨梁加固，这种方法适用范围很广，特别是大型箱形桥顶进，无论正交、斜交，都可使用，其具体做法如下：

铺设吊轨：凡须加固地段均应先将钢筋混凝土轨枕换成木枕，并在轨底增设木或胶垫板，加高线路轨面高度，防止联结零件超出线路轨面和联电。

铺设横梁：根据箱身跨度大小，经过设计选择吊轨用的轨型、吊轨根数、组数以及纵横梁型号、横梁间距。若选用 I40a 工字钢作横梁，可按设计要求的间距，在枕木下先清除石砟层后穿入一根，架住扣轨梁，横梁亦可用 I55 工字钢，因工字钢较高，须把要安放横梁位置的木枕抽出，然后换上 I55 工字钢。当穿越多股线路时，每两股线路为一组，铺设通长横梁，并用不小于直径 20 mm 的 U 形螺栓及钢扣板，将横梁与吊轨联成整体。为减少顶进箱身的阻力，在每组横梁下铺设用槽钢组成的滑道，具体做法是：在箱顶范围内把要安放横梁位置的道砟扒掉，抽出枕木、插入槽内（槽口向上卧放，槽内涂油），然后将工字钢拉入就位，当穿越多股线路时，可将槽钢焊接接长，形成整体滑道。槽钢的尺寸应略大于横梁的宽度，以便横梁嵌入槽钢内，顶进箱身时直接搭在箱身顶板上，槽钢底在顶板上滑行。横梁工字钢的长度必须使其一端支承在框构顶上，另一端支承在牢固的枕木垛上，承托住线路，长度不够时可采用并列错接，错接的长度不小于 1.5 m，或焊接，焊接的方法是用拼接板把两工字钢在腹板和翼缘处拼焊起来。

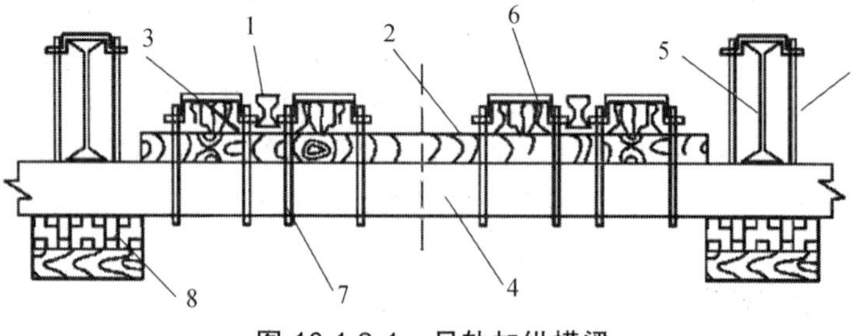

图 10.1.2-1 吊轨加纵横梁

1—钢轨；2—轨枕；3—吊轨；4—工字钢横梁；5—工字钢纵梁；6—扣板；7—U 型螺栓；8—枕木垛

铺设纵梁：为保证线路稳定，在吊轨加横梁的设施上，再在横梁两端的顶面上各加设一组与线路平行的纵梁，纵梁宜用 I45 以上的工字钢（一般用 I55 c 工字钢），用 U 形螺栓扣板与横梁连成一体，如图 10.1.2-1 所示。纵梁两端一般安放在离箱身掏土两侧各 3 m 外的枕木垛或支墩上，不得侵入建筑限界。

三、D 型施工便梁加固线路

D 型施工便梁是原铁道部定型产品，沈阳桥梁工厂、山海关桥梁工厂、宝鸡桥梁工厂等三家厂家均有生产，现各铁路局工务、工程部门在架空线路的桥涵、病害整治工程有大量运用，受到路局、分局安全部门的重视和欢迎。D 型施工便梁适用于既有线路或站场的桥梁施工，它的最大优点是在不中断行车的情况下，利用它进行桥涵的开挖和施工，并且具有运输和拆装方便的特点。

1. D 型施工便梁工艺特点

在桥位处既有线路两侧构筑便梁临时支撑，临时支撑达到设计强度后，安装 D 型施工便梁。列车在采用 D 型施工便梁加固后的既有线路采限速 45 km/h 的速度通过，然后进行线下桥涵作业施工。待桥涵作业施工完毕后，拆除便梁，恢复线路，列车恢复常速运行。

2. D 型施工便梁构件材料

D 型施工便梁分为 D12、D16、D20、D24 四种型号，其跨度分别为 L_p = 12.06 m、16.08 m、20.1 m、24.12 m，适用于各种跨度的桥涵施工，各型号 D 梁纵横梁尺寸重量见表 10.1.2-1，各种参数详见 D 型便梁使用说明书 。

表 10.1.2-1　D 型施工便梁纵横梁尺寸

名　称	长×宽×高（mm×mm×mm）	单重（kg）
D12 纵梁	12 400×460×756	4 732.5
D16 纵梁	16 400×460×924	7 474.1
D20 纵梁	20 480×480×1 220	11 229.0
D24 纵梁	24 500×480×1 300	16 028.3
横　梁	3 960×200×212	285.9

3. D 型施工便梁适用范围

既有单线、双线铁路的站内、区间增设和改建小桥、涵洞、框架、地道、下穿式管线施工，线路钢轨不轻于 43 kg/m；可作为临时措施中的便桥使用；当设计为公路浅埋人行过街地道时也可使用；适用于 $R\geqslant400$ m 曲线地段，但当 $v\leqslant15$ km/h 时，在 $R\geqslant200$ 的站内线路上（除正线、到发线）也可使用；不适用于道岔位置上的线路。

对 D24 型梁的使用限制：当直线地段线间距≥4.81 m 时，单、双线均适用；当曲线地段 $R\geqslant400$ m 且线间距≥4.94 m 时，适用于双线。对 D20 型梁的使用限制：当直线地段线间距≥4.81 m 时双线适用；当曲线地段 $R\geqslant400$ m 且线间距≥4.88 m 时适用。对 D16 型梁的使用限制：当直线地段线间距≥4.4 m 时双线适用；当曲线地段 $R\geqslant400$ m 且线间距≥4.7 m 时适用。

4. D 型施工便梁施工工艺及方法

如果 D 梁使用地点条件允许，可使用汽车吊或轨道吊装卸车；如果 D 梁通过轨道车牵引平板车（两台）运至施工地点，且无使用汽车吊、轨道吊装卸车条件时，作业前，先在架设位置或其前后适当距离，或旅客站台上选择适合位置（应无电线杆或接触网杆等影响横移的障碍），作为卸梁、存梁场地，按《技规》要求请点、防护，保证足够的卸车时间，每次卸一片或两片梁，一个小时内完成，卸梁前在线路侧或站台上搭设枕木垛。

5. D 型梁安装

D 型梁纵梁就位后，采用不封锁线路的办法，安装横梁。首先用千斤顶将一侧的纵梁升高 20 ~ 30 cm，隔五根或六根抽一根原有旧枕，塞入横梁，若横梁位置不够，可将邻近旧枕松开（不取），做适当调整，只需抽出 4 ~ 5 根旧枕，然后调整旧枕间距，即可将所有横梁安装到位。塞入横梁过程中，应将轨底做好绝缘，防止造成信号电路短路，并捣固道床。横梁一端可以先和就位的纵梁联结，装上牛腿及联结板和定位角钢，但不能上紧螺栓，横梁全部插入后，将升高的另一侧纵梁落至设计位置，与横梁联结，装上牛腿，联结板和定位角钢，所有眼孔均应上满螺栓和弹簧垫圈，待全桥组装齐全后，上紧全部螺栓。横梁安装完毕后，即可安装钢轨扣件 SBK01，以保持轨距。在设支垫时，应注意控制标高，使横梁顶距轨底有 10 ~ 20 mm 的空隙，以便塞绝缘胶垫，使钢轨扣件的齿咬合，不至移动，起到控制轨距的作用。但在厂家的配件中，没有扣铁与钢轨间的绝缘配件，可采用线路上的绝缘缓冲垫片或弹条 I 扣件的尼龙挡板座替代，或用高强度的橡胶代替也可，以保证绝缘。待轨底挖空 50 ~ 60 cm 高后，即刻逐根装上斜杆 S6，以增强 D 型梁的刚性。

6. 施工中的检查、养护

施工过程中每天都要有专人进行检查和养护，检查支垫有无下沉、变形、裂纹，横梁与轨底的绝缘垫，钢轨扣件有无松动、脱落，螺栓有无松动、裂纹，D 型梁纵梁是否移位等，每过一趟车，线路工都要检查线路的技术状况，若有异常应即时处理或报告。每隔七天对螺栓上一次油，以防锈蚀，造成拆除困难。

7. 拆除 D 型梁

拆除 D 型梁分两步进行。第一步，拆除横梁。待路基回填至距枕底 0.3 m 后，即渗水填料回填后，暂不回填道床，首先拆除斜杆 S6，然后逐根拆除横梁并及时逐根穿进轨枕。从一端开始拆除，两头一齐松开螺栓，放下横梁至枕底，然后用预先拴好的大绳以人力拖拉旋转 90°，使横梁顺线路方向，从枕木头与纵梁间的空隙中拖出，抬至安全位置，上紧螺栓立即回填这一空道砟，并捣固道床，这样按照顺序逐根拆除，逐空回填、捣固，当还剩 5 根横梁时，已无空间使横梁旋转，这时就要与车站联系，封锁线路 1 ~ 2 小时，照前法拆下横梁，但不回填道砟，待 5 根横梁全部拆出并拖出后，立即上好枕木，回填道砟，捣固道床。检查线路状况良好后，开通线路，纵梁就留在线间。第二步，拆除并装运纵梁。首先与车站联系好装车时间和停车位置，待平板车到达时，立即用油顶和枕木将纵梁升至高出平板 5 ~ 10 cm，用电动葫芦和铁船、滚筒将纵梁移至平板车上（加转向架），并立即捆绑牢固，这样逐片装上平板车运走。

四、六四式铁路军用梁加固线路

当需要架设线路跨度较大，D 型施工便梁不能满足要求时可采用制式装备便梁架设，常用的有六四式铁路军用梁、贝雷梁、万能杆件拼装梁等。下面以六四式铁路军用梁为例说明大跨度线路架设方法。

六四式铁路军用梁是我国自行研制的、中等跨度适用的、标准轨距和 1 m 轨距通用的一种铁路桥梁抢修制式器材，1946 年 6 月经国务院军工产品定型委员会批准设计定型，代号：102。遂后，根据抢修部队的使用经验和提出的要求，将六四式铁路军用梁器材中的两种构件（标准三角和标准弦杆）的部分材料，改用 15 锰钒氮高强度低合金钢材，以提高承载能力，增大适用跨度，提高技术条件。1976 年批准改型，定名为“加强型六四式铁路军用梁”。两种型号器材的代号分别为：六四式铁路军用梁 102-1 和加强型六四式铁路军用梁 102-2。两种型号构件的装配尺寸相同，可以互换装配。

六四式铁路军用梁是一种全焊构架、销接组装、单层或双层的多片式、明桥面体系的拆装式上承钢桁梁。其主要技术特点简介如下：

1. 跨　度

六四式铁路军用梁器材在 16 ~ 48 m 跨度范围内、加强型六四式铁路军用梁器材在 16 ~ 53 m跨度范围内，除可以拼组铁路标准跨度外，配用不同长度的辅助端构架，除 18.5 m、22.5 m、26.5 m、30.5 m、34.5 m、38.5 m、42.5 m、46.5 m、50.5 m 等几种跨度不能拼组外，其余都可以按每 0.5 m 变化跨度，能够完全适应我国铁路标准跨度和现有非标准跨度桥梁的梁部结构的抢修之用。符合铁路桥梁跨度国家标准 GB/T 904—1994 的要求（即适用于按跨长 4 m 变换的铁路标准跨度），也基本可以按 0.5 m 变换跨长，以适应铁路非标准跨度桥梁的使用。

适用的跨度范围如表 10.1.2-2 所示。

表 10.1.2-2　适用的跨度范围

适用梁型	六四式铁路军用梁（代号：102-1）	加强型六四式铁路军用梁（代号：102-2）
标准轨距梁	16 ~ 40 m	16 ~ 44 m
1 m 轨距梁	≤48 m	≤53 m

2. 载重等级和限制速度

基本设计载重为东风 4 型内燃机车单机随挂 7 tf/m。相应的限制速度如表 10.1.2-3 所示。

表 10.1.2-3　相应的限制速度

<table>
<tr><th>限制最高行车速度（km/h）</th><th>单层式桥梁跨度（直线桥，m）</th><th>双层式桥梁跨度（直线桥，m）</th></tr>
<tr><td>40</td><td>≤24</td><td rowspan="2">≤40</td></tr>
<tr><td>30</td><td>≤30</td></tr>
<tr><td>10</td><td>>30</td><td>>40</td></tr>
</table>

我国现有各种主要类型机车，都能以单机、双机或其他指定的牵挂方式，按不同跨度以一定的限制行车速度运行。

3. 杆件种类少，便于拆装互换

每孔标准跨度的梁由六种基本构件中的四种组成。按 0.5 m 变化的铁路非标准跨度或改变支点高度，均仅由变换两端或一端的不同长度和不同高度的“端构架”调整。不论拼组何种跨度和型式的梁，所有构件和配件全部通用。构件、配件具有高度互换性。

4. 结构轻便，构造简单，可用人工或小型机具拼组

构件单元重量较轻（见表 10.1.2-4），便于短距离人力抬运。主桁组装全部为单销节点，构造简单，组装方便，适合夜间作业。

表 10.1.2-4 构件的最大单元重量

基本构件		辅助构件
六四式铁路军用梁（代号：102-1）	加强型六四式铁路军用梁（代号：102-2）	
455 kg	482 kg	562 kg

5. 架设迅速

由于是多片式结构，因此可以逐片拼组，分片或分组架设。分片、分组重量较轻，可用简易架桥机架设。如条件许可，也可以整孔架设。

6. 运输方便

轮廓尺寸小，单元重量轻，任何构件或配件都可以用普通载重汽车装载运送。六四式铁路军用梁或加强型六四式铁路军用梁的全部器材，包括桥面（不包括行车钢轨和护轮轨及鱼尾钣、鱼尾螺栓等配件）和支座在内，各共有 22 种构件和配件。在两种型号的器材中，除两种构件不同外（即六四式铁路军用梁器材中的“标准三角①”和“标准弦杆③”，加强型六四式铁路军用梁器材中的“加强三角 21”和“加强弦杆 23”，钢材材质不同，但装配尺寸相同），其余 20 种构件、配件完全相同。

任务 10.2 顶进桥涵施工

既有线下桥涵顶进施工必须确保铁路行车安全。施工中合理控制桥涵身裂纹，防止出现“扎头”是工程控制目标的关键。为此要依靠科技进步，不断创新，改进和优化施工工艺，严格监控管理，提高桥涵顶进施工技术水平。

10.2.1 施工放样

一、施工放样准备工作

施工放样使用的全站仪、经纬仪、水准仪、钢尺等检测仪器使用前应检查校正，并有相应的有效检验合格证。熟悉设计文件，在现场调查的基础上，做好设计交底，领会设计意图。对桥涵设计交代的中线桩、水准点进行检查核对（包括：道路中心线、与铁路中线的夹角、轨底与箱顶轨道的高度等），并加以保护，必要时设置护桩。

二、测量精度

测量精度要符合现行的国家标准《工程测量规范》（GB 50026—2007）中等级要求有关规定。导线方位角闭合差应符合 $\pm 40\sqrt{n}''$ 的要求（式中 n 为测站数）。水准点闭合差应符合 $\pm 12\sqrt{L}$（mm）的要求（式中 L 为水准点之间的水平距离，单位 km）。直接丈量测距允许偏差应符合表 10.2.1-1 要求。

表 10.2.1-1　直接丈量测距允许偏差

项　目		精　度
固定桩间距和桥涵各部位间距离	<200 m	1/5 000
	200 ~ 500 m	1/10 000
	>500 m	1/20 000

三、测量放样

测量放样主要有测设中心线，工作坑的中心线应与顶进桥涵箱体轴线一致，这是施工全过程的基准线。并以此测出箱体预制端线和墙身位置线。基准线至少设三个基桩，桩距工作坑槽边应不少于 1.5 m。设置水准点，在工作坑附近应设临时水准点，工作坑开挖后，在坑内两端也要设 1 ~ 2 个临时水准点。桥涵顶进就位线，施放桥涵顶进就位线应在路基开挖线以外的可靠位置设定控制桩。测量放样注意基线的水准点等控制桩必须设在路基开挖线以外的可靠位置，并用混凝土包护，必要时加设护栏围护。施放工作坑围护结构中心线及工作坑开挖边线，可撒石灰线表示出来。各道工序施工放线都应建立交接制度，并详细做好测量记录，以备核查。

10.2.2　排水与降水施工

一、地表排水

施工降排水工作应在工作坑开挖前进行。工作坑表层土质为黏性土，四周渗水量小，且具备自流排水条件时，可挖排水沟，以自流方式排除地表水和雨水。若利用排水沟排除地下水，如土质较差时，沟槽应进行加固。

二、工作坑明排水

当工作坑土质较好，地下水流量小，不能自排水时，可在工作坑周围设排水沟和集水井，采用水泵提排水。

10.2.3　工作坑挖土

根据现场地质、地形、地物和施工要求，工作坑可采取放坡开挖和采取围护加固后开挖两种形式。根据现场施工条件决定是否进行围护，软土地基、四周附近有建筑物、深度 5 m 及以上的深基工作坑，都要采取围护加固措施。工作坑围护结构墙体通常采取钻孔桩、搅拌桩、型钢水泥土复合连续墙及钢板桩等类型。

一、放坡开挖

当基坑深度较浅，周围无邻近的重要建筑物及地下管线时，可采取放坡开挖。

1. 开挖前准备工作

调查基坑施工范围内地上、地下管线，落实拆迁单位，签订好监护安全协议。根据挖土深度及地下水情况，做好排水、降水工作，落实弃土地点，修好运土道路。

2. 开挖施工

由于深度小，挖土机械可一次开挖至设计标高。软底基坑可采用反铲挖土机配合运土翻斗车在地面作业。为了预防超挖，基底 300 mm 的土层采用人工挖除。

二、围护结构工作坑开挖

挖土的顺序、方法必须与围护设计工况相一致，并遵循“开槽支撑，先撑后挖，分层开挖，严禁超挖”的原则。

1. 准备工作

根据挖土深度及地下水情况，按照降水设计至少提前一周进行安装、检查和试运转，一切正常方可开始施工，降排水标高至少低于基坑 0.5 m。围护结构施工质量验收合格，软土地基承载力不够时，基底已经加固处理，并达到设计强度方可进行开挖。根据支护结构形式、地质条件、施工方法、周围环境、工期长短和地面载荷等有关资料，已制订切实可行的施工方案和环保措施及监测方案等，经审批程序后方可施工。开挖前应具备以下现场条件：

清除堆放在基坑周围的零散杂物，预防滚落基坑内伤人；基坑四周设置合格可靠的安全栏杆，防止高空坠落事故；备足与施工进度相适应的挖掘和运土机具，场地及基坑内必须有足够的照明设施；现场必须备足用于本施工段符合质量、数量要求的钢支撑。

2. 开挖作业

基坑开挖以机械挖土为主，人工修挖为辅。坑内表层土方采用液压挖掘机挖土，直接装车外运。深层土开挖时在坑外施工道路上布置长臂挖掘机，分层放坡挖土并将土垂直运出坑外。坑内布小型挖掘机，分层放坡开挖。长臂挖掘机工作半径以外的和支撑下的土方及土方机械挖不到的死角用人工翻挖。

基坑开挖施工应遵循“先端部、后中间”的原则，即先将端头斜撑位置土体挖出，放出 1 : 2.5 坡后挖中间段。在中间段挖土中也必须分层、分小段开挖，随挖随撑，每层深度控制在 1.5 m 左右。基坑开挖从上到下分层分块进行，分层开挖过程中临时放坡为 1 : 1.5，基坑开挖到坑底标高时放坡为 1 : 2.5。每挖一层土后都要使基坑大致平整。

在最后一层开挖时，机械挖深应控制离坑底标高 300 mm 范围内，余下的一律改人工修整坑底，并及时排除积水，保证底板垫层能铺在原状土上。随挖土逐层加深，要及时凿除围护墙上的混凝土凸瘤与积土，对支撑腹下残留的陡峭土尖应及时清除，防止坍落伤人。将分层位置深度、各道支撑标高、挖运顺序等画出示意图，向作业人员技术交底，做到心中有数。坑内支撑密、间隙小，挖土要有专人指挥，以利于分批分层有序地进行。

10.2.4 滑板、润滑隔离层及后背施工

滑板、润滑隔离层和后背是箱桥顶进必不可少的辅助设施，对顶进施工的成败起着至关紧要的作用，切不可认为其是临时设施而有丝毫的麻痹大意。尤其是软土地基，更要按照工艺设计精心组织施工，确保箱桥顶进施工顺利实施。

一、滑板施工

（一）准备工作

滑板施工方案确定，技术交底、施工放样完成。承载力不够的软土地基加固施工完毕，土方开挖达到基底设计标高。降水良好，基底土层保持干燥。各种施工材料、机具按计划筹备落实，材料复试数据符合标准要求。

（二）施工作业

1. 地锚梁、方向墩、排水槽道的设置

为确保底板有充分的抗滑能力，按设计尺寸开挖浇筑混凝土地锚梁，导向墩应与地锚梁同步施工。排水槽必须与顶进方向一致，并前宽后窄、前深后浅（一般前比后深 2 ~ 3 cm），槽道表面应用水泥砂浆抹光。

2. 滑板施工要求

滑板中心线要与箱体顶进方向一致。滑板要有较高的平整度，施工中可用方格网控制底板高程，滑板混凝土面用 3 m 直尺检查，其平整度小于 5 mm。滑板须光滑以减少摩阻力，可在底板浇筑后用 1∶3 水泥砂浆压实抹光。仰坡可根据施工组织设计要求设置，在底板上设有相应前高后低的坡度提高量，以防止顶进过程中“扎头”。滑板前端轴线方向钢筋应有端头板前留出至少 30 cm 以上的预留筋，以便在接长滑道板时连接滑板接长纵向筋。

二、润滑隔离层铺设

（一）准备工作

润滑隔离层施工需混凝土强度达到 1.2 MPa 以上，应将板面清扫干净，并将桥体预制位置线标定后方可进行润滑隔离层施工。

（二）施工作业

采用石蜡和滑石粉润滑剂，石蜡宜加热到 150 °C 融化后用扁嘴壶浇在滑板上预先放置的两道 10 号铁丝（每米 1 道）之间，随即用木刮板刮平，铁丝抽去后，槽痕用喷灯烤合。石蜡凝固后，在上面用刮板均匀摊铺滑石粉（约厚 1 mm）。如采用石蜡、机油润滑剂，将石蜡加热融化后掺入 10% ~ 25%废机油，然后均匀摊铺在底板上，厚度约 3 mm。如采用机油滑石粉润滑剂，将废机油与滑石粉按体积比 1∶1.5 ~ 3∶1 加热拌匀后用大刷子涂刷即可。塑料薄膜隔离层施工：在润滑剂推铺后可在其上平行顶进方向覆盖一层塑料膜。薄膜间应相互搭 0.2 m 并用塑料胶带（宽 5 cm）黏结接缝，可避免搭接时常出现的错动现象。在滑板面上涂一层黄

油（2 ~ 3 mm），再在其上平行顶进方向铺设油毛毡作隔离层。箱体质量在 2 000 t 以上应铺设二油二毡，以进一步减少启动阻力。

三、后背施工

（一）准备工作

根据地形地貌、土质条件和现有的施工器材来确定后背采取的类型，但必须经顶力检算，并满足后背功能的要求。软土地基箱形桥顶进施工的后背与工作坑开挖深度有关，不超过 5 m 的一般采用钻孔桩，5 m 以上的可采用钢板桩。

（二）施工作业

后背排桩施工放样。排桩必须与顶进方向垂直，并与工作坑围护结构同步施工。斜交箱身顶进后背可设成阶梯形，以减少顶进距离。后背排桩在工作坑开挖前应事先进行支撑或在距顶端 0.2 m 处采用柱杆锚固，后背需填土时密实度应达到 95%以上。浇筑后背梁混凝土时应采用油毛毡将其与板桩隔离，后背梁的钢筋可与滑板的纵向钢筋连接一体，后背梁受力面应垂直平整并与桥体轴线垂直。采用钢后背梁时，应与后背墙接触面应保持平直，并可用塑料薄膜隔开，应采用高强度等级早强细石混凝土将空隙填实并垂直于桥体轴线。

10.2.5 桥涵箱身预制

用顶进法施工的桥涵，其桥涵身一般都在工作坑内进行预制。单孔箱身在工作坑内预制的施工程序：在工作坑内的滑板上支立箱身底板的模板；绑扎底板钢筋；浇筑底板混凝土；支立内模；绑扎侧墙及顶板钢筋；支外模；浇筑侧墙及顶板混凝土；混凝土养生；拆模；做防水层。工序流程见图 10.2.5-1。

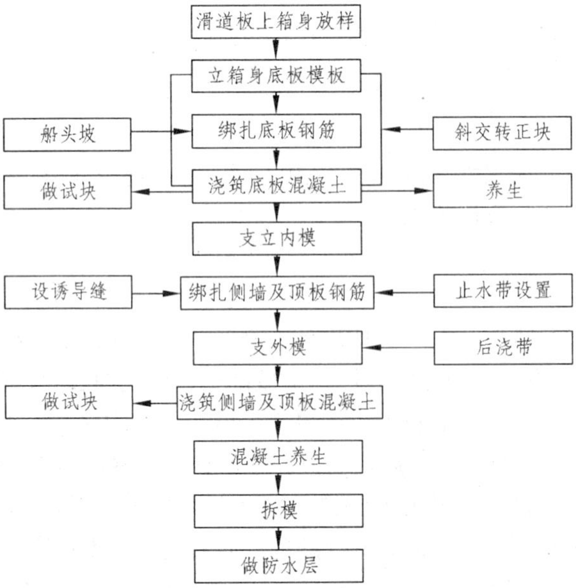

图 10.2.5-1 箱身预制流程图

一、立　模

模板是保证箱身混凝土成型的模型，模板系统是由模板、支撑及紧固件等组成。在现浇钢筋混凝土结构施工中，要保证箱身各部分的形状、尺寸及相互间位置准确；具有足够的强度、刚度及稳定性；构造简单，装拆方便，能多次周转使用；接缝严密，不得漏浆。

二、钢筋作业

箱形桥的钢筋数量多，绑扎比较困难，所以必须精心制作，确保钢筋与混凝土共同作用，使箱体结构在强度及抗裂方面都有较好的性能。

三、混凝土浇筑

箱形桥混凝土浇筑除了要确保其内实外美，关键是预防箱身裂纹和箱体渗漏，不仅要按照预制箱身设计工艺采取诱导缝、后浇带等防裂措施，对浇注混凝土原材料、配合比、施工养护工艺都有更为严格的要求。箱身预制划分阶段施工时，施工缝的位置宜留在侧墙下加腋的上部或上加腋的下部。对施工缝接茬应清凿去除表层浮浆，用水冲刷干净，然后刷一层水泥素浆，随即灌以原混凝土强度的砂浆 3 ~ 5 cm 后，再浇筑新的混凝土。

箱身混凝土分阶段施工时，其底板或顶板混凝土应一次浇筑，浇筑底板混凝土时，应严格控制振捣深度，防止振坏滑板上面的隔离层。高温或寒冷季节浇筑混凝土应采取内部降温或外部保暖措施，使混凝土内外温度差不超过 25 °C，预防温度裂缝的产生。

混凝土浇筑完毕后，应根据气温环境条件，采取合理的养护方法，如箱顶储水、内外侧墙采取遮盖、自动喷淋等缓慢升温或降温的方法。箱身混凝土达到设计强度 70%时可拆除内模，达到 100%后允许顶进作业，以试块自然养生强度为依据。侧墙厚度达 1 m 及以上属大体积混凝土，应按大体积混凝土工艺操作。

四、船头坡、刃脚、转正块

（一）船头坡

在顶进时，为了预防“扎头”，在箱身前端底板下设置坡度为 10% ~ 20%向下的斜坡，其长度为 50 ~ 100 cm。在浇注底板混凝土时，就应设定船头坡的坡度，用钢筋混凝土的楔形作为船头坡，如图 10.2.5-2 所示。它的优点是能有效地防止箱体出现“扎头”现象，船头坡适当加大，对软土地基顶进能起到很好的效果。

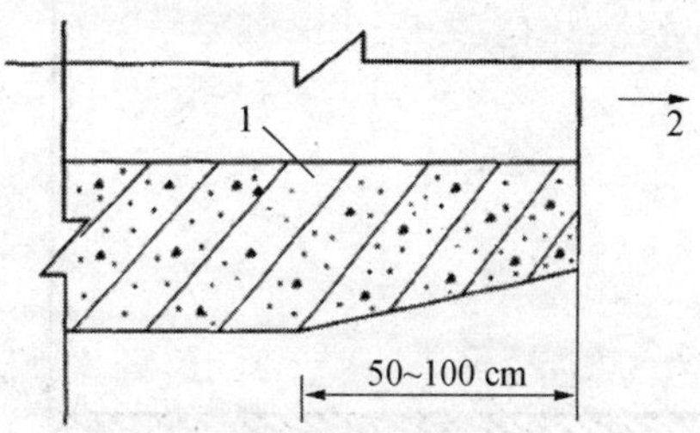

图 10.2.5-2　船头坡

1—底板；2—顶进方向

可调式船头坡：通常设定的船头坡遇到软硬不均的地基时就无法调整，如果出现“抬头”现象，调整坡度就会变得很困难。所以在顶进大型箱形桥的时候，有必要设计一种可调式船头坡。可调船头坡的原理是，利用钢板椭圆形螺栓孔来上下调节钢板高低位置，从而达到改变船头坡坡度的目的，甚至可以使坡度变为下坡，而操作起来也比较简单，如图 10.2.5-3 所示。只需松开螺栓，调整至需要的坡度，再将螺栓拧紧就可以了。

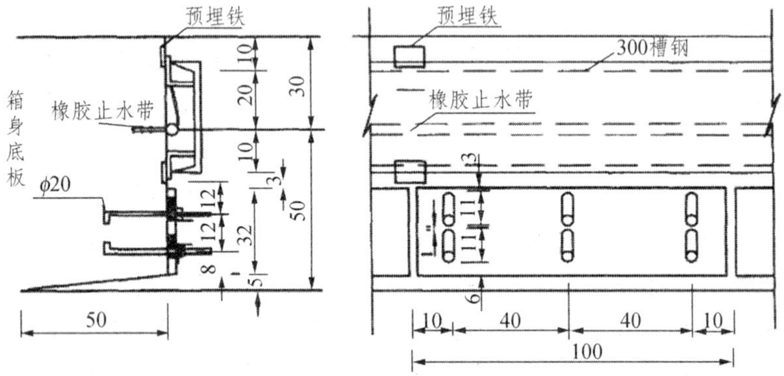

图 10.2.5-3　可调式船头坡

顶进速度越快，船头坡的作用就越大；降水效果越好，船头坡的作用就越能发挥，所以船头坡的设置应将地质条件、顶进速度、降水效果等因素综合考虑，合理采用。在场地为硬土或经过加固的地基时不宜采用船头坡。

（二）钢筋混凝土刃脚

刃脚是切开掘进作业空间的工具，安设在箱身前端，其主要作用是切土、导向、支护掘进作业空间及挡护工作前壁防止侧向坍塌，是维持支墩稳定必不可少的措施。

以前桥涵顶进采用钢刃脚，一般用 10 ~ 20 mm 厚的钢板焊制而成，挑出长度 0.5 ~ 0.8 m，与桥体前端预埋螺栓进行拼装固定，桥涵净空超过 4 m 时还需设置中平台。

桥涵顶进采用低高度便梁加固线路，同时采用挖掘机挖土时，刃脚一般采用钢筋混凝土结构，直接与预制箱身时一起浇筑。考虑此刃脚顶进到位后还需凿除，所以其厚度仅为侧墙厚度的一半左右，挑出长度 1 ~ 2 m，内设钢筋网与箱身侧墙连接，如图 10.2.5-4 所示。

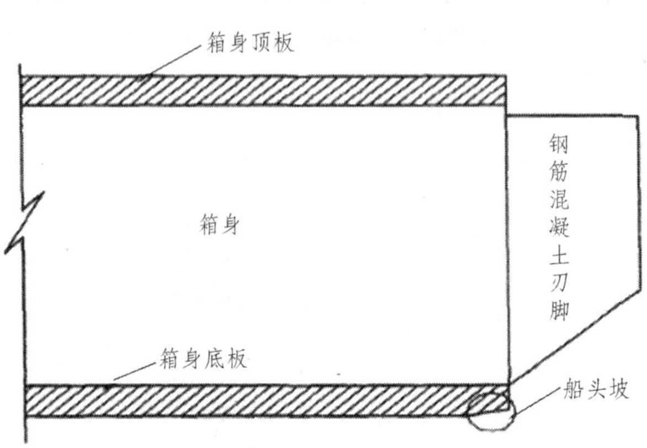

图 10.2.5-4　钢筋混凝土刃脚

为了确保施工过程中便梁支墩和侧壁土体稳定，减少箱桥两侧锥体挖基对路基稳定的威胁，避免钢筋混凝土刃脚凿除造成浪费，在顶力设计允许的情况下，采取箱桥两侧的 U 形槽作为箱身顶进的刃脚，顶进到位，替代刃脚的 U 形槽作为箱桥的永久结构。这样既可以保证顶进施工的安全，又可以加快桥涵附属结构配合施工的进度。因此，其在软土地基箱桥顶进施工中被采用尤为广泛。

（三）转正块

箱桥顶进施工立交桥大部分不是正交，而是不同角度的斜交，而要求顶力方向必须与立交桥轴线一致，所以斜交箱身后端底板必须设置转正块。转正块根据斜交角度的大小分为三角形或阶梯形。

根据箱形桥首节引道的设计，决定转正块是否需拆除。如果要凿除，那么箱身底板与转正块分开浇注；如果转正块作为引道底板结构的一部分，那么可以与箱身同时浇筑。

五、防水层铺设

箱形立交桥又称地道桥，属地下防水建筑物，尤其在城镇市区内是重要的市政设施。防止渗漏水直接影响到城市景观和交通安全，所以必须严肃对待，认真处理好。施工前，按工艺标准及设计要求编制相应的施工方案；施工期间各工种全过程应相互协调，密切配合；施工完成后注意产品保护，不被损坏。

防水层要按照施工说明书规定的工艺要求、作业程序进行铺设。避免空鼓翘边等质量通病。采用防水新材料新工艺，随着科技发展，防水新材料、新工艺不断改进创新，为了确保施工质量，施工作业前应详细阅读施工说明书，了解新材料的防水性能，掌握施工工艺，并到现场交底，必要时应请生产厂方到现场帮助指导。

10.2.6　顶进设备安装

一、顶进准备

顶进设备由液压系统和传力设备两部分组成。液压系统主要包括千斤顶、高压油泵、阀门和其他液压元件，传力设备主要包括顶铁、横梁的顶轨等。顶进传力设备平面布置如图 10.2.6-1 所示。

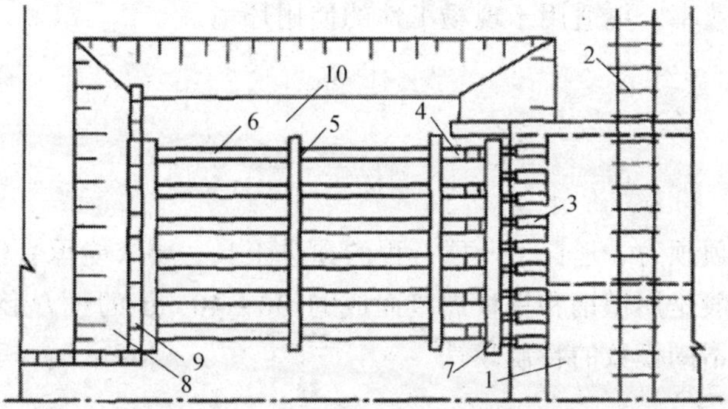

图 10.2.6-1　顶进传力设备平面布置

1—桥体；2—铁路；3—千斤顶；4—顶铁；5—固定横梁；6—顶柱；
7—活动横梁；8—后背填土；9—后背墙；10—滑板

二、液压系统

（一）千斤顶

千斤顶一般分单作用和双作用两种方式。单作用千斤顶其柱塞式油缸仅可单向运动，反向运动则需借助外力进行。双作用油缸的千斤顶，其活塞能做往复双向运动，即能自动回镐，不需要设拉镐装置，故在顶进中使用双作用油压千斤顶较为方便，一次顶程 1 m 左右，效率高，因此是箱形桥顶进施工中首选的方式。千斤顶规格和数量由箱身计算顶力和箱体底板宽度来确定，通常选用双作用、卧式、起重力为 150 ~ 200 t、顶程 1.0 m 的千斤顶为宜，千斤顶的顶力可按额定顶力的 70%计算。千斤顶的布置分为两种形式，一种放在箱体底板尾部，顶进过程中随箱身一起前移；另一种放在后背前端，顶进过程中千斤顶保持在原位不动。应从传力设备吊安操作和顶进出土车辆行走方便等方面综合考虑进行选择。一座箱桥的顶进应使用同一类型的千斤顶，并在一般情况下应以箱身中心线为轴对称设置。

（二）高压油泵

顶进施工中采用高压油泵与千斤顶配合使用。由于受千斤顶设备数量的限制，需要油泵产生较高的工作压力。一般选用压力为 32 MPa 的柱塞式高压油泵。顶进时其工作压力能维持在 20 MPa 左右，工作压力选择在额定压力的 60% ~ 70%，并以此压力来配备千斤顶。高压油泵输出流量应符合顶进速度的要求，一般油泵的流量控制在 10 L/min 即可，必要时可将小流量油泵并联使用。高压油泵操作要求如下：油泵工作液体要根据施工气温的不同来选择。冬季施工常用黏度较低的锭子油，夏季则可用低标号的机油；高压油泵安设在靠近千斤顶的位置，在工作坑没有位置的情况下，可以安设在后背上或顶进的箱身内。高压油泵和千斤顶连接管路和配件要牢固，在最大压力下，也不得有漏油现象。

（三）液压阀

液压阀是控制油的压力、调节流量及改变流向的装置。根据液压阀在油压系统中所起的不同作用可分为压力控制阀、流量控制阀和方向控制阀三类，并都由阀体、阀芯和操作控制机构三个主要部分组成。

操作控制机构又分为电磁阀和手动操纵阀两种类型。经过改进的液压泵站采用手动操纵阀集中控制，使用一双泵双压回路使空程和回程速度加快，避免了原电磁阀因液压油不洁造成的故障，提高作业效率，更适用于现场工地的使用环境。

三、传力设备

（一）顶　铁

顶铁是传递千斤顶顶力、延长千斤顶行程的顶进工具，要求能承受较大的压力而不变形，且搬动方便。顶铁一般是用槽钢和钢板焊接而成的 30 ~ 40 cm 的正方形柱体，柱体长度由顶程长度而定，并配有不同模数的特制顶铁。

（二）顶　柱

顶铁长度大于 1 m 时称为顶柱又称传力柱，长度有 1 m、2 m、4 m、8 m 等，也有更长的，可用型钢焊接而成，也可利用预应力钢筋混凝土管桩。顶柱应均匀排列，采用根数以箱身顶进过程中最大顶力除以每根顶柱能承受的荷载来确定，并要留有充分的余地。通常采用 1.3 ~ 1.5 的安全系数。顶铁和顶柱在使用时选择相同的长度，有间隔时要用铁片塞紧，使之受力均匀；多次使用后产生变形应及时整修，以策安全；顶进过程中若发现顶柱弯曲、拱起、裂损等变形时应立即停止顶进作业，进行必要的调整、更换，检查合格后方可继续顶进。

（三）横　梁

随箱体顶进前进的横梁为活动横梁，它将千斤顶的顶力均匀传递给顶铁。固定横梁为顶进的横向连接梁，能避免顶柱受压失稳，也起到将顶力均布的作用。横梁在箱体顶进过程中应始终与顶力方向垂直。当顶进距离较长时，为避免横梁拱起变形，可采取将部分固定横梁与滑板上预先埋设的钢筋环连接起来的措施。

10.2.7　线路便梁支墩施工

便梁支墩根据地质情况、箱体孔跨大小、线路等级、作业条件、施工工期等方面的条件，可分别采用枕木支墩、浆砌片石条形支墩、钢木结构支墩、预制顶进箱身支墩、高压旋喷桩及挖孔桩钢筋混凝土支墩等。

一、枕木支墩

枕木支墩是临时性的便梁小枕木垛，直接铺设在线路两侧路肩上。便梁下挖空的跨度不大于 2.5 m，其中部分便梁与既有线路共同承载列车荷重。所挖的深度控制在路基面下不超过 2 m，开挖暴露的时间不超过 3 d，一般基坑挖完当天灌筑完毕。

（一）准备工作

支墩施工限速慢行提前一个月向铁路局运输部门提出申请，经批准已列入运输计划；支墩位置已确定，经现场核对无误；地下管线及存在的障碍物已经清除；根据轨底标高，便梁架设高程经计算已经确定；编制实施方案已向作业人员进行技术交底；枕木经挑选材质坚硬，尺寸符合要求。

（二）施工作业

按照施工慢行计划准时设立列车慢行标牌，并按规定进行施工慢行防护。扒开线路两侧道砟，深度超过轨枕底时，应打入ϕ20 mm 以上钢筋桩，用木板挡住枕木盒内道砟，钢筋桩与钢轨扣件用铁丝连接时钢筋桩应设绝缘套，或采用不导电的尼龙绳连接。开挖枕木支墩基坑至设计标高，铺设 5 ~ 10 mm 厚水泥砂浆，若路肩松软时应加设钢筋网或短轨头。便梁架设前应在轨头外采用枕木、挡板围护，确保枕木盒内道砟稳定，并派专人监护。

二、钢木结构支墩

钢木结构支墩适用于路基面承载能力较高的路基地段，在满铺枕木上，纵铺设 4 m 长的工字钢 4 ~ 5 根，在工字钢中部铺设短枕，此种支墩搭拆方便，更适用于多孔跨箱桥顶进施工。

（一）准备工作

工字钢枕可采用 200 mm × 200 mm × 10 mm 的宽形工字钢，也可采用长 400 mm、高 200 mm、厚 10 mm 的钢板焊接加工而成。为了提高抗弯强度，可在钢枕中间部位加肋。当便梁多余时，也可用便梁的横梁代替。其他施工准备与枕木支墩相同。

（二）施工作业

施工前按规定进行施工慢行防护，并把枕木、钢枕等材料运送到施工现场。堆放时，要防止其侵入其他限界。在线路两侧支墩设置位置每隔 1 m 左右打入 20 ~ 25 mm 钢筋桩，设木板挡住道砟。开挖长度不少于 4.5 m，开挖深度按技术交底进行。在开挖的基坑上铺设水泥砂浆或铺设砂垫层 5 ~ 10 cm（干旱季节），然后与线路垂直方向满铺一层木枕。在木枕上铺设 4 ~ 5 根钢枕。在钢枕中间铺一层短枕，短枕至少应保留每侧 10 cm 以上的承台宽度，短枕上调整标高的垫木不得超过 3 层，超过时应用木方替换。曲线地段应首先把超高度调整到 100 mm 以下，并将钢木支墩在垫木上设置超高。为防止横向位移，应在外侧钢枕上设置挡肩，要加强监护，确保钢枕木支墩的整体性。

三、浆砌片石条形支墩

（一）准备工作

在线路慢行的条件下已在枕木支墩架设好小跨度便梁（16 m 及以下），施工前已制订安全技术措施，并向作业人员进行技术交底。

（二）施工作业

施工放样：按条形支墩中心线向两侧进行放样，定出支墩平面位置桩，并撒上白灰线。清除道砟：清除道砟宽度应在条形片石支墩宽度两侧各加宽 0.5 m，并向外保持 1 : 1.5 的道砟边坡，以确保开挖时既有线道床稳定。基坑开挖：根据基坑开挖深度、路基密实程度及是否采取支撑措施等来确定基坑开挖面是否放坡。基坑开挖完后经检查合格应立即组织砌石施工，片石大面向下，用挤浆法施工，确保砂浆密实。浆砌片石条形支墩（图 10.2.7-1）上部 0.3 m 应铺一层钢筋网，灌注混凝土台帽。当支墩处于线路曲线位置时，支墩混凝土台帽上设超高并埋设锚栓。

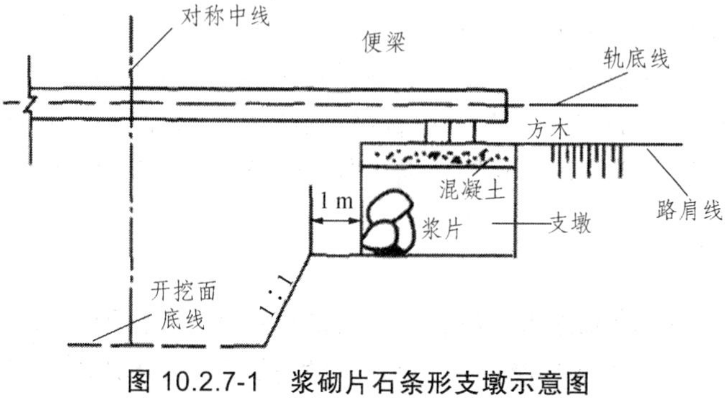

图 10.2.7-1 浆砌片石条形支墩示意图

10.2.8　施工便梁架设

运营线架设便梁施工必须严格遵守铁路总公司、铁路局“关于加强营业线施工安全管理的规定”，精心设计、精心施工、严密监控，确保行车安全。

一、准备工作

提前一个月向运输部门申报顶进施工方案和封锁及慢行计划，经有关部门审核并批准下达慢行计划。与工务部门已签订施工配合协议，线间距不足地段拨道，无缝线路地段长轨切割，钢轨温度应力放散等准备工作，划分责任区段，明确监控责任。便梁架设位置、支墩面标高等方案已明确，现场放样已核对，施工顺序、安全要求已向作业人员方面技术交底。支墩垫木、便梁构件、施工机具都按计划准备齐全并运至工地。

二、安装作业

申请慢行：按每月下达的封锁计划，准时向铁路局调度申请慢行。批准后，按规定距离在线路路肩上设置列车慢行牌，并在施工地点派专职慢行防护员。调整轨枕间距：按照施工便梁钢模梁（又称钢枕）分布间距，在既有线钢轨上打点标记，然后串动轨枕位置，留出横梁插入空位，串后枕木底应捣固串实。插入钢横梁：按钢轨标记插入钢横梁，并按线路中心两边对称找齐。每根横梁上部钢轨下用木片塞紧，预防轨道电路短路。吊放纵梁：便梁纵梁装在平板车上，由轨道吊车按线路封锁时间进入施工地点，正确定位。平板车前后轨道吊定位后，放下打紧马腿。采用抬吊的方法，分别把便梁的两片纵梁吊放到线路两侧的便梁支墩上。安上扣件：先安装一侧纵梁连接横梁、牛脚、连接板，然后安装另一侧纵梁，并同时安装钢轨尼龙垫及扣件。上扣件时同根横梁上两侧不能同时作业，防止扳手同时接触轨道传电。调整标高：便梁及轨道扣件全部安设完毕后，利用开车间隙时间调整支墩垫木，使便梁全面受载加压，检查便梁线路，并把螺丝全面拧紧一遍。无不良情况即可去砟开挖作业。安设斜拉撑杆：D24 型便梁跨度大稳定性较差，去除道床后应立即安设斜拉撑杆。便梁拆除：箱桥顶进到位，过渡段及箱间填灌都已完成，在箱顶铺设砂层上卸铺石砟，串实捣固后先松卸线路外侧一片纵梁，再逐根拆卸横梁解体。便梁位移：多孔箱桥顶进，便梁需多次短距离位移。便梁纵梁分别在线路两侧用卷扬机纵向拖拉，拖拉时要大致整平纵梁底板下的石砟，并要预防钢丝绳与钢轨接触造成轨道电路短路。便梁回收：顶进工程全部结束后，利用封锁时间进轨道吊，装平板车拉回。人工架设：线路运输不太繁忙的区段，或缺乏轨道吊设备的情况下，可采用人工架设。事先在施工地点的路基上搭设与平板车相同高度的枕木垛两个，用平板车装便梁由轨道车送至现场。垫铺滑轨用滑轨把便梁拉到搭设的枕木垛上，再用人工方法落梁。

三、曲线地段便梁架设

曲线外轨超过 100 mm 的应待限速 45 km/h 后进行超高调整。调整后的曲线超高值利用支墩横向坡度进行设置。根据曲线半径和便梁全长计算得出中矢 E（mm）。然后便梁中心线按 $E/2$ 平面布置，按曲线内、外侧加宽值进行轨距加宽。处于缓和曲线上需要架设便梁，有条件时拨改成圆曲线，没有条件时按便梁长度计算该段缓和曲线正矢，按 1/2 正矢值平面布置，超高递减，用垫片调整。曲线地段便梁架拆施工时，必须确保从线路转换到便梁，或从便梁转移到线路时其超高度保持不变，避免出现列车荷载部分由线路承担、部分由便梁承担的情况。由于地段软硬不均，会引起超高不一致形成三角坑，使通过列车摇晃而危及行车安全。站线、道岔尖轨区便梁架设，便梁需要满足铁路限界要求，尖轨处带有的滑床板的岔枕应固定不变。

10.2.9 顶进作业

桥涵顶进是整个工程的关键步骤，务必集中力量、精心组织，在确保安全、确保质量的前提下，连续作战，直至完成。桥涵顶进施工的程序：试顶—调整—挖运土—顶进—换顶铁—接长车道—测量校正。

（一）准备工作

线路慢行，便梁已架设；门槛设置、滑板已接长；对桥体结构、后背已进行全面检查验收，混凝土都已达到设计强度。顶进设备和现场照明安装完毕，顶进液压系统试运行符合要求，降水系统切实有效。顶进范围内管线和障碍物迁移、防护已完成，顶进施工涉及各业务部门按协议作施工配合准备，派驻现场值勤人员已到位。观测仪器及观测点、标尺安装完毕，经校正对准基准点已测出初读数。建立现场指挥机构，编制跟班作业人员表，明确其分工和职责，各项工作已落实到人。应急预案已制订，备用抢险物资应落实，联络信号、值班人员已明确。

（二）施工作业

1. 试　顶

试顶是箱桥顶进施工必不可少的步骤，它可以检验顶进设备液压系统是否正常有效，后背是否稳固可靠，测得箱身启动顶力数值等，以利改进调整，有助于更主动地把握后续顶进作业并做到心中有数。

2. 挖土与运土

箱形桥顶进速度主要取决于洞内挖土和出土的速度。已经开槽进行地基加固剩余的土方高度一般不会超过 5 m，所以在箱身中部设一台挖掘机进行挖土，设 3 ~ 5 台运土的自卸汽车出土（运距 5 km 左右），就可以正常流水作业。挖土量多少根据土质情况而定，软土每次进尺一般应控制在 20 ~ 50 m，禁止超挖，确保开挖面刃脚切入土内，其切土深度一般不小于 10 cm，切土顶进有利于顶进方向的控制。挖土工作必须与观测工作紧密配合，根据箱身顶进时的偏差情况，随时改进挖土方法。

3. 顶　进

当箱体底板挖土完成一进尺长度时，开动高压油泵使千斤顶受液压力而产生顶力。推动箱身前进，通常每一冲程 200 ~ 500 mm。当千斤顶已到限位时，控制操作系统把活塞退回原位，在空挡处增放顶铁，以待下次开镐。循环往复直至就位。

顶进过程中注意事项：开始顶进应连续作业，不能中途停顿间歇。每次开镐前及交接班时都应检查油泵等液压系统有无故障，挖土是否符合要求，顶铁、顶柱、横梁安装是否合格，后背有无变形等情况。任何环节出问题都会影响顶进工作。根据土质情况和顶力增长趋势来控制刃脚切土深度，正常情况下底板上部要保留 30 ~ 50 cm 的原状土。顶进时每镐都要测定箱身标高和方向偏差情况，并与设计值比较，画出偏差曲线，判定偏离趋势，及时采取措施进行调整，避免盲目顶进，大起大落，造成无法挽回的缺陷。

顶进时，顶柱和后背处严禁站人，以防顶柱崩出或后背发生意外危及安全。顶进过程中应做好记录，并根据记录绘制顶力和箱位偏差曲线，以利于分析总结，不断改进提高。

4. 安装顶铁（顶柱）

为保证顶柱的受压稳定，一般在顶柱与横梁间用螺栓拴牢，并每隔 8 m 设横梁一道，使传力较均匀及增加顶柱横向稳定。每行顶铁与千斤顶应保持一条直线，并与后背梁垂直，各行长度要力求一致，有缝隙时要用铁片塞紧，预防顶铁受力不均而损坏失稳。顶铁数取决于总顶力与顶铁（柱）的允许顶力，必须有一定的安全储备。

5. 接长车道

为保证挖掘出的土方能及时运出箱身，以保证顶进作业的连续性，运土一般采用活动车道。活动车道一般为型钢与钢板组成，也可以采用两个木垛上铺设方木组成车道。固定在箱涵底板上，可在顶进中随箱身一同前进。

6. 多箱身顶进处理

按照预先设计的顺序逐一进行箱身顶进，第二只箱身顶进时需注意以下事项。

首孔箱身顶进后要转移便梁，往往把该箱身作为箱身支墩，在箱顶面便梁支承处灌注箱身混凝土时，预先按设计要求增加分布钢筋，在箱内线路轨底相应位置接设二根钢支撑（每根钢支撑承受轴底压力不小于 100 kN）。补做两箱间侧面防水层。由于进入路基后，单侧承受压力，两箱会贴紧甚至会顶裂箱身，应及时增设隔离钢圆棒，直径为设计间距，上端焊在圆形铁板上，放置在两箱体之间沿顶进方向自行滚动。

10.2.10 恢复线路

桥涵箱身全部按设计顶进就位后，要做好以下各项工作，才能恢复线路、办理交接。填塞箱身间隙：多个箱身顶进就位后，箱间留下空隙应用 C15 细石混凝土灌满捣实。顶面应高于箱顶 3 ~ 5 cm 并向两侧作泄水坡，这样可以避免箱间积水，预防出现端墙渗漏、冒吐白浆现象。斜交时设过渡段：箱身与线路斜交时，线路上铺设的轨枕一端着力于箱身，另一端着力于回填的渣土上，由于软硬不一，开通后线路易出现三角坑、列车摇晃，造成病害。为此应在便梁拆除之前，用浆砌片石砌筑台阶式过渡段。一般深度不少于 2 m，坡度不陡于 1∶1.5，台阶式布置。拆除施工便梁：在箱体顶部先铺设底砂，再铺设石砟，串镐捣实。按拆除作业顺序卸螺栓扣件，解体便梁抽出横梁，吊装运走纵梁，开通既有线路。铺设护轨：按铁路技术管理规程要求，大型立交桥都要铺设护轮轨，把原有轨枕更换为带有护轮轨孔的钢筋混凝土轨枕，铺设护轮轨、铁梭头。浇筑电缆槽道：箱桥顶进施工前，铁路路基及坡脚下埋设的各种管线、电缆都开挖出来，暂绑扎在便梁或临时支架上。顶进施工结束，应抓紧浇筑电缆槽道，及时使各种电缆归位，防止被盗、损坏。箱桥台帽栏杆安设：为确保铁路作业人员和公路行人安全，立交桥两侧都要设置台帽和栏杆。验收交接：桥上线路经验收合格，取消慢行，恢复正常速度，移交竣工文件，与工务部门办理交接手续。

复习思考题

1. 什么是顶进法施工，此工法优缺点有哪些?
2. 桥涵顶进施工方法有哪些?
3. 铁路既有线顶进桥涵施工，线路加固方法有哪些?
4. 简述 D 型施工便梁线路加固施工过程。
5. 顶进施工设备有哪些?
6. 顶进桥涵施工顶进方向如何控制?

项目 11　桥梁施工组织设计

【项目描述】

桥梁工程施工需要全面、合理、有计划地协调安排工地上的人员、机具、材料等并使其充分发挥作用，以最小的消耗、最快的速度，取得最好的施工效果。施工组织设计的根本内容是规划、安排施工准备工作，编制施工进度计划和劳动力、机具材料供应计划，做好人力、物力的综合平衡。同时，对施工场地，包括材料堆栈、仓库、临时房屋、施工道路、水电设施及场内外运输方式等，进行合理的规划与布设。施工组织设计同时也是编制概预算的依据，是对施工实行科学管理的重要手段，也是施工单位管理水平的体现。本项目主要学习铁路桥梁施工组织基本知识，为桥梁施工提供必需的知识储备。

【教学目标】

1. 能力目标

（1）能够进行铁路桥梁工程施工组织设计编制；

（2）具备拟定桥梁施工方案的能力；

（3）能够进行铁路桥梁施工进度计划控制。

2. 知识目标

（1）掌握铁路桥梁工程施工组织设计类型和基本内容；

（2）掌握铁路桥梁工程施工组织设计编制方法；

（3）掌握铁路桥梁施工场地布置设计。

3. 素质目标

（1）培养学生细致严谨的工作作风、良好的职业道德和吃苦耐劳的优良品质；

（2）培养学生分析问题、解决问题、积极思考和勇于创新的能力；

（3）培养学生的综合业务能力。

相关案例——武广客专武汉天兴洲长江大桥

武汉天兴洲长江大桥是我国第一座跨长江的客运专线公铁两用特大桥（图 11-1）。这座大桥位于武汉市青山区至汉口湛家矶间，距上游武汉长江二桥 9.5 km，大桥全长 4 657.1 m，由原铁道部与湖北省合资建设，由中铁大桥勘测设计院设计，中铁大桥局、中铁十二局等单位施工，于 2004 年 9 月 28 开工，2008 年 9 月 10 日合龙，2009 年 12 月 26 日建成通车，工期 4 年半。

它集众多桥梁新技术、新结构、新工艺、新设备于一体，是继武汉、南京、九江和芜湖长江大桥后，中国公铁两用桥梁建设的第五座里程碑，是代表当今国内外桥梁技术最高水平的标志性桥梁工程项目，是中国铁路建设史上的一次新的跨越。

图 11-1　武汉天兴洲长江大桥

这座大桥的主要工程特点是："一新、两高、三大"。"一新"是指管理模式新。首次采用咨询监理一体化的工程咨询模式，引进国外咨询公司与中方组成联合体对本桥的设计和施工进行咨询监理。"两高"是指技术含量高和设计速度高。技术含量高：在公铁两用斜拉桥上首次采用三片主桁、三索面的新型结构形式；设计铁路四线，其中两线 I 级干线，两线客运专线，公路六车道：公路、铁路桥面系采用新型组合体系。设计速度高：此桥是第一座跨越长江的客运专线桥梁，客运专线设计速度每小时 200 km，按每小时 250 km 时速做动力仿真设计。"三大"是指跨度大、规模大和建设难度大。跨度大：正桥主跨 504 m，为世界公铁两用斜拉桥领先跨度。规模大：正桥共 91 个桥墩 1 527 根桩，总延长 10.1 万米，混凝土 85 万立方米，钢梁总计 4.4 万吨。建设难度大：桥位处水深、流急，基岩埋藏深，河床冲刷大，主河道航运繁忙，施工干扰大，渡洪要求高。本桥集新技术、新结构、新工艺、新设备于一体，是中国桥梁建设史上的标志性工程。

武汉天兴洲长江大桥是世界上第一座按四线铁路修建的双塔三索面三主桁公铁两用斜拉桥，其正桥全长 4 657 m，全桥共 91 个桥墩，混凝土总量约 85 万立方米，其中公铁合建部分长 2 842 m。上层公路为六车道，宽 27 m。下层铁路为四线，其中两线 I 级干线、两线客运专线。南汊主桥为（98 + 196 + 504 + 196 + 98）m 双塔三索面公铁两用钢桁梁斜拉桥。斜拉桥主梁为板桁结合钢桁梁，三片主桁，桁宽 2×15 m，钢梁全长 1 092 m，钢梁总质量为 46 000 t；主塔采用钢筋混凝土结构，承台以上高度为 188.5 m；每塔两侧各有 3×16 根斜拉索；索最大截面为 451ϕ7 mm 镀锌平行钢丝，最大索力约 1 250 t，索最大长度为 271.9 m，质量 41.2 t，斜拉索总质量为 4 550 t。

武汉天兴洲长江大桥是斜拉桥，主跨 504 m，在跨度上比丹麦海峡的同类桥跨度 490 m 长 14 m，为世界第一。桥的宽度世界第一：底部宽 30 m，上部公路桥宽 27 m。设计 4 线铁路，两线为客运专线，两线为重载货运线；桥梁荷载世界第一：承重量达 2 万吨。工程总投资 114.6 亿元，是中国铁路桥梁史上投资最大的一座大桥。

任务 11.1　铁路工程施工组织设计类型和基本内容

施工组织设计是重要的技术、经济文件，它的作用是组织施工，指导施工活动，保证工程施工正常进行。施工组织设计的目的在于全面合理、有计划地组织施工，使工地上的人员、机具、材料能够充分发挥作用，以最小的消耗、最快的速度，取得最好的施工效果。施工组织设计的根本内容是规划、安排施工准备工作，编制施工进度计划和劳动力、机具材料供应计划，做好人力、物力的综合平衡。同时，对施工场地，包括材料堆栈、仓库、临时房屋、施工道路、水电设施及场内外运输方式等，进行合理的规划与布设。

施工组织设计除安排和指导施工外，又是体现设计意图和编制概预算的依据，是对施工实行科学管理的重要手段，也是施工单位管理水平和信誉的体现。

施工组织设计必须实事求是，确定的原则和事项既应符合当前施工队伍的技术水平和设备能力，又应具有一定的先进水平。同时，编制的原则和依据也不是一成不变的，经常调整和修改计划，以适应变化了的客观情况是必然的，也是正常的。这与不得任意违背、保持施工组织设计的严肃性是不矛盾的。为实现铁路建设项目质量、安全、工期、投资效益、环境保护和技术创新“六位一体”的管理目标，推进标准化管理，规范铁路工程施工组织设计，铁路部门制定了《铁路工程施工组织设计指南》(铁建设〔2009〕226 号文)，供铁路建设项目管理参考使用。

铁路建设工程在设计阶段、施工开始前和施工过程中各阶段，都要编制施工组织设计，但随着不同的设计阶段，有不同的编制深度和内容，而工程的主要施工方法和施工程序，一般是不会改变的。施工组织设计按阶段不同分为概略施工组织方案意见、施工组织方案意见、施工组织设计意见、指导性施工组织设计和实施性施工组织设计。施工组织设计按阶段分类见表 11.1-1。

表 11.1-1　施工组织设计分类表

编制阶段		名称	编制单位
设计阶段	预可行性研究	概略施工组织方案意见	设计单位
	可行性研究	施工组织方案意见	
	初步设计	施工组织设计意见	
实施阶段		指导性施工组织设计	建设单位
		实施性施工组织设计	施工单位

设计阶段施工组织设计重点研究施工组织方案，提出工期安排意见，满足技术可行和经济合理的要求；实施阶段施工组织设计在批复施工组织设计意见的基础上侧重于各种要素的详细安排、有序组织、全面落实。分阶段施工组织设计工作重点见表 11.1-2，各阶段施工组织设计的详细目标要求见表 11.1-3。

表 11.1-2　各阶段施工组织设计工作重点

名称	工作重点
概略施工组织方案意见	以预可行性研究提出的建设项目主要技术标准和方案为基础，根据主要工程内容和分布情况，侧重研究主要控制工程的施工方案，提出建设项目总工期意见，为编制投资预估算提供基础，为项目立项提供技术支持
施工组织方案意见	以可行性研究提出的主要技术标准和方案为基础，根据主要工程内容和分布情况，侧重研究控制工程和重难点工程的施工方案，经施工组织方案比选，提出建设总工期推荐意见、主要大型临时设施设置方案及所需主要工装设备数量、分年度完成的主要工程量及投资、主要工程和控制工程的工期和施工方法、顺序、进度等，为编制投资估算提供基础，为项目决策提供技术支持

续表

名称	工作重点
施工组织设计意见	以初步设计确定的主要工程内容和分布情况为基础，根据批复的可研阶段确定的总工期和施工组织方案，对控制工程、重难点工程和各专业工程施工方案、施工方法、资源配置、大临和过渡工程等进行全面深化和优化设计，为编制设计概算提供基础，为制定基本建设投资计划、进行项目交易提供基础
指导性施工组织设计	以批准的设计文件为基础，遵循质量可靠、安全第一、技术先进、经济合理、确保工期的原则，合理划分标段，进一步细化、优化和落实施工方案、资源配置方案等。注重施工与设计的结合、站前与站后及各专业工程间的衔接，为建设项目顺利实施进行总体规划、部署和组织建设提供指导，为编制各项工作计划提供基础，为实现“六位一体”的建设目标提供保障
实施性施工组织设计	以施工合同和指导性施工组织设计为基础，结合现场施工条件，对工地布置、施工方案、施工方法、施工工艺、施工顺序、资源配置、工期等进行详细安排，并根据实施情况进行动态管理。制定切实可行的质量、安全保障措施，对高风险工程制定应急预案，全面响应指导性施工组织的各项目标要求，为全面实现对“六位一体”目标的承诺提供基础

表 11.1-3　各阶段施工组织设计目标表

目标	设计阶段	实施阶段
质量	1. 围绕“建设项目以质量为核心”的目标进行设计； 2. 满足各项工程质量标准要求（包括设计规范、验收标准等）	1. 满足建设项目各项工程质量目标要求； 2. 重点保证线下基础沉降评估、梁体收缩徐变、无砟轨道铺设、轨道精调与锁定、联调联试等各专业工程接口技术要求
安全	1. 围绕安全目标进行安全评估节点设定； 2. 对高风险工程提出安全保障措施	1. 满足建设项目各项工程安全事故控制目标要求； 2. 满足营业铁路行车事故控制目标要求； 3. 对重大危险源（如高风险隧道等）应编制专项施工方案及应急预案
工期	1. 通过多方案比选和分析，保证推荐建设项目总工期技术可行、经济合理； 2. 确定铺架和联调联试两条主线； 3. 确定控制工程、重难点工程、各专业工程工期和关键线路，确保设计的工期目标可行； 4. 确定的材料供应方案经济合理； 5. 确定的大临工程布局合理，与工期要求相匹配	1. 以批复总工期为基础，以铺架工程和联调联试为主线，确定标段工期目标； 2. 确定重难点和控制工程工期目标、主要工程节点工期目标； 3. 做好各工程接口安排，确保工期目标可控
投资效益	通过比选优化，确定技术可靠、经济合理的施工方案，保证总投资目标合理	1. 以批复总投资为控制目标，进行目标分解； 2. 优化施工方案，体现资金时间价值； 3. 做好资源均衡配置； 4. 做好变更管理，确保投资控制目标实现
环境保护	1. 符合国家及地方环境污染控制、节约土地、节能、节材、节水等各项环保法规规定并提出相关要求； 2. 满足环保工程与主体工程“同时设计、同时施工、同时投产”的环保目标要求	1. 提出环境污染控制目标和措施； 2. 提出土地资源节约利用控制目标和措施； 3. 提出节能、节材、节水控制目标和措施
技术创新	注重研究应用“新技术、新材料、新工艺、新设备”，推动技术创新	制定研发应用“新技术、新材料、新工艺、新设备”的目标和措施

各阶段施工组织设计应严格执行编制与审批程序，各阶段编制与审批责任人规定如表 11.1-4 所示。设计阶段施工组织设计编制和审批流程如图 11.1-1 所示，实施阶段施工组织设计建设单位编制和审批流程如图 11.2-2 所示，实施阶段施工组织设计施工单位编制和审批流程如图 11.1-3 所示。

表 11.1-4　施工组织设计编制与审批责任表

分类名称	编制人	参加人	审核人	责任人	审批（核备）人
概略施工组织方案意见	设计单位项目技术负责人	1. 设计单位各专业负责人 2. 建设单位部门负责人	1. 设计单位技术主管 2. 建设单位主管	1. 设计单位项目第一责任人 2. 建设单位第一责任人	铁道主管部门
施工组织方案意见					
施工组织设计意见					
指导性施工组织设计	1. 建设单位技术负责人 2. 设计单位技术负责人	1. 建设单位各部门负责人 2. 设计单位各部门负责人	建设单位主管	建设单位第一责任人	铁道主管部门
实施性施工组织设计	施工单位项目技术负责人	1. 施工单位各部门人员 2. 设计单位关键专业项目负责人	1. 施工单位主管 2. 监理单位负责人 3. 建设单位主管	施工单位项目第一责任人	建设单位负责人

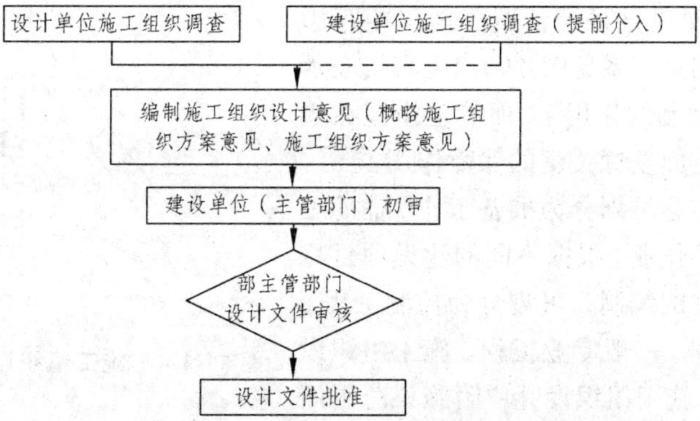

图 11.1-1　设计阶段施工组织设计编制和审批流程图

施工组织设计应根据建设项目特点，通过技术经济比选，选择施工方案，确定施工进度，设置临时工程，并对项目在人力和物力、时间和空间、技术和组织等方面做出全面科学合理的安排，确保高效地完成建设任务。

施工组织设计包括的主要内容：

（1）施工方案的选择：包括施工区段的划分、施工方法的确定、施工机具的选择、施工顺序的安排以及流水施工的组织等；

（2）施工进度计划的编制：包括总工期安排、主要阶段工期安排及专业工期安排、各工程接口关系等；

（3）施工现场的布置：包括各项临时工程的设置规模、方案、位置和布局等；

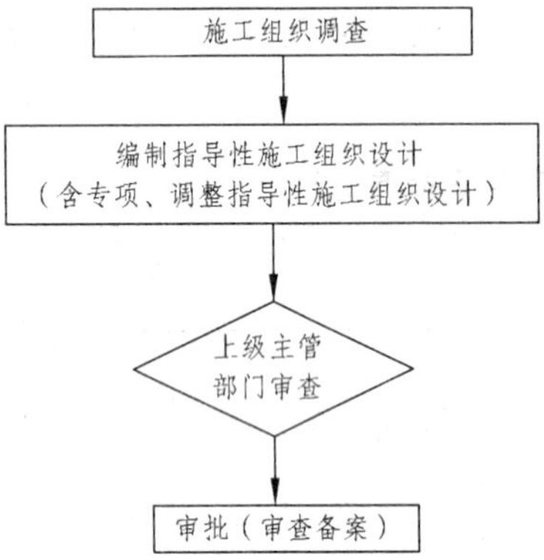

图 11.1-2 实施阶段施工组织设计建设单位编制和审批流程图

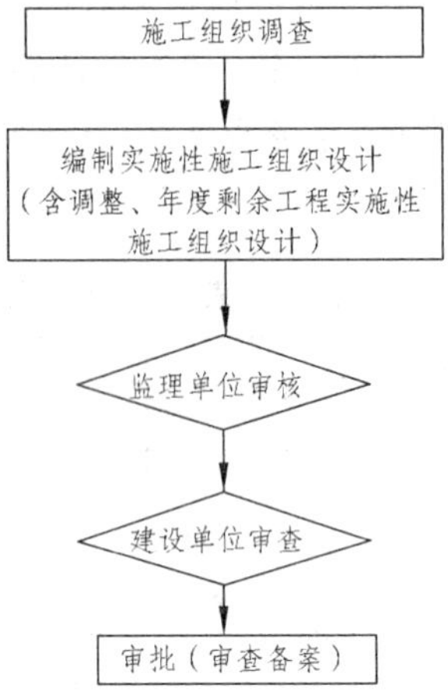

图 11.1-3 实施阶段施工组织设计施工单位编制和审批流程图

（4）资源配置的方案：包括材料设备采购供应方案、分年度主要材料设备采购供应计划、关键施工装备的数量及进场计划、劳动力计划、投资计划等；

（5）管理的措施：包括标准化管理、质量管理措施、安全管理措施、工期控制措施、投资控制措施、环境保护措施、路基桥梁沉降控制及观测措施、预警机制和应急预案、信息化管理等。

施工组织设计中施工进度计划、施工方案、施工现场布置、资源配置方案等各项要素间相互影响、相互制约，其相互关系见图 11.1-4（实线表示决定作用，虚线表示制约作用），而管理措施在机制、制度和手段等方面发挥关键的保障作用。

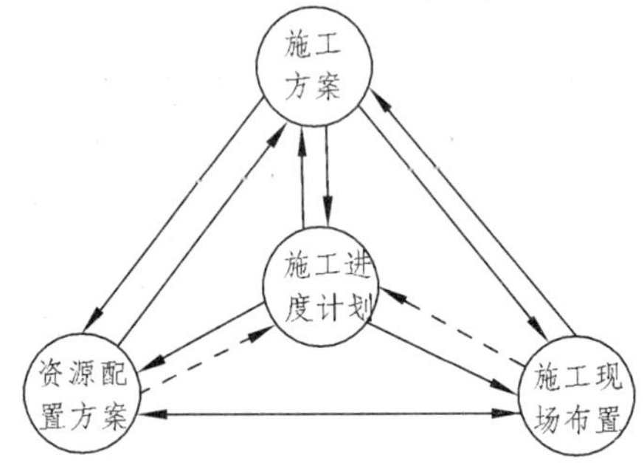

图 11.1-4 施工组织设计主要内容相互关系

铁路工程作业内容可划分为准备工作、辅助工作和基本工作等三类作业。根据不同的建设项目特点，并结合施工方案的编制，可划分为控制工程、重难点及高风险工程、一般专业工程。施工组织设计应附必要的表格。施工组织设计应附施工总平面布置示意图、总体施工组织形象进度图、施工进度计划横道图、网络图等辅助说明资料。

任务 11.2 铁路桥梁施工组织设计编制

施工组织设计应符合相关规范、规程、施工工艺等技术要求，合理安排施工顺序，注重与专业设计的结合及专业工程间的接口与配合。不同阶段施工组织设计的基本内容是一致的，只是深浅、具体和详细程度不同。施工组织设计主要包括以下内容：选择和制订施工方案，确定施工方法，编制施工进度计划；编制施工劳动力及施工材料和施工机械设备供应计划；规划施工现场，布置施工现场；编制工程质量保证措施和施工监控措施，编制工地业务的组织规划等。

11.2.1　施工方案选择和制订

选择合理的施工方案是工程项目施工组织设计的核心。施工方案的优劣是决定工程全局成败的关键，它在很大程度上决定了施工设计的质量。

选择和制订施工方案的基本要求是符合现场实际，切实可行，同时还要做到技术先进，能有效地采用新技术、新材料，确保工程质量和施工安全；工期能够满足合同要求；经济合理，施工费用和工料消耗低。施工方案的主要内容包括：施工方法的确定、施工机具的选择和施工顺序的安排等。

一、施工方法的确定

施工方法是施工方案的核心内容，它将直接影响施工进度、质量安全和工程成本。因此，应根据工程特点、工期要求、施工条件及人力、材料和设备供应情况，结合施工单位的经验，认真比选，慎重确定。例如，基坑施工采用何种围堰，是人工或机械开挖；钻孔桩采用哪种成孔方式；墩台模板采用哪种形式；就地灌筑混凝土梁的脚手架，是采用排架式还是墩架式等。

确定施工方法应突出重点，对于施工技术复杂和对工程质量起关键作用的项目，以及工人不够熟悉的项目，应详细而具体。而对于一般施工方法和工人熟悉的项目，可适当从简，只提出本项目的特殊要求即可。

确定施工方法时，还应考虑采用的施工方法对结构受力的影响，不仅要拟定出操作过程和方法，更要提出质量要求和技术措施。另外，尚应注意吸收同类工程的先进经验，以达到施工快速、经济和优质的目的。主要施工方案见表 11.2.1-1。

表 11.2.1-1　桥梁主要施工方案表

序号	名称		内容
1	基础	明挖基础	无护壁基坑、护壁基坑和基坑围堰
2		桩基础	沉桩基础、钻孔桩基础、挖孔桩基础和管桩基础
3		水中桩基承台	土围堰、钢板桩围堰、双壁钢围堰、吊箱围堰、钢套箱围堰
4		水中沉井基础	就地浇筑下沉沉井和浮式沉井
5	墩台		整体钢模、滑模、爬模、翻模
6	上部建筑	简支梁	预制梁架桥机架设、支架现浇法、移动模架法
7		连续梁	悬臂灌注法、顶推法、支架现浇法、转体施工法
8		钢梁	膺架法、拖拉法、悬拼法、浮运法

技术复杂桥梁（含深水、高墩、特殊结构桥梁等）应结合现场实际情况，分析工程及水文地质资料，做出风险评估，制定施工技术方案和专项应急救援预案。桥梁围堰、钻孔桩、墩台主要施工方法及适用条件见表 11.2.1-2。

表 11.2.1-2 桥梁围堰、钻孔桩、墩台主要施工方法表

序号	名称		适用条件
1	围堰	钢板桩围堰	流速较小、水位较低、承台较浅、河床地质透水性弱的地层
2		钢套箱围堰	流速较小（≤2.0 m/s），覆盖层较薄，平坦的岩石河床，埋置不深的水中基础
3		双壁钢围堰	流速较小、水位较深、承台较浅的地层
4	钻孔桩	冲击钻机	黏性土、砂类土、砾石、卵石、漂石、软硬岩层及各种复杂地质的桩基施工
5		正循环旋转钻机	黏性土，砂类土，含少量砾石、卵石（含量少于 20%）的土，软岩
6		反循环旋转钻机	黏性土，砂类土，含少量砾石、卵石（含量少于 20%，粒径小于钻杆内径 2/3）的土，软岩
7		旋挖钻机	各种土质地层，砂类土，砾石、卵石
8		套管钻机	黏性土层、砂类土，但不宜在地下水位下有厚于 5 m 细砂层时使用
9	墩台	滑模	较高的墩、台和吊桥、斜拉桥的索塔
10		爬模	空心高桥墩
11		翻模	不变坡的方形高墩和索塔

二、施工机械的选择

具有一定规模的桥梁工程施工中，一般都会配备一定数量的起重运输和材料加工等施工机械，以代替繁重的体力劳动，提高生产效率，缩短工期。施工机械的选择，应以满足施工方法的需要为基本依据，但有时施工方法的确定，又取决于施工机械。所以，两者常常需要同时考虑，综合确定。

选择施工机械时，应在满足施工需要的前提下，充分发挥施工单位现有的机械设备能力，必要时可以租赁或购买。在购买机械设备时，应既考虑该工程使用，也要考虑能在今后工程中多次重复使用的可能。下面列出常用施工机械配置供设计参考选用，铁路后张法预应力混凝土整孔箱梁预制主要机具配置表见表 11.2.1-4，运架梁主要机具配置表见表 11.2.1-5，挂篮悬臂施工主要机具配置表见表 11.2.1-6。

表 11.2.1-4 铁路后张法预应力混凝土整孔箱梁预制主要机具配置表

序号	机械设备名称	规格型号	额定功率（kW）、容量（m^3）或吨位（t）
1	混凝土搅拌站	HZS150	150 L
2	装载机	ZLM50	3 m^3
3	变压器	SM-9	300 kW
4	千斤顶	300T	300 t
5	千斤顶	250T	250 t
6	千斤顶	27T	27 t

续表

序号	机械设备名称	规格型号	额定功率（kW）、容量（m^3）或吨位（t）
7	发电机组	HDV250-B（200 kW）	200 kW
8	发电机组	VDV406（400 kW）	400 kW
9	龙门吊	GM45/10	
10	高压油泵	5L63	
11	对焊机	UN100	100 kVA
12	电焊机	BX300	
13	电焊机	BX400	
14	钢筋弯曲机	GW40	钢筋直径ϕ40 mm
15	钢筋切断机	GQ40	钢筋直径ϕ40 mm
16	卷扬机	1T	1 t
17	灰浆机	JW180	180 L
18	高速搅拌机	GS700	700 L
19	真空机	VOM	
20	混凝土输送泵	HBT80-18 A	
21	布料机	HGY18/2	10 m×14 m×10 m
22	悬架式高频整平机	GTZ	14 kW
23	外模板	32 m（24 m 共用）	
24	内模	32 m（24 m 共用）	
25	轮轨式移梁台车	900 t 轮轨式	
26	汽车起重机	XZJ5240JQZ16	16 t
27	压浆泵	HB-4	
28	混凝土运输车		8 m^3
29	附着式振动器	ZW 型	
30	行星插入式振动器	2 N50 型	
31	行星插入式振动器	2 N30 型	
32	高频快装附着式振动器	CZF I50 型	1.5 kW
33	张拉油压表	1.0 级 0.5～60 MPa	
34	吊架	24 m、32 m 梁共用	
35	移梁滑道	32 m 梁专用	
36	移梁滑道	24 m、32 m 梁共用	
37	制梁台座（带底模）	32 m 梁专用	
38	制梁台座（带底模）	24 m、32 m 梁共用	
39	存梁台座	32 m 梁专用	
40	存梁台座	24 m、32 m 梁共用	
41	底腹板、顶板钢筋绑扎胎具	24 m、32 m 梁共用	

表 11.2.1-5 运架梁主要机具配置表

序号	机械设备名称	规格型号	额定功率（kW）、容量（m^3）或吨位（t）
1	架桥机	JQX900 型，HJ900B 型，HJ900A 型，TLJ900 型，JQ900 型等	900 t
2	架桥机	DF450，TLJ450 t 等	450 t
3	架桥机	DJK160，JQ130，胜利 130，XQJ165 t，DJ168 t，NF150 t 等	
4	提梁机	MG450，HMQ450，MG200，TLJ450/32 等	
5	运梁车	KSC900，TLC900C2，DP450 轮轨式，DCY450 等	

表 11.2.1-6 挂篮悬臂施工主要机具配置表

序号	机械设备名称	规格型号	额定功率（kW）、容量（m^3）或吨位（t）	备注
1	混凝土拌和站			
2	混凝土输送泵车	HBT80	80 m^3/h	
3	混凝土搅拌运输车		8 m^3	
4	吊车	QY25	25 t	
5	挂篮			按要求配置
6	砂浆搅拌机	SJ350	350 L	
7	压浆机		搅拌速度大于 700 r/min	
8	钢筋切断机	HQJ10	1.5 kW	
9	钢筋弯曲机			
10	钢筋调直机	TQ4-14	5.5 kW	
11	对焊机	LP-100	100 kW	
12	电焊机	3 000 型		
13	装载机	ZL50		
14	洒水车	EQ1141G70	8 000 L	
15	预应力张拉千斤顶	穿心式		按要求配置
16	预应力张拉千斤顶	YDC240Q 型		
17	预应力张拉千斤顶	YC60A		竖向预应力筋张拉

三、施工顺序的安排

施工顺序是指工程施工的先后次序。安排施工顺序的重点，是从整个桥梁工程全局出发，根据现场施工条件、水文气象资料、施工机械作业，安排不受固定顺序限制的施工顺序，以求工程顺利开展，保证质量和施工安全，缩短工期。例如，根据工程规模大小和工期要求，是否需要两岸同时进行施工；考虑雨季和洪水影响，水中基础安排在什么时间施工；混凝土工程能否尽可能避开冬季施工；如何减少工人和机械的停歇时间，加快施工进度等。铁路工程施工作业的组织方法一般有顺序作业法、平行作业法、流水作业法三种。流水施工综合了顺序施工和平行施工的优点，克服了它们的缺点，使资源得到合理利用并提高了劳动效率。

11.2.2 施工进度计划编制

施工进度计划是施工组织设计中最主要的组成部分。它是在已确定的施工方案和施工顺序基础上编制的，以图表形式表明工程从施工准备工作开始，直到工程竣工为止的全部施工过程，在时间和空间上的安排，以及各工序间的衔接关系。

施工进度计划的主要作用是：统筹全局，合理部署人力、物力；正确指导全部施工活动，控制施工进度；为编制季度、月度生产作业计划，确定劳动和各种物质需要量计划提供依据。

一、施工进度计划编制方法

熟悉和审核施工设计文件和有关技术经济资料，深入分析工程内容和施工条件。划分施工项目，一般可按临时工程、墩梁工程和其他附属工程进行。对于规模较大的工程，分项应详细具体，以利组织施工。计算各施工项目的主要工程数量，如挖基土、石方工程，模板工程，钢筋混凝土工程，构件预制和安装工程等。这些工程数量，可由设计图获取。工程数量的计算单位应采用与相应定额一致。根据现行的定额规定，计算确定各施工项目所需要的劳动量（工天数）、各种主要材料用量、机械台班需要量和工作持续时间等。确定施工顺序和程序。设计并绘制施工进度计划图。施工进度计划图应反映各分项工程的工程数量、施工天数、施工时间和劳动安排。

设计、绘制施工进度计划是一个复杂的过程，一般在初步方案编制完成后，应当检查施工顺序是否合理，劳动力和机械的使用是否均衡，否则，应进行调整。然后再检查再调整。反复多次直到满意为止。表 11.2.2-1 为某桥梁工程施工进度计划图的一部分。

表 11.2.2-1 某大桥指导性施工组织设计进度

项目	序号	工程内容	单位	数量	工天	按月排列施工顺序										
						1	2	3	4	5	6	7	..	16	17	18
临时工程	1	施工便道	m	3 000	2 000											
	5	高位水池	座	2	180											
	10	场地平整	m^3	1 600	400											

续表

项目	序号	工程内容	单位	数量	工天	按月排列施工顺序										
						1	2	3	4	5	6	7	..	16	17	18
南台	1	挖基土方	m^3	180	80											
	5	台顶C20混凝土		35.1	116											
	11	护坡等浆砌		4.6	12											
1号墩	1	挖基土方	m^3	169	83											
	3	基础混凝土		75.3	132											
	6	顶帽钢筋混凝土		15.6	53											
主跨连续梁	1	0号段	m^3	102	821											
	5	4号段		25.9	215											
	8	7号段		21.4	171											
	10	11号段		7.4	83											
北台	1	挖基土方	m^3	180	88											
	11	护坡浆砌		4.6	12											
架梁	1	32 m预应力混凝土梁	孔	1	191											
	2	16 m钢筋混凝土梁		3	578											
按月计划需要工天数				45 501		2 200	2 482	2 642	2 735	2 709	2 776	2 735		1 833	1 833	1 046

二、劳动量和机械台班需要量确定

1. 劳动工天的计算

根据现行劳动定额确定劳动工天，可按下式计算：

$$P = Q \times H$$

式中 Q——施工项目的工程量（m^3、m^2、m⋯）

H——该工程项目的劳动定额（工天/m^3、工天/m^2、工天/m⋯）

P——该工程项目需要劳动工天。

2. *机械台班数的计算*

对以施工机械为主完成的施工项目，应根据该施工机械的时间定额计算该种机械需要的台班数：

$$D = Q \times H$$

式中 D——该工程项目需要的施工机械台班数；

Q——该工程项目的工程量（m^3、m^2、m...）；

H——该施工机械的时间定额（台班/m^3、台班/m^2、台班/m）。

3. *施工持续时间的计算*

根据施工单位用于施工的人力、机械和工作面的大小，计算施工过程持续天数。

$$\text{对于人力施工}\quad T = \frac{P}{R \cdot b}\ \text{(d)}$$

$$\text{对于机械施工}\quad T = \frac{D}{G \cdot b}\ \text{(d)}$$

式中 T——该工程项目施工过程持续天数；

R——每天平均出勤的施工人数；

G——每天平均出勤的施工机械台数；

b——每天采用的工班数；

P，D——该工程项目需要的劳动天数和施工机械台班数。

4. *每天应出勤的工人和施工机械台班数的计算*

若按工期要求，项目施工过程持续时间已定时，则每天应出勤的工人和机械台班数，可按下式计算：

$$\text{对于人力施工}\quad R = \frac{P}{T \cdot b}\ \text{（工人人数）}$$

$$\text{对于机械施工}\quad G = \frac{D}{T \cdot b}\ \text{（机械台班数）}$$

式中符号意义同前。

三、劳动力、材料和机械设备计划编制

桥梁施工进度计划编制完成后，可根据施工顺序和各工序持续时间，编制出劳动力、材料和施工机械调配和供应计划，作为有关职能部门按计划调配的依据，以保证工程施工顺利进行。

1. *劳动力调配计划*

将施工进度计划表内各施工过程中所需的劳动力数量，按月进行叠加即可得到全桥劳动

力使用数量曲线。该曲线图通常与施工进度计划图绘在一起。劳动力调配要求均衡，一般在开始阶段需要少量工人做准备工作。以后随着工程的进展，工人人数陆续增加，达到高峰，并保持一段时间。然后，分批减少，最后只有少量工人进行收尾工作。应避免工人数量骤增骤减的情况。否则会增加劳动力调遣费，增多施工工具设备和增加施工管理费。图 11.2.2-1 给出几种劳动力调配图示例，显然图（b）和图（c）都是不合理的。遇到这种情况，应该重新修改施工进度计划，以求得到比较合理的方案。

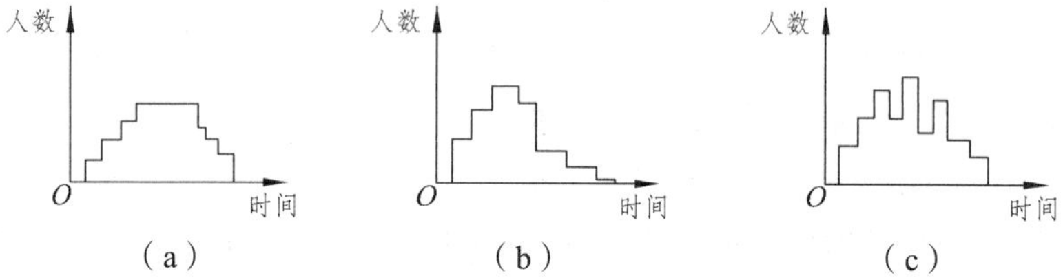

图 11.2.2-1 劳动力调配示例

劳动力需要量计划是根据施工进度计划，对各个分部每天出勤施工的人员，分工种（技工、普工）进行统计，得出每天所需工种及人员。一般可按月或按旬编制，采用表格的形式，如表 11.2.2-2 所示。

表 11.2.2-2 劳动力需要计划

序号	工种名称	人数	×月			×月			×月		
			上旬	中旬	下旬	上旬	中旬	下旬	上旬	中旬	下旬

2. 主要材料需要量计划

材料需要量计划是材料供应和材料采购的依据，并可作为确定仓库、堆场面积和组织运输之用。材料计划编制的依据是施工进度计划中各分项的工程数量和预算定额。材料计划用表格形式表现，内容应包括材料名称、规格、时间等。

全桥材料需要量计划及分月供应计划中，应编制出水泥、钢筋和木材等分月用量表。材料分月分类用量表如表 11.2.2-3 所示。

表 11.2.2-3 材料需要计划

序号	材料名称	规格	需要量		供应时间	备注
			单位	数量		
1	水泥					
2	钢筋					
3	木材					
4	……					

材料供应工作除应有需要量计划外，还要有材料储运（供应）计划作为采购、运输、仓储和场地布置的依据。储运计划的表格形式如表 11.2.2-4 所示。

表 11.2.2-4　主要材料储运计划

序号	材料名称	规格	单位	数量	进场日期	备注

材料需要量计划和供应计划是保证工程施工顺利进行、降低工程成本的关键，应当认真做好，不可大意。不可因材料供应不及时而窝工，甚至延误工期，因此要提前储运，留有余地。特别是稀缺材料，更应早日落实。当然，材料储备数量应适当，不宜超量存储。

3. 施工机械供应计划

应当根据施工方案和施工机械台班数的计算，以及施工进度计划，确定施工机械类型、数量和进场时间。一般是把施工进度计划中各施工顺序每天需要的机械类型、数量和施工日期统计汇总，从而得到施工机械需要量计划，如表 11.2.2-5 所示。

表 11.2.2-5　施工机械需要计划

序号	机械名称	类型、型号	需要量		货源	使用起止时间	备注
			单位	数量			

四、施工组织设计工期参考指标

根据近年来铁路建设实践经验，以正常的建设条件为前提，以合理、均衡组织施工为原则。剔除各种非正常因素的影响，综合我国当前铁路施工管理、施工技术装备水平、劳动力、机械设备及机具等资源的有效配置和优化、施工技术要求编制了工期安排综合指标及各单项工程工期指标，如表 11.2.2-6 ~ 11.2.2-13 所示。

表 11.2.2-6　综合工期指标表

工程项目		单位	综合指标
一般桥梁	墩高 30 m 以内	月/座	3 ~ 12
	墩高 30 ~ 50 m	月/座	4 ~ 15

表 11.2.2-7　桥梁基础工期指标表

编号	项目	类别		单位	进度指标
1	基础	明挖	陆地≤4 m	m^3/月	1100 ~ 1300
2			陆地>4 m		700 ~ 800
3			水中		500 ~ 600
4		钻孔桩	土	m/天	12.5 ~ 21.0
5			砂砾石		6.5 ~ 11.0
6			软石		3.5 ~ 6.0
7			卵石		2.5 ~ 4.5
8			次坚石		2.0 ~ 3.5
9			坚石		1.0 ~ 2.0
10		承台	有防护	天/个	10 ~ 20
11			无防护		7 ~ 10

表 11.2.2-8　桥梁墩台身工期指标表

编号	项目	类别		进度指标（月/墩）
1	墩台	单线	实体墩墩高≤30 m	0.4 ~ 0.5
2			实体墩墩高>30 m	0.5 ~ 0.6
3			空心墩墩高≤30 m	0.6 ~ 0.8
4			空心墩墩高 30 ~ 50 m	0.8 ~ 1.2
5			空心墩墩高 50 ~ 70 m	1.2 ~ 1.7
6			空心墩墩高 70 ~ 90 m	I. 7 ~ 2.5
7		双线	实体墩墩高≤30 m	0.5 ~ 0.6
8			实体墩墩高>30 m	0.6 ~ 0.8
9			空心墩墩高≤30 m	0.8 ~ 1.0
10			空心墩墩高 30 ~ 50 m	1.0 ~ 1.7
11			空心墩墩高 50 ~ 70 m	I. 7 ~ 2.5
12			空心墩墩高 70 ~ 90 m	2.5 ~ 3.0

表 11.2.2-9　桥梁水中基础工期指标表

编号	项目	类别		单位	进度指标
1	围堰及平台			月/墩	1.5 ~ 2.5
2	基础	钻孔桩	土	m/天	11.0 ~ 20.0
3			砂砾石		5.5 ~ 10.5
4			软石		3.0 ~ 5.0
5			卵石		2.3 ~ 3.5
6			次坚石		1.8 ~ 2.9
7			坚石		1.0 ~ 1.7
8		承台	双壁钢围堰	m^3/天	18 ~ 20
9			钢吊箱围堰		30 ~ 35

表 11.2.2-10　悬浇连续梁工期指标表

编号	工程项目				进度指标
1	悬浇连续梁	$0^{\#}$段	主跨≤100 m	天/次	40 ~ 60
2			主跨>100 m		50 ~ 85
3		合龙段		天/块	30 ~ 45
4		其他梁段		天/块	8 ~ 12

表 11.2.2-11　移动模架法现浇箱梁工期指标表

编号	工程项目	单位	进度指标
1	模架拼装、拆除	天/次	30 ~ 45
2	现浇箱梁	天/孔	15 ~ 18

表 11.2.2-12　支架现浇箱梁工期指标表

编号	工程项目	单位	进度指标
1	支架法现浇箱梁	天/孔	25 ~ 35

表 11.2.2-13　涵洞工期指标表

编号	类别	进度指标（月/座）
1	盖板涵	1.5 ~ 2.5
2	矩形涵	1.0 ~ 2.0
3	框架涵	1.5 ~ 2.5
4	拱涵	1.2 ~ 2.0
5	圆管涵	0.7 ~ 1.5
6	渡槽	1.0 ~ 1.8
7	倒虹吸管	1.6 ~ 2.5

任务 11.3　铁路桥梁施工场地布置

施工场地布置也称施工平面图设计，是对施工现场的规划，解决施工期间各种临时设施、仓库、料场、水电线路、施工道路等与桥梁施工工程的位置关系问题。施工平面图是进行施工现场布置的依据。合理的施工平面图，对于实现科学管理、顺利执行施工进度计划、文明施工具有重要作用。

11.3.1 施工场地布置图的内容与要求

一、施工场地布置主要内容

在 1∶500～1∶2 000 施工用地形、地貌图上，绘出所有房屋、道路和通信及水电管线等的位置和尺寸，以及测量控制点的标桩位置，拟建桥梁的走向和墩台位置，各种生产、生活临时房屋和材料、设备、预制场地的位置及规模，施工道路和主要施工机械的位置等。为了显示清晰，也可将电力线路和供水线路分别另图布置。

二、施工场地布置的基本要求

尽量减少临时设施的数量，布置紧凑合理，减少施工用地，少占农田，互不干扰，方便施工。各种临时设施位置应合理，以最大限度地减少工地内部运距和场内二次运输；符合环境保护、卫生、安全和防洪的要求，关心职工福利，方便生活。施工区域的划分和场地的确定，应符合施工工艺流程的要求，以利于生产的连续性。

11.3.2 施工场地布置设计

施工场地布置设计首先对当地自然条件和技术条件进行分析，掌握施工现场的地形、原有道路、水源、电源及交通运输条件等；确定主要机械设备的位置尺寸，如混凝土搅拌站和起重运输机械是桥梁施工工地的主要设备，应首先予以考虑；仓库、料场和半成品堆放位置；场外交通的引入和现场运输道路的布置；各种生产、生活临时设施的布置；供水、供电设施的布置；安全、消防设施的布置；施工场地布置设计时，要充分利用施工场地现有条件，全面规划，合理布设；对外注意与原有公路、铁路的联络，对内尽量减少施工作业的相互干扰。

11.3.3 工地临时房屋

工地临时房屋包括生活用房和生产用房两类，主要有办公用房、施工人员居住用房、食堂、仓库、附属工厂、工地试验室、动力站、文化福利设施和医疗卫生用房等。

一、临时房屋布置的基本要求

临时房屋建在地势平坦、干燥、施工期间不被水淹的地方。房屋构造应简单，尽量使用拆装式房屋，条件许可的情况下，宜临时租用现有房屋和利用提前修建的房屋。直接指挥生产的指挥所和调度室应设在工地的中心地区，而施工管理办公室和职工生活区，最好设在与工地有一定距离不受施工噪声等干扰的地方，但也不能远离工地。按房屋的不同使用条件和防火卫生的要求，各栋房屋之间的最小距离，城区为 5 m，郊区为 7 m；锅炉房、发电机房、变电室、铁工房与临时生活用房间距不应小于 25 m；油料库距铁路线间距不小于 50 m，距公路不小于 15 m，距锻工房、焊接工场等至少 25 m。临时房屋的高度一般为 2.5～2.8 m，车间、库房等散热及争取利用空间者可增至 3.5～4.0 m，每栋房屋均应配备灭火器。

二、生产用房面积的确定

施工现场的生产用房大致有如下三类：材料加工房（棚），如木工棚、钢筋棚和铁工房等；生产车间，如构件预制车间、机修车间、空压机房、锅炉房、水泵房、电工配电室等；施工机械用房，如汽车搅拌机、电焊机、卷扬机等。这些房屋的面积一般可参考表 11.3.3-1 计算确定。

表 11.3.3-1　生产用房面积参考表

项次	名称	单位	面积（m^2）	备注
1	木工作业棚	m^2/人	2	占地为"面积"一栏的 3～4 倍
2	钢筋作业棚	m^2/人	3	占地为"面积"一栏的 3～4 倍
3	混凝土搅拌棚	m^2/台	10～18	400 L
4	立式锅炉房	m^2/台	5～10	
5	发电机房	m^2/kW	0.2～0.3	
6	水泵	m^2/台	3～8	
7	汽车或拖拉机	m^2/辆	20～25	
8	混凝土搅拌机	m^2/台	10	
9	移动式空压机	m^2/台	18	以 6 m^3/min 为例
10	固定式空压机	m^2/台	9	
11	卷扬机	m^2/台	6～12	

三、生活用房面积的确定

各种生活、办公临时房屋的面积，可按施工单位的年平均人数和表 11.3.3-2 工地临时房屋面积指标计算确定。

表 11.3.3-2　工地临时房屋面积参考表

项次	临时用房名称	单位	面积（m^2）	项次	临时用房名称	单位	面积（m^2）
1	办公室	m^2/人	3～4	7	浴室	m^2/人	0.07～0.1
2	宿舍	m^2/人	2.5～3.5	8	理发	m^2/人	0.01～0.03
3	双层床	m^2/人	2.0～2.5	9	俱乐部	m^2/人	0.1
4	单层床	m^2/人	3.5～4	10	招待所	m^2/人	0.06
5	食堂	m^2/人	0.5～0.8	11	其他公用	m^2/人	0.05～0.1
6	医务室	m^2/人	0.05～0.07	12	开水房	m^2/人	10～40

11.3.4　材料仓库及堆栈

材料仓库和堆栈是工地上用以临时存储各种建筑材料的地方，按材料保管方法的不同，一般可分为以下几种：

（1）堆栈。堆栈是露天仓库，也称料场，用于堆放不怕雨侵袭且较为笨重的材料，例如砖瓦、石料、原木和混凝土构件等。

（2）库棚。它是带顶棚的堆栈，用于储存防止雨雪和阳光直接侵蚀且较为笨重的材料。例如油毛毡、陶瓷砖、沥青等。

（3）仓库。封闭式仓库用于储存贵重材料和容易散失的物品。例如五金零件、贵重设备、施工工具和劳动保护用品等。水泥、石膏在多雨季节也常存于仓库内。材料仓库及堆栈应布置在进料比较方便和靠近用料比较频繁的地方，以减少运距，方便运输。仓库与堆栈的面积，应根据施工进度计划的用料计划，按下式计算确定：

$$F = \frac{1}{K_1} \cdot \frac{P}{q}$$

式中 F——仓库、料场的面积（m^2）；

P——仓库、料场的材料储存量（m^3 或 t 等）；

q——仓库、料场每平方米的材料储存量（m^3/m^2 或 t/m^2 等），如表 11.3.4-1 所示；

K_1——仓库、料场堆放材料的面积利用系数，如表 11.3.4-2 所示。

表 11.3.4-1 仓库、料场每平方米材料储存量

项次	材料名称	单位	单位面积储存数量	堆放高度（m）	堆置方法	储存方法
1	水泥（袋）	t	1.5	2	堆垛	仓库
2	水泥（散）	t	2.0 ~ 2.8	1.5 ~ 2	堆积	仓库
3	各种型钢	t	1.0 ~ 4.5	0.6 ~ 1.0	堆垛	敞棚
4	钢筋	t	3.7 ~ 4.5	1.2	堆垛	敞棚
5	盘条	t	1.5 ~ 2.0	1.0	堆垛	敞棚
6	钢管	t	0.5 ~ 0.6	1.0	堆垛	敞棚
7	钢丝绳	t	1.2 ~ 1.4	1.0	堆垛	敞棚
8	圆木	m^3	1.3 ~ 2.0	1.5 ~ 2.0	堆垛	露天
9	方木、板材	m^3	1.2 ~ 1.8	2.0 ~ 2.5	堆垛	敞棚

表 11.3.4-2 仓库、堆栈面积利用系数

项次	仓库类型	k_1
1	储存工具、机械配件、电工、水暖器材等（货架存放）	0.35 ~ 0.4
2	散装水泥	0.6 ~ 0.9
3	桶装、袋装材料	0.45 ~ 0.6
4	木材、钢材料棚	0.4 ~ 0.5
5	露天堆放的成材（木材、钢材）	0.5 ~ 0.6
6	露天堆放的散材（砂、石料）	0.6 ~ 0.7

仓库、料场的材料储备量应能保证施工不至于中断，同时也要避免储备量过大而造成积压，或仓库面积过大而加大临时投资。对于经常使用的砂、石、水泥、钢材等，可按储备期进行计算：

$$P = t_n(q_1 \cdot k_2)/t$$

式中 P——材料的储备量（m^3或 t 等）；

t_n——材料储备期定额；

q_1——材料的总需要量（m^3或 t 等）；

t——有关施工项目的施工总工作日；

k_2——材料使用的不均衡系数（k_2 = 最高峰日需要量/日平均需要量）。

复习思考题

1. 简述桥梁施工组织设计的目的。施工组织设计有哪几种类型？
2. 设计阶段施工组织设计的主要内容是什么？
3. 指导性施工组织设计的主要任务是什么？
4. 实施性施工组织设计的内容和要求是什么？
5. 施工方案的主要内容有哪些？
6. 如何确定劳动量、机械台班需要量、施工持续的时间和每天应出勤的工人和机械台班数？
7. 什么是劳动力调配计划图？
8. 简述施工平面图设计的内容。
9. 工地临时房屋包括哪些，如何布置，其面积如何确定？

项目 12 铁路桥涵工程施工质量验收

【项目描述】

工程施工质量控制根据工程实体形成的时间阶段可划分为事前控制、事中控制、事后控制；根据工程实体形成过程中物质形态的转化划分为对投入品的质量控制、施工过程的质量控制、工程产出品的质量控制及验收。铁路桥涵工程施工质量控制贯穿于工程施工全过程、各环节，是过程控制。综合工程施工质量控制的特性，对于施工单位和监理单位，施工质量主要注重施工现场质量管理的检查、材料（包括成品、半成品、构配件和设备）质量的控制、工序质量的控制三方面。本项目主要学习铁路桥涵工程施工质量验收方面基础知识。

【教学目标】

1. 能力目标

（1）能够熟悉铁路桥涵工程质量验收的程序、要求和方法；

（2）能够对工程质量做出正确的结论；

（3）能够正确填写有关质量验收表格。

2. 知识目标

（1）了解铁路建设工程质量验收的目的、作用和依据；

（2）理解铁路桥梁工程施工质量的划分、控制及验收规定；

（3）掌握铁路桥梁工程施工质量验收的程序和组织。

3. 素质目标

（1）培养学生细致严谨的工作作风、良好的职业道德和吃苦耐劳的优良品质；

（2）培养学生分析问题、解决问题、积极思考和勇于创新的能力；

（3）培养学生的综合业务能力。

相关案例——新建宁波铁路枢纽北环线工程甬江特大桥

世界最大跨径铁路混合梁斜拉桥——宁波铁路枢纽北环线甬江特大桥（图 12-1）入选 2016—2017 年度中国建设工程鲁班奖（国家优质工程）。宁波铁路枢纽北环线甬江特大桥由中铁第四勘察设计院集团有限公司设计，中铁四局承建施工，全长 14.95 km，主桥设计为全长 909.1 m 的双线铁路斜拉桥，主跨 468 m 过甬江，为国内铁路工程中首次采用大跨度钢混结合梁斜拉桥结构，斜拉桥索塔高 177.91 m，是宁波铁路枢纽新建北环线最大的控制工程，施工难度大，科技含量高。

甬江特大桥是宁波铁路枢纽北环线的控制性工程，桥梁全长 14.95 km，由主跨 468 m 钢箱混合梁斜拉主桥、17 座连续梁和刚构、807 孔简支梁及一座高架车站组成，涵盖单线、双线、三线及四线铁路。钢箱混合梁斜拉桥具有结构体系合理、跨越能力强、造型美观和经济性优良等优点，目前被广泛应用于国内外公路桥梁建设。甬江特大桥是国内首座铁路钢箱混合梁斜拉桥，也是世界上跨度最大的铁路钢箱混合梁斜拉桥。

图 12-1　宁波铁路枢纽北环线甬江特大桥

甬江特大桥主桥施工过程中积极采用新技术、新工艺，大力开展技术攻关创新活动，优化施工工艺、方案，采用的首次应用箱型加劲梁、首次应用索塔钢锚箱、首次应用钢混结合段、首次应用 V 肋加劲正交异性钢桥面板、首次设计为“塔偏梁拱”理想成桥状态等新设计在国内尚属首例，首创的道砟槽范围内桥面 MMA 防水防滑层技术、首次在国内将索塔钢锚箱结构应用于大跨铁路斜拉桥技术、铁路大直径超长桩首次采用桩端后压浆技术及铁路大跨斜拉桥首次采用箱形加劲梁等新技术的应用也创造了国内铁路桥的新纪录。

任务 12.1　铁路建设项目竣工验收交接认知

铁路建设项目竣工验收交接办法编制的目的是为了加强铁路建设项目管理，做好铁路建设项目的竣工验收交接工作，全面考核建设工作成果。竣工验收交接，是指铁路建设项目按批准的设计文件内容建成，由验收机构对其进行综合评价考核，移交接管使用单位的整个过程。铁路建设项目竣工验收交接办法适用于新建、改建国家铁路和国家参与的合资铁路。地方铁路、专用铁路和铁路专用线等可参照其执行。

铁路建设项目按照铁路建设项目竣工验收交接办法组织竣工验收后，方可正式移交接管使用单位运营。未经验收或验收不合格的建设项目一律不得交付，接管使用单位不得接管使用。达到竣工验收条件的建设项目应及时进行验收；验收合格的建设项目，接管使用单位应及时接管并办理有关手续。

12.1.1　竣工验收依据和条件

铁路大中型建设项目竣工验收分为静态验收、动态验收、初步验收、安全评估和正式验收等五个阶段。改建项目、简单建设项目和小型建设项目可适当合并简化验收阶段。建设项目一般按整个项目进行验收。在确保运输安全的前提下，经批准后可分期、分段，并按批准的阶段组织验收，工程全部完工后，再办理整个项目的验收。

竣工验收的依据主要有：国家有关法律、法规以及国家颁布的建设标准；国家和国家铁路局颁布的设计规范、工程施工质量验收标准；经批准的项目建议书、可行性研究报告；经批准的初步设计文件（含批准的修改初步设计）；审核合格的施工图（包括经批准的变更设计文件）；设备技术说明书（从国外引进新技术或成套设备的，还应包括外方提供的设计文件和新技术或成套设备的国家标准等）；经国家铁路局批准的相关补充标准、技术条件、暂行规范等，以及建设单位补充且经国家铁路局认可的相关技术标准等。

根据相关规定，竣工验收按不同阶段需满足以下条件：

1. 静态验收应具备的条件

主体工程及其配套工程（包括外部配套工程及设备安装）已按设计文件建成；环境保护设施、水土保持设施与主体工程同步建成；劳动、安全、卫生及消防设施与主体工程同步建成；承包人按有关规范、标准对工程质量和系统功能自检合格；监理单位及咨询单位（如果有）对工程质量评定合格；除领取《国有土地使用证》外的其他征地工作基本完成；竣工文件编制已按规定的内容和标准基本完成。

2. 动态验收应具备的条件

静态验收合格；《动态验收实施方案》已经批准；动态检测准备工作完成。

3. 初步验收应具备的条件

静态验收、动态验收合格，工程质量和系统功能满足有关标准要求；静态验收及动态验收遗留问题整改完毕；环境保护设施、水土保持设施、土地复垦工作经相关主管部门检查合格；劳动、安全、卫生及消防设施经相关部门检查合格；通过试运行，达到临管运营的条件；申请领取《国有土地使用证》的准备工作基本完成；竣工文件按规定编制完成，施工过程中的管理文件和招标投标文件等整理完毕，达到档案验收标准。

4. 安全评估应具备的条件

初步验收中存在的影响运营安全的问题全部得到解决；临管运营的各项准备工作已经完成。

5. 正式验收应具备的条件

初步验收一年后；临管运营情况良好，经检测各项指标已达到建设目标；《国有土地使用证》《无线电台站执照》已经全部领取；环境保护设施、水土保持设施、建设项目档案经相应行政主管部门验收合格；竣工财务决算已经编制完成，并通过审查；建设资金已按工程进度全部到位，收尾配套工程已全部完成，除质量保证金外与建设工程各方按合同完成资金结算，结余资金已全额上交。

12.1.2 竣工验收任务和内容

一、铁路建设项目竣工验收的主要任务

对项目建设执行国家法律、法规和国家铁路局规章情况进行检查；对项目的建设规模、建设标准、建设内容、工程质量、资金使用等情况进行全面检查；对建设项目形成的资产进行审核；对建设项目能否按规定交付临管运营或正式运营做出评价。

二、铁路建设项目竣工验收主要内容

检查工程是否按铁路技术管理规程、设计规范、批准的设计文件（包括批准的修改初步设计、变更设计）建成，配套辅助项目是否与主体工程同步建成；检查工程质量是否符合国家和国家铁路局颁布的工程施工质量验收标准；检查建设程序执行情况和变更设计管理情况；检查工程设备配套及设备安装、调试情况，主要设备联调联试及试运转情况，以及国外引进设备合同完成情况；检查概算执行情况，材料、设备购置是否合理，工程其他支出是否符合规定；审查财务竣工决算；检查动态检测、试运行情况，是否具备临管运营或运营条件；检查环保、水保、劳动、安全、卫生、消防等设施是否按批准的设计文件建成并合格，地质灾害整治及建筑抗震设防是否符合规定；检查工程竣工文件编制完成情况，建设项目批准文件、设计文件、施工过程管理文件及招投标文件、监理文件、竣工文件等资料是否齐全、准确，并按规定归档；检查建设用地权属来源是否合法，面积是否准确，界址是否清楚，手续是否齐全；审计、检查、监察等发现问题的整改情况。

12.1.3　验收组织机构

竣工验收采用建设单位组织专家检查、政府验收的方式。建设单位或由委托的单位组成验收工作组进行静态验收和动态验收；安全机构进行评估，政府验收包括初步验收和正式验收。

建设单位验收工作在国家铁路局建设、运输主管部门指导下实施。建设单位在工程基本完工前，应向国家铁路局建设主管部门提出申请验收报告，申请报告包括工程完成情况、验收建议计划、验收工作组组成建议等。验收工作组一般由建设单位、使用接管单位以及专家组成。建设单位依据批准的申请验收报告成立验收工作组具体负责静态验收和动态验收工作，落实初步验收和正式验收条件，提出初步验收和正式验收的实施建议。验收工作组人员名单报国家铁路局建设管理司和运输局核备。

初步验收由国家铁路局或国家铁路局委托的单位组织实施。验收单位在收到初验申请并确认项目达到初验条件一个月内，成立初步验收委员会进行初步验收。初步验收委员会由有关业务部门、接管使用单位、验收工作组正副组长及部分专家，以及勘察设计单位负责人组成。委托初步验收的，验收委员会名单、初步验收报告报国家铁路局建设管理司和运输局核备。

正式验收一般由项目审批部门组织，国家审批项目由国家主管部门或委托国家铁路局组织正式验收，国家铁路局审批项目由国家铁路局或委托铁路管理机构组织正式验收。国家铁路局建设管理司在收到正式验收申请并确定项目达到正式验收条件一个月内，提出验收方案报国家铁路局。负责验收的部门按相关规定成立正式验收委员会，具体负责正式验收工作。

国家铁路局或国家主管部门组织验收的铁路建设项目，工程质量安全监督机构应先期对现场验收情况进行检查，抽检工点，向验收委员会提交工程质量安全监督报告，并参加工程验收工作。国家铁路局委托铁路管理机构组织验收的铁路建设项目，工程质量安全监督机构负责对验收过程进行监督，并向国家铁路局提交工程验收监督报告。

12.1.4　静态验收

静态验收是指由建设单位（或委托单位）组织验收工作组，对建设项目进行检查，确认工程是否按设计完成且质量合格，系统设备是否已安装并调试完毕。静态验收工作在国家铁路局建设部门指导下实施。《静态验收报告》报国家铁路局建设管理司和运输局核备。

静态验收包括专业现场验收和静态综合系统验收。完成专业工程验收和静态综合系统验收后，建设单位应编写《静态验收报告》。《静态验收报告》应包括项目专业工程验收以及静态综合系统验收过程、存在问题及整改情况、验收结论等内容，并附相关数据和试验报告。

12.1.5 动态验收

动态验收是指铁路建设项目静态验收合格后，由建设单位（或委托单位）组织整个系统验证性综合调试，并委托专业机构进行动态检测，验收工作组对工程安全运行状态进行的全面检查和验收。动态验收内容执行国家铁路局相关规定。动态验收工作在国家铁路局建设、运输部门指导下实施；动态验收的试运行工作在国家铁路局运输、建设部门指导下实施，接管使用单位参与。

建设项目综合调试和模拟试运行的主要原则执行国家铁路局有关规定，实车运行条件下动态检测执行国家铁路局动态检测相关标准。动态验收过程中，建设项目所在铁路局及相关部门应积极配合建设单位，按照国家铁路局规定做好综合调试和模拟试运行工作。

动态验收合格后，建设单位（或委托单位）组织编写《动态验收报告》，其中应包括动态验收组织及人员、动态检测过程及结果、试运行过程及结果、存在问题及整改情况、验收结论等内容，并附相关数据和试验报告。《动态验收报告》报国家铁路局建设管理司和运输局核备。

12.1.6 初步验收及安全评估

初步验收是指建设项目动态验收合格后，由初步验收单位对静态验收、动态验收结果进行检查和确认。建设单位应在 3 个月内按规定完成竣工财务决算的编制工作，并上报国家铁路局相关部门；由国家铁路局相关部门组织审查。

初步验收合格后，由铁路安全监察部门组织或委托具有资质的第三方机构进行安全评估，就建设项目临管运营提出安全评价意见，并责令建设单位、接管使用单位完善安全措施。建设项目安全评估合格并经批准后进行临管运营。建设单位及接管使用单位在临管运营期间必须进一步做好观测、测试工作。

12.1.7 正式验收

正式验收是指铁路建设项目初步验收一年后，由项目审批部门对铁路建设项目进行整体验收和综合评价。分期、分段组织竣工验收的，比照上述规定或按批准的申请验收报告进行验收，初步验收合格后由接管使用单位接管并负责维修养护，全部工程竣工后按本办法规定办理竣工验收手续。

12.1.8 竣工文件编制

竣工文件的编制工作由建设单位负责组织，施工单位负责编制，接管使用单位档案部门协助指导。建设单位要督促各参建单位按档案部门要求做好文件材料的形成和积累工作，竣工验收前将文件图纸按专业和单位工程进行汇总整理。由建设单位组织各有关参建单位编制竣工文件并向有关单位移交。

竣工文件应如实反映铁路建设项目施工技术状况和工程竣工的现状。如发现竣工文件与实际不符，应追究原施工、监理单位及人员的责任。竣工文件内容及提交份数执行国家铁路局相关规定。

正式验收前，建设单位应按照有关法律法规的规定，组织施工单位会同接管单位（部门）向地方县级以上人民政府统一办理国有土地使用证书。《国有土地使用证》随建设用地竣工文件一并移交接管单位的铁路用地管理部门。

任务 12.2　铁路桥涵工程施工质量验收认知

12.2.1　铁路桥涵工程施工质量验收标准

一、铁路桥涵工程施工质量验收标准组成

国家铁路局发布的铁路桥涵工程相关标准主要有：

《铁路建设管理办法》（原铁道部令第 11 号）；

《铁路建设项目竣工验收交接办法》（铁建设〔2008〕23 号）；

《铁路建设项目资料管理规程》（TB 10443—2010）；

《铁路建设项目竣工文件编制移交办法》（办档〔2002〕8 号）；

《铁路桥涵工程施工质量验收标准》（TB 10415—2003）；

《铁路混凝土工程施工质量验收标准》（TB 10424—2010）；

《高速铁路桥涵工程施工质量验收标准》（TB 10752—2010）；

《高速铁路工程静态验收技术规范》（TB 10760—2013）；

《高速铁路工程动态验收技术规范》（TB 10761—2013）；

《新建时速 200 公里客货共线铁路工程施工质量验收暂行标准》（铁建设〔2004〕8 号）。

二、高速铁路桥涵工程施工质量验收标准

下面以《高速铁路桥涵工程施工质量验收标准》（TB 10752—2010）为例说明验标内容组成：

（一）总　则

验标的编制目的是为了加强和统一工程施工质量的验收，保证工程质量。明确验标是对工程施工阶段的质量进行验收的标准，并不涉及工程决策阶段的质量、勘察设计阶段的质量以及运营养护维修阶段的质量。验标是政府部门、专门质量机构、建设单位、监理单位、勘察计单位和施工单位对工程施工阶段的质量进行监督、管理和控制的主要依据。

施工阶段的质量控制是工程整体质量控制的关键环节，工程整体质量的优劣在很大程度上取决于施工阶段的质量控制。

验标的总体适用范围是铁路桥涵工程，根据专业特点和速度条件不同，分别提出了不同的质量指标。

编制原则:《建设工程质量管理条例》是我国关于建设工程质量的第一部条例，分别规定了建设单位、勘察设计单位、监理单位和施工单位的质量职责和义务，各行业的建设工程者必须贯彻执行。本系列验标对建设各方在施工阶段的质量职责具体细化，做出明确规定，改变了几十年来一直沿用的工程施工质量仅由施工单位一方负责的传统模式，促使各方共同保证工程质量的合格。强调施工单位作为工程施工质量控制的责任主体，应对工程施工质量进行全过程控制；建设单位、监理单位和勘察设计单位等各方应按验标、有关法律法规和合同的规定及要求对施工阶段的工程质量进行控制。

重要的共性问题：铁路建设规模大、工点多、工期较长，取弃土（砟）、污水（物）排放、噪声等对生态环境的影响较大。施工单位应在施工前制订有效的环保方案，施工期间大限度地减少对环境的影响，施工结束后给予必要的恢复，切实做好环境保护和水土保持工作，保证国民经济的可持续发展。设计文件中有要求的更应该全面按设计文件办理。

工程施工质量的检验、检测工作，是工程质量管理的重要组成部分，也是工程质量控制的重要手段。客观、准确的检验、检测数据，是评价工程质量的科学依据。判定工程施工质量合格与否，要体现质量数据说话的原则，其基础是保证质量数据必须真实可靠，并且能够代表工程施工质量情况。这就要求检验、检测所用的仪器、方法和抽样方案必须符合相关标准或技术条文规定。只有方法统一，数据才有可比性。另外，随着工程检测技术的发展，一些成熟可靠新方法、新仪器不断出现，尤其是对工程实体质量的检测，使用新技术后，能减少检测工作，提高检测精度，应该积极采用，但采用这些新技术应经过规定程序的鉴定。

与相关标准规范的关系：铁路工程施工过程中的环节多、专业多，所以采用的标准规定会很多，既有技术标准又有管理标准，既有国家标准又有行业标准，甚至还有国际标准和外标准，本系列验标难以一一详列。一般情况下，可根据工程实际情况，确定各种标准规范采用与否。但是对于施工过程涉及的现行国家和铁道行业标准中有强制性执行要求的标准或标准条文，则必须贯彻执行。

（二）术　语

铁路工程施工质量验收系列标准的第二章是术语。每项验标中的术语包括通用术语和专业术语两部分。通用术语是各专业在工程施工质量验收工作中共用的、列在前面的一部分；专业术语是具有专业特点的、列在后面的那一部分。术语的解释不一定是其理论含义，可能与其他标准中的解释不尽一致。列出术语及其解释的主要目的是为了在工程施工质量收工作中统一其内容和界定其范围，避免产生理解上的不同甚至歧义。需要重点说明的下列几个术语：

（1）验收：其含义为工程施工质量在施工单位自行检查评定的基础上，参与建设活动的有关单位（建设单位、施工单位、监理单位、勘察设计单位）共同对检验批、分项、分部、单位工程的质量按有关规定进行检验，根据相关标准以书面形式对工程质量达到合格与否作出确认。与建设项目竣工交接验收不是一码事。铁路建设项目竣工交接验收是按有关文件规定的办法进行的。可以说，验标规定的施工质量验收是建设项目竣工交接验收的一个组成部分。

（2）检验批：是施工质量验收的基本单元，规定了一次验收的规模和范围的大小问题。

原验标规定分项工程是验收的基本单元，但往往由于一个分项工程的规模过大、分部零散、施工期较长而不可能一次验收，但对多大规模和范围的分项工程进行一次验收，并没有给出具体的规定，造成分项工程验收时，规模大小悬殊，质量数据可比性差，实际操作出现了一定的混乱。

（3）见证和见证取样检测：从理论上讲，“见证”的范畴较大，包括“见证取样检测”在内。国家标准《建设工程监理规范》（GB 50319—2000）、铁道行业标准《铁路建设工程监理规范》（TB 10402—2003）中，列有“见证”术语，没有列“见证取样检测”术语；国家标准《建筑工程施工质量验收统一标准》（GB 50300—2001）中列有“见证取样检测”术语，没有列“见证”术语。考虑到个别术语的使用特点，新验标予以全部列出，但应区别使用。“见证取样检测”术语的定义在国家标准和其他有关标准中已经定型，并规定了许多特定的使用条件，且已广泛使用。“见证取样检测”多适用于能够取样的重要原材料、重要结构的试件检测。对于不取样或不能取样的现场检测项目，以及施工单位进行检验、检测、试验，监理单位见证就可以的项目，用“见证”（检验、检测、试验）较为合适，如路基压实质量检验、桥涵桩基无损检测、隧道衬砌厚度检测、电力及通信信号设备和系统的性能、功能试验等，用“见证取样检测”就不太合适，并列给出“见证”“见证取样检测”两个术语，便于使用，与相关标准规范并不矛盾。

（三）基本规定

铁路工程施工质量验收系列标准的第三章是基本规定。其内容是对工程施工质量的全过程控制提出总的要求。包括施工现场质量管理的检查、原材料和设备的进场验收、工序质量的控制的工序之间的交接检验、配套的标准、施工的依据、验收的依据、有关单位的资质、各方人员的资格、验收单元的划分、验收的组织和程序、不合格质量的处理等。

（四）一般规定

铁路工程施工质量验收系列标准中的第四章及以后各章中的一般规定，其内容主要规定了对工程施工质量有重要影响的和涉及施工安全、人体健康、环境保护和公众利益的施工工艺方法，还包括必要的施工准备、工装设备等，明确其是必须执行还是禁止使用。

（五）主控项目和一般项目

主控项目和一般项目是按其对工程质量的影响程度划分的，实际上是一个相对的概念。对于大多数检验项目来讲，在验收工作中没有区别，质量要求都是合格。主要区别是对于有允许偏差的项目。如果有允许偏差的项目是主控项目，则其检测点的实测值必须在给定的允许偏差范围内，不允许超差；如果有允许偏差的项目是一般项目，除有特别要求不允许超差者外，则允许有 20%检测点的实测值超出给定的允许偏差范围，但是最大偏差不得大于给定的允许偏差值的 1.5 倍。

12.2.2　工程施工质量的控制

工程施工质量控制贯穿于工程施工全过程、各环节，是过程控制。工程施工质量控制根据工程实体形成的时间阶段可划分为事前控制、事中控制、事后控制，根据工程实体形成过程中物质形态的转化划分为对投入品的质量控制、施工过程的质量控制、工程产出品的质量控制及验收。综合工程施工质量控制的特性，对于施工单位和监理单位，验标提出了三个方面的共性要求，即施工现场质量管理的检查、材料（包括成品、半成品、构配件和设备）质量的控制、工序质量的控制。

一、施工现场质量管理的检查

工程施工质量控制要体现过程控制的原则。施工现场应配齐相应的施工技术标准，包括国家标准、行业标准和企业标准及其他相关标准；施工单位要有健全的质量管理体系，要建立必要的施工质量检验制度；施工准备工作要全面、到位。

施工前，监理单位要对施工单位所做的施工准备工作进行全面检查。这是对施工单位和监理单位两方提出的要求，是保证开工后顺利施工和保证工程质量的基础。一般情况下，每个单位工程应检查一次。施工现场质量管理检查记录由施工单位的现场负责人填写，由监理单位的总监理工程师进行检查验收，做出合格或不合格及限期整改的结论。现场质量管理制度应包括现场施工技术资料的管理制度。

二、材料质量的控制

材料是工程施工的物质条件，材料质量是工程质量的基础。材料质量不合格，工程质量就不可能合格。所以，加强对材料质量的控制，是合格工程质量的重要保证。施工单位和监理单位两方要共同做好对材料质量的控制，即做好对材料的进场验收。对材料的进场验收应分两个层次进行。

1. 外观检查和书面检查

对材料、构配件和设备的外观、规格、型号和质量证明文件等进行验收。检验方法为观察检查并配以必要的尺量，检查合格证、厂家（产地）试验报告；检验数量多为全部检查。施工单位和监理单位的检验方法和数量多数情况下相同。未经检验或检验不合格的，不得运进施工现场，不得用于工程施工和安装。

2. 试验检验

凡是涉及结构安全和使用功能的，要进行试验检查。试验检验项目的确定需掌握两个原则：一是对工程的结构安全和使用功能确有重要影响，二是大多数单位具备相应的试验条件。施工单位试验检验批的批量、抽样数量、质量指标是根据相关产品标准、设计要求或工程特点确定的，检验方法是根据相关标准或技术条件规定的。监理单位的检验数量，一般情况下是按施工单位检验数量的 10%或 20%以上的比例进行平行检验或见证取样检测，各项专业验标中具体检验项目的数量都是按此原则确定的。较为特殊的检验项目规定了一定比例的见证检验、检测、试验。不合格的不得用于工程施工和安装。

三、工序质量的控制

对工序质量的控制包括自检和交接检验。

1. 自　检

施工过程中各工序应按施工技术标准进行操作，该工序完成后，按照谁生产谁负责质量的原则，施工单位要对反映该工序质量的控制点进行自我检查。自检的结果要留有记录。这些结果可以作为施工记录的内容，有的也正好是检验批验收需要的检验数据，要填入检验批质量验收记录表中。

2. 交接检验

一般情况下，一个工序完成后就形成了一个检验批，可以对这个检验批进行验收，而不需要另外进行交接检验。对于不能形成检验批的工序，在其完成后应由其完成方与承接方进行交接检验。特别是不同专业工序之间经监理工程师检查认可，未经检查或经检查不合格的不得进行下道工序施工。其目的有三个：一是促进前道工序的质量控制；二是促进后道工序对前道工序质量的保护；三是分清质量责任，避免发生纠纷。

12.2.3　工程施工质量验收的程序和组织

在工程施工质量验收的程序和组织方面，验标重点突出了各方主体在验收过程中的具体职责。特别是各方有关人员对质量情况的检查和审核签认，对落实质量责任制原则有积极的主作用。

（1）验收的程序和组织。验收的程序是先进行检验批验收，其后是分项工程验收，再是分部工程验收，最后是单位工程验收。验收工作按其所处阶段分别由监理单位或建设单位组织进行。

（2）施工单位的自检工作。尽管检验批、分项工程、分部工程和单位工程的质量验收工作是由监理单位或建设单位组织的，但每个阶段的验收工作都是在施工单位自检合格的基础上进行的。特别强调施工单位的自检是各阶段质量验收的基础。施工单位要加强过程控制，落实内部质量责任制，做好自检、互检和交接检。要充分认识到工程施工质量是通过施工操作控制出来的，不是最后验收出来的，施工单位是工程施工质量控制的责任主体。施工单位应在自检合格的基础上，把各种验收记录表填好后，向监理单位或建设单位提出验收申请。需要特别说明的是，施工单位是由专职质量检查员对检验批的质量进行检查评定。专职质量检查员是代表企业的质量部门进行质量验收的，检验批的质量不能由施工班组来自我评定，应以专职质量检查员的检查评定为准，并且由分项工程技术负责人、分项工程负责人审核签认。也就是施工单位对检验批的自检，专职质量检查员履行质量检查职责，分项工程技术负责人、分项工程负责人履行管理职责。施工单位对分项工程、分部工程和单位工程质量的自检，由于多属统计汇总内容，由相应的负责人审核签认即可。

（3）监理单位的验收工作。监理单位由专业监理工程师组织对检验批、分项工程、分部工程的质量进行验收，总监理工程师参与单位工程的质量验收。另外，各本验标还规定了重要的旁站监理项目，监理单位应对这些项目进行旁站。当然，对于不同的工程，监理单位还要根据情况补充确定其他的旁站项目。

（4）勘察设计单位的验收工作。勘察设计单位要对与勘察设计质量有关的检验项目进行确认，如对主体结构的地质条件进行确认、对需要检验的复合地基承载力进行确认等；参与重要的、特殊的分部工程的质量验收；参与每个单位的工程质量验收。

（5）建设单位的验收工作。建设单位组织施工单位、监理单位、勘察设计单位对单位工程的质量进行验收。单位工程的质量验收是施工质量过程控制的最后一道程序，是建设投资转化为工程实体的标志，也是检验设计质量和施工质量的重要环节。建设单位应该对工程质量情况全面掌握，组织施工单位、监理单位、勘察设计单位共同对单位工程质量进行验收是非常必要的。

12.2.4 工程施工质量验收的原则

做好工程施工质量验收工作，保证工程施工质量验收工作的质量，一些通用的、具有普遍指导意义的原则必须遵循。

（1）铁路工程施工质量验收的依据是各专业验标，各项验标均具有强制性。除此之外，均不得作为验收依据。

（2）按图施工是施工单位的重要原则，勘察设计文件是施工的依据，施工中不得随意改变勘察设计文件。如必须改变时，应按程序进行设计变更，施工质量也应符合变更后的勘察设计文件要求。

（3）参加施工质量验收的各方人员，是指参加检验批、分项工程、分部工程、单位工程施工质量验收的人员，这些人员应具有相应的资格。所谓资格，并没有严格的资质要求，验标给出了原则性的规定，还应结合工程情况、管理模式等，在保证工程质量、分清责任的前提下具体确定。

（4）施工单位是施工质量控制的主体，应对工程施工质量负责，其工程施工质量必须达到验标的规定。另外，其他各方的验收工作必须在施工单位自行检查合格基础上进行，否则，也是违反标准的行为。

（5）对于重要构筑物的地基基础、特殊结构和系统，在相应阶段，还应通知勘察设计单位参加验收，实际上是要求勘察设计单位对现场情况进行确认，并留有记录。这一点对于保证工程质量及日后可能出现的质量事故的责任判定很重要，不能忽视。

（6）为了保证对涉及结构安全的试块、试件的代表性和真实性负责，监理单位必须按验标对各检查项目的规定，进行平行检验、见证取样检测。平行检验、见证取样检测的比例是按分别不应小于施工单位抽样数量的 10%、20%的原则制定的，且各检验项目均有具体数量规定。涉及结构安全和使用功能的现场检测项目，监理单位应按规定进行平行检验或见证检验（检测、试验）。对于平行检验或见证检验的数量，各验标中也有具体规定。见证检验（检测、试验）是一个新概念，是根据铁路工程施工质量验收标准的需要确定的，是一个很有效的手段。因为铁路工程施工质量验收标准规定：监理单位必须对主控项目进行全部检查，取得质量数据。监理单位对原材料可以进行平行检验或见证取样检测，而对现场检测项目除进行平行检验外，还可以用现场见证施工单位检测的方法取得质量数据。

（7）检验批质量验收主要是对主控项目和一般项目的检查验收。只要这些项目的质量达到了本标准的规定，就可以判定检验批质量合格，标准中的其他要求不在检验批质量验收中涉及。

（8）对涉及结构安全和使用功能的重要分部工程的抽样检测，是这次标准修订增加的重要内容，以前的标准中没有这方面的要求。

（9）为了保证见证取样检测及结构安全检测结果的可靠性、可比性和公正性，检测单位应具备有关管理部门核定的资质。对于特殊项目的检测，可由建设单位指定检测单位。

（10）单位工程的观感质量相对涉及结构安全和使用功能的主体工程质量而言，应该是比较次要的。但是，对完工后的工程进行一次全面检查，对工程整体质量进行一次现场核实，是很有必要的。观感质量验收绝不是单纯的外观检查，也不是在单位工程完成后对涉及外观质量的项目进行重新检查，更不是引导施工单位在工程外观上做片面的投入。观感质量验收的目的在于直观地从宏观上对工程的安全可靠性能和使用功能进行验收。如局部变形、缺损、污染等，特别是在检验批、分项工程、分部工程的检查验收时反映不出来的，而后来又发生变化的情况，通过观感质量验收及时发现问题，提出整改，是一个不可缺少的质量控制环节。

任务 12.3　单位、分部、分项工程和检验批的划分

铁路工程建设过程中，一个构筑物的施工，一个系统的安装和调试，从施工准备到完工验收，要经过若干工序、工种的配合施工，包括若干个施工安装阶段，这就需要对各工序、工种及各施工安装阶段的质量进行控制和检验。工程施工质量的好坏，取决于各工序、工种的操作质量及各施工安装阶段的质量控制。为了便于控制、检查每个工序、工种、施工阶段的质量，就需要把整个工程施工过程按不同工序、工种、部位、区段、阶段、系统等划分成不同的单元，即划分成单位工程、分部工程和分项工程，一般情况下分项工程还要划分为若干个检验批。

12.3.1　单位、分部、分项工程和检验批的划分原则

一、单位工程

一个单位工程必须是由一个承包单位施工完成的，不管其规模大小、工程数量多少、所含分部工程和分项工程是否齐全。不同承包单位施工完成的工程，不论规模大小、关联情况如何，都不能划归为一个单位工程进行验收，这是划分单位工程的首要原则。

单位工程是按一个完整工程或一个相当规模的施工范围来划分的。这是共性的划分原则，各项验标都遵循了这一原则，并给出了推荐的单位工程划分原则。

所谓按一个完整工程划分的单位工程，是指一个完整构筑物、一个独立系统，如一座大桥、一座隧道、一个给水站、一个变电所、一个监控系统等。

所谓按一个相当规模的施工范围划分的单位工程，包括两方面的情况：一个单位工程是一个完整工程中的一部分，如一个承包单位施工的一座特大桥中的一个标段；另外，一个单位工程可以由几个完整工程组成，如由几个涵洞组成的一个涵洞单位工程，由地道、天桥、站台、雨棚等组成的站场构筑物单位工程。

二、分部工程

分部工程是按一个单位工程中的完整部位、主要结构、施工阶段或功能相对独立的组成部分来划分的。一个分部工程应尽量类型相同或材料相同或施工方法相同。类型不同或材料不同或施工方法不同时，可以划分为不同的分部工程。

如一个桥梁单位工程，可以划分为地基与基础、墩台、梁部、附属设施等几个分部工程。若该桥的基础既有明挖基础又有钻孔桩基础，则明挖基础和钻孔桩基础就可以划分为两个分部工程。

三、分项工程

分项工程应按工种、工序、材料、设备和施工工艺等划分。

站前工程的分项工程主要按工种、工序划分，也可按材料和施工工艺等划分，如模板、钢筋、混凝土、开挖、填筑、铺轨、整道、顶推架设、涂装等分项工程。

站后工程的分项工程主要按设备、系统、工序划分，如信号机、转辙机、光缆通道、变压器、杆塔组立、导线架设、系统功能测试等分项工程。同一个分项工程其施工条件应基本相同，所用原材料及其质量要求应基本相同。

四、检验批

检验批是分项工程的组成部分。根据施工质量控制和验收需要，把一个分项工程划分成若干个检验批。特殊情况下一个工程仅含一个检验批。检验批是施工质量验收的基本单元。一个检验批的施工条件应基本相同，所用原材料及其质量要求应相同，形成的质量应均匀一致。

各项验标都给出了检验批的最大数量，对施工质量验收工作进行指导，使质量数据具有可比性，有利于施工质量控制。如模板分项工程的检验批是一个安装段、钢筋分项工程的检验批是一个安装段、混凝土分项工程的检验批是一个浇筑段、道岔铺设分项工程的检验批是一组、路堤填筑分项工程的检验批是同一压实工作班的单个压实区段的每一检测层等。

需要特别说明的是，检验批是针对工程实体划分的。验标中有关材料、构配件和设备进场验收的批量，是根据相关产品标准的抽样方案和工程施工特点制订的，与检验批没有联系。也就是说，一次进场验收的材料可能用于多个检验批，也可能一个检验批所用的材料经过了多次进场验收。

12.3.2 桥涵工程施工质量验收划分

桥涵工程施工质量验收划分为单位工程、分部工程、分项工程和检验批。单位工程应按一个完整工程或一个相当规模的施工范围划分，并按下列原则确定：

（1）每座特大桥、大桥、中桥为一个单位工程；

（2）小桥不超过 5 座为一个单位工程；

（3）涵洞不超过 10 座为一个单位工程。

分部工程应按一个完整部位或主要结构及施工阶段划分；分项工程应按工种、工序、材料、施工工艺等划分；检验批可根据施工及质量控制和验收需要按施工段或部位等划分。

桥涵工程的分部工程、分项工程和检验批的具体划分及编号应符合表 12.3.2-1、表 12.3.2-2 的规定。

表 12.3.2-1　桥梁分部工程、分项工程、检验批划分及编号

（桥梁单位工程编号 0301）

分部工程		分项工程	检验批规模	检验批编号
类别	名称			
地基及基础	01 明挖基础	01 换填地基	每个基坑	03010101□□□
		02 重锤夯实	每个基坑	03010102□□□
		03 强夯	每个基坑	03010103□□□
		04 挤密桩	每个基坑	03010104□□□
		05 砂桩	每个基坑	03010105□□□
		06 碎石桩	每个基坑	03010106□□□
		07 粉喷桩	每个基坑	03010107□□□
		08 旋喷桩	每个基坑	03010108□□□
		09 基坑	每个基坑	03010109□□□
		10 模板及支架	每个安装段	03010110□□□
		11 钢筋	每个安装段	03010111□□□
		12 混凝土	每个浇筑段	03010112□□□
		13 砌体	每个砌筑段	03010113□□□
	02 沉入桩的制作	01 模板及支架	不大于 20 根（节）	03010201□□□
		02 钢筋	不大于 20 根（节）	03010202□□□
		03 混凝土	不大于 20 根（节）	03010203□□□
		04 预应力	不大于 20 根（节）	03010204□□□
	03 沉入桩的下沉	01 钢围堰	每个基坑	03010301□□□
		02 沉桩	每个基坑	03010302□□□
	04 钻孔桩和挖孔桩	01 钢围堰	每个基坑	03010401□□□
		02 钻孔	每根桩	03010402□□□
		03 挖孔	每根桩	03010403□□□
		04 钢筋	每根桩	03010404□□□
		05 混凝土	每根桩	03010405□□□
	05 管柱制作	01 模板及支架	不大于 10 根（节）	03010501□□□
		02 钢筋	不大于 10 根（节）	03010502□□□
		03 混凝土	不大于 10 根（节）	03010503□□□
		04 预应力	不大于 10 根（节）	03010504□□□
		05 钢管柱制作	不大于 10 根（节）	03010505□□□

续表

分部工程		分项工程	检验批规模	检验批编号
类别	名称			
地基及基础	06 管柱下沉和浇筑水下混凝土	01 钢围堰	每个基坑	03010601□□□
		02 管柱下沉	每根管柱	03010602□□□
		03 钢筋	每根管柱	03010603□□□
		04 混凝土	每根管柱	03010604□□□
	07 就地制作沉井	01 模板及支架	每节沉井	03010701□□□
		02 钢筋	每节沉井	03010702□□□
		03 混凝土	每节沉井	03010703□□□
		04 下沉	每座沉井	03010704□□□
		05 清基、填充	每座沉井	03010705□□□
	08 浮式沉井	01 模板及支架	每节沉井	03010801□□□
		02 钢筋	每节沉井	03010802□□□
		03 混凝土	每节沉井	03010803□□□
		04 钢沉井制作	每节沉井	03010804□□□
		05 浮运就位	每座沉井	03010805□□□
		06 下沉	每座沉井	03010806□□□
		07 清基、填充	每座沉井	03010807□□□
	09 桩基承台	01 钢围堰	每个承台	03010901□□□
		02 模板及支架	每个承台	03010902□□□
		03 钢筋	每个承台	03010903□□□
		04 混凝土	每个承台	03010904□□□
墩台、索塔	10 墩台	01 模板及支架	每个安装段	03011001□□□
		02 钢筋	每个安装段	03011002□□□
		03 混凝土	每个浇筑段	03011003□□□
		04 砌体	每个砌筑段	03011004□□□
		05 防水层	每个桥台	03011005□□□
	11 台后填土、锥体及其他	01 桥台填土	每个桥台	03011101□□□
		02 混凝土	每个浇筑段	03011102□□□
		03 砌体	每个砌筑段	03011102□□□
	12 索塔	01 模板及支架	每个安装段	03011201□□□
		02 钢筋	每个安装段	03011202□□□
		03 混凝土	每个浇筑段	03011203□□□
		04 预应力	每个施工段	03011204□□□

续表

分部工程		分项工程	检验批规模	检验批编号
类别	名称			
梁部	13 钢筋混凝土简支梁制作	01 模板及支架	每片梁	03011301□□□
		02 钢筋	每片梁	03011302□□□
		03 混凝土	每片梁	03011303□□□
		04 防水层	每片梁	03011304□□□
	14 先张法预应力混凝土简支梁制作	01 模板及支架	每片梁	03011401□□□
		02 钢筋	每片梁	03011402□□□
		03 混凝土	每片梁	03011403□□□
		04 预应力	每个施工段	03011404□□□
		05 防水层	每片梁	03011405□□□
	15 后张法预应力混凝土简支梁制作	01 模板及支架	每片梁	03011501□□□
		02 钢筋	每片梁	03011502□□□
		03 混凝土	每片梁	03011503□□□
		04 预应力	每片梁	03011504□□□
		05 防水层	每片梁	03011505□□□
	16 膺架上制梁	01 模板及支架	每片（孔）梁	03011601□□□
		02 钢筋	每片梁	03011602□□□
		03 混凝土	每片梁	03011603□□□
		04 预应力	每片梁	03011604□□□
		05 防水层	每片梁	03011605□□□
		06 支座	每孔梁	03011606□□□
	17 钢筋混凝土、预应力混凝土简支梁架设	01 架梁	每个安装段	03011701□□□
		02 模板及支架	每个安装段	03011702□□□
		03 钢筋	每个安装段	03011703□□□
		04 混凝土	每个浇筑段	03011704□□□
		05 预应力	每个施工段	03011705□□□
		06 支座	每孔梁	03011706□□□
	18 悬臂浇筑预应力混凝土连续梁（刚构）	01 模板及支架	每个安装段	03011801□□□
		02 钢筋	每个安装段	03011802□□□
		03 混凝土	每个浇筑段	03011803□□□
		04 预应力	每个施工段	03011804□□□
		05 支座	每孔（联）梁	03011805□□□
		06 防水层	每孔（联）梁	03011806□□□

续表

分部工程		分项工程	检验批规模	检验批编号
类别	名称			
梁部	19 悬臂拼装预应力混凝土连续梁	01 模板及支架	每个安装段	03011901□□□
		02 钢筋	每个安装段	03011902□□□
		03 混凝土	每个浇筑段	03011903□□□
		04 预应力	每个施工段	03011904□□□
		05 梁段拼装	每孔（联）梁	03011905□□□
		06 支座	每孔（联）梁	03011906□□□
		07 防水层	每孔（联）梁	03011907□□□
	20 顶推法制架预应力混凝土连续梁	01 模板及支架	每个安装段	03012001□□□
		02 钢筋	每个安装段	03012002□□□
		03 混凝土	每个浇筑段	03012003□□□
		04 预应力	每个施工段	03012004□□□
		05 梁段顶推	每孔（联）梁	03012005□□□
		06 支座	每孔（联）梁	03012006□□□
		07 防水层	每孔（联）梁	03012007□□□
	21 造桥机制、架预应力混凝土梁	01 模板及支架	每个安装段	03012101□□□
		02 钢筋	每个安装段	03012102□□□
		03 混凝土	每个浇筑段	03012103□□□
		04 预应力	每个施工段	03012104□□□
		05 预制梁段组拼	每孔（联）梁	03012105□□□
		06 支座	每孔（联）梁	03012106□□□
		07 防水层	每孔（联）梁	03012107□□□
	22 钢桁梁	01 杆件预拼	每个施工段	03012201□□□
		02 拼装架设	每个施工段	03012202□□□
		03 支座	每孔（联）梁	03012203□□□
		04 涂装	每孔梁	03012204□□□
	23 结合梁	01 钢梁拼装及架设	每个施工段	03012301□□□
		02 支座	每孔（联）梁	03012302□□□
		03 涂装	每孔梁	03012303□□□
		04 模板及支架	每个安装段	03012304□□□
		05 钢筋	每个安装段	03012305□□□
		06 混凝土	每个浇筑段	03012306□□□

续表

分部工程		分项工程	检验批规模	检验批编号
类别	名称			
梁部	23 结合梁	07 预应力	每个施工段	03012307□□□
		08 桥面板安装	每孔（联）梁	03012308□□□
		09 防水层	每孔（联）梁	03012309□□□
	24 预应力混凝土斜拉桥主梁和斜拉索	01 模板及支架	每个安装段	03012401□□□
		02 钢筋	每个安装段	03012402□□□
		03 混凝土	每个浇筑段	03012403□□□
		04 预应力	每个施工段	03012404□□□
		05 防水层	每座桥	03012405□□□
		06 支座	每座桥	03012406□□□
		07 斜拉索	每个施工段	03012407□□□
		08 水平转体施工	每个转体	03012408□□□
	25 钢斜腿刚构	01 支座	每座桥	03012501□□□
		02 杆件拼装	每个施工段	03012502□□□
		03 涂装	每座桥	03012503□□□
	26 预应力混凝土斜腿刚构	01 支座	每座桥	03012601□□□
		02 模板及支架	每个安装段	03012602□□□
		03 钢筋	每个安装段	03012603□□□
		04 混凝土	每个浇筑段	03012604□□□
		05 预应力	每个施工段	03012605□□□
		06 防水层	每座桥	03012606□□□
	27 拱部及拱上结构	01 模板及拱架	每孔拱部	03012701□□□
		02 钢筋	每个安装段	03012702□□□
		03 混凝土	每个浇筑段	03012703□□□
		04 砌体	每个砌筑段	03012704□□□
		05 防水层	每座桥	03012705□□□
明桥面和桥梁附属设施	28 明桥面和桥梁附属设施	01 明桥面	每个施工段	03012801□□□
		02 人行道、避车台	每座桥	03012802□□□
		03 附属设施	每座桥	03012803□□□

表 12.3.2-2 涵洞分部工程、分项工程、检验批划分及编号

（涵洞单位工程编号 0302）

分部工程		分项工程	检验批规模	检验批编号
类别	名称			
地基及基础	01 明挖基础	01 换填地基	每个基坑	03020101□□□
		02 重锤夯实	每个基坑	03020102□□□
		03 强夯	每个基坑	03020103□□□
		04 挤密桩	每个基坑	03020104□□□
		05 砂桩	每个基坑	03020105□□□
		06 碎石桩	每个基坑	03020106□□□
		07 粉喷桩	每个基坑	03020107□□□
		08 旋喷桩	每个基坑	03020108□□□
		09 基坑	每个基坑	03020109□□□
		10 模板及支架	每个安装段	03020110□□□
		11 钢筋	每个安装段	03020111□□□
		12 混凝土	每个浇筑段	03020112□□□
		13 砌体	每个砌筑段	03020113□□□
涵身	02 装配式涵洞涵身	01 模板及支架	每个安装段	03020201□□□
		02 钢筋	每个安装段	03020202□□□
		03 混凝土	每个浇筑段	03020203□□□
		04 涵节装配	每座涵	03020204□□□
		05 防水层	每座涵	03020205□□□
		06 沉降缝	每座涵	03020206□□□
	03 就地制作涵洞涵身	01 模板及支（拱）架	每个安装段	03020301□□□
		02 钢筋	每个安装段	03020302□□□
		03 混凝土	每个浇筑段	03020303□□□
		04 砌体	每个砌筑段	03020304□□□
		05 防水层	每座涵	03020305□□□
		06 沉降缝	每座涵	03020306□□□
	04 渡槽和倒虹吸管	01 模板及支架	每个安装段	03020401□□□
		02 钢筋	每个安装段	03020402□□□
		03 混凝土	每个浇筑段	03020403□□□
		04 砌体	每个砌筑段	03020404□□□
		05 防水层	每个渡槽（倒虹吸）	03020405□□□

续表

分部工程		分项工程	检验批规模	检验批编号
类别	名称			
涵身	05 顶进涵	01 模板及支架	每个安装段	03020501□□□
		02 钢筋	每个安装段	03020502□□□
		03 混凝土	每个浇筑段	03020503□□□
		04 顶进	每座涵	03020504□□□
		05 防水层	每座涵	03020505□□□
		06 沉降缝	每座涵	03020506□□□
端翼墙及附属工程	06 端翼墙及附属工程	01 模板及支架	每个安装段	03020601□□□
		02 钢筋	每个安装段	03020602□□□
		03 混凝土	每个浇筑段	03020603□□□
		04 砌体	每个砌筑段	03020604□□□
		05 栏杆	每座涵	03020605□□□

任务 12.4　检验批和分项、分部、单位工程的验收

工程施工质量验收时按从检验批到分项工程、分部工程、单位工程的顺序进行。检验批验收是工程施工质量验收的基本单元，是分项工程、分部工程和单位工程施工质量验收的基础。分项工程、分部工程和单位工程施工质量的验收，是在检验批质量验收合格的基础上进行的。

12.4.1　检验批的验收

检验批合格质量的规定：主控项目的质量经抽样检验合格，要特别注意的是主控项目中有允许偏差的抽检点，其实测值必须在允许偏差范围内，不允许超差；一般项目的质量经抽样检验合格，当采用计数检验时，除有专门要求外，对于一般项目中有允许偏差的抽检点，合格点率应达到 80%及以上，且其中不合格点的最大偏差不得大于规定允许偏差的 1.5 倍。

对检验批的质量验收内容分为实物检查和资料检查两个方面。

实物检查：对原材料、构配件和设备等的进场验收，把好施工质量的第一关，各专业标准均已制定了明确的检验项目和抽样方案；对施工过程中较为重要的如混凝土强度等的检验，应按现行国家和行业标准及各专业验标规定的方案进行检查；对工程实体中以计数检验的项点是按各专业验收标准规定的方案进行检查，并按抽查总点数的合格率进行判定。

资料检查：实际也就是所谓的书面检查。检查内容既包括原材料、构配件和设备的合格

证和其他质量证明文件，又包括施工过程中的自检、交接检验记录、隐蔽工程验收记录以及各种检验、检测报告。

检验批的合格质量主要取决于主控项目和一般项目的检验结果。

主控项目：是对安全、卫生、环境保护和公众利益起决定性作用的检验项目。主控项目所规定的质量要求必须全部达到合格。主控项目主要包括以下三个方面的内容：主要材料、构配件和设备的材质、规格、数量等，如钢筋、水泥、电缆的质量，路基填料的质量。水泵、电源屏、变压器等设备的质量，检查出厂合格证及有关质量证明文件，并对重要的性能指标进行检验或试验，安装数量要符合设计要求；结构的强度、刚度和稳定性及工程性能等，如混凝土的强度、路基压实度、电气绝缘性能、防雷接地性能、系统运转试验等；工程实体的关键几何尺寸，如涉及限界的结构外形、设备安装位置以及有允许偏差但必须控制在允许偏差限值之内的项目，如无缝线路轨道整理作业后的轨距、轨向、水平、高低等静态几何尺寸。

一般项目：是除主控项目以外的检验项目。这些项目虽然不像主控项目那样对工程质量起决定性作用，指标可以放宽一些，但对结构安全、使用功能和工程外观等有较大影响，同样要求全部达到合格标准。但对于有允许偏差的一般项目，当采用计数检验时，除有专门要求外，合格点率应达到80%及以上，且不合格点的最大偏差不得超过规定允许偏差的1.5倍。如下列两种情况：给定允许偏差值的项目：如结构或构件的截面几何尺寸允许偏差±15 mm、与设计中心线允许偏差 10 mm、表面平整度 5 mm 等，要求合格点率应在 80%及以上，且不合格点的偏差值不能大于允许偏差值的 1.5 倍。如果规定所有点的偏差值均不得超出允许偏差值，那么该项目就不是一般项目而是主控项目；要求大于或小于某一数值的项目：即给定了一个最低或最高值，而在一个方向不控制，要求 80%及以上测点的数据大于或小于给定的数据值。如碎石桩桩径允许偏差为－50 mm，就是要求 80%及以上测点的桩径不允许比设计值小 50 mm，允许有 20%的桩比设计值小 50 mm，但最大允许偏差量为 75 mm。实际桩径比设计值大的则不控制。

12.4.2 分项工程的验收

分项工程质量验收合格的规定：分项工程所含的检验批均应符合合格质量的规定；分项工程所含的检验批的质量验收记录应完整。

分项工程质量验收是对其所含检验批质量的统计汇总，主要是检查核对检验批是否覆盖了分项工程范围、检验批验收记录的内容及签字是否齐全正确。特别要注意的是，一些项目不一定出现在每个检验批中，可能几个检验批才出现一次，如实体的高程、垂直度等，应注意检查，不能缺漏。当然，如果检验批质量不合格，也就不能进行分项工程的质量验收。

12.4.3 分部工程的验收

分部工程质量验收合格的规定：分部工程所含分项工程的质量均应验收合格；质量控制资料应完整；有关结构安全及使用功能的检验和抽样检测结果应符合有关规定。分部工程质量验收包括以下三个方面的内容：

（1）分部工程所含分项工程的质量均应验收合格。这也是一项统计汇总工作，应注意核对有没有缺漏的分项工程，各分项工程验收是否正确等。

（2）质量控制资料应完整。这也是一项统计汇总工作，主要是检查检验批的验收资料、施工操作依据、质量记录是否完整配套，是否全面反映了质量状况。

（3）有关结构的实体质量和主要功能的检验和抽样检测项目是否有缺漏，检测记录是否符合要求，检测结果是否符合验标的规定和设计要求。

12.4.4　单位工程的验收

单位工程质量验收合格的规定：单位工程所含分部工程的质量均应验收合格；质量控制资料应完整；实体质量和主要功能核查结果应符合有关标准规范的规定；观感质量验收应符合要求。单位工程质量的验收是建设各方对施工质量控制的最后一关。分部工程质量、质量控制资料、实体质量和主要功能、观感质量均应符合验标的规定，单位工程质量才能通过合格验收。

单位工程所含分部工程的质量均应验收合格。主要是检查分部工程验收是否正确、有无缺漏。

质量控制资料应完整。重点看其是否反映了结构安全和使用功能，是否达到了设计要求。质量控制资料的项目应严格按“单位工程质量控制资料核查表”进行核查，做到项目全、资料全、数据全。

实体质量和主要功能核查结果应符合有关标准规范的规定。实体质量和主要功能核查的目的是为了保证工程的使用功能。有的项目检测是在分部工程完成后即进行，单位工程验收时不再重复检测，如复合地基承载力试验、基桩无损检测等；有的是在单位工程全部完成后进行，如轨道动态质量检查、接触网试运行等。抽查项目由验收组确定，抽查结果应符合有关标准规范的规定。

观感质量验收应符合要求。观感质量验收是一项重要的评价工作，是实地对工程质量进行的一次全面检查。特别是对于在检验批验收时不能检查的或者是当时检查不出来的内容，以及后来又发生质量变化的项目，很有必要。首先明确观感质量验收绝不是单纯的外观检查，也不是在单位工程完成后对涉及外观质量的项目进行重新检查，更不是引导施工单位在工程外观上做片面的过大投入，重点是经检验防止出现影响结构安全和使用功能的项目。观感质量验收的目的就是直观地从宏观上核实工程的安全可靠性能和使用功能，促进施工过程质量控制。内容要关键，方法要简便，不可复杂化和片面化。观感质量检查项目的标准是合格，达不到合格的就是差，对于差的项目要进行返修。另外，并非所有工程都要进行观感质量检查，在这方面各专业验标均有相应规定。

12.4.5　工程施工质量不符合要求时的处理情况

工程施工质量不符合要求的情况，多在检验批质量验收阶段出现，会直接影响相关分项、分部工程质量的验收。

对于返工重做、更换构配件或设备的检验批，应该重新进行验收。当重新检查后，检验项目合格的，应判定该检验批合格。

个别检验批试块试件的强度不能满足要求的情况，包括试块试件失去代表性、试块试件丢失或缺少、试验报告有缺陷或对试验报告有怀疑等。在这种情况下，应按规定程序由有资质的检测单位进行检验测试。如果测试结果证明该检验批的质量能够达到原设计要求，则该检验批予以合格验收。应该说以上两种情况的处理，没有造成永久缺陷，没有降低工程的质量标准，不会影响结构安全和使用功能，还是属于正常验收的范围。

虽然以上两种情况的检验批质量经处理或检测鉴定后达到了原设计要求，符合验标的规定，予以合格验收，但毕竟说明施工单位的质量控制过程存在缺陷，应该引起高度重视，采取有力措施，最大限度地减少甚至消除这类返工、检测鉴定项目。

对于其他不合格的现象，因情况复杂，验标不能给出明确的处理方案，只能由各方根据具体情况按规定程序协商处理。当采取返修或加固处理等其他措施后，施工质量仍然存在严重缺陷，不能满足结构安全和使用功能的项目，属于不合格工程，严禁验收。

12.4.6 验标与其他规范对质量要求不一致的情况

一、验标与施工规范对质量要求不一致的情况

在2003年以前，铁道行业的施工规范和验标同属强制性标准，对于保证工程施工质量而言，施工规范面向过程控制，验标着重于最终检验。两者共同发挥作用，具有同样的重要性。从2004年开始，新的铁路工程建设标准体系，已经明确验标是建设活动各方都必须遵守的强制性标准，工程质量合格与否的判定标准是验标，验标中也强化了过程控制的要求，验标变成了一个既有过程控制又有最终检验的综合标准。从标准管理角度，施工规范（技术指南）应逐步弱化，逐步演化为行业推荐性标准及企业标准。但是，根据我国铁路工程施工企业的现状，绝大多数企业还没有自己的企业标准，要在较短的时间内完成配套的施工技术和施工工艺操作标准难度很大，特别是要完成客运专线铁路配套的施工技术和施工工艺操作标准难度更大。如果立即废止施工规范，必然对铁路建设造成不利影响。另外，实践证明，通过标准的形式进行新技术、新工艺的推广，是最为直接和有效的途径。铁路实施跨越式发展，建设一流的客运专线，如果没有统一的工艺技术保证，工程质量则很难想象。所以，在以往部颁施工规范尚未及时修订调整的情况下，考虑到实际需要，组织编制了客运专线各专业的施工技术指南。

当验标与施工规范（技术指南）对质量要求不一致时，应以验标为准进行验收。当施工规范对质量的要求高于验标时，应按施工规范进行施工操作。

二、验标与设计规范对质量要求不一致的情况

当前，铁路建设的形势发展很快，尤其是客运专线建设过程中，一些新技术、新结构、新设备、新材料、新方法会不断被采用，在实际验收工作中，现行验标的内容可能会出现一些不足，当涉及结构安全和系统功能的部分设计规范条文和设计文件对质量的要求与验标不一致时，应以标准高者为准。

12.4.7　施工质量验收资料的归档

验标规定的各种验评表格，是反映工程质量状况、体现各方质量责任的基础文件，应当认真及时填写，按规定完整归档。根据国家标准《建设工程文件归档整理规范》（GB/T 50328—2001）的保管期限要求规定，保管期限分为永久、长期、短期三种。永久——指工程档案需永久保存；长期——指工程档案保存期限等于该工程的使用寿命；短期——指工程档案保存 20 年以下。

客运专线铁路验标规定：施工质量验收资料的归档整理应符合有关规定的要求。其中，检验批、分项工程质量验收记录，建设单位、施工单位、监理单位均应长期保存；分部工程、单位工程质量验收记录，建设单位应永久保存，施工单位应长期保存；其他资料应按相关规定保存。

复习思考题

1. 铁路建设项目竣工验收依据有哪些？
2. 铁路建设项目竣工验收分为几个阶段？
3. 铁路建设项目竣工验收的主要任务和内容有哪些？
4. 铁路桥涵工程施工质量验收标准有哪些？
5. 单位工程是如何划分的？举例说明。
6. 桥涵工程施工质量验收单位工程是如何划分的？
7. 工程施工质量不符合要求时应如何处理？

项目 13　铁路桥涵养护维修认知

【项目描述】

桥涵建筑物在使用的过程中，不可避免地会受到各种不利因素的作用，如有害物质的侵蚀，遭受地震、风、温度、车辆冲击、超载、疲劳等自然与人为因素的影响，再加上桥涵结构物本身的自然老化，在其使用周期内必然会发生结构状态的退化。所以为了保障桥涵结构物的正常使用和安全运营，必须对其进行必要的养护和维修。本项目主要介绍铁路桥涵建筑物的技术状态、铁路桥梁运营质量检验标准、铁路桥涵建筑物修理验收作业标准等内容。

【教学目标】

1. 能力目标

（1）能够进行铁路桥涵建筑物限界的检查；

（2）具备桥路桥涵养护维修的能力；

（3）具备铁路桥涵养护维修的一般知识。

2. 知识目标

（1）掌握铁路桥涵基本技术条件；

（2）掌握铁路桥梁运营性能检验标准；

（3）掌握铁路桥涵建筑物修理作业验收标准。

3. 素质目标

（1）培养学生良好的职业道德和吃苦耐劳的优良品质；

（2）培养学生分析问题、解决问题、积极思考和勇于创新的能力；

（3）培养学生的综合业务能力。

相关案例——小跨度钢梁更换钢筋混凝土梁

小跨度钢梁在全国铁路中数量很多，这些钢梁一般标准低、龄期长、病害多，维修项目零星，消耗人力、材料数量多，特别是铺设无缝线路后，这些小钢梁桥很不适应无缝线路的技术条件，成为安全的薄弱环节。对于一些小跨度旧钢梁，经过整治和改造，技术状态虽然得到了改善，但大多数已经运营了 50 ~ 70 年，钢梁逐渐出现老化，已不能适应运输发展的需要。从 20 世纪 60 年代起，曾成批地用普通钢筋混凝土梁和预应力混凝土梁更换一些老龄化的小跨度钢梁，取得了良好效果。

在运营线上对小跨度钢梁更换混凝土和预应力混凝土梁，为了不中断运输，其施工方法依运量、线路技术状态及桥位处地形而定。在单线铁路上，一般多用便线便桥或修建联络线与相邻干线铁路连接，以保持正常运输，然后封锁线路进行换梁。在复线铁路上，一般采取封锁换梁所在站间线路改为单线维持正常运输。在新增复线区段上，多利用复线交付运营之际运量不大时，更换老龄化钢梁。京包铁路上御河、大洋河、小洋河桥上计有 36 孔跨度 30.48 m

上承华伦式钢桁梁，建造于 1911—1914 年，其设计载重为 E-35 级，运营后桥梁经历战争破坏，钢梁遭受创伤，至新中国成立时尚有 30 孔，20 世纪 50 年代对钢梁进行检定和加固后，因京包铁路运量增大，行驶 FD 型机车，钢梁疲劳，逐渐发展至杆件折断，多次加固收效不大。鉴于桥梁下部结构尚坚固，又经受过近 70 年的洪水考验，借京包线新增复线之机，于 1972 年全部更换为 31.7 m 预应力混凝土梁。西安铁路局陇海铁路宝天段上 31.3 m 上承桁梁（汴洛梁），几经加固，因钢料冷脆仍发生裂纹。1978—1980 年西安铁路局将 11 孔汴洛梁全部更换为 31.7 m 预应力混凝土梁，改善了宝天段桥梁技术状态。

任务 13.1　铁路桥涵基本技术条件认知

13.1.1　铁路桥涵限界

铁路桥梁的建筑界限是指在轨面以上一定的宽度和高度范围内，任何设施及障碍物都不得侵入的最小净空尺寸。对于改建桥梁限界，应满足国家标准中的桥梁建筑限界要求，曲线上的建筑物界限应按照相关规定进行加宽。

13.1.2　孔径及净空

在通航或通行木筏的河流上，桥跨结构下缘至设计通航水位的净空高度除了应当满足泄洪的要求，还应该满足通航净空的要求。所谓通航净空，是指在桥孔中垂直于水流方向所规定的空间界限，桥梁结构的任何部位或设施都不得伸入通航净空的范围之内。

运营中的行洪桥涵孔径应能正常通过 1/100 频率的检定洪水。对特大桥及大中桥，若观测洪水（包括调查洪水）频率小于 1/100 但大于 1/300 时，应将观测洪水频率作为检定洪水频率。对技术复杂、修复困难或重要的特大桥、大桥，还应能安全通过 1/300 校检频率的洪水。

行洪桥下净空高度应符合下列规定：

（1）不通航的桥孔，其桥下净空高度应符合表 13.1.2-1 的规定。

（2）通航的桥孔，其桥下净空高度以及航行水位，均需要与航运部门商定。

表 13.1.2-1　桥下净空高度

桥梁部位		高出设计洪水频率水位加 Δh 后的最小高度（m）		高出检定洪水频率水位加 Δh 后的最小高度（m）	
		钢梁	混凝土梁	钢梁	混凝土梁
梁底	一般情况	0.25	0.25	0	—
	洪水期有大漂流物	1.50	1.25	0.75	0.5
	有泥石流	1.00	1.0	0.50	0.5
支承垫石顶		0	—	—	—
拱肋及拱圈的拱脚		0	—		

注：① 实体无铰拱桥洪水期无大漂流物时，检定洪水位到拱顶净空高度不应小于拱矢高的 1/4。

② 有严重泥石流时，或在洪水期有特大漂流物通过时，可视具体情况，采用大于表列的净空高度。

③ 表列水位计注 1 中所指水位应根据河流具体情况，计入可能产生的壅水、浪高、水拱、局部股流涌高、河流超高和河床淤积等影响的高度。

当历史上的最大洪水频率小于设计规定的洪水频率时，应按历史上的最大洪水频率进行检定。但当历史上的最大洪水频率小于下列频率时，应按下列频率进行检定：对于特大桥及大、中桥为1/300，对于小桥及涵洞为1/100。

行洪涵洞的孔径一般是按照无压状态进行检定，即按照涵洞构造高度的1.2倍临界状态时的水位进行检定。若无压涵洞洞内顶点高出洞内检定水位的净空时，应当满足表13.1.2-2的要求。

表 13.1.2-2 涵洞净空高度

涵洞净高 H（m）	圆涵	拱涵	盖板涵	框构涵
≤3	≥H/4	≥H/4	≥H/6	≥H/6
>3	≥0.75 m	≥0.75 m	≥0.5 m	≥0.5 m

注：拱（框构）桥与拱（框构）涵的区分：跨度＞6 m，且拱或框构顶至轨底的高度（即填土高度）<1 m 为拱（框构）桥，否则为拱（框构）涵。

当行洪桥涵的孔径或桥下净空不足时，应当有计划地进行扩孔、抬高或改建。扩孔、抬高或改建后均应符合《铁路桥涵设计规范》（TB 10002—2017）的有关规定。对按照1/50洪水频率设计的既有Ⅲ级铁路桥梁及各级铁路涵洞，在自然条件和周边环境没有发生改变而且没有出现明显水害时，可以暂缓改造。

对于铁路线路下方通行机动车辆的立交桥涵，当其下净空高度不足5 m时，应当按相关规定设置限高防护架。对于跨越铁路线路的立交桥应按有关规定在其上设置安全防护设施。

13.1.3 承载力检算

对于改建桥梁的承载力，应满足《铁路桥涵设计规范》（TB 10002—2017）的规定。对于运营桥梁的承载力按《铁路桥梁检定规范》（铁运函〔2004〕120号）进行检算，桥梁的检定承载力应以检定承载系数“K”表示。K为结构所能承受的荷载相当于中华人民共和国铁路标准活载（中-活载）的倍数，应符合下列要求：

（1）桥涵结构应当满足K≥1。

（2）桥涵上允许通行的运行活载Q，必须满足$Q<K$（运行活载Q相当于标准活载的倍数）。

对于承载能力不足（即K<1）的桥梁，应当根据其技术状态进行加固、更换或改建。加固、更换或改建后的承载力必须满足K≥1的要求。对尚能满足$K>Q$的桥梁可以由铁路局根据具体情况确定是否暂缓加固。

当特种车辆或者大于现行机车车辆活载的车辆运行时，应由铁路局进行检算后确定运行条件和加固措施。

13.1.4 基础埋置深度

1. 明挖基础和沉井基础

墩台采用明挖基础或沉井基础时，其基底的埋置深度应符合下列规定：

（1）对于冻胀、强冻胀土，基底埋深应在冻结线以下不小于0.25 m，同时要满足冻胀力计算的要求；对于弱冻胀土，基底埋深应不小于冻结深度；对于多年冻土地区，基底的埋深应进行详细的论证。当基底埋深不满足要求，但基础无冻害出现，可以暂缓处理。

（2）对于无冲刷处或设有铺砌防护时，基底埋深应在地面下不小于 2.0 m。

（3）对于有冲刷处，基底埋深应在墩台附近最大冲刷线以下且应不小于表 13.1.4-1 规定的安全值。

① 对于一般的桥梁，在检定的洪水频率流量下，安全值为 2 m 再加冲刷总深度的 10%；在校验的洪水频率流量下，安全值为 1.0 m 再加冲刷总深度 5%。

② 对于技术复杂、修复困难或者重要的大桥、特大桥，在检定的洪水频率流量下，安全值为 3 m 再加冲刷总深度的 10%；在校验的洪水频率流量下，安全值为 1.5 m 再加冲刷总深度的 5%。

表 13.1.4-1 基底埋深安全值

冲刷总深度（m）			0	5	10	15	20
安全值(m)	一般桥梁		2.0	2.5	3.0	3.5	4.0
	特大桥（或大桥）、属于技术复杂、修复困难、重要者	设计流量	3.0	3.5	4.0	4.5	5.0
		检算流量	1.5	1.8	2.0	2.3	2.5

注：冲刷总深度为自河床算起的一般冲刷深度与局部冲刷深度之和。

（4）对于不易被冲刷磨损的岩石，墩台的基础应嵌入基本岩层不小于 0.25 ~ 0.5 m（根据岩层的抗冲性能而定）。若嵌入风化、破碎、易被冲刷磨损的岩层，则按未嵌入岩层计。

（5）对于新建或改建的位于河道非岩石地基上的桥跨，不应采用明挖基础。

2. 桩基础

墩台采用桩基础时，其埋置深度应符合下列规定：

（1）当承台的底面位于土中时，应当在冻结线以下不小于 0.25 m，或在最大冲刷线以下不小于 2 m（桩入土深度不明时）。桩在最大冲刷线以下的入土深度必须能够保证墩台的稳定。

（2）当承台的底面位于水中时，应当在最低冰层底面以下不小于 0.25 m；或桩在最大冲刷线以下的埋置深度必须能够保证墩台的稳定。

（3）木桩的顶面应当低于最低地下水位或最低水位以下的深度不小于 0.5 m。

（4）钻（挖）孔灌注桩为柱桩时，应嵌入基岩以下的深度不小于 0.5 m。

3. 浅基础

当墩台的基础埋深不明时，应当予以查明。基础埋深不符合上述规定之一的墩台为浅基墩台，应当进行相应的防护、加固或改建。对木桩基础应当有计划地进行整治。

4. 涵洞基础

涵洞的基础应设置在不冻胀地基土上，且出入口及自两端洞口向内各 2 m 范围内的涵身基底埋深应满足：对于冻胀土、强冻胀土，基底应在冻结线以下 0.25 m；对于弱冻胀土，埋深应不小于冻结深度。

涵洞中间部分的基底埋深可以根据当地的经验进行确定。在严寒地区，当涵洞中间部分的埋深与洞口埋深相差较大时，其连接处应设置过渡段。在冻结较深的地区，也可以将基底到冻结线以下 0.25 m 处的地基土换填为粗粒土（包括碎石类土、砾砂、粗砂、中砂，其中粉黏粒含量应小于 15%，或粒径小于 0.1 mm 的颗粒含量应不大于 25%）。

对于基础出现冻胀病害的涵洞，应当有计划地进行整治。

13.1.5 圬工梁拱裂缝宽度限值

《铁路桥隧建筑物修理规则》铁运〔2010〕38 号（TG/GW 103—2010）中规定了各类圬工梁拱及墩台在恒载作用下的裂缝宽度限值，如表 13.1.5-1、表 13.1.5-2 所示。

表 13.1.5-1 圬工梁、拱恒载裂缝宽度限值

梁别	裂缝部位		最大裂缝限值（mm）
预应力混凝土梁	梁体	下缘竖向及腹板主拉应力方向	不允许
		纵向及斜向	0.2
		横隔板	0.3
钢筋混凝土梁及框构	主筋附近竖向		0.25
	腹板竖向及斜向		0.3
石、混凝土拱	拱圈横向及斜向		0.3
	拱圈纵向		0.5

表 13.1.5-2 圬工墩台恒载裂缝宽度限值 单位：mm

顶帽		0.3
墩身	经常受侵蚀性环境水影响	有筋 0.2，无筋 0.3
	常年有水但无侵蚀性	有筋 0.25，无筋 0.35
	干沟或季节性有水河流	0.4
有冻结作用部分		0.2

对于新建桥梁，在试验荷载的作用下预应力结构不应出现裂缝，钢筋混凝土结构的裂缝宽度不应超过《铁路桥涵混凝土结构设计规范》（TB 10092—2017）规定的裂缝宽度容许值（表 13.1.5-3）。

表 13.1.5-3 铁路桥梁裂缝宽度容许值 单位：mm

环境类别	环境等级	允许最大裂缝宽度
碳化环境	T_1 T_2 T_3	0.20
氯盐环境	L_1 L_2	0.20
	L_3	0.15
化学腐蚀环境	H_1 H_2	0.20
	H_3 H_4	0.15

续表

环境类别	环境等级	允许最大裂缝宽度
盐类结晶破坏环境	Y_1 Y_2	0.20
	Y_3 Y_4	0.15
冻融破坏环境	D_1 D_2	0.20
	D_3 D_4	0.15
磨蚀环境	M_1 M_2	0.20
	M_3	0.15

注：① 表列数值为主力作用时的容许值，当主力加附加力作用时可提高 20%。
② 当钢筋保护层实际厚度超过 30 mm 时，可将钢筋保护层厚度计算值取为 30 mm。

13.1.6 钢梁杆件损伤容许限度

钢梁杆件的损伤容许限度如表 13.1.6-1 所示。

表 13.1.6-1 钢梁杆件损伤容许限度

伤损类型		容许限度
竖向弯曲		弯曲矢度小于跨度的 1/1 000
板梁、纵梁、横梁	横向弯曲	弯曲矢度小于自由长度的 1/5 000，并在任何情况下不超过 20 mm
	上盖板局部垂直弯曲 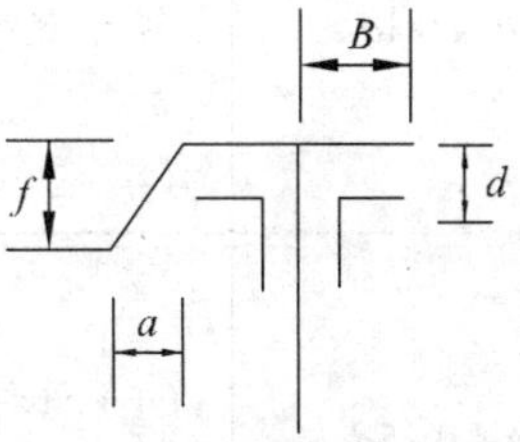	$f<a$ 或 $a<B/4$； d—钢板或钢板束的厚度； B—由腹板至盖板边缘的宽度
	盖板上有洞孔	洞孔直径小于 30 mm，边缘完好
	腹板上有洞孔	工字梁的洞孔直径小于 50 mm，板梁小于 80 mm，边缘完好
	腹板受拉部位有弯曲	凸出部分直径小于断面高度的 0.2 倍或深度不大于腹板厚度
	腹板受拉部位有弯曲，但在局部受压部位	凸出部分直径小于断面高度的 0.1 倍或深度不大于腹板厚度
桁架	主梁压力杆件弯曲	弯曲矢度小于杆件自由长度的 1/1 000
	主梁拉力杆件弯曲	弯曲矢度小于杆件自由长度的 1/500
	主梁腹板或联结杆件弯曲	弯曲矢度小于杆件自由长度的 1/300
	洞孔	洞孔直径小于杆件宽度的 0.15 倍并不得大于 30 mm

13.1.7 不良铆钉的容许限度

不良铆钉的容许限度如表 13.1.7-1 所示。

表 13.1.7-1 不良铆钉容许限度

序号	不良名称	形状	容许限度	原因
1	松动铆钉	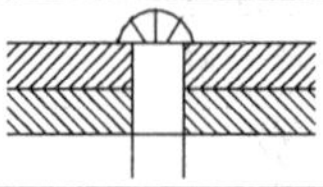	无	（1）铆合不良 （2）铆合前钢板未夹紧
2	钉头裂纹	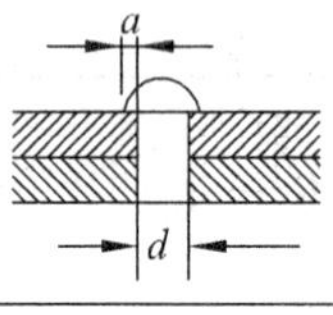	无	（1）铆钉加热过度 （2）铆钉钢质不良
3	烂头	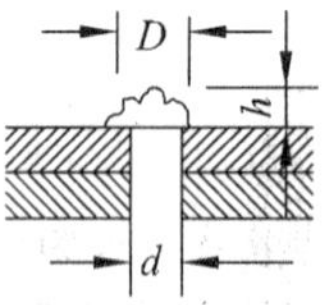	$D \geqslant d + 8$ mm $h \geqslant 0.7$ 倍标准钉头高	年久锈蚀
4	钉头部分或全周浮离 （用厚 0.2 mm 塞尺检查）	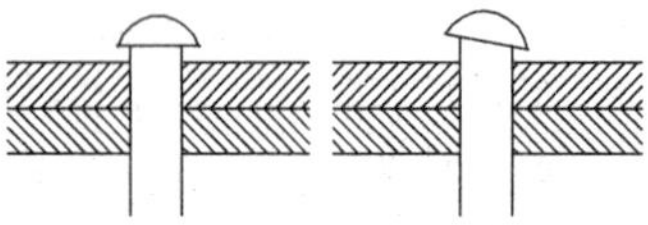	无	（1）钉头与钉杆相接处有圆角 （2）钉头未用顶把顶紧或顶把未对正
5	钉头偏心 （拉绳检查钉头与铆钉线位置或观察铆钉两头）	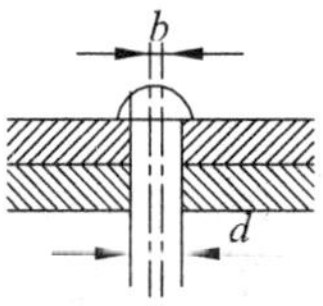	$b \leqslant 0.1d$	铆合不良
6	钉头局部缺边	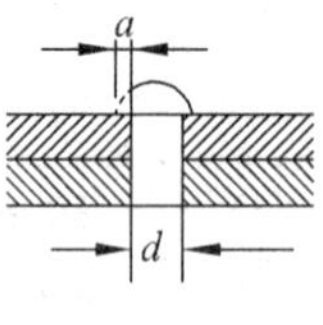	$a < 0.15d$	（1）钉杆过短 （2）顶压不正确
7	钉头全周缺边	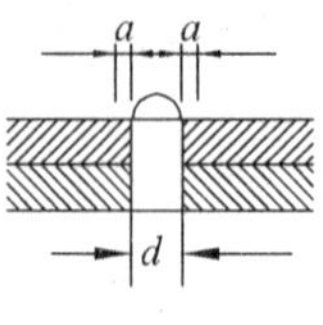	$a \leqslant 0.1d$	（1）钉杆过短 （2）顶压不正确
8	钉头过小 （用样板检查）	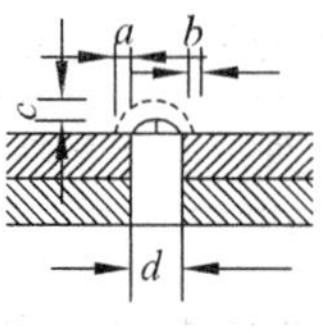	$a + b < 0.1d$ 或 $c < 0.05d$	（1）铆钉头和钉杆都小 （2）钉杆过短或铆钉孔过大

续表

序号	不良名称	形状	容许限度	原因
9	钉头周围有飞边	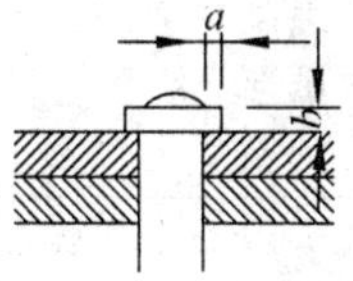	$a \leqslant 3$ mm $b = 1.5 \sim 3$ mm	钉杆过长
10	铆钉壳打伤钢板	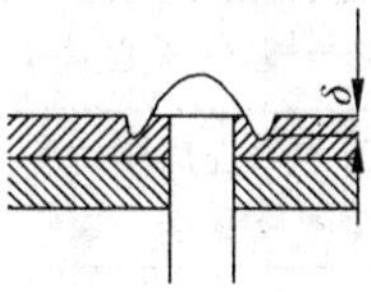	$\delta \leqslant 0.5$ mm	铆合不良
11	埋头铆钉钉头全部或局部缺边	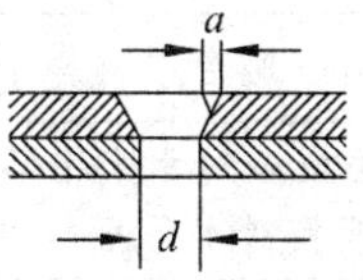	$a \leqslant 0.1d$	（1）铆合不良 （2）钉杆过短

13.1.8　支座安装容许偏差

桥梁支座安装容许偏差如表 13.1.8-1 所示。

表 13.1.8-1　桥梁支座容许偏差

<table>
<tr><th>序号</th><th colspan="3">项目</th><th>允许偏差（mm）</th></tr>
<tr><td rowspan="2">1</td><td rowspan="2">支座下座板中心与墩台支座设计中心纵向错动量</td><td colspan="2">墩台高度<30 m</td><td>20</td></tr>
<tr><td colspan="2">墩台高度≥30 m</td><td>15</td></tr>
<tr><td rowspan="2">2</td><td rowspan="2">支座下座板中心与墩台支座设计中心横向错动量</td><td colspan="2">墩台高度<30 m</td><td>15</td></tr>
<tr><td colspan="2">墩台高度≥30 m</td><td>10</td></tr>
<tr><td rowspan="2">3</td><td rowspan="2">同端支座中心横向距离</td><td colspan="2">偏差与桥梁设计中心对称时</td><td>+30
−10</td></tr>
<tr><td colspan="2">偏差与桥梁设计中心不对称时</td><td>+15
−10</td></tr>
<tr><td rowspan="5">4</td><td rowspan="5">聚四氟乙烯板四个角点的外露高度</td><td colspan="2">圆柱面钢支座</td><td>+0.5
−0</td></tr>
<tr><td colspan="2">双曲面钢支座</td><td>+0.2
−0</td></tr>
<tr><td rowspan="3">盆式橡胶支座</td><td>直径或对角线 $\phi \leqslant 600$ mm</td><td>+0.5
−0</td></tr>
<tr><td>600 mm < $\phi \leqslant 1\,200$ mm</td><td>+0.6
−0</td></tr>
<tr><td>$\phi > 1\,200$ mm</td><td>+0.7
−0</td></tr>
</table>

续表

序号	项目		允许偏差（mm）
5	平板、弧形、摇轴、辊轴钢支座	固定支座上座板与下座板中线的纵横、活动支座的横向、活动支座中线的纵向错动量（按设计温度定位后）	3
		支座下座板中心十字线的扭转，上、下座板摇轴、辊轴之间的扭转	1
6	圆柱面钢支座	同一梁端支座板平面高差	1
		固定支座和纵向活动支座横桥向支座两边的活动间隙偏差	±0.3
7	双曲面钢支座	同一梁端的梁底预埋钢板平面高差	2
		现浇梁同一墩台顶支座平面高差	2
		上、下座板相对水平错动位移偏差（或上、下座板相对水平扭转角度偏差）	+0.6（±0.1°）
		非活动方向的滑动间隙偏差	±0.2
8	板式橡胶支座	同一梁端两支座相对高差	1
		每一支座板的边缘高差	2
9	盆式橡胶支座	支座板四角高差	1
		上、下座板十字线扭转	1
		同一梁端两支座高差	1
		一孔箱梁四个支座中，一个支座不平整限值	3
		固定支座上、下座板及中线的纵、横错动量	1
		活动支座中线的纵横错动量（按设计温度定位后）	3

13.1.9 抗　震

《铁路桥隧建筑物修理规则》铁运〔2010〕38号（TG/GW 103—2010）中规定：

（1）位于抗震设防烈度7度及以上地区的桥梁（设防烈度6度地区的省会和市区人口在百万以上城市的重要桥梁按7度设防），均需按《铁路工程抗震设计规范》的规定进行检算。对抗震能力不足者，应采取抗震措施。

注：重要桥梁是指特大桥、大桥、中桥以及7度地区墩台高度大于10 m和8度地区墩台高度大于5 m的小桥。

（2）抗震设防烈度7度及以上地区的桥梁，以及6度地区的重要桥梁，均应设置防落梁设施。

任务 13.2　铁路桥梁运营性能检验标准

当列车按照规定的速度通过桥梁时，为了保证桥梁结构不出现激烈的振动、防止车轮脱轨和保证客车过桥的舒适性，铁路桥梁必须具有足够的竖向和横向刚度。《铁路桥隧建筑物修理规则》铁运〔2010〕38 号（TG/GW 103—2010）和《铁路桥梁检定规范》(铁运函〔2004〕120）规定了桥梁结构在荷载作用下的变形、振幅、加速度以及最低自振频率。

铁路桥梁运营性能检验有两个判别值：

（1）行车安全限值——保证列车以规定的速度安全通过时，桥梁结构必须满足的限制指标。超过此值时，必须采取一定的确保安全的措施。

（2）通常值——桥梁在正常运用中的挠度或振幅实测值的上限、频率实测值的下限以及结构校验系数实测值的均值。铁路桥梁在运营过程中，如超过此值，应仔细检查桥梁结构是否存在隐藏的病害，同时调查列车曾否产生异常的激励（车辆装载偏心、车况不良等）。

13.2.1　桥梁变位

1. 桥梁竖向变位

我国现行《铁路桥涵设计基本规范》(TB 10002.1—2005）中规定，在“中-活载”静力作用下，客货共线铁路（$v \leqslant 160$ km/h）桥梁的竖向刚度应满足表 13.2.1-1 中所列限值；客货共线铁路（160 km/h$<v\leqslant$250 km/h）桥梁的竖向刚度应满足表 13.2.1-2 中所列的限值，表中 L 为简支梁或连续梁检算跨的跨度。同时，客货共线铁路（160 km/h$<v\leqslant$250 km/h）桥梁的梁端竖向转角（连续梁为正负转角的绝对值之和）不应大于表 13.2.1-3 中所列的限值；钢梁桥面系纵梁位置处横梁的挠度：端横梁应不大于 2 mm，中间横梁应不大于 3 mm。

表 13.2.1-1　桥梁最大容许挠度值（$v\leqslant$160 km/h 客货共线）

梁式				最大容许挠度值
钢梁	桁梁	简支		L/900
		连续	边孔	L/900
			中孔	L/750
	板梁	简支		L/800
混凝土梁	普通钢筋混凝土梁及预应力混凝土梁	简支		L/800
		连续	边孔	L/800
			中孔	L/700

表 13.2.1-2　梁体竖向挠度限值（160 km/h$<v\leqslant$250 km/h 客货共线）

跨度（m）		$L\leqslant24$	$24<L\leqslant40$	$40<L\leqslant96$
挠度限值	单跨	L/1 000	L/900	L/900
	多跨	L/1 400	L/1 200	L/900

表 13.2.1-3 梁端竖向转角限值（160 km/h<v≤250 km/h 客货共线）

桥梁类型	一般情况	其中时速 250 km/h 区段的桥梁
有砟桥面和钢梁明桥面	3.0×10^{-3} rad	2.5×10^{-3} rad
无砟桥面	1.5×10^{-3} rad	1.5×10^{-3} rad

高速铁路桥梁在竖向 ZK 静活载作用下，梁体的竖向刚度及竖向转角不应大于表 13.2.1-4、表 13.2.1-5 中所列的限值。计算拱桥和刚架桥的竖向挠度时，除考虑列车竖向静活载作用外尚应计入温度变形的影响。梁体竖向挠度按下列情况之不利者取值：

（1）列车竖向静活载作用下产生的挠度值与 0.5 倍温度引起的挠度值之和；

（2）0.63 倍列车竖向静活载作用下产生的挠度值与全部温度引起的挠度值之和。

表 13.2.1-4 梁体竖向挠度限值（高速铁路）

设计速度	跨度范围（m）		
	L≤40	40<L≤80	L>80
250 km/h	L/1 400	L/1 400	L/1 000
300 km/h	L/1 500	L/1 600	L/1 100
350 km/h	L/1 600	L/1 900	L/1 500

注：① 表中限值适用于 3 跨及以上的双线简支梁，对于 3 跨及以上一联的连续梁，梁体竖向挠度限值按表中数值的 1.1 倍取用，对于 2 跨一联的连续梁、2 跨及以下的双线简支梁，梁体竖向挠度限值按表中数值的 1.4 倍取用。

② 对于单线简支梁或连续梁，梁体竖向挠度限值按相应双线桥限值的 0.6 倍取用。

表 13.2.1-5 两端竖向转角限值（高速铁路）

桥梁类型	位置	限值（rad）	备注
有砟轨道	桥台与桥梁之间	$\theta\leqslant2.0‰$	
	相邻两孔梁之间	$\theta_1+\theta_2\leqslant4.0‰$	
无砟轨道	桥台与桥梁之间	$\theta\leqslant1.5‰$	梁端悬出长度≤0.55 m
		$\theta\leqslant1.0‰$	0.55 m<梁端悬出长度≤0.75 m
	相邻两孔梁之间	$\theta_1+\theta_2\leqslant3.0‰$	梁端悬出长度≤0.55 m
		$\theta_1+\theta_2\leqslant2.0‰$	0.55 m<梁端悬出长度≤0.75 m

注：相邻两孔梁的转角之和（$\theta_1+\theta_2$）除应符合本条规定的限值外，每孔梁的转角尚应符合桥台与桥梁间转角限值的规定。

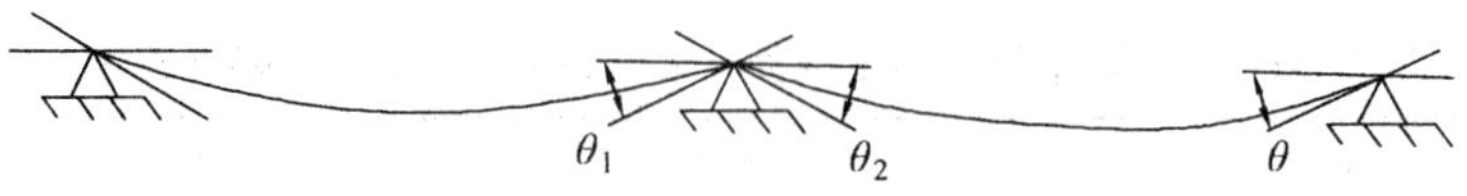

我国《铁路桥梁检定规范》指出，现场试验检定时，在列车静活载（换算至中-活载）作用下，实测桥梁跨中竖向挠跨比的通常值见表 13.2.1-6，其中 h 为梁高，L 为跨度。

表 13.2.1-6　竖向挠跨比通常值　　单位：mm

梁别	结构类型		竖向挠跨比
钢梁	板梁	普通桥梁钢	1/1 200
		低合金钢	1/950
	桁梁	普通桥梁钢	1/1 500
		低合金钢	1/250
钢筋混凝土梁	普通高度（$h/L=1/7\sim1/9$）		1/4 000
	低高度（$h/L=1/13\sim1/15$）		1/1 900
型钢混凝土梁			1/1 250
预应力混凝土梁	普通高度（$h/L=1/11\sim1/13$）		1/1 800
	低高度（$h/L=1/14\sim1/16$）		1/1 300

无砟轨道桥梁，梁缝两侧钢轨支承点间的相对竖向位移不应大于 1 mm，对于设有纵向坡度的桥梁，尚应考虑由于活动支座纵向水平位移引起的梁缝两侧钢轨支承点间的相对竖向位移。墩台基础的沉降量应按恒载计算，其工后沉降量不应超过表 13.2.1-7 所列的容许值。超静定结构相邻墩台沉降量之差除应满足上述规定外，尚应根据沉降差对结构产生的附加应力的影响确定。

表 13.2.1-7　梁端竖向转角限值（300 ~ 350 km/h 客运专线铁路）

桥梁类型	墩台均匀沉降量	静定结构相邻墩台沉降量之差
有砟桥面桥梁	30 mm	15 mm
无砟桥面桥梁	20 mm	5 mm

涵洞的地基为压缩性土层时，应计算涵洞的沉降。铺设有砟轨道时工后沉降量大于 50 mm；铺设无砟轨道时，工后沉降不应大于相应地段路基的控制标准。

2. 梁体横向变位

《铁路桥梁检定规范》和《高速铁路设计规范（试行）》均规定，在列车横向摇摆力、离心力、风力和温度力的组合作用下，梁体的水平挠度应不大于梁体计算跨度的 1/4 000。

由墩台横向水平位移差引起的相邻跨桥面处轴线间的水平折角不应大于 1‰。确定水平折角的荷载组合按《铁路桥涵设计基本规范》和《高速铁路设计规范（试行）》相关规定办理。当桥梁跨度小于 20 m 时，墩台横向水平位移采用跨度 20 m 的限值。

《铁路桥梁检定规范》规定了简支钢梁和钢筋混凝土梁跨中横向水平振幅行车安全限值及通常值，以及桥墩墩顶的横向水平振幅通常值，分别如表 13.2.1-8 ~ 13.2.1-10 所示。

表 13.2.1-8 桥梁跨中横向水平振幅行车安全限值

类别	结构类型			跨中横向水平振幅行车安全限值
钢梁	无桥面系的板梁或桁梁			$L/5\ 500$
	有桥面系	板梁		$L/6\ 000$
		桁梁	$L \leqslant 40$ m	$L/6\ 500$
			40 m $< L \leqslant 96$ m	$L/(75L+3\ 500)$
钢筋混凝土梁、预应力混凝土梁				$L/9\ 000$

注：L 为跨度（m）。

表 13.2.1-9 桥梁跨中最大横向振幅通常值 $[A_{max}]_{5\%}$

结构类型			货车重车实测跨中横向最大振幅通常值（mm）	客车实测跨中横向最大振幅通常值（mm）			
				$v \leqslant 120$ km/h		120 km/h $< v \leqslant$ 160 km/h	160 km/h $< v \leqslant$ 200 km/h
				有缝线路	无缝线路		
钢梁	无桥面系的板梁、桁梁	普通桥梁钢梁	$\leqslant L/(3.8B)$	$\leqslant L/(9.9B)$	$\leqslant L/(11.4B)$	$\leqslant L/(9.4B)$	$\leqslant L/(8.0B)$
		低合金钢梁	$\leqslant L/(3.2B)$	$\leqslant L/(8.3B)$	$\leqslant L/(9.6B)$	$\leqslant L/(7.9B)$	$\leqslant L/(6.7B)$
	有桥面系的板梁、桁梁	普通桥梁钢梁	$\leqslant L/(2.6B)$	$\leqslant L/(6.8B)$	$\leqslant L/(7.8B)$	$\leqslant L/(6.4B)$	$\leqslant L/(5.4B)$
		低合金钢梁	$\leqslant L/(2.2B)$	$\leqslant L/(5.7B)$	$\leqslant L/(6.6B)$	$\leqslant L/(5.4B)$	$\leqslant L/(4.6B)$
预应力混凝土梁			$\leqslant L/(7.0B)$	$\leqslant L/(18.2B)$	$\leqslant L/(20.9B)$	$\leqslant L/(17.2B)$	$\leqslant L/(14.7B)$

注：L 为跨度（m）；B 对于钢梁为主梁中心距（m），对于预应力混凝土梁为支座中心距。

表 13.2.1-10 墩顶最大横向振幅通常值 $[A_{max}]_{5\%}$

结构类型			实测墩顶最大横向振幅通常值（mm）	
			$v \leqslant 60$ km/h	$v > 60$ km/h
低墩（$H_1/B < 2.5$）	扩大基础	岩石	$H/30$	$H/25+0.1$
	沉井基础			
	桩基础		$H/30+0.2$	$H/25+0.4$
	扩大基础	黏土或砂、砾		
高、中墩（$H_1/B \geqslant 2.5$）	扩大基础	岩石	$\dfrac{H_1^2}{100B}+0.2$	
	沉井基础			
	桩基础		$(H+\Delta h)^2/(100B)+0.2$	
	扩大基础	黏土或砂、砾	$H_1^2/(100B)+0.2$	$1.15[H_1^2/(100B)+0.2]$

注：H 为墩全高（自基底或桩承台底至墩顶）(m)；H_1 为墩高（自基顶或桩承台顶至墩顶）(m)。

此外,《铁路桥梁检定规范》还规定了在列车活载的作用下，支承垫石与梁底之间的横向相对变位不应大于 1 mm。对于无砟轨道桥梁相邻梁端两侧的钢轨支点之间的横向相对位移不应大于 1 mm。

3. 梁体扭曲变位

对于时速在 160 km/h 以上的桥梁，在中-活载的静力作用下，一般以一段 3.0 m 长的线路作为梁体扭转引起的轨面不平顺的基准。其限值应当满足：当时速为 200 km/h 时，$t \leqslant 3.0$ mm；当时速为 250 km/h 时，$t \leqslant 2.0$ mm。

对于高速铁路桥梁，在 ZK 静活载的作用下梁体扭转引起的轨面不平顺限值，是以一段 3 m 长的线路为基准，一线两根钢轨的竖向相对变形量不应大于 1.5 mm。

13.2.2　桥梁自振频率

我国《铁路桥隧建筑物修理规则》规定，简支梁竖向自振频率应不小于公式 13.2.2-1 的计算值：

$$f_0 = \begin{cases} 80/L & (4\ \text{m} \leqslant L \leqslant 20\ \text{m}) \\ 23.58L^{-0.592} & (20\ \text{m} < L \leqslant 96\ \text{m}) \end{cases} \tag{13.2.2-1}$$

式中　f_0——简支梁自振频率限值，Hz；

L——简支梁跨度，m。

简支梁横向自振频率应不小于：

$$f_0 = 60/L^{0.8} \tag{13.2.2-2}$$

上式适用于桥梁跨度 $L \leqslant 64$ m 的混凝土梁、下承式钢板梁、下承式钢桁梁和半穿式钢桁梁。

对于高速铁路桥梁，简支梁竖向自振频率不应低于公式 13.2.2-3 所计算的限值：

$$\left.\begin{aligned} &L \leqslant 20\ \text{m} && n_0 = 80/L \\ &20\ \text{m} < L \leqslant 96\ \text{m} && n_0 = 23.58L^{-0.592} \end{aligned}\right\} \tag{13.2.2-3}$$

式中　n_0——简支梁竖向自振频率限值，Hz；

L——简支梁跨度，m。

为了确保桥梁具有足够的横向刚度,《铁路桥梁检定规范》中列出了客货列车正常运行时各类简支钢梁、钢筋混凝土梁和桥墩结构的实测横向最低自振频率的通常值，如表 13.2.2-1 所示。

在《铁路桥梁检定规范》中规定：为了确保空载货车（或混编货车）通过时车轮抗脱轨的安全度，在不同的车速条件下桥跨结构的横向自振频率 f 不宜小于表 13.2.2-2 中所列出的参考限值。

表 13.2.2-1　桥梁横向最低自振频率通常值

桥梁	结构类型			实测横向最低自振频率通常值（Hz）
桥跨结构	钢梁	无桥面系的板梁、桁梁	普通桥钢梁	$f \geqslant 100/L$
			低合金钢	$f \geqslant 90/L$
		有桥面系的板梁、桁梁	普通桥钢梁	$f \geqslant 100/L$
			低合金钢	$f \geqslant 90/L$
	预应力混凝土梁			$f \geqslant 90/L$
桥墩	低墩（$H_1/B<2.5$）			未规定
	高、中墩（$H_1/B \geqslant 2.5$）	扩大基础	岩石	$f \geqslant 24\sqrt{B}/H_1$
		沉井基础		
		桩基础		$f \geqslant a_1 \cdot 24\sqrt{B}/H_1$
		扩大基础	黏土或砂、砾	$f \geqslant a_3 \cdot 24\sqrt{B}/H_1$

注：① L 为跨度（m）；H_1 为墩高（m）；B 为墩身横向水平宽度（m）。

② a_1 取值：软塑黏土 0.8；硬塑黏土、砂、砾 0.9；嵌岩桩 1.0。

③ a_3 取值：砾石、粗砂 0.9；硬塑黏性土、中砂、细砂 0.8。

表 13.2.2-2　适应不同车速条件的桥跨结构横向自振频率 f 值

类别	结构类型				桥跨结构横向自振频率 f（Hz）		
					$v \leqslant 60$ km/h	$v \leqslant 70$ km/h	$v \leqslant 80$ km/h
钢梁	无桥面系的板梁				$50/L^{0.8}$	$55/L^{0.8}$	$60/L^{0.8}$
	有桥面系	板梁			$45/L^{0.8}$	$52/L^{0.8}$	$55/L^{0.8}$
		桁梁	上承式	$H/L=1/6$	$70/L^{0.8}$	$75/L^{0.8}$	$80/L^{0.8}$
				$H/L=1/8$	$65/L^{0.8}$	$70/L^{0.8}$	$75/L^{0.8}$
			半穿式		$48/L^{0.8}$	$55/L^{0.8}$	$60/L^{0.8}$
			穿式		$50/L^{0.8}$	$60/L^{0.8}$	$65/L^{0.8}$
预应力混凝土梁					$40/L^{0.8}$	$50/L^{0.8}$	$55/L^{0.8}$

注：L 为跨度（m）；H 为桁梁高（m）。

13.2.3 桥梁振动加速度

我国《铁路桥隧建筑物修理规则》和《高速铁路设计规范（试行）》中规定：桥面板在频率 20Hz 及以下的竖向振动加速度应满足式（13.2.3-1）的规定，即

有砟桥面：$a_{\max} \leqslant 0.35g$ [13.2.3-1（a）]

无砟桥面：$a_{\max} \leqslant 0.50g$ [13.2.3-1（b）]

在我国《铁路桥梁检定规范》中规定，当列车通过桥梁时，桥跨结构在荷载平面内的横向振动加速度不应超过 1.4 m/s^2。

13.2.4 桥梁动力检算

对于提速大于 160 km/h 的线路中，跨度在 64 m 以上的钢桁梁桥、单线中高墩桥梁以及轻型墩桥梁，需要进行车桥的耦合动力检算，并且应该满足以下要求：

（1）既有桥梁的车桥耦合动力检算，按实际运营列车（包括客车和货车）进行。提速 200 km/h 的桥梁，检算的列车最高速度：客车 200 km/h，货车 120 km/h；提速 250 km/h 的桥梁，检算的列车最高速度：客车 250 km/h，货车 120 km/h。

（2）在实际运营的列车作用下，桥梁的动力响应应小于考虑动力系数的设计活载效应。

（3）实际运营列车的安全性指标应符合表 13.2.4-1 的规定，舒适性指标应符合表 13.2.4-2 的规定。

表 13.2.4-1 车桥耦合动力检算列车运行安全性指标

列车运行安全性评判标准		
脱轨系数	轮重减载率	轮对横向水平力
$Q/P \leqslant 0.8$	$\Delta P/P \leqslant 0.6$	$Q \leqslant 80$ kN

注：Q 为轮对作用于钢轨上的横向力；P 为车轮作用于钢轨上的垂向力；ΔP 为减载侧车轮的轮重减载量。

表 13.2.4-2 车桥耦合动力检算列车运行舒适性指标

乘坐竖向舒适性（斯佩林指标）标准			车体振动加速度评判标准	
优	良	合格	竖向加速度	横向加速度
<2.5	2.5 ~ 2.75	2.75 ~ 3.0	$a_x \leqslant 0.13g$（单峰值）	$a_y \leqslant 0.10g$（单峰值）

任务 13.3 铁路桥涵建筑物修理作业验收标准

13.3.1 整修更换桥面作业

整修更换桥面作业验收标准如表 13.3.1-1 所示。

表 13.3.1-1 整修更换桥面作业验收标准

工作项目	质量标准	附注
1. 线路轨道几何状态	符合线路维修标准	
2. 线桥偏心	符合线桥偏心的允许值	
3. 钢轨接头位置	① 符合桥面钢轨接头位置设置标准； ② 采用冻结接头，冻结后轨缝不大于 0.5 mm	
4. 上拱度	跨中上拱度值与设计值误差不超过±3 mm，轨面平顺，并应与钢梁两端线路的衔接平顺	
5. 安装分开式扣件	① 垫板扣件安装正确，螺纹道钉顺直紧密； ② 扣板螺栓扭矩不符合规定的不超过 3%	
6. 更换安装铁垫板下胶垫	① 吊板（悬空在 2 mm 及以上）不超过 3%，且无连二； ② 双层垫板不超过 5%； ③ 总厚度 12～15 mm 不超过 1%	以孔计
7. 制作、修理桥枕	① 枕心向下，槽口平整，槽深不大于 30 mm；与上盖板顶面缝隙小于 1 mm；与钢梁翼缘间隙每边不大于 4 mm； ② 镶垫木板尺寸符合规定，联结牢固，缝隙不大于 2 mm； ③ 螺栓孔位置正确，垂直误差不超过 4 mm； ④ 顶面 2 mm 以上裂缝漏灌处所不超过 1%； ⑤ 新面防腐油涂刷均匀，漏涂、流淌不超过 3%； ⑥ 端头 2 mm 以上裂缝未作防裂处理头数不超过 3%； ⑦ 表面腐朽（或垫板切入）深度达 3 mm 以上，未处理处所不超过 5%； ⑧ 钢轨接头处 4 根木桥枕（支接时是 5 根）中无一根或其他部位无连续 2 根及以上的失效，行车速度大于 120 km/h 区段钢梁明桥面无隔一或连二失效桥枕	以根计 以处计 以处计
8. 更换铺设桥枕	① 材质、规格尺寸符合标准； ② 桥枕与钢梁中心线垂直，并一头找齐； ③ 桥枕底与钢梁联结系杆件（含钉栓）间隙大于 3 mm，与横梁间隙大于 15 mm； ④ 横梁短枕无松动，与钢轨底间隙不小于 5 mm； ⑤ 构、护螺栓顺直，中心左右偏差不超过 7 mm	
9. 更换护木	① 材质、制作铺设符合规定，三面刨光并作防腐、灌缝、防裂处理，螺栓孔眼目视正直； ② 与桥枕间缝隙大于 2 mm 的槽口不超过 10%； ③ 梁端断开，两孔护木左右错牙小于 10 mm，护木接头连接牢固，缝隙不大于 2 mm	
10. 更换、整修护轨	① 符合桥面布置图规定； ② 轨底悬空大于 5 mm 处所不超过 8%； ③ 梭头各部联结牢固，尖端悬空小于 5 mm； ④ 接头靠基本轨一侧左右错牙不大于 5 mm； ⑤ 护轨道钉或扣件齐全完好，浮离 2 mm 及以上不超过 5%	

续表

工作项目	质量标准	附注
11. 修理及安装螺栓	① 螺杆、螺帽及垫圈除锈彻底，沾油厚度适宜或经镀锌处理； ② 螺杆顶部不高出基本轨 20 mm，且无不满帽现象； ③ 螺栓拧紧后扭矩达到要求，不足者不超过 5%； ④ 各种垫圈符合标准无缺少，歪斜损坏或多层垫圈（人行道支架除外）不超过 5%； ⑤ 钩螺栓钩头位置正确，有 2/3 钩头面积与钢梁钩紧；如遇到铆钉，允许钩头偏斜；螺杆与钢梁翼缘间隙大于 4 mm 者不超过 5%； ⑥ 行车速度大于 120 km/h 区段，钩（护木）螺栓无缺少和连二失效； ⑦ 自动闭塞区间，钩螺栓铁垫圈与钢轨垫板间必须有 15 mm 以上的间隙	
12. 更换安装防爬角钢	安装位置符合规定，与盖板及桥枕间联结牢固，缝隙小于 1 mm	
13. 上盖板涂装	符合上盖板喷涂标准	
14. 更换步行板（包括人行道步板）、栏杆及人行道	① 各部尺寸符合设计要求，钢支架的铆接、栓接、焊接及涂装质量符合有关规定； ② 步板四角整平，连接牢固，钢筋混凝土板平整无裂无损，边缝填塞饱满，钢质、橡胶步板等应与人行道托架有防止移动、脱落的扣系； ③ 步板铺设平直，边缘成一直线，钢步板无锈蚀； ④ 栏杆平直，联结牢固，无扭曲，10 m 弦矢度小于 20 mm； ⑤ 梁端断开，活动端处能与梁体共同移动	栓钉、焊接、涂装质量同钢结构；钢筋混凝土板质量同钢筋混凝土结构

13.3.2　钢梁保护涂装作业

钢梁保护涂装作业验收标准如表 13.3.2-1 所示。

表 13.3.2-1　钢梁保护涂装作业验收标准

工作项目		质量标准	附注
1. 钢表面清理		① 电弧喷焰或涂装环氧富锌底漆，达到 Sa3 级； ② 涂装酚醛、醇酸红丹或聚氨酯底漆，达到 Sa2.5 级； ③ 箱型梁内表面涂装环氧沥青底漆，达到 Sa2 级； ④ 维护涂装环氧富锌底漆或热喷锌，达到 Sa2.5 级； ⑤ 附属钢结构涂装红丹底漆或维护涂装红丹底漆，达到 St3 级； ⑥ 涂装涂料涂层时，钢表面粗糙度为 R_z25～60 μm；电弧喷铝时，钢表面粗糙度为 R_z25～100 μm	
2. 涂膜粉化清理		涂层表面打磨、污垢清除彻底，不损伤底漆	
3. 腻缝		作业范围内，凡能积水的缝隙内的旧漆污垢除净无漏腻，腻子填实压平，无开裂积水	
4. 涂装涂层	（1）涂料涂装	① 涂装体系、层数、厚度符合规定； ② 涂层表面平整均匀，新旧涂层衔接平顺，色泽不匀不超过 10%； ③ 无剥落、裂纹、附着力不小于 3 MPa； ④ 起泡、气孔每平方米不超过两个 5 cm×5 cm 缺陷	
	（2）电弧喷焰	① 涂装体系、涂层厚度符合规定； ② 涂层表面平整均匀、附着力符合要求； ③ 基本无起皮、鼓泡、大熔滴、散粒、裂纹、掉块；有细微缺陷但不影响防护性能	

13.3.3 基础加固作业

基础加固作业验收标准如表 13.3.3-1 所示。

表 13.3.3-1 基础加固作业验收标准

工作项目		质量标准	附注
1. 地基处理	（1）换填地基	正式施工前应进行试夯、试桩、且资料完整	
		① 换填用砂应为中、粗砂，有机质和含泥量均≤5%；碎石料粒径≤100 mm，含泥量≤5%；石灰等级≥Ⅲ级； ② 换填范围、填料比例、填筑及压实工艺、压实密度符合设计要求； ③ 换填地基底部和顶部高程偏差为±50 mm	砂和碎石同产地、同品种、同规格以连续进场量每 400 m^3 为一批；石灰每 200 t 为一批
	（2）夯实地基	① 处理范围、施工技术方案、夯点布置、密实度、承载力和有效加固深度符合设计要求； ② 重锤夯实最终总下沉量应大于试夯总下沉量的 90%； ③ 允许偏差：顶面平整度为 50 mm；夯点间距为重锤夯实±0.1 d，强夯±500 mm	检查数量为每基坑不少于 5 处
	（3）旋喷桩加固	桩的加固范围、数量和布置形式、水泥浆配合比例、桩身无侧限抗压强度、地基承载力符合设计要求 允许偏差：桩位中心 50 mm；桩径 −50 mm；桩长 +100 mm（−0 mm）；桩体垂直度 1.5%	检查桩数的 2%，并不少于 5 根；地基承载力检查总桩数的 2‰，且每基坑不少于 1 处
2. 明挖基础		① 基坑平面位置、坑底尺寸、开挖方式、支护形式、基底地质条件、回填填料应满足设计要求，夯实符合规定； ② 岩层基底应清除岩面松散石块、淤泥、苔藓，凿出新鲜岩面，表面清洗干净，应将倾斜岩面凿平或凿成台阶；碎石类土及砂类土层基底承重面应修理平整，黏性土层基底整修时，应在天然状态下铲平，不得用回填土夯平；砌筑基础时，应在基础底面先铺一层 5～10 cm 水泥砂浆； ③ 基础浇筑、砌筑应在无水情况下施工，混凝土和砌体砂浆终凝前不得浸水； ④ 基底高程偏差：土质：10 mm；石质：+50 mm（−200 mm）	模板、钢筋、混凝土及砌体按有关标准评定
3. 灌注桩基础		① 孔径、孔深、孔型、钻（挖）顺序、防护措施、桩头处理、桩填高程、主筋伸入承台长度和桩承载力试验符合设计、施工技术要求； ② 浇筑水下混凝土前应清底，桩底沉渣允许厚度：摩擦桩不大于 300 mm；柱桩不大于 100 mm； ③ 孔位中心允许偏差为：钻孔桩群桩 100 mm；单排桩 50 mm；挖孔桩 50 mm； ④ 成孔倾斜度：钻孔桩不大于 1%；挖孔桩不大于 0.1%	钢筋、混凝土按有关标准评定

13.3.4 整修加固钢梁作业

整修加固钢梁作业验收标准如表 13.3.4-1 所示。

表 13.3.4-1 整修加固钢梁作业验收标准

工作项目	质量标准	附注
1. 加固	部位及尺寸符合设计要求	
2. 钢料切割	切割刨边后，边缘平整尺寸误差：宽度 +4 mm（−2 mm）；长度：+0 mm（−4 mm）	
3. 钻孔	新钻钉孔与钢面自下而上垂直，孔壁平滑，不良钉孔（指直径误差不超过 +0.5 mm（−0.2 mm），斜孔偏斜小于 2 mm，错孔小于 1 mm）的个数不超过 20%	
4. 组拼	钢料接触面间无铁屑、锈皮、污垢；组装紧密，用 0.3 mm 塞尺插入深度不大于 30 mm	
5. 铆合	铆钉无松动，钉头无裂纹及全周浮离，其他不良铆钉不超过 10%	
6. 高强度螺栓连接	（1）无缺少、松动，超拧或欠拧螺栓不超过节点螺栓总数的 1%； （2）栓焊梁螺栓联结部位摩擦系数不小于 0.45	应同时检查同一节点的原有铆钉是否松动
7. 弯曲整修	整修后，无压痕及裂纹，弯曲矢度在容许范围以内，整修处附近铆钉无松动，其他不良铆钉不超过 10%	
8. 洞孔伤损	钢料伤损及洞孔边缘修磨平整，填补后钢料间接触紧密，无缝隙	
9. 清扫	各部分清洁、无积垢，排水良好	

13.3.5 更换加固钢梁作业

更换加固钢梁作业验收标准如表 13.3.5-1 所示。

表 13.3.5-1 更换钢梁作业验收标准

工作项目	质量标准	附注
1. 位置	钢梁中心线与设计线路中心线位置偏差小于 15 mm	拨正钢梁按本项评定
2. 支点位置	① 钢梁一端支承垫石顶面高差小于钢梁宽的 1/1 500； ② 每一主梁两端支承垫石顶面高差：当跨度小于 55 m 时为 5 mm；当跨度大于 55 m 时为计算跨度的 1/10 000，并不大于 10 mm； ③ 前后两孔钢梁在同一墩顶支承垫石顶面高差不大于 5 mm； ④ 支座底板四角相对高差不大于 2 mm	
3. 钢桁梁拼装位置	① 弦杆节点对梁跨端节点中心连接线偏移不大于跨度的 1/5 000； ② 弦杆节点对相邻两个节点中心连线偏移不大于 5 mm； ③ 立柱在横断面内垂直偏移不大于立柱理论长度的 1/700； ④ 拱度偏差：设计拱度为 60 mm 时，不超过 ±4 mm；设计拱度为 120 mm 时，不超过设计挠度的 ±18 %；设计拱度大于 120 mm 时，按设计规定取值	

13.3.6 整修圬工梁拱及墩台作业

整修圬工梁拱及墩台作业验收标准如表 13.3.6-1 所示。

表 13.3.6-1 整修圬工梁拱及墩台作业验收标准

工作项目	质量标准	附注
1. 抹面	抹面压实，裂纹、空响面积不超过 2%，砂浆符合规定	
2. 压浆	① 注浆孔位置、深度及灰浆配合比、水灰比符合要求； ② 不因钻孔而损坏原圬工，裂纹和空隙内经压水冲洗，并注满浆； ③ 注浆孔用砂浆填实，无裂纹，淌出灰浆清除干净	
3. 修补	① 材料配合比、工艺符合要求； ② 槽宽度误差不超过 ±5 mm，深度不少于 8 mm； ③ 勾缝平实，凹凸不超过 ±3 mm，与圬工结合牢固，无断道； ④ 色泽协调均匀	
4. 整修更换防水层	① 垫层抹面无坑洼，与原圬工联牢； ② 防水层平顺密实，与边墙及泄水孔衔接严密，无渗漏现象； ③ 保护层厚度不小于 30 mm，坡度不小于 3%；压实抹平，无裂损和空响；与圬工边缘衔接处无裂纹，流水坡度平顺	
5. 整修更换泄水管	① 管内畅通，无杂物堵塞； ② 外露部分无锈蚀； ③ 排水不污染梁体	
6. 整修伸缩缝（或沉降缝）	缝内杂物清除干净，填塞密实，表面平整，无漏水、无断裂或挤出	
7. 灌注混凝土及钢筋混凝土	① 混凝土配合比、水灰比、各部分尺寸符合要求； ② 钢筋的品种规格应符合设计要求，无出厂合格证时应试验合格； ③ 钢筋的锈蚀、油污清除干净、加工正直，组配及弯曲尺寸符合设计要求。在同一截面内，受力钢筋闪光接触对焊接头在受拉区不得超过 50%，电焊接头应错开，主筋横向位置偏移不大于 ±7.5 mm，箍筋位置偏移不大 ±15 mm，其他钢筋位置偏移不大于 ±10 mm； ④ 新旧圬工连接按规定凿毛并埋设牵钉（牵钉直径、间距及埋深符合设计要求），冲洗干净； ⑤ 混凝土拌和均匀，分层灌筑，捣固密实，施工接缝连接牢固； ⑥ 混凝土表面允许有微小的麻面、蜂窝和龟裂，但不得露主筋	混凝土试块强度符合设计要求，并有施工检算记录
8. 分片式混凝土梁横向加固	① 加固方案及布置形式、加固位置、数量、施工工艺等符合设计要求； ② 新增联结板（隔板）尺寸偏差：宽度（顺桥向）±10 mm；高度 +10 mm（−0 mm）；厚度 +10 mm（−0 mm），表面平整度 ≤3 mm/m 中心偏离设计位置 ≤10 mm； ③ 钢筋锚固孔深允许偏差：+15 mm（−5 mm），孔内清洁无杂物，使用植筋胶时应干燥； ④ 封锚混凝土高度偏差 ≤10 mm；封锚前锚具外露端涂黄油，安装防水塑料盖； ⑤ 预应力筋张拉回缩量 ≤1 mm； ⑥ 新增混凝土与梁体间的施工缝表面涂 2～3 层聚氨酯防水涂料，涂层厚度 ≥1 mm	钢筋混凝土、混凝土及预应力筋符合有关标准

13.3.7　更换圬工梁拱及墩台作业

更换圬工梁拱及墩台作业验收标准如表 13.3.7-1 所示。

表 13.3.7-1　更换圬工梁拱及墩台作业验收标准

工作项目	质量标准	附注
1. 架梁位置	梁的中心线与设计位置偏差不大于 20 mm	拨正圬工梁按本项评定
2. 梁体尺寸	① 梁高度的偏差不超过：+20 mm（−5 mm）； ② 跨度 ±20 mm； ③ 梁长 $L_P>16$ m±30 mm；$L_P\leqslant 16$ m±12 mm； ④ 下翼宽度 +20 mm（−0 mm）； ⑤ 腹板厚度：钢筋混凝土梁为 +3%；预应力混凝土梁为 +15 mm	圬工质量、防水层铺设、支座安装参考有关项目评定
3. 墩台尺寸	① 结构各部分尺寸与设计中心线误差：基础平面尺寸为 ±50 mm，墩台前后左右平面尺寸为 ±50 mm； ② 顶面流水坡不小于 3%	
4. 支承垫石	① 表面平整，局部凹陷深度小于 5 mm； ② 标高与设计误差不超过 ±10 mm	
5. 表面裂纹	符合限值规定	

13.3.8　整修更换支座作业

整修更换支座作业验收标准如表 13.3.8-1 所示。

表 13.3.8-1　整修更换支座作业验收标准

工作项目	质量标准	附注
1. 整修支座	① 各部分清洁，无灰渣，活动端涂固体油脂或擦石墨，涂擦均匀，无缺漏； ② 支座位置平整密实，各部分相互密贴； ③ 锚栓无松动、缺少； ④ 排水良好，无翻浆、流锈； ⑤ 涂装油漆良好	
2. 凿埋锚栓	锚栓直径及埋入深度符合规定，位置偏差小于 5 mm，螺栓杆正直无松动，周围砂浆填实、无裂纹	
3. 支座更换安装	① 支座的质量和规格符合标准，安装位置正确； ② 支座平整、密贴、无缝隙； ③ 活动支座滚（滑）动面洁净滑润，梁跨伸缩、转动自由；固定支座应稳固可靠； ④ 支承及限位设备齐全	
4. 支座捣垫砂浆	① 原圬工面凿毛洗净，水灰比、砂浆配合比符合规定，拌和均匀，捣固密实，周围抹面平整，无裂纹，抹面少量有轻微空响； ② 与座板间缝隙小于 1 mm，深度小于 30 mm； ③ 排水良好	

13.3.9 整修更换涵洞作业

整修更换涵洞作业验收标准如表 13.3.9-1 所示。

表 13.3.9-1 整修更换涵洞作业验收标准

工作项目	质量标准	附注
1. 整修涵洞	① 勾缝无脱落，节缝无漏水、漏土； ② 清除淤泥，排水通畅	圬工部分修理加固质量标准同圬工梁拱墩台
2. 更换或增设涵洞	① 孔径及各部分尺寸与设计相符，误差：孔径 +20 mm（−0 mm）；钢筋混凝土厚薄 +10 mm（−5 mm）；混凝土厚薄 ±15 mm；浆砌块石料石厚薄 ±20 mm； ② 涵身顺直，弯曲矢度小于 1/250； ③ 沉降缝垂直、整齐、无交错；填塞紧密，无漏土、漏水；接头错牙小于 10 mm	圬工质量符合有关规定
3. 框架桥涵顶进	① 外形尺寸误差：宽度 ±50 mm；轴向长度 ±50 mm；顶底板厚度 +20 mm（−5 mm）；中边墙厚度 +20 mm（−5 mm）；肋 ±3%； ② 顶进误差：中线，一端顶进不超过 200 mm，二段顶进不超过 100 mm；高程不超过顶程的 1%，但偏高不得超过 150 mm，偏低不得超过 200 mm	钢筋混凝土、混凝土及砌石圬工质量按有关规定标准控制
4. 圆涵顶进	顶进误差：中线 50 mm；高程：偏高不超过 20 mm，偏低不超过 50 mm；管节错口不超过 10 mm；对顶法接头的管节错口不超过 30 mm	

13.3.10 整修加固防护及河调建筑物作业

整修加固防护及河调建筑物作业验收标准如表 13.3.10-1 所示。

表 13.3.10-1 整修加固防护及河调建筑物作业验收标准

工作项目	质量标准	附注
1. 浆砌块石或料石	① 砌体尺寸、砂浆等级符合设计要求，石质无风化、裂纹，耐久性、抗冻性符合要求； ② 旧圬工损坏部分清除彻底、清洗干净，并且砂浆抹平，新旧圬工联牢； ③ 分层砌筑，丁顺相间，石块间砂浆饱满密实，无松动剂空隙； ④ 缝宽：块石不大于 20 mm，料石 10～15 mm；垂直灰缝无贯通；块石错缝间距离不少于 80 mm，如有超限，每 10 m^2 不超过 3 处	一条砌缝算 1 处
2. 浆砌片石	① 砌体尺寸、砂浆等级符合设计要求，石质无风化、裂纹、水锈、泥土；清洗干净； ② 基底符合设计要求，岩石基底表面无风化及松软土石；非岩石基底夯实平整，表面无浮土杂物；土质基底铺有砂石垫层； ③ 分层填筑（每层约 1 m 找平），大面向下咬接密实，石块间砂浆饱满；缝宽不大于 40 mm，不小于 20 mm，垂直无空缝；错缝距离不小于 80 mm；三块石料相砌时，内切圆不大于 70 mm，灰缝下限处所每 10 m^2 不超过 5 处	一条砌缝算 1 处

续表

工作项目	质量标准	附注
3. 干砌片石	① 砌体尺寸符合要求； ② 石质无风化、裂纹，片石中部厚度不小于 15 cm； ③ 碎石垫层夯实平稳，厚度不小于 10 mm； ④ 大块在底层，大面向下，咬接密实，支垫稳固； ⑤ 砌石面坡平顺，用 2 m 弦线丈量凹陷矢度不超过 50 mm	
4. 勾缝	① 勾缝无脱落； ② 勾缝深度不小于 30 mm，新旧缝相接良好，砂浆符合规定，勾缝压实，断道空响处所不超过 1%	
5. 铁线石笼	① 铁线石笼断面、长度、材料符合设计要求，网格不大于 14 cm×18 cm，并双扣拧紧（六角形）不松弛； ② 铺设范围、标高符合设计要求，基础平整，根部稳固，各石笼骨架间相互联牢，笼内石块填满，铁线无折断	

13.3.11　整修其他设备作业

整修其他设备作业验收标准如表 13.3.11-1 所示。

表 13.3.11-1　整修其他设备作业验收标准

工作项目	质量标准	附注
1. 修理及增设水位标尺	位置、式样符合要求，尺寸准确，描绘整齐鲜明，并标出历史最高洪水位及发生年、月、日	
2. 整修或增设其他标志	位置、式样符合要求，尺寸字样准确，标志清晰	
3. 整修及增设安全检查设备	位置、式样符合要求，质量参考钢结构、圬工部分标准	
4. 整修及增设桥涵限高防护架	位置、式样符合要求，质量参考钢结构、圬工部分标准	

复习思考题

1. 什么是铁路桥涵建筑限界？
2. 什么是通航净空，对通航净空有什么要求？
3. 桥墩采用桩基础时，对其埋置深度有哪些规定？
4. 铁路桥涵运营性能检验内容包括哪些？
5. 铁路桥涵建筑物修理作业项目及验收标准有哪些？

项目 14　铁路桥涵检查

【项目描述】

桥涵结构物在使用过程中，受到各种因素的影响，其工作状态不可避免地会发生变化，甚至会发生一些损伤。为了保证桥涵的运营安全，必须按照相关技术规范的要求周期性地或针对性地对桥涵的各部位进行检查，为运营、管理与维修提供依据。本项目主要学习铁路桥涵检查的基本任务、技术状态的检查、桥梁下部结构的检测、铁路涵洞的检查以及铁路桥涵状态的评定等级、评定项目及标准等内容，为以后进行桥涵养护维修工作提供必需的知识储备。

【教学目标】

1. 能力目标

（1）能够进行铁路桥涵状态等级的评定；

（2）能够进行铁路桥涵技术状态检查及检测；

（3）具备从事铁路桥涵检查工作的基本能力。

2. 知识目标

（1）掌握铁路桥涵检查的任务；

（2）掌握铁路桥涵技术状态检查的内容；

（3）掌握铁路桥涵病害的检查与检测方法；

（4）掌握铁路桥涵状态等级评定标准。

3. 素质目标

（1）培养学生良好的职业道德和吃苦耐劳的优良品质；

（2）培养学生分析问题、解决问题、积极思考和勇于创新的能力；

（3）培养学生的综合业务能力。

相关案例——陇海铁路灞河桥水害抢修和重建

陇海铁路灞河桥位于陇海线 K1062 + 170 处，为 13 孔 26.1 m 钢筋混凝土预应力双线桥，桥长 368.5 m。大桥始建于 1934 年。历年曾多次遭受破坏并改建。2002 年 4 月下旬，灞河上游多次降雨，水位上涨。西安工务段立即组织人员对灞河桥进行了不间断的巡视和检查，并对桥梁基础防护病害进行了集中整治，雇用了大型机械，出动劳力 184 人，耗费工时 2 500 多人天。同年 5 月 16 日，该桥 3 ~ 5 孔长 57 m 的一段二级防护及垂裙受洪水冲刷，出现险情。按照铁道部、铁路局提出的加固方案，西安分局立即组织了 170 余人的复旧队伍，对二级平面防护局部垮塌部位进行复旧，使用编织袋 3 000 条，装填砂石加厚加高阻水导流围堰 540 m^2，采用钢筋骨架的片石笼 456 m^2，灌注垂裙 470 mm，昼夜不停地对塌坑进行回填抢修。并设置临时看守，24 小时昼夜监护。同年 6 月 8 日至 9 日，陕西地区又普降暴雨（灞源地区 143 mm，秦岭山区达到 300 mm 以上），造成河水上涨，灞河最大流量达 600 m^3/s，流速达到 3 m/s 以上。9 日 14 时许，第 3 ~ 5 孔一级平面防护出现垮塌现象，4 号桥墩悬空，影响行车。西安工务段及时发现险情，于 14 时 35 分封锁陇海线上下行线路，拦停了 41 108 次货车，防止了列车颠覆的重大事故。15 时 23 分至 56 分，4、3、2 号墩相继垮塌。第 1 ~ 6 孔梁坠落河中，陇海线行车完全中断。

险情发生后，西安铁路分局组织 6 个专业小组、2 200 余人的抢险队伍、120 台大型施工机械，昼夜进行抢险救援。陕西省、西安市领导也赶赴现场查看险情，组织抢险口接到险情报告后，郑州铁路局领导立即带领有关人员，到水害现场，了解水害和抢险组织情况，研究部署抢险救援及复旧方案。原铁道部领导召开了由陕西省、郑州铁路局、铁道部第一设计院等各有关单位参加的抢险复旧方案会议。充分肯定了郑州局铁路抢险救援工作，确定了"废弃旧桥、修建新桥"的复旧方案，并就加快复旧工程进度、加强运输组织、确保铁路安全畅通、吸取水害教训等方面提出了明确的目标和要求。

任务 14.1　铁路桥涵检查的基本任务

桥涵结构物在使用过程中，受到各种因素的影响，其工作状态不可避免地会发生变化，甚至会发生一些损伤。为了保证桥涵结构物的安全运营，必须周期性地或者针对性地对桥涵各部位进行检查，以便及时发现桥涵的病害，这样可以随时掌握桥涵技术状态的变化情况，为运营、管理与维修提供依据。

桥涵检查按时间可分为经常检查、定期检查、临时检查和专项检查。

（1）经常检查以目测为主，配以简单的量测工具，与日常管理及保养小修结合进行。主要是检查设备状态变化较快及直接影响行车的部位，并对已发生的病害定时观测。一般由工长、领工员对管内设备每月或每季检查一遍，长大桥梁还应由巡守工每日检查一次。技术复杂及有严重病害的桥涵，由工务段负责人组织有关人员进行检查。检查时，应认真做好记录和描述，必要时进行摄影和录像。

根据桥梁的全长、跨度、结构类型、材质、运营情况及重要性等，定期检查可每半年、一年或两年进行一次。对斜拉桥、悬索桥等结构复杂的桥梁，可半年进行一次。对预应力混凝土连续梁、预应力混凝土连续刚构等，可一年或者两年检查一次。每年春、秋两季可对桥涵的结构状态各进行一次细致的全面检查。

（2）定期检查是春融及汛前，对桥涵设备的排水、泄洪及度汛防护设施进行的检查。检查工作由工务段根据铁路局的要求组织进行。

春季时，检查桥涵经过严寒后的技术状态，包括：检查桥梁易受低温影响的部位（如钢梁的主要焊缝）、混凝土构件中易于积水冰冻的部位、桥头路基冻融变位等；检查桥梁排水及防护设备，清除涵管内淤泥，对桥下进行疏通，以保证排水畅通；对导流建筑物及防护设备进行检查修理，调查上游水库情况，采取措施确保汛期安全；在春融前对破冰凌等防护设备应进行检查，以保证流冰安全过桥。

而秋季在经过夏期洪汛后，全面检查桥面的技术状态，包括量测基础的水下冲淤、墩台的位置，以及上部结构受到膨胀的影响等。因秋季气候较好，检查上、下部结构均较方便深入，检查的项目可更为全面。

定期检查除目测外，往往需要使用较多的工具及仪器设备。定期检查的内容虽然也包括了某些经常检查的内容，但比经常检查的内容更全面、深入、详细。定期检查后要形成报告，对受检部位和关键数据要进行鉴定，并做出评价。

（3）临时检查是当设备受到地震、洪水、台风、火灾及车船撞击等紧急情况或发生突发性严重病害时，为及时掌握结构物状态而进行的检查。临时检查由工务段组织进行，必要时由铁路局组织进行。

（4）专项检查包括限界检查，桥梁挠度、拱度、横向振幅测量以及桥梁墩台及基础病害检查。桥涵限界重要线路每五年、其他线路每十年检查一遍。跨度在 40 m 及以上的钢梁，由工务段负责至少每三年测量一次挠度和拱度。对有病害的钢梁、钢筋混凝土梁和预应力混凝土梁，其挠度、拱度和跨中横向振幅的测定时间由铁路局确定。

任务 14.2 铁路桥涵技术状态检查

铁路桥涵技术状态检查是针对桥涵整体及各细部结构构件等的观察，以及量测一些关键性的数据，达到全面了解桥涵结构各部位存在的病害的目的。对收集到的技术资料应进行现场核实，并进行必要的修改和补充。当铁路轨道等恒载发生变化时，在检算中应予以考虑。

进行检查时，应对原有结构图纸进行核对，并对主要尺寸、杆件断面及拼接部分进行测量，检查杆件外观有无裂纹、穿孔、歪扭、硬弯、爆皮以及材料夹层等状况。

14.2.1 测量工作

为了综合判断桥涵状态的变化及其对运营安全的影响，可定期进行的测量工作如下：

（1）测量主梁纵断面图和平面图，判断梁的拱度变化和横向变形；

（2）测量各墩台顶面的标高和平面位置，判断墩台是否发生倾斜、滑动、下沉或隆起；

（3）测量桥梁在动载作用下的挠度，检验桥梁的竖向刚度是否满足要求；

（4）测量桥墩和梁跨结构的横向振幅，检验梁的横向刚度是否满足要求；

（5）测量河床的纵、横断面和平面位置（包括调查各种水位），分析河道变迁情况及河床冲刷、淤积等情况；

（6）检查桥梁的建筑限界是否满足要求。

14.2.2 桥涵限界检查

对于重要线路桥涵限界应每五年检查一遍、其他线路桥涵限界应每十年检查一遍，并依据检查结果绘制出每座桥涵的综合最小限界图，填写《桥涵综合最小建筑限界尺寸表》及《区段桥涵综合最小建筑限界尺寸表》。铁路局应绘制管内各区段桥涵综合最小限界图报铁路总公司核备。当发现桥涵建筑物有变形或修理加固后，应立即检查该桥涵建筑物的限界。如对原有最小尺寸有影响时，应修正限界图并报送铁路总公司。

应该注意的是：挂各类检查架检查时，在半径小于 800 m 的曲线地段，桥涵限界应按下列公式折减后确定：

$$C=\frac{L^2}{8R} \tag{14.2.2-1}$$

式中　C——曲线内外侧加宽量，mm；

L——货车转向架中心销间距离，mm；

R——该区段内桥涵的最小曲线半径，m。

14.2.3　桥梁上部结构观测的重要部件及重点部位

对于不同类型的桥梁或者不同材料修建的桥梁，其各部件和各部位的受力状况各不相同，它们在同一座桥梁中所起到的作用也不尽相同。因此在进行观测时，必须仔细检查重要部件和重点部位。这些部位比较容易损伤，并且当损伤积累到一定程度时就会影响到桥涵的正常运营，甚至会危及桥涵的安全。不同类型桥梁的上部结构观测的重要部件和重点部位如表 14.2.3-1 所示。

表 14.2.3-1　桥梁上部结构观察量测的重点部件及部位

桥型	重点量测部件及部位
悬索桥	① 主缆、主缆索股及其锚头；② 主鞍座及散索鞍；③ 吊索系统，包括索夹等；④ 主塔顶端及塔身；⑤ 加劲梁；⑥ 加劲梁支座；⑦ 防雷设施
斜拉桥	① 斜拉索及其锚头；② 斜拉索在塔和梁上的锚固区；③ 主梁；④ 主梁支座；⑤ 桥塔；⑥ 防雷设施
钢筋混凝土和预应力混凝土连续梁桥、悬臂梁桥	① 跨中截面及其附近；② 反弯点处（一般约为跨径 1/5 处）及其附近；③ 桥墩处梁上部及其附近；④ 梁端部及其附近；⑤ 支座
钢筋混凝土和预应力混凝土刚架桥	① 跨中截面及其附近；② 角隅处；③ 立柱（墩）
拱桥	① 跨中截面及其附近；② 1/4 跨径截面；③ 桥拱肋之间的连接处；④ 对中承式和下承式拱而言，还应注意观察量测吊杆；⑤ 对系杆拱而言，应注意观察量测系杆及其连接；⑥ 对钢管拱应注意其钢管（包括连接）的焊缝及其支承端的焊缝
钢筋混凝土和预应力混凝土简支梁桥、大孔板桥	① 跨中截面及其附近；② 1/4 跨径处；③ 梁、大孔板端部；④ 支座

14.2.4　桥面检查要点

在进行桥面检查时，重点需要检查桥上线路是否达到养护标准，特别需要注意检查桥头及桥上线路的平面位置及纵断面是否平顺良好；检查钢轨接头的位置、轨缝的大小是否符合要求；检查桥枕的间距与方向、桥枕腐朽或螺栓有无松动以及有无吊板（即桥枕下面悬空吊在钢轨下）等；另外，还需要检查桥面的附属设备，如护轨、人行道、防火设备等。

检查时可用肉眼观察线路的圆顺、平直、高低平顺，也可依靠道尺进行检查，必要时需要借助于经纬仪、水准仪等进行检查，发现问题时应及时纠正。

表 14.2.4-1 列出了桥面检查的内容及方法。

表 14.2.4-1　桥面检查的内容及方法

项目	检查方法
明桥面线路钢轨爬行	（1）在桥头挡砟墙上（长大桥梁还应在桥上适当地点）设置钢轨防爬观测标或观测桩，检查桥头线路（或桥上线路）有无爬行影响桥上线路；（2）桥上钢轨爬行：钢轨爬行后，会在轨底上形成道钉滑动痕迹；（3）定期检查记录，控制爬行量不超过 20 mm
伸缩调节器检查	（1）用规矩检查尺、小钢尺、温度计、放大镜、小锤等检查轨距、伸缩量、钢轨磨损、飞边、裂纹、螺栓松动的情况；（2）用目视检查其他缺陷
钢轨上弯度	（1）一般用目视方法，检查是否设有上弯度以及上弯度是否圆顺；（2）必要时可用水平仪检查上弯度是否圆顺
护轨	（1）用尺量、眼看检查护轨是否符合铺设标准；（2）用 5 mm 厚的吊板器检测吊板；（3）护轨爬行量可从轨底痕迹上量出，亦可设爬行观测标观测
桥枕及护木	（1）用目视、尺量检查是否符合铺设要求，检查轨枕表面是否腐朽以及垫板螺栓垫圈是否切入枕木；检查顶面及侧面裂纹宽度及裂缝填充的质量等；（2）对桥枕是否压钢梁上平联杆件，可用 3 mm 厚铁片（或木塞）进行检查；（3）轨枕腐朽可采用下列方法结合起来检查：① 看：目视桥枕外表腐朽情况及列车通过时桥枕挠曲状态，道钉浮起情况；② 敲：用检查小锤敲击枕木侧面或顶面，根据声响来判断内部是否腐朽；③ 探：用直径 3～5 mm 的探针，对内部可能腐朽处进行探测；④ 钻：用直径 12～14 mm 的木钻钻孔取样检查，若钻沫腐烂即为腐朽失效；垫板底下钉孔部位和螺栓孔周围是枕木最易腐朽处，应特别加强检查
明桥面吊板	用 2 mm 厚、5 mm 宽的扁铁片制成吊板器检查基本轨与垫板间或垫板与桥枕间缝隙，如插入长度超过垫板面积 1/2 时，即为吊板

14.2.5　钢结构桥检查要点

一、钢结构杆件的检查

检查结构有无下列不良情况：

（1）杆件截面材料布置不当，使部分截面不能充分发挥作用；

（2）主梁平面内及平面外的偏心连接状态；

（3）拉、压杆件长细比过大或分肢间连接薄弱；

（4）桥门架刚度较差；

（5）上承板梁及纵梁上翼缘角钢厚度不足；

（6）铆钉间距或边距超过规范规定；

（7）上承板梁或纵梁的横向连接系结构不合理或间距超过 6 m；

（8）跨度大于 10 m 的板梁用平板支座；

（9）跨度大于 16 m 的上承板梁未设下平面纵向联结系；

（10）跨度大于 48 m 的桁梁无制动联结系；

（11）跨度大于 80 m 的桁架纵梁未设纵向活动支座。

此外，还需要检查杆件的平直度：对于压力杆件弯曲矢度大于杆件计算长度的 1/1 000，拉力杆件的弯曲矢度大于杆件计算长度的 1/500 的情况，均应在检算中考虑弯曲变形影响。

在容易积水、积尘部位，或杆件密集、缝隙小、通风不良处所，应特别注意检查有无锈蚀情况，检算时应考虑其截面削弱情况。

二、钢结构杆件裂纹的检查

检查时应特别注意钢结构下列部位有无裂纹发生：

（1）主桁斜杆、吊杆与节点板连接的第一、第二排铆钉处；

（2）由于损伤造成杆件断面削弱处；

（3）杆件或连接应力集中处，板梁上翼缘严重锈蚀处；

（4）无盖板的纵梁翼缘角钢水平肢，纵梁腹板的斜裂纹，纵梁与横梁的连接角钢；

（5）主梁间纵向联结系的连接处。

三、铆接连接的检查

对于铆钉连接钢梁的连接，必须进行认真、细致的观测和检查，切实掌握其技术状态。如发现有异状，应及时分析原因，妥善处理。

检查铆钉时应特别注意下列部位：铆合过厚的地方，由于节点下垂或铆钉松动修理过的地方；纵梁与横梁及横梁与主梁的联结杆件上；承受反复应力杆件的节点，长细比较大的长杆件的交叉点；纵梁或上承板梁上翼缘角钢的垂直肢等。

检查烂头铆钉时，应特别注意桥枕下纵梁（或承板梁主梁）上翼缘水平肢（即上盖板）的铆钉、角落易积尘积水部位的铆钉等。

判断铆钉是否松动或具有其他不良状态有下列三种方法：

① 眼看：铆钉头处有流锈痕迹或周围油漆有裂纹时是铆钉松动的现象；铆钉头与钢料不密贴、钉头飞边、缺边、裂纹、锈蚀烂头及歪斜等缺陷可用肉眼或用塞尺、拉弦线检查。

② 听音：用 0.2 ~ 0.4 kg 的检查小锤敲打两侧的钉头，如发出哑声或震动的响声时，就是松动的铆钉。

③ 敲摸：检查时用手按着另一端钉头或把手指靠在铆钉头的一边，用检查锤在另一侧敲打，如感到震手就是松动铆钉。

在实际检查中，三种方法常常结合使用。要正确地判断铆钉是否松动须结合一定的实际经验，所以检查时最少应换人复查一、两次。

四、栓焊梁的检查

1. 栓焊梁、全焊梁的重点检查部位

（1）纵横梁及主梁连接处的母材、焊缝、高强度螺栓；

（2）受拉及受反复应力杆件的节点和联结系的高强度螺栓；

（3）高强度螺栓的检查应结合查阅螺栓摩擦幅和板层抗滑移系数的施工试验资料，检查高强螺栓的预紧力及其有无松扣、断裂、锈蚀等情况，板层有无滑移及梁拱度的变化情况；

（4）对接焊缝；

（5）受拉及反复应力杆件上的焊缝及邻近焊缝的热影响区；
（6）杆件断面变化处的焊缝；
（7）联结系节点及焊缝；
（8）加劲肋、横隔板及盖板处的焊缝；
（9）加劲肋未顶紧上下盖板时，腹板的加劲肋两端焊缝处；
（10）工地手工焊机气割部位。

2. 高强度螺栓检查方法

（1）目视法：如发现杆件滑移（一般表现为连接处漆膜拉开或流锈水），导致拱度、挠度变化，即表明连接处高强度螺栓大部分欠拧；如发现个别螺栓头或螺母周围漆膜开裂脱落或流锈水，即表明该螺栓严重欠拧、漏拧或出现裂纹。

（2）敲击法：用约 0.25 kg 的检查小锤敲击螺母一侧，手指按在相对另一侧，如手指感到颤动较大，则是严重欠拧的螺栓。

（3）应变仪测定法：其步骤为：

① 在可疑高强度螺栓杆端面和螺母的相对位置上划一直线，然后将其拆卸、除锈、涂油待用。

② 在原栓孔处贴有电阻片的高强度螺栓上测定所需的初拧扭矩值（使螺栓预拉力 N 和螺母转角 θ 的变化曲线成直线变化的最低值）和所需要的终拧螺母转角范围（包括设计预应力的容许误差 ±10%和预应力损失在内）。预拉力的损失规定：M22 螺栓为 10 kN；M24 螺栓为 15 kN。

③ 拆卸上述贴有电阻片的螺栓。

④ 将前述待用螺栓装上，进行初拧，使其达到上述测定所需的初拧扭矩值。

⑤ 测量螺栓杆端面和螺母上原划直线间的角度，并与上述测定的所需螺母终拧转角范围比较，即可判别该螺栓是否欠拧或超拧。

（4）扭矩测定法：更换高强度螺栓时，如采用扭矩法施工，则终拧后复验可采用如下检查方法：

先在螺杆端面、螺母相对位置划一直线，用扳手将螺母松回 30°～50°，再用定扭扳手将螺母拧回原位置，测取扭矩值，该扭矩值换算的螺栓预拉力应在设计预拉力的容许范围以内。

有严重锈蚀、裂纹或折断的高强度螺栓应立即更换，有严重欠拧、漏拧或超拧的高强度螺栓应予卸下，经检查如不能再用时（严重锈蚀、严重变形和裂纹以及施拧超过设计预拉力15%以上者）应予更换。

3. 焊缝检查方法

（1）目视法：目视或用 4～10 倍放大镜观察焊缝及邻近漆膜状态，发现可疑处则将漆膜除净。

（2）硝酸酒精浸泡法：将可疑处漆膜除净、打光、洗净（用丙酮或苯），滴上浓度 5%～10%的硝酸酒精（该浓度视钢材表面光洁度而定，光洁度高时浓度宜低）侵蚀，如有裂纹即有褐色显示。

（3）着色探伤法：将可疑处漆膜除净、打光、洗净，吹干后喷涂渗透液，隔 5～10 min，最长 30 min（根据光洁度和气温而定）后，用洗净液除去多余的渗透液，擦干，再喷涂显示液，在缺陷处即可显示红色现象。

14.2.6 钢筋混凝土梁、预应力混凝土梁检查要点

（1）混凝土结构应检查在建造和运营期间产生的裂纹，混凝土破损、中性化、保护层剥落、蜂窝、冻融、钢筋锈蚀或盐腐蚀，防水层失效、泄水管附近混凝土腐蚀等病害；

（2）钢筋混凝土梁应重点检查宽度超过 0.2 mm 的竖向裂纹，并注意检查有无斜向裂纹和沿主筋方向的纵向裂纹；

（3）预应力混凝土梁要测量上拱度的变化，要特别注意腹板上有无竖向裂纹，以及沿预应力筋方向的裂纹和道砟面板与腹板交接处的纵向裂纹；

（4）主梁间横隔板有无裂纹；

（5）观察是否有因碱集料反应自裂缝口渗出的凝胶状物质（碱硅胶）；

（6）轨枕道砟厚度不足或超厚。

圬工梁、拱应具有要求的强度、刚度、抗裂、抗渗和整体稳定性，并经常保持状态良好，如发现下列状态，应及时处理：

（1）防排水设施失效，梁体表面泛白浆；

（2）混凝土保护层中性化大于 25 mm；

（3）钢筋混凝土梁沿主筋裂纹流锈水；

（4）混凝土梁碱-集料反应导致梁体产生裂纹；

（5）圬工梁、拱恒载裂缝宽度大于表 13.1.5-1 规定的限值；

（6）预应力混凝土梁上拱度过大，导致梁上道砟厚度不足 200 mm；

（7）相邻跨梁端或梁端与桥台胸墙间顶紧，或相邻跨人行道栏杆顶紧，影响梁跨自由伸缩；

（8）意外事故造成梁体或墩台混凝土局部溃碎或钢筋变形、折断。

混凝土梁桥结构出现裂缝的形式很多，根据裂缝产生的原因，一般可分为由自身应力形成的裂缝与荷载作用下产生的裂缝两大类，裂缝宽度要求见表 13.1.5-1。

14.2.7 拱桥检查要点

（1）观察圬工有无风化、剥落、破损及裂缝，注意变截面处、加固修复处及防水层的情况；对圬工剥落、裂缝处，应注意钢筋的锈蚀情况；

（2）拱桥应测量实际拱轴线和拱圈（或拱肋）尺寸，并检查它们有无横向（垂直线路方向）的裂缝产生；

（3）拱桥应检查拱轴线坐标（与设计及竣工图对照）及主拱圈平面偏移情况；

（4）建造在非岩石地基上的拱桥，必须在拱墩台设立观测坐标点，定期观测墩台基础沉降变位情况。

14.2.8 结合梁及型钢混凝土梁的检查要点

（1）结合梁要检查钢与混凝土结合面是否错位、漏浆；

（2）型钢混凝土梁要检查梁上拱度的变化情况，混凝土部分的破损、剥落、裂缝、钢筋锈蚀等情况及下翼缘钢板的积尘及锈蚀情况；

（3）前面所述的钢梁及混凝土的检查项目。

14.2.9 框构桥的检查要点

（1）跨越公路的框构桥，应检查是否满足公路限界要求，检查顶板的底部及侧墙被公路机动车强行通过时的擦痕；

（2）检查引道及框构侧墙的竖向和横向裂纹；

（3）观测框构下沉变形情况；

（4）检查侧墙渗漏水情况，并查清水源；

（5）检查路面排水设施的工作状态是否正常。

14.2.10 斜拉桥的检查要点

（1）观察斜拉索 PE 管的外观，看是否有开裂和破损，索上下端的减振圈有无松脱。检查索下端的防护筒内有无进水，若有进水，应及早排出。

（2）检查上下端冷铸锚上的螺纹、螺母是否锈蚀或缺少防护油。

（3）观测斜拉索的风振和雨振状况。检查减振系统，以确保其满足设计要求，若振动过大就应调整减振系统。如果斜拉索采用缓冲式外部减振器，则应注意液压流体渗漏。必须检查金属衬套以保证其坚固且不变形。在损伤严重的情况下，可能需要更换个别吸振器甚至整个减振系统。

（4）进行索力的全面检测：将检测结果与竣工时的索力进行比较，找出索力变化大于 10% 的斜拉索。对索力变化较大的索、PE 管内怀疑进水的索或怀疑有断丝的索，用钢丝断丝锈蚀检查仪器进行断丝锈蚀检查。

（5）在桥面标高变化较大索的锚固位置附近（两边各 3 ~ 4 个索距位置）做一次标高测量，并与竣工时的标高进行比较，如果发现该索处的标高下降比较大，要检查该索是否有断丝现象。对锚固区的检查，应特别注意以下几点：

① 导管端部的氯丁橡胶套筒的水密性。

② 如果存在排水孔，应经常检查导管和过渡管间的排水情况。

③ 锚固系统的防腐：固定的、暴露的金属表面的油漆应完好无损，可动部分（锚环、锚头等）的螺纹通常涂抹油脂或其他润滑剂加以保护，且保证其持续润滑。

④ 内部减振系统应按生产厂家的说明进行检查。

14.2.11 桥梁支座检查要点

首先用目视、钢尺、塞尺、小锤等手段检查支座的外观状态，如支承垫石有无积水、翻浆和破损，梁跨两端四支座有无三支点现象，以及支座不平、翻浆，变形损坏，锚栓销子弯曲或剪断，辊轴变形磨损等。

一、铸钢支座的检查

（1）定期测量其位移值和梁温，当发现活动支座位移超过限值、变位方向与温度变化不符或固定支座不固定时，应顶起梁身检查活动支座销子有无异常、支座安装是否符合标准。支座位移值测量应安装指示标（尺）。辊轴（或摇轴）支座还应检查辊轴有无变形和磨损。

（2）上、下锚栓（特别是弧形支座）有无弯曲断裂。如有剪断，还应检查墩台有无变位。

（3）上、下座板与梁身、支座与支承垫石之间是否密贴，有无三条腿、翻浆冒锈等不正常现象，支座各部分是否完好。

（4）支承垫石是否裂损、不平。

（5）对连续梁桥及柔性墩上的固定支座应观测其有无变形，活动支座应检查其变位方向是否与温度变化相符，倾斜度是否在容许限度内。

二、橡胶支座的检查

（1）板式橡胶支座有无裂纹、不均匀外鼓、钢板外露、剪切变形超限、位置窜动等情况，限位装置是否可靠。

（2）盆式橡胶支座有无钢件裂纹、脱焊、锈蚀、聚四氟乙烯板磨损、位移转角超限等情况。

（3）支座与梁身、支承垫石间是否密贴。

（4）梁端横向位移的限位装置作用是否良好。

三、圆柱面钢支座的检查

（1）聚四氟乙烯板有无窜出、是否变形。

（2）固定、限位螺栓是否松动。

（3）支座与梁身、支承垫石是否密贴。

（4）限位挡块是否开裂。

四、双曲面钢支座的检查

（1）下座板相对水平扭转角度偏差，上、下座板相对水平错动位移量。

（2）聚四氟乙烯板四个角点的外露高度。

（3）非活动方向的滑动间隙偏差。

（4）限位挡块是否开裂。

五、辊轴滑板钢支座的检查

（1）平面滑板是否清洁、有无锈蚀。

（2）固定、限位螺栓是否松动。

（3）支座与梁身、支承垫石是否密贴。

（4）聚四氟乙烯板有无窜动、是否变形。

（5）铰轴的注油情况、有无裂纹。

（6）底座板挡块有无开裂。

14.2.12 桥涵周边环境检查要点

一、桥涵限高防护架、河调及附属建筑物检查

1. 桥涵限高防护架检查要点

（1）限高是否与实际相符。

（2）结构是否完整，状态是否良好。

（3）标志是否齐全、完好，标识是否准确。

2. 河调及附属建筑物检查要点

（1）河流冲刷、淤积影响情况。

（2）下沉变形情况。

（3）铁丝石笼、浆砌片石、干砌片石等缺失、变形、脱落等情况。

二、周边环境检查

（1）桥涵设备附近是否有易燃、易爆物品。

（2）桥梁上下游采砂、围垦造田、抽取地下水、拦河筑坝、架设浮桥等情况。

（3）桥涵周边采石、开矿等情况。

（4）周边危及铁路桥涵设备安全的其他内容。

14.2.13 桥梁墩台及基础检查要点

一、墩台检查

墩台检查主要有以下几个方面：

（1）墩台变形观测：量测墩台有无倾斜、滑动、沉陷、隆起等变位。特大桥及病害严重的桥梁应进行位移或下沉观测，墩台还应检查护锥和背后盲沟有无损坏、空洞，护锥有无下沉等。观测常采用的仪器有水准仪和经纬仪。

（2）浅基或基础埋深不明时检查：常采用直接挖验、钻探检查和无损检测等方法。

（3）墩台下部（水中、土中部位）病害检查。常采用直接挖验、刨冰检查、潜水触探和水下电视检查等方法。

（4）桥墩振动检查：

如发现墩台摇晃较大或有其他异状，应检查墩台身及基础有无严重病害或考察墩台结构形式的适用性。方法是测量桥墩的横向水平自振频率，以及列车通过时桥墩的强振频率、墩顶振幅，结合振动波形进行综合分析，以判定桥墩及基础隐蔽部位有无严重病害。

（5）高纬度严寒地区，应特别注意冻融循环对墩台及基础混凝土的破坏作用。

（6）高桥墩应观测列车通过时墩顶纵向及横向动位移，观测由于阳光偏晒引起的墩顶横向位移。

（7）柔性墩应检查有无因弯矩产生的水平裂纹和扭矩产生的斜裂纹，并检查支座状态，定期测量墩顶位移，注意桥上线路有无异常。

（8）空心桥墩应测定内外温度差，注意是否因温度出现裂纹并测定墩顶位移和检查因进水造成的冻胀裂纹。

（9）对双柱式轻型墩应特别注意其墩顶横向位移和振幅。

（10）检查扩大、沉井基础及桩基承台的侵蚀、剥落和空穴，桩基的腐蚀、断裂。

二、墩台裂纹检查

墩台裂纹检查方法同圬工梁拱裂纹检查方法，主要有以下几个方面：

（1）混凝土墩台身的水平和竖向裂纹。

（2）石砌桥墩裂纹和砌缝开裂、墩台身腐蚀、剥落和断裂。

（3）墩帽纵向裂纹、镶面材料损坏等。

圬工墩台恒载裂缝宽度限值见表 13.1.5-2。

14.2.14　桥梁水文检查要点

水文检查包括河床断面测量、洪水通过观测、结冰及流冰观测。

凡有洪水通过的桥涵，应在上游设置稳固而垂直的水标尺或在墩台侧面的上游处或涵洞的进口端用油漆画出水标尺。水标尺的起点须与国家水准基点高程相对应，标出历史最高洪水位和发生年月日。

凡跨越江河水库的特大桥、大桥及其他需要了解墩台基础冲刷、河床变化、河道变迁、流量、冰凌等情况的桥梁，均应进行河床断面测量、洪水通过观测、结冰及流冰观测。其他有洪水通过的桥梁和涵洞，只需观测最高洪水位。

一、河床断面测量

河床断面测量应符合下列要求：

（1）测量时间：至少每年洪水后测量一次。对季节性河流上的桥梁，洪水冲刷河床断面发生变化时，汛后测量一次。

（2）测量地点：一般在桥下及桥梁上下游各 25 m 的三个断面上进行，每次测量的断面应固定。

（3）测量范围：应在桥梁全长范围内进行。

（4）测点位置：应能明确表示出河床断面，每隔 10 m 左右设一个测点，必要时应增加测点；每次测量应在固定的测点上进行。

（5）对常年有水的桥梁，需要了解墩周冲淤变化时，应以桥墩中心为圆心，以一定距离为半径，测量该范围内的水下地形。必要时，在墩台周边进行潜水摸测。

（6）每次测量结果应绘在图纸上，用不同色笔绘制历年冲刷总图，每五年更换一次。图上应绘有各种水位、轨底、墩台顶、基底、河床的标高以及水深、墩台中心线及河床断面。

二、洪水通过观测

（1）洪水通过时，应观测水流流向、流速以及有无旋流、斜流、流木、漂浮物等情况，同时应监视墩台、调节河流建筑物、防护设备和桥头路基是否正常。对排洪能力不足和墩台稳定有疑问的桥涵，应特别加强观测。

（2）对冲刷严重的墩台，可在该处设置自动记录的测探装置或在洪水通过时使用铅鱼进行测探，必要时使用仪器测探。

（3）洪水过后，须立即检查河道、河床、防护设备、调节河流建筑物和桥头路基的状态。

（4）位于泥石流区的桥涵，应注意检查泥石流动态、谷坊内储量和冲积扇的变化。

（5）设有巡守工的桥梁，应在汛期或水库放水时期每日上午 8 时观测水位一次，其余时间每旬首日上午 8 时观测水位一次，并填写水位观测记录。在主汛期水位上涨时，应增加观测次数，找出当年最高水位及其发生日期。其他排洪桥涵应设洪峰观测水尺，指派专人记录当年最高洪水位。设备管理单位应根据水位观测记录，定期绘制水位曲线图。

三、结冰及流冰观测

（1）结冰初期，须观测结冰时间、封冰情况和气温、水温、风力及风向。

（2）结冰期，须经常观测冰层厚度、河面及河岸处是否结冰、有无冰槽（亮子）及水温、气温。

（3）解冻期，须观测水位、冰层厚度、冰色及冰槽（亮子）的变化和冰层初期移动时间、流冰密度等，并测水温、风向，以判断流冰的可能及流向。

14.2.15 桥梁材质和地基检验

对桥梁各部结构的材质应查明其品种、强度等级，对基底应查明地质情况，以确定材料的检定容许应力和地基检定容许承载力。

钢结构当其材料不全或有疑问时，应切取试件，测定其极限强度、屈服点、延伸率、冲击韧性、弹性模量及化学成分等，必要时还需进行疲劳试验、金相试验。试件应在有代表性的杆件上按规定方向切取，对切取试件的构件处应做等强加固。

混凝土结构遇到下列任一情况时应做混凝土强度检验：

（1）对混凝土质量有怀疑时；

（2）缺乏混凝土强度原始资料时；

（3）需要了解使用多年的混凝土实际强度时；

（4）需要判别混凝土结构的实际承载力时。

对钢筋混凝土和素混凝土结构宜采用钻芯法；对预应力混凝土结构宜采用后装拔出法。

对老龄混凝土结构应测量碳化深度和保护层厚度。混凝土碳化深度可采用酚酞酒精滴定，保护层厚度可采用钢筋位置探测仪测定，并应根据结构外形选择不同部位；分析混凝土保护层厚度和碳化深度宜采用统计方法。

当墩台出现下沉、滑动或倾斜等现象时，应采用物探、钻孔或开挖等方法对地基基础状况进行探查，查明造成病害的原因。

对水中墩，一定要探测墩位处的局部冲刷深度是否超过设计允许值。若已超过，则一定要采取抛填片石等方法进行处理。

14.2.16　桥梁临时（特殊）检查

桥梁临时（特殊）检查是查清桥梁结构的病害原因、构件破损程度、承载能力、抗灾能力，确定桥梁技术状况的工作。特殊检查分为应急检查和专门检验。

应急检查是当桥梁遭受洪水、流冰、漂浮物、船舶撞击、滑坡、地震、风灾和超重车辆通过等自然灾害或事故后，对结构做的详细检查，以便查明破损状况，采用应急措施，尽快恢复交通。专门检查是根据经常检查和定期检查的结果，对需要进一步判别损坏原因、缺损程度或使用能力的桥梁，针对病害进行的专门现场试验检测、检算与分析等鉴定工作，以便进行有效的养护。

任务 14.3　桥梁下部结构检测

14.3.1　桥梁下部结构病害外观检测

桥梁下部结构由墩台和基础构成，桥跨结构的荷载需要通过墩台和基础传递给地基，其工作状态直接关系到整个桥梁的安全。如果桥梁下部结构状态不良，即使梁跨结构的状态良好，也会影响到整个桥梁的使用性能。

钢筋混凝土墩台比较常见的缺陷主要有：① 冻胀引起的混凝土剥离、风化、掉角；② 车、船碰撞造成的表面混凝土擦痕、露筋；③ 支座下混凝土局部承压而引起的损坏；④ 墩台身沿着主筋或箍筋方向的裂缝；⑤ 盖梁上与主筋方向垂直的竖向裂缝；⑥ 墩台的变位，包括沉降、位移和倾斜。一般可以先由目测并结合桥梁上部结构的检查进行初步判断。

对于水中的桥墩，由于直接阻水造成除一般的冲刷外，还有局部冲刷，在桥墩处形成局部漏斗形河床。修建在天然地基上的扩大基础比较常见的病害主要有：① 埋置深度浅遭受冲刷而被掏空；② 地基不稳定造成滑移或倾斜；③ 处于软弱地基上的人工基础，在竖向荷载作用下产生压实沉陷，造成基础下沉。对于钻挖孔桩基础，最常见的问题就是施工时淤泥未清理干净，灌注混凝土时引起的基础下沉。这些病害都很容易被肉眼观察发现。

14.3.2　地基承载力检测

桥涵地基的容许承载力可通过原位测试、地质勘探、野外荷载试验和邻近旧桥涵的调查对比，按照经验和理论公式进行计算综合分析确定。当以上资料缺乏时，可依照《铁路桥涵地基和基础设计规范》（TB 10093—2017）中推荐的方法进行确定，对地质和结构复杂的桥涵地基应根据现场荷载试验进行确定。常用的地基承载力确定方法有以下几种。

（1）按照规范法确定地基承载力；

（2）利用标准贯入试验确定地基承载力；

（3）用现场荷载试验确定地基承载力；

（4）参照邻近相近地质条件下建筑物的地基承载力；

（5）按理论公式计算地基承载力；

（6）按规范经验公式计算地基承载力。

14.3.3 钻（挖）孔灌注桩完整性检测

钻（挖）孔灌注桩是桥梁工程常用的基础形式之一。它能将上部结构的荷载传递到深层稳定的土层中去，从而大大减少基础沉降和不均匀沉降，由实践证明是一种极为有效、安全、可靠的基础形式。但是，灌注桩的成桩过程是在桩位处的地面水或水下完成的，施工工序多，质量控制难度大，稍有不慎极易产生断桩等严重缺陷。根据统计，国内外钻孔灌注桩的事故率高达 5%～10%。因此，灌注桩的质量检测就显得格外重要。灌注桩的质量检测内容包括孔形检测、沉渣厚度检测及桩身质量检测等，这里主要介绍桩身质量检测。

一、常用钻孔灌注桩质量检测方法

灌注桩成桩的质量通常存在两类问题：一类属于桩身完整性缺陷，常见的有夹泥、断裂、缩径、扩径、混凝土离析及桩顶混凝土密实性较差等；另一类是嵌岩桩桩底支承条件的质量问题，主要是灌注混凝土前清孔不彻底，孔底沉淀厚度超过规定极限，影响承载力。随着长、大桩径及高承载力桩基础迅速增加，通过传统的静压桩试验检验桩基础的施工质量已很难实施，目前常用的钻孔灌注桩质量的检测方法有以下几种。

1. 钻芯检验法

一般大直径桩的设计荷载较大，很难用静力试桩法进行检测，常采用地质钻机在桩身上沿长度方向取芯，通过观察和检测所取芯样的质量确定桩的质量。

这种方法所需设备庞大，且只能反映出钻孔范围内的成桩质量，费时费工，检测价格昂贵，因此，此方法一般只用于抽样检查，一般抽检总桩数的 3%～5%，也可以作为对无损检测结果的验证手段。

2. 振动检验法

振动检验法是用各种方法在桩顶施加一个激振力，使桩体产生振动，或在桩内产生振动波，通过对波动及振动参数的分析，判断桩体成桩质量的一种方法。这种方法主要有四种：敲击法和锤击法、稳态激振机械阻抗法、瞬态激振机械阻抗法、水电效应法。

3. 超声脉冲检验法

这种方法是在桩的混凝土灌注前沿桩的长度方向平行预埋若干根检测用管道，作为超声发射和接收换能器的通道。检测时探头分别在两个管子中同步移动，沿不同深度逐点测出横截面上超声脉冲穿过混凝土时的各项参数，并按超声测量混凝土缺陷的原理分析每个断面上混凝土的质量。

4. 射线法

这种方法是利用放射性同位素射线在混凝土中的衰减、吸收、散射等现象为基础进行检查，当射线穿过混凝土时，由于混凝土质量的不同以及可能存在缺陷，接受仪所接受到的信号强弱发生变化，以此可以判别桩的质量。

二、低应变动力检测法

低应变动力检测法在检测的过程中所采用的仪器、设备较为轻便易携带，能够对桩基进行快速的检测，在检测过程中不需要占用较大场地，因此检测费用也比较低。它能够十分容易地检测桩身的完整性，并且能够判定桩身的缺陷程度以及位置等，在钻孔灌注桩工程中得到了广泛的应用。桩基低应变检测法是通过应力波在桩身中的传播和反射原理，对桩身的完整性进行检测的。常用的低应变检测法包括：反射波法、机械阻抗法、动力参数法和声波透射法。每一种检测方法都有自身的优缺点及使用范围，在桩基检测中应当选择正确合适的方法以达到最佳的效果。

（一）反射波法

反射波法是以应力波在桩身中的传播反射特征为理论基础，通过对桩进行瞬态激振后，研究桩顶速度随时间的变化曲线，从而判断桩的质量。

瞬态激振最简单的方法就是用手锤或力棒敲击桩顶，同时通过安装在桩顶的速度（或加速度）传感器，获得上述振动曲线。这种方法存在操作简单、成本低等优点，所以在桩基工程中的应用较为广泛。但是在使用时仍然有很多限制条件：

① 传感器必须安装牢固，传感器的数量要适当（当桩径达到 0.6 m 以上时，一般需安装 2 个或 2 个以上传感器）。

② 必须充分了解检测现场的地质条件，若对检测场地的地质条件了解不足，检测结果会受到地质条件的干扰。

③ 反射波法不宜作为地下水比较丰富场地的桩基检测。地下水的存在会使反射波波型太乱，对检测结果造成影响。

④ 检测不同部位的缺陷需要使用不同的激振力，对同一根桩需要经过多次检测。桩长较短时检测需要选硬锤，桩长较长时检测需要选软锤；对长大桩的测试一般选用力棒或大铁球进行击振，其重量大、能量大、脉冲宽、频率低、衰减小，适宜于桩底较深以及深部缺陷的检测，桩底及深部缺陷产生的信号反射较为强烈。

⑤ 当工程桩打入的时间过久会对试验结果产生影响，在进行工程检测时应在间歇期的不同时间段做对比试验，以确定检测的最佳时间。

⑥ 在检测时对检测设备的调试要符合测试的需要，若增益系数调试不准确，试验结果将会存在误差；混凝土的强度、桩头处理的质量以及桩端混凝土的浇筑质量等因素都会影响反射波的图形，甚至不同的检测人员或者不同的检测设备得到的反射波图形也会有所差异。

⑦ 当土体阻力较大时，采用小应变检测方法并不能解决桩身质量的所有问题，应当根据检测深度及检测能力进行正确选择。

（二）机械阻抗法

机械阻抗法是通过测定施加给桩的激励（输入）函数和桩的动态响应函数来识别桩的动态特性。而桩的动态特性即与桩身混凝土的完整性和桩—土相互作用的特性有关。通过对桩的动态特性的分析计算，即可判定桩身混凝土的浇注质量、缺陷的类型及其在桩中出现的位置，同时还可以估计桩的承载力。

在结构的动力试验中，对系统施加的扰力（动态激振）主要有稳态正弦激振和瞬态激振（冲击）。这两种方法的原理是完全相同的，是测量桩的机械导纳，描绘出随频率变化的导纳曲线，通过对曲线的识别和分析来判断桩的完整性和承载能力；但瞬态激振的设备相对来说比较简单，所以应用比较广泛。

（三）动力参数法

动力参数法实质上是利用敲击的方法来测定桩的基本自振频率（频率法），或者同时测定桩的频率及初速度（频率初速法），用来换算出桩基的各种设计参数。当有可靠的相同条件下动静载试验的对比资料时，对于采用不同工艺成桩的摩擦桩和端承桩的竖向承载力可以利用频率初速法进行推算。频率法仅适用于摩擦桩，而且需要有准确的地质勘探资料及土工试验资料（主要包括地质剖面图和各地层的内摩擦角和容重）作为计算的依据。这种方法适用于桩在土体中的埋置长度不宜小于 5 m 也不宜大于 40 m 的情况。

（四）声波透射法

钻孔灌注桩超声脉冲检测法的基本原理与超声法测量混凝土缺陷和强度的技术基本相同。但是由于桩在土中埋置较深，检测工作只能在地面上进行，因此钻孔灌注桩超声脉冲检测法又有其特殊性。

1. 检测方式

为了保证超声脉冲能够测试到不同深度处的横截面，超声探头必须能够进入桩体内部，因此，在成桩前在桩体中预先埋设声测管，作为超声探测时探头进入桩体的通道。根据声测管埋置的不同情况，可以分为三种检测方法：

① 双孔检测：这种方法是在预先在桩内埋两根以上的管道，检测时将发射探头和接收探头分别放入两根管道内。检测时，超声脉冲会穿过两个管道之间的混凝土，发射探头发射超声脉冲到接收探头收到超声脉冲时所扫描过的面积就是超声脉冲检测的有效范围。检测时，要保证在桩横截面上有尽可能大的有效检测面积，必须合理布置声测管。双孔测量时可根据两探头相对高程的变化情况，分为平测、斜测、扇形扫测等方式，如图 14.3.3-1 所示。

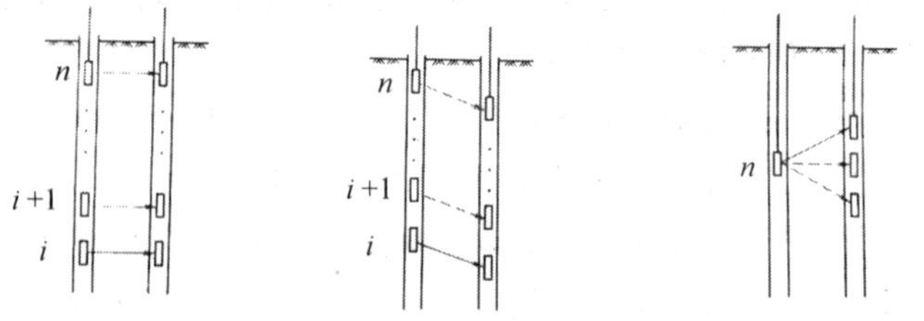

（a）平测法　（b）斜测法　（c）扇形扫测法

图 14.4.3-1　平测、斜测和扇形扫测桩体示意图

② 单孔检测：在某些特殊的条件下，只有一个孔道可供检测使用。例如，在采用钻孔取芯后需要更进一步地对芯样周围的混凝土质量进行了解，需要扩大取芯检测后的检测范围时，可以采用单孔超声脉冲检测的方式进行检测。需要将换能器放置在孔中，探头之间使用隔声材料进行隔离。这时超声脉冲信号会从水中及混凝土中分别绕射到接收换能器，接收到的信号是从水及混凝土等不同通路传播的信号的叠加。分析接收到的叠加信号，并测出不同声通

路的声时和波高等物理量，就可以分析孔道周围混凝土的质量。在采用这种方法时，必须运用信号分析技术来排除管中的混响干扰。所以这种方法不适用于孔内采用钢质套管的情况。

③ 桩外孔检测：这种方法主要用于桩的上部结构已经施工，或未在桩内埋设管道，而需要对桩进行检测，这时可以在桩外的土基中钻一孔作为检测通道。进行检测时，在桩顶上放置一功率较高的低频平探头，沿桩身向下发生超声脉冲，从桩外孔中缓慢放下接收探头。超声脉冲沿着桩身混凝土并穿过桩与测孔之间的土体传入接收探头，逐点测出声时波高等参数，并将其作为判断桩身质量的依据。这种方法由于受到探测仪器发射功率的限制可测深度一般只能达到 10 m。

在上述三种方法中，双孔检测是桩基检测的常用方法，其他两种方法在检测和结果分析方面都比较困难，只作为特殊条件下的补救措施。

2. 判断桩内缺陷的基本物理量

在进行钻孔灌注桩检测时是以下面四个基本物理量作为判断依据的。

① 声时值：钻孔灌注桩的缺陷主要是由于在混凝土灌注时混入了泥浆或孔壁坍落的泥、砂等所引起的。在桩的缺陷区，由于混入杂物而使声速较低，或者声阻抗明显低于混凝土的声阻抗，当超声波穿过缺陷或者绕过缺陷区时，声时值增大，而且声时值的增大数值与缺陷尺度的大小有关，所以声时值可以作为判断桩缺陷与否以及计算缺陷大小的基本参数。

② 波幅（或衰减）：当超声波穿过缺陷区时，部分波能被吸收，或者被反射和散射，使得被接收探头接收到的声能明显减少，出现波幅降低。实践证明，波幅对缺陷的存在非常敏感，可以作为判断桩内是否有缺陷的重要参数。

③ 接收信号的频率变化：当超声脉冲穿过缺陷区时，声波中的高频信号首先会发生衰减，使接收到的信号主频下降，出现所谓的频漂，主频下降的百分率与缺陷的严重程度有关。接收频率的变化与超声波穿过缺陷区时的衰减作用有关，它对缺陷的反应也较为敏感，且测量值较为稳定。所以，它也可以作为判断桩内是否有缺陷的重要参数。

④ 接收波形的畸变：由于缺陷区的存在，部分超声波在被多次反射和散射，使得超声波到达接收探头的时间参差不齐，相位也不一致，这些波形叠加后造成了接收探头接收到的波形畸变。因此，也可以将畸变的波形图，作为判断桩内是否有缺陷的参考指标。

14.3.4 基桩承载力检测

随着我国基本建设的不断发展，桩基础工程的数量越来越多，随之而产生了大量的桩基检测工作任务。目前进行桩基承载力检测的方法，大致可分为两类：一是静荷载试验的方法，二是动测方法。

静荷载试验法在检测单桩竖向承载力时非常接近于桩的实际工作状态，它是采用千斤顶通过反力装置在桩顶上施加竖向荷载，通过与千斤顶并联的精密压力表量测加载的荷载值，采用大量程的百分表或位移传感器对桩顶的竖向沉降量进行量测。根据量测结果绘制荷载-沉降量曲线。这种方法可以用来确定单桩的竖向抗压极限承载力，结合预埋在桩身及桩端的其他测试元件还可以测试出桩侧土的分层摩阻力、桩端阻力以及桩身的荷载传递规律等。但由于这种方法的检测费用高、检测时间长，所能检测的桩数受到了限制，一般只能检测总桩数的1%左右。而且随着桩径及桩长的不断增大，采用静载试验所需要的试验规模、所耗费的资金和所消耗的时间都很大，严重地影响到了施工的工期以及工程投资。

高应变法是采用重锤锤击桩顶，使桩产生振动，在桩-土之间产生足够的相对位移，以激发出桩周土的阻力及桩端的支承力，在桩顶附近安装力和加速度传感器以接收桩身传来的应力波信号，应用应力波理论进行力和速度时程曲线的分析及处理，并参照静-动对比资料，判定出单桩的极限承载力。这种方法以其技术相对先进，操作较为方便，检测占用时间短及费用低等优势，在近年来得到了广泛的应用。按承载力的判定方法，高应变法又可分为凯司法（CASE 法）和实测曲线拟合法（CAPWAP C 法）。此处不再详细叙述。

任务 14.4　铁路涵洞检查

铁路涵洞主体工程包括洞身、出入口及基础，铁路涵洞附属工程包括出入口河床及路堤边坡加固部分。

铁路涵洞常采用砖、石、混凝土及钢筋混凝土等材料构筑而成，涵洞结构按形状可分为管形、箱形、拱形等。通常按照所用材料及结构的形状把涵洞分为钢筋混凝土圆形涵洞、石及混凝土拱涵、盖板涵和倒虹吸管等几种类型。

14.4.1　涵洞的净高（或内径）标准

对于涵洞的净高（或内径）标准如表 14.4.1-1 所示。

表 14.4.1-1　涵洞净高（或内径）标准

涵洞净高（或内径）h（m）	0.75	1.0	1.25	≥1.5
涵洞长度（m）	≤10	≤15	≤25	不限制

14.4.2　涵洞的施工允许误差

涵洞的施工允许误差如表 14.4.2-1 所示。

表 14.4.2-1　涵洞施工允许误差

项目	孔径及管壁（拱圈）厚薄尺寸				涵身	接头
	孔径	厚薄				
		钢筋混凝土	混凝土	浆砌粗料石、块石		
允许误差（mm）	±20	+10，−5	±15	±20	目视顺直	相互吻合，接头错牙≤10

14.4.3　涵洞病害检查

涵洞的病害检查方法与圬工梁拱、墩台等建筑物的检查方法相似。对于涵洞应重点检查以下项目：

一、涵身裂纹、变形和冻害的检查

（1）对于混凝土拱涵，应注意检查拱圈的裂缝。拱顶的裂缝大小随着孔径和填土高度的变化而变化，0.1 ~ 12 mm 不等，而且拱顶的开裂一般会贯通全段，有的甚至会贯通全涵。根据经验：一般孔径大于 3 m、填土高度大于 5 m 的拱涵出现开裂较多；采用整体式基础的拱涵开裂比采用非整体式基础的拱涵多；裂缝的深度大部分垂直于流水面。一般在拱圈的 1/4 处较少出现开裂，裂缝深度与流水面垂线成 40° ~ 50°方向未开展侧倾斜。当发现裂缝时，应设置测标，定期观测裂缝的宽度、深度及长度的变化情况。

（2）对于盖板涵、钢筋混凝土刚构箱涵，应当检查是否有因施工不良或混凝土保护层厚度不足而造成的露筋现象；检查沉降缝及盖板涵与盖板、盖板与边墙顶的连接缝处是否有漏水现象。因为潮湿的环境会使钢筋发生锈蚀，而缩短涵洞等构筑物的使用寿命。

（3）检查由于不均匀路堤沉降或不均匀填土压力引起的涵洞管节下沉、错牙、倾斜、滑移、管段衔接处被拉开、防水层的损坏使涵洞出现裂缝等病害。当钢筋混凝土管涵上方的填土高度比较高时，在路堤中间处的沉降量比两端大，会造成涵洞排水不畅或者中间部位常年积水。

（4）对于砖石砌筑的涵洞，应当检查砌体是否出现松动、风化等现象；勾缝是否出现脱落现象；水泥砂浆粉刷是否出现起壳、空响或裂纹等。

（5）当涵洞的变形缝，虽然用水泥砂浆或环氧砂浆等材料进行了填塞，但是裂缝仍在扩大或者危及安全时，需要对该管节进行必要的临时加固。在对管节临时加固时，必须注意观测水流的通过情况，并要尽早正式地修理、加固或改建这些涵洞。

（6）在严寒地区，必须注意检查涵洞出入口是否出现冻害。若冻害发生是由于基础过浅造成的，则应该加筑垂裙并深入冻结线以下不小于 0.25 m，同时加深翼墙的基础。

二、净空检查

除了应该设置洪峰尺外，平时大雨洪水季节也应对涵洞的水流通过情况进行观测。

运营线上的涵洞应保证规定洪水频率（50 年一遇）和历史上最大洪水能够通过。若实际入口处的洪水位高于或等于 1.2 倍的涵洞高（有压涵除外）及洞内的净空小于表 14.4.1-1 的规定，或因严重泥石流影响排洪时，应视为孔径不足，须有计划地进行扩孔或改建。

三、河道排水检查、出入口铺砌裂损冲刷检查

为了保证排水通畅，应定期对涵洞上下游及洞内进行清淤。为防止漂浮物或石块等堵塞涵洞，如有需要，应在涵洞前设置护栅或沉淀池（特别是倒虹吸管等）。当发现水流从涵洞底下流过，有潜流、冒水甚至基底被掏空时，应当检查上游河床铺砌和涵洞端墙垂裙的深度，并进行妥善处理。

涵洞与路基的关系密切，应当检查涵洞附近路堤填土的排水状况。若发现涵洞圬工边墙或拱圈出现潮湿现象，应当仔细查明发生渗水的原因，必要时应当疏通盲沟，增设新盲沟以减少路堤内的水分。

当水流进入涵洞入口后，流速加快，可能会对路堤边坡产生冲刷，因此需要检查路堤边坡坡面、锥体填方铺砌的完整性，其铺砌高度应比涵前高水位积水深度高出 0.25 m，并且对与涵洞附近的路堤是否出现冲刷沟、坍塌积水等情况进行检查。涵洞出口处的水流速度更大，产生的冲刷力更强，经常造成涵洞的损坏。因此，也需要对下游洞口处的河床铺砌和基础进行检查，检查内容包括：河床的铺砌范围、铺砌厚度、有无冲刷损坏，消能设施是否符合要求等。

四、防水层及沉降缝的检查

涵洞的沉降缝及管节连接处的缝隙都应当按照要求做好防水处理。防水层及沉降缝的损坏会引起涵洞漏水。涵洞漏水的情况有两种较为常见：

（1）涵洞内的水流，特别是在有压力的情况下会由涵洞向路基发生渗水或漏水。

（2）过人的涵洞，由路基向涵洞内渗水或漏水。这不仅会影响涵洞的正常使用，还会使路基因为水中带走泥土颗粒而逐渐被掏空，影响到路基的安全。

如发现上述情况，应及时采取有效的措施进行处理。

五、洞口墙及防护设备状态的检查

主要检查端墙、翼墙、护锥是否状态良好，是否出现因土压力、冻害等引起的倾斜、挤出、裂缝及损坏等情况。

六、渡槽、倒虹吸管漏水、变形及侵限检查

对于跨越铁路的渡槽应检查其限界、工程质量、各部分应力等是否符合铁路标准，是否出现漏水或冲刷路堑边坡的情况。

倒虹吸管为有压涵洞，其上填土高度小，列车动载直接作用在涵洞上，建成后不久就产生不均匀沉降，在接缝处容易出现脱节或错动，压力水会向外渗入路基，软化路基土，严重时，会出现路基被冲空，道床坍塌，翻浆冒泥，线路变形等病害，直接危及行车的安全。同时，路基的冲空或浸水软化使倒虹吸管进一步变形，形成恶性循环、病害加重，最后导致结构物损坏。所以对于倒虹吸管应加强检查浸水和漏水情况，早发现早整治。

任务 14.5　铁路桥涵状态评定

根据《铁路桥隧建筑物修理规则》铁运〔2010〕38 号（TG/GW 103—2010）中的规定，铁路桥涵建筑物状态等级评定按照劣化程度分为 A、B、C 三级，A 级又分为 AA、A1 两等。状态评定等级按照下列标准进行分级：

（1）凡结构物或主要构件功能严重劣化，危及行车安全，评定为 A 级 AA 等；结构物或构件状态评定为 A 级者，其病害一般需要通过大修或更新改造进行整治；当结构物存在影响行车安全的病害，应采取相应的限速或限载措施，遇紧急情况，应立即采取临时加固措施，并视具体情况，尽快安排彻底整治或列入下一年度的桥隧大修或更新改造计划及时进行整治。

（2）凡结构物或主要构件功能严重劣化，进一步发展会危及行车安全，评定为 A 级 A1 等。

（3）凡结构物或构件功能劣化，进一步发展将会升为 A 级，评定为 B 级；结构物或构件状态评定为 B 级者，其病害一般需要通过维修进行整治（个别病害需要通过大修进行整治）。

（4）凡结构物或构件劣化，对其使用功能和行车安全影响较小，评定为 C 级。

结构物或构件状态评定为 C 级者，其病害可通过维修进行整治，个别病害只需加强观测并根据其变化情况采取相应的措施。

新建的特殊结构、技术复杂的桥梁，必须进行全面的检定试验。在竣工移交时，其检定试验报告应作为交接验收资料的一部分。

运营中的特殊结构、技术复杂的桥梁，铁路局应每隔 10 年进行一次检定，桥梁出现严重病害，可能危及行车安全的，应及时进行检定。

桥梁检定工作计划由铁路局工务处负责编制，并纳入路局年度工作计划。对病害桥梁的检定，工务段应于每年 10 月末前提出书面申请，经铁路局批准后纳入下一年度检定计划。

工务段每年结合秋季设备大检查，对每座桥涵建筑物按项目进行一次状态评定。

桥涵劣化等级评价项目及标准参见《铁路桥隧建筑物修理规则》铁运〔2010〕38 号（TG/GW 103—2010）。

复习思考题

1. 铁路桥涵检查的基本任务是什么？
2. 什么是铁路桥涵技术状态检查，包括哪些内容？
3. 铁路桥梁上部结构检查的重点部位包括哪些？
4. 铁路桥梁桥面检查的要点包括哪些？
5. 桥梁支座检查要点包括哪些？
6. 桥涵周围环境检查要点包括哪些？
7. 桥梁水文检查要点包括哪些？
8. 桥梁下部结构检查要点包括哪些？
9. 桥涵结构检查的主要方法及其要点有哪些？
10. 铁路涵洞检查要点有哪些？
11. 铁路桥涵技术状态评定的内容有哪些？

项目 15 铁路桥涵建筑物修理

【项目描述】

铁路桥涵建筑物经过多年运营后，结构各部位的状态不可避免地会发生一些变化，甚至发生损伤。为了保证桥涵建筑物的安全运营，在对桥涵建筑物的检查中，发现桥涵的病害。针对桥涵建筑物出现病害的部位、病害的类型以及病害的严重程度，需要进行有针对性的修理工作，以保证桥涵结构物具有良好的工作状态，从而适应铁路运营的要求。

【学习目标】

1. 能力目标

（1）能够对桥涵建筑物的病害进行分析；

（2）能够选择合理的方案对桥涵建筑物的病害进行处理；

（3）能够进行桥涵建筑物相关结构构件的修理。

2. 知识目标

（1）掌握铁路桥涵建筑物修理的主要内容和方法；

（2）掌握钢梁修理的方法；

（3）掌握圬工结构、支座、墩台、涵洞以及大跨度斜拉桥的修理方法。

3. 素质目标

（1）培养学生良好的职业道德和吃苦耐劳的优良品质；

（2）培养学生分析问题、解决问题、积极思考和勇于创新的能力；

（3）培养学生的综合业务能力。

相关案例——津浦铁路刘庄大桥大修

津浦铁路刘庄大桥大修改造工程，改造前为 8 孔跨度 31.5 m 的下承式钢板梁桥，为 20 世纪 40 年代战争破坏后改建而成，全长 263.14 m，桥下平均高度 6.1 m，主河道宽度近 60 m，平常河床内径流较小，大暴雨和水库放水时桥下河床均过水漫滩。本桥屡次遭遇破坏，梁与墩经多次抢修处理，本次改造主要解决钢板梁多处裂纹、墩台身开裂、影响行车安全，以及梁的限界不足等问题。工程内容：

（1）梁跨部位改造：更换全部梁跨结构，将原有 8 孔钢梁全部更换为跨度 16 m 普通钢筋混凝土梁。

（2）既有墩台改造：对产生较严重裂纹的桥墩，全部拆除、保留其基础、重新浇筑墩身；其他墩凿除至墩顶以下部位 1.7 m，重新按混凝土梁的高度和支座尺寸设置顶帽；桥台拆除至原有支座垫石下 2.2 m，按新设计混凝土梁的结构尺寸以及规范要求重新构筑顶帽以上部位。

（3）新增：8 个桥墩：在原有墩台之间增设 8 座新墩，采用沉井基础，圆形桥墩。全部施工作业项目在行车状态下进行，墩台改造时桥上行车限速 35 km/h；换梁作业每次封锁要点时间不得超过 120 min，全部换梁作业分 8 次完成。由济南铁路局大修设计所设计，济南铁路局工程总公司第六工程公司（现中铁十局济南铁路工程公司）施工，于 1992 年 3 月开工，同年 12 月竣工。

任务 15.1　桥涵建筑物修理的主要内容和方法

铁路桥涵建筑物的修理主要包括维修、整治、加固和技术改造三个方面的工作。维修一般指正常的维护和修缮，如道砟的捣固、轨道的调节等。整治是对桥梁常见的缺损进行整治和处理，如对挡渣板、人行道板等结构的轻微破损进行维护和修复等。桥梁加固与技术改造是指对桥梁结构进行补强，改善结构性能，提高桥梁的承载能力和通行能力，延长桥梁的使用寿命，从而适应不断提高的运营要求。

桥涵建筑物的修理按工作内容可分为一般性维修和结构性加固，按维修规模可分为经常保养、综合维修和大修。

15.1.1　经常保养

通过对桥涵建筑物的经常保养，及时消灭超限和邻近超限处所，保持桥涵设备状态经常均衡完好，确保行车安全平稳。

经常保养工作一般是以整座设备进行的，也可以分区段进行。保养周期应按不同设备类型的状态变化加以控制，钢梁桥（含混合桥钢梁）为 3 ~ 6 个月，其他设备为 6 ~ 12 个月。在做好适时保养的同时，还应加强预防性周期保养，使设备质量经常控制在保养合格状态。

保养工作范围：

（1）明桥面整平；

（2）更换连二及钢轨接头四根中的腐朽桥枕和桥涵其他木质部分的防腐、修理；

（3）各种连接铁件、螺栓涂油或更换；

（4）护轨整修；

（5）钢梁清扫和补充、拧紧少量高强度螺栓，局部涂层修补；

（6）支座清扫、涂油，整修排水坡，整平支座；

（7）涵洞少量清淤，修补管节勾缝；

（8）添补防火设备内的水、砂；

（9）各种标志的刷新和补充；

（10）补充人行道、吊篮等步行板，整修危及人身安全的安全检查设备；

（11）修补圬工梁及墩台勾缝，清除梁端石砟及梁缝止水装置内的杂物，疏通排水管；

（12）清除桥下小量淤积，修理砌体圬工；

（13）梁端横向位移的限位装置复位；

（14）整修桥涵限高防护架；

（15）及时消除可能危及行车安全的病害。

15.1.2 综合维修

按照“预防为主，防治结合，有病治病，治病除根”的原则，以整座设备为单元（混合桥可分类、特大桥可分孔或分段），开展综合维修，以恢复或部分恢复各部件的功能，保持整座设备质量均衡完好。

按照不同设备类型确定综合维修周期。钢梁桥（含混合桥钢梁）综合维修周期 2～3 年；圬工桥（含混合桥圬工梁）4～5 年；涵洞、框构桥等设备的综合维修周期视技术状态而定。

综合维修工作范围：

（1）明桥面上线路整平，增设或更换防磨胶垫，冻结钢轨接头。

（2）单根抽换木桥枕及桥涵其他木质部分的防腐、修理和个别更换。

（3）桥梁各种螺栓、连接铁件的涂油、修理、补充和更换。

（4）钢结构维护性涂装（包括钢梁上盖板），少量铆钉、螺栓或联结系杆件的更换，杆件裂纹、损伤和弯曲等就地修理，结构不良的小型改善，增设防爬角钢。

（5）圬工梁拱、墩台裂缝整治、圬工勾缝、抹面、小量喷浆和压浆，局部翻修和加固修理及局部增设防水层，排水设备的修理和部分增设。

（6）支座整平、修正、涂油和捣垫砂浆，支座更换和增设座板，更换和补充铆螺栓，钢部件维护性涂装。

（7）混凝土梁横隔板开焊脱落、裂缝整治、掉块和露筋修补。

（8）桥上无砟轨道混凝土底座和凸形挡台外露部分裂缝修补，有砟轨道挡渣块零小更换、整修。

（9）梁缝止水装置修理或更换。

（10）梁端横向位移限位装置的修理。

（11）桥面护轨、防火设备、安全检查设备、抗震设施、水标尺、支座防尘罩以及各种标志的修理、零小更换和增设。

（12）桥涵的调节河流建筑物和防护设备的局部修理。

（13）桥涵上下游 30 m 范围内河床的小量清理。

（14）立交桥涵限高防护架修理，框构桥涵渗漏水整治。

（15）涵洞局部改善，管节修理和个别更换。

（16）其他不属于大修范围的小量工作。

15.1.3 大 修

桥涵大修按照设备状态劣化等级、工程性质、复杂程度和工程量大小，分为周期大修、重点大修和一般大修。

周期大修包括整孔更换桥面、整孔钢梁（或钢塔架）重新涂装或罩面漆等；重点大修包括中桥以上更换梁跨、扩孔、移梁、墩台大修、基础加固、复杂的钢梁加固、增设及需要便线施工的工程等；其他病害整治的大修为一般大修。

桥涵建筑物大修工作范围主要包括：

一、桥梁大修

（1）整孔更换桥面，包括整孔更换桥枕，换铺分开式扣件，更换护轨，钢梁上盖板、上平纵联的保护涂装，更换上盖板松动、烂头铆钉等。

（2）更换或增设整孔人行道和安全检查设备（包括：避车台、防火设备）。

（3）整孔钢梁或整个钢塔架的重新涂装或罩涂面漆。

（4）加固钢梁或钢塔架，包括更换、加固、修理损伤杆件，提高承载能力，扩大建筑限界，改善不良结构，更换大量铆钉和高强度螺栓。

（5）更换支座，包括跨度 80 m 以上钢梁支座的起顶整正。

（6）更换钢梁或圬工梁。

（7）整孔圬工梁裂缝注浆、封闭涂装或钢筋混凝土保护层中性化裂损、钢筋锈蚀整治。

（8）更换或增设整孔圬工梁拱防水层。

（9）圬工梁横隔板加固、横隔板断裂修补、梁体加固。

（10）加固圬工墩台及基础。

（11）更换墩台。

（12）更换或修复支撑垫石、更换折断的支座销钉。

（13）修复或加固防护及河调建筑物。

（14）整治威胁桥梁安全的河道。

（15）调整线间距的移梁施工。

（16）更换整孔人行道步行板。

（17）加固或恢复桥涵限高防护架。

二、涵洞大修

（1）加固涵洞，更换盖板。

（2）修复或加固防护及河调建筑物。

（3）整治危及涵洞安全的河道。

（4）站内机车检查坑、地道、天桥大修。

任务 15.2　桥面修理

桥面和桥上线路是直接承受列车荷载的部分，桥面状态是否完好直接关系到行车的安全和桥梁的使用寿命。因此，要求桥面坚固耐用，能够保证列车运行的平稳安全，以减小对梁及墩台的冲击。除此之外，还应保证脱轨时，列车能够沿着护轨滑行，不在桥上倾覆。

15.2.1　道砟桥面和明桥面

一、道砟桥面

道砟桥面是将线路铺设在石砟道床和轨枕，这种桥面一般在圬工桥中应用较多。道砟桥面在铁路运营方面的优点主要有以下几个方面：

（1）道砟具有弹性，能够使桥上线路与路基上线路的弹性接近一致。

（2）机械化养护维修技术成熟。

（3）对于曲线或坡道上的桥梁，调整超高、坡度和校正线路中心线与桥梁中心线偏移较为简单。

其缺点主要是：桥面的重量大，一般可达明桥面的 2～3 倍，这导致了桥梁的断面尺寸的增大，同时也降低了梁的自振频率。

为了保证线路的稳定和排水的良好，道砟桥面要求选用坚硬、耐冻、不易风化的石砟。道砟桥面道床宽度：对于一般线路，木枕 3 m，混凝土枕 3.1 m；无缝线路无论是木枕还是混凝土枕都为 3.1 m。道床厚度：采用混凝土轨枕时，不应小于 300 mm，使用木枕时不应小于 250 mm，其目的是使道床具有足够的弹性以及便于机械清筛。桥上道砟厚度不足但又无法提高时，可以采用小粒径（15～40 mm）的石砟以增加弹性。道床不洁时应及时清筛，石质不坚硬的要及时更换。为了方便更换枕木，线路轨底标高应高出边墙不少于 200 mm。必要时，采用能够拆装的边墙以保持道床顶面的标准宽度和 1∶1.75 的边坡，保证道床不坍塌而溢出梁外。

二、明桥面

明桥面是将桥枕直接铺设在梁上，这种桥面多见于钢桥和木桥。大跨度钢桥，为了降低自重，节约成本，一般多采用明桥面。明桥面的基本轨、护轨、护木、桥枕和与梁间的连接应紧密牢固，相互间位置正确，整体性良好。

15.2.2 桥面维修作业有关规定与要求

一、道砟桥面和明桥面

桥面线路的轨道几何状态应符合《铁路线路修理规则》的要求，设置上拱度的桥上线路还需符合《铁路桥隧建筑物修理规则》（铁运〔2010〕38 号）的有关规定。

1. 基本要求

对于跨度在 30 m 及以上的钢梁，桥上线路应设置上拱度。整平后线路轨距、水平、高低应符合线路维修标准，上拱度设置应符合桥隧修理规则要求。

2. 质量要求

（1）整平桥面线路时，不能盲目地加垫板，也不能削挖桥枕，应当采用更换适当厚度的防磨垫板的办法进行解决。当加垫板时，一般加一层，对于个别难以处理之处需要加两层，但也应该加以控制，做到少垫不削。

（2）应事先经过细致调查确定所更换防磨胶垫的厚度，一般不得超出 4～12 mm 范围。

（3）旋拆螺纹道钉以及抽出旧防磨垫板后，道钉孔处应加木塞，枕木面切入或腐朽超限处应削平并做防腐处理。

（4）防磨垫板处应安装方正，窜出、缩入或歪斜量不得大于 3 mm。

（5）双层胶垫处不得大于 5%，总厚度不得超过 15 mm，其中总厚度为 12 ~ 15 mm 处不得大于 5%。

（6）钢轨接头不能设置在以下几个部位：桥长在不大于 20 m 的明桥面上，钢梁端和纵横梁连接处、无砟无枕梁端、拱桥温度伸缩缝和拱顶等处前后各 2 m 范围内以及安装了伸缩调节器的钢梁，在温度跨度范围内的桥面上。若有接头，则需要将接头冻结、焊接，或者换铺长钢轨。

（7）应当设置上拱度的轨面，其上拱度值与设计值之间的误差不超过 ± 3 mm。最大值应当位于跨中，偏移不大于 1 m，且梁端位移为 0 m。并将上挠按照抛物线型布置圆顺，不得有大于 2 mm 的折状线。

（8）无缝线路应当满足规则规定的作业要求。

二、无砟轨道

为了满足列车高速运行对平顺性、舒适性的要求，则客运专线铁路轨道对平顺度的要求较高。当采用无砟轨道时，轨道施工完成后就基本上不再具备调整的可能性，由于施工产生的误差及线下基础的下沉所引起的轨道变形只能依靠扣件进行微量调整。客运专线扣件技术条件中规定，扣件的轨距调整量为 ± 10 mm，高低调整量为 − 4 mm、+ 26 mm，因此，能够用于施工误差的调整量非常小。这就要求无砟轨道的施工精度比有砟轨道的施工精度更为严格。无砟轨道的铺设精度标准及允许偏差见表 15.2.2-1 及表 15.2.2-2。

表 15.2.2-1　无砟轨道静态平顺度铺设精度要求　　单位：mm

设计速度	高低	轨向	水平	轨距	扭曲（基长 6.25 m）
200 km/h ≤ v ≤ 350 km/h	2	2	1	±1	—
v < 200 km/h	2	2	2	+1 −2	3

表 15.2.2-2　无砟轨道轨面高程、轨道中线、线间距允许偏差　　单位：mm

<table>
<tr><th colspan="2">项目</th><th>允许偏差</th></tr>
<tr><td rowspan="3">轨面高程与设计比较</td><td>一般路基</td><td rowspan="2">+4
−6</td></tr>
<tr><td>在建筑物上</td></tr>
<tr><td>紧靠站台</td><td>+4
0</td></tr>
<tr><td colspan="2">轨道中线与设计中线差</td><td>10</td></tr>
<tr><td colspan="2">线间距</td><td>+10
0</td></tr>
</table>

无砟轨道结构的扣件多采用弹性分开式扣件，可以分为小阻力弹条分开式扣件和Ⅱ型弹条分开式扣件，其主要设计参数如表 15.2.2-3 所示。

表 15.2.2-3 弹性分开式扣件主要设计参数

项目	单位	Ⅱ型弹条分开式扣件	小阻力弹条分开扣件
单个弹条扣压力	kN	10	4.5
轨距调整量	mm	−10～+10	−10～+10
高低调整量	mm	−4～+26	−4～+26
预埋套管抗拔力	kN	≥100	≥100
轨底坡		1：40	1：40
扣件承受的最大横向力	kN	50（疲劳荷载）	50（疲劳荷载）
轨下垫层静刚度	kN/mm	30～50	30～50
绝缘性能		满足轨道电路的设计	

对于铺设了无砟轨道的桥涵结构，必须在初期的勘察阶段就建立起一套系统，以达到满足轨道结构的精度及扣件主要设计参数要求，使其具有足够的刚度、较小的结构变形、较小的工后沉降以及良好的轨桥共同受力状态。

15.2.3 桥面日常养护维修作业

桥面的日常养护维修作业主要包括：

（1）经常清扫垃圾、煤渣，并且要防止桥面积水，在冬季要对积雪及时进行清除，防止结冰，以使桥面经常保持清洁和干燥状态，减少木材腐朽的发生。

（2）消灭吊板：由于铺设桥面时存在的施工误差以及在运营期间由于各根枕木的材质不一，受力不均，个别桥枕的机械磨损较大造成顶面下切等，往往会造成钢轨与垫板、桥枕与垫板以及桥枕与上盖板之间产生吊板，会增加车轮对桥枕及钢梁的冲击及行车时的摇晃。应该采用不同厚度的薄木板或者竹垫板来消灭吊板。

（3）木料涂油及腐朽损伤木料的更换。桥上除了注油桥枕以外，其余的木料应根据具体情况每隔 1～2 年全面涂刷防腐油进行防腐。旧钉孔必须要用经过防腐处理的木塞塞紧以防止进水。对于已经腐朽失效的桥枕、护木、步行板、木质人行道搁板等要及时进行更换。

（4）桥上线路应经常保持轨距、水平、方向、高低平顺性符合标准，尤其需要注意的是两桥头引线接头部位。必须严禁两头线路爬行传到桥上。要经常检查轨缝的位置是否正确。

（5）各种螺栓应保持无松动失效，齐全无缺损的状态，钩螺栓一定要正确钩住纵梁（或主梁）的上翼缘，拧紧程度应该保证螺栓杆不会产生横向移动，也不过紧而压伤枕木。

15.2.4 桥枕作业

一、桥枕防腐

明桥面枕木应当采用优质的防腐桥枕。对桥枕进行的防腐处理，对延长其使用寿命是十分重要的，经过注油防腐的桥枕平均寿命要比素枕的使用年限长一倍。在新换桥枕时，一律不准使用素枕，必须采用经过防腐处理后的桥枕。对于桥上原有的涂刷防腐浆膏的素枕，应当每隔三年左右再涂刷一遍防腐浆膏或防腐油。

（一）桥枕腐朽的种类、原因和发生部位

桥枕腐朽一般有三种情况：第一种是由外表逐渐向内发展。这种情况一般发生在素枕和表面油层已被削去而未再进行防腐处理的油枕上。第二种是从内部首先发生腐朽逐渐向外发展。这种情况一般发生在道钉孔、注油后发生的裂缝以及各种螺栓孔等部位。第三种是白蚂蚁虫害。主要出现在南方地区，有的枕木内部往往被白蚂蚁蛀空。

桥枕产生腐朽的主要原因大致可分为：菌类腐蚀、昆虫蛀蚀、机械磨损以及缺陷失修等。

一般钢轨的垫板下方既有钉孔又有机械磨耗，比较容易进水，因此是桥枕中最容易腐朽的部位。在进行维修时，要特别注意加强该部分木材的防腐工作，必要时应当移开垫板涂防腐油。具体来说，桥枕容易腐朽的部位主要有：① 道钉孔（包括护轨道钉孔）；② 道钉孔边的裂缝（这些裂缝大部分是由于作业不良引发的）；③ 铁垫板底（包括钢轨铁垫板及钩护螺栓垫板）部位；④ 螺栓孔（包括钩螺栓、护木螺栓、防爬角钢联结螺栓等）；⑤ 与主梁或纵梁相扣的槽口处；⑥ 已经削平或挖补及镶拼的处所；⑦ 桥枕面被压伤凹陷及裂缝较宽部位。

（二）桥枕腐朽的检查

对于桥枕腐朽的检查必须非常仔细认真。常用的检查方法有用眼看、用手锤敲及用木钻钻孔。可以将这几种方法结合起来检查桥枕是否发生腐朽。

（1）用眼看。观察枕木的外表有无腐朽，以及在列车通过时观察桥枕的挠曲状态，如上下挠曲得厉害，则可能会存在内在的腐朽。

（2）用手锤敲。一般是用 0.5 kg 的手锤敲击桥枕的侧面，通过听声响来判别桥枕内部是否出现腐朽。若声响比较清脆，则说明桥轨是好的；若声响比较沉闷或者有空声，则说明其可能有腐朽，松软的部位也可能已腐朽。

（3）用木钻钻孔。通常用直径为 12 ~ 16 mm 的木钻钻取实样，若木屑硬而成片，则说明桥枕是好的；若钻出的木屑松散如泥土，则表示其已经腐朽；若拔起道钉较轻松，则道钉附近可能已经腐朽。

（三）桥枕腐朽的防治

1. 防腐材料

木枕主要的防腐材料有氟化钠、煤焦油、防腐浆膏以及防腐油膏。防腐浆膏是用氟化钠与煤焦油按照质量比为 1∶1 的比例调配而成的，在桥面的养护中是较为常用的一种防腐材料。防腐油膏是用橡胶油膏、煤焦油及氟化钠按照质量比为 1∶1∶0.25 的比例配制而成，经常用于木枕的裂缝灌注，其优点是防水性强并且与木质的黏结效果好。

2. 防腐方法

① 道钉孔的防腐：对于新钻钉孔可以在钉孔内注入 5 ~ 6 g 氟化钠，普通道钉可以在端部蘸煤焦油后打入，螺纹道钉可以采用渗锌处理后旋入。

原有道钉应当在清除腐朽部分后使用氟化钠饱和溶液浸煮过的木塞打入，氟化钠溶液的温度应当加热到 40 ~ 80 °C，将木塞泡制 24 h 后取出晾干待用。

② 螺栓孔的防腐：一般可以使用防腐油或防腐浆膏涂抹孔眼，但必须注意不要漏涂。

③ 裂缝的防腐：桥枕顶面以及侧面上能够进水的裂缝都应该进行灌缝处理。对于缝宽在 2 mm 及以上的裂缝需要用防腐浆膏灌注；对于微小缝隙，可以用浆膏涂刷在缝口进行封闭。

④ 表层的防腐：注油桥枕在开槽、挖补等作业后，新削面应当涂刷防腐油防腐。在使用过程中的注油桥枕也应当每隔三年或者稍长的时间涂刷防腐浆膏防腐。

二、桥枕防磨

为了降低桥枕顶部的机械磨耗，应当在铁垫板下加垫一块长宽与铁垫板相同，厚度为 8 ~ 15 mm 的木垫板。应当尽可能地使木垫板的木纹与钢轨垂直。若用胶垫板来代替木垫板会使弹性更好，同时可避免使用木垫板易破裂不耐用的缺点。使用胶垫板时以薄板为好，最小厚度可减至 4 mm。

加垫防磨垫板不但能够减轻桥枕的机械磨耗，而且可以为整平桥面、消除吊板、调整上拱度以及更换桥枕等作业内容提供有利的条件，效果比较好。

三、桥枕修理

1. 桥枕灌缝

当桥枕、护木顶面的裂缝在 2 mm 以上以及侧面上能够进水的裂缝在 5 mm 以上的均应进行灌缝。灌缝所选用的材料必须要具有防腐和防水的性能。

（1）对于宽度较大的裂缝可以将塑橡油膏、煤焦油、氟化钠按照 1 : 1 : 0.25 的比例加热配制成防腐油膏，进行灌注。

（2）对于宽度较小的裂缝可以将氟化钠、煤焦油按照 1 : 1 的比例加热配置成防腐浆膏进行灌注。若在灌缝后防腐浆膏在列车的振动下下沉，则需要进行第二、第三次灌注，直到不再下沉时进行捣实刮平即可。

灌缝之前应当先将缝内的污垢尘屑等杂物清除干净，并用压缩空气或者皮老虎吹净后进行灌缝。

2. 桥枕捆扎

（1）当桥枕端部出现裂纹后，为了防止裂纹的继续发展，可以在桥枕端面钉棘齿组钉板，当裂纹的长度为 100 ~ 130 mm 时也可以钉 C 钉或 S 钉。

（2）在距枕木端 100 mm 处用直径 3.5 ~ 4.0 mm 的镀锌铁线捆扎 2 ~ 3 圈，铁线缠绕方向与枕木各边均应垂直，为了防止铁线松弛，铁线两头均应钉固在枕木的侧面上。

3. 桥枕削平及挖补

桥枕表面腐朽以及因钢轨垫板机械磨损产生毛刺或切入桥枕深度在 3 mm 以上时，应当用平铲进行削平以利于排水，削平的范围为垫板外 30 ~ 60 mm。应做到削平面平顺无毛刺，无积水，并涂刷防腐剂。整平桥面则应在防磨木垫板内进行调整，禁止采用削平枕木的办法。

桥枕磨损或腐朽较大时，应进行挖补处理，挖补时要做到挖腐彻底，挖补厚度不超过 30 mm，并用木螺钉或竹钉固定。镶木块应做成楔形，并进行防腐处理。侧面应有斜坡，顶面窄、底面宽，以达到嵌紧密实的效果，如图 15.2.4-1 所示。

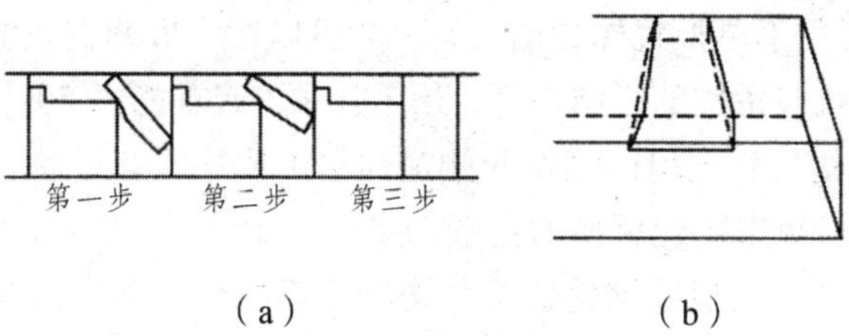

图 15.2.4-1　桥枕嵌补图

4. 桥枕失效与更换

桥枕出现腐朽、裂缝或损伤时，应当及时进行腻缝、捆扎、削平、挖补等修理工作。若腐朽、裂缝或损伤程度较为严重，达到了失效条件时，应当进行桥枕的更换。

（1）桥枕有下列状态之一时，即为失效桥枕：

① 标准断面桥枕因腐朽、挖补、削平和挖槽累计深度超过了 80 mm。

② 钉孔周围腐朽严重，无处改孔，不能满足持钉及保持轨距的需要。

③ 桥枕内部腐朽严重。

④ 通裂严重，影响轨梁共同受力。

（2）桥枕更换的规定：

明桥面的枕木应当采用优质防腐桥枕，其尺寸应符合表 15.2.4-1 中的规定，桥枕质量应符合相关规定的要求。

表 15.2.4-1　桥枕尺寸

主梁或纵梁中心距（m）	桥枕标准断面		长度（mm）	附注
	宽度（mm）	高度（mm）		
1.5 ~ 2.0	220	240	3 000	双腹板或多腹板的主梁中心距以内侧腹板间距为准
2.0 以上 ~ 2.2	220	260	3 000	
2.2 以上 ~ 2.3	220	280	3 000	
2.3 以上 ~ 2.5	240	300	3 200 或 3 400	

若现有桥枕的断面尺寸不符合规定以及失效时，应当逐步更换为标准桥枕。桥枕的更换应当符合以下规定。

① 钢轨接头处的 4 根桥枕（支接时为 5 根）或其他部位有连续 2 根及以上的失效桥枕时应及时更换。

② 当一孔钢梁上的桥枕失效率达到 25%及以上时，应当进行整孔桥枕的更换。

③ 在列车运行速度为 120 ~ 160 km/h 的繁忙干线上，钢梁明桥面的木枕失效率超过 20%时，或有隔一或连二失效桥枕时应当进行更换。

（3）桥枕更换的方法：

①“大揭盖”法：将桥上线路拆除，将钢轨移出，将旧枕全部拆除后换上新枕，再恢复线路。一般是以一节钢轨的长度为一单位，旧枕由中间向两端（或由一端向另一端）依次运走，再由两端（或由一端）运入新轨，并指派专人接放枕木于预先指定的位置，在桥枕铺上后，立即将防爬角钢处穿上防爬螺栓。这种方法需要较长的封锁时间。

② 逐段抽换法：可用于单根轨枕的抽换，一般可以在不拆卸钢轨的情况下进行。在一定的长度范围内将桥上钢轨与桥枕的联结松开，用千斤顶（起重能力 50 ~ 80 kN）将钢轨及护轨顶起并用垫木楔住，旧枕与新枕均由钢轨两侧横向移出或穿入，最后落下钢轨恢复线路，这种方法可以根据时间的长短来决定更换的范围。

在进行整孔更换时，应当根据钢轨接头、防爬角钢的位置确定桥枕的净距及布置，计算桥枕的根数，并对桥枕进行编号，进行桥面的抄平，确定防磨垫板的厚度，计算出每根桥枕的刻槽深度及桥枕高。

（4）桥枕更换作业：

桥枕的更换作业一般可以分为三个阶段：

① 准备工作：检查抽换桥枕时所需的工具并且预先安放好；将新桥枕运至工地并进行编号；拆除桥上的步行板、护木以及钩螺栓浮紧道钉。

② 基本工作：全面更换桥枕应当办理封锁施工手续，设置停车信号防护，单根抽换轨枕应当根据列车的运行情况借用列车间隙进行施工。拆除需要更换桥枕上的道钉、垫板及钩螺栓，适当浮起附近的道钉；用千斤顶顶起钢轨和护轨（如需全面更换时，拆去护轨和正轨），用抽换桥枕工具抽出旧枕换上新枕；落下钢轨恢复线路，检查轨距、水平，恢复信号，让列车正常通过或限速通过。

③ 整理工作：将桥上线路及桥面恢复到完好状态。补齐并拧紧螺栓，钉齐道钉，装上护木、步行板等，并且全面地检查一次，最后清理工具和材料。

15.2.5 明桥面上拱度抄平

一、上拱度的设置计算

在钢梁上需要设置线路上拱度时，若有设计计算的拱度曲线，应当按照设计要求进行处理。在一般情况下，上拱度曲线可以采用二次抛物线。依据经验，上拱度的起始点和终点放在距离梁端 1 ~ 1.5 m 处最好，为了保持钢梁端部的线路平顺性应顺坡连接，避免在相邻两孔钢梁梁端产生吊板现象。

拱度线可以依据梁长划分为 8、10、12、16、18、20 等份，依据钢梁的长度来选择一种能分的方式，然后依据二次抛物线的关系计算出各个等分点的高差，绘制出理论上的拱度曲线。

根据所绘理论拱度曲线、前面的纵向坡度以及所测得的钢梁上盖板各点的高程，控制桥枕的最大刻槽深度不超过 30 mm 来选用相应规格要求的桥枕防磨垫板的厚度。在条件允许时，防磨垫板的厚度尽量选用一种，当采用标准断面桥枕不能满足使用要求时，可以采用部分较高断面的桥枕来予以调整。

二、明桥面拱度的抄平方法

（1）依据桥梁的跨度选择一种合适的等分方式，依据二次抛物线公式：$y=1-x^2$，可以计算出各等分点处的拱度系数；

（2）依据跨中的实测挠度值或者设计活载的计算挠度值确定跨中的上拱度，采用确定值的一半作为预设上拱度值；

（3）依据跨中预设的上拱度值，乘以计算出的各等分点的拱度系数就可以得到各等分点应当预设的拱度值；

（4）制作出各等分点上相应厚度的小木片，宽度与水平板的宽度相同，厚度为各等分点的拱度值；

（5）先用水平板将桥面按平板进行抄平；

（6）然后将小木片垫在各相应的等分点处的木楔上，再放上长水平板；

（7）最后丈量各处桥枕的厚度，也就是量取各处钢梁顶面至水平板顶面的高度减去该点水平板顶面到轨下铁垫板底的高度；

（8）记录各桥枕的厚度并且绘制成表格，与桥上各桥枕位置相对应，按表上尺寸加工桥枕。

三、曲线桥明桥面的抄平方法

（1）根据曲线半径 R（m）与行车速度 v（km/h）计算出外轨超高值 h（m）与线路的实际超高值进行核对，外轨超高值按照式（15.2.5-1）进行计算；

$$h = 11.8v^2 / R \qquad (15.2.5\text{-}1)$$

（2）计算出曲线的首尾处的各相关点顺坡值；

（3）按照计算的外轨超高值在短水平板上加钉一小板，其厚度就等于该点处的超高值；

（4）按直线平坡抄平的方法在桥头钉木楔并用其调整水平；

（5）抄好曲线下股的纵向水平，把曲线上股当成下股上坡，用改制的短水平板再抄好曲线上股的水平；

（6）顺线路方向再把上股水平沿纵向抄平一遍，以便进行核对；

（7）对各处桥枕的厚度进行丈量；

（8）记录各桥枕的拟定值，并列表将其与桥上各桥枕的位置相对应，按照表上的尺寸加工桥枕。

15.2.6 分开式扣件的维修工作

明桥面的钢轨扣件应当采用分开式扣件，用轨卡及轨卡螺栓将钢轨与垫板进行联结。垫板和桥枕用 3 个（内 2 外 1）或 4 个螺纹道钉联结牢固（当设计速度为 120 km/h 及以上时，必须用 4 个），垫板与桥枕间用厚度为 4 ~ 12 mm 防磨垫板。

当明桥面两端的桥头线路采用木枕进行过渡时，必须使用分开式扣件进行彻底锁定，锁定长度不小于 75 m。

（1）简支板梁：当跨度小于 40 m 时，应当采用全部扣紧轨底的方式，螺栓的扭矩为 50 ~ 70 N · m。当跨度大于或等于 40 m 时，既可以采用全部扣紧轨底的方式，也可以采用扣紧与不扣紧轨底相间隔的方式。采用全部扣紧方式时，螺栓扭矩为 50 ~ 70 N · m；采用扣紧与不扣紧相间隔方式时，间隔为 1-2-1（扣紧-不扣紧-扣紧），螺栓扭矩为 80 ~ 120 N · m。

（2）大跨度简支桁梁：一般采用的是分段扣紧轨底的方式，在跨中扣紧，支座附近不扣紧，扣紧与不扣紧的长度范围各为梁长的一半。当设置了钢轨伸缩调节器时，只在设置伸缩调节器的一端扣紧，另一端不扣紧。当设置了伸缩纵梁时，在伸缩纵梁的两端至少各 24 m 的范围内不扣紧。扣紧处螺栓的扭矩为 80 ~ 120 N · m。

（3）大跨度连续桁梁：需要根据结构形式进行选取。对于设有伸缩纵梁的连续梁，应采用分段扣紧轨底的方式，在伸缩纵梁的两端至少各 24 m 的范围不扣紧，在中间支座及钢轨伸缩调节器的附近扣紧（当无伸缩调节器时在梁的端支座附近不扣紧），其扣紧的长度范围为每联长度的一半，螺栓的扭矩为 80 ~ 120 N · m。对于不设伸缩纵梁的连续梁，当连续梁两端设有伸缩调节器时，宜采用全部扣紧的方式，螺栓的扭矩为 50 ~ 70 N · m。如果采用分段扣紧的方式，只需在设有伸缩调节器的活动端扣紧，螺栓扭矩为 80 ~ 120 N · m，扣紧与不扣紧的长度范围各占一半。

（4）当桥面的钢轨接头冻结或焊接时，轨卡螺栓的扭矩为 40 ~ 60 N · m。

（5）分开式扣件的螺纹道钉应当齐全顺直，并且不得出现浮离松动；动荷载作用下铁垫块和螺纹道钉之间不得有相对位移。

15.2.7 伸缩调节器维修

在列车荷载和温度变化的影响下，铁路桥梁上铺设的钢轨会与桥梁一起发生伸长或者缩短，桥梁上部结构的连续长度越长，所产生的伸缩量也会越大。钢轨接头处的间隙越大，列车通过时，车轮对接头的冲击力也就越大，严重时会影响到安全行车。所以，在桥梁设计规范中要求：当桥梁连续长度大于 100 m 时，为了保证列车通过时在连续的轨道上滚动，必须在梁端的伸缩缝处设置钢轨伸缩调节器。

钢轨伸缩调节器的构造如图 15.2.7-1 所示。这种钢轨伸缩调节器将原来对接的两根钢轨分别向内、外侧稍加弯曲，并平行地伸至对方一段距离。将内侧钢轨的内缘磨削成尖状，使两根钢轨的内缘处在同一直线上，以便车轮通过。尖轨与外侧钢轨之间用弹簧抵紧，保证钢轨发生伸缩时尖轨一直贴紧在外侧钢轨上，轨尖处无缝隙出现。

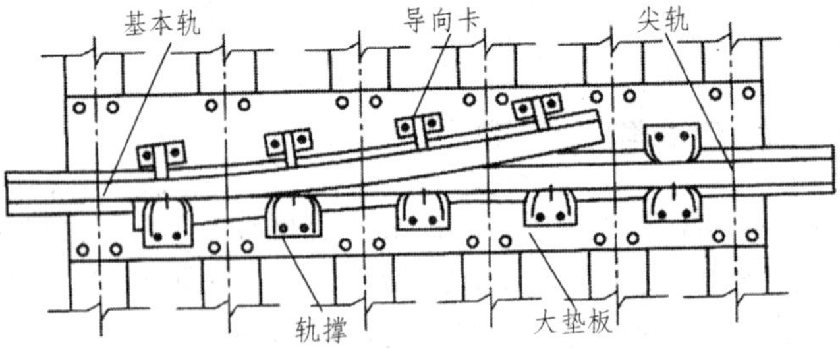

图 15.2.7-1 钢轨伸缩调节器

一、伸缩调节器的失效标准

（1）基本轨的垂直磨耗量超过 6 mm；

（2）在尖轨轨头顶面宽度为 50 mm 以上断面处，尖轨发生垂直磨耗，其轨顶面低于基本轨顶面 2 mm；

（3）基本轨或尖轨轨头剥落掉块长度超过 30 mm，深度超过 8 mm；

（4）轨头侧面磨耗影响伸缩调节器范围内的轨距调整，轨距偏差经常超过允许限度；

（5）尖轨尖端轧伤长度超过 200 mm；

（6）尖轨或基本轨达到线路修理规则规定的重伤钢轨标准。

二、伸缩调节器的维修养护方法和质量要求

（1）防止调节器异常伸缩及尖轨爬行，避免其导致调节器的轨距变化；

（2）尖轨尖端与基本轨应按要求保持密贴；

（3）调节器的轨距、轨向和水平偏差不得超过验收时的规定标准；

（4）调整轨距前，必须同时量测调节器的轨向、轨距，根据量测结果，决定调整方法和调整量；

（5）尖轨或基本轨顶面出现压溃飞边现象时，必须及时铲除打磨，防止轨头掉块剥落；

（6）及时清扫灰砂，每年将各部件及能卸下的螺栓清除污垢，并涂油至少一遍，保持不脏不锈；

（7）尖轨或基本轨的轨头擦伤、剥落或低塌可采取焊补处理；

（8）在明桥面的调节器范围内进行钢梁维修或上盖板涂装作业时，桥枕移动后，桥枕中心距不得超过 55 cm，个别情况不得超过 60 cm，接头处的桥枕净距不得超过 21 cm。

三、伸缩调节器的更换

伸缩调节器一般与桥枕同步进行更换。

1. 准备工作

（1）明桥面完成钢梁上盖板涂装，有砟桥整修好线路高低、水平，方正轨枕，补充石砟（若道砟槽宽度不足，必须增设挡砟板）；

（2）将伸缩调节器运送至工地，并对尖轨、基本轨的轨顶高低及缝隙大小、轨向、轨底与铁垫板的间隙、轨撑与钢轨的贴靠等进行检查，若发现不符合要求时，应当予以处理；

（3）按照桥枕的实际间距对垫板的中心距进行调整，但是尖轨跟端辊锻加工成型及过渡段范围内的桥枕间距必须满足规定的要求；

（4）按照计算的伸缩预留量，确定调节器的铺设长度，并最终确定无缝线路的配轨长度。

2. 铺设作业

（1）可以采用起吊机起吊或平面横移就位，不允许摔、撞、敲击就位。

（2）铺设时以整修后的线路作为基准，先设铺一股，用弦（单向调节器弦长 13.5 m，双向调节器弦长 26 m）和专用的方向测量尺对轨向进行检查，从基本轨接头开始到尖轨接头为止，每隔 1 m 量测轨距一次。在 $R \geqslant 1\,500$ m 的曲线上进行铺设时，必须测量曲线的正矢。如果发现轨向、轨距存在较大的偏差，必须在垫板就位时予以调整。

（3）调节器就位以后，每隔一块垫板用螺纹道钉固定位置，每块垫板只需拧紧 2 个道钉。

（4）调节器铺设后立即在基本轨的开始端做观测标记，并且记录轨温。

（5）经过施工负责人检查认可之后，才能够放行列车。第一次列车应当限速 15 km/h，限速通过的次数和速度可以由施工负责人根据调节器的状态进行决定。在慢行期间，可以用不

同厚度的轨距调整片对轨向和轨距进行调整，当达到规定的技术状态之后，将全部的铁垫板进行固定，列车恢复正常速度运行。

（6）复紧全部扣件：要求尖轨与基本轨轨撑的螺母扭力矩分别达到并保持 150 N·m 和 70 N·m，混凝土枕上铁垫板锚固螺栓的螺母扭矩保持 150 N·m，调节器钢轨接头轨缝挤严，螺栓的螺母扭矩达到并保持 900 N·m。

（7）在调节器铺设后的 5 天内，应每天对轨向、轨距、水平及纵向位移（同时量测轨温）进行观测，并且进行记录。

3. 更换伸缩调节器的质量要求

（1）铺设位置和伸缩预留量必须符合要求；

（2）基本轨伸缩无障碍，尖轨锁定不爬行；

（3）基本轨、尖轨接头的轨缝挤严，螺母扭矩应符合标准；

（4）尖轨、基本轨轨底与台板和底板之间密贴；

（5）尖轨与基本轨高低差应符合要求；

（6）垫板、轨撑及螺栓安装必须齐全，螺母必须达到规定的扭矩要求；

（7）尖轨尖端至 1 100 mm 的范围内，尖轨与基本轨保持密贴，其余部分允许出现不大于 0.5 mm 的间隙；

（8）水平符合标准：误差不大于 4 mm；

（9）轨向符合标准：单向调节器用长 13.5 m 弦、双向调节器用长 26 m 弦和专用方向测量尺，每隔 1 m 检查一处；尖轨尖端至 1 100 mm 处，轨向偏差不允许大于 4 mm，其余范围内不大于 2 mm；

（10）轨距符合标准：由基本轨接头至尖轨接头每隔 1 m 检查一处。轨距为 1 435 mm 时，尖轨尖端至 1 100 mm 处，允许误差为 + 6 mm、– 2 mm，其余范围的允许误差为 + 3 mm、– 2 mm。

15.2.8 护轨的养护维修

护轨是铁路桥梁非常重要的安全设施。它铺设在正轨的内侧，当列车在桥头或桥上脱轨时，护轨可以将脱轨的车轮限制在护轨与正轨之间的轮缘槽内，继续顺桥进行滚出，可以避免车辆向旁边偏离撞击桥梁或者从桥上坠落造成严重安全事故。桥上的护轨按照图 15.2.8-1 进行布置。

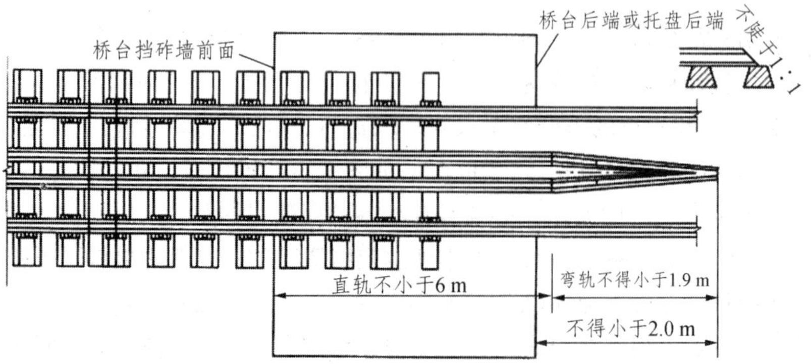

图 15.2.8-1 桥上护轨布置图

一、铺设位置要求

考虑到在列车发生脱轨时，护轨与正轨之间应当留有一定位置以利于车轮滚动过桥，因此，要求护轨头部外侧与正轨头部内侧之间的距离为 200 mm ± 10 mm。护轨接头的鱼尾螺栓螺帽应当安装在线路的中心一侧，防止其妨碍车轮的滚动。当铺有温度调节器的桥面处于自动闭塞区间时，为了满足护轨与正轨轨头之间净距的要求，可以将护轨内侧的部分轨底切去，以确保有 15 mm 以上的空隙。另外，为了使自动闭塞的信号显示正常，必要时可以在调节器两端护轨的适当位置处安装绝缘接头。

二、顶面标高要求

为了保证车轮在脱轨时不至于越过护轨，同时也为了轨距、水平等检查工作便于进行，要求护轨的顶面标高应当低于正轨的顶面标高，并且不得超过 25 mm。若护轨的高度不够，允许以加垫厚度小于 30 mm 的纵向长垫板的方法予以解决，对于道砟桥面也可以使用横向垫予以垫高。但是如果护轨的垫木板高度过高，就起不到防护的作用。

三、护轨的连接和长度要求

在进行护轨的铺设时，应当在每根桥枕上钉 2 根道钉（成八字形），明桥面桥枕的布置密度较大，可以每隔一根桥枕钉 2 根道钉。为了增加扣压力，当使用 20 ~ 30 mm 厚度的垫板时，或者当桥枕的净距大于 150 mm 时，应当在每根桥枕上钉 2 根道钉。每个护轨接头需要安装 4 个螺栓。在温度调节器的位置处应当用一端带长孔的夹板，促使护轨能够随着钢梁伸缩而伸缩。

护轨要在全部桥台上满铺，并使轨端伸出桥台后端（或托盘后端）的长度不应少于 2 m，要求弯轨部分的长度不应少于 1.9 m。护轨伸出到桥台挡砟墙外的直轨部分不应少于 6 m，在直线桥长超过 50 m，曲线桥长超过 30 m 的桥梁上应为 10 m。然后弯曲交会于铁路中心，并将轨端切成不陡于 1∶1 的斜面用螺栓串联牢固做成梭头。如图 15.2.8-1 所示。

四、护轨养护维修的要求

（1）要保持鱼尾螺栓、道钉的完整性，按规定不缺少、不失效。

（2）对于大跨度钢梁的护轨如有爬行时，要及时拉轨并用防爬器进行锁定。

（3）与正轨的距离、轨顶的高差应当符合规范规定。轨底悬空不应大于 5 mm，接头错牙应小于 5 mm。

（4）梭头的联结要牢固，并且置于枕木上，尖端悬空要小于 5 mm。

任务 15.3　钢梁修理

由于钢结构具有材质均匀，力学性能好，在承受同样外力的情况下，结构断面较小，自重较轻，有较大的跨越能力。因此，在建造大跨度桥梁时常会采用钢结构。同时，钢桥各部构建适于工业化生产，从工厂预制到工地拼装架设，工期短，效率高，一旦损坏也易于加固修复。因此，在我国铁路建设中，仍会较多采用钢梁桥，目前在我国运营的铁路线上，铁路钢梁的长度大约占到了桥梁总长度的 10%以上。可钢梁桥长期暴露在野外环境中，其表面与周围介质水汽、盐分等，极易发生化学及电化学作用，致使各部构件发生不同程度的腐蚀，当涂装性能较差时，则会破坏涂层使钢铁产生锈蚀。钢桥一般横跨江河，常年平均气温和湿度较高，腐蚀环境较为恶劣，尤其是铁路钢桥多采用明桥面，列车垃圾及废水对铁路桥面系的腐蚀产生最直接的影响，致使各部构件发生不同程度的腐蚀，严重影响钢结构的使用寿命，大大削弱钢结构的使用功能，甚至危及行车及人身安全。为此，我国铁路钢梁自 1984 年首次制定铁路钢桥保护涂装标准（TB/T 1527）以来，分别于 1995 年和 2004 年修订两次，形成现今通用的钢梁涂装体系。

15.3.1 钢梁的涂装

为了防止钢梁的生锈，采用最广泛的方法就是在钢梁的表面上喷涂油漆。由于油漆除了能够防止钢梁腐蚀外，还能够在钢梁的表面形成一层附着牢固以及随着钢梁一起变形的薄膜，同时钢梁表面涂装的油漆薄膜对钢梁的结构自重不会增加太多，并且油漆的涂装比较方便，也可以增加桥梁的外表美观。

钢梁涂装的作用主要是保护钢梁不受到自然界的侵蚀，故应对钢梁定期进行维护性的涂装，涂装失效后应当及时进行重新涂装。

一、钢梁涂装失效的鉴定方法

涂装失效的现象主要表现在涂膜粉化、露底、裂纹、剥落、吐锈等。涂膜失效可以采用以下几种方法进行检查鉴定。

1. 肉眼观察

明显的面漆粉化、露底或龟裂、起泡、剥落、锈蚀等都很容易通过肉眼发现。不明显的细小裂纹及针尖状吐锈可以借助放大镜进行检查。另外，若发现漆膜有不正常的鼓起（角落部位用光照射会有凹凸不平时），漆膜下面可能会有锈蚀。

2. 用手触摸

用手指揩擦漆膜表面，如果有粉末沾手，则表示漆膜粉化。对角落隐蔽部位，如果用手摸能够感觉到粗糙凹凸不平，则可能有锈蚀存在。

3. 刮膜检验

对于有怀疑的部位，可以将表面的漆膜铲除以检查钢料是否发生锈蚀。若发现漆膜脱皮，可以利用刮刀检查其失效的范围。用刮刀将漆膜铲起，如果漆膜成刨花卷起，底漆的色泽鲜艳，则说明了漆膜良好；如果漆膜用刮刀一碰即碎或呈粉末状，底漆的色泽暗淡，或一并带起，说明漆膜已经失效或接近失效。

4. 滴水检验

在漆膜的表面喷水，如果水珠流淌很快，没有发生渗透现象，则说明漆膜完好；如果水很快就往里渗透或者扩散，则说明漆膜粉化，渗水的深度也就是漆膜失效的厚度。

二、钢梁除锈及表面清理

钢梁除锈及表面清理的目的是要去除尘埃、油垢、铁锈、氧化皮、水或者旧的不坚固的漆膜，以增加新涂漆膜对钢梁表面或旧漆膜之间的附着力，提高油漆的质量，延长钢梁的使用寿命。因此在进行底漆涂装前，应当对钢梁进行除锈及表面清理。

在进行钢结构表面清理时，可以按照《涂装前钢材表面锈蚀等级和除锈等级》（GB 8923—88）中的具体的清理等级要求进行清理。

1. 清理等级要求

（1）当热喷锌、铝或者涂装环氧富锌底漆时，钢表面的清理等级应达到 Sa3 级。

（2）当涂装酚醛红丹、醇酸红丹、聚氨酯底漆或者维护涂装环氧富锌及热喷锌时，钢表面的清理等级应达到 Sa2.5 级。

（3）在箱形梁内表面涂装环氧沥青底漆时，钢表面的清理等级应达到 Sa2 级。

（4）对于人行道栏杆、扶手、托架、墩台吊篮、围栏等附属结构以及铆钉头、螺栓头或局部维护涂装红丹底漆，钢表面的清理等级应达到 sa3 级。具体标准如表 15.3.1-1 所示。

表 15.3.1-1　除锈等级区分表

等级	钢表面清理		钢表面附着物					说明
	方法	程度	氧化皮	铁锈	油垢	焊渣	旧涂层	
Sa1	喷砂	轻度	△	△	×	△	△	
Sa2	喷砂	彻底	○	○	×	○	○	残留物未牢固附着
Sa2.5	喷砂	非常彻底	×	×	×	×	×	残留物的痕迹仅是点状或条纹的微色斑
Sa3	喷砂	表面洁净	×	×	×	×	×	钢表面显示均匀的金属色泽
Sa2	手工	轻度	△	△	×	△	△	锈层、碎屑、浮粒应清除
Sa3	手工	彻底	○	○	×	○	○	比 Sa2 更彻底，显露的钢表面具有金属光泽

注：×表示“应无可见”，△表示“没有附着不牢”，○表示“基本清除”。

2. 钢梁除锈

钢梁除锈的方法主要有手工除锈、小型机械工具除锈、喷砂除锈、火焰除锈以及化学脱漆除锈等，但必须严禁使用腐蚀性物质对钢表面进行清理。

（1）手工除锈。

人工使用刮刀、敲锈锤、钢刮铲、钢凿子等将失效的旧漆膜以及锈蚀去除，再用钢丝刷将钢板上残留的氧化皮、锈蚀等清除。这种除锈方法的优点是：工具简单，不受条件限制。缺点是：劳动强度大，工作效率低，除锈质量差，只能去除黏附不牢的氧化皮和锈。

（2）小型机械工具处理。

通过机械的冲击与摩擦对钢梁的表面进行处理。常用的除锈工具有风动或电动刷，多击头的风动敲锈工具、风动除锈铲、风动或电动砂轮等。这种除锈方法的除锈效率及质量比手工除锈要高，但是比喷砂等其他方法要低。

（3）喷砂除锈。

当需要进行大面积的钢梁除锈时，常采用的除锈方法是喷砂。喷砂除锈的主要设备包括空压机（3 m^3/min）、风管路、储风缸、喷砂机。喷砂材料选用的是 0.5 ~ 2.5 mm 的细砂，对砂的要求是干燥、清洁。

工作技术要求：喷射机在进行喷砂作业时风压要保持在 0.4 ~ 0.6 MPa，每分钟的耗风量为 3 ~ 4 m^3；喷射顺序为：先送风，后给砂；停机顺序：先停砂，后停风。

钢梁喷砂的顺序一般是自上而下，由一端向另一端推进，以减少干扰。对杆件进行喷砂时应当先喷角落及窄缝处，后喷宽敞部位；先喷边缘部位后喷中间部位；先喷铆钉头后喷平面。喷嘴与钢料表面之间的距离以 150 ~ 250 mm 为宜，喷射角以 40° ~ 80°为宜，移动速度要均匀，使之恰好能够除去锈蚀和氧化皮而不损伤钢板。喷砂完毕后应当使用压缩空气将钢梁表面的尘埃和积砂清除干净，必要时可以用手工工具进行一次找细，同时检查钢梁有无裂纹。

（4）火焰除锈。

火焰除锈是利用乙炔氧气燃烧所产生的高温燃烧清除碳化油脂有机物，对于锈蚀、氧化皮则是利用其和钢梁的热膨胀程度不同而崩裂。

喷焰除锈应当使火焰与钢料表面之间成 45°，并以 3 m/min 的速度向前进行推进；另外，当火焰尖与钢料表面恰好接触时能够发挥出最大的作用。喷焰除锈的设备简单，机动性高，但是清除铁锈和氧化皮不够彻底。

（5）化学脱漆除锈。

化学脱漆除锈是利用化学材料对钢梁进行清洗而除锈，新制钢梁可以采用浸渍酸洗或喷射酸洗，对已经建成的桥梁可以采用脱漆剂脱漆及酸洗膏清洗除锈。

脱漆剂一般是由一种或几种溶剂配制而成，配方的种类较多。比如用石蜡：苯：甲苯：二甲苯：四氯化碳：糠醛按照质量比为 8 ~ 10：8 ~ 10：10 ~ 12：20：10 ~ 12：40 ~ 45 配制成脱漆剂然后用毛刷蘸涂旧漆膜 2 ~ 3 次，经过 5 ~ 8 min，旧漆膜就会出现皱纹，这时就可以使用风铲或刮刀将其除去，再使用压力水冲洗几次，漆膜即可除去。

酸洗浆膏是在酸洗溶液中加入滑石粉等制作而成。加入滑石粉后将酸洗溶液调制成糊状，即可用刮刀将其涂布于钢铁表面，厚度为 1.5 ~ 2.5 mm，经过 1.5 ~ 3 h 后再用刮刀将其刮去。若在钢铁表面仍然留有氧化皮及残锈，则可以再涂一次。一般情况下一次可以除锈 90%，二次则可以将其全部除净。每刮完一次需要用干抹布擦一次以除去剩余的酸，最后再用刷子涂上 5%的亚硝酸钠液，直至不发生气泡为止。

对于运营中的钢梁表画的处理除了手工及小型机械处理以外，多采用喷砂除锈。脱漆剂脱漆及酸膏除锈，在施工时往往会使邻近的，特别是位于其下部的钢梁油漆遭到局部损坏，因此其使用范围受到了一定的限制。面碱及火碱，虽然具有较好的脱漆性能，但是它不容易清除彻底，特别是在角落缝隙内残存的碱性溶液会使新油漆很快损坏，已经被禁止使用。

三、钢梁的涂装施工

钢梁、钢塔架、人行道栏杆支架等钢结构都应当进行保护涂装，以防止钢结构锈蚀。钢结构的初始涂装如果在制造厂内进行，应当完成底漆、中间漆和第一道面漆的涂装工作，其余面漆的涂装工作可在桥位上进行。当运营中的钢梁保护涂装出现起泡、裂纹或脱落的面积达到 33%，点锈面积达到 5%，粉化劣化等级达到四级而且底漆已经失效时，应当进行整孔梁的重新涂装。

（一）油漆的选择

一般铁路钢结构的涂装多采用“灯塔牌”油漆，具体的品种及涂漆次数、使用部位如表 15.3.1-2 所示。

表 15.3.1-2　具体油漆品种和次数及使用部位

使用漆层	涂料名称	每道干膜最小厚度（μm）	至少涂装道数	总干膜最小厚度（μm）	使用部位
底层	特制红丹酚醛除锈底漆	35	2	70	桥栏杆、扶手、人行道、托架、墩台吊篮、围栏和桥梁检查车等桥梁附属钢结构
面层	灰铝粉石墨或灰云铁醇酸面漆	35	2	70	
底层	电弧喷铝层环氧类封孔剂	— 20	— 1	200 20	钢桥明桥面的纵梁、上承板梁、箱型梁上盖板
底层	棕黄聚氨酯盖板底漆灰聚氨酯盖板面漆	50 40	2 4	100 160	
面层	无机富锌防锈防滑涂料或电弧喷铝层	80 —	1 —	80 100	栓焊梁连接部分摩擦面
面层	环氧沥青涂料或环氧沥青厚浆涂料	60 120	4 2	240 240	非密封的箱型梁和箱型杆件内表面
底层	特制环氧富锌防锈底漆或水性无机富锌防锈底漆	40	2	80	钢梁主体，用于气候干燥、腐蚀环境较轻的地区
中层	棕红云铁环氧中间漆	40	1	40	
面层	灰铝粉石墨醇酸面漆	35	2	70	
底层	特制环氧富锌防锈底漆或水性无机富锌防锈底漆	40	2	80	钢梁主体，用于腐蚀环境较为严重的地区
中层	棕红云铁环氧中间漆	40	1	40	
面层	灰色丙烯酸脂肪族聚氨酯面漆	35	2	70	
底层	特制环氧富锌防锈底漆或水性无机富锌防锈底漆	40	2	80	钢梁主体，用于酸雨、沿海等腐蚀环境严重、紫外线辐射强、有景观要求的地区
中层	棕红云铁环氧中间漆	40	1	40	
面层	氟碳面漆	30	2	60	

（二）腻子的配方

腻子需要与底漆配合使用，红丹漆对应使用红丹漆的腻子，富锌底漆应使用锌黄环氧的腻子。对于 0.5 mm 以上的裂纹都应当在底漆清理干净后进行腻缝。

（三）涂装工艺

油漆涂装一般分为三层：底层油漆主要用于防锈，中层和面层主要用于保护和隔离空气、水等。油漆在使用的过程中如果过度黏稠，可以加入不超过 2%的同类稀料。一般对于酚醛类油漆用松香水，醇酸类油漆用醇酸稀料，环氧类油漆用环氧稀料，不允许使用汽油做稀料。

1. 手工涂装

采用手工涂油时，应当少蘸勤刷，不能使用毛太短的刷子和小刷子。漆膜的厚度如表15.3.1-2 所示。一般腻子层的厚度不超过 0.5 mm，总厚度不超过 1.5 mm。手工涂装的工序为：涂底漆→刮腻子→打磨→涂中层→涂面层。

2. 用喷漆枪喷漆

对于大面积的涂装应当使用喷漆枪进行喷涂。钢梁大面积涂料涂装体系及最小厚度要求如表 15.3.1-3 所示。具体的操作方法应当按照设备的使用说明书进行操作。

在进行喷漆之前，油漆应当搅匀，并用 140 目以上的筛子过滤除去漆皮和粗粒，然后根据油漆品种的不同，调整到合适的黏度，压缩空气喷漆的压力一般在 0.3 ~ 0.5 MPa 较好。喷枪嘴距离钢料表面的距离要适当，一般以 15 ~ 25 cm 为宜，喷枪与物面应当保持正确垂直的角度。喷漆时采用横喷或纵喷的方式，每次需要叠压一半。喷漆的速度必须前后保持均匀一致，不允许时快时慢。喷到两端时，必须关风以防止端头流挂。喷漆时必须特别注意钢梁杆件的边角部位以及其他的隐蔽处所。

表 15.3.1-3 钢梁大面积涂料涂装体系

涂装体系	涂料名称	涂装道数	每道干膜最小厚度（μm）	干膜最小厚度（μm）		
				干燥地区	潮湿地区	恶劣地区
Ⅰ	特制红丹酚醛底漆	3	35	70	70	105
	灰铝锌醇酸面漆	2 ~ 3	35	70	105	105
Ⅱ	特制红丹酚醛底漆	3	35	70	70	105
	灰云铁醇酸面漆	2 ~ 3	40	80	120	120
Ⅲ	环氧富锌底漆	2 ~ 3	30	60	90	90
	灰云铁氯化橡胶面漆	3 ~ 4	35	105	105	140
Ⅳ	特制环氧富锌底面漆	2	40	80	80	80
	环氧云铁中间漆	1	40	40	40	40
	灰铝粉石墨醇酸面漆	2 ~ 3	35	70	70	105

3. 高压无空气喷涂

高压无空气喷涂是指通过加压泵给油漆加压到 10 ~ 7.5 MPa 的压力，然后从特制的喷嘴小孔中喷出。当高压的漆流离开喷嘴进入大气中之后，立即膨胀撕裂成极细的漆雾喷涂到钢梁的表面上。这种方法效率高、速度快（比一般气喷能高处数倍），适用于于大面积的喷涂施工。

4. 静电喷涂

静电喷涂利用的是静电的基本原理，使油漆在电场内带电，在电场力的作用下被吸附于带异性电荷的钢梁表面上而完成喷漆的过程。静电喷涂油漆的利用率可以达到 95%以上，能够节省材料并且改善劳动条件。

四、涂层的技术与质量要求

（1）钢梁在进行初始涂装及整孔重新涂装时，钢结构表面的清理等级和粗糙度应当达到规定的标准，涂装体系的确定应当考虑杆件的部位和环境地区因素。

（2）在进行涂膜维护涂装时，应当按照要求对局部劣化部位进行清理，按照原涂装系逐层进行涂装。新旧涂层之间应当设有 50 ~ 80 mm 的过渡带，局部修理处的干膜总厚度不应小于原涂装的干膜厚度。

（3）对于钢表面的清理施工，严禁在雨、雪、凝露和相对湿度大于 80%以及风沙场合进行。

（4）环氧富锌、无机富锌、环氧沥青、聚氨酯漆不允许在 10 °C 以下进行的施工，其他的漆类不允许在 5 °C 以下进行施工。

（5）应当在钢结构表面清理后的 4 h 内，涂刷第一道底漆或者热喷涂锌、铝涂层，在热喷涂锌、铝涂层完成后 6 h 内必须涂封孔剂。

（6）涂装涂层的最小时间间隔为 24 h，底漆、中间漆暴露的最长时间不应超过 7 d。两道面漆的时间间隔如果超过 7 d，需要使用细砂纸将涂层打磨成毛细微毛面。

（7）采用油漆涂层时不允许出现脱落、咬底、起泡、漏涂等缺陷，应当达到均匀、平整、丰满、有光泽的要求，厚度须符合标准。

（8）采用热喷涂锌、铝合金涂层时，不允许出现碎裂、漏涂、脱落、分层、气泡等缺陷，涂层应当致密、均匀一致、无松散粒子，厚度须符合标准。

（9）整个涂装体系的涂层之间的附着力按照《色漆和清漆漆膜的划格试验》（GB/T 9286—98）中的规定做划格试验，附着力不得低于一级。

（10）锌、铝涂层与钢基材之间的附着力按照《热喷涂金属和其他无机覆盖层锌、铝及其合金》（GB/T 9793—2012）中的规定，当采用切格试验法进行试验。试验结束后，方格内的涂层与基体不得出现剥离；当采用拉力试验法进行试验时，其附着力不得低于 5.9 MPa。

15.3.2　钢梁铆钉和高强螺栓的更换

钢梁在经过长期的运营之后，一些铆钉会因为锈蚀、受力不均等，产生松动、钉头缺失损坏和出现裂纹等现象，对于一些高强螺栓也会因为锈蚀疲劳而出现松动。所以，每年都要进行钢梁结构的全面检查，制订维修计划，主要的作业项目就是更换失效铆钉和高强螺栓。

一、钢梁铆钉的更换

钢梁铆钉的更换工作必须采用机铆。在行车线上进行铆钉的更换时，必须利用列车的间隔时间。拆除铆钉之后一般要更换为高强螺栓，每铲除一个铆钉应当马上上紧一个精制螺栓，在必要时，可以使用 30%以下的冲钉。更换铆钉的工作主要可以分为三个作业过程：清除旧钉、烧钉及铆合新钉。

1. 清除旧铆钉

清除旧铆钉的顺序一般是先除去钉头，再冲出钉杆。为了保证不震松邻近的铆钉或者损坏钉孔，在清除旧铆钉时一般可以采用旋除、钻除、锯除等方法。不宜采用风铲、气割、大锤锛斧方法或手段，以免造成钢板的变形。

旋除法松动钉头时采用空心刃钻，要求钻头的内径比铆钉杆小 2 ~ 3 mm，安装在风钻或电钻上使用。钻除法是采用小于钉径 3 mm 的普通钻头将钉芯钻去，仅保留钉头的外围，采用这种方法时效率较高，但是必须要采取合适的措施以防止对钢板损伤。

锯断法则是用一种特制的锯弓将钉头锯掉。一般在少量而又不便于进行旋、钻或锯的位置，也可以采用焰割割除或用风铲铲除。若使用风铲，应当先顺着铆钉的直径处剔槽，然后将两边剩余部分铲除。但不管是采用铲除还是烧割的方法都必须要保证不损伤钢板。

在铆钉头被除去后，就可以用铆钉枪安上冲钉头将旧钉从一端冲出。但如果遇到铆钉的偏心过大、钉孔变形、孔壁不平以及钉孔错牙等情况时，采用铆钉枪可能不容易将旧钉冲出，这时可以将上面的钉杆锯去，用直径小于钉径 3 mm 的钻头进行钻孔，钻入钉孔的深处，必要时也可以全部钻透旧钉。在旧钉冲出之后，应当将孔内的铁渣、铁锈等清除干净。如果发现孔壁不平或者错孔，应当用风钻装上铰刀进行铰平。如果错孔过大，则应当更换较大直径的铆钉。

2. 烧钉及铆合新钉

烧钉工作在铆钉作业中是极其重要的一环。首先需要依据铆合板束的厚度来选择适当长度的铆钉，然后按照作业的先后顺序依次放入到铆钉炉中进行加温。先使用火焖钉，保证整个铆钉均匀受热，然后再鼓风进行烧钉。

在工地进行铆合的铆钉应当加温至 900 ~ 1 150 °C，温度过高或者过低都会危害到铆钉的质量，并且应当全部烧成同样温度，然后用钳子钳出，送至作业的地点进行顶铆作业。

在铆钉铆合之前，应当先将烧红的铆钉在硬物上进行敲打，除去铆钉上的渣滓以及焦皮，然后再插入钉孔内，并立即用风顶把顶严，使钉头与钢板之间没有空隙。在进行铆合时，必须保证铆钉枪与铆钉成一条直线，要将窝头对正钉杆铆打。铆合时应当使钉杆完全填满钉孔；然后，进行快打使之紧密并且铆打成钉头；最后可以使铆钉枪围绕铆钉周围转上 1 ~ 2 圈，使钉头与钢板密贴并光洁。

在新铆钉铆好之后，应当再详细地检查一遍新铆钉和邻近的旧铆钉，如果发现有松动或者严重不良的铆钉时应当拆除重铆，由于受到拆除旧钉或者铆合新钉震动的影响或者板束被新钉牢固地夹紧，使原来邻近的好的铆钉有可能出现松动。

新铆的铆钉铆毕后，应将钉头涂刷除锈油漆，对附近钢板上被损坏的油漆进行补油。在铆合比较困难的部位进行铆钉更换时，可以采用高强螺栓或者精制螺栓代替铆钉，一个螺栓代替一个铆钉，为了防止精制螺栓的松动可以安设双帽。

二、高强螺栓的更换

高强螺栓的连接部分不允许出现流锈现象。高强螺栓不得出现超拧、欠拧、漏拧、松动、断裂或缺栓，杆件不得出现滑移。

（一）高强螺栓的更换标准

（1）经过检查判明出现严重锈蚀（有肉眼可见的锈蚀麻面者）、裂纹或者折断的高强螺栓应当立即进行更换。

（2）对于延迟断裂的高强螺栓应当详细地记录断裂的时间、温度、高强螺栓所在的部位、螺栓断口的锈蚀情况，同时需要将实物送交到有关的部门进行分析。

（3）对于严重欠拧、漏拧或者超拧的高强螺栓应当将其拆下。如果拆下的螺栓没有出现严重的锈蚀、严重的变形以及裂纹的，或者施拧未超过设计预拉力 15%以上的，经过除锈涂油处理后可以再用，否则就不允许再用，应当予以更换。

（二）高强螺栓更换的施工方法

更换高强螺栓的关键就是对扭矩的控制，而扭矩的大小则是由螺栓的母材所决定的。目前我国的高强螺栓大多是 40B 母材的 M24 和 M22 螺栓，其中 M24 螺栓的设计预应力为 230 kN。更换高强螺栓的方法主要有两种：扭矩法和扭角法。

1. 扭矩法

一般在设计图中都给出了高强螺栓的设计扭矩值，而且螺栓在出厂说明中也有关于扭矩的说明。螺栓的最终扭矩确定后，需要分两步进行操作：

① 初拧：将螺栓孔清理干净，上好螺栓，施加扭力到达扭矩设计值的 40%～70%，即 300～320 N・m。将一个节点上的全部螺栓进行初拧，以确保节点板的受力对称均衡。

② 终拧：将扭矩值增加到设计值的 100%，再统拧一次，也可以采用扭角法代替终拧。

2. 扭角法

扭角法一般按照下列步骤进行操作：

① 按照设计文件中的数值，进行初拧和终拧；

② 没有设计文件时，初拧同上；

③ 在初拧后标出一条角度线，再拧至表 15.3.2-1 中规定的角度值，即为终拧值。

表 15.3.2-1　各种钢板表面处理时的拧角

高强度螺栓材质	直径（mm）	钢板表面处理方法					
		喷砂	喷锌				涂两次固化无机富锌漆
		板层不限	2 层板	3 层板	4 层板	5 层板	
40B	M22	45°	45°	60°	70°	70°	① $\theta = 43.26 + 6.43(n-1) + 0.54B$ ② $\theta = 43.31 + 4.06(n-1) + 0.24B$ ③ $\theta = 37.56 + 6.65(n-1) + 0.25B$
	M24		45°	45°	60°	60°	—

15.3.3　钢梁的改善

钢结构必须具有足够的强度、刚度和稳定性。在运营中应当根据钢结构的形式，对钢结构各部联结节点、杆件、铆钉、销栓、焊缝应当加强检查养护，使结构经常处于良好状态。对于出现承载能力不足或者刚度不足、结构不良的钢梁，应当进行必要的改善或加固，以保证行车的安全。

引起钢梁裂纹及铆钉松动的主要原因之一就是结构不良。在多年的铁路钢梁修理与加固工程中，铁路有关部门对钢梁结构不良处进行了比较彻底的改善，根治了病害。在对钢梁所做的结构改善措施主要包括以下几个方面：

（1）当纵横梁的联结角钢出现裂纹及铆钉拔头时，可以采用增设上下鱼形板的刚件联结予以改善。如果受到条件的限制，也可以改成采用柔性联结，或者采用更换厚角钢、增大铆钉直径、增加联结铆钉或换用高强度螺栓等办法。

（2）当板梁（或纵梁）断面联结系的角钢与腹板之间的竖加劲角钢联结处缺少水平联结板时，经常在竖加劲角钢的下部出现裂纹，这时应当在此处增设联结板。

（3）当钢梁联结系杆件交叉处、联结杆件与主梁或纵梁翼缘联结处的铆钉太少时，应当更换大联结板，增加铆钉进行改善。

（4）当纵梁上平纵向联结系的位置过高时，会导致桥枕下压联结系杆件。联结系杆的杆件往往比较薄弱，容易在压力下产生破坏，这时可以通过在翼缘下加填板，把联结系降低，再用重铆予以改善，以确保在行车的状态下，桥枕与联结系杆件或铆钉头之间有 3 mm 以上的空隙。

（5）纵向联结系的扁钢联结杆应当改为角钢联结杆；在桁梁中用两块平钢板组成的斜杆，以及对于刚度不足的杆件，可以通过增加隔板或缀板、缀条等措施予以加强。

（6）当上承板梁的上翼缘与腹板之间的联结处有上下错动现象时，应当改换采用较大直径的铆钉或在角钢下安一块填板后，加铆一块补强板予以改善。

（7）在相邻的钢梁间，梁端与桥台挡砟墙之间的净距应当能够满足在温度跨度以及当地最高、最低气温变化时钢梁能够自由伸缩的要求。若净距过大，则可以采用在两孔钢梁中间增加连接梁等的措施予以改善；若净距过小，在妨碍钢梁自由伸缩时，可以通过移动钢梁、支座或凿除部分挡砟墙等方法进行处理。

（8）对于部分旧有的上承或下承式钢梁，其主梁或纵梁的中心距为 1.5 m，恰好处于钢轨的底下，这样会使列车对主梁或纵梁的局部冲击增大，而且在安装垫板、钩螺栓时都比较困难。这种时候可以通过将主梁或纵梁的中心距放宽的方式予以改善。

（9）当半穿式板梁的横梁与主梁之间的连接角钢产生裂纹时，可以通过在裂纹尾端钻孔，然后用短角钢予以补强。为了增加连接的强度，可以将横梁顶上部分的单角钢连接改成双角钢连接。

（10）当全焊板梁的纵横梁联结在纵梁腹板上切口处出现裂纹时，可以通过在该裂纹处的腹板两侧加短角钢予以补强。短角钢的一肢要紧贴上冀缘，另一肢则紧贴腹板，钻孔后，用高强度螺栓（或精制螺栓）拧紧。

15.3.4 钢梁的加固

钢结构应当经常保持清洁，要经常清扫污垢、尘土，在冬季要及时清除冰雪。在钢梁上的存水区域应当设置直径不小于 50 mm 的泄水孔，钻孔前需要检算杆件的强度。

钢梁杆件的伤损容许限度超限时，应当及时进行整修、加固或者更换（经检定不影响钢梁正常使用者除外）。

不良铆钉应当根据不良程度来确定是否予以更换，当达到容许限度时就必须更换。新换钢梁或加固杆件的组拼应当符合下列要求：

（1）组拼或加固部件的尺寸应当符合设计图纸的要求。

（2）组拼板层需要用螺栓均匀拧紧，使板层密贴，缝隙用 0.3 mm 的插片探入深度不大于 20 mm。

（3）组拼杆件应当在无活载的情况下进行，并且至少有 1/3 的孔眼安装了螺栓及冲钉，其中的 2/3 为冲钉，1/3 为螺栓。

（4）在无活载的情况下进行铆合时，一般应当每隔 2 个钉孔安装一个螺栓，螺栓的间距不得大于 400 mm，如有必要，应当每隔 1 个钉孔安装一个螺栓，每组孔眼应当打入 10%的冲钉。

（5）栓焊梁使用的高强度螺栓、螺母及垫圈的技术条件必须要符合《钢结构用高强度大六角头螺栓》（GB/T 1228—2006）中的规定，并必须附有出厂合格证。施工前应当依照规定对成品进行抽查，对于无出厂合格证或者抽查不合格者，不得使用。

（6）铁路钢桥主体结构用钢材应符合冶金工业部推荐的《钢梁用结构钢》标准。

任务 15.4　圬工结构物修理

圬工结构物是指用砖、石、混凝土及钢筋混凝土等材料制造而成的梁（拱）及墩台。随着钢筋混凝土及预应力混凝土梁（拱）的不断发展，一般新建的梁跨结构或者在进行旧梁更换时，对于跨度在 32 m 以下一般都使用钢筋混凝土或预应力混凝土梁，而不再使用钢梁。

对于混凝土结构物来说，其病害的表现形式多种多样，引起病害的原因也是错综复杂。从产生病害的原因来分析，混凝土结构的病害形式大致有两大类：

第一类是由于环境作用导致混凝土结构的损伤与破坏。由于混凝土缺陷（例如裂隙、孔道、气泡、孔穴等）的存在，环境中的水以及侵蚀性介质可能会渗入到混凝土结构的内部，与混凝土结构中的某些成分发生反应，从而引起混凝土结构的损伤，影响了结构的受力性能和耐久性。

第二类是由于荷载作用或者设计、施工不当造成的混凝土结构损伤。例如，由于超载作用引起的裂缝，动力冲击作用引起疲劳破坏，构造措施和施工方法不当引起结构裂缝等。

对于混凝土梁体出现的各类病害，可以选用以下几种方法进行加固：

（1）对于梁的弯曲裂缝以及沿预应力筋的纵向裂缝，可以采用粘贴钢板、粘贴纤维复合材料的方法予以加固，也可以采用增大截面的方法予以加固。

（2）对于腹板上出现的斜裂缝，可以在与裂缝反方向并近似与水平线成 45°角，并且大致与斜裂缝的方向正交的方向粘贴钢板或纤维复合材料；当梁高度较矮、钢板或纤维锚固长度不足时，可以采用沿梁底的 U 形箍和加压条的形式进行粘贴。

（3）对于腹板上的收缩裂缝以及锚固区的裂缝，可以根据裂缝宽度的大小采用环氧树脂胶进行封闭或者灌缝处理。

（4）对于桥面的纵向裂缝及横隔板裂缝，一般可以通过增加或加大横隔板的方法予以解决。

（5）以上各种病害都可以采用体外预应力加固法，这种方法虽然设计、施工较为复杂，但是加固效果好。

（6）如果梁体的病害十分严重，即使采用了加固措施也很难再满足使用要求时，可以考虑更换新梁。

15.4.1 混凝土梁裂缝的修补方法

一、表面封闭法修补裂缝

1. 表面涂抹

当裂缝宽度较小时，一般可在混凝土的表面上沿着裂缝涂抹树脂保护膜，当裂缝的宽度有可能发生变动时，可以采用具有跟踪性的焦油环氧树脂等材料，在裂缝多且密集或者混凝土老化、砂浆离析的结构物上涂抹，也可大面积涂抹保护膜。

2. V 形或 U 形槽口充填修补

当采用表面涂抹处理不能充分修补裂缝时，可以采用下列办法：在混凝土的表面沿裂缝凿出 V 形或 U 形的槽口，然后用树脂砂浆进行充填修补。填补前应当先用钢丝刷将凿后已经浮动的混凝土碎片清除，必要的时候可以先上底层涂料然后再填塞树脂砂浆。

3. 凿深槽予以嵌补

先沿着裂缝方向凿出一条深槽，槽形需要依据裂缝位置及填补材料进行确定，然后在槽内嵌补各种黏结材料，比如环氧砂浆、沥青、甲凝等。

4. 表面喷浆

喷浆修补是先对裂缝表面进行凿毛处理，然后喷射一层密实的高强度水泥砂浆保护层来封闭裂缝的一种方法。根据裂缝所在的部位、性质及修补要求与条件，可以采用无筋素喷浆或挂网喷浆结合凿槽嵌补等方法予以修补。

5. 打箍加固封闭法

当钢筋混凝土结构出现主应力裂缝时，可以采用在裂缝处加箍的方法使裂缝封闭。箍可以采用扁钢焊成或圆钢制成，可以采用直箍也可以采用斜箍，其方向应当与裂缝的方向垂直。在箍与梁的上下面接触处可以垫以角钢或钢板。角钢或钢板面积以及箍的横截面面积，需以修补加固部位主应力的大小、箍的安全应力以及混凝土的抗压强度等通过计算为原则进行确定。

二、压力灌浆法修补裂缝

先将结构物的裂缝或孔隙与外界进行封闭，只留进出浆口及排气孔。然后通过压浆泵将配制好的低黏度浆液以一定的压力压入缝隙内，并且使其扩散、胶凝固化，以达到恢复结构物的强度、整体性、耐久性以及抗渗性的目的。

1. 水泥灌浆修补法

在进行灌浆修补前应当对修补部位的裂缝再认真仔细地检查一遍，以确保修补数量、范围、钻孔眼位置及浆液数量正确无误。

采用灌浆修补时，浆液水泥一般采用不低于 42.5 级的普通水泥，所采用的灌浆压力一般为 $4.05\times10^5\sim6.08\times10^5$ Pa，浆液的浓度一般不小于 1.6∶1（水与水泥的质量比）。当工程量较大时，灌浆加压设备可以采用灌浆机、灌（压）浆泵，也可以采用风泵加压。当工程量不大时可以采用手压泵进行加压。当工程量很小时，也可以采用类似打气筒等工具改制成的注射器进行加压。

2. 化学灌浆法修补裂缝

对于灌浆材料的基本要求是黏结强度高、可灌性好，常采用的灌浆材料有环氧和甲凝两类。环氧灌浆是以环氧树脂为灌浆材料进行灌浆，它的黏结力强、稳定性好、收缩小、耐腐蚀及机械强度高，经常用于修补宽度在 0.1 mm 以上的裂缝。甲凝灌浆是以甲基丙烯酸甲酯为灌浆材料进行灌浆，它具有黏度低、可灌性好、抗拉强度高等特点，经常用于修补宽度在 0.1 mm 以下的细裂缝。

灌浆一般是采用纯压法灌浆。对于细小的裂缝，一般浆液所需的胶凝时间较长，常采用单液法灌浆。此时在泵前将所用的浆液混在一起，用灌浆机进行灌注。对于较宽的裂缝，一般要求浆液胶凝时间较短，常采用双液法灌浆。此时可以将所用的浆液分为两大部分，用灌浆机分成两路送至灌浆孔口的混合装置再灌入裂缝。

灌浆可以采用单孔或者群孔同时灌浆，但必须要留有一定数量的排气孔。当在长裂缝上同时布置有几个灌浆孔时，可以按照裂缝的深浅由下而上进行灌浆。用灌浆泵进行灌浆时，压力一般是由小至大逐步升高，当达到设计压力后，再使压力保持稳定，直至灌浆达到一定的要求（吸浆率小于 0.01 L/min 时再延缓几分钟）再将阻塞器上的进浆管阀门关闭，以使裂缝内浆液在受压状态下胶凝固结。

灌浆完毕待浆液聚合固化后，就可以将灌浆嘴一一予以拆除，并用环氧胶泥抹平。最后再对每一道裂缝表面再刷一层环氧树脂水泥浆，以保证封闭严实，并使其颜色与混凝土结构尽量保持一致。

15.4.2　粘贴钢板（或钢筋）加固法

粘贴钢板加固法是利用环氧树脂或者建筑结构胶，把钢板直接粘贴在混凝土结构物的受拉区或薄弱部位，使其与原有的混凝土成为整体，通过钢板与补强结构的共同作用，改变其受力状态，限制裂缝的发展，从而提高了结构的承载能力。这种方法的适用范围较广，它具有以下几个优点：

（1）不需要破坏被加固的原有结构。

（2）粘贴一般采用厚度为 2 ~ 8 mm 的钢板，所以加固工程对原来结构物的尺寸几乎不会加大，在重量上的增加也不多。

（3）工艺较为简单，在进行实际操作时对专业技术人员的要求也不高。

（4）加固施工不需要大的场地和空间，而且将钢板粘贴到构件上一般 3 d 就可以受力使用，对生产及生活的影响都很小。这种方法能够在较短的时间内完成大量的工程加固工作，尤其适用于应急工程的加固。

（5）对建筑物的外观几乎不会改变。

粘贴钢筋加固法是利用环氧砂浆作为黏结材料及保护层，把直径不大于 8 mm 的钢筋粘贴在受拉区的表面。若有必要，可以先将旧钢筋的混凝土保护层凿开，使一部分的主筋露出，把新增加的钢筋焊接在旧主筋上，再浇筑细石混凝土或者砂浆，形成保护层，将所有的钢筋保护起来。

粘贴钢板加固法主要适合于以下几种情况：

（1）在现行使用荷载的作用下，原来的受弯构件或者大偏心受拉主筋不足，或者斜筋的配筋不足；如果是超筋梁构件，则应当同时使受压区的面积增加。

（2）原构件的受拉主筋严重腐蚀或者受损。

（3）为了增加构件的抗裂性及刚度。

（4）提高偏心受压构件的承载力，对构件进行封闭围套包钢加固，但对小偏心受压构件不适宜采用单边粘钢板或钢筋方式予以加固。

（5）采用本方法时的适用条件是：环境温度不超过 60 °C，相对湿度不大于 70%，无化学腐蚀，否则就应当采取有效的防护措施。

（6）对于混凝土强度低于 C15 的构件不适宜采用本方法进行加固。

一、粘贴钢板加固施工工艺

根据黏结剂的不同，粘贴钢板的施工工艺也会有所不同。当所使用的黏结剂为液体时，可采用注入法；当所使用的黏结剂为胶状时，可采用压粘法。

注入法是通过在混凝土的表面与钢板之间增加垫块等，使钢板与混凝土表面之间存在一定的空隙，同时利用环氧树脂胶泥将四周予以封闭，然后向注入口注入环氧树脂，同时将空隙中的空气排出，如图 15.4.2-1 所示。因为环氧树脂是从一端注入的，所以在孔隙中容易残留气泡，在施工时应当用木槌随时敲打以确定是否灌实。这种施工方法虽然较为费时，但是即使混凝土的表面不平整也可以进行施工。

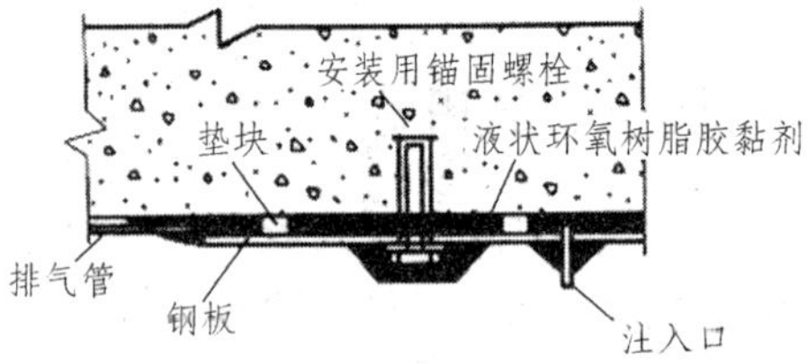

图 15.4.2-1 注入法施工粘贴钢板

压粘法是在混凝土表面与钢板表面各涂上 1 ~ 2 mm 厚的环氧树脂，然后利用已经固定在混凝土中的螺栓把钢板压紧到混凝土面上，如图 15.4.2-2 所示。随着环氧树脂的挤出，粘贴面之间的空气也排出，几乎不会残留气泡，黏结效果也好。这种方法适用于混凝土表面平整的情况。

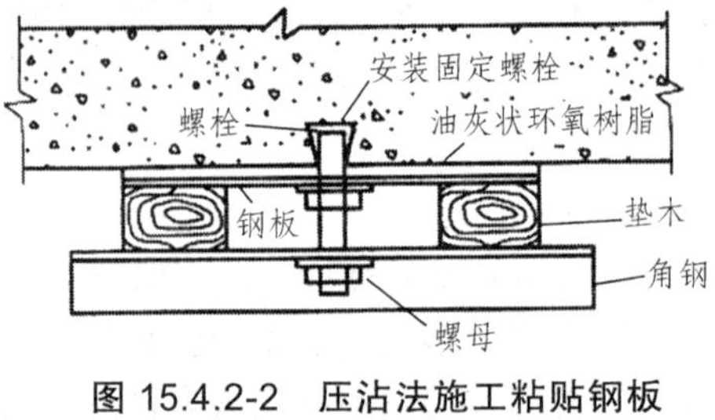

图 15.4.2-2 压沾法施工粘贴钢板

基本的粘贴工艺流程：钢板制作→粘贴面处理→加压固定及卸荷系统准备（根据实际情况和设计要求，卸荷步骤有时可省去）→黏结剂配制→涂胶和粘贴→固化→检验→维护。

15.4.3　粘贴高强复合纤维加固法

粘贴高强复合纤维加固法是采用环氧树脂胶（或其他建筑结构胶）将高强复合纤维布直接粘贴在被加固混凝土结构的薄弱部分。其与被加固结构形成整体，共同受力，以限制裂缝的开展，提高结构承载力。采用粘贴高强纤维加固法进行受弯构件正截面承载力和斜截面承载力时，纤维布的布置方案与粘贴钢板法基本相同。

用于结构加固的碳纤维材料具有优良的力学性能，其抗拉强度一般为钢材的十几倍，但是单纯使用碳纤维布加固效果很差。这是因为碳纤维材料织成碳纤维布后，其中的各碳纤维丝很难完全共同工作：在承受较低荷载时，一部分应力水平较高的碳纤维丝首先达到其抗拉强度并退出工作状态，由此依次发展，各碳纤维丝逐渐断裂，直至整体破坏。故碳纤维加固首先必须使碳纤维布中的碳纤维丝能共同工作，因此黏结剂对碳纤维布的加固起着关键的作用，它既要确保各碳纤维丝共同工作，同时又要保证碳纤维布与结构共同工作，从而达到加固的目的。

采用粘贴高强纤维加固提高的只是结构的强度，对结构的刚度提高不大。因此，该方法不适用于以控制结构变形为主要目的的加固。采用缠绕粘贴高强复合纤维对桥墩等轴向受压结构进行加固可以明显地提升其承载力，其工作机理和钢管混凝土相似：在纵向力的作用下，混凝土受高强度纤维的约束作用处于三向受压状态，故可以较大幅度地提高承载力。同时该加固方法可以明显提高结构的延性，可用于提高结构的抗震性能，用于抗震加固。

粘贴纤维复合材料加固构件与粘贴钢板加固有所不同，因为纤维复合材料的弹性模量与混凝土及钢材的弹性模量都不同，相当于结构有三种不同材料复合而成。由于加固常用的碳纤维、芳纶纤维和玻璃纤维片的抗拉强度远远大于钢材的抗拉强度，一般情况下要让原受拉钢筋达到屈服后，纤维复合材料的高强性能才能发挥出来，这取决于受拉区混凝土和原配受拉钢筋是否破坏。对铁路桥梁来讲，大部分是由刚度来控制，用碳纤维加固来增强其使用性能是不太合适的。因此粘贴纤维复合材料方法、主要是用于桥梁的抗震加固。粘贴碳纤维的基本施工工艺流程：施工放线→基面处理→刷抹底层胶→用找平胶修补粘贴面→粘贴碳纤维布→养护→进行罩面防护处理。

15.4.4　增大截面加固法

增大截面加固法是通过增加原构件的受力钢筋，同时在外侧新浇筑混凝土以增大构件截面的方法，来提高构件的强度、刚度、稳定性和抗裂性，在部分情况下也可以用来修补裂缝。它的适用范围较广，可用以加固混凝土受弯和受压构件，如板、梁、柱、基础、屋架等。可以通过增加受力钢筋主筋的截面、放大主梁混凝土的截面、加厚桥面板和喷锚四种方法来增大结构的截面。对于铁路桥梁，加厚桥面板不太现实，而增加梁肋宽度和喷锚法是比较适合的加固方法。

增大截面法加固受弯构件和大偏心受压构件的基本原理是通过增加受拉区钢筋和受压区混凝土的面积增大截面惯性矩，从而提高结构的抗弯刚度和强度。加固的基本原则是要尽量地增加构件的高度，而尽量少增加或不增加构件的宽度。增大截面法加固小偏心受压构件时，可以全面增大面积，但最好以增加偏心方向的截面为主，通过增加受压或受拉钢筋以增强构件的刚度和强度，提高其承载力和稳定性。

根据构件加固的目的以及构件的受力特点、几何尺寸等因素，可以设计成单侧、双侧或者四面包套的加固。对于梁，通常采用上、下侧加厚层方法予以加固；对于中心受压柱，通常采用四面外包套方法予以加固；对于偏心受压柱，通常采用单侧或双侧加层方法予以加固。增大截面加固法又可以分为以加大截面为主的加固和以增加配筋为主的加固，或者两者兼备的加固。为了使后增加的混凝土能够正常工作，采用以加大截面为主的加固法时也需要适当的配置构造钢筋。当采用以加配钢筋为主的加固法时，为了使配筋能够正常工作，也需要按照钢筋的间距和保护层等构造要求，适当地增大截面尺寸。在加固中，对于新旧钢筋应当焊接，以增强新、旧混凝土的结合能力。

增大截面加固技术的关键问题在于新、旧材料能否共同工作，核心是结合面上的剪力能否进行有效的传递。为了使新、旧混凝土能够可靠、耐久的共同工作的可靠性，在进行设计时需要对加固结构的结合面进行抗剪验算，同时也应当在施工工艺上采取相应的措施。

15.4.5 体外预应力加固法

体外预应力加固法是在结构的外侧布置预应力筋，在进行张拉时对梁体形成了偏心预应力，从而可以抵消部分恒载、活载的内力，是提高结构承载力的一种方法。与粘贴钢板法和增大截面法等相比，它是一种主动加固的方法，通过调整合适的预应力值达到对原结构的应力状态进行改善的目的，同时也增强了结构的承载能力。体外预应力筋有两种处理方式：一种是将预应力筋直接裸露在外面，另一种是通过在张拉后浇筑或喷射混凝土保护层来保护预应力筋。这种加固方法主要适用于：正截面的受弯承载力出现不足；正截面受拉区的钢筋出现锈蚀，梁的抗弯刚度不足导致梁的挠度超限；梁的刚度太小而使受拉区的裂缝宽度超限；需要通过加固的方法提高铁路桥梁横向刚度的情况。

体外预应力加固法不需要对混凝土的保护层进行清凿，对梁体造成的损伤小，能够使桥梁的荷载等级恢复或者增高，而且在加固作业时对交通的影响也不大，经济效果较好。

任务 15.5 桥梁支座修理

支座是在设置在桥跨结构与墩台之间的传力装置，它能够将桥梁上部的荷载按照设计的传力方式传递给桥梁的墩台，同时也要保证桥梁结构在列车荷载、温度变化、混凝土收缩和徐变等因素的作用下能够产生自由变形。

在铁路桥梁中使用的支座大致可以分为两大类：橡胶支座和钢支座。

钢支座主要的类型有平板支座、弧形支座、摇轴支座即辊轴支座。经过多年的运营发现，钢支座的病害较多，尤其是后期的养护维修以及更换的工作量都很大，在运营中的噪声问题也很严重。

橡胶支座由于构造简单、造价低廉、安装方便，几乎不需要养护，在近年来发展较快。

橡胶支座一般可以分为板式橡胶支座、盆式橡胶支座、铅芯橡胶支座等。板式橡胶支座由于人们担心橡胶老化和列车通过时易发生横向摇摆问题，曾在一定程度上影响到了它的推广，后来经过增加适当的横向限位装置，现已成为中小跨度桥梁常用的支座形式。盆式橡胶支座承载能力大，平动及转动灵活，摩擦系数小，建筑高度低，成为适用于大、中跨度桥梁最理想的支座形式。

15.5.1　支座技术标准及要求

（1）在运营桥梁结构中，支座的类型应当符合表 15.5.1-1 的规定。

表 15.5.1-1　桥跨结构支座类型

支座类型	钢支座			橡胶支座	
	平板	弧形	辊轴、摇轴	板式	盆式
钢梁	$L<10$	$10\leqslant L\leqslant 24$	$L>24$		
混凝土梁	$L\leqslant 8$	$8<L<20$	$L\geqslant 20$	$L\leqslant 20$	$L>20$

注：① L 为梁的跨度（m）；
② 跨度小于或等于 6 m 的简支梁可不设支座，采用高强石棉板等弹性垫板代替；
③ 无支座的钢筋混凝土板梁，应在两侧设支承，防止横向移动。

（2）铸钢支座的质量应当符合《铁路桥梁铸钢支座技术条件》（TB 1853—86）的规定，支座的安装位置应当正确，支座应当安装稳固可靠。活动支座的滚动（滑动）面应当保持洁净润滑，同时保证梁跨能够自由伸缩与转动。

（3）对于铸钢支座锚栓的直径应当符合下列规定：钢梁一般为 32 mm，至少 25 mm；圬工梁为 25 mm；跨度 16 m 梁的大弧形支座为 28 mm。锚栓应当埋入墩台不少于 300 mm。

（4）固定支座应当设置在纵向水平作用力的前端，即位于坡道上时应当设置在较低的一端；位于车站附近时应当设置在靠车站的一端；位于区间平道上时应当设置在重车方向的前端；除特殊设计外，相邻两孔的固定支座不应该安设在同一桥墩上。如果遇到以上条件不一致时，可以按照水平力作用影响较大的情况进行设置，一般应该优先满足坡道的要求。

（5）铸钢支座辊轴（摇轴）的实际纵向位移值应当与计算的正常位移值保持一致。

（6）铸钢支座的各部位应当保持完好，出现下列状态之一的应当及时予以处理：

① 钢部件的裂纹深度大于或等于 10 mm，主要受力部位的焊缝开裂；

② 钢件的磨损、凹陷大于 1 mm；

③ 销钉或锚栓的折断数量超过 50%；

④ 支座的位移超限：纵向大于 5 mm，横向大于 2 mm；

⑤ 辊轴或摇轴的倾斜超过容许值；

⑥ 活动支座不活动；

⑦ 支承垫石出现开裂、积水、翻浆。

（7）板式橡胶支座应当符合《铁路桥梁板式橡胶支座技术条件》（TB/T 1893—2006）中的技术要求。在使用及安装时应当符合满足以下规定：

① 限于在线路总坡度不大于 6‰的混凝土梁上使用；

② 在温度为 25 ~ 60 °C 的地区可以使用氯丁橡胶支座，在温度为 40 ~ 60 °C 的地区可以使用天然橡胶支座；

③ 梁底与墩台顶面之间的净高度需大于或等于 30 cm；

④ 梁底和支撑垫石顶面应当平整密实，在每一个墩台上的同一片梁的两个支撑垫石的顶面相对水平误差必须不大于 1 mm，相邻墩台上的支撑垫石顶面之间的水平误差必须不大于 3 mm；

⑤ 板式橡胶支座应当在接近年平均气温时落梁，或者在接近年平均气温时再降落梁并调整至正确的位置；

⑥ 为了使梁的横向位移或者板式橡胶支座的横向剪切变形减小，应当设置可靠的限位装置；

⑦ 在进行橡胶支座更换时，原则上同一墩台或同一片梁的支座应当同时更换。

（8）对于板式橡胶支座一般不分固定支座及活动支座。当需要区分固定支座及活动支座时，则由固定支座承受全部的纵向水平力，活动支座承受的水平力按照支座纵向抗剪刚度进行分配，并且不得大于纵向水平力的 50%。

（9）板式橡胶出现以下情形之一时，应当进行及时处理：

① 支座压溃，在其四周出现了明显不规则的凹凸、弯曲或扭曲等变形；

② 支座产生了过大的剪切变形，在活载作用下的剪切变形大于或等于 24°，在没有活载作用时的永久剪切变形大于或等于 15°；

③ 橡胶出现了剥落掉块，使加劲钢板的表面或周边外露长度大于 100 mm；

④ 橡胶产生的裂纹宽度大于或等于 2 mm，并且裂缝的连续长度达到了周边长度的 50% 以上；

⑤ 支座的窜动超过相应边长的 25%。

（10）盆式橡胶支座的质量应当符合《铁路桥梁盆式橡胶支座》（TB/T 2331—2009）的规定：

① 应当能够适应桥跨结构对转角及水平位移的要求；

② 钢盆内的承压橡胶板厚度与直径的比值不超过 1/12，抗压容许应力不超过 25 MPa；

③ 纯聚四氟乙烯板的抗压容许应力不允许超过 24 MPa，摩擦系数应当小于 0.05，平面滑动线磨耗率应当小于 0.14 mm/km；

④ 不锈钢板的顺桥向表面粗糙率不应小于 R_a6.3；

⑤ 固定支座需要承受全部的纵向水平力，而活动支座所承受的纵向水平力应当等于支座的摩擦力；固定支座与活动支座的横向抗水平力应当大于或等于竖向承载力的 10%；对于抗震型的固定支座不应小于 20%。

（11）盆式橡胶支座出现以下情形之一时，应当及时进行处理：

① 盆环出现开裂或者脱焊；

② 聚四氟乙烯板磨耗严重，外露厚度小于 0.5 mm；

③ 位移或转角超限：位移量大于 10 mm，转角超过设计值的 20%；

④ 锚栓剪断数量超过总数的 25%。

15.5.2　支座养护及病害整治

一、支座的养护

桥梁支座的日常养护工作主要包括：

① 支座各部分应当保持完整、清洁，至少每半年清扫一次，清除支座周围的油污、垃圾，防止积水、积雪，以保证支座的正常工作；

② 对钢支座应当进行防锈防腐，支座各部分除铰轴及滚动面外，其余部分都应当涂刷油漆保护；

③ 对固定支座应当检查锚栓的坚固程度，支承垫板应当平整紧密，及时拧紧各部结合螺栓；

④ 各种橡胶支座应当经常清扫污水，排除墩、台帽的积水，要防止橡胶支座接触油脂，对梁底及墩、台帽上的残存机油等应进行清洗，防止因为橡胶老化、变质而失去作用；

⑤ 对盆式橡胶支座应当进行定期清扫，并应当设置支座防尘罩，防止灰尘落入或雨、雪等渗入支座内，支座的外露部分应定期涂红丹防护漆进行防护；

⑥ 对于滚动支座的滚动面上应当定期涂润滑油（一般每年一次），在涂油之前，应当把滚动面擦拭干净。

二、支座常见病害和整治

（1）上锚栓折断、弯曲及锈死。

① 可以将支座的上摆与混凝土梁底镶角板焊接起来，比如每个支座用 2 根 200 mm 长、∟60 × 41 × 8 的不等边角钢，沿着梁长的方向将角钢短肢焊在梁底镶角边上。

② 用夹板加固法：每个支座用 2 块 480 mm × 70 mm × 20 mm 的钢板、以两根直径为 20 mm 的螺栓将其置于支座上摆两侧夹紧于梁体上（如支座与梁底不等宽，则钢夹板与支座间加填板并与钢板焊牢），并在夹板中间钻孔做丝扣，用顶丝顶在支座上摆上，使夹板与支座上摆连成一体。

（2）下锚栓折断、弯曲、锈死。

在支座底板的旁边斜向将部分混凝土凿去，将旧锚栓取出，更换为新锚栓。

（3）支撑垫石出现裂损、梁体有三条腿，个别支座出现明显悬空现象。

① 当悬空量在 30 mm 以内时，可以采用压力灌浆法，也可以采用灌铅法整治。

② 当悬空量在 30 ~ 100 mm 时，可以采用在支座下捣垫半干硬性水泥砂浆方法。

③ 当悬空量在 50 ~ 200 mm 时，需要垫入铸钢板，或者分 2 ~ 3 次捣填半干硬性砂浆。

④ 当悬空量在 200 mm 以上时，可采用就地灌注钢筋混凝土垫块方法，或者更换钢筋混凝土顶帽。

（4）支座陷槽、积水、翻浆、流锈。

应当使支座的底板略高于墩台的支撑垫石，并且采用细凿垫石排水坡的方法，排水坡的坡度一般为 3%，以利于排水。

（5）小跨度（不大于 6 mm）钢筋混凝土梁横向移动。

将梁身顶起移正，增设橡胶平板支座，并在梁两侧的墩台顶面埋设角钢或加筑混凝土挡墙。

（6）辊轴或摇轴活动支座倾斜超限。

可以采用千斤顶将梁身顶起，按照下列方法进行整治：

① 移动锚栓法：按照当时钢梁温度考虑活载影响计算所得的位移量矫正滚轴或摇轴的倾斜度，移动底板，重新锚固螺栓。

② 支座底板扩孔法：根据位移量在底板原螺栓孔旁割一个月牙形缺口，不动锚栓，只移动底板来矫正。

③ 填钻法：取出底板，用预制圆柱体填塞原锚栓孔，根据矫正量对底板重新钻空后安装就位。

④ 异形牙板法：采用异形辊轴牙板更换。这个办法比前三种工作量都小。

（7）活动支座不活动。

① 对于弧形支座，可以将梁身顶起，对上下支座板的穿销进行除锈涂黄油，并清除椭圆孔内的污垢杂物。如果发现固定支座和活动支座的位置安装错误，应当予以调整。

② 对摇轴及辊轴支座应当找出不活动的原因再进行处理，必要时应当予以更换。

任务 15.6 桥梁墩台修理

在桥梁结构中，桥墩和桥台作为桥梁的重要组成部分，需要将上部桥跨结构的荷载安全可靠地传递给基础。每座桥梁需要根据其上部结构的类型、跨径、地质、水文和地形地貌等情况来综合考虑选用合适的墩台形式。

一、墩台的养护维修要点

（1）墩台表面应经常保持清洁，若发现青苔、杂草、荆棘和污渍等要及时清除。

（2）在桥梁建成后一年内应当每半年对墩台混凝土进行一次裂缝观测，桥梁建成一年后应当每年对墩台混凝土进行一次裂缝观测，当发现裂缝时应当观测其长度及宽度，记录其所在位置。当裂缝的宽度大于 0.20 mm 时，应当同时观测裂缝的深度。

（3）对于采用钢筋混凝土建造的墩台，比如圆柱式墩台、双臂式墩和肋式台等，应当特别注意观测混凝土表面的完整性。若发现钢筋锈蚀、混凝土表面出现侵蚀剥落、蜂窝麻面等病害时，应当及时地将病害及其周围凿毛洗净，采用高强度的水泥浆或环氧砂浆进行抹平。

（4）对于墩台出现裂缝时的处理措施：

① 若出现网状裂缝，一般为非受力裂缝，对于墩台本身的应力影响不大，一般不需要修补。在墩台的顶部或者容易积水的部位，为了防止因冻胀而使裂缝逐渐扩大，可以采用环氧树脂砂浆进行修补。

② 对不影响墩台安全的裂缝，若裂缝宽度小，已趋稳定，为上下贯通或左右对称，过车时无明显张合现象，经分析不影响墩台安全时，可用环氧树脂砂浆修补或压注浆液进行整治。

③ 对继续发展且较宽，上下贯通，左右前后对称，过车时有张合现象的受力裂缝，应找出裂缝发生的原因，采取有效的加固措施。

④ 对于急剧发展，张合严重，缝口错牙，影响承载能力，危及行车安全的裂缝，应当立即采取措施保证行车安全，再查明原因进行整治。

（5）当桥台出现变形时，应当查明原因，采取针对性的措施进行修理：

① 当台背填土遇水膨胀而发生变形时，应当将膨胀土挖去，再进行排水设施检修，将损坏部位修好。

② 由于冻胀原因，应当将冻土挖去，换填矿渣、砂砾等，并将表面封闭以防止发生渗水现象，将损坏部位修好。

③ 由于砌筑不良时，应当将变形部分拆除或凿去，重新砌筑或者浇筑。

④ 砌筑填缝不实，台身有空洞时，可以在空洞部位的附近，开凿通眼，用压浆机压注水泥砂浆或环氧树脂予以修补。

⑤ 由于设计考虑不周或者施工不良，梁式桥台向桥孔方向移位，这时应当仔细地了解观察病害的情况，分析其原因。通常的办法就是，将台背填土挖去，更换成内摩擦角大的填料，以降低土的压力。当病害严重时，还需要根据实际情况增加其他措施，比如加厚桥台前墙、耳墙以及添设锚板等。

（6）桥台锥体护坡长期受到大气的影响、雨水的侵蚀，甚至人为破坏而发生灰缝脱落或局部片石损坏时，应当及时重新进行勾缝更换。更换时应当注意结合牢固，色泽、质地应当与原砌体基本保持一致。

（7）桥墩台帽顶的纵向排水坡应当保持完好，以利于排水，不允许在其上堆放杂物，不得有积水。

（8）在桥梁建成三年内每半年，其后每年应当检查墩台有无位移、下沉、倾斜，测量它们在纵向、横向及竖直方向的位移，并做好记录。因此，应当设置永久性的测量标志。

二、桥梁墩台裂缝处理

1. 填　缝

使用 1 : 2.5 或者 1 : 3 的水泥砂浆填入砖石结构的裂缝中，进行简单的处理。填补能够对结构的美观及耐久性起作用，但是并不能增强结构的强度。

2. 表面涂抹

使用水泥砂浆、水泥浆或者环氧砂浆等涂料，涂刷在裂缝部位的混凝土表面进行修补。

3. 表面粘贴修补

将玻璃布或钢板等材料用黏结剂粘贴在裂缝部位的混凝土表面上对裂缝予以封闭。

4. 凿槽修补法

沿着混凝土的裂缝凿出一条深槽，然后在槽内嵌补环氧砂浆、沥青等化学补强剂进行修补。

5. 表面喷浆

将裂缝表面进行凿毛处理后，喷射一层密实且强度高的水泥砂浆保护层来封闭裂缝。根据裂缝的部位、性质和修理要求，可分为无筋素喷浆或者挂网喷浆等方法。

6. 固箍加固法

对墩身出现的竖直开裂，若是由于基础的不均匀沉降所引起，而且沉降还未停止时，应当先加固地基，再用水泥浆或砂浆进行灌缝封闭，然后采用箍筋以控制裂缝的开展。箍筋可以采用扁钢或者其他钢材制品，但采用这种方法对于提高桥墩横向刚度的作用是很有限的。

7. 灌浆法

灌浆法是通过施加一定的压力，将某种浆液灌入结构物内部的裂缝中，以达到封闭裂缝，恢复并提高结构的强度、耐久性及渗透性的目的。这种方法一般适用于裂缝宽度大而且深入结构内部的情况。压力灌浆材料可以分为纯水泥浆、水泥砂浆、黏土砂浆或者环氧树脂胶等化学材料类型。

复习思考题

1. 试述桥涵修理的主要内容和方法。
2. 试述桥面修理的内容。
3. 桥面日常养护维修作业包括哪些？
4. 伸缩调节器如何更换？
5. 试述护轨的养护维修要求。
6. 试述钢梁的涂装施工工艺。
7. 试述钢梁高强度螺栓的更换方法。
8. 支座的日常养护要求有哪些？
9. 支座的防尘措施有哪些？
10. 试述涵洞常见病害及其整治措施。

项目 16　铁路桥涵运营性能检定与评估

【项目描述】

铁路桥梁在长期的运营过程中，经常受到风、雨、洪水及温度变化等自然因素的侵蚀作用，并且受到列车静、动荷载的长期作用以及地震、车船撞击和超载运营等的作用，使得桥涵结构的性能发生了大小不等的变化，有些结构已出现了不同程度的损伤，甚至使承载能力大大降低而逐渐演变为危桥。因此，正在运营的铁路桥涵能否继续使用就成为铁路建设决策部门面临的一件大事。对这些桥涵结构的运营性能急需进行综合的检定与评估，以便为采取相应的技术改造或拆除改建等措施提供决策依据和处理方案。本项目主要介绍铁路桥涵运营性能检定与评估的目的以及铁路桥涵检定评估常用的方法。

【学习目标】

1. 能力目标

（1）能够依照桥梁运营评估程序进行桥梁的检定评估工作；

（2）能够利用静载试验的方法和振动测试的方法进行桥梁运营性能的检定与评估；

（3）能够对铁路桥墩的健全度进行评估。

2. 知识目标

（1）掌握铁路桥涵运营性能检定评估的目的和方法；

（2）掌握静载试验与振动测试法检定评估桥梁状态的方法；

（3）掌握铁路桥墩健全度评估的方法。

3. 素质目标

（1）培养学生良好的职业道德和吃苦耐劳的优良品质；

（2）培养学生分析问题、解决问题、积极思考和勇于创新的能力；

（3）培养学生的综合业务能力。

相关案例——滨北线松花江特大桥检定评估实例

滨北线 K2 + 660 松花江特大桥位于松花江哈尔滨段，位于江南-江北站之间，是一座公铁两用桥。该桥全长 1 065.8 m，由 15 孔桁梁组成，其中除第 3 ~ 5 孔为一组平行弦下承华伦式悬臂及吊挂桁梁（L_p = 80 m + 96 m + 80 m）外，其余 12 孔均为 64 m 平行弦下承华伦式简支桁梁。主桁中心距为 5 m，主桁高 9 m，纵梁跨度为 80 m，纵梁横向中心距为 1.8 m。钢梁于 1933 年制造，钢梁设计荷载为 L-20 级。此桥共有 16 个墩台，桥台为钢筋混凝土台，扩大基础；桥墩是尖端形空心钢筋混凝土墩，钢筋混凝土沉箱基础。

下层铁路桥于 1933 年 12 月建成通车，上层公路桥于 1934 年 8 月建成通车。

原公路桥面经多年使用，纵横梁锈死，桥面各接缝顶死，使整个桥形成一个整体，各部不能自由活动，对主桁受力极为不利。路面失修高低不平，且发生过公路面塌落事故。1988—

1989 年对公路桥面进行了大修改造，把旧的桥面全部拆除，对纵横梁连接处重新处理，重新铺设轻质新材料桥面，增设了双侧人行道，但总恒载并没有增加。于 2002 年 7 月对全桥进行检测时发现公路桥多处横梁在靠近支点的下翼缘角钢出现裂纹。

任务 16.1　桥涵运营性能检定的目的和方法

16.1.1　桥梁运营性能检定评价的目的和作用

经过多年的运行，我国 20 世纪 70 年代以前修建的大量桥梁已经达到或者接近设计基准期。这些桥梁长期受到风、雨、洪水及温度变化等自然因素的侵蚀，同时也要承受不断增大的列车动静荷载的作用。此外，桥梁由于已经运营使用多年，而且近年来有些桥梁遭受了特大自然灾害，如受到地震洪水等作用而产生严重的损坏，结构的主要部位出现了缺陷，只有全面掌握了桥梁的安全状况，才能够对症下药，延长桥梁的使用寿命。因此，对于既有桥梁是否能够继续使用就成为铁路建设决策部门需要解决的一件大事。对这些桥梁的运营性能急需进行综合的检定和评估，以便为采取相应的技术改造或拆除改建等措施提供决策依据和处理方案。同时也可以完善桥梁的资料，为以后的设计和评估加固提供依据。

桥梁结构运营性能检定评估的目的是以荷载试验为手段，充分了解桥梁结构在荷载的作用下的实际工作状态，并用来综合判断结构的承载能力及规定安全运营的条件，从而使桥梁结构在列车以规定的车速通过时不出现激烈的振动、车轮不出现脱轨以及在客车过桥时满足乘客的舒适性要求。桥梁结构试验的主要任务包括：

（1）对于一些缺乏设计和竣工资料，结构薄弱、受力复杂，并且严重受损或震动剧烈的桥梁，只通过理论计算很难确定其承载力，还有一些结构部位在理论上很难计算，这时可通过试验获取它们对荷载的响应，用来评定桥梁结构的使用性能和承载能力，同时也为桥梁结构的继续安全使用、养护、维修、加固、改扩建以及拆除重建提供可靠的技术依据。

（2）对老龄桥梁在运营状态下的应力谱进行测定，据此对桥梁的疲劳损伤进行估算。

（3）对提速桥梁的安全运用条件进行研究。

（4）对于病害严重的桥梁应探索其病害的原因，掌握其变化的规律，规定运营的条件。通过施加荷载的方法通常可以发现一些在一般性检查中不容易发现的隐蔽病害。

（5）对改建及加固后的桥梁结构进行竣工检定，通过量测桥梁结构对动、静荷载的响应，与理论计算结果进行比较，可以检验桥梁结构的施工质量以及设计的预期效果。

（6）对于新建的桥梁，尤其是大跨度、结构复杂的桥梁结构，可以通过荷载试验，检验桥梁设计计算的正确性；桥梁结构在静、动力荷载作用下的性能有无达到设计的要求；对桥梁的施工质量进行评估，判断桥梁的实际承载能力。对桥梁的实际运营状况及使用条件进行确定，为竣工验收以及交付运营提供科学的依据。

（7）对于采用了新材料、新工艺、新结构或者新计算方法、新计算理论设计的桥梁，需进行科研试验，为设计参数的改进、桥梁施工管理水平的提高、桥梁的计算理论的发展积累技术资料并且提供科学依据。

桥梁结构试验是一门涉及多学科的综合性技术，主要涉及桥梁设计理论、试验检测技术、仪器设备的使用、数据的统计分析以及现场试验组织等学科，它直接应用于桥梁的工程实践，对保证桥梁的安全运营和桥梁的科学维护起着十分重要的作用。

16.1.2　桥梁运营性能检定评估方法

桥梁运营性能检定与评估的方法主要有静载试验、动载试验及制动试验三种。从试验的持续时间上来看，可以分为短期试验和长期试验；从试验的时期上来看，可以分为施工阶段的监测监控、成桥试验和运营状态监控。

桥梁静载试验是按照预定的试验目的和试验方案，通过车辆加载等方式在桥梁上的指定位置上施加静荷载，对桥梁结构在静力作用下产生的位移、应变及裂缝等指标进行观测，从而了解结构截面上的应力分布状况、桁梁杆件产生的实际内力、混凝土梁中性轴的位置、梁体各部分产生的挠度以及活动支座产生的水平位移等，然后以有关规范和规程为依据，判断桥梁结构在荷载作用下的工作性能和使用能力，从而对桥梁的工作性能作出评价。

桥梁动载试验是给桥梁结构以激振作用从而引起桥梁结构的振动。一般是以运行的列车作为激励，从而测出桥梁在激振作用下产生的动应变、动位移、竖向及横向的振动响应，从而了解桥梁结构的动力系数、振动特征（振幅、频率、模态振型、阻尼比）等，用来判断桥梁的整体刚度及运营性能。

制动试验是使列车在桥上以特定速度运行，然后紧急制动，对制动荷载作用下产生的杆件应力和位移进行测定，用来检验桥梁结构在制动力作用下的工作状态。在桥梁试验时，可以根据不同的试验目的选择上述单项或多项试验。

16.1.3　桥梁运营性能检定与评估的一般程序

桥梁在进行现场检定与评估工作时，一般可以分为三个阶段：试验准备阶段、加载观测阶段和分析总结阶段。

试验准备阶段是桥梁检定与评估工作的前提。准备阶段的主要工作包括收集桥梁设计文件、施工记录、监理记录、原始试验资料、桥梁养护维修加固等技术资料；检查桥梁现状（包括上部结构、下部结构、支座与基础等部位的表观状况）；制定试验方案，计算桥梁的理论响应；制定测量计划并选定试验设备；以及脚手架等试验平台的搭设、测点的放样、表面的处理、测点的布置及测量仪器仪表的安装等。

加载观测阶段是检定评估工作的关键阶段。在各项准备工作完成后，需按照预定的试验方案及程序，选择合适的加载设备进行加载，利用各种测试仪器及测试设备对结构受力后的各项性能指标进行观测，并且记录和采集相应的数据。在正式试验前可以先进行试探性的试验，若发现问题，及时修正，以保证检测试验的顺利进行。应该注意的是，在试验过程中，应及时对比观测到的数据与理论值，从而判断结构受力后的性能是否正常，是否能够进行下一级的加载（包括荷载重量和列车速度等），以确保试验结构、仪器设备、运行列车及试验人员的安全。尤其对于病害桥梁，采用这种谨慎的处理方式是十分必要的，能避免一些不可控的后果出现。

分析总结阶段是综合分析原始测试资料的过程。原始测试资料包括大量的观测数据、文字记载及图片等材料。但是，受到各种因素的影响，这些材料往往是比较乱的，缺乏条理性和规律性，不能直接揭示结构的内在力学行为规律。所以，对它们应该进行科学的分析处理、去伪存真、去粗取精，综合分析比较，从中提取有价值的资料。对于一些实测数据，一般要依靠专用的分析仪器和分析软件或者运用数理统计的方法进行分析处理。测试数据分析处理后，需要参照相关规范、规程及检测目的的要求，对检测对象进行科学的判断与评价。最后将全部的测定评估工作内容进行综合，形成桥梁的检定评估报告。

任务 16.2　基于静载试验的桥梁运营性能评估方法

在桥梁的运营期间，桥梁结构会受到各种因素的影响，都会使桥梁的实际运营状态与设计状态之间存在一定的差异。因此，为了保证桥梁使用的相对安全，延长桥梁的使用寿命，人们通过材料试验、模型试验、结构试验、施工监控、桥梁动、静荷载试验等一系列检定评估技术，进行对桥梁的使用性能和工程质量的了解。在各种检定评估技术中，静载试验是最为直接有效的方法。

桥梁荷载试验的核心工作就是测量桥梁结构局部或整体在直接的荷载作用所产生的响应，从而对桥梁运营性能作出评估。

16.2.1　桥梁静载试验的内容

桥梁静载试验是通过在结构上布置多个测点来测定桥梁在静荷载作用下的性能状态，技术含量高，必须与详细的理论计算相结合。桥梁静载试验的内容主要包括以下几个方面：

（1）制定详细的试验方案，确定需要的测试项目；

（2）确定测点的位置及布置方式，选择测试仪器及设备；

（3）确定施加荷载的方式、加载时的工况、荷载分级等情况；

（4）分析测量的试验数据，寻找规律，对桥梁的受力状况进行评定；

（5）撰写桥梁检定评估报告。

16.2.2　桥梁静载试验的准备工作

桥梁的静载试验是指生产鉴定性、非破坏性、短期原型的静载试验。桥梁的静载试验通常分为三个阶段：试验准备阶段、加载观测阶段及分析总结阶段。

试验准备阶段的工作往往比较烦琐复杂，其工作量能够占到整个静载试验的 50%以上。大量实践证明，试验准备阶段的工作好坏直接关系到试验检测工作的成败。一般来说，试验准备阶段的工作包括：

一、试验桥孔的选择

对于等跨的多跨桥梁进行静载试验时，可以选择具有代表性的桥孔 1 ~ 3 孔进行试验，选择试验桥孔，应当考虑以下几个因素：

（1）选择受力最不利的桥孔；

（2）选择施工质量差、缺陷及病害较多的桥孔；

（3）选择适宜脚手架搭设、试验测点布置或者便于加载的桥孔。

选择试验对象对最后的检定评估结果影响较大，所以应当在选择之前进行详细的调查，使所选桥孔是按照最不利的条件组合进行选取的。

二、脚手架、试验用支架和其他试验设施

采用的脚手架和测试支架应当具有足够的强度、刚度和稳定性，二者应该分开搭设，互不影响。脚手架应当保证试验工作人员的安全并且便于操作。测试支架应当保证仪器仪表安装的需要，不能因为自身的变形而影响到测试的精度，同时还应当保证在进行试验时不会受到来自车辆和行人的干扰。脚手架和测试支架应当满足因地制宜、就地取材、便于搭设和拆卸的要求，一般采用木支架或建筑钢管支架较多。当桥下净空较大或为深水河流而不便搭设脚手架时，可以采用轻便活动支架，两端用尼龙绳或细钢丝固定在栏杆或人行道缘石上。活动支架如需多次使用时，可做成拼装式以便运输和存放。整套装置使用前应进行试验以确保安全。

静载试验对温度一般比较敏感，所以一般应给能够直接被阳光照射到的测点加设遮挡阳光的设备，用以减少温度的变化对测试结果造成的误差。在雨季进行试验时，应当为测点加设防雨水设备。可以用活动房或帐篷在桥头或桥下搭设临时工作室，放置与试验有关的仪器设备，并供测试人员临时办公和看管设备使用。

三、加载位置放样与卸载位置的安排

一般在进行静载试验前，都需要按照预定的试验工况，通过放样在桥面上定出加载位置。当加载工况较少且时间允许时，可在每个工况加载前临时放样。如加载工况较多，则应事先放样，且用不同颜色的标志区别不同加载工况时的荷载位置。试验荷载采用载重汽车时，一般以汽车后轴或中轴控制荷载的加载位置。

静载试验荷载的卸载位置应事先安排。选择的位置既要考虑加卸载方便，离加载位置近一些，又要不影响试验孔的受力，尤其是多跨连续梁，一般可将荷载安放在桥台后一定距离处。对于多孔简支梁桥，可以将荷载停放在离试验孔较远的非试验桥孔上，以不影响试验孔的测试为原则。

四、试验人员的组织

桥梁荷载试验是一项技术性很强的工作，最好能由专门的桥梁试验技术人员来承担，也可由熟悉这项工作的技术人员为骨干组织试验队伍来承担。应根据每个试验人员的特长进行分工，每人分管的仪器仪表数目应适当，除考虑分配应便于观测的因素外，尽量使每人对所分管仪表进行一次观测所需的时间大致相同。所有参加试验的人员应能熟练运用所用的仪器设备，否则应进行预先培训。为使试验工作有条不紊地进行，最好设置一个总指挥来指挥整个试验，调配所有试验人员。

五、其他准备工作

静载试验的安全设置、供电照明设施、通信联络设施、桥面交通管制等工作应根据荷载试验的要求提前进行准备，与相关主管部门进行沟通协调。业主最好能派人全程参加试验，帮助解决试验过程中可能出现的各种问题。

采用汽车或者铁路列车作为试验荷载时，应与相关管理部门预约租用或者借用，并按照试验要求对车辆进行配重设置，记录车辆型号、轴距和轴重等信息。

16.2.3 桥梁静载试验的方案设计

在进行桥梁结构试验前，应当对以下各项进行实地勘察：

（1）结构当前的技术状态，特别是当列车通过时结构的动态状况；

（2）桥上线路的轨型、轨缝位置及宽度，桥枕类型及间距，扣件形式及扣压力，线、桥、墩三者关系等；

（3）桥梁结构的附属设施如人行道、避车台、砂箱、水箱、通信、电力支架的布置情况；

（4）桥址线路的平纵断面情况，线路容许最高速度以及当前列车编组、实际过桥速度和行车密度等；

（5）轨道检查车的最新桥上线路动态检测资料，如轨距、水平、三角坑以及左右轨向等。

一、试验工况设计

桥梁的结构形式有简支梁、连续梁、悬臂梁、拱桥、斜拉桥、悬索桥以及其他异型梁。对于这些桥梁，应当通过理论分析，合理地确定静载试验工况，以规范中的荷载图示为依据计算桥梁内力包络图，然后以内力包络图为依据确定桥梁的控制截面。在控制截面处不仅会出现内力的峰值，通常也会作为观察量测的主要部位。根据控制截面可以确定各种桥梁的加载工况以及观测项目，如表 16.2.3-1 所示。

表 16.2.3-1 各种桥梁的加载工况和测试项目

桥梁类型	主要工况	附加工况
简支梁桥	跨中最大正弯矩	支点最大剪力，墩台最大垂直力
连续梁桥	支点最大负弯矩，跨中最大正弯矩	支点最大剪力，墩台最大垂直力
悬臂梁桥（T 形刚构桥）	支点最大负弯矩，锚跨跨中最大正弯矩	支点最大剪力，墩台最大垂直力，挂梁跨中最大正弯矩
连续刚构桥	主跨墩最大负弯矩，主跨跨中最大正弯矩	墩顶支点最大剪力，边跨最大正弯矩，桥墩最大反力
无铰拱桥	拱顶正弯矩，拱脚最大负弯矩	拱脚最大水平推力，$L/4$ 截面最大正弯矩和最大负弯矩
两铰拱桥	拱顶最大正弯矩，拱脚最大水平推力	$L/4$ 截面最大正弯矩和最大负弯矩，$L/4$ 截面正负挠度绝对值之和最大
斜拉桥	主梁中孔跨中最大正弯矩，主梁墩顶支点最大负弯矩，主塔塔顶纵桥向最大水平变位与塔脚截面最大弯矩	中孔跨中附近拉索最大拉力，主梁最大挠度，辅助墩最大竖向反力
悬索桥	加劲梁跨中最大正弯矩，主塔塔顶纵桥向最大水平变位与塔脚截面最大弯矩	加劲梁最大竖向挠度，主缆锚跨索股最大张力，加劲梁端最大纵向漂移，吊杆荷载张力最大增量

对于组合体系桥梁，应当结合桥梁体系的力学特征，根据控制截面的位置，结合上述桥梁的工况综合确定其主要工况和附加工况。

对于桥梁施工中的薄弱截面或者缺陷修补后的截面，或者旧桥结构的破损部位，可以进行专门的荷载工况设计，以检验该部位或截面对桥梁整体性能的影响。应当注意的是，梁式结构的最大挠度工况，一般与最大弯矩工况相同。

二、试验荷载等级的确定

为了保证荷载试验的效果，应当先对试验的控制荷载进行确定。对于铁路桥梁，控制荷载主要是列车荷载。采用理论计算的方法计算出桥梁结构各控制截面的内力，再利用"等效加载"的方法使试验加载下的控制截面内力与理论计算值相同或者相近。分别计算出荷载对控制截面产生的最不利内力，用产生最不利内力最大的荷载作为静载试验的控制荷载。

三、加载方案的设计

加载是静载试验的一个关键环节，包括选择加载方式，确定加载、卸载程序以及加载时间等方面的内容。

1. 加载方式的选择

在进行桥梁加载试验时，可以根据不同的试验目的、结构形式和桥梁跨度，采用下列荷载作为试验荷载；

① 铁路荷载：单机、双机联挂、重车或空重混编列车、特种大型车辆等；

② 公路荷载：载重汽车、履带式车辆、半挂车、全挂车以及特种大型车辆等；

③ 其他荷载：千斤顶、激振器、弹性聚能力锤、环境微振动等。

要求在试验中各种荷载装载正确。对于公铁两用桥可以选择铁路荷载与公路荷载同时或分别加载。对于重要的桥梁结构，还应当组织专门的试验列车，封锁线路进行加载。

当桥梁结构采用静载试验时，主要是利用机车车辆加载和利用重物加载两种方式，在一些特殊的场合，也可以采用专门的加力架加载。

2. 加、卸载程序

为了确保加载安全和了解结构应变和变位随加载内力增加的变化关系，对于桥梁的主要控制截面内力的加载应当采用分级加载的方式，而且一般情况下是安排在开始的几个加载程序中执行。对于附加控制截面一般只设置最大内力加载程序。加载分级的原则是：当加载分级较为方便时，可以按照最大控制截面内力平均分为 4 ~ 5 级；当采用列车进行加载时，车辆称重有困难的也可以分为 3 级进行加载。当桥梁调查及验算工作不充分时，或者桥况较差时，应当尽量地增多加载分级；如果由于条件限制使加载分级较少时，应当使列车缓慢地驶入预定的加载位置，必要时可以在列车没有到达预定位置前分次对控制点读数，以保证试验的安全。车辆荷载的分级可以采用逐渐增加车辆的数量及列车位于控制截面内力影响线不同位置的方法。加载轮位允许偏差为 ± 10 cm。

根据加载设备的不同，可以采用以下两种加卸载方式：一是单次逐级递加到最大荷载，然后逐级卸载至零级荷载，这种方法适用于重物加载；二是每次加载后都卸载到零级荷载，且每次加载量逐级增加，直到最大值。这种方法适用于车辆加载，要求每次加载时，荷载的位置必须准确，卸载车辆应当退至结构影响区之外。

3. 加载时间

为了降低温度变化对测试结果的影响，静载试验应当尽量安排在晚上 22 时至次日凌晨 6 时的时间段内进行。

四、桥梁观测方案

在施加荷载之后，应当进行桥梁结构响应的观测，这时需要根据试验的目的和要求，确定观测项目、测点位置、测点数量，并且选择合适的观测仪器仪表。

1. 观测内容

桥梁在荷载作用下主要产生两类变形：一是能够反映结构的整体状况的变形，如挠度、转角和支座位移等，称为整体变形；二是能够反映结构的局部工作状况的变形，如纤维变形、裂缝及局部挤压等，称为局部变形。在进行观测项目确定时，首先应当考虑结构的整体变形，同时也要注意结构的局部变形。因为整体变形能够概括结构工作的全貌，能够反映出结构任何部位的异常变形和局部破损，而局部变形能反映结构的抗裂性能，也能够作为推断结构实际状况及极限强度的主要指标。所以在选择观测项目和测点位置时应当能够满足分析和推断结构工作状态的需要。一般来说，静载试验需要观测的内容包括：结构的最大挠度、支座沉降、结构的最大应变和中性轴的位置、支座附近截面的主拉应力、活动支座的变化以及裂缝的出现和扩展状况等。

2. 测点布置

测量部位的选择和测点布置应当遵循下列原则：

① 在满足试验目的的前提下，测点的数量和布置必须充分、足够，但是数量也应适宜，不要过多，以免造成工作量过大；

② 必须选择具有代表性的测点，以便于计算分析；

③ 为了确保试验安全和方便，测点的位置尽量集中，对于一些危险区段的观测，应当采取足够的安全措施；

④ 应利用结构的对称性布置一些校核性测点，以保证测量数量可靠。

几种主要类型桥梁的测量部位及测量项目见表 16.2.3-2。

表 16.2.3-2 几种主要桥型的测量部位及项目

测试部位和项目	截面应变	挠度	转角	下沉	水平移位
简支梁桥	跨中、四分点和支点	跨中、四分点	支点		
连续梁桥	跨中、四分点和支点	跨中、四分点	支点	支座	
悬臂梁桥	支点与牛腿	悬臂端和跨中	梁端、支点		
拱桥	跨中、四分点和拱脚	跨中、四分点与八分点	墩台	墩台	墩台
刚架桥	跨中、结点和柱脚	跨中、结点	柱脚		
斜拉桥与悬索桥	跨中和拉索	跨中、四分点	塔顶	塔顶	塔顶

3. 测试仪器的选择与观测方法

选择测试仪器的基本原则是：根据试验测试项目、环境条件合理选择相应的量测仪器，不要盲目地追求精度，仪器的量程规格尽量一致。最常见的观测项目是位移、应变和裂缝，相应的观测方法和常见仪器如下：

① 位移测量的方法主要分两类：一是接触式测量，包括机械测量法和电测法，常用的仪器有挠度计、百分表、千分表和位移传感器等；二是非接触式测量，以高精度测量为主，如精密水准测量、经纬仪测量和摄像测量等，常用的设备包括精密水准仪、高精度经纬仪、摄像经纬仪等。

② 为了测量结构的主应力，在进行应变测量时一般需要按照直角坐标系均匀布点，每个测点按照三个方向布设成一侧应变花形式。常用的仪器有千分表、应变片、应变花、杠杆引伸仪、手持应变仪、钢筋应变计和电阻应变仪等。

③ 裂缝观测主要靠目测或用刻度放大镜，有时也可以通过布设跨裂缝测点的方式判断裂缝是否扩展。

4. 桥梁加载实施及控制

桥梁加载的实施应当在试验指挥人员的指挥下，严格地按照试验方案中拟定的加载程序进行加载。在加载试验的过程中，要及时对控制测点的变位或应变进行分析，随时观察结构的薄弱环节，当出现下列情形时，应当中止加载试验：

（1）控制测点的应力或者挠度超过理论计算值和规范容许值；

（2）加载过程中结构出现了超过规范允许宽度的裂缝，对结构的寿命造成明显的影响；

（3）桥梁墩台变位超过允许值且不能保持稳定；

（4）发生其他损坏，影响了桥梁的承载能力和正常使用。

16.2.4　静载试验数据处理

通过静载试验得到的原始测量数据、文字和图像描述材料作为静载试验最重要的资料。虽然它们是可靠的，但是这些原始资料数量庞大、不直观，不能够直接用于评定桥梁的承载能力。因此，在进行桥梁状态评定前必须对所采集到的资料进行处理和分析，去粗取精，去伪存真，得出直接进行桥梁结构承载能力评定的指标，以满足承载评定的需要。

通过对静载试验数据的处理，对结构在最不利荷载工况下主要控制测点的位移、应力实测值和理论值进行分析，分别绘出荷载-位移曲线、荷载-应力曲线，并绘出最不利荷载作用下位移沿结构的分布曲线和控制截面的应变分布图，绘制结构裂缝分布图，并采用照相或录像的方式记录结构的破坏部位和破坏形态。

根据荷载-变形曲线的形状与特征点，可以研究试验结构的工作状态。荷载-变形曲线的陡缓说明了试验结构刚度的大小，曲线越陡，说明结构的刚度越大。在试验曲线形状变化的地方，应当结合结构中某些特殊的现象以及其他的量测项目进行综合分析。

16.2.5　桥梁技术状态评估方法

进行了静载试验的桥梁，应当根据试验资料分析结构的工作状态，进一步对桥梁的承载能力进行评估，制定出桥梁承载能力检定表，做出检定结论，形成桥梁的检定报告，作为新建桥梁验收或旧桥承载力检定的依据。

一般情况下，应当对桥梁的结构工作状态、刚度、强度与稳定性、裂缝等方面进行评估。主要评价指标有两方面：一是依据控制测点的实测值与理论值的比较，说明结构的工作性能及安全储备；二是依据控制测点的实测值与规范规定的允许值的比较，说明结构所处的工作状况。

一、桥梁结构工作状况评估

1. 基于校验系数的评估

为了量化结构的性能参数，比较试验值与理论分析值，一般采用结构校验系数的概念：

$$\xi=\frac{\text{测点实测值}}{\text{测点理论计算值}} \tag{16.2.5-1}$$

根据截面上实测的纤维应力，用数解法或图解法计算出杆件的轴向应力 σ_0、竖向弯曲应力 σ_x、侧向弯曲应力 σ_y 以及约束扭转应力 σ_τ，求出构件或截面的结构校验系数 ξ_σ 和截面次应力系数 m：

$$\xi_\sigma=\frac{\text{杆件实测轴向应力}}{\text{杆件理论轴向应力}} \quad \text{或} \quad \xi_\sigma=\frac{\text{截面实测竖向弯曲应力}}{\text{截面理论竖向弯曲应力}}$$

$$m=\frac{\text{杆件实测最大纤维应力}}{\text{杆件实测轴向应力}}$$

根据实测的结构整体位移值（跨中挠度与支座位移等）跟理论计算值进行比较，求出挠度（或者支座位移）的结构校验系数 ξ_δ（或 ξ_Δ）;

$$\xi_\delta=\frac{\text{实测跨中挠度}}{\text{理论跨中挠度}},\quad \xi_\Delta=\frac{\text{实测支座位移}}{\text{理论支座位移}}$$

当 $\xi=1$ 时，说明理论值与计算值完全相符；当 $\xi<1$ 时，说明结构的工作性能较好，承载力有一定的安全储备；当 $\xi>1$ 时，说明结构工作性能较差，设计强度不足，安全度不够。一般都要求 $\xi<1$，而且 ξ 值越小则结构的安全储备越大，但是过度的安全储备会造成经济上的不合理，所以在设计计算时，应该考虑合理的安全储备。各类桥梁结构按平面理论分析，纵梁按简支梁计算时，其结构的检校系数应符合表 16.2.5-1 的规定。当不符合时，应当分析其原因。

2. 基于实测值与理论值关系曲线的评估

因为理论的变形（或应变）一般是按照线性关系计算的，所以如果测点的实测弹性变形（或应变）与理论计算值成正比，其关系曲线接近于直线时，说明结构处于良好的弹性工作状态。

3. 基于相对残余变形（或应变）的评估

在控制荷载工况的作用下测点的相对残余变形（或应变）越小，则说明结构越结构弹性工作状态。一般要求相对残余变形值不超过 20%，若超过 20%，则应当查明原因。如果确实是因为桥梁结构的强度不足，在桥梁结构评定时，应当酌情降低桥梁的承载能力。

表 16.2.5-1　桥梁结构校验系数

梁别	项目	校验系数	梁别	项目	校验系数
上承板梁	上翼缘应力	0.75 ~ 0.85	下承桁梁	上弦应力	0.90 ~ 0.95
	下翼缘应力	0.85 ~ 0.95		下弦应力	0.70 ~ 0.80
	挠度	0.75 ~ 0.85		腹杆应力	0.90 ~ 0.95
下承板梁	主梁上翼缘应力	0.90 ~ 0.95		吊杆应力	0.95 ~ 1.00
	主梁下翼缘应力	0.75 ~ 0.80		纵梁下翼缘应力	0.80 ~ 0.85
	纵梁下翼缘应力	0.80 ~ 0.85		横梁下翼缘应力	0.90 ~ 0.95
	横梁下翼缘应力	0.90 ~ 0.95		挠度	0.70 ~ 0.80
	挠度	0.70 ~ 0.80	钢筋混凝土梁	钢筋应力	0.55 ~ 0.65
上承桁梁	上弦应力	0.75 ~ 0.85		混凝土翼缘应力	0.45 ~ 0.55
	下弦应力	0.85 ~ 0.95		挠度	0.55 ~ 0.65
	腹杆应力	0.90 ~ 0.95	预应力混凝土梁	钢筋应力	0.90 ~ 1.00
	纵梁下翼缘应力	0.80 ~ 0.85		混凝土翼缘应力	0.90 ~ 1.00
	横梁下翼缘应力	0.90 ~ 0.95		挠度	0.70 ~ 0.80
	挠度	0.75 ~ 0.85			

4. 基于桥梁横向增大系数的评估

横向增大系数是实测变形（或应变）的最大值与横向各测点平均值的比值。横向增大系数反映了桥梁结构荷载横向不均匀分布程度和横向联系的工作状态。横向增大系数越小，说明荷载横向分布越均匀，横向联系越可靠；反之，则结构受力越不利。

二、桥梁刚度评估

运营桥梁的梁跨实测竖向变形（换算到中-活载时）、竖向和横向自振频率、桥面竖向振动加速度都应当满足有关限制的规定，横向振幅应当满足《铁路桥梁检定规范》的要求。若超过限值，则应当检查分析桥梁的技术状态，采取限速和加固、改造措施。

三、桥梁强度与稳定性评估

铁路桥梁的强度和稳定性按照容许应力法进行检算，荷载和材料的容许应力见《铁路桥梁检定规范》中相关规定。

四、裂缝评估

对于铁路既有桥梁的裂缝评估应当满足《铁路桥梁检定规范》的相关规定；对于新建桥梁在试验荷载的作用下，预应力结构不应出现裂缝，钢筋混凝土结构的裂缝宽度不应超过《铁路桥梁检定规范》规定的容许值。

五、地基和基础评估

当在试验荷载的作用下，墩台的沉降、水平位移以及倾角较小，符合上部结构的检算要求，且卸载后变位基本恢复时，可以认为地基与基础在检算荷载的作用下能够正常工作。

当在试验荷载的作用下，墩台的沉降、水平位移以及倾角较大或者不稳定，卸载后变位不能恢复时，应当对地基基础做进一步探查、检算，必要时要进行加固处理。

任务 16.3 基于振动测试的桥梁状态评估方法

静载试验的准确度高，评估结果较为直观，是桥梁使用状态评估使用最多的方法；但是采用静载试验费用高、测试时间长、容易受到测试环境的影响，所以桥梁工作者一直在积极研究和探索采用动力学的方法对桥梁的工作性能进行评估。

铁路桥梁直接承受列车动荷载的作用，列车对桥梁的动力作用不容忽视。近年来，国内外大量学者都在研究基于振动测试的桥梁状态评估方法，在车-桥耦合、桥梁动力测试分析方法以及桥梁损伤的识别等方面进行了大量深入的研究，并且得到了大力的发展。在我国，随着桥梁检定评估制度的推行，桥梁的动力评估也将越来越受到关注。

铁路桥梁的动力性能是判断桥梁的运营性能及承载力的重要指标之一。例如，可以通过动力系数确定车轴荷载对桥梁产生的动力作用，若动力系数过大则会影响到桥梁设计的安全与经济性；可以通过振幅确定桥梁的振动状态，若振幅过大会使人们感觉到振动，会给旅客一种不安全的感觉；可以通过自振频率来判断桥梁的刚度等特性，若自振频率过低则说明桥梁的刚度不够，当自振频率处于某些频率范围时，还有可能出现在外荷载（包括行驶车辆、行人、地震、风载、波浪冲击等）的作用下引起共振的危险。

16.3.1 基于动力指标的桥梁状态评估方法

桥梁结构的振动参数（例如自振频率、振型、振幅、动力系数、阻尼比等）是评价桥梁结构整体刚度及运营性能的重要动力指标（也称动力指纹），也成为一些规范评价桥梁安全运营性能的主要标准。在铁路桥梁中，振动试验法是评价桥梁技术状态的主要方法。

通过动力试验，可以获得位移、速度、加速度以及应力等各种振动参量的时程响应等数据。但是在实际中桥梁结构往往非常复杂，很难直接根据这些数据进行结构振动的性质和规律的判断，往往需要先对实测数据进行分析和处理，然后进一步对桥梁结构的动力性能进行分析。常用的分析处理方法有时域分析法和频域分析法两种。时域分析法是直接分析桥梁的时程响应，通过 ITD 法、STD 法、Prony 法、ARMA 模型法、随机减量法和随机子空间法等算法算出桥梁的模态参数、振幅及动力系数等参数。频域分析法是将时程响应信号通过快速傅立叶变换转换到频率域，通过响应的频率成分和振动系统的传递特性分析得到振动能量随频率的分布情况和振型、自振频率、阻尼比等模态参数。得到这些振动参数后，就可以根据有关指标综合评价桥梁结构的整体刚度和运营性能。

一、基于振幅的评判法

当桥梁出现损伤时，其刚度会减小，直接表现为桥梁的振幅增大。为了使桥梁具有足够的刚度，保证列车高速运行时不致脱轨，对桥梁的振幅应当予以控制。在我国的《铁路桥梁检定规范》中对桥梁跨中横向水平振幅与桥墩墩顶的横向水平振幅的控制标准进行了规定。

二、基于模态参数的评判法

基于模态参数的评价法属于一种反分析法。它是以结构模态参数的变化为依据，反推结构质量及刚度等物理参数变化的方法。对于任何的结构都可以认为是由质量、刚度和阻尼构成的动力学系统，在这个系统中频率和振型是结构的固有模态参数。当结构受到损伤或者发生故障时，其物理参数就会发生相应的变化，由此导致频率和振型的变化。可以利用模态参数与结构损伤之间的关系，通过对结构损伤前后模态参数的变化情况的了解来确定结构损伤的特征，进行损伤的诊断，这就是基于模态参数的结构损伤识别方法。频率比较容易测量，而且也是测试精度较高的一个模态参数，因此被用来进行结构损伤的识别。除了频率之外，结构的振型也常被用于结构损伤的诊断。虽然振型的测试精度比频率的测试精度低，但是却可以从中获得更多的损伤信息。可以通过两种途径利用振型来识别损伤：一是直接利用结构损伤前后的振型变化来识别损伤；二是由振型构造结构损伤标识量，再由标识量的变化或取值来识别损伤，其中基于 MAC 和 COMAC 准则的损伤识别方法和基于振型相对变化量的损伤识别方法最具代表性。其他基于振型和频率的模态参数，如位移振型向量变化量与固有频率变化量平方的比值、位移振型向量与固有频率平方的比值、模态曲率和模态曲率差等也是经常使用的损伤标识量。

基于振型的损伤诊断方法在理论分析上已经比较成熟，但应用于实际桥梁却很难实现，其原因有两方面：一方面是基于振型的指标对桥梁各部位的灵敏度不同，识别某些部位的损伤需要测得更高阶振型，而对大部分桥梁来讲，测量得到高阶振型的可能性很小；另一方面，由于事先不知道损伤的位置，传感器即使布置很多，也可能会因为距离损伤位置较远而不能捕捉到损伤。因此，不管是从测试难度还是从灵敏度来讲，目前基于振型的损伤诊断方法在实际桥梁检测工作中的应用非常少。

桥梁结构在出现损伤之后，其刚度会减小，还表现为其自振频率下降，且变化灵敏度比振型指标高。因此，还可以把自振频率作为定量评价桥梁的工作状态的指标。

三、基于实测加速度的评判法

在铁路桥梁检定中，以实测加速度值的大小来评价桥梁结构的振动特性是常用的方法，对桥梁竖向振动加速度进行限制的目的是为了避免出现过大的轮轨接触力，保证道床不致失稳，以保证列车运行的安全。在我国《铁路桥梁检定规范》和《铁路桥隧建筑物修理规则》中都对桥梁的振动加速度进行了规定。

四、基于动力系数的评判法

当实测动力系数过大时，表明桥梁结构的行车性能差，桥面的平整程度不良。但动力系数指标的直观性较差，应用起来较主观，有时并不能和结构的真实工作状态联系起来。

五、基于阻尼比的评判法

实测阻尼比的大小反映了桥梁结构耗散外部输入能量的能力。阻尼比大，说明桥梁结构耗散外部能量输入的能力强，振动衰减得快；阻尼比小，说明桥梁结构耗散外部能量输入的能力差，振动衰减得慢。阻尼比不能通过理论分析得到，只能通过实测得到。若出现过大的阻尼比则往往说明桥梁可能存在开裂或支座工作状况不正常等现象。

此外，还有基于曲率模态的损伤识别方法、基于能量的损伤识别方法、基于柔度的损伤识别方法、基于刚度的损伤识别方法、基于传递函数的损伤识别方法和基于模态残余力向量的损伤识别方法等。这些损伤识别方法分别被应用在不同的领域，但是能用于实际桥梁状态评估的方法较少。

16.3.2 基于有限元模型修正的桥梁状态评估方法

在进行有限元建模模拟时，往往所选取的计算参数可能与结构的实际参数不相符，甚至相差很大，从而使所建模型模拟的结构响应结果与实测响应之间存在着一定的偏差。可以利用实测的结构响应信息修正有限元模型，使得修正后的有限元模型计算的响应值与实验值趋于一致，这一过程就称为结构有限元模型修正。模型修正后，理论计算结果与实测结果一致时的弹性模量等结构参数被认为是桥梁结构的真实参数，可以通过与设计值的比较来实现结构单元级的损伤评估。目前，国内外对这种方法进行了大量的研究，但由于实际桥梁材料的不均匀性、结构边界的不确定性以及这种方法的理论性太强等原因，不易被工程师掌握。因此，这种方法仍停留在科研阶段，还未应用到实际桥梁检测工作中。

16.3.3 基于动载试验的桥梁结构技术状态评定

（1）梁式桥跨横向刚度的评定：梁式结构的实测跨中横向最大振幅和横向最低自振频率值，应当满足表 16.3.3-1 和表 16.3.3-2 的规定。

（2）桥墩台横向刚度评定：混凝土、钢筋混凝土或石砌桥墩台的实测墩顶横向最大振幅和最低横向自振频率应当满足表 16.3.3-3 和表 16.3.3-4 的规定。

表 16.3.3-1 桥梁跨中横向水平振幅行车安全限值

类别	结构类型			跨中横向水平振幅行车安全限值
钢梁	无桥面系的板梁或桁梁			$L/5\ 500$
	有桥面系	板梁		$L/6\ 000$
		桁梁	$L \leqslant 40$ m	$L/6\ 500$
			40 m $< L \leqslant$ 96 m	$L/(75L + 3\ 500)$
钢筋混凝土梁、预应力混凝土梁				$L/9\ 000$

表 16.3.3-2　适应不同车速条件的桥跨结构横向自振频率 f 值

类别	结构类型				桥跨结构横向自振频率 f（Hz）		
					$v \leqslant 60$ km/h	$v \leqslant 70$ km/h	$v \leqslant 80$ km/h
钢梁	无桥面系的板梁				$50/L^{0.8}$	$55/L^{0.8}$	$60/L^{0.8}$
钢梁	有桥面系	板梁			$45/L^{0.8}$	$52/L^{0.8}$	$55/L^{0.8}$
钢梁	有桥面系	桁梁	上承式	$H/L=1/6$	$70/L^{0.8}$	$75/L^{0.8}$	$80/L^{0.8}$
钢梁	有桥面系	桁梁	上承式	$H/L=1/8$	$65/L^{0.8}$	$70/L^{0.8}$	$75/L^{0.8}$
钢梁	有桥面系	桁梁	半穿式		$48/L^{0.8}$	$55/L^{0.8}$	$60/L^{0.8}$
钢梁	有桥面系	桁梁	穿式		$50/L^{0.8}$	$60/L^{0.8}$	$65/L^{0.8}$
预应力混凝土梁					$40/L^{0.8}$	$50/L^{0.8}$	$55/L^{0.8}$

注：L 为跨度（m）；H 为桁梁高（m）。

表 16.3.3-3　桥梁跨中最大横向振幅通常值 $[A_{max}]_{5\%}$

结构类型			货车重车实测跨中横向最大振幅通常值（mm）	客车实测跨中横向最大振幅通常值（mm）			
				$v \leqslant 120$ km/h		$120 < v \leqslant 160$ km/h	$160 < v \leqslant 200$ km/h
				有缝线路	无缝线路		
钢梁	无桥面系的板梁、桁梁	普通桥梁钢梁	$\leqslant L/(3.8B)$	$\leqslant L/(9.9B)$	$\leqslant L/(11.4B)$	$\leqslant L/(9.4B)$	$\leqslant L/(8.0B)$
钢梁	无桥面系的板梁、桁梁	低合金钢梁	$\leqslant L/(3.2B)$	$\leqslant L/(8.3)$	$\leqslant L/(9.6B)$	$\leqslant L/(7.9B)$	$\leqslant L/(6.7B)$
钢梁	有桥面系的板梁、桁梁	普通桥梁钢梁	$\leqslant L/(2.6B)$	$\leqslant L/(6.8B)$	$\leqslant L/(7.8B)$	$\leqslant L/(6.4B)$	$\leqslant L/(5.4B)$
钢梁	有桥面系的板梁、桁梁	低合金钢梁	$\leqslant L/(2.2B)$	$\leqslant L/(5.7B)$	$\leqslant L/(6.6B)$	$\leqslant L/(5.4B)$	$\leqslant L/(4.6B)$
预应力混凝土梁			$\leqslant L/(7.0B)$	$\leqslant L/(18.2B)$	$\leqslant L/(20.9B)$	$\leqslant L/(17.2B)$	$\leqslant L/(14.7B)$

注：L 为跨度（m）；B 对于钢梁为主梁中心距（m）；对于预应力混凝土梁为支座中心距。

表 16.3.3-4　车桥耦合动力检算列车运行安全性指标

列车运行安全性评判标准		
脱轨系数	轮重减载率	轮对横向水平力
$Q/P \leqslant 0.8$	$\Delta P/P \leqslant 0.6$	$Q \leqslant 80$ kN

注：Q 为轮对作用于钢轨上的横向力；P 为车轮作用于钢轨上的垂向力；ΔP 为减载侧车轮的轮重减载量。

复习思考题

1. 桥梁结构运营性能检定评估的目的是什么?
2. 桥梁结构试验的主要任务是什么?
3. 桥梁运营性能检定评估的方法是什么?
4. 桥梁运营性能检定评估的一般程序是什么?
5. 桥梁静载试验的内容有哪些?
6. 桥梁静载试验的一般程序是什么?
7. 基于动力指标的桥梁状态评估方法有哪些?

参考文献

[1] 葛俊颖. 桥梁工程（上）[M]. 北京：中国铁道出版社，2007.

[2] 黄司. 铁路桥涵工程施工技术. 下册[M]. 北京：中国铁道出版社，2014.

[3] 季文玉. 铁路桥梁施工[M]. 北京：中国铁道出版社，2012.

[4] 焦胜军. 高速铁路桥梁施工与维修（上、下）[M]. 成都：西南交通大学出版社，2011.

[5] 靳晓燕. 铁路桥涵施工及维修[M]. 北京：中国铁道出版社，2014.

[6] 匡希龙. 桥涵施工[M]. 成都：西南交通大学出版社，2008.

[7] 李家稳. 地道桥设计与施工[M]. 北京：中国铁道出版社，2011.

[8] 李灵. 桥涵施工技术[M]. 北京：机械工业出版社，2013.

[9] 李瑞俊. 铁路桥涵工程施工技术. 中册[M]. 北京：中国铁道出版社，2014.

[10] 梁斌. 桥梁施工与维护[M]. 北京：北京大学出版社，2014.

[11] 刘世忠. 桥梁施工[M]. 北京：中国铁道出版社，2010.

[12] 罗荣凤. 桥隧构造与养护[M]. 北京：中国铁道出版社，2008.

[13] 苏彦江. 钢桥构造与设计[M]. 成都：西南交通大学出版社，2006.

[14] 孙立功. 桥梁工程（铁路）[M]. 成都：西南交通大学出版社，2008.

[15] 孙树礼. 高速铁路桥梁设计与实践[M]. 北京：中国铁道出版社，2011.

[16] 唐继舜. 铁路桥梁[M]. 北京：中国铁道出版社，2011.

[17] 夏禾. 铁路桥梁养护维修[M]. 北京：中国铁道出版社，2010.

[18] 张发祥. 铁路桥涵工程施工技术. 上册[M]. 北京：中国铁道出版社，2014.

[19] 中国铁路总公司. TG/GW 121—2014 高速铁路工务安全规则[S]. 北京：中国铁道出版社，2014.

[20] 国家铁路局. TB 10002—2017 铁路桥涵设计规范[S]. 北京：中国铁道出版社，2017.

[21] 国家铁路局. TB 10092—2017 铁路桥涵混凝土结构设计规范[S]. 北京：中国铁道出版社，2005.

[22] 国家铁路局. TB 10093—2017 铁路桥涵地基和基础设计规范[S]. 北京：中国铁道出版社，2005.

[23] 裘伯永. 桥梁工程[M]. 北京：中国铁道出版社，2010.

[24]《中国铁路桥梁史》编委会. 中国铁路桥梁史[M]. 北京：中国铁道出版社，2009.

[25] 铁道部第三勘测设计院. 桥梁设计通用资料[M]. 北京：中国铁道出版社，1994.

[26] 铁道部工程管理中心. 客运专线铁路后张法预应力混凝土简支箱梁预制施工技术要点手册[M]. 北京：中国铁道出版社，2009.

[27] 铁道部经济规划研究院. TZ 324—2010 铁路预应力混凝土连续梁（刚构）悬臂浇筑施工技术指南[S]. 北京：中国铁道出版社，2010.

[28] 铁道部经济规划研究院. TZ 203—2008 客货共线铁路桥涵工程施工技术指南[S]. 北京：中国铁道出版社，2008.

[29] 边育生. 桥隧工[M]. 成都：西南交通大学出版社，2009.

[30] 中华人民共和国铁道部. 铁路架桥机架梁暂行规程（铁建设〔2006〕181 号）[S]. 北京：中国铁道出版，2006.

[31] 中华人民共和国铁道部. 铁路混凝土工程施工技术指南[S]. 北京：中国铁道出版社，2010.

[32] 中华人民共和国铁道部. TB 10303—2009 铁路桥涵工程施工安全技术规程[S]. 北京：中国铁道出版社，2009.

[33] 中华人民共和国铁道部. 铁路混凝土工程施工技术指南（铁建设〔2010〕241 号）[S]. 北京：中国铁道出版社，2008.

[34] 中华人民共和国铁道部. 高速铁路桥涵工程施工技术指南（铁建设〔2010〕241 号）[S]. 北京：中国铁道出版社，2010.

[35] 中华人民共和国铁道部. 铁路桥梁检定规范（铁运函〔2004〕120 号）[S]. 北京：中国铁道出版社，2004.

[36] 中华人民共和国铁道部. 铁路桥隧建筑物修理规则（铁运〔2010〕38 号）[S]. 北京：中国铁道出版社，2010.